一级注册建筑师执业资格考试要点式复习教程

建筑经济、施工与设计业务管理
（知识题）

总主编单位　深圳市注册建筑师协会
总　主　编　张一莉
本　册　主　编　郭智敏
本册副主编　陆　洲

U0330714

中国建筑工业出版社

图书在版编目（CIP）数据

建筑经济、施工与设计业务管理：知识题／郭智敏
本册主编；陆洲副主编. — 北京：中国建筑工业出版
社，2022.2
一级注册建筑师执业资格考试要点式复习教程／张
一莉总主编
ISBN 978-7-112-27083-5

Ⅰ. ①建… Ⅱ. ①郭… ②陆… Ⅲ. ①建筑经济-资
格考试-自学参考资料②建筑工程-工程施工-业务管理
-资格考试-自学参考资料③建筑设计-业务管理-资格
考试-自学参考资料 Ⅳ. ①F407.9②TU2

中国版本图书馆CIP数据核字（2022）第014800号

责任编辑：费海玲 张幼平
责任校对：芦欣甜

一级注册建筑师执业资格考试要点式复习教程
建筑经济、施工与设计业务管理
（知识题）

总主编单位 深圳市注册建筑师协会
总 主 编 张一莉
本 册 主 编 郭智敏
本册副主编 陆 洲

*

中国建筑工业出版社出版、发行（北京海淀三里河路9号）
各地新华书店、建筑书店经销
北京鸿文瀚海文化传媒有限公司制版
廊坊市海涛印刷有限公司印刷

*

开本：787毫米×1092毫米 1/16 印张：26¾ 字数：666千字
2022年1月第一版 2022年1月第一次印刷
定价：**68.00**元
ISBN 978-7-112-27083-5
（38854）

《一级注册建筑师执业资格考试要点式复习教程》
总编委会

总 编 委 会 主 任 艾志刚 咸大庆

总编委会副主任 张一莉 费海玲 张幼平

总编委会总主编 张一莉

总编委会专家委员(以姓氏笔画为序)

马 越 王 静 王红朝 王晓晖

艾志刚 冯 鸣 吴俊奇 佘 赟

张 晖 张 霖 陆 洲 陈晓然

范永盛 林 毅 周 新 赵 阳

洪 悦 袁树基 郭智敏

总 主 编 单 位: 深圳市注册建筑师协会

联 合 主 编 单 位: 中国建筑工业出版社

3

《建筑经济、施工与设计业务管理（知识题）》
编委会

主 编 单 位：深圳华森建筑与工程设计顾问有限公司

联合主编单位：深圳市华森建筑工程咨询有限公司
深圳市清华苑建筑与规划设计研究有限公司

本 册 主 编：郭智敏
本 册 副 主 编：陆 洲

编　　　　委：（以姓氏笔画为序）
朱 婷　全 水　张菊芳　张 鹏
陆 洲　陈运腾　林彬海　高宇翔
郭智敏　郭锦标　黄运强　蒋 敏

《一级注册建筑师执业资格考试要点式复习教程》
总编写分工

序号	书名	分册主编、副主编	分册编委	编委工作单位
1	《设计前期与场地设计》（知识题）	王　静　主　编 陈晓然　副主编 范永盛　副主编	王　静	华南理工大学建筑学院
			戴小犇　陈晓然 韦久跃　莫英莉 陆姗姗　周林森 陈泽斌	奥意建筑工程设计有限公司
			范永盛	深圳市欧博工程设计顾问有限公司
			曹韶辉	悉地国际设计顾问（深圳）有限公司
2	《建筑设计》（知识题）	艾志刚　主　编 马　越　副主编 佘　赟　副主编	马　越　艾志刚 吕诗佳　吴向阳 罗　薇　俞峰华	深圳大学建筑设计研究院有限公司、深圳大学城市规划设计研究院有限公司、深圳大学建筑与城市规划学院
			黄　河　王　超 张金保	北建院建筑设计（深圳）有限公司
			佘　赟　苏绮韶	筑博设计股份有限公司
			李朝晖	深圳机械院建筑设计有限公司
3	《建筑物理与设备》（知识题）	张　霖　主　编 吴俊奇　副主编 王晓晖　副主编 谢雨飞　副主编 王红朝　副主编	张　霖	华蓝设计（集团）有限公司
			谭方彤	华蓝设计（集团）有限公司
			禤晓林	华蓝设计（集团）有限公司
			吴俊奇	北京建筑大学
			秦纪伟	北京京北职业技术学院
			王晓晖 谢雨飞	北京建筑大学
			王红朝	深圳市华森建筑工程咨询有限公司
4	《建筑材料与构造》（知识题）	冯　鸣　主　编 洪　悦　副主编 赵　阳　副主编	洪　悦　冯　鸣 杨　钧	深圳大学建筑设计研究院有限公司（建材）
			赵　阳　冯　鸣 马　越　王　鹏 高文峰　崔光勋	深圳大学建筑设计研究院有限公司（构造）

序号	书名	分册主编、副主编	分册编委	编委工作单位
5	《建筑经济、施工与设计业务管理》(知识题)	郭智敏 主编 陆 洲 副主编	郭智敏 陆 洲	深圳华森建筑与工程设计顾问有限公司
			林彬海	深圳市清华苑建筑与规划设计研究有限公司
			张 鹏	深圳市华森建筑工程咨询有限公司
6	《建筑方案设计》(作图题)	林 毅 主编 周 新 副主编 张 晖 副主编 范永盛 副主编	周 新 鲁 艺 徐基云 雷 音 刘小良	香港华艺设计顾问(深圳)有限公司
			张 晖 赵 婷 周圣捷	深圳华森建筑与工程设计顾问有限公司
			范永盛	深圳市欧博工程设计顾问有限公司

《建筑经济、施工与设计业务管理（知识题）》
编写分工

章节	内容	参编单位	编委
第一章	建筑经济	深圳市华森建筑工程咨询有限公司	张鹏　高宇翔
第二章	建筑施工	深圳市清华苑建筑与规划设计研究有限公司	林彬海　黄运强
第三章	与工程勘察设计相关的法规	深圳华森建筑与工程设计顾问有限公司	郭智敏　陆洲
	注册建筑师相关规定		张菊芳
	设计文件编制相关规定		陆洲
	工程建设强制性标准相关规定		
	城市规划管理		
	房地产开发程序		郭智敏
	工程监理相关规定		张菊芳　朱婷
	施工招标管理和施工阶段合同管理		陆洲　郭锦标
	建设工程项目管理		
	建设项目工程总承包管理		陆洲　郭智敏
	全过程咨询		
	绿色和可持续发展要求		蒋敏　全水　陈运腾
	建筑使用后评估/评价		郭智敏　朱婷

前　　言

本书编写目的是帮助参加全国一级注册建筑师考试的执业人员进行"建筑经济、施工与设计业务管理（知识题）"科目的考前复习。

本书编写的依据是住房和城乡建设部执业资格注册中心于 2021 年 11 月 12 日发布的《全国一级注册建筑师资格考试大纲（2021 年版）》公告中的"建筑经济、施工与设计业务管理"考试大纲。考试大纲要求：1. 建筑经济；了解建设工程投资构成，了解建设工程全过程投资控制，包括从策划、设计、招投标、施工及竣工等阶段中的投资管控的方式、文件编制等内容以及涉及的工程索赔和项目后评估的基本概念。2. 施工：了解建筑工程施工质量的验收方法、程序和原则；了解各类工程的施工工序及施工质量验收规范、标准等基本知识。3. 设计业务管理：了解与工程勘察设计有关的法律、行政法规和部门规章的基本精神；了解绿色和可持续发展及全过程咨询服务等行业发展要求；了解与工程勘察设计业务相关的各类规定和要求，熟悉注册建筑师权利与义务等方面的规定。

本科目考试范围具有涉及面广和内容庞杂的特点，经多方了解，为方便应试人员复习参考，本书以系统化和重点性相结合为编撰组织原则，一方面，将从业人员平日了解较少的相关知识如建筑经济和施工部分，进行了系统化的概览性呈现，将与勘察设计业务相关的重点性的法规部分原文呈现给读者，方便形成第一记忆，节约读者复习备考的时间；另一方面，以知识题目的方式展现部分重点问题，以加深读者的学习记忆、巩固所学知识。希望本书能对广大备考人员有所帮助。

感谢编委会全体成员的辛勤付出！由于编者学识有限且编撰时间仓促，书中难免存在各种问题，诚请广大读者批评指正。

感谢深圳市注册建筑师协会、中国建筑工业出版社对本书编撰和出版的大力支持。

《建筑经济、施工与设计业务管理（知识题）》分册编委会
2021 年 12 月

目　　录

第一章　建筑经济

建筑设计应当贯彻"适用、经济、绿色、美观"的建筑方针，这要求建筑师必须掌握丰富、全面的相关知识，其中包括掌握、熟悉和了解建筑经济的基本原理，从而有助于建筑师在工程设计中提高工程设计质量和建设投资效益。

2023 年起新考试大纲
(1)了解建设工程投资构成及建设工程全过程投资控制
(2)了解投资估算的作用、编制依据和内容
(3)了解项目建议书、可行性研究、技术经济分析的作用和基本内容
(4)了解工程项目估、概、预算作用，编制依据和内容
(5)了解工程量清单、标底、招标控制价、投标报价的基本知识
(6)了解施工预算、资金使用计划的作用、编制依据和内容及工程变更定价原则
(7)了解工程结算、决算的作用、编制依据和内容
(8)了解项目后评价基本概念，工程投融资基本概念

第一节　建设项目组成及工程建设程序

一、建设项目及其组成

建设项目一般是指在总体规划或设计进行建设的一个或几个单项工程的总和。建设项目在经济上独立核算，行政上有独立的组织形式并实行统一管理。

建设项目可分为单项工程、单位工程、分部工程和分项工程，如图 1.1-1 所示。

(一) 单项工程

单项工程是一个建设单位中具有独立的设计文件、竣工后可以独立发挥生产能力或工程效益的工程，是建设项目的组成部分。

一个建设工程项目由一个或多个单项工程组成。

(二) 单位工程

根据《工程造价术语标准》GB/T 50875—2013，单位工程是指具有独立的设计文件，能够独立组织施工，但不能独立发挥生产能力或使用功能的工程项目。

单位工程是单项工程的组成部分。对于建设规模较大的单位工程，可将其能形成独立使用功能的部分划分为一个子单位工程。一般情况下，将单位工程作为工程成本核算的

1

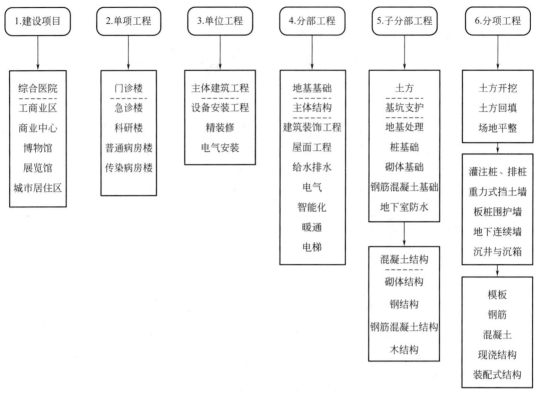

图 1.1-1　建设项目组成示意图

对象。

（三）分部工程

分部工程指不能独立发挥能力或效益，又不具备独立施工条件，但具有结算工程价款条件的工程。分部工程是单位工程的组成部分，一般按专业性质、工程部位、功能等确定。

如建筑的分部工程有：地基与基础、主体结构、建筑装饰装修、屋面、建筑给排水及供暖、通风与空调、建筑电气、智能建筑、建筑节能、电梯等。

（四）分项工程

分项工程是分部工程的细分，是构成分部工程的基本项目，又称工程子目或子目，它是通过较为简单的施工过程就可以生产出来并可用适当计量单位进行计算的建筑工程或安装工程。一般是按照选用的施工方法、所使用的材料、结构构件规格等不同因素划分施工分项。分项工程是形成建筑产品的基础，也是计量工程用工用料和机械台班消耗的基本单元。

二、工程建设程序

工程项目建设程序是指工程项目从策划、评估、决策、设计、施工到竣工验收、投入生产或交付使用的整个建设过程中，各项工作必须遵循的先后工作次序。工程项目建设程序是工程建设过程客观规律的反映，是建设工程项目科学决策和顺利进行的重要保证。工程项目建设程序是人们长期在工程项目建设实践中得出来的经验总结，不能任意颠倒，但可以合理交叉。

我国工程建设程序可分为策划决策和建设实施两大阶段，每一个阶段分为若干项工作。工程建设程序各个阶段有六项主要工作（图1.1-2）：

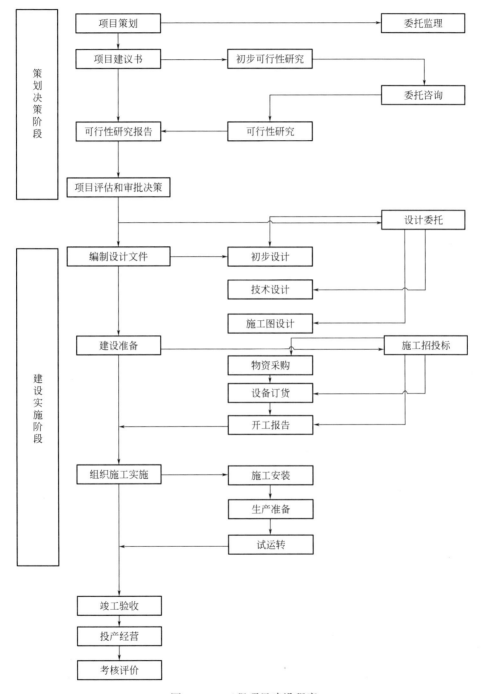

图 1.1-2　工程项目建设程序

（一）项目建议书

项目建议书是要求建设某一具体工程项目的建议文件，是投资决策之前对建设项目的轮廓设想。对于政府投资建设的工程项目，首先应进行的工作就是编制和报批项目建议书。

（二）可行性研究

可行性研究是在项目建议书被批准后，对项目在技术上和经济上是否可行所进行的科学分析和论证。由粗到细分为初步可行性研究和详细可行性研究两个方面。

根据《国务院关于投资体制改革的决定》（国发〔2004〕20号），对于政府投资，采用直接投资和资本金注入方式的，项目须审批项目建议书和可行性研究报告。

对于企业不使用政府资金投资建设的项目，一律不再实行审批制，区别不同情况实行核准制或登记备案制。

（三）编制和报批设计文件

项目决策后，需要对拟建场地进行工程地质勘察，提出勘察报告，为设计做好准备。通过设计招标或方案比选确定设计单位后，即可开始初步设计文件的编制工作。

编制初步设计文件，应当满足编制施工招标文件、主要设备材料订货和编制施工图设计文件的需要。编制施工图设计文件，应当满足设备材料采购、非标准设备制作和施工的要求，并注明建设工程的合理使用年限。

（四）建设准备

建设准备阶段主要内容包括：组建项目法人、征地、拆迁、"三通一平"乃至"七通一平"；组织材料、设备订货；办理建设工程质量监督手续；委托工程监理；准备必要的施工图纸；组织施工招投标，择优选定施工单位；办理施工许可证等。具备开工条件后，建设单位申请开工，进入施工安装阶段。

（五）施工及生产准备阶段

建设工程具备了开工条件并取得施工许可证后方可开工。施工承包单位应按照合同要求、设计图纸、施工规范等按期完成施工任务，并编制和审核工程结算。

对于生产性建设项目，在其竣工投产前，建设单位应适时地组织专门班子或机构，有计划地做好生产准备工作，包括招收、培训生产人员；组织有关人员参加设备安装、调试、工程验收；落实原材料供应；组建生产管理机构，健全生产规章制度等。

（六）竣工验收及考核评价阶段

工程竣工验收是全面考核建设成果、检验设计和施工质量的重要步骤，也是建设项目转入生产和使用的标志。验收合格后，建设单位应办理固定资产移交手续、编制竣工决算，此后项目正式投入使用。建设项目后评价是工程项目竣工投产、生产运营一段时间后，对项目的立项决策、设计施工、竣工投产、生产运营等全过程进行系统评价的一种技术活动，是固定资产管理的一项重要内容，也是固定资产投资管理的最后一个环节。

模拟题

1. 下列工程造价由总体到局部的组成划分中，正确的是（　　）。

A. 建设项目总造价→单项工程造价→单位工程造价→分部工程造价→分项工程造价

B. 建设项目总造价→单项工程造价→单位工程造价→分项工程造价→分部工程造价

C. 建设项目总造价→单位工程造价→单项工程造价→分部工程造价→分项工程造价

D. 建设项目总造价→单位工程造价→单项工程造价→分部工程造价→分部工程造价

【答案】A

【解析】工程造价由总体到局部是按照建设项目→单项工程→单位工程→分部工程→分项工程组成划分的；计价过程正好相反，是由局部到总体。

第二节 工程造价的确定与建筑项目费用的组成

一、工程造价及建设工程项目总投资组成

(一)工程造价

建设工程造价是指工程项目从筹建到竣工交付的整个建设过程所花费的全部固定资产投资费用。包括工程费用、工程建设其他费用和预备费。

工程建设是一种与一般工业生产不同的特殊生产活动。建设周期长、投资额大、建设工期要求紧等特点，决定了建设工程造价主要有以下三个特点：

单件性计价：每个工程项目只能单独设计、单独建设，并且只能单独计价。

多次性计价：建设工程必须按照建设程序分阶段进行建设，不同阶段对工程造价的计价、管理有不同的要求，因此需要按照建设程序中各个阶段多次性进行计价，如图 1.2-1 所示。

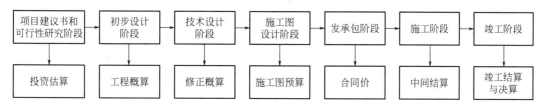

图 1.2-1 工程多次性计价示意图

组合计价：建设项目分为单项工程、单位工程、分部工程、分项工程，建设项目的组合性决定了工程造价的计算过程是逐步组合的过程。

其计算顺序为：分部分项工程造价→单位工程造价→单项工程造价→建设项目总造价。

(二)建设工程项目总投资

建设项目总投资是为了完成工程项目建设并达到使用要求或生产条件，在建设期内预计或实际投入的全部费用总和。生产性建设项目总投资包括建设投资、建设期利息和流动资金三部分；非生产性建设项目总投资包括建设投资和建设期利息两部分。其中建设投资和建设期利息之和对应于固定资产投资，固定资产投资与建设项目的工程造价在量上相等。工程造价中的主要构成成分是建设投资，建设投资是为完成工程项目建设，在建设期内投入期形成现金流出的全部费用。根据《建设项目经济评价方法与参数（第三版）》的

规定，建设投资包括工程费用、工程建设其他费用和预备费三部分。工程费用是指建设期内直接用于工程建造、设备购置及其安装的建设投资，可以分为建筑安装工程费和设备机工器具购置费；工程建设其他费用是指建设期发生的与土地使用权取得、整个工程项目建设以及未来生产经营有关的构成建设投资但不包括在工程费用中的费用；预备费是在建设期内为各种不可预见因素的变化而预留的可能增加的费用，包括基本预备费和价差预备费（图 1.2-2）。

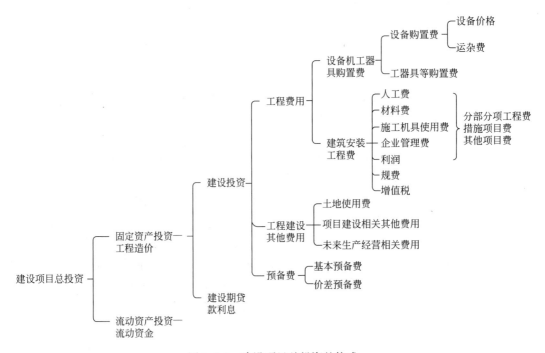

图 1.2-2　建设项目总投资的构成

二、建筑安装工程费的构成和计算

（一）建筑安装工程费内容

建筑安装工程费即建筑安装工程造价，是指建筑安装施工过程中，发生的构成工程实体和非工程实体项目的直接费用（人工费、材料费、施工机具使用费、措施项目费）、施工企业在组织管理工程施工中为工程支出的间接费用（企业管理费、规费）、企业应获得的利润，以及应缴纳的税金的总和。

根据《中华人民共和国环境保护税法》和《关于停征排污费等行政事业性收费有关事项的通知》，从 2018 年 1 月 1 日起，不再征收工程排污费，将原来由环保部门征收的工程排污费，改为由税务部门征收的环境保护税。

建筑业营业税改征增值税改革后，建筑安装工程费用的税金是指国家税法规定应计入建筑安装工程造价内的增值税销项税额。

建筑安装工程费项目按照费用构成要素划分，由人工费、材料（包含工程设备，下同）费、施工机具使用费、企业管理费、利润、规费和增值税组成。其中人工费、材料费、施工机具使用费、企业管理费和利润包含在分部分项工程费、措施项目费和其他项目费中，如图 1.2-3 所示。

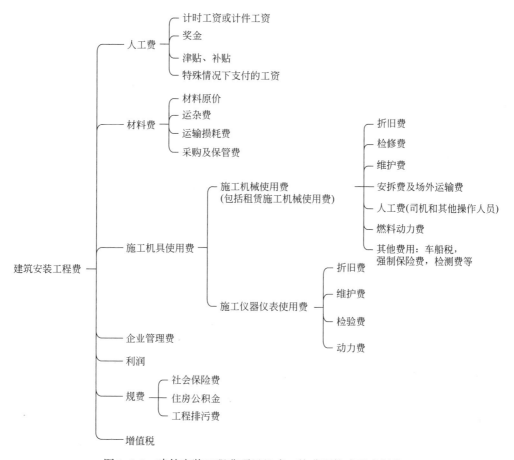

图 1.2-3　建筑安装工程费项目组成（按费用构成要素划分）

为了便于计算建筑安装工程造价，又可以将建筑安装工程费按工程造价形式的顺序，划分为分部分项工程费、措施项目费、其他项目费、规费和增值税。分部分项工程费、措施项目费、其他项目费中包含了人工费、材料费、施工机具使用费、企业管理费和利润，如图 1.2-4 所示。

（二）直接费

建筑安装工程直接费由直接工程费和措施费组成。

1. 直接工程费

直接工程费指能直接计算到各个单位工程中的建筑安装工程费用。它由人工费、材料费、施工机械使用费和其他直接费四项费用组成。

（1）人工费

人工费是指按工资总额构成规定，支付给从事建筑安装工程施工的生产工人和附属生产单位工人的各项费用。内容包括以下四部分：

① 计时工资或计件工资：指按计时工资标准和工作时间或对已做工作按计件单价支

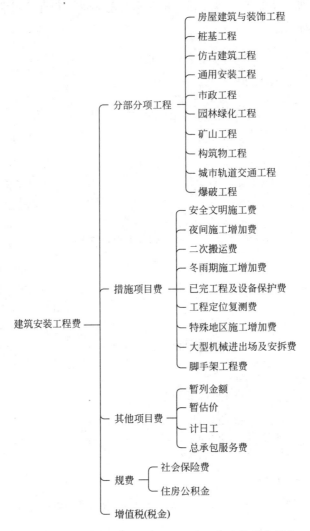

图 1.2-4 建筑安装工程费用项目组成（按造价形成划分）

付给个人的劳动报酬。

② 奖金：指对超额劳动合同增收节支支付给个人的劳动报酬，如节约奖、劳动竞赛奖等。

③ 津贴、补贴：指为了补偿职工特殊或额外的劳动消耗和因其他特殊原因支付给个人的津贴，以及为了保证职工工资水平不受物价影响支付给个人的物价补贴，如流动施工津贴、特殊地区施工津贴、高温（寒）作业临时津贴、高空津贴等。

④ 特殊情况下支付的工资：指根据国家法律、法规和政策规定，因病、工伤、产假、计划生育假、婚丧假、事假、探亲假、定期休假等原因按计时工资标准或计时工资标准的一定比例支付的工资。

构成人工费的基本要素有两个，即人工工日消耗量和人工日工资单价。

① 人工工日消耗量是指在正常施工生产条件下，建筑安装产品（分部分项工程或结构构件）必须消耗的某种技术等级的人工工日数量。它由分项工程所综合的各个工序施工

劳动定额包括的基本用工、其他用工两部分组成。

② 相应等级的日工资单价包括生产工人基本工资、工资性补贴、生产工人辅助工资、职工福利费及生产工人劳动保护费。

人工费的基本计算公式为：

人工费＝$\sum$（工日消耗量×日工资单价）

（2）材料费

材料费是指施工过程中耗费的原材料、半成品、构配件费用，以及周转材料等的摊销、租赁费用，内容包括以下四部分：

① 材料原价：指材料、工程设备的出厂价格或厂家供应价格。

② 运杂费：指材料、工程设备自来源地运至工地仓库或指定堆放地点所发生的全部费用。

③ 运输损耗费：指材料在运输装卸过程中不可避免的损耗。

④ 采购及保管费：指在组织采购、供应和保管材料、工程设备的过程中所需要的各项费用，包括采购费、仓储费、工地保管费、仓储损耗。

材料费按下式计算：

材料费＝$\sum$（材料消耗量×材料单价）

材料单价＝［（材料原价＋运杂费）×（1＋运输损耗率）］×（1＋采购保管费率）

工程设备费＝$\sum$（工程设备量×设备单价）

工程设备单价＝（设备原价＋运杂费）×（1＋采购保管费率）

构成材料费的基本要素是材料消耗量、材料单价。

材料消耗量：是指在合理使用材料的条件下，建筑安装产品（分部分项工程或构件）必须消耗的一定品种规格的原材料、辅助材料、构配件、零件、半成品等的数量标准。包括材料净用量和材料不可避免的损耗量。

材料单价：是指对建筑材料、构件和建筑安装物进行一般鉴定、检查所发生的费用，包括自设实验室进行实验所耗用的材料和化学药品等费用。不包括新结构、新材料的试验费和建设单位对具有出厂合格证明的材料进行检验，对构件做破坏性试验及其他特殊要求检验试验的费用。

（3）施工机械使用费

包括施工机械使用费和仪器仪表使用费或租赁费。

施工机械使用费用机械台班耗用量乘以机械台班单价表示，施工机械台班单价应由折旧费、大修理费、经常修理费、安拆费及场外运费、人工费、燃料动力费和税费组成。折旧费是指施工机械在规定的使用年限内，陆续收回其原值的费用。

施工机械使用费＝$\sum$（施工机械台班消耗量×机械台班单价）

机械台班单价＝折旧费＋大修费＋安拆费＋场外运费＋人工费＋燃料动力费＋保险费等

台班折旧费＝机械预算价格×（1－残值率）/耐用总台班数

台班大修理费＝（一次大修理费×大修次数）/耐用总台班数

仪器仪表使用费＝工程使用的仪器仪表摊销费＋维修费

若施工机械为租赁使用，则计算规则为：

施工机械使用费＝∑（施工机械台班消耗量×机械台班租赁单价）

2. 措施费

指为完成建设工程施工，发生于该工程施工前和施工过程中的技术、生活、安全、环境保护等方面的内容，包括安全文明施工费、夜间施工增加费、冬雨期施工增加费、已完工程及设备保护费、工程定位复测费、特殊地区施工增加费、大型机械设备进出场及安拆费、脚手架工程费。

安全文明施工费包括以下几种费用：

① 环境保护费：指施工现场为达到环保部门要求所需要的各项费用。

② 文明施工费：指施工现场文明施工所需要的各项费用。

③ 安全施工费：指施工现场安全施工所需要的各项费用。

④ 临时设施费：指施工企业为进行建设工程施工所必须搭设的生活和生产用的临时建筑物、构筑物和其他临时设施的费用，包括临时设施的搭设、维修、拆除、清理费或摊销费等。

夜间施工增加费：指因夜间施工所发生的夜班补助费、夜间施工降效、夜间施工照明设备摊销及照明用电等费用。

二次搬运费：指因施工场地条件限制而发生的材料、构配件、半成品等一次运输不能到达堆放地点，必须进行二次或多次搬运所发生的费用。

冬雨期施工增加费：指在冬季或雨季施工需增加临时设施、防滑、排除雨雪等产生的人员及施工机械效率降低等费用。

已完工程及设备保护费：指竣工验收前，对已完工程及设备采取必要的保护措施所发生的费用。

工程定位复测费：指工程施工过程中进行全部施工测量放线和复测工作的费用。

特殊地区施工增加费：指工程在沙漠或其他边远地区、高海拔、高寒、原始森林等特殊地区施工增加的费用。

脚手架工程费：指施工需要的各种脚手架搭、拆、运输费用及脚手架购置费的摊销（或租赁）费用。

（三）间接费

建筑安装工程间接费是指虽不直接由施工的工艺过程所引起，但却与工程的总体条件有关，建筑安装企业为组织施工和进行经营管理，以及间接为建筑安装生产服务的各项费用。

1. 规费

规费是指按国家法律、法规规定，由省级政府和省级有关部门规定必须缴纳或计取的费用。规费包括五险一金（五险指社会保险费、养老保险费、失业保险费、医疗保险费、生育保险费、工伤保险费，一金指住房公积金）。

其中，社会保险和住房公积金应以定额人工费为计算基础，根据工程所在地或行业建设主管部门规定的费率来计算。其他应列而未列入的规费应按工程所在地相关部门规定的标准缴纳，并按实计取列入。

2. 企业管理费

企业管理费是指建筑安装企业组织施工生产和经营管理所需的费用。一般包括：

①管理人员工资：指按规定支付给管理人员的计时工资、奖金、津贴补贴、加班加点工资及特殊情况支付的工资等。

②办公费：指企业管理办公用的文具、纸张、账表、印刷、电子信息网络、办公软件等的费用。

③差旅交通费：指职工因公出差、调动工作的差旅费、出勤补助费、市内交通费和午餐补助费，职工探亲路费，工伤人员就医路费等费用。

④固定资产使用费：指管理和试验部门及附属生产单位使用的属于固定资产的房屋、设备、仪器等的折旧、大修、维修或租赁费。

⑤工具用具使用费：指企业施工生产和管理使用的不属于固定资产的工具、器具、家具、交通工具和检验、试验、测绘、消防用具等的购置、维修和摊销费。

⑥劳动保险和职工福利费：指由企业支付的职工退职金、按规定支付给离休干部的经费、集体福利费、上下班交通补贴等。

⑦劳动保护费：企业按规定发放的劳动保护用品的支出。

⑧检验试验费：指施工企业按照有关标准规定，对建筑以及材料、构件和建筑安装物进行一般鉴定、检查所发生的费用，包括自设实验室进行试验所耗用的材料等费用，不包括新结构、新材料的试验费。

⑨工会经费：企业按《工会法》规定的全部职工工资总额比例计提的工会经费。

⑩职工教育经费：指按职工工资总额的规定比例计提，企业为职工进行专业技术和职业技能培训，专业技术人员继续教育、职工职业技能鉴定、执业资格认定以及根据需要对职工进行各类文化教育所发生的费用。

⑪财产保险费：指施工管理用财产、车辆等的保险费用。

⑫财务费：指企业为施工生产筹集资金或提供预付款担保、履约担保、职工工资支付担保等发生的各种费用。

⑬税金及附加：指企业按规定交纳的房产税、非生产性车船使用税、土地使用税、城市维护建设税等费用。

⑭其他费用：包括技术转让费、技术开发费、投标费、绿化费、广告费、公证费、咨询费等其他各类费用。

施工企业管理费由企业自主确定，可选用分部分项工程费、人工费和机械费、人工费三者为计算基础，按下式计算：

施工企业管理费＝施工企业管理费计算基础×施工企业管理费费率

（四）利润及税金

建筑安装工程费用中的利润及税金是建筑安装企业职工为社会劳动所创造的那部分价值在建筑安装工程造价中的体现。

1. 利润

利润是指施工企业完成所承包工程获得的盈利。利润的计算同样因计算基础的不同而不同：

①以直接费为计算基础时利润的计算方式：

利润＝（直接费＋间接费）×相应利润率

②以人工费和机械费为计算基础时利润的计算方式：

利润＝直接费中的人工费和机械费合计×相应利润率

③以人工费为计算基础时利润的计算方式

利润＝直接费中的人工费合计×相应利润率

在建筑产品的市场定价过程中，应根据市场的竞争状况适当确定利润水平。取定的利润水平过高可能会导致丧失一定的市场机会，取定利润水平过低又会面临很大的市场风险。相对于相对固定的成本水平来说，利润率的选定体现了企业的定价政策，利润率的确定是否合理也反映出企业的市场成熟度。

2. 增值税

增值税是指按国家税法规定应计入建筑安装工程造价内的增值税销项税额。税前工程造价为人工费、材料费、施工机械使用费、企业管理费、利润和规费之和，各费用项目均不包含增值税。

增值税销项税额＝税前工程造价×税率

三、建筑安装工程费计价过程

建筑安装工程费按照工程造价形成分，有分部分项工程费、措施项目费、其他项目费、规费、增值税（与工程量清单一致）。

（一）分部分项工程费

分部分项工程费是指各专业工程的分部分项工程应予列支的各项费用。

① 专业工程：指按现行国家计量规范划分的房屋建筑与装饰工程、仿古建筑工程、通用安装工程、市政工程、园林绿化工程、矿山工程、构筑物工程、城市轨道交通工程、爆破工程等各类工程。

② 分部分项工程：按现行国家计量规范对各专业工程划分的项目，如房屋建筑与装饰工程划分的土石方工程、地基处理与桩基工程、砌筑工程、钢筋及钢筋混凝土工程等。

各个专业工程的分部分项工程划分按现行国家标准《房屋建筑与装饰工程量计算规范》GB 50854—2013 进行。

（二）措施项目费

措施项目及其包含的内容详见各类专业工程的现行国家或行业计价规范。国家《建设工程工程量清单计价规范》GB 50500—2013 规定应予以计量的措施项目费的计算公式为：

应予计量的措施项目费＝∑（措施项目工程量×综合单价）

国家计量规范规定不宜计量的措施项目，措施项目费一般按照计算基数乘以费率的方式计算，计算基数为人工费或人工费与机械费之和。

（三）其他项目费

包括暂列金额、计日工、总承包服务费、暂估价。

① 暂列金额是指发包人在工程量清单中暂定并包括在工程合同价款中的一笔款项。用于施工合同签订时尚未确定或者不可预见的所需材料、工程设备、服务的采购，施工中可能发生的工程变更、合同约定调整因素出现时的工程价款调整以及发生的索赔、现场签证确认等的费用。

暂列金额由建设单位根据工程特点，按有关计价规定估算，施工过程中由建设单位掌据使用，扣除合同价款调整后如有余额，归建设单位。

② 计日工：指在施工过程中，施工企业完成建设单位提出的施工图纸以外的零星项目或工作所需的费用。计日工由建设单位和施工企业按施工过程中的签约证明计价。

③ 总承包服务费：指总承包人为配合、协调建设单位进行的专业工程发包，对建设单位自行采购的材料、工程设备等进行保管以及施工现场管理、竣工资料汇总整理等服务所需的费用。

④ 暂估价：是指发包人在工程量清单或预算书中提供的用于支付必然发生但暂时不能确定价格的材料、工程设备的单价、专业工程以及服务工作的金额。

总承包服务费由建设单位在招标控制价中根据总包服务范围和有关计价规定编制，施工企业投标时自主报价，施工过程中按签约合同价执行。

（四）规费和增值税

建设单位和施工企业均应按照省、自治区、直辖市或行业建设主管部门发布的标准计算规费和增值税，不得作为竞争性费用。

建筑安装工程造价为分部分项工程费、措施项目费、其他项目费、规费和增值税之和。

四、设备及工器具购置费的构成

设备及工器具购置费，是指建设项目涉及范围内的需要安装和不需要安装的设备、仪器、仪表等及其必要的备品备件购置费，以及为保证投产初期正常生产所必需的仪器仪表、工卡具模具、器具及生产机具等购置费。

（一）设备、工器具费用构成概述

设备、工器具费用由设备购置费和工器具、生产机具购置费组成，它是固定资产投资中的积极部分。在生产性工程项目建设中，设备、工器具费用与资本的有机构成联系紧密。设备、工器具费用占工程造价比重的增大，意味着生产技术的进步和资本有机构成的提高。

① 设备购置费是指为工程建设项目购置或自制的达到固定资产标准的设备、工具、器具的费用。其计算公式为：

设备购置费＝设备原价或进口设备抵岸价＋设备运杂费

上式中的设备原价是指国产标准设备、国产非标准设备、引进设备的原始价格。设备运杂费系指设备原价中未包括的设备包装和包装材料费、运输费、装卸费、采购费及仓库保管费和设备供销部门手续费等。如果设备是由设备成套公司供应的，成套公司的服务费也应计入设备运杂费之中。

② 工器具及生产机具购置费是指新建项目或扩建项目初步设计规定，保证生产初期正常生产所必须购置的、没有达到固定资产标准的设备、仪器、工卡模具、器具、生产机具和备品备件等的购置费用，一般是以设备购置费为计算基数，按照行业（部门）规定的工器具及生产机具定额费率计算。其计算公式为：

工器具及生产机具购置费＝设备购置费×工器具及生产机具定额费率

（二）设备原价的构成与计算

1. 国产标准设备原价

国产标准设备是指按照主管部门颁布的标准图纸和技术要求，由我国设备生产厂批量生产的，符合国家质量检验标准的设备。国产标准设备原价一般指的是设备制造厂的交货价，即出厂价。若设备由设备公司成套供应，则以订货合同价为设备原价，一般按带有备件的出厂价计算。它一般根据生产厂家或供应商的询价、报价、合同价确定，或采用一定方法计算确定。

2. 国产非标准设备原价

非标准设备是指国家尚无定型标准，各设备生产厂不可能在工艺过程中采用批量生产，只能按一次订货，并根据具体的设计图纸制造的设备。非标准设备原价有多种不同的计算方法，如成本计算估价法、系列设备插入估价法、分部组合估价法、综合定额估价法等。但无论哪种方法都应该使非标准设备计价接近实际出厂价，并且计算方法要简便。

按成本计算估算法，单台非标准设备出厂价格可用下式表达：

单台设备出厂价格＝{ [（材料费＋加工费＋辅助材料费）×（1＋专用工具费率）×（1＋废品损失费率）＋外购配套件费] ×（1＋包装费率）－外购配套件费}×（1＋利润率）＋增值税销项税额＋非标准设备设计费＋外购配套件费

3. 进口设备抵岸价

（1）进口设备交换方式和交货价

进口设备的交货方式和交货价，可分为内陆交货类、目的地交货类、装运港交货类三种。

① 内陆交货类即卖方在出口国内陆的某个地点交货。在交货地点，卖方及时提交合同规定的货物和有关凭证，负担交货前的一切费用并承担风险；买方按时接收货物，交付货款，负担接货后的一切费用、承担风险，并自行办理出口手续和装运出口。货物的所有权也在交货后由卖方转入买方。这适用于任何运输方式，主要有工厂交货价（EXW）和货交承运人价（FCA）两种。

② 目的地交货类即卖方要在进口国的港口或内地交货，有目的港船上交货价（DES）、目的港码头交货价（DEQ，关税已付）和完税后交货价（DDP）（进口国的指定地点）等几种交货价。它们的特点是：买卖双方承担的责任、费用和风险是以目的地约定交货点为分界线，只有当卖方在交货点或将货物置于买方控制下才算交货，才能向买方收取货款。这类交货价对卖方来说承担的风险较大，在国际贸易中卖方一般不愿采用这类交货方式。

③ 装运港交货类即卖方在出口国装运港完成交货任务。主要有装运港船上交货价（FOB，也称为离岸价），运费在内价（CFR），运费、保险费在内价（CIF）等。它们的特点主要是：卖方按照约定的时间在装运港交货，卖方只要把合同规定的货物装船后提供货运单据便完成交货任务，可凭单据收回货款。这适用于海运或内陆水运。

装运港船上交货价（FOB）是我国进口设备采用最多的一种货价。采用船上交货价时卖方的责任是：在规定期限内，负责货物装船前的一切费用和风险；负责办理出口手续，提供出口国政府或有关方面签发的证件；负责提供有关装运单据。买方的责任是：负责租船或订舱，支付运费，并将船期、船名通知卖方；负担货物装船后的一切费用和风险；负责办理保险及支付保险费，办理目的港的进口和收货手续；接受卖方提供的有关装运单据，并按合同规定支付货款。

（2）进口设备抵岸价构成

进口设备抵岸价是指抵达卖方边境港口或车站，且缴完关税以后的价格，由进口设备货价和进口从属费用组成。我国进口设备采用最多的是装运港船上交货价（FOB），其抵岸价构成可按下列公式计算：

进口设备抵岸价＝货价＋进口从属费用＝货价＋国外运费＋国外运输保险费＋银行财务费＋外贸手续费＋进口关税＋增值税＋消费税＋海关监管手续费

① 进口设备的货价

进口设备货价分为原币货价和人民币货价。原币货价一般按离岸价（FOB）计算，币种一律折算为美元。

人民币货价＝原币货价（FOB价）×外汇牌价（美元兑换人民币中间价）

② 国外运费

国外运费是从装运港（站）到我国抵达港（站）的运费。当采用运费率时，按下式计算：

国外运费（海陆空）（外币）＝原币货价（FOB价）×运费率

当采用运费单价时，按下式计算：

国外运费（海陆空）（外币）＝货物运量净重×毛重系数（1.15～1.25）×运费单价

③ 国外运输保险费

对外贸易货物运输保险是由保险人与被保险人订立保险契约，在被保险人交付议定的保险费后，保险人根据保险契约的规定对货物在运输过程中发生的承担责任范围内的损失给予经济上的补偿。计算公式为：

国外运输保险费＝（离岸价＋国外运费）/（1－国外运输保险费率）×国外运输保险费率

④ 银行财务费

银行财务费一般指中国银行手续费，计算公式为：

银行财务费＝货价（FOB价）×人民币外汇牌价×银行财务费率

⑤ 外贸手续费

外贸手续费指对外经济贸易部按规定的外贸手续费率计取的费用，计算公式为：

外贸手续费＝（离岸货价＋国外运费＋运输保险费）×人民币外汇牌价×外贸手续费率

＝到岸价（CIF价）×人民币外汇牌价×外贸手续费率

⑥ 进口关税

关税是由海关对进出国境或关境的货物和物品征收的一个税种，计算公式为：

进口关税＝关税完税价格×进口关税税率

＝到岸价（CIF价）×人民币外汇牌价×进口关税税率

进口货物按海关审定的以成交价格为基础的到岸价作为完税价格。到岸价格（CIF价）包括货币原价及货物运抵中国海关境内运入地点起卸前的包装费、运费、保险费和其他劳务费用，按下式计算：

关税完税价格＝（原币货价＋国外运费＋运输保险费）×外汇牌价

＝到岸价（CIF价）×人民币外汇牌价

进口关税税率分为优惠和普通两种，普通税率适用于未与我国订立互惠条款的贸易条约或协定的国家与地区的进口设备。进口关税税率按中华人民共和国海关总署发布的进口关税税率计算，以租赁（包括租借）方式进口的货物以货物的租金作为完税价格。

⑦ 消费税

仅针对进口时应缴纳消费税的货物（如轿车、摩托车等），计算公式为：

消费税＝（关税完税价格＋关税）/（1－消费税税率）×消费税税率

  ＝（抵岸价×人民币外汇牌价＋关税）/（1－消费税税率）×消费税税率

⑧ 增值税

增值税是我国政府对从事进口贸易的单位和个人，在进口商品报关进口后征收的税种。我国增值税条例规定，进口应税产品均按组成计税价格和增值税税率直接计算应纳税额，计算公式为：

进口产品增值税税额＝组成计税价格×增值税税率

  ＝（关税完税价格＋进口关税＋消费税）×增值税税率

  ＝（到岸价×人民币外汇牌价＋进口关税＋消费税）×增值税税率

⑨ 海关监管手续费

海关监管手续费是指海关对进口减税、免税、保税货物实施监督管理、提供服务的手续费，对于全额征收进口关税的货物不计本项费用，计算公式为：

海关监管手续费＝到岸价×人民币外汇牌价×海关监管手续费率

式中海关监管手续费率：进口免税、保税货物为 3‰；进口减税货物为 3‰×减税百分率。

五、工程建设其他费用项目组成

工程建设其他费用，按其内容大体可分为三类：第一类为土地使用费；第二类是与项目建设有关的费用；第三类是与未来企业生产和经营活动有关的费用。

（一）土地使用费和其他补偿费

1. 农用土地征用费

土地补偿费、安置补助费、土地投资补偿费、青苗补偿费、地上建筑物补偿费、征地和土地管理费、耕地占用税以及土地开发费等，并按被征用土地的原用途给予补偿。

农用土地征用费按工程所在地省、市、自治区人民政府颁布的土地管理有关规定及费用标准计算。

2. 取得国有土地使用费

取得国有土地使用费包括土地使用权出让金、城市建设配套费、拆迁补偿与临时安置补助费等。

① 土地使用权出让金：指建设项目通过土地使用权出让方式，取得有限期的土地使用权，依照《中华人民共和国城镇国有土地使用权出让和转让暂行条例》规定支付的土地使用权出让金。城市土地的出让和转让可以采用协议、招标、公开拍卖等方式。

② 城市建设配套费是指因进行城市公共设施的建设而分摊的费用。

③ 拆迁补偿与临时安置补助费由拆迁补偿费和临时安置补助费（或搬迁补助费）两部分构成。拆迁补偿费是指拆迁人对被拆迁人按照有关规定予以补偿所需的费用，分为产权调换和货币补偿两种形式。产权调换的面积按照所拆迁房屋的建筑面积计算；货币补偿

是对被拆迁人或者房屋承租人所支付的搬迁补助费。在过渡期内，被拆迁人或者房屋承租人自行安排住处的，拆迁应当支付临时安置补助费。

（二）与项目建设有关的其他费用

1. 建设单位管理费

建设单位管理费指建设项目从立项、筹建、建设、联合试运转、竣工验收交付使用及以后评估等全过程建设管理所需要的费用。内容如下：

① 建设单位开办费：指新建项目为保证筹建和建设工作正常进行所需的办公设备、生活家具、用具、交通工具等的购置费用。

② 建设单位经费：包括建设单位工作人员的基本工资、工资性补贴、施工现场津贴、职工福利费、劳动保护费、住房基金、劳动保险费、办公费、差旅交通费、工会经费、职工教育经费、固定资产使用费、工具用具使用费、技术图书资料费、生产人员招募费、工程招标费、审计费、合同契约公证费、工程质量监督检测费、工程咨询费、法律顾问费、设计审查费、业务招待费、排污费、竣工交付使用清理及竣工验收费、后评估费、印花税和其他管理性质开支等。但不包括应计入设备、材料预算价格的建设单位采购及保管设备材料所需的费用。建设项目管理费包括建设单位（业主）管理费、工程质量监督费、工程定额测定费、设计文件审查费和竣（交）工验收试验检测费。

2. 研究试验费

研究试验费不包括以下项目：（1）应由科技三项费用（即新产品试制费、中间试验费和重要科学研究补助费）开支的项目。（2）应在建筑安装费用中列支的施工企业对建筑材料、构件和建筑物进行一般鉴定、检测所发生的费用及技术革新的研究试验费。（3）应在勘察设计费或工程费用中开支的项目。

3. 勘察设计费

勘察设计费是指为建设项目提供项目建议书、可行性研究报告、设计文件等所需的费用。（1）编制项目建议书、可行性研究报告、设计文件等文件所进行的工程勘察、设计、研究实验等所需费用。（2）委托勘察、设计单位进行初步设计、技术设计、施工图设计、概预算编制，以及设计模型等制作所需的费用。（3）在规定的范围内由设计单位自行完成勘察、设计工作所需要的费用。

4. 场地准备费和临时设施费

此项费用不包括已列入建筑安装工程费用中的施工单位临时设施费用。

场地准备及临时设施应尽量与永久性工程统一考虑。建设场地的大型土石方工程应进入工程费用中的总图运输费用中。新建项目的场地准备和临时设施费应根据实际工程量估算，或按工程费用的比例计算。改扩建项目一般只计拆除清理费。发生拆除清理费时可按新建同类工程造价或主材费、设备费的比例计算。凡可回收材料的拆除工程采用以料抵工方式冲抵拆除清理费。

场地准备和临时设施费＝工程费用×费率＋拆除清理费

5. 引进技术和进口设备材料其他费

引进技术和进口设备材料其他费包括出国人员费用、国外工程技术人员来华费用、技术引进费用、分期或延期付款利息、担保费以及进口设备检验鉴定费。进口设备检验鉴定费一般按进口设备货价的 3%～5% 计算。

6. 特殊设备安全监督检查费

指在施工现场组装的锅炉、压力容器、压力管道、消防设备、燃气设备、电梯等特殊设备和设施，由安全监察部门按照有关安全监察条例和实施细则以及设计技术要求进行安全检验，应由建设工程项目支付而向安全监察部门缴纳的费用。

7. 市政公用配套设施费和绿化补偿费

指使用市政公共设施的工程项目，按照项目所在省一级人民政府有关规定建设或缴纳的市政公用设施建设配套费用，以及绿化工程补偿费用，按工程所在地人民政府规定标准计列。

8. 工程保险费

包括建筑安装工程一切险、进口设备财产保险和人身意外伤害险等。不包括已列入施工企业管理费中的施工管理用财产、车辆保险费。

（三）与未来企业生产经营有关的其他费用

1. 联合试运转费

联合试运转费是指在竣工验收前，对整个车间、生产线或装置按照设计规定的工程质量标准进行负荷或无负荷联合试运转发生的费用净支出。

其中不包括：应由设备安装工程费用开支的调试及试车费用，以及在试运转中暴露出来的因施工原因或设备缺陷等发生的处理费用。不发生试运转或试运转收入大于支出的工程不列此项。

联合试运转费＝联合试运转费用支出－联合试运转收入

2. 生产准备及开办费

在建设期内，建设单位为保证项目正常生产而发生的人员培训费、提前进场费以及投产使用必备的办公、生活家具及工器具等的购置费用，包括：

① 人员培训费及提前进场费，包括自行组织培训或委托其他单位培训的人员工资、工资性补贴、职工福利费、差旅交通费、劳动保护费、学习资料等。

② 为保证初期正常生产（或营业、使用）所必须的生产办公、生活家具用具购置费。

③ 为保证初期正常生产（或营业、使用）所必须的第一套不构成固定资产标准的生产工具、器具、用具购置费。不包括备品备件费。

新建项目按设计定员为基数计算，改扩建项目按新增设计定员为基数计算。

生产准备费＝设计定员×生产准备费指标（元/人）

六、预备费

（一）基本预备费

基本预备费是指在项目实施中可能发生难以预料的支出，需要预先预留的费用，又称不可预见费。主要指设计变更及施工过程中可能增加工程量的费用。

基本预备费＝（工程费用＋工程建设其他费）×基本预备费费率

（二）价差预备费

价差预备费是指在建设期内利率、汇率或价格等因素的变化而预留的可能增加的费用，也被称为价格变动不可预见费。

$$PF = \sum_{t=1}^{n} I_t \left[(1+f)^m (1+f)^{0.5} (1+f)^{t-1} - 1 \right]$$

式中　　PF——价差预备费；

　　　　n——建设期年份数；

　　　　I_t——建设期第 t 年的静态投资额，包括工程费用、工程建设其他费用及基本预备费；

　　　　f——年涨价率；

　　　　m——建设前期年限（从编制投资估算到开工建设，单位：年）。

七、资金筹措费

资金筹措费包括各类借款利息、债券利息、贷款评估费、国外借款手续费及承诺费、汇兑损益、债券发行费用及其他债务利息支出或融资费用。

其中建设期利息是指项目借款在建设期内发生并计入固定资产的利息。

模拟题

1. 不属于建设工程固定资产投资的是（　　）。

A. 设备及工器具购置费　　　　　　B. 建筑安装工程费

C. 建设期贷款利息　　　　　　　　D. 铺底流动资金

【答案】D

【解析】建设项目的总投资包括固定资产投资和流动资产投资。固定资产投资即工程造价，由建设投资和建设期贷款利息组成，其中建设投资由设备及工器具购置费、建筑安装工程费、工程建设其他费、预备费等费用组成。

2. 建设项目投资费用主要包括（　　）。

A. 建筑工程费、工程建设其他费用和基本预备费

B. 工程费、工程建设其他费用和预备费

C. 建筑工程费、设备及工器具购置费、安装工程费

D. 建筑工程费、设备及工器具购置费、工程建设其他费

【答案】B

【解析】建设项目投资费用主要包括工程费、工程建设其他费用和预备费。其中工程费包括建筑安装工程费和设备及工器具购置费；工程建设其他费用包括土地使用费、项目建设相关其他费用和未来生产经营相关费用；预备费包括基本预备费和价差预备费。

3. 土地使用费属于下列费用中哪一项？（　　）

A. 建设单位管理费　　　　　　　　B. 研究试验费

C. 建筑工程费　　　　　　　　　　D. 工程建设其他费用

【答案】D

【解析】工程建设其他费用是指从工程筹建到工程竣工验收交付使用为止的整个建设期间，除建筑安装费和设备工器具购置费之外的，为保证工程建设顺利完成和交付使用后能够正常发挥效用的一些费用，包括土地使用费、项目建设相关其他费用和未来生产经营相关费用。

4. 下列建设项目总投资组成项目中，不属于固定资产投资的是（　　）。

 A. 工程建设其他费   B. 预备费

 C. 铺底流动资金   D. 建设期贷款利息

【答案】C

【解析】固定资产主要包括：设备及工器具购置费、建筑安装工程费、工程建设其他费、预备费和建设期投资贷款利息。

5. 某材料出厂价格为 1000 元/t，运费为 100 元/t，装卸费为 50 元/t，保管费为 40 元/t，损耗等费用为 80 元/t，则该材料的概算价格为（　　）。

 A. 1000 元/t   B. 1100 元/t

 C. 1180 元/t   D. 1270 元/t

【答案】D

【解析】材料费包括材料原价、材料运杂费、运输损耗费、采购及保管费等，材料采购人员工资应计入采购及保管费中。所以该题中材料费＝1000＋100＋50＋40＋80＝1270 元/t。

6. 下列哪些费用属于建筑安装工程企业管理费？（　　）

 A. 环境保护费、文明施工费、安全施工费、夜间施工费

 B. 财产保险费、财务费、差旅交通费、管理人员工资

 C. 养老保险费、住房公积金、临时设施费、工程定额测定费

 D. 夜间施工费、已完工程及设备保护费、脚手架费

【答案】B

【解析】建筑安装企业管理费包括管理人员工资、办公费、差旅交通费、固定资产使用费、工具用具使用费、劳动保险和职工福利费、检验试验费、工会经费、财产保险费、财务费、税金、职工教育经费等。

7. 某工程购置空调机组 3 台，单价出厂价 2.2 万元，运杂费率 7%，则该工程空调机组的购置费为（　　）。

 A. 2.35 万元   B. 4.71 万元

 C. 6.60 万元   D. 7.06 万元

【答案】D

【解析】设备购置费＝设备原价（或进口设备抵岸价）＋设备运杂费＝（2.2＋2.2×7%）×3＝7.06 万元。

8. 某工程购置电梯两部，购置费用 130 万元，运杂费率 8%，则该工程电梯原价为（　　）。

 A. 119.60 万元   B. 120.37 万元

 C. 140.40 万元   D. 150.00 万元

【答案】B

【解析】设备购置费＝设备原价（或进口设备抵岸价）＋设备运杂费。所以设备原价＝130/（1＋8%）＝120.37 万元。

9. 下列费用中，不属于固定资产投资的是（　　）。

 A. 土地费用   B. 建设单位管理费

 C. 流动资金   D. 勘察设计费

【答案】C

【解析】A、B、D选项均属于工程建设其他费。

10. 下列费用中，不属于工程建设其他费的是（　　）。

A. 勘察设计费 　　　　　　　　　B. 可行性研究费

C. 环境影响评价费 　　　　　　　D. 二次搬运费

【答案】D

【解析】二次搬运费属于建筑安装工程费中的措施项目费。

11. 在编制初步设计总概算时，对于难以预料的工程和费用应列入（　　）。

A. 涨价预备费 　　　　　　　　　B. 基本预备费

C. 工程建设其他费用 　　　　　　D. 建设期贷款利息

【答案】B

【解析】基本预备费主要为解决在施工过程中，经上级批准的设计变更和国家政策性调整而增加的投资以及为解决意外事故而采取措施所增加的工程项目和费用，又称工程建设不可预见费，主要指设计变更及工程建设不可预见费。

12. 某办公楼建筑安装工程费用为800万元，设备及工器具购置费用为200万元，工程建设其他费用为100万元，建设期贷款利息为100万元，项目基本预备费费率为5%，则该项目的基本预备费为（　　）。

A. 40万元 　　　　　　　　　　　B. 50万元

C. 55万元 　　　　　　　　　　　D. 60万元

【答案】C

【解析】基本预备费＝（设备及工器具购置费＋建筑安装工程费用＋工程建设其他费用）×基本预备费率。本题基本预备费＝（800＋200＋100）×5%＝55万元。

13. 某项目工程费用为6400万元，其他费用720万元，无贷款，不考虑投资方向调节税、流动资金，总概算7476万元，则预备费费率为（　　）。

A. 5.6% 　　　　　　　　　　　　B. 5%

C. 4.76% 　　　　　　　　　　　D. 4%

【答案】B

【解析】基本预备费率＝基本预备费/（工程费用＋工程建设其他费）＝（7476－6400－720）/（6400＋720）×100%＝5%。

14. 为生产运营贷款所支付的利息，属于下列哪一项费用？（　　）

A. 工程建设其他费用 　　　　　　B. 成本费用

C. 财务费用 　　　　　　　　　　D. 工程直接费

【答案】C

【解析】生产运营贷款利息进入财务费用，建设期贷款利息进入固定资产。

15. 某项目建设期为2年，共向银行借款10000万元，借款年利率为6%。第一和第二年借款比例均为50%，借款在各年内均衡使用，建设期内只计息不付息，则编制投资估算时该项目建设期利息总和为（　　）。

A. 609万元 　　　　　　　　　　B. 459万元

C. 450万元 　　　　　　　　　　D. 300万元

【答案】A

【解析】第一年利息：$5000/2×6\%＝150$ 万元，第二年利息：$（5000/2＋5000＋150）×6\%＝459$ 万元，建设期利息$＝150＋459＝609$ 万元。

16. 某建设工程项目建筑安装费为 2000 万元，设备及工器具购置费为 800 万元，工程建设其他费用为 300 万元，基本预备费率为 8%，该项目的基本预备费为（　　）。

A. 160 万元 　　　　　　　　　　B. 184 万元

C. 248 万元 　　　　　　　　　　D. 224 万元

【答案】C

【解析】基本预备费＝（工程费用＋工程建设其他费）×基本预备费费率＝（2000＋800＋300）×8%＝248 万元。

17. 某建设项目的工程费用为 1500 万元，工程建设其他费用为 200 万元，场地准备和临时设施费按工程费用的 5% 计算，预计项目完工后拆除工程产生的清理费用为 20 万元，拆除工程可回收材料价 5 万元。则该项目的场地准备和临时设施费为（　　）。

A. 70 万元 　　　　　　　　　　B. 90 万元

C. 75 万元 　　　　　　　　　　D. 100 万元

【答案】B

【解析】场地准备和临时设施费＝工程费用×费率＋拆除清理费＝1500×5%＋20－5＝90 万元。发生拆除清理费时可按新建同类工程造价或主材费、设备费的比例计算。凡可回收材料的拆除工程采用以料抵工方式冲抵拆除清理费。

18. 编制预算时，国产标准设备的原价一般选用（　　）。

A. 不含设备的出厂价 　　　　　　B. 设备制造厂的成本价

C. 带有备件的出厂价 　　　　　　D. 设备制造厂的出厂价加运杂费

【答案】C

【解析】国产标准设备原价一般指的是设备制造厂的交货价，即出厂价。如设备由设备成套公司供应，则以订货合同价为设备原价。有的设备有两种出厂价，即带有备件的出产价和不带有备件的出厂价。在计算设备原价时一般按带有备件的出厂价计算。

19. 估算建设项目设备购置费时，可直接作为设备原价的有（　　）。

A. 国产非标准设备成本价 　　　　B. 国产标准设备出厂价

C. 国产标准设备订货合同价 　　　D. 进口设备出厂价

E. 进口设备抵岸价

【答案】BCE

【解析】设备原价是指国产标准设备、非标准设备的原价。国产标准设备、非标准设备原价一般是指设备出厂价。如设备由设备成套公司供应，则以订货合同为设备原价。进口设备的单价为进口设备的抵岸价，区分离岸价与到岸价。

20. 施工过程中，施工测量放线和复测工作发生费用应计入（　　）。

A. 分部分项工程费 　　　　　　　B. 措施项目费

C. 其他项目费 　　　　　　　　　D. 企业管理费

【答案】B

【解析】措施项目费中工程定位复测费，是指工程施工过程中进行全部施工测量放线和复测工作的费用。

21. 施工现场设立的安全警示标志、现场围挡等所需费用应计入（　　）。

A. 分部分项工程费　　　　　　　　B. 措施项目费

C. 规费项目费　　　　　　　　　　D. 其他项目费

【答案】B

【解析】措施项目费中安全文明施工费包括：（1）环境保护费，即施工现场为达到环保部门要求所需要的各项费用；（2）文明施工费，即施工现场文明施工所需要的各项费用；（3）安全施工费，即施工现场安全施工所需要的各项费用；（4）临时设施费，即施工企业为进行建设工程施工所必须搭设的生活和生产用的临时建筑物、构筑物和其他临时设施费用。因此，题中施工现场产生的费用应计入措施项目费。

22. 为保障施工机械正常运转所需的随机配备工具附具的摊销和维护费用，属于施工机具使用费中的是（　　）。

A. 折旧费　　　　　　　　　　　　B. 经常修理费

C. 施工仪器使用费　　　　　　　　D. 安拆费

【答案】B

【解析】经常修理费是指施工机械除大修理以外的各级保养和临时故障排除所需的费用。包括为保障机械正常运转所需替换设备与随机配备工具附具的摊销和维护费用，机械运转中日常保养所需润滑与擦拭的材料费用及机械停滞期间的维护和保养费用等。

23. 下列费用中，属于建筑安装工程人工费的有（　　）。

A. 生产工人的技能培训费　　　　　B. 生产工人的流动施工津贴

C. 生产工人的增收节支奖金　　　　D. 项目管理人员的计时工资

【答案】BC

【解析】人工费是指按工资总额构成规定，支付给从事建筑安装工程施工的生产工人和附属生产单位工人的各项费用。内容包括：（1）计时工资或计件工资；（2）奖金；（3）津贴补贴；（4）特殊情况下支付的工资。

24. 下列不属于工程造价计价特征的是（　　）。

A. 单件性　　　　　　　　　　　　B. 一次性

C. 组合性　　　　　　　　　　　　D. 依据的复杂性

【答案】B

【解析】工程计价的特征包括：计价的单件性、计价的多次性、计价的组合性、计价方法的多样性、计价依据的复杂性。

第三节　建设项目投资估算

投资估算是在对项目的建设规模、产品方案、技术方案、设备方案、选址方案和工程建设方案及项目进度计划等进行研究并基本确定的基础上，对建设项目总投资数额及分年资金需要量进行的估算，是项目决策的重要依据之一。在整个投资决策过程中，要对建设项目进行估算，在此基础之上研究该项目是否建设。投资估算要有准确性，如果误差过大必将导致决策的失误。

一、建设投资简单估算法

建设投资的简单估算法一般仅用于规划、投资机会研究和初步可行性研究阶段。包括单位生产能力估算法、生产能力指数法、比例估算法、系数估算法等。不同的估算法有不同的适用范围和准确度，实践中可根据所掌握的信息资料和工作深度，将这些方法结合使用。

（一）单位生产能力估算法

是指根据同类项目单位生产能力所耗费的固定资产投资额来估算拟建项目固定资产投资额的一种方法，单位生产能力投资是指每单位的设计生产能力所需要的建设投资。该方法将同类项目的固定资产投资额与其生产能力的关系简单地视为线性关系，与实际情况的差距较大。

单位生产能力投资估算法用公式表示为：单位生产能力投资＝项目投资额/项目设计生产能力。

$$Y_2 = X_2 \times \left(\frac{Y_1}{X_1}\right) \times CF$$

式中　Y_2——拟建项目所需固定资产投资额；

　　　Y_1——可比项目实际固定资产投资额；

　　　X_2——拟建项目生产能力；

　　　X_1——可比项目生产能力；

　　　CF——不同时期、不同地点的定额、单价、费用变更等的综合调整系数。

（二）生产能力指数法

生产能力指数法又称指数估算法，是指根据已建成的、性质类似的建设项目的投资额和生产能力与拟建项目的生产能力估算拟建项目的投资额的方法。

生产能力指数法用公式表示为：拟建项目的投资额＝已建类似项目的投资额×（拟建项目的生产能力/已建类似项目的生产能力）^{n}×调整系数。

$$Y_2 = Y_1 \times \left(\frac{X_2}{X_1}\right)^n \times CF$$

式中　Y_2——拟建项目所需固定资产投资额；

　　　Y_1——可比项目实际固定资产投资额；

　　　X_2——拟建项目生产能力；

　　　X_1——可比项目生产能力；

　　　CF——不同时期、不同地点的定额、单价、费用变更等的综合调整系数；

　　　n——生产能力指数，在正常情况下，$0 \leqslant n \leqslant 1$。

（三）比例估算法

比例估算法是以某一时期、某一地区或某一企业的实际统计信息中的一定比例数来推算另一时期、另一地区或另一企业的有关统计指标的方法，多用于可行性研究阶段。

比例估算法可分为两种：

1. 以拟建项目的设备购置费为基数进行估算

该方法以拟建项目的设备购置费为基数，根据已建成的同类项目的建筑工程费和安装工程费占设备购置费的百分比，求出相应的建筑工程费和安装工程费，再加上拟建项目的其他费用（包括工程建设其他费用和预备费等），其总和即为拟建项目的建设投资。计算公式为：

$$C = E(1 + F_1 \times P_1 + F_2 \times P_2 + F_3 \times P_3 + \cdots) + I$$

式中　　　　　　C——拟建项目或装置的投资额；

　　　　　　　　E——根据拟建项目或装置的设备清单按当时当地价格计算的设备费（包括运杂费）的总和；

P_1、P_2、P_3……——已建项目中建筑、安装及其他工程费用等占设备费百分比；

F_1、F_2、F_3……——因时间因素引起的定额、价格、费用标准等变化的综合调整系数；

　　　　　　　　I——拟建项目的其他费用。

2. 以拟建项目的工艺设备投资为基数进行估算

该方法以拟建项目中的最主要、投资比重较大并与生产能力直接相关的工艺设备的投资（包括运杂费与安装费）为基数，根据同类型的已建项目的有关统计资料，计算出拟建项目的各专业工程占工艺设备投资的百分比，据以求出各专业的投资，然后将各部分投资费用（包括工艺设备费）求和，再加上工程其他有关费用，即为项目的总投资。其表达式为：

$$C = E(1 + F_1 \times P_1 + F_2 \times P_2 + F_3 \times P_3 + \cdots) + I$$

式中　　　　　　C——拟建项目或装置的投资额；

　　　　　　　　E——根据拟建项目或装置的设备清单按当时当地价格计算的工艺设备投资额；

P_1、P_2、P_3……——已建项目各专业工程费用占工艺设备投资的百分比；

F_1、F_2、F_3……——因时间因素引起的定额、价格、费用标准等变化的综合调整系数；

　　　　　　　　I——拟建项目的其他费用。

（四）系数估算法

系数估算法分为朗格系数法和设备及厂房系数法。

1. 朗格系数法

该方法以设备购置费为基础，通过适当的系数来推算出项目的建设投资额。计算公式为：

$$C = E \times K_L$$

式中　　C——建设投资；

　　　　E——设备购置费；

　　　K_L——朗格系数。

建设投资与设备购置费的比为朗格系数 K_L

$$K_L = (1 + \sum K_i) \times K_C = C/E$$

式中　　K_i——管线、仪表、建筑物等费用的估算系数；

　　　　K_C——管理费、合同费、应急费等间接费用在内的总估算系数。

注意，运用朗格系数法估算投资，方法虽简单，但由于没有考虑项目规模大小、设备材质的影响以及不同地区地理条件差异等因素的影响，所以估算的准确度不高。

2. 设备及厂房系数法

该方法在拟建项目工艺设备投资和厂房土建投资估算的基础上，其他专业工程的投资参照类似项目的统计资料，与设备关系较大的按设备投资系数计算，与厂房土建关系较大的则按厂房土建投资系数计算，两类投资加起来，再加上拟建项目的其他有关费用，即为拟建项目的建设投资。

二、建设投资分类估算法

项目可行性研究阶段，要求的投资估算精度较高，所以需要通过计算工程量，采用相对准确的分类估算法进行估算。

建设投资分类估算法是对构成建设投资的各类投资，即工程费用（含建筑工程、设备购置费和安装工程费）、工程建设其他费用和预备费（含基本预备费和涨价预备费）分类进行估算。

（一）估算步骤

1. 分别估算建筑工程费、设备购置费和安装工程费。

2. 汇总建筑工程费、设备购置费和安装工程费，得出分项的工程费用，加总。

3. 在工程费基础上估算工程建设其他费用。

4. 以工程费和工程建设其他费用为基础，估算基本预备费。

5. 确定工程费用分年投资计划，估算涨价预备费。

6. 加总得到建设投资。

（二）建筑工程费估算

建筑工程费指建造永久性建筑物和构筑物所需要的费用。建筑工程费的估算方法有单位建筑工程投资估算法、单位实物工程量投资估算法和概算指标投资估算法。

1. 单位建筑工程投资估算法

单位建筑工程投资估算法，以单位建筑工程量投资乘以建筑工程总量来估算。一般工业与民用建筑以单位建筑面积（m²）投资，水库以水坝单位长度（m）投资，铁路路基以单位长度（km）投资，乘以相应的建筑工程总量计算建筑工程费。

2. 单位实物工程量投资估算法

单位实物工程量投资估算法，以单位实物工程量投资乘以实物工程量总量来估算。土石方工程按每立方米投资，路面铺设工程按每平方米投资，乘以相应的实物工程量总量计算建筑工程费。

3. 概算指标投资估算法

在估算建筑工程费时，对于没有前两种估算指标，或者建筑工程费占建设投资比例较大的项目，可采用概算指标估算法。建筑工程概算指标通常是以整个建筑物为对象，以建筑面积、体积等为计量单位来确定人工、材料和机械台班的消耗量标准和造价指标。建筑工程概算指标有一般土建工程概算指标、给排水工程概算指标、采暖工程概算指标、电气照明工程概算指标等。采用概算指标投资估算法需要较为详细的工程资料、建筑材料价格和工程费用指标，工作量较大。

（三）设备购置费估算

设备购置费指需要安装和不需要安装的所有设备仪器及必要的工器具购置费用。分为国内设备购置费和进口设备购置费。

1. 国内设备购置费估算

国内设备购置费是指建设项目购置或自制的达到固定资产标准的各种国产设备的购置费用，由设备原价和设备运杂费构成。此部分在第二节相应部分已有叙述。

2. 进口设备购置费估算

进口设备购置费由进口设备货价、进口从属费用及国内运杂费构成。

（1）进口设备货价

进口设备货价根据其所包含的费用内容不同，分为离岸价与到岸价。离岸价（FOB）指货物成本价，即货物抵达出口国口岸进行交货的价格；到岸价（CIF）指货物抵达进口国口岸进行交货的价格，即到岸价＝货物成本＋国外运杂费。

（2）进口从属费用

进口从属费由国外运输费、运输保险费、进口关税、消费税、增值税等构成。

国外运输费＝设备离岸价×国外运费费率＝单位运价×运量。

运输保险费＝（设备离岸价＋国外运输费）×运输保险费费率。

当进口设备按到岸价进行计价时，则不计算国外运输费和运输保险费。

进口关税＝设备到岸价×人民币汇率×进口关税税率。

进口消费税＝计税价格×消费税税率；计税价格＝（关税完税价格＋关税）／（1－消费税税率）。在可行性研究阶段，由于拟建项目暂未与外商正式签订商务引进合同，此时进口货物以估算的到岸价格作为关税完税价格，此时消费税＝（到岸价×汇率＋关税）／（1－消费税税率）×消费税税率。

进口增值税＝计税价格×增值税税率；计税价格＝关税完税价格＋关税＋消费税。在可行性研究阶段，由于拟建项目暂未与外商正式签订商务引进合同，此时进口货物以估算的到岸价作为关税完税价格，此时增值税＝（到岸价×汇率＋关税＋消费税）×消费税税率。

国内运杂费一般由运输费、运输保险费、包装费、装卸费等费用组成，其计算公式为：国内运杂费＝离岸价×汇率×国内运杂费费率。

（四）安装工程费估算

安装工程费一般包括各种需要安装的设备仪器等的安装；管道、管线、电缆等材料费和安装费；设备和管道的保温、防腐和绝缘，设备内部的填充物等材料费和安装费。

安装工程费通常是以行业或建设项目当地专门机构发布的安装工程定额、取费标准进行估算。在投资项目可行性研究阶段，安装费用也可以按单项工程来分别估算。

三、建设期利息估算

建设期投资贷款利息指的是建设项目使用投资贷款，债务资金在建设期内发生并应计入固定资产原值的利息，包括借款（或债券）利息及手续费、承诺费、发行费、管理费等融资费用。贷款利息应以建设期工程造价扣除资本金后的分年度资金供应计划为基数，计算逐年应付利息。

在估算建设期利息时，若项目在建设期内用非债务资金按期支付利息，则按单利计息；在建设期内不支付利息，或者用贷款支付利息的，应当按复利计息。对于在借款额建设期各年年内均衡发生的项目，通常假设借款发生当年均在年中使用，按半年计息，其后年份按全年计息。对借款额在建设期各年年初发生的项目，则按全年计息。

贷款利息计算采用的利率，应为有效利率。有效利率与名义利率的换算公式如下：

$$有效年利率\ i_{有效} = \left(1+\frac{r}{m}\right)^m - 1$$

式中　r——名义年利率；

　　　m——每年计息次数。

当借款额在建设期各年年初发生时，建设期利息计算公式为：

$$Q = \sum_{t=1}^{n} \left[(P_{t-1} + A_t) \times i \right]$$

式中　Q——建设期利息；

　　P_{t-1}——按单利计息时为建设期第 $t-1$ 年年末借款累计，按复利计息时为建设期第 $t-1$ 年年末借款本息累计；

　　　A_t——建设期第 t 年借款额；

　　　i——借款年利率；

　　　t——年份。

当借款额在建设期各年年内均衡发生时，建设期利息计算公式为：

$$Q = \sum_{t=1}^{n} \left[(P_{t-1} + \frac{A_t}{2}) \times i \right]$$

建设期利息的几种计算方式　　　　　　　　　　　　　表 1.3-1

在建设期各年年初发生	建设期利息＝∑（每年年初本金＋以前年度的利息）×利率
建设期各年均衡发生	建设期利息＝∑（每年年初本金＋以前年度的利息＋当年借款/2）×利率

四、流动资金估算

流动资金是指建设项目投产后周转使用的运营资金，不包括运营中临时性需要的资金，它是伴随着固定资产投资而发生的永久性流动资产投资。项目评价中需要估算并预先筹措的是从流动资产中扣除流动负债（即短期信用融资，包括应付账款和预收账款）后的流动资金。对有预收账款的某些项目，还应同时考虑预收账款对需要预先筹措的流动资金的抵减作用。流动资金的估算可按行业要求或前期研究的不同阶段选用扩大指标估算法或分项详细估算法估算。

（一）扩大指标估算法

扩大指标估算法是按照流动资金占比基数来估算流动资金，一般有营业收入资金率、经营成本资金率、固定资产投资资金率、单位产值资金率。

1. 营业收入资金率

流动资金＝年营业收入额×营业收入资金率

2. 经营成本资金率

经营成本是一项反映物质、劳动消耗、技术水平和生产管理水平的综合性指标，在采掘工业项目中经常使用经营成本资金率来估算流动资金。

流动资金＝年经营成本×经营成本资金率

3. 固定资产投资资金率

流动资金额＝固定资产投资额×固定资产投资资金率

4. 单位产值资金率

流动资金额＝年产量×单位产量占用流动资金额

（二）分项详细估算法

分项详细估算法也称分项定额估算法，一般在可行性研究阶段采用，它是对流动资产和流动负债主要构成要素——存货、现金、应收账款、预付账款等内容分项进行估算，最后得出项目所需流动资金额的方法。在使用此方法进行估算时，应按照下列公式进行：

流动资金＝流动资产－流动负债

流动资产＝应收账款＋预付账款＋存货＋现金

流动负债＝应付账款＋预收账款

流动资金本年增加额＝本年流动资金－上年流动资金

1. 现金的估算

现金＝（年工资及福利＋年其他费用）/周转次数

年周转次数＝360/最低周转天数

年其他费用＝制造费用＋管理费用＋营业费用－（以上三项费用中所含的工资及福利费、折旧费、摊销费、修理费）

2. 存货的估算

存货是指企业在日常生产经营过程中持有以备出售，或者仍然处在生产过程，或者在生产或提供劳务过程中将消耗的材料或物料等，包括各类材料、商品、在产品、半成品、产成品等。估算中的存货一般仅考虑外购原材料、燃料、在产品、产成品，也可考虑备品备件。

存货＝外购原材料＋外购燃料＋其他材料＋在产品＋产成品

外购原材料＝年外购原材料费用/外购原材料年周转次数

外购燃料＝年外购燃料费用/外购燃料年周转次数

其他材料＝年外购其他材料费用/外购其他材料年周转次数

在产品＝（年外购原材料、燃料、动力费＋年工资及福利费＋年修理费＋年其他制造费用）/在产品年周转次数

产成品＝（年经营成本－年其他营业费用）/产成品年周转次数

3. 应收账款估算

应收账款＝年经营成本/应收账款年周转次数

4. 预付账款估算

预付账款＝年预付的各类原材料、燃料或服务费/预付账款年周转次数

5. 应收账款估算

应付账款＝年外购各类原材料、燃料、动力费和其他费用/应付账款年周转次数

6. 预收账款估算

预收账款＝预收的年营业收入/预收账款年周转次数

（三）流动资金估算注意事宜

投入物和产出物采用不含增值税销项税额和进项税额的价格时，流动资金估算中应将销项税额和进项税额分别包含在相应的收入和支出中。项目投产初期所需流动资金在实际工作中应在项目投产前筹措，项目评价中的流动资金可从投产第一年安排，但采用分项详细估算法估算流动资金时，运营期各年的流动资金数额应按公式分别计算，不能按100％运营负荷下的流动资金乘以投产期运营负荷估算。

模拟题

1. 下列与建设项目各阶段相对应的投资测算，哪项是正确的？（　　）

A. 在可行性研究阶段编制投资估算　　　B. 在项目建议书阶段编制设计概算

C. 在施工图设计阶段编制竣工决算　　　D. 在方案深化阶段编制工程量清单

【答案】A

【解析】编制项目建议书和可行性研究报告时，确定项目的投资估算。初步设计阶段编制设计总概算。施工图预算是指在建筑安装工程之前，根据已经批准的施工图纸，依据预算定额、工程量清单计价规范、工程所在地的生产要素价格水平以及其他设计文件编制的工程计价文件。工程项目通过竣工验收交付使用时，建设单位须根据建设项目的实际费用编制竣工决算，竣工决算确定的竣工决算价是该工程项目的实际工程造价。竣工决算是核定建设项目资产实际价值的依据。

2. 下列关于设计文件编制阶段的说法中，哪一项是正确的？（　　）

A. 在可行性研究阶段需编制投资估算　　B. 在方案设计阶段需编制预算

C. 在初步设计阶段需编制工程量清单　　D. 在施工图设计阶段需编制设计概算

【答案】A

【解析】解析详见第一题。

3. 工程项目设计概算是由设计单位在哪一个阶段编制的？（　　）

A. 可行性研究阶段　　　　　　　　　　B. 初步设计阶段

C. 技术设计阶段　　　　　　　　　　　D. 施工图设计阶段

【答案】B

【解析】解析详见第一题。

4. 某建设项目投资构成中，设备及工器具购置费为5000万元，设备运杂费400万元，建筑安装工程费为1000万元，工程建设其他费为500万元，预备费为100万元，建设期贷款利息为2000万元，建设期应计利息100万元，则此建设项目的总投资为（　　）。

A. 9100万元　　　　　　　　　　　　　B. 6700万元

C. 7100万元　　　　　　　　　　　　　D. 8700万元

【答案】B

【解析】建设项目总投资＝设备及工器具购置费＋建筑安装工程费＋工程建设其他费＋预备费＋资金筹措费＝5000＋1000＋500＋100＋100＝6700万元。

5. 概算费用包括（　　）。

A. 从筹建到装修完成的费用　　　　　　B. 从开工到竣工验收的费用

C. 从筹建到竣工交付使用的费用　　　　D. 从立项到施工保修期满的费用

【答案】C

【解析】设计概算是设计文件的重要组成部分，是在投资估算的控制下由设计单位根据初步设计图纸及说明、概算定额（或概算指标）、各项费用定额（或取费标准）、设备、材料预算价格等资料，用科学的方法计算、编制和确定的建设项目从筹建至竣工交付使用所需全部费用的文件。

6. 根据初步设计图纸计算工程量，套用概算定额编制的费用是（　　　）。

A. 工程建设其他费用　　　　　　　　　B. 建筑安装工程费

C. 不可预见费　　　　　　　　　　　　D. 设备及工器具购置费

【答案】B

【解析】根据初步设计图纸计算工程量，套用概算定额编制的费用是建筑安装工程费。建筑安装工程费由人工费、材料费、施工机具使用费、企业管理费、利润、规费和税金组成。

7. 已知 2018 年建设完成的污水处理能力为 20 万 m^3/d 的某污水处理厂的建设投资为 36000 万元，2021 年拟建污水处理能力 25 万 m^3/d 的污水处理厂一座，工程条件与 2018 年已建项目类似，调整系数 CF 为 1.25，试估算 2021 年拟建污水处理厂项目的建设投资。

【答案】56250 万元。

【解析】根据单位生产能力估算法公式：

$$Y_2 = X_2 \times \frac{Y_1}{X_1} \times CF$$

该项目的建设投资额＝36000/20×25×1.25＝56250 万元。

8. 某拟建项目设备购置费为 20000 万元，根据已建同类项目统计资料，建筑工程费占设备购置费的 25%，安装工程费占设备购置费的 10%。该拟建项目的其他有关费用估计为 3000 万元，调整系数 F_1、F_2 均为 1.1，试估算该项目的建设投资。

【答案】30700 万元。

【解析】根据比例估算法：

$$C = E(1 + F_1 \times P_1 + F_2 \times P_2 + F_3 \times P_3 + \cdots) + I$$

该项目的建设投资 C＝20000×［1+（25%+10%）×1.1］+3000＝30700 万元

9. 已知建设年产 30 万吨乙烯装置的投资额为 60000 万元，试估计建设年产 70 万吨乙烯装置的投资额（生产能力指数 $n=0.6$，$CF=1.2$）。

A. 4278.41 万元　　　　　　　　　　　B. 26047.16 万元

C. 99511.81 万元　　　　　　　　　　D. 119706.73 万元

【答案】D

【解析】$Y_2 = Y_1 \times \left(\dfrac{X_2}{X_1}\right)^n \times CF = 60000 \times （70/30)^{0.6} \times 1.2 = 119706.73$ 万元。

10. 华南一地区新建一物流园，建设期为 3 年，第一年年初借款 6000 万元，第二年年初借款 1000 万元，第三年年初借款 1200 万元，借款年利率为 5%，每年计息 1 次，建设期内不支付利息，试计算该项目的建设期利息。

【答案】1108.25 万元。

【解析】第一年借款利息：$Q_1 = 6000 \times 5\% = 300$ 万元；第二年借款利息：$Q_2 = (6300 + 1000) \times 5\% = 365$ 万元；第三年借款利息：$Q_3 = (6300 + 1365 + 1200) \times 5\% = 443.25$；该项目建设期利息 $Q = Q_1 + Q_2 + Q_3 = 300 + 365 + 443.25 = 1108.25$ 万元。

11. 华南一地区新建一物流园，建设期为 3 年，第一年年初借款 6000 万元，第二年年初借款 1000 万元，第三年年初借款 1200 万元，借款年利率为 5%，每年计息 1 次，建设期内用自有资金按期支付利息，试计算该项目的建设期利息。

【答案】855 万元。

【解析】第一年借款利息：$Q_1 = 6000/2 \times 5\% = 150$ 万元；第二年借款利息：$Q_2 = (6000 + 1000/2) \times 5\% = 325$ 万元；第三年借款利息：$Q_3 = (6000 + 1000 + 1200/2) \times 5\% = 380$ 万元；该项目建设期利息 $Q = Q_1 + Q_2 + Q_3 = 150 + 325 + 380 = 855$ 万元。

12. 某项目静态投资为 3000 万元，按项目实施进度计划，项目建设期为 3 年，3 年的投资逢年适用比例为：第一年 15%，第二年 40%，第三年 30%，建设期内平均价格变动率预测为 6%。试估计该项目建设期的价差预备费。

【答案】347.23 万元。

【解析】第一年投资计划用款额：$K_1 = 3000 \times 15\% = 450$ 万元

第一年涨价预备费：$V_1 = 450 \times [(1 + 6\%) - 1] = 27$ 万元

第二年投资计划用款额：$K_2 = 3000 \times 40\% = 1200$ 万元

第二年涨价预备费：$V_2 = 1200 \times [(1 + 6\%)^2 - 1] = 148.32$ 万元

第三年投资计划用款额：$K_3 = 3000 \times 30\% = 900$ 万元

第三年涨价预备费：$V_3 = 900 \times [(1 + 6\%)^3 - 1] = 171.91$ 万元

该项目建设期利息为 $V = V_1 + V_2 + V_3 = 27 + 148.32 + 171.91 = 347.23$ 万元。

13. 某新建污水处理厂，每年年初贷款分别为 400 万元、500 万元、600 万元，年利率为 10%，每年贷款是全年均衡发放，建设期内不支付利息，用复利法计算第三年末需支付贷款利息。

【答案】215.7 万元。

【解析】第一年利息：$Q_1 = \dfrac{1}{2} \times A_1 \times i = 1/2 \times 400 \times 10\% = 20$ 万元

第二年利息：$Q_2 = \left(P_1 + \dfrac{1}{2} A_2\right) \times i = (420 + 1/2 \times 500) \times 10\% = 67$ 万元

第三年利息：$Q_3 = \left(P_2 + \dfrac{1}{2} A_3\right) \times i = (420 + 567 + 1/2 \times 600) \times 10\% = 128.7$ 万元

建设期贷款利息总和为 $Q = Q_1 + Q_2 + Q_3 = 215.7$ 万元。

14. 某新建物流园投产后的年产值为 1.5 亿元，其同类企业的每百元产值流动资金占用额为 15 元，求该项目的流动资金估算额。

【答案】2250 万元。

【解析】流动资金额 = 年产值 × 产值资金率 = 15000 × 15/100 = 2250 万元。

15. 建设项目投资估算的作用之一是（　　　）。

A. 作为向银行借款的依据　　　　　　　B. 作为招投标的依据

C. 作为编制施工图预算的依据　　　　D. 作为工程结算的依据

【答案】A

【解析】投资估算具有以下几个方面的作用：是项目资金筹措和金融部门批准贷款的依据；是确定设计任务书的投资额和控制初步设计概算的依据；是可行性研究和在项目评估中进行技术经济分析的依据。

16. 某公司拟从国外进口一套机电设备，重量1500吨，离岸价为400万美元。其中有关费用参数为：国外海运费率为4%；海上运输保险费费率为0.1%；银行财务费费率为0.15%；外贸手续费费率为1%；关税税率为10%；进口环节增值税税率为16%；人民币外汇牌价为1美元＝6.5元人民币，设备的国内运杂费费率为2.1%。试对该套设备购置费进行估算。

【答案】3539.32万元。

【解析】进口设备离岸价＝400×6.5＝2600万元

国外运费＝400×6.5×4%＝104万元

国外运输保险费＝（2600＋104）×0.1%＝2.70万元

进口关税＝（2600＋104＋2.70）×10%＝270.67万元

进口环节增值税＝（2600＋104＋2.70＋270.67）×16%＝476.38万元

外贸手续费＝（2600＋104＋2.70）×1%＝27.07万元

银行财务费＝2600×0.15%＝3.9万元

国内运杂费＝2600×2.1%＝54.6万元

设备购置费＝2600＋104＋2.70＋270.67＋476.38＋27.07＋3.9＋54.6＝3539.32万元。

17. 某污水净化厂工程费用为6116.2万元，项目建设期为2年，按项目进度计划，工程费用使用比例第一年为40%，第二年为60%；建设期价格上涨指数参照有关行业规定取4%，试估算该项目的涨价预备费。

【答案】397.3万元

【解析】第一年工程费用＝6116.2×40%＝2446.5万元

第一年涨价预备费＝2446.5×［（1＋4%）－1］＝97.9万元

第二年工程费用＝6116.2×60%＝3669.7万元

第二年涨价预备费＝3669.7×［（1＋4%）^{2}－1］＝299.4万元

该项目涨价预备费＝97.9＋299.4＝397.3万元

18. 某新建项目，建设期为3年，第一年年初借款200万元，第二年年初借款300万元，第三年年初借款200万元，借款年利率为6%，每年计息一次，建设期内不支付利息，求该项目的建设期利息。

【答案】87.28万元。

【解析】第一年借款利息：$Q_1＝（P_0＋A_1）×i＝200×6%＝12$万元

第二年借款利息：$Q_2＝（P_1＋A_2）×i＝（212＋300）×6%＝30.72$万元

第三年借款利息：$Q_3＝（P_2＋A_3）×i＝（212＋330.72＋200）×6%＝44.56$万元

该项目的建设期利息：$Q＝Q_1＋Q_2＋Q_3＝12＋30.72＋44.56＝87.28$万元

19. 某建设项目部分投资估算见下表。

投资估算表

建筑工程费/万元	10000	
安装工程费/万元	3000	
设备购置费/万元	27000	其中,进口设备费到岸价 5000 万元,关税税率为 10%,增值税税率为 15%,银行财务费为 5 万元,外贸手续费费率为 1%
工程建设其他费/万元	4000	
流动资金/万元	1200	

本项目工程建设期为 2 年，建设投资分年使用比例为第一年 30%，第二年 40%，基本预备费费率为 10%，建设期涨价预备费为 3400 万元。建设投资的 40% 为自有资金，其余全部贷款，年利率为 5%，每年计息一次，由自有资金按期支付利息。自有资金和贷款在各年内均衡投入。项目自有资金通过发行普通股的方式筹集。已知市场上发行的同期长期国债利率为 4%，市场投资组合预期年收益率为 10%，风险系数为 1.1。

（1）求该项目的进口设备购置费；

（2）求该项目工程建设和基本预备费；

（3）求该项目建设投资和建设期利息；

（4）求该项目总投资。

【答案】6380 万元，4400 万元，1010.1 万元，54010.1 万元。

【解析】

（1）关税 $=5000×10\%=500$ 万元，增值税 $=（5000+500）×15\%=825$ 万元，

外贸手续费 $=5000×1\%=50$ 万元，进口设备购置费 $=5000+500+825+50+5=6380$ 万元。

（2）工程费用 $=10000+3000+27000=40000$ 万元，基本预备费 $=（40000+4000）×10\%=4400$ 万元。

（3）建设投资 $=40000+4000+4400+3400=51800$ 万元

第一年建设期利息 $=51800×30\%×60\%×0.5×5\%=233.1$ 万元

第二年建设期利息 $=（51800×30\%×60\%+51800×40\%×60\%×0.5）×5\%=777$ 万元

建设期利息 $=233.1+777=1010.1$ 万元。

（4）总投资 $=51800+1010.1+1200=54010.1$ 万元。

20. 某项目建设期为 2 年，生产期拟定为 15 年。项目建设投资 10000 万元，建设投资在建设期第一年和第二年分别按 40% 和 60% 的比例均匀投入。生产期第一年需要流动资金 600 万元，达产年份需要 850 万元，流动资金在各年年初投入。建设期各年建设投资的 35% 由资本金投入，其余由银行贷款在各年年中投入，贷款年利率为 7%，每年计息一次。建设期内不支付利息。求该项目的建设期利息。

【答案】415.87 万元。

【解析】建设期第一年银行贷款为：$10000×40\%×（1-35\%）=2600$ 万元

建设期第一年借款利息为：$Q_1=2600/2×7\%=91$ 万元

建设期第二年银行贷款为：$10000×60\%×（1-35\%）=3900$ 万元

建设期第二年借款利息为：$Q_2=$（2600＋91＋3900/2）×7％＝324.87万元

项目的建设期利息为：$Q=Q_1+Q_2=$91＋324.87＝415.87万元

21. 某项目工艺设备及其安装费用估计为3000万元，厂房土建费用估计为5000万元，参照类似项目的统计资料，其他各专业工程投资系数如下，其他有关费用为2600万元，试估算该项目的建设投资。

专业工程投资系数

专业工程	系数	专业工程	系数
工艺设备	1.00	厂房土建（含设备基础）	1.00
起重设备	0.09	给排水工程	0.04
加热炉及烟道	0.12	采暖通风	0.03
气化冷却	0.01	工业管道	0.01
余热锅炉	0.04	电器照明	0.01
供电及转动	0.18		
自动化仪表	0.02		
系数合计	1.46	系数合计	1.09

【答案】12430万元。

【解析】项目的建设投资为：3000×1.46＋5000×1.09＋2600＝12430万元。

第四节 建设工程估价

一、建设工程定额的分类及编制

（一）建设工程定额的分类

工程定额是完成规定计量单位的合格建筑安装产品所消耗资源的数量标准。工程定额是一个综合概念，是建设工程造价计价和管理中各类定额的总称，包括许多种类的定额，可以按照不同的原则和方法分类。根据生产要素，按编制程序和用途、投资的费用性质、编制部门和适用范围可划分成多种定额，具体如图1.4-1所示。

（二）按定额反映的生产要素消耗内容分类

可以把工程定额划分成劳动消耗定额、材料消耗定额和机械消耗定额三种。

1. 劳动消耗定额

简称劳动定额或人工定额，是在正常的施工技术和组织条件下，完成规定计量单位合格的建筑安装产品所消耗的人工工日的数量标准。劳动定额的主要表现形式是时间定额，但同时也表现为产量定额，两者互为倒数。

2. 材料消耗定额

简称材料定额，指在节约和合理使用材料的条件下，生产单位合格产品所需要消耗的一定品种规格的材料、半成品、配件和水、电、燃料等的数量标准，包括材料的使用量和必要的工艺性损耗及废料数量。制定材料消耗定额，主要就是为了利用定额这个经济杠

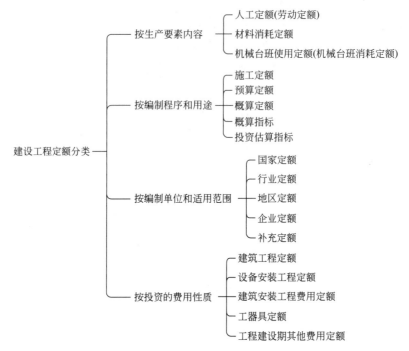

图 1.4-1　建设工程定额分类

杆，对物资消耗进行控制和监督，达到降低物耗和工程成本的目的。

3. 机械消耗定额

机械消耗定额以一台机械一个工作班为计量单位，所以又称为机械台班定额。机械消耗定额是指在正常的施工技术和组织条件下，完成规定计量单位合格的建筑安装产品所消耗的施工机械台班的数量标准。机械消耗定额的主要表现形式是机械时间定额，同时也以量产定额表现。

（三）按定额的编制程序和用途分类

1. 施工定额

施工定额是完成一定计量单位的某一施工过程或基本工序所消耗的人工、材料和机械台班数量标准。以同一性质的工序作为研究对象，是企业内部使用的一种定额，属于企业定额的性质。施工定额是建设工程定额中分项最细、定额子目最多的一种定额，也是建设工程定额中的基础性定额。施工定额是编制预算定额的基础，可直接应用于施工项目的管理。

2. 预算定额

预算定额是在正常的施工条件下，完成一定计量单位合格分项工程和结构构件所需消耗的人工、材料、施工机械台班数量及其费用标准。预算定额是一种计价性定额，是以建筑物或构筑物的各个分部分项工程为对象，结合施工定额为基础综合扩大编制的，同时也是编制概算定额的基础。

3. 概算定额

概算定额是完成单位合格扩大分项工程或扩大结构构件所需消耗的人工、材料和施工机械台班的数量及其费用标准。概算定额是以扩大的分部分项工程为对象编制的。概算定额是编制扩大初步设计概算、确定建设项目投资额的依据。概算定额一般是在预算定额的基础上综合扩大而成的，每一综合分项概算定额都包含了数项预算定额。

4. 概算指标

概算指标是概算定额的扩大与合并，以更扩大的计量单位来编制。它是以单位工程为对象，反映完成一个规定计量单位建筑安装产品的经济消耗指标。概算指标的数据来源是各种预算估算资料，概算指标的设定和初步设计的深度应当相适应，可以作为编制估算指标的基础，也可以作为考核基本建设投资效果的依据。

5. 投资估算指标

估算投资指标是以建设项目、单项工程、单位工程为对象，反映建设总投资及其各项费用构成的经济指标。它是在项目建议书和可行性研究阶段编制投资估算、计算投资需要量时使用的一种定额。它的概略程度与可行性研究阶段相适应。投资估算指标往往根据历史的预、决算资料和价格变动等资料编制，但其编制基础仍然离不开预算定额、概算定额。

上述各种定额的联系见表 1.4-1 所示。

各种定额间关系比较　　　　　　　　　　　　　　　　　表 1.4-1

	施工定额	预算定额	概算定额	概算指标	投资估算指标
对象	施工过程或基本工序	分项工程和结构构件	扩大的分项工程或扩大的结构构件	单位工程	建设项目、单项工程、单位工程
用途	编制施工预算	编制施工图预算	编制扩大初步设计概算	编制初步设计概算	编制投资估算
项目划分	最细	细	较粗	粗	很粗
定额水平	平均先进	平均	—	—	—
定额性质	生产性定额	计价性定额	—	—	—

（四）人工定额的制定方法

编制人工定额主要包括拟定正常的施工条件与拟定定额时间两项工作。

工人工作时间消耗的分类如图 1.4-2 所示。

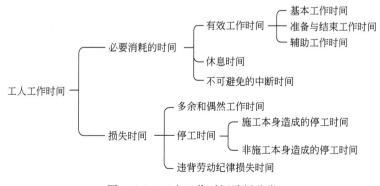

图 1.4-2　工人工作时间消耗分类

准备与结束工作时间：是开始工作前、工作完成后所消耗的时间，如工作地点劳动工具的准备时间、工作后的整理时间等。

辅助工作时间：一般是手工操作时间；如果是机手并动的情况下，不应再计算辅助工作时间。

不可避免的中断时间：由于施工工艺特点引起的工作中断时间；与工艺特点无关的中断时间，是由于劳动组织不合理引起的，属于损失时间，不能计入定额时间。

损失时间中包括多余和偶然工作、停工、违背劳动纪律所引起的损失时间。多余工作和偶然工作都是任务以外的工作；多余工作不能增加产品数量所以不计入定额时间，偶然工作能够获得一定产品，拟定定额时要适当考虑其影响。停工时间是工作班内停止工作造成的工时损失，施工本身造成的停工时间不计入拟定定额中。

（五）材料消耗定额的编制

1. 材料消耗定额的编制

编制材料消耗定额，要包括确定直接使用在工程上的材料净用量和施工现场内运输及操作过程中的废料和损耗。材料损耗量一般以损耗率表示。

损耗率＝损耗量/净用量

总损耗量＝净用量＋损耗量＝净用量×（1＋损耗率）

2. 周转性材料消耗定额的编制

周转性材料指在施工过程中多次使用、周转的工具性材料。

周转性材料消耗一般与以下因素有关：（1）第一次制作时的材料消耗（一次使用量）；（2）每周转使用一次材料的损耗；（3）周转次数；（4）周转材料的最终回收及其回收折价。

定额中周转材料消耗量指标的表示，应当用一次使用量和摊销量两个指标表示。一次使用量是指周转材料在不重复使用时的一次使用量，供施工企业组织施工用；摊销量是指周转材料退出使用，应分摊到每一计量单位的结构构件的周转材料消耗量，供施工企业核算或投标报价使用。

（六）施工机械台班使用定额的编制

1. 施工机械台班使用的定额形式

施工机械台班使用的定额形式分为施工机械时间定额、机械产量定额。

施工机械时间定额：指在合理劳动组织与合理使用机械条件下，完成单位合格产品所必需的工作时间，包括有效工作时间、不可避免的中断时间、不可避免的无负荷工作时间。由于机械必须由工人小组配合，须同时列出人工时间定额。

机械产量定额：指在合理劳动组织与合理使用条件下，机械在每个台班时间内，应完成合格产品的数量。

施工机械台班产量定额＝机械1小时纯工作正常生产率×工作班纯工作时间

或

施工机械台班产量定额＝机械1小时纯工作正常生产率×工作班延续时间×机械正常利用系数

施工机械时间定额＝1/机械台班产量定额指标

2. 机械台班使用定额编制

机械工作时间消耗的分类如图 1.4-3 所示。

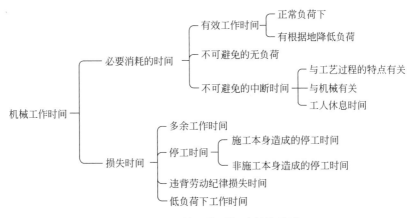

图 1.4-3 机械工作时间消耗的分类

不可避免的无负荷工作时间是指由施工过程的特点和机械结构的特点造成的机械无负荷工作时间，如筑路机在工作区末端调头等。不可避免的中断工作时间，是与工艺过程的特点、机械的使用和保养、工人休息有关的中断时间。

与工艺过程的特点有关的不可避免中断工作时间，有循环和定期两种。循环的不可避免中断，是在机械工作的每一个循环中重复一次。定期的不可避免中断是经过一定时期重复一次。

机械的停工时间，按其性质也可分为施工本身造成和非施工本身造成的停工。前者是由于施工组织得不好而引起的停工现象，如未及时供给机械燃料而引起的停工。后者是由于气候条件引起的停工，如暴雨时的停工等。

低负荷下的工作时间是由于工人或技术员因过错所导致的施工机械在降低负荷的情况下的工作时间，如工人装车的砂石量不足引起汽车在低负荷的情况下所延续的时间，此项工作时间不能作为计算时间定额的基础。

机械台班使用定额的编制内容包括：（1）拟定机械工作的正常施工条件；（2）确定机械净工作生产率；（3）确定机械的利用系数（利用系数＝机械工作班净工作时间/机械工作班时间）；（4）计算机械台班定额；（5）拟定工人小组的定额时间。

（七）施工定额和企业定额的编制

1. 施工定额的编制

施工定额是企业计划管理的依据，是组织和指挥施工生产的工具，是计算工人劳动报酬的依据，同时也是编制施工预算、加强企业成本管理的经济核算基础，有利于进行先进技术的推广。

施工定额水平必须遵循平均先进的原则。所谓平均先进水平，是指在正常的生产条件下，多数施工班组或生产者经过努力可以到达的、少数班组或劳动者可以接近的、个别班组或劳动者可以超过的水平。

2. 企业定额的编制

企业定额的编制是施工企业生产力水平的体现，是施工企业计算和确定工程施工成本的依据，是施工企业进行成本管理、经济核算的基础。企业定额是施工企业进行工程投标、编制工程定额价格的基础和主要依据。企业定额是施工企业编制施工组织设计的依据。

（八）预算、概算定额的编制

1. 预算定额的编制

预算定额是施工图设计阶段采用的定额，预算定额按分项工程和结构构件的要求，以一定产品单位来规定劳动力、材料和机械的消耗数量。因此，预算定额采用的产品单位比施工定额大，如时间以工日、台班计，产品以基本单位等计。其定额水平是平均先进合理的，但比施工定额水平略低。它主要是为了满足编制施工图预算的要求，为确定和控制基本建设投资额，编制施工组织计划，以及为结构的设计方案进行技术经济比较提供计算依据，同时也是编制概算定额的基础。

预算定额中规定的人工消耗量指标，以工日为单位表示，包括基本用工、超运距用工、辅助用工和人工幅度差等内容。人工幅度差指人工定额中未包括，而在一般正常施工情况下又不可避免的一些零星用工。

人工幅度差用工数量＝$\sum$（基本用工＋超运距用工＋辅助用工）×人工幅度差系数

预算定额中规定的材料消耗量指标，以不同的物理计量单位或自然计量单位为单位表示，包括净用量和损耗量。净用量是指实际构成某定额计量单位分项工程所需要的材料用量，按不同分项工程的工程特征和相应的计算公式计算确定。损耗量是指在施工现场发生的材料运输和施工操作的损耗，损耗量在净用量的基础上按一定的损耗率计算确定。用量不多、价值不大的材料，在预算定额中不列出数量，合并为其他材料费项目，以金额表示，或者以占主要材料的一定百分比表示。

预算定额中规定的机械消耗量指标，以台班为单位，包括基本台班数和机械幅度差。基本台班数是指完成定额计量单位分项工程所需的机械台班用量，基本台班数以劳动定额中不同机械的台班产量为基础计算确定。机械幅度差是指在编制预算定额时加算的零星机械台班用量，这部分机械台班用量按基本台班数的一定百分比计算确定。

2. 预算定额基价的编制

预算定额基价指预算定额分项工程或结构构件的单价，只包括人工费、材料费和施工机具使用费，也称工料单价。

在拟定的预算定额的基础上，根据所在地区的工资、物价水平计算确定相应的人工、材料和施工机械台班的价格，计算拟定预算定额中各分项工程的单位预算价格，这一过程称为单位估价表的编制。

定额基价通常是以一个城市或一个地区为范围进行编制，在一定地区范围内适用，是地区定额基价。

3. 概算定额及概算指标的编制

概算定额是在预算定额基础上根据有代表性的通用设计图和标准图等资料，以主要工序为准，综合相关工序，进行综合、扩大和合并而成的定额。

概算定额是编制扩大初步设计概算时计算和确定扩大分项工程的人工、材料、机械台班耗用量（或货币量）的数量标准，是预算定额的综合扩大。

概算定额的作用：

（1）概算定额是扩大初步设计阶段编制设计概算和技术设计阶段编制修正概算的依据；

（2）概算定额是对设计项目进行技术经济分析和比较的基础资料之一；

（3）概算定额是编制建设项目主要材料计划的参考依据；

（4）概算定额是控制施工图预算的依据；

（5）概算定额是施工企业在准备施工期间，编制施工组织总设计或总规划时，对生产要素提出需要量计划的依据；

（6）概算定额是工程结束后，进行竣工决算和评价的依据；

（7）概算定额是编制概算指标的依据。

编制概算定额时，深度要适应设计深度的要求，概算定额水平的确定应该与基础定额、预算定额的水平基本一致。

概算指标是以 $100m^2$ 建筑面积、$1000m^3$ 建筑体积或每座构筑物为计量单位，规定人工、材料、机械及造价的定额指标。概算指标的作用与概算定额类似，在设计深度不够的情况下，往往用概算指标来编制初步设计概算。

二、建设工程项目设计概算、施工图预算

（一）设计概算的内容和作用

设计概算是在投资估算的控制下由设计单位根据初步设计或扩大初步设计的图纸及说明，利用国家或地区颁发的概算指标、概算定额、综合指标预算定额、各项费用定额或取费标准（指标）、建设地区自然、技术经济条件和设备、设备材料预算价格等资料，按照设计要求，对建设项目从筹建至竣工交付使用所需全部费用进行预计。

设计概算的成果文件为设计概算书，也简称设计概算。设计概算书是初步设计文件的重要组成部分，特点是编制工作相对简略，无需达到施工图预算的准确程度。采用两阶段设计的建设项目，初步设计阶段必须编制设计概算；若采用三阶段设计，扩大初步设计阶段必须编制修正概算。设计概算可分为单位工程概算、单项工程综合概算、建设工程项目总概算三级。

设计概算的作用：

（1）设计概算是编制建设项目投资计划、确定和控制建设项目投资的依据；

（2）设计概算是控制施工图设计和施工图预算的依据；

（3）设计概算是签订建设工程合同和贷款合同的依据；

（4）设计概算是控制施工图设计和施工图预算的依据；

（5）设计概算是衡量设计方案技术经济合理性和选择最佳设计方案的依据；

（6）设计概算是考核建设项目投资效果的依据。

（二）设计概算的编制方法

1. 单位工程概算的编制方法

单位工程概算分为建筑单位工程和设备安装单位工程概算两大类。

建筑单位工程概算的编制方法分为概算定额法、概算指标法、类似工程预算法，如表 1.4-2 所示。

单位建筑工程概算编制方法 表 1.4-2

编制方法	适用条件	备注
概算定额法	初步设计达到一定深度、建筑结构比较明确	比较准确
概算指标法	初步设计深度不够、不能计算工程量，但工程设计采用的技术比较成熟又有类似概算指标可以利用	精度不高，但速度快
类似工程预算法	有类似已完成工程，且没有可用的概算定额和概算指标时，需要对结构差异和价差进行调整	精度最低

概算指标法中对一般附属、辅助和服务工程项目，以及住宅和文化福利工程项目或投资比较小、比较简单的工程项目投资概算有一定实用价值。

设备及安装概算＝设备购置费概算＋设备安装概算

设备购置费概算＝$\sum$（设备清单中设备数量×设备原价）×（1＋运杂费率）

当拟建工程结构特征与概算指标有局部差异时要调整，调整概算指标中每平方米人、料、机数量。

设备及安装单位工程概算的编制方法分为预算单价法、扩大单价法、概算指标法，如表 1.4-3 所示。

设备及安装单位工程概算的编制方法 表 1.4-3

编制方法	适用条件	备注
预算单价法	初步设计有详细设备清单	精度高
扩大单价法	设备清单不完备，仅有设备重量等	精度一般
概算指标法	设备清单不完备，或预算单价及扩大综合单价不全，无法采用扩大单价法、预算单价法时	精度最低

概算指标法形式较多，主要可分为：

按占设备价值的百分比（安装费率）的概算指标计算：设备安装费＝设备原价×设备安装费率。

按每吨设备安装费的概算指标计算：设备安装费＝设备总吨数×每吨设备安装费。

按座、台、套、组或功率等为计量单位的概算指标计算。

按设备安装工程每平方米建筑面积的概算指标计算。

2. 单项工程综合概算的编制方法

单项工程综合概算是以其所包含的建筑工程概算表和设备及安装工程概算表为基础汇总编制的。当建设工程项目只有一个单项工程时，单项工程综合概算（实为总概算）还应当包括工程建设其他费用概算（含建设期利息、预备费）。

（三）设计概算的审查

对比分析法：建设规模、标准与立项批文对比；工程数量与设计图纸对比；综合范围、内容与编制方法、规定对比；各项取费与规定标准对比；材料、人工单价与统一信息对比；经济技术指标与同类工程对比。

查询核实法：对一些关键设备和设施、重要装置、引进工程图纸不全、难以概算的较大投资进行多方查询核对，逐项落实。

联合会审法：联合会审前，可先采取多种形式分头审查。包括设计单位自审，主管、建设、承包单位初审，工程造价咨询公司评审，同行专家预审，审批部门复审等。经分头审查后，由有关单位和专家进行联合会审。

（四）施工图预算的内容和作用

1. 施工图预算的内容

施工图预算是指根据施工图、预算定额、各项取费标准、建设地区的自然及技术经济条件等资料编制的建筑安装工程预算造价文件。

施工图预算根据建设项目实际情况可采用三级预算编制或二级预算编制形式。当建设项目有多个单项工程时，应采用三级预算编制形式，三级预算编制形式由建设项目总预算、单项工程综合预算、单位工程预算组成。当建设项目只有一个单项工程时，应采用二级预算编制形式，二级预算编制形式由建设项目总预算和单位工程预算组成。

施工图预算具体包括：建筑安装工程费、设备及工器具购置费、工程建设其他费用、预备费、资金筹措费及铺底流动资金（总投资）。施工图总预算应控制在已批准的设计总概算投资范围以内。单项工程综合预算由构成该单项工程的各个单位工程施工图预算组成。编制的费用项目是各单项工程的建筑安装工程费和设备及工器具购置费总和（工程费用）。

2. 施工图预算的作用

对建设单位：施工图预算是施工图设计阶段确定建设工程项目造价的依据，是设计文件的组成部分。施工图预算是建设单位在施工期间安排建设资金计划和使用建设资金的依据。施工图预算是招投标的重要基础，既是工程量清单的编制依据，也是招标控制价编制的依据。施工图预算是拨付进度款及办理结算的依据。

对施工单位：施工图预算是确定投标报价的依据。施工图预算是施工单位进行施工准备的依据，是施工单位在施工前组织材料、机具、设备及劳动力供应的重要参考，是施工单位编制进度计划、统计完成工作量、进行经济核算的参考依据。施工图预算是控制施工成本的依据。

对其他单位：对于工程咨询单位而言，尽可能客观、准确地为委托方做出施工图预算，是其业务水平、素质和信誉的体现。对于工程造价管理部门而言，施工图预算是监督检查执行定额标准、合理确定工程造价、测算造价指数及审定招标工程标底的重要依据。

（五）施工图预算的编制方法

单位工程预算的编制方法有单价法和实物量法，其中单价法分为定额单价法和工程量清单单价法。

1. 定额单价法

指分部分项工程的单价为直接工程费单价，以分部分项工程量乘以对应分部分项工程单价后的合计为单位直接工程费，直接工程费汇总后另加措施费、间接费、利润、税金生成施工图预算造价。

2. 工程量清单单价法

工程量清单单价法是根据国家统一的工程量计算规则计算工程量，采用综合单价的形式计算工程造价的方法。

3. 综合单价法

综合单价是指分部分项单价综合了除直接工程费以外的多项费用内容。按照单价综合内容的不同，综合单价可分为全费用综合单价、部分费用综合单价。

全费用综合单价：综合了人、料、机费用，企业管理费，规费，利润和税金等，以各分项工程量乘以综合单价的合价汇总后，生成工程承发包价。

部分费用综合单价：我国目前实行的工程量清单计价采用的综合单价是部分费用综合单价，分部分项工程、措施项目、其他项目单价中综合了人、料、机费用，管理费，利润，以及一定范围内的风险费用，单价中未包括规费和税金，是不完全费用综合单价。

4. 实物量法

实物量法编制施工图预算的步骤与定额单价法基本相似，但在具体计算人工费、材料费和机械使用费及汇总几种费用之和方面有一定区别。实物量法编制施工图预算所用人工、材料和机械台班的单价都是当时当地的实际价格，编制出的预算可较准确地反映实际水平，误差较小，适用于市场经济条件波动较大的情况。由于采用该方法需要统计人工、材料、机械台班消耗量，还需搜集相应的实际价格，因而工作量较大、计算过程繁琐。

（六）施工图预算的审查

1. 施工图预算的审查内容

施工图预算审查的重点是工程量计算是否准确，定额套用、各项取费标准是否符合现行规定或单价计算是否合理等。审查的主要内容如下：

审查施工图预算的编制是否符合现行国家、行业、地方政府有关法律、法规和规定要求。

审查工程量计算的准确性、工程量计算规则与计价规范规则或定额规则的一致性。

审查在施工图预算的编制过程中，各种计价依据使用是否恰当，各项费率计取是否正确；审查依据主要有施工图设计资料、有关定额、施工组织设计、有关造价文件规定和技术规范、规程等。

审查各种要素市场价格选用是否合理。

审查施工图预算是否超过设计概算以及是否进行过偏差分析。

2. 施工图预算的审查方法

施工图预算的审查可采用全面审查法、标准预算审查法、分组计算审查法、对比审查法、筛选审查法、重点审查法、分解对比审查法等。

全面审查法：又称逐项审查法，其优点是全面、细致，审查质量高、效果好。缺点是工作量大，时间较长，适合于一些工程量较小、工艺比较简单的工程。

标准预算审查法：优点是时间短、效果好、易定案，缺点是适用范围小，仅适用于采用标准图纸的工程。

分组计算审查法：把预算中有关项目按类别分成若干组，利用同组中的一组数据审查分项工程量。该方法特点是审查速度快、工作量小。

对比审查法：当工程条件相同时，用已完同类工程的预算或未完但已经过审查修正的同类工程预算对比审查拟建工程的方法。

筛选审查法：优点是简单易懂，便于掌握，审查速度快，便于发现问题，但问题出现的原因尚需继续审查。该方法适用于审查住宅工程或不具备全面审查条件的工程。

重点审查法：抓住施工图预算中的重点进行审核的方法。审查重点一般是工程量大或者造价高的各种工程，重点审查法的优点是突出重点，审查时间短、效果好。

三、工程量清单编制

工程量清单为投标人的投标竞争提供了一个平等和共同的基础，是建设工程计价的依据，是工程付款和结算的依据，也是调整工程价款、处理工程索赔的依据。招标工程量清单应由具有编制能力的招投标人或受其委托、具有相应资质的工程造价咨询人编制。招标工程量清单作为招标文件的组成部分，其准确性和完整性应由招标人负责。

招标工程量清单应以单位（项）工程为单位编制，应由分部分项工程量清单、措施项目工程量清单、其他项目清单、规费和税金项目清单组成。

（一）分部分项工程项目清单的编制

分部分项工程量清单为不可调整闭口清单，必须按照《建设工程工程量清单计价规范》GB 50500—2013（以下简称《计价规范》）和《房屋建筑与装饰工程工程量计算规范》GB 50854—2013（以下简称《计量规范》）规定的项目编码、项目名称、项目特征、计量单位、工程量计算规则进行编制，清单包括项目编码、项目名称、项目特征、计量单位、工程量和工作内容。投标人必须按照招标工程量清单填报价格，不得更改分部分项工程量清单所列内容。

项目编码：分部分项工程量清单项目编码以五级编码设置，用 12 位阿拉伯数字表示，前 9 位按《计价规范》统一编码，后三位由编制人根据设置的清单项目编制，如图 1.4-4 所示。

图 1.4-4　项目编码结构图

项目名称：按《计量规范》附录的项目名称结合拟建工程的实际名称确定。

项目特征：指构成分部分项项目自身价值的本质特征，包括其自身特征、工艺特征等。按《计量规范》附录规定的项目特征，结合拟建工程项目的实际情况予以描述。

计量单位：采用基本单位，按照《计量规范》中各项目规定的单位确定。

工程数量：除另有说明，清单项目的工程量以实体工程量为准，并以完成后的净值计算。投标人报价时，应在定价中考虑施工中的损耗和增加的工程量。

（二）措施项目清单的编制

措施项目是指为完成工程项目施工，在施工准备和施工过程中发生的技术、生活、安全、环境保护等方面的项目。措施项目不构成拟建工程实体，属于非实体项目。

措施项目分为能计量和不能计量两类。对于能计量的项目措施，同分部分项工程量一样，编制措施项目清单时应列出项目编码、项目名称、项目特征、计量单位，并按现行计量规范规定，采用对应的工程量计算规则计算其工程量。对于不能计量的措施项目，应按现行计量规范附录的规定执行。

措施项目清单的编制应考虑多种因素，除了工程本身的因素外，还要考虑水文、气象、环境、安全和施工企业的实际情况。措施项目清单的设置需要参考拟建工程的常规施工组织设计和常规施工技术方案；参阅相关的施工规范与工程验收规范，来确定施工方案没有表述但为实现施工规范与工程验收规范要求而必须采取的技术措施；确定设计文件中不足以写进施工方案，但要通过一定技术措施才能实现的内容；确定招标文件中提出的某些需要通过一定的技术措施才能实现的要求。

（三）其他项目清单的编制

其他项目清单是指分部分项工程量清单、措施项目清单所包含的内容之外，因招标人的特殊要求而发生的与拟建工程有关的其他费用项目和相应数量的清单。其他项目清单应根据拟建工程的具体情况列项。

暂列金额：指招标人暂定并包括在合同中的一笔款项。用于施工合同签订时尚未确定或不可预见的所需材料、设备、服务的采购，施工中可能发生的工程变更、合同约定调整因素出现时的工程价款调整以及发生的索赔、现场签证确认等的费用。

暂估价：是指招标人在工程量清单中提供的用于支付必然发生但暂时不能确定价格的材料价款、工程设备价款以及专业工程金额。

计日工：计日工为解决现场零星工作的计价设立。计日工适用的零星工作一般是指合同约定之外的或者因变更而产生的、工程量清单中没有相应项目的额外工作。

总承包服务费：总包人为分包人服务和提供设备。招标人应当预计该项费用并按照投标人的投标报价向投标人支付该项费用。

（四）规费项目清单的编制

规费是根据国家法律法规的规定，由省级政府或省级有关主管部门规定施工企业必须缴纳的，应计入建筑安装工程造价的费用。

规费项目清单应包括：社会保险费（包括养老保险、失业保险、医疗保险、工伤保险、生育保险），住房公积金。出现上述项目，应根据省级政府或省级有关部门的规定列项。

（五）税金项目清单的编制

税金是指国家税法规定的应计入建筑安装工程造价的增值税销项税额。

（六）工程量清单总说明的编制

应包括工程概况，工程招标及分包范围，工程量清单编制依据，工程质量、材料、施工等特殊要求，其他需要说明的事项。

四、工程量清单计价

（一）工程量清单计价内容

工程量清单计价可以分为招标工程量清单编制和工程量清单应用两个阶段。招标工程量清单编制阶段，由具有编制能力的招标人或受其委托、具有相应资质的工程造价咨询人编制。

工程量清单应用阶段，包括投标人按照招标文件要求和招标工程量清单填报价格、编制投标报价、合同履行过程中的工程量和工程价款支付、合同价款调整、索赔和现场签证、竣工结算等计价活动。

1. 分部分项工程费计算

招标文件中的工程量清单标明的工程量是招标人编制招标控制价和投标人投标报价的共同基础，它是工程量清单编制人按施工图图示尺寸和清单工程量计算规则计算得到的工程净量。但该工程量不能作为承包人在履行合同义务中应予完成的实际和准确的工程量，发、承包双方进行工程竣工结算时的工程量应按发、承包双方在合同中约定应予计量且实际完成的工程量确定。

《建设工程工程量清单计价规范》GB 50500—2013 中的工程量清单综合单价是指完成一个规定的计量单位的分部分项工程量清单项目或措施清单项目所需要的人工费、材料费、施工机械使用费和企业管理费及利润。该定义不是真正意义上的全费用综合单价，而是一种狭义上的综合单价，规费和税金等不可竞争的费用并不包括在项目单价中。

分部分项工程费计算的步骤一般分为：确定定额子目→计算定额子目工程量→测算人、料、机消耗量→确定人、料、机单价→计算清单项目人、料、机总费用→计算清单项目的管理费和利润→计算清单项目的综合单价。过程如下：

人、料、机总费用＝∑计价工程量×（∑人工消耗量×人工单价＋∑材料消耗量×材料单价＋∑机械设备台班消耗量×台班单价）

管理费＝（人、料、机总费用）×管理费费率

利润＝（人、料、机总费用＋管理费）×利润率

综合单价＝人、料、机总费用＋管理费＋利润

分部分项工程费＝∑（分部分项工程量×综合单价）

2. 措施项目费计算

措施项目清单中的安全文明施工费应按照国家或省级、行业建设主管部门的规定计价，不得作为竞争性费用。措施项目费的计算方法一般有：

综合单价法：根据需要消耗的实物工程量与实物单价计算措施费，适用于可以计算工程量的措施项目，主要是指一些与工程实体有紧密联系的项目，如混凝土模板、脚手架、垂直运输。

参数法计价：主要适用于施工过程中必须发生，但在投标时很难具体分项预测，又无法单独列出项目内容的措施项目，如安全文明施工费、夜间施工费、二次搬运费、冬雨季施工增加费、已完工程及设备保护费的计价均可以采用该方法。

分包法计价：适合可以分包的独立项目，如室内空气污染测试。

3. 其他项目费计算

其他项目费由暂列金额、暂估价、计日工、总承包服务费等内容构成。暂列金额和暂估价由招标人按估算金额确定；计日工和总承包服务费由承包人根据招标人提出的要求，按估算的费用确定。

4. 规费与税金计算

应按国家或省级、行业建设主管部门的规定计算，不得作为竞争性费用。

（二）招标控制价的编制方法

1. 招标控制价的内容

招标控制价是指招标人根据国家或省级、行业建设主管部门颁发的有关计价依据和办法，以及拟定的招标文件和招标工程量清单，结合工程具体情况编制的招标工程的最高投标限价。

国有资金投资的建设工程招标，招标人必须编制招标控制价。招标控制价应由具有编知能力的招标人或受其委托具有相应资质的工程造价咨询人编制和复核。

招标控制价在采用工程量清单计价时，编制内容包括分部分项工程费、措施项目费、其他项目费、规费和税金。招标控制价应该根据下列依据编制和复核：①《建设工程工程量清单计价规范》GB 50500—2013；②国家或省级、行业建设主管部门颁发的计价定额和计价办法；③建设工程设计文件及其相关资料；④拟定的招标文件及招标工程量清单；⑤与建设项目相关的标准、规范、技术资料；⑥施工现场情况、工程特点及常规施工方案；⑦工程造价管理机构发布的工程造价信息，当工程造价信息没有发布时，参照市场价。

招标控制价按此依据编制，不应上调或下浮。当招标控制价超过批准的概算时，招标人应将其报原概算审批部门审核。招标人应在发布招标文件时公布招标控制价，同时应将招标控制价及有关资料报送工程所在地或有该工程管辖权的行业管理部门工程造价管理机构报备。

2. 编制招标控制价应注意的问题

不可竞争的措施项目费和规费、税金等费用的计算均属于强制性条款，编制招标控制价时应该按国家有关规定计算。

对于竞争性的措施费用的编制，应该首先编制施工组织设计或施工方案，然后依据经过专家论证后的施工方案，合理地确定措施项目与费用。

3. 投诉与处理

投标人应在招标控制价公布后 5 天内向招投标监督机构和工程造价管理机构投诉。投诉人投诉时，应当提交由单位盖章和法定代表人或其委托人签名或盖章的书面投诉书。

工程造价管理机构在接到投诉书后应在 2 个工作日内进行审查。机构应在不迟于结束审查的次日将是否受理投诉的决定书面通知投诉人、被投诉人以及负责该工程招投标监督的招投标管理机构。

工程造价管理机构应当在受理投诉的 10 天内完成复查，并作出书面结论通知投诉人、被投诉人及负责该工程招投标监督的招投标管理机构。招标人根据招标控制价复查结论需要重新公布招标控制价的，其最终公布的时间至招标文件要求提交投标文件截止时间不足 15 天的，应相应延长提交投标文件的截止时间。

（三）投标报价的编制方法

投标价由投标人或受其委托具有相应资质的工程造价咨询人编制，自主确定的工程造价，投标价不能高于招标人设定的招标控制价。

在编制投标报价之前，需要先对清单工程量进行复核。因为工程量清单中的各分部分项工程量并不十分准确，若设计深度不够则可能有较大的误差，而工程量的多少是选择施工方法、安排人力和机械、准备材料必须考虑的因素，自然也影响分项工程的单价，因此一定要对工程量进行复核。

在招投标过程中，若出现工程量清单特征描述与设计图纸不符，投标人应以招标工程量清单的项目特征描述为准，确定投标报价的综合单价；若施工中施工图纸或设计变更与招标工程量清单项目特征描述不一致，发承包双方应按实际施工的项目特征依据合同约定重新确定综合单价。

招标文件中要求投标人承担的风险费用，投标人应在综合单价中给予考虑，通常以风险费率的形式进行计算。风险费率的测算应根据招标人要求结合投标企业当前风险控制水平进行定量测算。在施工过程中，当出现的风险内容及其范围（幅度）在招标文件规定的范围（幅度）内时，综合单价不得变动，合同价款不作调整。

措施项目中的总价项目应采用综合单价方式报价，包括除规费、税金外的全部费用；安全文明施工费应按照国家或省级、行业主管部门的规定计算确定。

其他项目费中：暂列金额应按照招标工程量清单中列出的金额填写，不得变动。暂估价不得变动和更改。计日工自主确定。总承包服务费自主确定。投标人在进行工程项目工程量清单招标的投标报价时，不能进行投标总价优惠（或降价、让利），投标人对投标报价的任何优惠（或降价、让利）均应反映在相应清单项目的综合单价中。

五、国际工程投标报价

（一）国际工程投标报价程序

国际工程投标报价程序为组织投标报价班子→研究招标文件→进行各项调查研究→标前会议与现场勘查→工程量复核。

标前会议是招标人给所有投标人提供的一次答疑机会，有利于加深对招标文件的理解。参加标前会议应注意以下几点：

1. 对工程内容范围不清的问题应当提前说明，但不要表示或提出任何修改设计方案的要求。

2. 对招标文件中图纸与技术说明互相矛盾之处，可请求说明应以何者为准，但不要轻易提出修改技术要求。

3. 对含糊不清、容易产生歧义理解的合同条件，可以请求给予澄清、解释，但不要提出任何改变合同条件的要求。

4. 投标人应注意提问的技巧，不要批评或否定业主在招标文件中的有关规定，提问的问题应是招标文件中比较明显的错误或疏漏，不要将对己方有利的错误或疏漏提出来，也不要将己方机密的设计方案或施工方案透露给竞争对手，同时要仔细倾听业主和竞争对手的谈话，从中探察他们的态度、经验和管理水平。

（二）国际工程投标报价的组成

国际工程投标报价分为人工费、材料费、施工机具使用费、待摊费、开办费、分包工程费、暂定金额等，如图1.4-5所示。

暂定金额是业主在招标文件中明确规定了数额的一笔资金，标明用于工程施工，或供应货物与材料，或提供服务，或应付意外情况，亦称待定金额或备用金。每个承包商在投标报价时均应将此暂定金额数计入工程总报价，但承包商无权做主使用此金额，这些项目

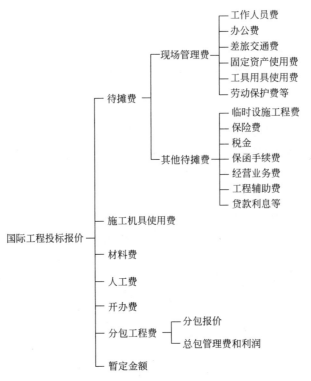

图 1.4-5　国际工程投标报价组成

的费用将按照业主工程师的指示与决定，全部或部分使用。

模拟题

1. 建设工程施工定额的研究对象是（　　）。

A. 分部分项工程　　　　　　　　　　B. 工序

C. 扩大的分部分项　　　　　　　　　D. 整个建筑物或构筑物

【答案】B

【解析】施工定额是以同一性质的施工过程——工序作为研究对象，为表示生产产品数量与时间消耗综合关系而编制的定额。施工定额是施工企业（建筑安装企业）组织生产和加强管理在企业内部使用的一种定额，性质属于企业定额。施工定额是建设工程定额中分项最细、定额子目最多的一种定额，也是建设工程定额中的基础性定额。

2. 编制人工定额时，人工定额工作时间中应予以合理考虑的情况是（　　）。

A. 由于水源或电源中断引起的停工时间数

B. 由于工程技术人员和工人差错引起的工时损失

C. 由于劳动组织不合理导致工作中断所占用时间

D. 由于材料供应不及时引起的停工时间

【答案】A

【解析】施工本身造成的停工时间，是由于施工组织不善、材料供应不及时、工作面准备工作做得不好、工作地点组织不良等情况引起的停工时间。非施工本身造成的停工时间，是由于水源、电源中断引起的停工时间。前一种情况在拟定定额时不应该计算，后一种情况定额中应给予合理的考虑。

3. 某施工企业编制砌砖墙人工定额，该企业有近 5 年同类工程的施工工时消耗资料，则制定人工定额适合选用的方法是（　　）。

A. 技术测定法 　　　　　　　　　　B. 比较类推法

C. 统计分析法 　　　　　　　　　　D. 经验估计法

【答案】C

【解析】统计分析法是把过去施工生产中的同类工程或同类产品的工时消耗的统计资料，与当前生产技术和施工组织条件的变化因素结合起来，进行统计分析的方法。

4. 机械台班使用定额的编制内容包括（　　）。

A. 拟定机械作业的正常施工条件 　　B. 确定机械纯工作一小时的正常生产率

C. 拟定机械停工时间 　　　　　　　D. 确定机械的利用系数

E. 计算机械台班定额

【答案】A B D E

【解析】机械台班使用定额的编制内容：

（1）拟定机械工作的正常施工条件，包括工作地点的合理组织、施工机械作业方法的确定等。

（2）确定机械净工作生产率，即机械纯工作一小时的正常生产率。

（3）确定机械的利用系数。

（4）计算机械台班定额。

（5）拟定工人小组的定额时间。

5. 在合理的劳动组织和正常施工条件下，完成某单位合格分项工程的时间消耗为所有班组完成时间均不超过 1 个工日，其中个别班组可以在 0.5 日完成，多数班组经过努力可以在 0.8 工日完成。则编制施工定额时，人工消耗为（　　）。

A. 1 个工日 　　　　　　　　　　　B. 0.8 工日

C. 0.77 工日 　　　　　　　　　　D. 0.5 工日

【答案】B

【解析】施工定额水平必须遵循平均先进的原则。指在正常的生产条件下，多数施工班组或生产者经过努力可以到达的、少数班组或劳动者可以接近的、个别班组或劳动者可以超过的水平。

6. 完成某预算定额项目单位工程量的基本用工为 2.8 工日，辅助用工为 0.7 工日，超运距用工为 0.9 工日，人工幅度差系数为 10%，该定额的人工工日消耗为（　　）。

A. 4.84 　　　　　　　　　　　　B. 4.75

C. 4.65 　　　　　　　　　　　　D. 4.68

【答案】A

【解析】人工工日消耗＝基本用工＋超运距用工＋辅助用工＋人工幅度差，人工幅度差用工数量＝∑（基本用工＋超运距用工＋辅助用工）×人工幅度差系数，因此，人工工日消耗＝2.8＋0.7＋0.9＋（2.8＋0.7＋0.8）×10%＝（2.8＋0.7＋0.9）×（1＋10%）＝4.84。

7. 某建设项目的建筑面积为 10000m²，按类似工程概算指标计算的一般土建工程单位造价为 1158.84 元/m²（其中人、料、机费用为 800 元/m²），项目所在地建筑安装工程企业管理费率为 8%，按人、料、机和企业管理费计算的规费费率为 15%，利润率为 7%，增值税税率为 9%。与类似工程概算指标规定的结构特征比较，该项目结构有部分变更，换出结构构件中每 100m² 的人、料、机费用为 12450 元，换入结构构件中每 100m² 的人、料、机费用为 15800 元，人、料、机费用均不包含增值税可抵扣进项额。则该项目一般土建工程修正后概算单价为（　　）。

    A. 833.5 元/m²　　　　　　　　　　　B. 1207.36 元/m²

    C. 1192.34 元/m²　　　　　　　　　　D. 1316.84 元/m²

【答案】B

【解析】结构变化修正概算值＝原概算指标＋换入结构的工程指标量－换出结构的工程指标＝800＋（15800/100）－（12450/100）＝833.5（元/m²）；

调整后的概算单价＝833.5×（1＋8%）×（1＋15%）×（1＋7%）×（1＋9%）＝1207.36（元/m²）。

8. 审查设计概算时，对一些关键设备和设施、重要装置，引进工程图纸不全、难以核算的较大投资宜采用的审查方法是（　　）。

    A. 对比分析法　　　　　　　　　　　B. 筛选审查法

    C. 查询核实法　　　　　　　　　　　D. 标准预算审查法

【答案】C

【解析】查询核实法是对一些关键设备和设施、重要装置，引进工程图纸不全、难以核算的较大投资进行多方查询核对、逐步落实的方法。

9. 编制施工图预算时，按各分项工程的工程量套取预算定额中人、料、机消耗量指标，并按类相加求取单位工程人、料、机消耗总量，再采用当时当地的人工、材料和机械台班实际价格计算汇总人、料、机费用的方法是（　　）。

    A. 定额单价法　　　　　　　　　　　B. 工程量清单综合单价法

    C. 全费用综合单价法　　　　　　　　D. 实物量法

【答案】D

【解析】用实物量法编制施工图预算，主要是先用计算出的各分项工程的实物工程量，分别套取预算定额中工、料、机消耗指标，并按类相加，求出单位工程所需的各种人工、材料、施工机械台班的总消耗量，然后分别乘以当时当地各种人工、材料、机械台班的单价，求得人工费、材料费和施工机械使用费，再汇总求和。

10. 施工图预算审查的重点包括（　　）。

A. 审查工程量计算是否准确

B. 审查相关的技术规范是否有错误

C. 审查施工图设计方案是否合理

D. 审查施工图预算编制中定额套用是否恰当

E. 审查各项收费标准是否符合现行规定

【答案】A D E

【解析】施工图预算审查的重点是工程量计算是否准确，定额套用、各项取费标准是否符合现行规定或单价计算是否合理等。

11. 根据《建设工程工程量清单计价规范》GB 50500—2013，某分部分项工程的项目编码为 01—02—03—004—005，其中 004 这一级编码含义是？（   ）

A. 工程分类顺序码   B. 清单项目顺序码

C. 分部工程顺序码   D. 分项工程顺序码

【答案】D

【解析】编码是分部分项工程和措施项目清单名称的阿拉伯数字标识。分部分项工程量清单项目编码分五级设置，用 12 位阿拉伯数字表示。其中 1、2 位为相关工程国家计量规范代码，3、4 位为专业工程顺序码，5、6 位为分部工程顺序码，7～9 位为分项工程顺序码，10～12 位为清单项目编码。

12. 投标人编制分部分项工程综合单价的主要工作有：①计算清单项目的管理费和利润；②测算人、料、机消耗量；③确定组合定额子目并计算各子目工程量；④确定人、料、机单价。正确的顺序是（   ）。

A. ③—①—②—④   B. ②—①—③—④

C. ③—②—①—④   D. ③—②—④—①

【答案】D

【解析】综合单价的计算步骤：①确定组合定额子目；②计算定额子目工程量；③测算人、材、机消耗量；④确定人、料、机单价；⑤计算清单项目的人、料、机总费用；⑥计算清单项目的管理费和利润；⑦计算清单项目的综合单价。

13. 某建设项目分部分项工程的费用为 20000 万元（其中定额人工费占分部分项工程费的 15%），措施项目费为 500 万元，其他项目费为 740 万元。以上数据均不含增值税，规费为分部分项工程定额人工费的 8%，增值税税率为 9%，则该项目的招标控制价为（   ）。

A. 23151.6 万元   B. 24895.6 万元

C. 26421.6 万元   D. 23413.2 万元

【答案】D

【解析】规费 $= 20000 \times 15\% \times 8\% = 240$ 万元，招标控制价 $=$（$20000 + 500 + 740 + 240$）$\times$（$1 + 9\%$）$= 23413.2$ 万元。

14. 根据《建设工程工程量清单计价规范》GB 50500—2013，关于投标人投诉招标人不按规范编制招标控制价的说法，正确的是（   ）。

A. 投诉期为招标控制价公布后的 16 天内

B. 投标人应向政府投资管理部门投诉

C. 投诉时，应当提交只加盖招标单位公章的书面投诉书

D. 投诉书应明确投诉人的相关请求及主张

【答案】D

【解析】投标人经复核认为招标人公布的招标控制价未按照《建设工程工程量清单计价规范》GB 50500—2013 的规定进行编制的，应在招标控制价公布后 5 天内向招投标监督机构和工程造价管理机构投诉，A、B 错误。投诉人投诉时，应当提交由单位盖章和法定代表人或其委托人签名或盖章的书面投诉书。投诉书包括下列内容：①投诉人与被投诉人的名称、地址及有效联系方式；②投诉的招标工程名称、具体事项及理由；③投诉依据及有关证明材料；④相关的请求及主张。C 错误，D 正确。

15. 国际工程投标中，投标人在投标截止日前一天发现招标工程量清单中某分项工程量有明显的计算错误，则最适宜采取的做法是（   ）。

  A. 按照施工中可能的工程量填报单价，不做任何额外说明

  B. 电话咨询招标人，根据招标人口头认可的数量填报单价

  C. 按照原招标文件的工程量填报单价，另在投标致函中予以说明

  D. 按照投标人修正的工程量填报单价，另在投标致函中予以说明

【答案】C

【解析】当发现遗漏或相差较大时，投标人不能随便改动工程量，仍应按招标文件的要求填报自己的报价，但可另在投标函中适当予以说明。

16. 根据《建设工程工程量清单计价规范》GB 50500—2013，关于投标人的投标总价编制的说法，正确的是（   ）。

  A. 为降低投标总价，投标人可以将暂列金额降至零

  B. 投标总价可在分部分项工程费、措施项目费、其他项目费和规费、税金合计金额上做出优惠

  C. 开标前投标人来不及修改标书时，可在投标者致函中给出优惠比例，并将优惠后的总价作为新的投标价

  D. 投标人对投标报价的任何优惠均应反映在相应清单项目的综合单价中

【答案】D

【解析】投标人的投标总价应当与组成招标工程量清单的分部分项工程费、措施项目费、其他项目费和规费、税金的合计金额相一致，即投标人在进行工程项目工程量清单招标的投标报价时，不能进行投标总价优惠（或降价、让利），投标人对投标报价的任何优惠（或降价、让利）均应反映在相应清单项目的综合单价中。

17. 某国际工程，业主方在施工招标文件中规定了 500 万元的暂定金额，则承包商对该笔暂定金额的正确处理方式是（   ）。

  A. 不计入投标总价，发生时由工程师决定是否使用

  B. 计入投标总报价，并有权自主使用

  C. 计入投标总报价，但无权自主决定使用

  D. 不计入投标总价，在实际发生时由业主支付

【答案】C

【解析】暂定金额是业主在招标文件中明确规定了数额的一笔资金，标明用于工程施工，或供应货物与材料，或提供服务，或应付意外情况，亦称待定金额或备用金。每个承包商在投标报价时均应将此暂定金额数计入工程总报价，但承包商无权做主使用此金额，这些项目的费用将按照业主工程师的指示与决定，全部或部分使用。

18. 当初步设计深度不够，不能准确地计算工程量，但工程设计采用的技术比较成熟而又有类似工程概算指标可以利用时，编制工程概算可以采用（   ）。

  A. 单位工程指标法   B. 概算指标法

  C. 概算定额法   D. 类似工程概算法

【答案】B

【解析】建筑工程概算的编制方法有概算定额法、概算指标法和类似工程预算法。概

算定额法要求初步设计达到一定深度，建筑结构比较明确，能按照初步设计的平面图、立面图、剖面图计算出楼地面、墙身等分部工程项目的工程量时才可以采用；概算指标法的适用范围是当初步设计深度不够，不能准确地计算出工程量，但工程设计时采用技术比较成熟，并且又有类似工程概算指标可以利用时采用；类似工程概算法适用于拟建工程初步设计与已完工程或在建工程的设计相类似又没有可用的概算指标时采用。

19. 某工程项目所需设备原价 400 万元，运杂费率为 5%，安装费率为 10%，则该项目的设备及安装工程概算为（　　）。

    A. 400 万元　　　　　　　　　　　　B. 440 万元

    C. 460 万元　　　　　　　　　　　　D. 462 万元

【答案】C

【解析】设备购置费概算＝∑（设备清单中的设备数量×设备原价）×（1＋运杂费率）；设备安装费＝设备原价×设备安装费率；设备及安装工程概算＝设备购置费概算＋设备安装费＝400×（1＋5%）＋400×10%＝460 万元。

20. 某建设项目工程费用为 6800 万元，其他费用为 1200 万元，预备费为 500 万元，建设期贷款利息为 370 万元，铺底流动资金为 710 万元。预计在建设中原房屋拆除变现收入为 100 万元，试车收入大于支出金额 150 万元，则该项目总概算为（　　）。

    A. 9580 万元　　　　　　　　　　　B. 9330 万元

    C. 9680 万元　　　　　　　　　　　D. 9430 万元

【答案】B

【解析】该项目的总概算价值＝工程费用＋其他费用＋预备费＋建设期利息＋铺底流动资金－回收金额＝6800＋1200＋500＋370＋710－100－150＝9330 万元。

21. 设计概算审查时，对图纸不全的复杂建筑安装工程投资，通过向同类工程的建设施工企业征求意见判断其合理性。这种审查方法属于（　　）。

    A. 对比分析法　　　　　　　　　　B. 专家意见法

    C. 查询核实法　　　　　　　　　　D. 联合会审法

【答案】C

【解析】查询核实法是对一些关键设备和设施、重要装置、引进工程图纸不全、难以核算的较大投资进行多方查询核对、逐项落实的方法。

22. 关于施工图预算对建设单位作用的说法，正确的有（　　）。

    A. 是确定建设项目筹资方案的依据

    B. 是施工图设计阶段确定建设工程项目造价的依据

    C. 是编制进度计划，统计完成工程量的依据

    D. 是确定工程招标控制价的依据

    E. 可以作为拨付工程进度款及办理结算的基础

【答案】BDE

【解析】（1）施工图预算是施工图设计阶段确定建设工程项目造价的依据，是设计文件的组成部分。（2）施工图预算是建设单位在施工期间安排建设资金计划和使用建设资金的依据。（3）施工图预算是确定工程招标控制价的依据。（4）施工图预算可以作为确定合同价款、拨付工程进度款及办理工程结算的基础。

23. 关于施工图预算编制内容和要求的说法，正确的是（   ）。

A. 施工图总预算应控制在已批准的设计总概算投资范围以内

B. 当建设项目只有一个单项工程时，则不需要编制建设项目总预算

C. 单位工程预算编制依据的定额应为企业定额

D. 建设项目总预算是反映建设项目施工阶段投资总额的造价文件

【答案】A

【解析】施工图总预算应控制在已批准的设计总概算投资范围以内，A正确。当建设项目只有一个单项工程时，应采用二级预算编制形式，二级预算编制形式由建设项目总预算和单位工程预算组成，B错误。单位工程预算是依据单位工程施工图设计文件、现行预算定额以及人工、材料和施工机械台班价格等，按照规定的计价方法编制的工程造价文件，C错误。建设项目总预算是反映施工图设计阶段建设项目投资总额的造价文件，是施工图预算文件的主要组成部分，D错误。

24. 定额单价法编制施工图预算的工作主要有：①计算工程量；②套用定额单价，计算人、料、机费用；③按计价程序计取其他费用，并汇总造价；④编制工料分析表；⑤准备资料，熟悉施工图纸。正确的步骤是（   ）。

A.④—⑤—①—②—③
B.⑤—①—④—②—③
C.⑤—②—①—④—③
D.⑤—①—②—④—③

【答案】D

【解析】定额单价法编制施工图预算的基本步骤如下：①准备资料，熟悉施工图纸；②计算工程量；③套用定额单价，计算人、料、机费用；④编制工料分析表；⑤按计价程序计取其他费用，并汇总造价；⑥复核。

25. 采用定额单价法编制施工图预算时，若分项工程采用的主要材料品种与定额单价中规定的材料品种不一致，正确的做法是（   ）。

A. 直接套用定额单价并通过系数调整
B. 编制补充定额

C. 调整材料数量，不换价
D. 按实际使用材料价格换算定额单价

【答案】D

【解析】计算人、料、机费用时需注意以下几项内容：（1）分项工程的名称、规格、计量单位与定额单价中所列内容完全一致时，可以直接套用定额单价；（2）分项工程的主要材料品种与定额单价中规定材料不一致时，不可以直接套用定额单价，需要按实际使用材料价格换算定额单价；（3）分项工程施工工艺条件与定额单价不一致而造成人工、机械的数量增减时，一般调量不换价；（4）分项工程不能直接套用定额、不能换算和调整时，应编制补充定额单价。

26. 实物量法编制施工图预算时采用的人工、材料、机械的单价应为（   ）。

A. 项目所在地定额基价中的价格
B. 预测的项目建设期的市场价格

C. 当时当地的实际价格
D. 定额编制时的市场价格

【答案】C

【解析】用实物量法编制施工图预算，主要是先计算出各分项工程的实物工程量，分别套取预算定额中工、料、机消耗指标，并按类相加，求出单位工程所需的各种人工、材料、施工机械台班的总消耗量，然后分别乘以当时当地各种人工、材料、机械台班的单

价，求得人工费、材料费和施工机械使用费，再汇总求和。

27. 根据《建设工程工程量清单计价规范》GB 50500—2013，某招标工程量清单中挖沟槽土方的工程量为 2600m³，投标人在考虑工作面和放坡后，预计开挖土方量为5090m³，运输土方量为 1925m³，人料机及管理费、利润合价为 118200 元。不考虑其他因素，则该分项工程的工程量清单综合单价为（   ）。

A. 16.85 元/m³
B. 45.46 元/m³
C. 23.22 元/m³
D. 61.4 元/m³

【答案】B

【解析】综合单价＝（人、料、机总费用＋管理费＋利润）/清单工程量＝118200/2600＝45.46 元/m³。

28. 招标方编制工程量清单时有以下工作：①确定项目编码；②研究招标文件，确定清单项目名称；③确定计量单位；④计算工程数量；⑤确定项目特征，正确的顺序是（   ）。

A. ①—②—③—④—⑤
B. ①—②—⑤—③—④
C. ②—③—⑤—④—①
D. ②—①—⑤—③—④

【答案】D

【解析】①招标文件；②确定项目名称；③确定项目编码；④确定项目特征；⑤确定计量单位；⑥计算工程量；⑦确定工程内容；⑧完成清单编制。

29. 根据《建设工程工程量清单计价规范》GB 50500—2013，招标工程量清单中挖土方工程量为20000m³，定额子目工程量为35000m³，挖土方定额人工费 7 元/m³。材料费1 元/m³，机械使用费 2 元/m³，管理费取人、料、机费用之和的 14%，利润率取人、料、机费用与管理费之和的 8%。不考虑其他因素，该挖土方工程的综合单价为（   ）。

A. 21.55 元/m³
B. 21.35 元/m³
C. 25.55 元/m³
D. 25.35 元/m³

【答案】A

【解析】综合单价＝（人、料、机总费用＋管理费＋利润）/清单工程量＝（7＋1＋2）(1＋14%)(1＋8%)×35000/20000＝21.546 元/m³≈21.55 元/m³。

30. 根据《建设工程工程量清单计价规范》GB 50500—2013，投标人在确定分部分项工程的综合单价时，若出现某招标工程量清单项目特征描述与设计图纸不符，但均符合设计规范，应以（   ）为准。

A. 招标工程量清单的项目特征描述
B. 设计图纸及其说明
C. 设计规范
D. 实际施工的项目特征

【答案】A

【解析】在招投标过程中，出现工程量清单特征描述与设计图纸不符，以招标工程量清单的项目特征描述为准，确定综合单价。

第五节　建筑面积计算规范

一、建筑面积的内容和作用

《建筑工程建筑面积计算规范》GB/T 50353—2013（以下简称《建筑面积规范》）由

中华人民共和国住房和城乡建设部于 2013 年 12 月 19 日以第 269 号公告批准发布，并于 2014 年 7 月 1 日起实施。

建筑面积是建筑物各层面积的综合，包括使用面积、辅助面积和结构面积。建筑面积的作用是控制建设规模、工程造价、建设进度和工程量大小。

《建筑面积规范》在建筑工程造价管理方面起着非常重要的作用，它是房屋建筑计算工程量的主要指标，是计算单位工程每平方米预算造价的主要依据，是统计部门汇总发布房屋建筑面积完成情况的基础，也是住房和城乡建设部与国家质量技术监督局颁发的《房产测量规范》GB/T 17986—2000 的房产面积计算，以及《住宅设计规范》GB 50096—2011 中有关面积计算的依据。

二、建筑面积计算的总规则

1. 制定本规范首先是为了规范工业与民用建筑工程建设全过程的建筑面积计算，规定统一计算方法。

2. 工业与民用建筑面积的计算，总的规则为：凡在结构上、使用上具有一定使用功能空间的建筑物和构筑物，并能单独计算出水平面积及其消耗的人工、材料、机械用量，可计算建筑面积，反之则不应计算。

3. 建筑面积计算应遵循科学合理的原则。

4. 建筑面积应遵循《建筑面积规范》，同时也应符合国家现行的有关标准规范的规定。

三、《建筑面积规范》的适用范围

本规范的适用范围是新建、扩建、改建的工业与民用建筑工程（建设全过程）的建筑面积的计算，包括工业厂房、仓库、公共建筑、居住建筑、农业生产使用的房屋、粮种仓库、地铁车站等的建筑面积的计算。这里"建设全过程"是指从项目建议书、可行性研究报告到竣工验收、交付使用的过程。

四、计算建筑面积的规定

1. 建筑物的建筑面积应按自然层外墙结构外围水平面积之和计算。结构层高在 2.20m 及以上的，应计算全面积；结构层高在 2.20m 以下的，应计算 1/2 面积。

2. 建筑物内设有局部楼层时，对于局部楼层的二层及以上楼层，有围护结构的应按其围护结构外围水平面积计算，无围护结构的应按其结构底板水平面积计算。结构层高在 2.20m 及以上的，应计算全面积；结构层高在 2.20m 以下的，应计算 1/2 面积。

3. 形成建筑空间的坡屋顶，结构净高在 2.10m 及以上的部位应计算全面积；结构净高在 1.20m 及以上至 2.10m 以下的部位应计算 1/2 面积；结构净高在 1.20m 以下的部位不应计算建筑面积。

4. 场馆看台下的建筑空间，结构净高在 2.10m 及以上的部位应计算全面积；结构净高在 1.20m 及以上至 2.10m 以下的部位应计算 1/2 面积；结构净高在 1.20m 以下的部位不应计算建筑面积。室内单独设置的有围护设施的悬挑看台，应按看台结构底板水平投影面积计算建筑面积。有顶盖无围护结构的场馆看台应按其顶盖水平投影面积的 1/2 计算面积。

5. 地下室、半地下室应按其结构外围水平面积计算。结构层高在 2.20m 及以上的，应计算全面积；结构层高在 2.20m 以下的，应计算 1/2 面积。

6. 出入口外墙外侧坡道有顶盖的部位，应按其外墙结构外围水平面积的 1/2 计算面积。

7. 建筑物架空层及坡地建筑物吊脚架空层，应按其顶板水平投影计算建筑面积。结构层高在 2.20m 及以上的，应计算全面积；结构层高在 2.20m 以下的，应计算 1/2 面积。

8. 建筑物的门厅、大厅应按一层计算建筑面积，门厅、大厅内设置的走廊应按走廊结构底板水平投影面积计算建筑面积。结构层高在 2.20m 及以上的，应计算全面积；结构层高在 2.20m 以下的，应计算 1/2 面积。

9. 建筑物间的架空走廊，有顶盖和围护结构的，应按其围护结构外围水平面积计算全面积；无围护结构、有围护设施的，应按其结构底板水平投影面积计算 1/2 面积。

10. 立体书库、立体仓库、立体车库，有围护结构的，应按其围护结构外围水平面积计算建筑面积；无围护结构、有围护设施的，应按其结构底板水平投影面积计算建筑面积。无结构层的应按一层计算，有结构层的应按其结构层面积分别计算。结构层高在 2.20m 及以上的，应计算全面积；结构层高在 2.20m 以下的，应计算 1/2 面积。

11. 有围护结构的舞台灯光控制室，应按其围护结构外围水平面积计算。结构层高在 2.20m 及以上的，应计算全面积；结构层高在 2.20m 以下的，应计算 1/2 面积。

12. 附属在建筑物外墙的落地橱窗，应按其围护结构外围水平面积计算。结构层高在 2.20m 及以上的，应计算全面积；结构层高在 2.20m 以下的，应计算 1/2 面积。

13. 窗台与室内楼地面高差在 0.45m 以下且结构净高在 2.10m 及以上的凸（飘）窗，应按其围护结构外围水平面积计算 1/2 面积。

14. 有围护设施的室外走廊（挑廊），应按其结构底板水平投影面积计算 1/2 面积；有围护设施（或柱）的檐廊，应按其围护设施（或柱）外围水平面积计算 1/2 面积。

15. 门斗应按其围护结构外围水平面积计算建筑面积。结构层高在 2.20m 及以上的，应计算全面积；结构层高在 2.20m 以下的，应计算 1/2 面积。

16. 门廊应按其顶板水平投影面积的 1/2 计算建筑面积；有柱雨篷应按其结构板水平投影面积的 1/2 计算建筑面积；无柱雨篷的结构外边线至外墙结构外边线的宽度在 2.10m 及以上的，应按雨篷结构板水平投影面积的 1/2 计算建筑面积。

17. 设在建筑物顶部的、有围护结构的楼梯间、水箱间、电梯机房等，结构层高在 2.20m 及以上的应计算全面积；结构层高在 2.20m 以下的，应计算 1/2 面积。

18. 围护结构不垂直于水平面的楼层，应按其底板面的外墙外围水平面积计算。结构净高在 2.10m 及以上的部位，应计算全面积；结构净高在 1.20m 及以上至 2.10m 以下的部位，应计算 1/2 面积；结构净高在 1.20m 以下的部位，不应计算建筑面积。

19. 建筑物的室内楼梯、电梯井、提物井、管道井、通风排气竖井、烟道，应并入建筑物的自然层计算建筑面积。有顶盖的采光井应按一层计算面积，结构净高在 2.10m 及以上的，应计算全面积，结构净高在 2.10m 以下的，应计算 1/2 面积。

20. 室外楼梯应并入所依附建筑物自然层，并应按其水平投影面积的 1/2 计算建筑面积。

21. 在主体结构内的阳台，应按其结构外围水平面积计算全面积；在主体结构外的阳台，应按其结构底板水平投影面积计算 1/2 面积。

22. 有顶盖无围护结构的车棚、货棚、站台、加油站、收费站等，应按其顶盖水平投影面积的 1/2 计算建筑面积。

23. 以幕墙作为围护结构的建筑物，应按幕墙外边线计算建筑面积。

24. 建筑物的外墙外保温层，应按其保温材料的水平截面积计算，并计入自然层建筑面积。

25. 与室内相通的变形缝，应按其自然层合并在建筑物建筑面积内计算。对于高低联跨的建筑物，当高低跨内部连通时，其变形缝应计算在低跨面积内。

26. 对于建筑物内的设备层、管道层、避难层等有结构层的楼层，结构层高在 2.20m 及以上的，应计算全面积；结构层高在 2.20m 以下的，应计算 1/2 面积。

27. 下列项目不应计算建筑面积：

（1）与建筑物内不相连通的建筑部件；

（2）骑楼、过街楼底层的开放公共空间和建筑物通道；

（3）舞台及后台悬挂幕布和布景的天桥、挑台等；

（4）露台、露天游泳池、花架、屋顶的水箱及装饰性结构构件；

（5）建筑物内的操作平台、上料平台、安装箱和罐体的平台；

（6）勒脚、附墙柱、垛、台阶、墙面抹灰、装饰面、镶贴块料面层、装饰性幕墙，主体结构外的空调室外机搁板（箱）、构件、配件，挑出宽度在 2.10m 以下的无柱雨篷和顶盖高度达到或超过两个楼层的无柱雨篷；

（7）窗台与室内地面高差在 0.45m 以下且结构净高在 2.10m 以下的凸（飘）窗，窗台与室内地面高差在 0.45m 及以上的凸（飘）窗；

（8）室外爬梯、室外专用消防钢楼梯；

（9）无围护结构的观光电梯；

（10）建筑物以外的地下人防通道，独立的烟囱、烟道、地沟、油（水）罐、气柜、水塔、贮油（水）池、贮仓、栈桥等构筑物。

五、《建筑面积规范》用词、术语说明

(一)《建筑面积规范》用词说明

为便于在执行本规范条文时区别对待，对要求严格程度不同的用词说明如下：

表示很严格，非这样做不可的：正面词采用"必须"，反面词采用"严禁"；表示严格，在正常情况下均应这样做的：正面词采用"应"，反面词采用"不应"或"不得"；表示允许稍有选择，在条件许可时首先应这样做的：正面词采用"宜"，反面词采用"不宜"；表示有选择，在一定条件下可以这样做的，采用"可"。

条文中指明应按其他有关标准执行的写法为："应符合……的规定"或"应按……执行"。

(二)《建筑面积规范》术语说明

1. 建筑面积（construction area）　建筑物（包括墙体）所形成的楼地面面积。

建筑面积包括附属于建筑物的室外阳台、雨篷、檐廊、室外走廊、室外楼梯等的面积。

2. 自然层（floor）　按楼地面结构分层的楼层。

3. 结构层高（structure story height）　楼面或地面结构层上表面至上部结构层上表面之间的垂直距离。

4. 围护结构（building enclosure）　围合建筑空间的墙体、门、窗。

5. 建筑空间（space）　以建筑界面限定的、供人们生活和活动的场所。

具备可出入、可利用条件（设计中可能标明了使用用途，也可能没有标明使用用途或使用用途不明确）的围合空间，均属于建筑空间。

6. 结构净高（structure net height）　楼面或地面结构层上表面至上部结构层下表面之间的垂直距离。

7. 围护设施（enclosure facilities）　为保障安全而设置的栏杆、栏板等围挡。

8. 地下室（basement）　室内地平面低于室外地平面的高度超过室内净高的 1/2 的房间。

9. 半地下室（semi-basement）　室内地平面低于室外地平面的高度超过室内净高的 1/3，且不超过 1/2 的房间。

10. 架空层（stilt floor）　仅有结构支撑而无外围护结构的开敞空间层。

11. 走廊（corridor）　建筑物中的水平交通空间。

12. 架空走廊（elevated corridor）　专门设置在建筑物的二层或二层以上，作为不同建筑物之间水平交通的空间。

13. 结构层（structure layer）　整体结构体系中承重的楼板层。

特指整体结构体系中承重的楼层，包括板、梁等构件。结构层承受整个楼层的全部荷载，并对楼层的隔声、防火等起主要作用。

14. 落地橱窗（french window）　突出外墙面且根基落地的橱窗。

落地橱窗是指在商业建筑临街面设置的下槛落地、可落在室外地坪也可落在室内首层地板，用来展览各种样品的玻璃窗。

15. 凸窗（飘窗）（bay window）　凸出建筑物外墙面的窗户。

凸窗（飘窗）既作为窗，就有别于楼（地）板的延伸，也就是不能把楼（地）板延伸出去的窗称为凸窗（飘窗）。凸窗（飘窗）的窗台应只是墙面的一部分且距（楼）地面应有一定的高度。

16. 檐廊（eaves gallery）　建筑物挑檐下的水平交通空间。

檐廊是附属于建筑物底层外墙有屋檐作为顶盖，其下部一般有柱或栏杆、栏板等的水平交通空间。

17. 挑廊（overhanging corridor）　挑出建筑物外墙的水平交通空间。

18. 门斗（air lock）　建筑物入口处两道门之间的空间。

19. 雨篷（canopy）　建筑出入口上方为遮挡雨水而设置的部件。

雨篷是指建筑物出入口上方、凸出墙面、为遮挡雨水而单独设立的建筑部件。雨篷划分为有柱雨篷（包括独立柱雨篷、多柱雨篷、柱墙混合支撑雨篷、墙支撑雨篷）和无柱雨篷（悬挑雨篷）。如凸出建筑物，且不单独设立顶盖，利用上层结构板（如楼板、阳台底板）进行遮挡，则不视为雨篷，不计算建筑面积。对于无柱雨篷，如顶盖高度达到或超过两个楼层时，也不视为雨篷，不计算建筑面积。

20. 门廊（porch）　建筑物入口前有顶棚的半围合空间。

门廊是在建筑物出入口，无门，三面或两面有墙，上部有板（或借用上部楼板）围护的部位。

21. 楼梯（stairs） 由连续行走的梯级、休息平台和维护安全的栏杆（或栏板）、扶手以及相应的支托结构组成的作为楼层之间垂直交通使用的建筑部件。

22. 阳台（balcony） 附设于建筑物外墙，设有栏杆或栏板，可供人活动的室外空间。

23. 主体结构（major structure） 接受、承担和传递建设工程所有上部荷载，维持上部结构整体性、稳定性和安全性的有机联系的构造。

24. 变形缝（deformation joint） 防止建筑物在某些因素作用下引起开裂甚至破坏而预留的构造缝。变形缝是指在建筑物因温差、不均匀沉降以及地震而可能引起结构破坏变形的敏感部位或其他必要的部位，预先设缝将建筑物断开，令断开后建筑物的各部分成为独立的单元，或者是划分为简单、规则的段，并令各段之间的缝达到一定的宽度，以能够适应变形的需要。根据外界破坏因素的不同，变形缝一般分为伸缩缝、沉降缝、抗震缝三种。

25. 骑楼（overhang） 建筑底层沿街面后退且留出公共人行空间的建筑物。

骑楼是指沿街二层以上用承重柱支撑骑跨在公共人行空间之上，其底层沿街面后退的建筑物。

26. 过街楼（overhead building） 跨越道路上空并与两边建筑相连接的建筑物。

过街楼是指当有道路在建筑群穿过时为保证建筑物之间的功能联系，设置跨越道路上空使两边建筑相连接的建筑物。

27. 建筑物通道（passage） 为穿过建筑物而设置的空间。

28. 露台（terrace） 设置在屋面、首层地面或雨篷上的供人室外活动的有围护设施的平台。

露台应满足四个条件：一是位置，设置在屋面、地面或雨篷顶；二是可出入；三是有围护设施；四是无盖。这四个条件须同时满足。如果设置在首层并有围护设施的平台，且其上层为同体量阳台，则该平台应视为阳台，按阳台的规则计算建筑面积。

29. 勒脚（plinth） 在房屋外墙接近地面部位设置的饰面保护构造。

30. 台阶（step） 联系室内外地坪或同楼层不同标高而设置的阶梯形踏步。

台阶是指建筑物出入口不同标高地面或同楼层不同标高处设置的供人行走的阶梯式连接构件。室外台阶还包括与建筑物出入口连接处的平台。

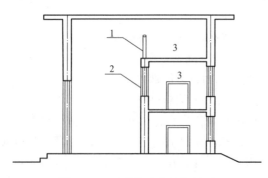

图 1.5-1 建筑物内的局部楼层

（1—围护设施；2—围护结构；3—局部楼层）

六、计算建筑面积规定的条文说明

1. 建筑面积计算，在主体结构内形成的建筑空间，满足计算面积结构层高要求的均应按本条规定计算建筑面积。主体结构外的室外阳台、雨篷、檐廊、室外走廊、室外楼梯等按相应条款计算建筑面积。当外墙结构本身在一个层高范围内不等厚时，以楼地面结构标高处的外围水平面积计算。

2. 建筑物内的局部楼层见图 1.5-1。

3. 场馆看台下的建筑空间因其上部结

构多为斜板，所以采用净高的尺寸划定建筑面积的计算范围和对应规则。室内单独设置的有围护设施的悬挑看台，因其看台上部设有顶盖且可供人使用，所以按看台板的结构底板水平投影计算建筑面积。"有顶盖无围护结构的场馆看台"中所称的"场馆"为专业术语，指各种"场"类建筑，如体育场、足球场、网球场、带看台的风雨操场等。

4. 地下室作为设备、管道层按本规范第 26 条执行，地下室的各种竖向井道按本规范第 19 条执行，地下室的围护结构不垂直于水平面的按本规范第 18 条规定执行。

5. 出入口坡道分有顶盖出入口坡道和无顶盖出入口坡道，出入口坡道顶盖的挑出长度，为顶盖结构外边线至外墙结构外边线的长度；顶盖以设计图纸为准，对后增加及建设单位自行增加的顶盖等，不计算建筑面积。顶盖不分材料种类（如钢筋混凝土顶盖、彩钢板顶盖、阳光板顶盖等）。地下室出入口见图 1.5-2。

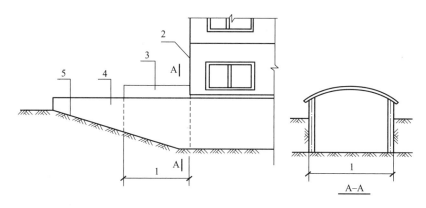

图 1.5-2　地下室出入口

（1—计算 1/2 投影面积部位；2—主体建筑；3—出入口顶盖；4—封闭出入口侧墙；5—出入口坡道）

6. 本条既适用于建筑物吊脚架空层、深基础架空层建筑面积的计算，也适用于目前部分住宅、学校教学楼等工程在底层架空或在二楼或以上某个甚至多个楼层架空，作为公共活动、停车、绿化等空间的建筑面积的计算。架空层中有围护结构的建筑空间按相关规定计算。建筑物吊脚架空层见图 1.5-3。

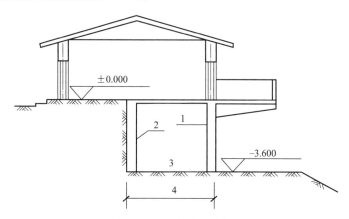

图 1.5-3　建筑物吊脚架空层

（1—柱；2—墙；3—吊脚架空层；4—计算建筑面积部位）

7. 无围护结构的架空走廊见图 1.5-4，有围护结构的架空走廊见图 1.5-5。

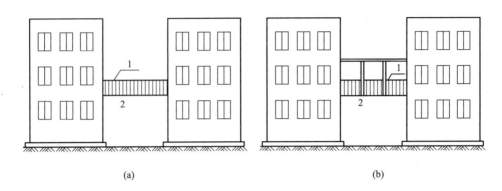

(a)   (b)

图 1.5-4　无围护结构的架空走廊
（1—栏杆；2—架空走廊）

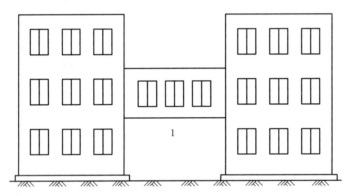

图 1.5-5　有围护结构的架空走廊
（1—架空走廊）

8. 本条主要规定了图书馆中的立体书库、仓储中心的立体仓库、大型停车场的立体车库等建筑的建筑面积计算规则。起局部分隔、存储等作用的书架层、货架层或可升降的立体钢结构停车层均不属于结构层，故该部分分层不计算建筑面积。

9. 檐廊见图 1.5-6。

10. 门斗见图 1.5-7。

11. 雨篷分为有柱雨篷和无柱雨篷。有柱雨篷，没有出挑宽度的限制，也不受跨越层数的限制，均计算建筑面积。无柱雨篷，其结构板不能跨层，并受出挑宽度的限制，设计出挑宽度大于或等于 2.10m 时才计算建筑面积。出挑宽度，系指雨篷结构外边线至外墙结构外边线的宽度，弧形或异形时，取最大宽度。

12. 《建筑工程建筑面积计算规范》GB/T 50353—2005 条文中仅对围护结构向外倾斜的情况进行了规定，本次修订后的条文对于向内、向外倾斜均适用。在划分高度上，本条使用的是结构净高，与其他正常平楼层按层高划分不同，但与斜屋面的划分原则一致。

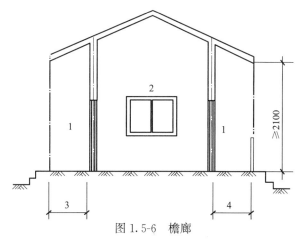

图 1.5-6　檐廊

（1—檐廊；2—室内；3—不计算建筑面积部位；4—计算 1/2 建筑面积部位）

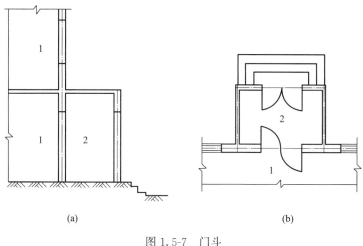

（a）　　　　　　　　　　　　　　（b）

图 1.5-7　门斗

（1—室内；2—门斗）

　　由于目前很多建筑设计追求新、奇、特，造型越来越复杂，很多时候根本无法明确区分什么是围护结构、什么是屋顶，因此对于斜围护结构与斜屋顶采用相同的计算规则，即只要外壳倾斜，就按结构净高划段，分别计算建筑面积。斜围护结构见图 1.5-8。

　　13. 建筑物的楼梯间层数按建筑物的层数计算。有顶盖的采光井包括建筑物中的采光井和地下室采光井。地下室采光井见图 1.5-9。

　　14. 室外楼梯作为连接该建筑物层与层之间交通不可缺少的基本部件，无论从其功能还是工程计价的要求来说，均需计算建筑面积。层数为室外楼梯所依附的楼层数，即梯段部分投影到建筑物范围的层数。利用室外楼梯下部的建筑空间不得重复计算建筑面积；利用地势砌筑的为室外踏步，不计算建筑面积。

　　15. 建筑物的阳台，不论其形式如何，均以建筑物主体结构为界分别计算建筑面积。

　　16. 幕墙以其在建筑物中所起的作用和功能来区分。直接作为外墙起围护作用的幕墙，按其外边线计算建筑面积；设置在建筑物墙体外起装饰作用的幕墙，不计算建筑面积。

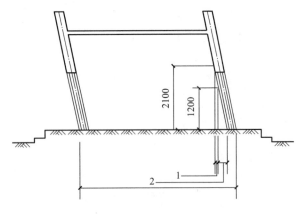

图 1.5-8 斜围护结构
（1—计算1/2建筑面积部位；
2—不计算建筑面积部位）

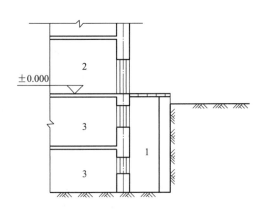

图 1.5-9 地下室采光井
（1—采光井；2—室内；3—地下室）

17. 为贯彻国家节能要求，鼓励建筑外墙采取保温措施，本规范将保温材料的厚度计入建筑面积，但计算方法较2005年规范有一定变化。建筑物外墙外侧有保温隔热层的，保温隔热层以保温材料的净厚度乘以外墙结构外边线长度按建筑物的自然层计算建筑面积，其外墙外边线长度不扣除门窗和建筑物外已计算建筑面积构件（如阳台、室外走廊、门斗、落地橱窗等部件）所占长度。当建筑物外已计算建筑面积的构件（如阳台、室外走廊、门斗、落地橱窗等部件）有保温隔热层时，其保温隔热层也不再计算建筑面积。

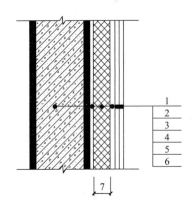

图 1.5-10 建筑外墙外保温
（1—墙体；2—粘结胶浆；3—保温材料；
4—标准网；5—加强网；6—抹面胶浆；
7—计算建筑面积部位）

外墙是斜面者按楼面楼板处的外墙外边线长度乘以保温材料的净厚度计算。外墙外保温以沿高度方向满铺为准，某层外墙外保温铺设高度未达到全部高度时（不包括阳台、室外走廊、门斗、落地橱窗、雨篷、飘窗等），不计算建筑面积。保温隔热层的建筑面积是以保温隔热材料的厚度来计算的，不包含抹灰层、防潮层、保护层（墙）的厚度。建筑外墙外保温见图1.5-10。

18. 本规范所指的与室内相通的变形缝，是指暴露在建筑物内，在建筑物内可以看得见的变形缝。

19. 设备层、管道层虽然其具体功能与普通楼层不同，但在结构上及施工消耗上并无本质区别，且本规范定义自然层为"按楼地面结构分层的楼层"，因此设备、管道楼层归为自然层，其计算规则与普通楼层相同。在吊顶空间内设置管道的，则吊顶空间部分不能被视为设备层、管道层。

20. 本条规定了不计算建筑面积的项目：

① 依附于建筑物外墙外不与户室开门连通，起装饰作用的敞开式挑台（廊）、平台，以及不与阳台相通的空调室外机搁板（箱）等设备平台部件；

② 骑楼见图1.5-11，过街楼见图1.5-12；

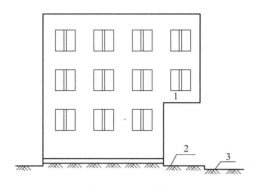

图 1.5-11　骑楼
（1—骑楼；2—人行道；3—街道）

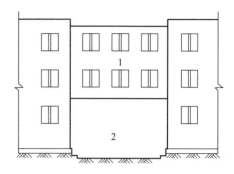

图 1.5-12　过街楼
（1—过街楼；2—建筑物通道）

③ 影剧院的舞台及为舞台服务的可供上人维修、悬挂幕布、布置灯光及布景等搭设的天桥和挑台等构件设施；

④ 建筑物内不构成结构层的操作平台、上料平台（工业厂房、搅拌站和料仓等建筑中的设备操作控制平台、上料平台等），其主要作用为室内构筑物或设备服务的独立上人设施，因此不计算建筑面积；

⑤ 附墙柱是指非结构性装饰柱；

⑥ 室外钢楼梯需要区分具体用途，如专用于消防的楼梯，则不计算建筑面积，如果是建筑物唯一通道，兼用于消防，则需要按本规范第 20 条计算建筑面积。

模拟题

1. 某单层厂房外墙水平面积为 1623m²，厂房内设有局部两层设备用房，设备用房的外墙外围水平面积为 300m²，层高 2.25m，则该厂房总面积是（　　）。

A. 1623m²   B. 1773m²

C. 1923m²   D. 2223m²

【答案】C

【解析】《建筑工程建筑面积计算规范》GB/T 50353—2013（以下均简称《建筑面积规范》）3.0.2 建筑物内设有局部楼层时，对于局部楼层的二层及以上楼层，有围护结构的应按其围护结构外围水平面积计算，无围护结构的应按其结构底板水平面积计算。结构层高在 2.20m 及以上的，应计算全面积；结构层高在 2.20m 以下的，应计算½面积。
$S=$单层厂房外墙水平面积＋设备用房两层面积＝1623＋300＝1923m²。

2. 某工业厂房一层勒脚以上结构外围水平面积为 7200m²，层高 6.0m，局部二层结构外围水平面积为 350m²，层高 3.6m，厂房外有覆混凝土顶盖的楼梯，其水平投影面积为 7.5m²，则该厂房的总建筑面积为（　　）。

A. 7565m²   B. 7557.5m²

C. 7550m²   D. 7200m²

【答案】B

【解析】解析详见第 1 题，室外楼梯应并入建筑物自然层，并应按其水平投影面积的

1/2 计算建筑面积。$S＝7200＋350＋7.5×1/2×2＝7557.5m^2$。

3. 根据《建筑面积规范》，利用坡屋顶空间计算建筑面积时，正确的是（　　）。

A. 净高超过 2.2m 的部位应计算全面积

B. 净高超过 2.1m 的部位应计算全面积

C. 净高在 1.2～2.1m 的部位应计算全面积

D. 净高不足 1.2m 的部位应计算 1/2 建筑面积

【答案】B

【解析】《建筑面积规范》3.0.3 形成建筑空间的坡屋顶，结构净高在 2.10m 及以上部位应计算全面积；结构净高在 1.20m 及以上至 2.10m 以下的部位应计算 1/2 面积；结构净高在 1.20m 以下的部位不应计算建筑面积。

4. 一栋 4 层坡屋顶住宅楼，勒脚以上结构外围水平面积每层为 $930m^2$，1～3 层各层层高均为 3.0m；建筑物顶层全部加以利用，净高超过 2.1m 的面积为 $410m^2$，净高在 1.2～2.1m 的面积为 $200m^2$，其余部位净高小于 1.2m，该住宅的建筑面积为（　　）。

A. $3100m^2$　　　　　　　　　　　　B. $3300m^2$

C. $3400m^2$　　　　　　　　　　　　D. $3720m^2$

【答案】B

【解析】$S＝930×3＋410＋200/2＝3300m^2$。

5. 有永久性顶盖无围护结构的场馆看台建筑面积应（　　）。

A. 按其顶盖水平投影面积的 1/2 计算　　B. 按其顶盖水平投影面积计算

C. 按其顶盖面积计算　　　　　　　　　D. 按其顶盖面积的 1/2 计算

【答案】A

【解析】《建筑面积规范》3.0.4 场馆看台下的建筑空间，结构净高在 2.10m 及以上的部位应计算全面积；结构净高在 1.20m 及以上至 2.10m 以下的部位应计算 1/2 面积；结构净高在 1.20m 以下的部位不应计算建筑面积。室内单独设置的有围护设施的悬挑看台，应按看台结构底板水平投影面积计算建筑面积。有顶盖无围护结构的场馆看台应按其顶盖水平投影面积的 1/2 计算。

6. 地下室、半地下室出入口建筑面积的计算规则是（　　）。

A. 按其上口外墙中心线所围面积计算

B. 不计算

C. 有顶盖的部位，应按其外墙结构外围水平面积的 1/2 计算面积

D. 根据具体情况计算

【答案】C

【解析】《建筑面积规范》3.0.6 出入口外墙外侧坡道有顶盖的部位，应按其外墙结构外围水平面积的 1/2 计算面积。

7. 根据《建筑面积规范》，坡地的建筑物吊脚架空层建筑面积计算方法正确的是（　　）。

A. 有围护结构且结构层高在 2.20m 及以上的部分应按其顶板水平面积全计算

B. 有围护结构且结构层高在 2.20m 及以上的部分应按其围护结构水平投影计算全面积

C. 无围护结构应按利用部分水平面积的 1/2 计算

D. 无围护结构层高不足 2.2m 的，不计算建筑面积

【答案】A

【解析】《建筑面积规范》3.0.7 建筑物架空层及坡地建筑物吊脚架空层，应按其顶板水平投影计算建筑面积。结构层高在 2.20m 及以上的，应计算全面积；结构层高在 2.10m 以下应计算 1/2 面积。

8. 根据《建筑面积规范》，下列建筑物门厅建筑面积计算正确的是（　　）。

A. 净高 9.6m 的门厅按一层计算建筑面积

B. 门庭内回廊应按自然层面积计算建筑面积

C. 门厅内回廊净高在 2.2m 及以上者应计算 1/2 面积

D. 门庭内回廊净高不足 2.2m 者应不计算面积

【答案】A

【解析】《建筑面积规范》3.0.8 建筑物的门厅、大厅应按一层计算建筑面积，门厅、大厅内设置的走廊应按走廊结构底板水平投影面积计算建筑面积。结构层高在 2.20m 及以上的，应计算全面积；结构层高在 2.20m 以下的，应计算 1/2 面积。

9. 两栋多层建筑物之间在第四层和第五层设两层架空走廊，其中第五层走廊有围护结构；两层走廊层高均为 3.9m，结构底板面积均为 30m^2，则两层走廊的建筑面积应为（　　）。

A. 30m^2 B. 45m^2

C. 60m^2 D. 75m^2

【答案】B

【解析】《建筑面积规范》3.0.9 建筑物间的架空走廊，有顶盖和围护结构的，应按其围护结构外围水平面积计算全面积；无围护结构、有围护设施的，应按其结构底板水平投影面积计算 1/2 面积。$S=30+30×1/2=45m^2$。

10. 无结构层的立体书库，其建筑面积应按下列哪一种计算？（　　）

A. 一层计算   B. 按书库层数计算

C. 按书库层数的一半计算   D. 不计算

【答案】A

【解析】《建筑面积规范》3.0.10 立体书库、立体仓库、立体车库，有围护结构的，应按其围护结构外围水平面积计算建筑面积；无围护结构、有围护设施的，应按其结构底板水平投影面积计算建筑面积。无结构层的应按一层计算，有结构层的应按其结构层面积分别计算。结构层高在 2.20m 及以上的，应计算全面积；结构层高在 2.20m 以下的，应计算 1/2 面积。

11. 结构层高 2.10m 有围护结构的剧场舞台灯光控制室，其建筑面积的计算方法是（　　）。

A. 不计算建筑面积

B. 按其围护结构的外围水平面积计算

C. 按其围护结构的外围水平面积的 1/2 计算

D. 按其围护结构的辅线尺寸计算

【答案】C

【解析】《建筑面积规范》3.0.11 有围护结构的舞台灯光控制室，应按其围护结构外围水平面积计算。结构层高在 2.20m 及以上的，应计算全面积；结构层高在 2.20m 以下的，应计算 1/2 面积。

12. 窗台与室内楼地面高差在 0.45m 以下且结构净高在 2.10m 及以上的凸（飘）窗，其建筑面积应按下列何种方式计算？（　　　）

A. 按围护结构外围水平面积计算

B. 按围护结构外围水平面积的 1/2 计算

C. 挑出大于 350mm 时按其围护结构外围水平面积计算

D. 不计算

【答案】B

【解析】《建筑面积规范》3.0.13 窗台与室内楼地面高差在 0.45m 以下且结构净高在 2.10m 及以上的凸（飘）窗，应按其围护结构外围水平面积计算 1/2 面积。

13. 建筑物外有围护结构的走廊，其建筑面积的计算规则是（　　　）。

A. 按其围护结构外围水平面积计算

B. 按其结构底板水平投影面积的 1/2 计算

C. 按柱的外边线水平面积计算

D. 按柱的外边线水平面积的 1/2 计算

【答案】B

【解析】《建筑面积规范》3.0.14 有围护设施的室外走廊（挑廊），应按其结构底板水平投影面积计算 1/2 面积；有围护设施（或柱）的檐廊，应按其围护设施（或柱）外围水平面积计算 1/2 面积。

14. 建筑物外有围护结构的门斗，层高超过 2.2m，其建筑面积的计算规则是（　　　）。

A. 按该层外围水平面积计算

B. 按该层内包线的水平面积计算

C. 按该层外围水平面积计算的 1/2 计算

D. 不计算

【答案】A

【解析】《建筑面积规范》3.0.15 门斗应按其围护结构外围水平面积计算建筑面积。结构层高在 2.20m 及以上的，应计算全面积；结构层高在 2.20m 以下的，应计算 1/2 面积。

15. 根据《建筑面积规范》，下列无柱雨篷建筑面积计算正确的是（　　　）。

A. 雨篷结构外边线至外墙结构外边线的宽度小于 2.1m 的，不计入建筑面积

B. 雨篷结构外边线至外墙结构外边线的宽度超过 2.1m 的，超过部分的雨篷结构板水平投影面积计入建筑面积

C. 雨篷结构外边线至外墙结构外边线的宽度超过 2.1m 的，超过部分的雨篷结构板水平投影面积的 1/2 计入建筑面积

D. 雨篷结构外边线至外墙结构外边线的宽度超过 2.1m 的，按雨篷栏板的内净面积

计算雨篷的建筑面积

【答案】A

【解析】《建筑面积规范》3.0.16 门廊应按其顶板水平投影面积的 1/2 计算建筑面积；有柱雨篷应按其结构板水平投影面积的 1/2 计算建筑面积；无柱雨篷的结构外边线至外墙结构外边线的宽度在 2.10m 及以上的，应按雨篷结构板的水平投影面积的 1/2 计算建筑面积。

16. 某学校建造一座单层游泳馆，外墙保温层外围水平面积 4650m²，游泳馆南北各有一无柱雨篷，其中南侧雨篷的结构外边线离外墙 2.4m，雨篷结构板的投影面积 12m²；北侧雨篷的结构外边线高外墙 1.8m，雨篷结构板的投影面积 9m²，则该建筑的建筑面积为（　　）。

A. 4650m²

B. 4656m²

C. 4660.5m²

D. 4671m²

【答案】B

【解析】解析详见第 16 题。$S=4650+12\times1/2=4656m^2$。

17. 建筑物的屋顶水箱，其建筑面积应按下列哪一种计算？（　　）

A. 结构层高在 2.20m 及以上的应计算全面积；结构层高在 2.20m 以下的，应计算 1/2 面积

B. 结构层高在 2.20m 及以上的应计算全面积；结构层高在 2.20m 以下的，不计算面积

C. 按自然层面积计算

D. 不计算面积

【答案】A

【解析】《建筑面积规范》3.0.17 设在建筑物顶部的、有围护结构的楼梯间、水箱间、电梯机房等，结构层高在 2.20m 及以上的应计算全面积；结构层高在 2.20m 以下的，应计算 1/2 面积。

18. 某多层住宅楼主体结构外的阳台，结构底板水平投影面积 12m²，其建筑面积是（　　）。

A. 0m²

B. 6m²

C. 9m²

D. 12m²

【答案】B

【解析】《建筑面积规范》3.0.21 在主体结构内的阳台，应按其结构外围水平面积计算全面积；在主体结构外的阳台，应按其结构底板水平投影面积计算 1/2 面积，$S=12\times1/2=6m^2$。

19. 有永久性顶盖无围护结构的车棚应如何计算建筑面积？（　　）

A. 此部分不计算建筑面积

B. 按顶盖水平投影计算 2/3 面积

C. 按顶盖水平投影计算 3/4 面积

D. 按顶盖水平投影计算 1/2 面积

【答案】D

【解析】3.0.22 有顶盖无围护结构的车棚、货棚、站台、加油站、收费站等，应按其顶盖水平投影面积的 1/2 计算建筑面积。

20. 以幕墙作为围护结构的建筑物，建筑面积计算正确的是（　　）。

A. 按楼板水平投影线计算　　　　　B. 按幕墙外边线计算

C. 按幕墙内边线计算　　　　　　　D. 根据幕墙具体做法而定

【答案】B

【解析】《建筑面积规范》3.0.23 以幕墙作为围护结构的建筑物，应按幕墙外边线计算建筑面积。

21. 建筑物外墙外侧有保温隔热层的，如何计算建筑面积？（　　）

A. 按建筑物外墙结构面外边线计算　　B. 按建筑物外墙结构的中线计算

C. 按建筑物保温隔热层外边线计算　　D. 按建筑物外墙装饰面外边线计算

【答案】C

【解析】《建筑面积规范》3.0.24 建筑物的外墙外保温层，应按其保温材料的水平截面积计算，并计入自然层建筑面积。

22. 关于建筑面积计算，下列说法正确的是（　　）。

A. 有永久性顶盖无围护结构的车棚、货棚、站台、加油站、收费站等，应按其顶盖水平投影面积的 1/2 计算

B. 高低连跨的建筑物，应以高跨结构外边线为界分别计算建筑面积；其高低跨内部连通时，其变形缝应计算在高跨面积内

C. 以幕墙作为围护结构的建筑物，应按幕墙内结构线计算建筑面积

D. 建筑物的封闭阳台按水平投影面积计算建筑面积

【答案】A

【解析】《建筑面积规范》3.0.22 有顶盖无围护结构的车棚、货棚、站台、加油站、收费站等，应按其顶盖水平投影面积的 1/2 计算建筑面积，A 正确。《建筑面积规范》3.0.25 与室内相通的变形缝，应按其自然层合并在建筑物建筑面积内计算。对于高低联跨的建筑物，当高低跨内部连通时，其变形缝应计算在低跨面积内，B 错误。3.0.23 以幕墙作为围护结构的建筑物，应按幕墙外边线计算建筑面积，C 错误。3.0.21 在主体结构内的阳台，应按其结构外围水平面积计算全面积；在主体结构外的阳台，应按其结构底板水平投影面积计算 1/2 面积，D 错误。

23. 根据《建筑面积规范》，不应计算建筑面积的是（　　）。

A. 建筑物外墙外侧保温隔热层　　　B. 建筑物内的变形缝

C. 无围护结构的观光电梯　　　　　D. 有围护结构的屋顶水箱间

【答案】C

【解析】《建筑面积规范》3.0.27 下列项目不应计算建筑面积：

1 与建筑物内不相连通的建筑部件；

2 骑楼、过街楼底层的开放公共空间和建筑物通道；

3 舞台及后台悬挂幕布和布景的天桥、挑台等；

4 露台、露天游泳池、花架、屋顶的水箱及装饰性结构构件；

5 建筑物内的操作平台、上料平台、安装箱和罐体的平台；

6 勒脚、附墙柱、垛、台阶、墙面抹灰、装饰面、镶贴块料面层、装饰性幕墙，主体结构外的空调室外机搁板（箱）、构件、配件，挑出宽度在 2.10m 以下的无柱雨篷和顶盖

高度达到或超过两个楼层的无柱雨篷；

7 窗台与室内地面高差在 0.45m 以下且结构净高在 2.10m 以下的凸（飘）窗，窗台与室内地面高差在 0.45m 及以上的凸（飘）窗；

8 室外爬梯、室外专用消防钢楼梯；

9 无围护结构的观光电梯；

10 建筑物以外的地下人防通道，独立的烟囱、烟道、地沟、油（水）罐、气柜、水塔、贮油（水）池、贮仓、栈桥等构筑物。

第六节　工程项目财务分析

一、项目经济评价的层次与范围

一般工程建设项目的经济评价分为财务评价（也称财务分析）、国民经济评价（也称经济分析）两个层次。其中财务评价属于微观评价，国民经济评价属于宏观评价。

建设项目财务评价是根据国民经济与社会发展以及行业、地区发展规划的要求，在拟定的工程建设方案、财务效益与费用估算的基础上，采用科学的分析方法，对工程建设方案的财务可行性和经济合理性进行分析论证，为项目的科学决策提供依据。

从不同的评价角度来看，财务评价又可分为企业财务评价（商业评价）和国家财务评价（财政评价）。前者从企业角度出发，考察项目在具有投资风险和不确定情况下给企业带来的用货币表示的财务效益或利润，它适用于私人或企业投资的建设项目；后者是从政府的财政预算角度出发，分析项目对国家财政的影响，它适用于国家财政预算拨款或贷款的建设项目。

一般情况下，工程建设项目财务评价通常是指企业财务评价，同时也采用投资利税率和资金报酬率等评价指标来衡量国家的财政收入效益。

国民经济评价是从国民经济的角度出发，按照合理配置资源的原则，采用货物影子价格、影子汇率、影子工资率和社会折现率等国民经济评价参数，考察项目所耗费的社会资源和对国民经济与社会的净贡献，评价建设项目的经济合理性和经济可行性。它主要适用于交通运输项目、大型水利水电项目、国家战略性资源开发项目等。

二、项目经济评价的内容及目标

（一）建设项目财务评价的概念

项目财务评价是根据国家现行财务、会计与税收制度，按照现行市场价格体系，从项目的财务角度，分析预测项目直接发生的财务效益和费用，编制财务报表，计算财务评价指标，考察建设项目的财务生存能力、盈利能力、偿债能力和抗风险能力等财务状况，根据以上来判断项目的财务可行性，明确项目对投资主体的价值贡献，为项目投资决策提供科学依据。

对于非经营性项目财务评价主要分析评价项目的财务生存能力。

（二）建设项目财务评价的目标

财务评价的基本目标是考察项目的财务生存能力、盈利能力、偿债能力和抗风险能力，主要包括：

1. 项目的财务生存能力

指项目在生产运营期间，为确保从各项经济活动中能得到足够的净现金流量（净收益），以维持项目（企业）持续生存条件的能力。为此，在项目财务评价中应根据项目财务计划现金流量表，通过考察项目计算期内各年的投资活动、融资活动和经营活动所产生的各项现金流量，计算净现金流量和累计盈余资金，分析项目是否有足够的净现金流量维持正常运营，以实现财务可持续性。各年累计盈余资金不应出现负值，出现负值时，应进行短期融资借款，还应分析短期借款的可靠性。

2. 项目的盈利能力

是指项目投资的盈利水平。应从两方面对其进行评价：第一是评价项目达到设计生产能力的正常生产年份可能获得的盈利水平，及计算项目正常生产年份的企业利润及其占总投资的比率大小，用以考察项目年度投资盈利能力；二是评价项目整个寿命期内的总盈利水平，运用动态方法考虑资金时间价值，计算项目整个寿命期内企业的财务收益和总收益率，衡量项目寿命期内所能达到的实际财务总收益。

3. 项目的偿债能力

是项目按期偿还到期债务的能力，通常表现为借款偿还期，它是银行进行项目贷款决策的重要依据。偿还借款期限的长短，取决于项目投产后每年所获利润、折旧基金和摊销费，以及其他可偿还借款本息的资金来源，按协议规定偿清建设项目投资借款本金利息所需的时间（年），该指标值应满足借款机构的期限要求。对于已约定借款偿还期限的建设项目，还应采用利息备付率和偿债备付率指标分析项目的偿债能力。

4. 项目的抗风险能力

通过不确定性分析（如盈亏平衡分析，敏感性分析）和风险分析，预测分析客观因素变动对项目盈利能力的影响，检验不确定性因素的变动对项目收益、收益率和投资借款偿还率等评价指标的影响程度，考察建设项目投资承受各种投资风险的能力，提高项目投资的可靠性和盈利性。

（三）建设项目财务评价内容

项目财务评价是在项目建设方案、产品方案和建设条件、投资估算与融资方案等进行详尽的技术经济分析论证、优选确定的基础上，进行项目财务可行性研究分析评价。

项目财务评价的内容应根据项目性质、项目目标、项目投资者、项目财务主体，以及项目对经济和社会的影响程度确定。项目决策可分为投资决策和融资决策两个层次，一般情况下，投资决策在先，融资决策在后。因此根据不同层次决策的需要，财务评价可分为融资前分析评价和融资后分析评价。在融资前财务分析结论满足要求的情况下，初步设定融资方案，再进行融资后的财务分析。在项目建议书阶段，可只进行融资前财务分析。

1. 融资前分析

融资前分析应该以动态分析为主，静态分析为辅。动态分析应以营业收入、建设投资、经营成本和流动资金的估算为基础，考察项目整个计算期内现金流入和现金流出，编制项目投资现金流量表，计算项目投资内部收益率和净现值等动态评价指标，考察项目方案设计的合理性；也可以计算静态投资回收期和总投资收益率等静态指标，用以反映项目总投资盈利水平和收回项目投资所需时间。

2. 融资后分析

在融资前分析结果可以接受的前提下，即可以开始考察融资方案，进行融资后财务分析。因此，融资后分析应以融资前分析和初步融资方案为基础，考察项目按照拟定的融资方案进行盈利能力分析、偿债能力分析和财务生存能力分析，判断项目方案在融资条件下的可行性和合理性。融资后分析是用于必须按融资方案，帮助投资者作出融资决策和最终决定出资的依据。因此可行性研究阶段必须进行融资后财务分析。

融资后的盈利能力分析也应包括动态分析和静态分析。动态分析主要针对项目资本金现金流量和投资各方现金流量进行分析。

项目资本金现金流量分析应在拟定的融资方案下，从项目资本金出资者整体的角度，确定其现金流入和现金流出，编制项目资本金现金流量表，计算项目资本金财务内部收益率指标，考察项目资本金可获得的收益水平。

投资各方现金流量分析应从投资方式及收入和支出角度，确定其现金流入和现金流出，分别编制投资各方现金流量表，计算投资各方财务内部收益率指标，考察各方可能获得的收益水平。当投资各方不按股本比例进行分配或有其他不对等的收益时，可选择进行投资各方现金流量分析。

静态分析指不采用直线方式处理数据，可依据"利润与利润分配表"计算项目资本金净利润率、总投资收益率和投资回收期等指标。静态盈利能力分析可根据项目的具体情况选做。

三、项目财务评价方法和指标体系

项目财务评价主要采用现金流量分析、财务盈利分析、偿债能力和生存能力分析等方法。

(一) 现金流量分析

现金流量分析是以项目作为一个独立系统，将建设项目在某一时间段内支出的费用称为现金流出，而此时间段内取得的收入称为现金流入，两者统称为现金流量。现金流量分析就是对某一工程建设项目从筹建、施工建设、试车投产、正常运行，直到停止关闭的整个有效寿命期内，各年的现金流入和现金流出的全部现金活动进行分析。它反映了企业全部经济活动状况，也是计算企业盈利能力的基础。因此，在项目财务评价前，必须尽可能准确地计算出切合实际的各项现金流入量和流出量，做好财务预测工作，这是项目财务评价的起点和基础。

现金流量分析主要运用于项目财务评价中的财务生存能力分析和盈利能力分析。

(二) 财务盈利分析

从是否考虑资金时间价值的角度，财务盈利能力分析分为动态指标分析与静态指标分析。

静态分析的特点：

① 不考虑货币的时间价值，所采用的年度现金流量是当年的实际数量，而不用折现值。

② 计算现金流量时，只选择某一个到达项目设计生产能力的正常生产年份（典型年份）的净现金流量（即为现金流入量与现金流出量值差额）或生产期净现金流量年平均值来计算投资利润率、投资利税率、资本金净利润率和静态投资回收期等主要静态评价指标。

由于静态盈利性分析法不能全面反映企业整个计算期内财务经济活动的缺陷，有较大的局限性，只适用于短期投资或工程较简单的建设项目；因此，还需要采用折现现金流量的动态盈利分析方法。其特点为：

① 考虑货币时间价值，根据资金占用时间长短，按指定的折现率计算现金的实际价值。

② 计算项目整个寿命期内的总收益，能如实地反映资金实际运行情况和全面地体现项目整个寿命期内的财务经济活动和经济效益，从而可对项目财务可行性作出较符合实际的评价。

主要动态评价指标有财务净现值、财务内部收益率和动态投资回收期率。

（三）偿债能力分析和财务生存能力分析

偿债能力分析主要是计算利息备付率、偿债备付率等比率指标，分析企业（项目）是否能够按计划偿还为项目所筹措的债务资金，判断其偿债能力。

财务生存能力分析是通过编制财务计划现金流量表，考察项目计算期内各年的各项现金流入和流出，计算净现金流量和累计盈余资金，分析项目是否能为企业创造足够的净现金流量维持正常运营，进而考察实现财务可持续性的能力。

（四）财务评价指标体系

项目财务评价方法都需计算一系列的评价指标，具体评价指标如图 1.6-1 所示。

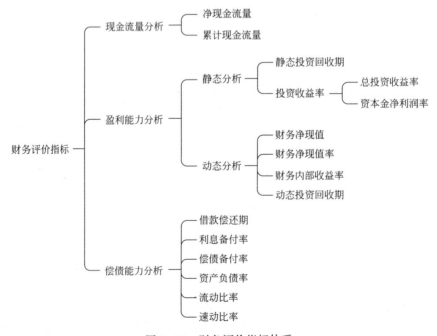

图 1.6-1 财务评价指标体系

此外，根据项目的特点及实际需要，也可计算其他价值指标或实物指标，进行项目投资财务可行性的分析与评价。例如对于非盈利性项目（包括公益事业项目、行政事业项目、基础设施项目），可采用单位功能投资、单位功能运营成本、运营和服务收费价格和借款偿还期等财务评价指标。

四、财务现金流的估算

（一）现金流量

1. 现金流量的含义

在工程经济中，通常将所分析的对象视为一个独立的经济系统。在某一时点 t 流入系统的资金流称为现金流入，记为 CI_t，流出系统的资金称为现金流出，记为 CO_t，统一时点上的现金流入与现金流出之差称为净现金流量，记为 NCF 或 $(CI-CO)_t$。现金流入量、现金流出量、净现金流量统称为现金流量。现金流入和现金流出是站在特定的系统角度划分的。例如，企业从银行借入一笔资金，从企业的角度考察是现金流入，从银行的角度考察是现金流出。

2. 现金流量图

现金流量图是一种反映经济系统资金运动状态的图示，运用现金流量图可以形象、直观地表示现金流量的三要素：大小、资金数额、方向（资金流入或流出）和作用点（资金流入或流出的时间点）（图 1.6-2）。

现金流量图的绘制规则如下：

① 横轴为时间轴，0 表示时间序列的起点，n 表示时间序列的终点。轴上每一间隔表示一个时间单位（计息周期），一般可取年、半年、季或月等。整个横轴表示的是所考察的经济系统的寿命周期。

② 与横轴相连的垂直箭线代表不同时点的现金流入或现金流出。在横轴上方的箭线表示资金流入，在横轴下方的箭线表示现金流出。

③ 垂直箭线的长度要能适当体现各时点现金流量的大小，并在各箭线上方（或下方）注明其现金流量的数值。

④ 垂直箭线与时间轴的交点为现金流量发生的时点（作用点）。

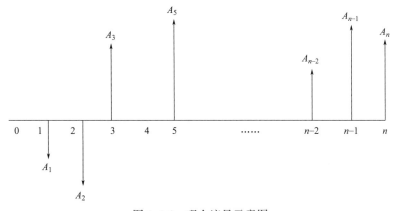

图 1.6-2 现金流量示意图

3. 财务项目评价报表

项目财务评价的基本报表有：财务计划现金流量表、项目投资现金流量表、项目资本金财务现金流量表、投资各方财务现金流量表、利润与利润分配表、借款还本付息计划表和资产负债表等。

（1）财务计划现金流量表

财务计划现金流量表应在财务分析辅助表和利润与利润分配表的基础上编制，它反映了项目计算期内各年的投资活动、融资活动和经营活动所产生的各项现金流入和流出，并用于计算净现金流量和累计盈余资金，分析项目的财务生存能力，说明项目在计算期内是否有足够的净现金流量来维持项目的正常生产运营，是否能实现项目财务的可持续性（表1.6-1）。

财务计划现金流量表 （人民币单位：万元） 表 1.6-1

序号	项目	合计	计算期						
			1	2	3	4	5	…	n
1	经营活动净现金流量(1.1-1.2)								
1.1	现金流量								
1.1.1	销售(营业)收入								
1.1.2	增值税销项税额								
1.1.3	补贴收入								
1.1.4	其他流入								
1.2	现金流出								
1.2.1	经营成本								
1.2.2	增值税进项税额								
1.2.3	销售(营业)税金及附加								
1.2.4	增值税								
1.2.5	所得税								
1.2.6	其他流出								
2	投资活动净现金流量(2.1-2.2)								
2.1	现金流入								
2.2	现金流出								
2.2.1	建设投资								
2.2.2	维持运营投资								
2.2.3	流动资金								
2.2.4	其他流出								
3	筹资活动净现金流量(3.1-3.2)								
3.1	现金流入								
3.1.1	项目资本金投入								
3.1.2	建设投资借款								
3.1.3	流动资金借款								
3.1.4	债券								
3.1.5	短期借款								
3.1.6	其他流入								
3.2	现金流出								
3.2.1	各种利息支出								

序号	项目	合计	计算期						
			1	2	3	4	5	...	n
3.2.2	偿还债务本金								
3.2.3	应付利润（股利分配）								
3.2.4	其他流出								
4	净现金流量（1＋2＋3）								
5	累计盈余资金								

注：1 对于新设法人项目，本表投资活动的现金流入为零。

2 对于既有法人项目，可适当增加科目。

3 必要时，现金流出中可增加应付优先股股利项目。

4 对外商投资项目应将职工奖励与福利基金作为经营活动现金流出。

（2）项目投资现金流量表

在项目融资前分析中，在不考虑项目资金来源及其构成的前提下，假设项目全部投资均为自有资金，以此作为计算基础，计算项目投资财务内部收益率、财务净现值及投资回收期等评价指标，反映项目自身的盈利能力，考察项目方案设计的合理性，作为项目初步投资决策与融资方案研究的依据，也为项目不同投资方案比选提供可比的同等基础。

对于新建项目财务现金流量表，现金流入包括销售（营业）收入、补贴收入、回收固定资产余值与流动资金和其他现金流入；现金流出包括项目建设投资（不含建设期利息）、流动资金、经营成本、销售税金及附加、维持运营投资（如设备更新投资）、增值税和其他现金流出。各年净现金流量等于各年现金流入与各年现金流出之差额。

（3）项目资本金现金流量表

在项目融资后的财务分析中，从资本金出资者的整体角度，以项目资本金（即项目作为注册资金的各投资者的出资额之和）作为计算基础，把项目资本金、借款本金和利息偿付、经营成本、营业税和所得税作为现金流出，用此计算项目税后资本金财务内部收益率、财务净现值等评价指标，衡量项目资本金的盈利能力，判断向外部借款对建设项目是否有利，并作为投资者最终决策的依据（表 1.6-2，表 1.6-3）。

项目投资现金流量表 （人民币单位：万元） 表 1.6-2

序号	项目	合计	计算期					
			1	2	3	4	...	n
1	现金流入							
1.1	销售（营业）收入							
1.2	补贴收入							
1.3	回收流动资金							
2	现金流出							
2.1	建设投资（不含建设期利息）							
2.2	流动资金							
2.3	经营成本							
2.4	销售（营业）税金及附加							

序号	项目	合计	计算期					
			1	2	3	4	⋯	n
2.5	维持运营投资							
3	所得税前净现金流量（1－2）							
4	累计所得税前净现金流量							
5	调整所得税							
6	所得税后净现金流量（3－5）							
7	累计所得税后净现金流量							

计算指标：

项目投资财务内部收益率　　　　　　％（所得税前和所得税后）

项目投资财务净现值（$i_c=$　　×　　％）万元（所得税前和所得税后）

项目投资回收期　　　　　　　　　年（所得税前和所得税后）

注：1 本表适用于新设法人项目与既有法人项目的增量和"有项目"的现金流量分析。

　　2 调整所得税为以息税前利润为基数计算的所得税，区别于"利润与利润分配表""项目资本金现金流量表"和"财务计划现金流量表"中的所得税。

项目投资现金流量表　（人民币单位：万元）　　　　　　　表 1.6-3

序号	项目	合计	计算期					
			1	2	3	4	⋯	n
1	现金流入							
1.1	销售（营业）收入							
1.2	补贴收入							
1.3	回收固定资产余值							
1.4	回收流动资金							
2	现金流出							
2.1	项目资本金							
2.2	借款本金偿还							
2.3	借款利息支付							
2.4	经营成本							
2.5	销售（营业）税金及附加							
2.6	所得税							
2.7	维持运营投资							
3	净现金流量（1－2）							

计算指标：

资本金财务内部收益率　　　　％

注：1 项目资本仅包括用于建设投资建设期利息和流动资金的资金。

　　2 对外商投资项目，现金流出中应增加职工奖励及福利基金利润。

　　3 本表适用于新设法人项目与既有法人项目的增量和"有项目"的现金流量分析。

（4）投资各方现金流量表

此表是在项目融资后的财务盈利能力分析中，以项目各投资者出资额作为计算基础，把股权投资、租赁资产支出和其他现金流出作为现金流出，而现金流入包括股利分配、资产处置收益分配、租赁费收入、技术转让收入和其他现金流入，用以计算项目投资各方的财务内部收益率和财务净现值等评价指标，反映项目投资各方可能获得的收益水平。

（5）利润与利润分配表

利润表是反映建设项目计算期内各年利润总额、销售（营业）收入、总成本费用、一手所得税及税后利润分配情况的重要财务报表。它综合反映了项目每年实际的盈利水平，在项目财务评价中可以用来计算总投资收益率、投资利税率和项目资本金净利润率等评价指标；同时还须进行利润分配，据此计算出可用于偿还借款的利润（表1.6-4）。

利润与利润分配表中 （人民币单位：万元） 表1.6-4

序号	项目	合计	计算期					
			1	2	3	4	…	n
1	销售（营业）收入							
2	销售（营业）税金及附加							
3	总成本费用							
4	补贴收入							
5	利润总额(1−2−3+4)							
6	弥补以前年度亏损							
7	应纳税所得额(5−6)							
8	所得税							
9	净利润(税后利润)(5−8)							
10	期初未分配利润							
11	可供分配利润(9+10)							
12	提取法定盈余公积金							
13	可供投资者分配的利润(11−12)							
14	应付优先股股利							
15	提取任意盈余公积金							
16	应付普通股股利(13−14−15)							
17	投资各方利润分配： 其中：×××方 ×××方							
18	未分配利润(13−14−15−17)							
19	息税前利润(利润总额+利息支出)							
20	息税折旧摊销前利润(息税前利润+折旧+摊销)							

（6）借款还本付息计划表

借款还本付息计划表反映项目计算期内各年借款本金偿还和利息支付等情况，以及偿债资金来源，用以计算项目借款偿还期、偿债备付率和利息备付率等评价指标。

（7）资产负债表

资产负债表是根据"资产＝负债＋所有者权益"的会计平衡原理编制的，它为企业经营者、投资者和债权人等不同的报表使用者提供各自所需的资料。

资产负债表能综合反映项目计算期内各年年末的资产，负债的所有者权益的增减变化情况及其相互间的对应关系，用以考察企业的资产负债、资本结构是否合理，是否有较强的还债能力。根据资产负债表计算项目的资产负债率、流动比率和速动比率等指标，进行偿债能力分析，依此分析企业生产经营情况、资金周转和资金筹集及运用的策略，衡量项目建成投产后企业生产经营水平和项目投资回收能力。债权人也能及时掌握流动资金应付账款情况，有利于资金周转，提高贷款使用效率和质量（表1.6-5）。

资产负债表 （人民币单位：万元） 表 1.6-5

序号	项目	合计	建设期		投产期		达到设计能力生产期			
			1	2	3	4	5	6	…	n
1	资产									
1.1	流动资产总额									
1.1.1	货币资金									
1.1.2	应收账款									
1.1.3	预付账款									
1.1.4	存货									
1.1.5	其他									
1.2	在建工程									
1.3	固定资产净值									
1.4	无形及其他资产净值									
2	负债及所有者权益(2.4+2.5)									
2.1	流动负债总额									
2.1.1	短期借款									
2.1.2	应付账款									
2.1.3	预收账款									
2.1.4	其他									
2.2	建设投资借款									
2.3	流动资金借款									
2.4	负债小积(2.1+2.2+2.3)									
2.5	所有者权益									
2.5.1	资本金									
2.5.2	资本公积金									
2.5.3	累计盈余公积金和公益金									
2.5.4	累计未分配利润									

计算指标：资产负债率　（%）

除了上述可用于计算项目财务评价指标的七个财务评价基本报表之外，还需编制用以估算项目财务基础数据的财务评价辅助表，如销售收入、销售（营业）税金及附加和增值税估算表、总成本费用估算表、外购原材料费用估算表、外购燃料和动力费用估算表、工资及福利费估算表、固定资产折旧费估算表、无形资产及其他资产摊销费估算表等。

（二）项目计算期的分析确定

项目计算期是指对项目进行经济评价应延续的年限，包括建设期和运营期，如某项目建设期3年，那么项目计算期的第4年为该项目运营期第1年。

建设期是指项目从资金正式投入始到项目建成投产止所需要的时间；建设工期一般是指从拟建项目永久性工程开工之日，到项目全面建成投产或交付使用所需的全部时间。

建设工期主要包括土建施工、设备采购与安装、生产准备、设备调试、联合试运转、交付使用等阶段。项目建设工期可参考有关部门或专门机构制定的建设项目工期定额和单位工程工期定额（例如一般土建工程定额、设备安装工期定额、井巷掘进工程工期定额、隧道开凿工程工期定额等），结合项目建设内容、工程量大小、建设难易程度，以及施工条件等具体情况综合研究确定。如表 1.6-6 所示。

项目计算期的分析确定　　　　　　　　　　　　　　表 1.6-6

建设期	评价用建设期是指从项目资金正式投入起到项目建成投产止所需要的时间
运营期	评价用运营期应根据多种因素综合确定，包括行业特点、主要装置(或设备)的经济寿命期

（三）营业收入与补贴收入估算

1. 营业收入的估算

营业收入是指销售产品或提供服务所取得的收入，通常是项目财务效益的主要部分。对于销售产品的项目，营业收入即为销售收入。

在项目决策分析与评价中，营业收入的估算通常假定当年的产品（实际指商品，等于产品扣除自用量后的余额）当年全部销售，也就是当年商品量等于当年销售量。

在依据背景资料计算时，营业收入＝年产量×产品售价。

在年产值达标时，也可用营业收入＝设计生产能力×产品售价来表示，此时未达标年的营业收入＝设计生产能力×生产负荷率×产品售价。

2. 补贴收入估算

在项目财务分析中，作为运营期财务效益核算的往往是与收益相关的政府补助，主要用于补偿项目建成（企业）以后期间的相关费用或损失。按照《企业会计准则》，这些补助在取得时应确认为递延收益，在确认相关费用的期间计入当期损益（营业外收入）。

（四）成本与费用估算

在项目财务分析中，为了对运营期间的总费用一目了然，将期间费用（管理费用、财务费用和营业费用）与生产成本合并为总成本费用。

项目决策分析与评价中，成本与费用按其计算范围可分为单位产品成本和总成本费用；按成本与产量的关系分为固定成本和可变成本；按会计核算的要求有生产成本（或称制造成本）和期间费用；按财务分析的特定要求有经营成本。

（五）总成本费用估算

1. 总成本费用构成及计算式

总成本费用指在一定时期（项目评价中一般指一年）为生产和销售产品或提供服务而发生的全部费用。

财务分析中总成本费用的构成和计算通常用以下两种公式表达：

（1）生产成本加期间费用法

总成本费用＝生产成本＋期间费用

其中：生产成本＝直接材料费＋直接燃料和动力费＋直接工资或薪酬＋其他直接支出＋制造费用；期间费用＝管理费用＋财务费用＋营业费用。

项目评价中一般只考虑财务费用中的利息支出，上式改写为：期间费用＝管理费用＋利息支出＋营业费用。

（2）生产要素估算法

生产要素估算法不必考虑项目内部各生产环节的成本结转，同时也较容易计算可变成本、固定成本和增值税进项税额。

计算公式为：总成本费用＝外购原材料、燃料及动力费＋工资或薪酬＋折旧费＋摊销费＋修理费＋利息支出＋其他费用。

其中：经营成本＝外购原材料费＋外购燃料及动力费＋工资或薪酬＋修理费＋其他费用，所以上式可改写为总成本费用＝经营成本＋折旧费＋摊销费＋利息支出。

2. 总成本费用的估算要点

（1）固定资产原值和折旧费

计算折旧，需要先计算固定资产原值。固定资产原值是指项目投产时按规定由投资形成固定资产的价值，包括：工程费用（设备购置费、安装工程费、建筑工程费）和工程建设其他费用中应计入固定资产原值的部分（也称固定资产其他费用）。预备费通常计入固定资产原值。按相关规定，建设期利息应计入固定资产原值。

固定资产原值＝工程费用＋固定资产其他费用＋预备费＋建设期利息－可抵扣的固定资产进项税。其中，工程费用＝建筑工程费＋安装工程费＋设备购置费；固定资产其他费用＝工程建设其他费用－无形资产费用－其他资产（也称递延资产）费用。

因此：固定资产原值＝建设投资＋建设期利息－〔无形资产费用＋其他资产（也称递延资产）费用〕－可抵扣的固定资产进项税。

注意：2009年增值税转型改革以及2016年全面实行营改增后，允许抵扣建设投资进项税额。该部分可抵扣的进项税额不得计入固定资产、无形资产和其他资产原值。按照生产要素估算法估算总成本费用时，需要按项目全部固定资产原值计算折旧。

在财务分析中，折旧费通常按年计列。按生产要素法估算总成本费用时，固定资产折旧费可直接列支于总成本费用。符合税法的折旧费允许在所得税前列支。

固定资产的折旧方法可在税法允许的范围内由企业自行确定。一般采用直线法，包括年限平均法和工作量法。我国税法允许的加速折旧方法有双倍余额递减法和年数总和法。

① 平均年限法

年折旧率＝（1－预计净残值率）/折旧年限×100%

年折旧额＝固定资产原值×年折旧率

预计净残值率＝预计净残值/固定资产原值

② 工作量法：工作量法分为按行驶里程计算折旧和按工作小时计算折旧。

按行驶里程计算折旧：

单位里程折旧额＝固定资产原值×（1－预计净残值率）/总行驶里程

年折旧额＝单位里程折旧额×年行驶里程

按工作小时计算折旧：

每工作小时折旧额＝固定资产原值×（1－预计净残值率）/总工作小时

年折旧额＝每工作小时折旧额×年工作小时

③ 双倍余额递减法

年折旧率＝2/折旧年限×100%

年折旧额＝年初固定资产净值×年折旧率

年初固定资产净值＝固定资产原值－以前各年累计折旧（在最后两年需要考虑残值）

④ 年数总和法

$$年折旧率 = \frac{折旧年限 - 已使用年数}{折旧年限 \times （折旧年限 + 1） \div 2} \times 100\%$$

等价于：年折旧率＝年序数的倒数/年序数之和×100%

年折旧额＝（固定资产原值－预计净残值）×年折旧率

（2）利息支出费

在项目决策分析与评价中，财务费用一般只考虑利息支出。投资估算中计算的利息是建设期利息，即债务资金在建设期内发生的利息。总成本费用估算中计算的利息是运营期支付的利息，即建设投资借款在运营期初的余额（含未支付的建设期利息）、流动资金的借款、短期借款应在运营期支付的利息。

利息支出的估算包括：长期借款利息（即建设投资借款在投产后需支付的利息）、流动资金的借款利息、短期借款利息。

① 建设投资借款利息

建设投资借款一般是长期借款。建设投资借款利息指建设投资借款在还款起始年年初（通常也是运营期初）的余额（含未支付的建设期利息）应在运营期支付的利息。建设投资借款还本付息方式，通行方法主要有等额还本付息和等额还本、利息照付方式两种。

a. 等额还本付息：

$$A = I_c \times \frac{i（1+i）^n}{（1+i）^n - 1} = I_c \times （A/P，i，n）$$

式中　A——每年还本付息额（等额年金）；

　　　I_c——还款起始年年初的借款余额（含未支付的建设期利息）；

　　　i——年利率；

　　　n——预定的还款期。

b. 等额还本、利息照付：

$$A_t = \frac{I_c}{n} \times I_c \times \left(1 - \frac{t-1}{n}\right) \times i$$

式中　　　　　　　A_t——第 t 年还本付息额，$1 \leqslant t \leqslant n$；

　　　　　　$\frac{I_c}{n}$——每年偿还本金额；

$I_c \times \left(1 - \dfrac{t-1}{n}\right) \times i$——第 t 年支付利息额。

② 流动资金借款利息

流动资金借款利息一般按当年年初流动资金借款余额乘以相应的借款年利率计算。

流动资金借款利息＝当年年初流动资金借款余额×相应的借款年利率

③ 短期借款利息

短期借款的偿还按照随借随还的原则处理，即当年借款尽可能于下年偿还。

（3）经营成本

经营成本与融资方案无关。因此在完成建设投资和营业收入估算后，就可以估算经营成本，为项目融资前的现金流量分析提供数据。

经营成本的构成：

经营成本＝外购原材料费＋外购燃料及动力费＋工资或薪酬＋修理费＋其他费用

经营成本与总成本费用的关系如下：

经营成本＝总成本费用－折旧费－摊销费－利息支出，总成本费用＝经营成本＋折旧费＋摊销费＋利息支出

（4）税费

财务分析涉及的税费种类主要有表 1.6-7 所示七大类，其中：

税费种类和估算要点 表 1.6-7

增值税	应纳税额＝当期销项税额－当期进项税额
	当期销项税额小于当期进项税额不足抵扣时,其不足部分可以结转下期继续抵扣 销项税额＝销售额×税率
消费税	我国对部分货物征收消费税
土地增值税	土地增值税是按转让房地产取得的增值额征收的税种
资源税	国家对开采特定矿产品或产盐的单位和个人征收的税种
企业所得税	项目评价中应注意按有关税法对所得税前扣除项目的要求,正确计算应纳税所得额,并采用适宜的税率计算企业所得税,同时注意正确使用有关的所得税优惠政策,并加以说明
城市维护建设税、教育费附加、地方教育附加	市区,县城或镇,或不在市区、县城或镇的,税率分别为 7％、5％或 1％
	教育费附加费率为 3％,分别与增值税、消费税同时缴纳
	地方教育附加征收标准统一为单位和个人(包括外商投资企业、外国企业及外籍个人)实际缴纳的增值税和消费税税额的 2％
关税	关税是以进出口应税货物为纳税对象的税种。引进设备材料的关税体现在投资估算中,而进口原材料的关税体现在成本中

城市维护建设税＝应纳增值税×城市维护建设税税率

教育费附加＝应纳增值税×教育费附加费率

地方教育附加＝应纳增值税×地方教育附加费率

税金及附加＝城市维护建设税＋教育费附加＋地方教育附加

（5）机会成本与沉没成本

企业资产一旦用于某项目，就同时丧失了用于其他机会所可能带来的潜在收入，这丧失的收入就是该资产被用于该项目的机会成本。沉没成本也称沉没费用，是指过去已经发生的，在当前决策中可不予考虑的费用，非当前决策所能改变。例如，项目利用原有企业闲置厂房的情况，若没有当前项目，这笔已花的费用也无法收回，故应视为沉没费用，尽管它是有项目资产的组成部分，但不能作为增量费用。财务分析中应考虑机会成本，考虑的方式往往是把该机会成本作为无项目时的效益计算。

五、财务盈利能力分析

财务盈利能力分析从是否考虑时间价值的角度，分为动态指标分析和静态指标分析；从是否在融资方案的基础上进行分析的角度，又可分为融资前分析和融资后分析。

（一）动态指标分析

动态指标分析采用现金流量分析方法，考虑资金时间价值，分析考察项目投资盈利

能力。

现金流量分析又可分为项目投资现金流量分析、项目资本金现金流量分析和投资各方现金流量分析三个层次。项目投资现金流量分析是融资前分析，项目资本金现金流量分析和投资各方现金流量分析是融资后分析。

1. 项目投资现金流量分析内容

项目投资现金流量分析是在不考虑债务融资条件下进行的融资前分析，是从项目投资总获利能力的角度，考察项目方案设计的合理性。项目投资现金流量分析可以排除融资方案的影响，可以从所得税前和所得税后两个角度进行考察。

投资现金流量分为现金流入项和现金流出项，如表 1.6-8 所示。

现金流量内容 表 1.6-8

现金流入	营业收入、补贴收入、回收资产余值、回收流动资金、销项税额
现金流出	建设投资(含固定资产进项税)、流动资金、经营成本、税金及附加、维持运营投资、调整所得税(所得税前分析不考虑)、进项税额(指运营投入的进项税额)、应纳增值税

现金流入主要包括①营业收入（必要时包括补贴收入），在计算期的最后一年，还包括②回收资产余值（建设期利息未纳入固资产原值计取的回收固定资产余值）及③回收流动资金。2009 年执行新的增值税条例后，为了体现固定资产进项税抵扣导致企业应纳增值税额的降低进而致使净现金流量增加的作用，现金流入中增加④销项税额。

现金流出主要包括①建设投资（含固定资产进项税）、②流动资金、③经营成本、④税金及附加。如果运营期需投入⑤维持运营投资，也应作为现金流出。所得税后分析还要将⑥调整所得税作为现金流出。2009 年执行新的增值税条例后，现金流出中增加⑦进项税额（指运营投入的进项税额）以及⑧应纳增值税。

根据上述现金流量编制的现金流量表称为项目投资现金流量表。在项目投资现金流量分析中应当注意的是：

① 融资前分析不考虑融资成本，即在现金流出中不考虑还本付息。

② 调整所得税（融资前所得税），应根据不受利息（建设期利息＋运营期利息）影响的 $EBIT$（息税前利润）×所得税税率得出。即调整所得税＝息税前利润×所得税税率。

息税前利润＝营业收入－税金及附加－经营成本－折旧－摊销

③ 所得税（融资后所得税），应根据受利息（建设期利息＋运营期利息）影响的（税前利润）×所得税税率得出。即所得税＝税前利润×所得税税率。

税前利润＝营业收入－税金及附加－经营成本－折旧－摊销－利息

2. 项目投资现金流量分析指标

依据项目投资现金流量表可以计算项目投资财务内部收益率（$FIRR$）、项目投资财务净现值（$FNPV$），这两项指标通常被认为是主要指标。

① 项目投资财务净现值（$FNPV$）

财务净现值是反映项目在整个寿命期内总的获利能力的动态评价指标，是指项目按部门或行业的基准收益率（i_c）或设定的折现率（当未制定基准率时），将各年的净现金流量，折现到建设开始年（基准年）的现值总和，即为工程项目逐年净现金流量的现值代数和。公式为：

$$FNPV = \sum_{t=1}^{n}(CI-CO)_t(1+i_c)^{-t}$$

式中　　　 CI ——现金流入；

　　　　　 CO ——现金流出；

　 $(CI-CO)_t$ ——第 t 年净现金流量；

　　　　　 n ——计算期年数；

　　　　　 i_c ——设定的折现率，可选用财务内部收益率的基准值（最低可接受收益率）。

　　财务净现值是评价财务盈利能力的绝对指标，它除了反映建设项目在满足国家相关部门或行业规定的基准收益率或按设定的折现率要求以外，还反映其是否能获得超额盈利的现值。其判别标准为：财务净现值大于或等于 0，表明项目的盈利能力超过或达到部门（行业）规定的基准收益率（平均利润率），或某设定的折现率计算的盈利水平，则项目在财务收益上是可以接受的。一般只计算所得税前财务净现值。

　　② 项目投资财务内部收益率（$FIRR$）

　　财务内部收益率是指在项目整个寿命期内，各年净现值流量现值累计等于零时的折现率。它反映项目整个寿命期内（即计算期内）总投资支出所能获得的实际最大投资收益率，即为项目内部潜在的最大盈利能力。这是项目接受贷款利率的最高临界点。财务内部收益率是评价项目盈利能力的主要动态指标，公式为：

$$\sum_{t=1}^{n}(CI-CO)_t(1-FIRR)^{-t}=0$$

式中　　　 CI ——现金流入；

　　　　　 CO ——现金流出；

　 $(CI-CO)_t$ ——第 t 年净现金流量；

　　　　　 n ——计算期年数。

　　财务内部收益率可根据财务现金流量表中净现金流量，用试差法和图解法计算，也可以采用专业软件来进行计算。试差法的计算公式为：

$$FIRR = i_1 + \frac{FNPV_1(i_2-i_1)}{FNPV_1 + |FNPV_2|}$$

式中　 i_1 ——当净现值为接近于 0 的正值时的折现率；

　　　 i_2 ——当净现值为接近于 0 的负值时的折现率；

　 $FNPV_1$ ——采用折现率为 i_1 时的净现值（正值）；

　 $FNPV_2$ ——采用折现率为 i_2 时的净现值（负值）。

　　按照项目分析范围和对象不同，财务内部收益率可以分为项目投资财务内部收益率、资本金财务内部收益率（简称为资本金收益率）和投资各方财务内部收益率。

　　项目财务内部收益率的判别依据是，财务内部收益率应大于或等于行业发布规定或者评价人设定的财务基准收益率，同时要求项目财务内部收益率应高于贷款利率。在同时达到两项条件时，方可认为建设项目的盈利能力能够满足要求，项目在财务角度上可以考虑接受。在比较若干投资方案时，应当选择财务内部收益率较高的方案或项目。

　　计算财务内部收益率不需要事先给定基准收益率（基准折现率），财务内部收益率可以反映投资过程的受益程度，不受外部参数影响。对于独立方案，采用财务内部收益率指标和财务净现值指标的评价结论是相同的。

（二）静态指标分析

静态分析的内容都是融资后分析。静态分析采用的方法指标一般有投资回收期、总投资收益率、项目资本金净利润率和投资报酬率。

① 投资回收期（P_t）

投资回收期也称投资返本期，指项目投产后用所获得的净收益偿还项目全部投资所需要的时间。它是反映项目财务上投资回收能力的重要指标。投资回收期通常以年来表示，一般是从项目建设开始年份计算，也可以从投产开始年份计算，但要予以注明。公式为：

$$\sum_{t=1}^{P_t}(CI-CO)_t=0，P_t\leqslant 基准投资回收期$$

式中　　　$(CI-CO)_t$——第 t 年净现金流量。

投资回收期可以用项目投资现金流量表中累计净现金流量计算求得：

投资回收期＝（累计净现金流量开始出现正值年份数）－1＋（上年累计净现金流量绝对值/当年净现金流量）

在选择投资项目方案时，若投资回收期小于或等于行业基准回收期（或国家和自定的定额投资回收期 P_c）即 $P_t\leqslant P_c$ 时，项目在财务角度上可以考虑接受，并选择回收期最短的方案为合适投资方案。

② 总投资收益率（ROI）

总投资收益率一般是指项目在计算期内达到设计生产能力后的正常生产年份的年息税前利润与项目总投资的比率。

对生产期内各年的利润总额变化幅度比较大的项目，应该计算生产期年平均息税前利润。它是考察单位投资盈利能力的静态指标，表示总投资的盈利水平。公式为：

$$总投资收益率(ROI)=\frac{年息税前利润或年平均息税前利润(EBIT)}{总投资(TI)}\times 100\%$$

其中，息税前利润＝利润总额＋支付的全部利息＝营业收入－税金及附加－经营成本－折旧和摊销。

该公式也可表达为：

$$总投资收益率(ROI)=\frac{年利润总额＋借款利息}{项目总投资}\times 100\%$$

当总投资收益率大于或等于同行业平均投资收益率参考值时，表明该项目总投资盈利能力满足要求，项目在财务角度上可以考虑接受。

③ 项目资本金净利润率（ROE）

资本金净利润率一般是指项目生产经营期内正常生产年份或者年平均所得税后利润与项目资本金的比率。公式为：

$$ROE=\frac{年税后利润(年净利润率)或年平均税后利润(净利润 NP)}{项目资本金(EC)}\times 100\%$$

在财务评价中，当项目资本金净利润率大于或等于投资者期望的最低利润率参考值时，项目在财务角度上可以考虑接受。

④ 投资报酬率

投资报酬率是指项目建成投产后正常生产年份的年税后利润和年借款利息之和与项目总投资的比率。公式为：

$$投资报酬率 = \frac{年税后利润 + 年利息}{总投资} \times 100\%$$

在财务评价中，当投资报酬率大于或等于行业平均投资报酬率参考值时，项目在财务角度上可以考虑接受。

六、偿债能力分析和财务生存能力分析

项目偿债能力分析评价是在财务盈利能力分析评价的基础上根据借款还本付息计划表和资产负债表，计算利息备付率、偿债备付率等比率指标，考察项目借款的偿还能力。

财务生存能力分析是通过编制财务计划现金流量表，考察项目计算期内各年的各项现金流入和流出，计算净现金流量和累计盈余资金，分析项目是否能为企业创造足够的净现金流量维持正常运营，进而考察实现财务可持续性的能力。

（一）偿债能力分析

1. 利息备付率（ICR）

指在借款偿还期内的息税前利润与当年应付利息的比值，从付息资金来源的充裕性角度反映项目偿付债务利息的保障程度。公式为：

$$利息备付率 = \frac{息税前利润（EBIT）}{当期应付利息费用（PI）} \times 100\%$$

其中，息税前利润 = 利润总额 + 计入总成本费用的利息费用，当期应付利息费用是计入总成本费用的全部利息。

利息备付率应分年计算，分别计算债务偿还期内各年的利息备付率。

利息备付率表示利息支付的保证倍率，对于正常经营的企业，利息备付率至少应当大于1，一般不宜低于2。利息备付率高，说明利息支付的保证度大，偿债风险小；利息备付率低于1，表示没有足够资金支付利息，偿债风险很大。

2. 偿债备付率（DSCR）

偿债备付率指项目在借款偿还期内，各年可用于还本付息资金（EBITDA-T，即偿债资金）与当期应还本付息金额（PD）的比值，即 $DSCR = （EBITDA-T）/PD$，公式为：

$$偿债备付率 = \frac{可用于还本付息资金}{当期还本付息金额} \times 100\%$$

偿债备付率应分年计算，分别计算债务偿还期内各年的偿债备付率。

偿债备付率表示偿付债务本息的保证倍率，至少应大于1，一般不宜低于1.3；偿债备付率低，说明偿付债务本息的资金不充足，偿债风险大。当这一指标小于1时，表示可用于计算还本付息的资金不足以偿付当年债务。

3. 资产负债率（LOAR）

资产负债率指各期末负债总额与资产总额的比率，反映了总资产中有多大比例是通过借债来筹集的，可用于衡量企业在清算时对债权人的保护程度。公式为：

$$资产负债率(LOAR) = \frac{负债总额(TL)}{资产总额(TA)} \times 100\%$$

该指标是反映项目各年所面临的财务风险程度及偿债能力的指标，也可作为衡量投资者承担风险的尺度。比率越小，说明回收借款的保障越大，相反则投资风险越高。一般希望这一比率接近于1。在长期债务还清后，可不再计算资产负债率。

4. 改、扩建项目偿债能力分析

考察企业财务状况主要有资产负债率、流动比率、速动比率等比率指标，根据企业资产负债表的相关数据计算。其中资产负债率跟上面的计算方法相同。

① 流动比率

流动比率是企业某个时点流动资产同流动负债的比率。公式为：

流动比率＝流动资产/流动负债

流动比率是反映项目拆换流动负债的能力指标，该指标越高，说明偿还流动负债的能力越强。一般标准比率可取1.2～2。一般而言，行业生产周期较长，流动比率就应相应提高；反之，就可以相对降低。

② 速动比率

速动比率是企业某个时点的速动资产同流动负债的比率。公式为：

速动比率＝速动资产/流动负债；速动资产＝流动资产－存货

速动比率是计算企业的短期债务偿还能力，反映项目快速偿付流动负债能力的指标。速动资产是指容易转变为现金的流动资产，该方法较流动比率更为准确地反映偿还流动负债的能力，它是衡量企业资金短期流动性的尺度。

（二）财务生存能力分析

财务生存能力分析旨在分析考察"有项目"时（企业）在整个计算期内的资金充裕程度，分析财务可持续性，判断在财务上的生存能力。财务生存能力分析主要根据财务计划现金流量表，同时兼顾借款还本付息计划和利润分配计划进行。

财务生存能力分析应结合偿债能力分析进行，可通过以下相辅相成的两个方面：（1）分析是否有足够的净现金流量维持正常运营。拥有足够的经营净现金流量是财务上可持续的基本条件，特别是在运营初期。（2）各年累计盈余资金不出现负值是财务上可持续的必要条件。在整个运营期间，允许个别年份的净现金流量出现负值，但不能容许任一年份的累计盈余资金出现负值。

七、项目不确定性分析和风险分析

鉴于项目财务评价所采用的基础数据和参数大部分来自估算和预测，在项目实施过程中可能会发生变化，与客观实际偏离，有一定程度的不确定性。为了分析计算不确定因素对项目财务效益评价指标影响及其影响程度，需要进行不确定性分析，估计项目可能存在的风险，有针对性地采取有效措施，提高项目财务评价的完整性、可靠性和有效性，增强建设项目投资的抗风险能力，进一步考察项目在财务上的可行性。

根据建设项目类型、特点和实际需要，有选择地分别进行盈亏平衡分析、敏感性分析、概率风险分析等不确定性分析。

（一）盈亏平衡分析

盈亏平衡分析研究产品产量、生产成本、销售收入等因素的变化对项目盈亏的影响，它是反映项目对市场需求变化的适应能力的方法。一般根据建设项目正常生产年份的产品产量（或销售量）、成本、价格、销售收入和税金等数据计算项目的盈亏平衡点。它是项目盈利与亏损的分界点，在此临界点上销售收入扣除销售税金及附加的生产成本。根据收入、成本与产量存在着的不同函数关系，盈亏平衡分析又可分为线性与非线性盈亏分析。

盈亏平衡点通常用产量或最低生产能力利用率表示，也可用最低销售收入、生产成本或保本价格来表示。盈亏平衡点越低，表示项目适应市场变化的能力越强，项目的抗风险能力也越强。

线性盈亏分析是指项目投产后正常年份的产量、成本、盈利三者之间的关系均呈线性的函数关系，说明项目的收益和成本都随着产品产量的增减成正比直线升降，可采用图解法和数学计算法确定。项目评价中通常使用盈亏分析图（又称量本利图）表示分析结果（图 1.6-3）。

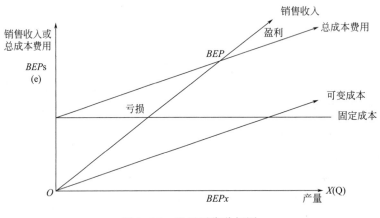

图 1.6-3　盈亏平衡分析图

根据盈亏平衡的原理，在平衡点上产品的生产总成本等于销售收入扣除税金，因而可得到下列数学公式。

设：生产总成本函数式为：$y_1 = f + vx$

销售收入扣除税金函数式：$y_2 = px - tx = px(1 - t\%)$

当 $y_1 = y_2$ 时：$f + vx = px - tx = px(1 - t\%)$

式中　y_1——正常生产年份的生产总成本；

　　　f——总固定成本；

　　　v——单位产品可变成本；

　　　y_2——项目投产后正常年份扣除销售税金及附加后的销售收入；

　　　p——单位生产价格；

　　　x——正常年份内产品产量；

　　　t——单位产品的销售税金及附加和增值税；

　　　$t\%$——单位产品的税率。

① 用实际产量（或销售量）表示的盈亏平衡点（$BEPx$）：

$$BEPx(产量) = \frac{f}{p-v-t} = \frac{f}{p(1-t\%)-v}$$

$$平衡点产量(销售量) = \frac{年固定总成本}{产品单价-单位可变成本-单位产品税金}$$

② 用生产能力利用率表示的盈亏平衡点（BEPr）：

$$BEPr(生产能力利用率) = \frac{BEPx}{Rx} \times 100\% = \frac{f}{p-v-t} \times \frac{1}{Rx} \times 100\%$$

也可表示成：

$$BEPr(生产能力利用率) = \frac{年固定总成本}{年销售收入-年可变总成本-年税金及附加} \times 100\%$$

式中 Rx 为正常年份设计生产能力。上述两者之间的换算关系为：$BEPx$（产量）＝ $BEPr$（％）×设计生产能力。

③ 用销售收入量表示的盈亏平衡点（BEPs）：

$$BEPs(收入) = P \times BEPx = p \times \frac{f}{p-v-t}$$

$$平衡点销售收入 = 产品单价 \times \frac{年固定总成本}{产品单价-单位可变成本-单位产品税金及附加}$$

④ 用单位产品保本价格表示的盈亏平衡点（BEPp）：

$$BEPp(保本价格) = \frac{f}{Rx} + v + t = \frac{年固定总成本}{设计生产能力} + \frac{单位产品}{可变成本} + 单位产品税金及附加$$

（二）敏感性分析

敏感性分析是预测和分析项目不确定变量因素发生变动对项目经济效益评价指标发生变动的敏感程度，从中找出敏感因素，确定影响程度与影响正负方向；分析该因素达到临界值时项目的承受能力；预测项目财务评价指标达到临界点时，主要不确定变量因素允许变化的最大幅度（极限值）。如果超出此极限，就认为项目在财务效益上不可行。

在项目财务评价中主要不确定变量因素有产品价格、产量、主要原材料价格、建设投资、生产成本、汇率和建设工期等；而主要评价指标为投资收益率、投资回收期和贷款偿还期等静态指标，还有财务内部收益率和财务净现值等动态指标。敏感性分析的主要作用是为了提高项目评价的准确性和可靠性，降低投资风险。敏感性分析可采用单因素变化分析和多因素变化分析，通常只要求进行单因素敏感性分析。

单因素敏感性分析的步骤和方法：

① 确定敏感性分析的经济评价指标。应根据建设项目的特点和项目评价的实际需要，选择最能反映项目经济效益的综合评价指标，作为敏感分析的具体分析对象。

② 选取不确定变量因素，设定变量因素的变化幅度和范围。选择对项目评价指标有较大影响的主要变量因素。

③ 计算敏感度系数，找出敏感因素。即计算每个不确定变量因素的变动对评价指标影响的敏感程度。在其他变量因素不变的条件下，依次分别按预先设定的变化幅度来变动某一个不确定因素，计算出变量因素变动对评价指标的影响程度（变化率）并进行对比，选择其中敏感度系数最大的变量因素为建设项目的敏感因素，变化率小的为不敏感因素。计算公式如下：

$$\text{敏感度变化系数(变化率)}(\beta) = \left|\frac{\Delta y_j}{\Delta x_i}\right| = \frac{|\text{效果指标变化幅度}|\%}{|\text{变量因素变化幅度}|\%} = \frac{y_{j1} - y_{j0}}{\Delta x_i}$$

式中　y_{j0}——第 j 个指标原方案的指标值；

　　　y_{j1}——第 j 个指标由于变量因素 x_i 变化后所得的效果指标值。

④ 绘制敏感性分析图和敏感性分析表，求出变量因素变化极限值（临界点）。

作图表示各变量因素的变化规律，可以更直观地反映出各个变量因素的变化对经济评价指标的影响，而且可以求出内部收益率等经济评价指标达到临界点（财务内部收益率等于财务基准收益率或财务净现值等于 0）时，各变量匀速允许变化的最大幅度（图 1.6-4）。

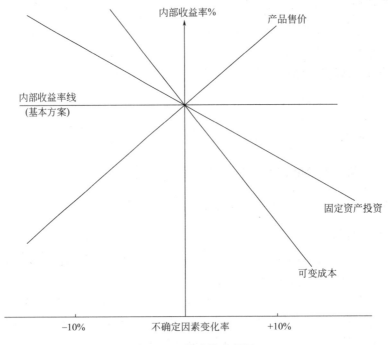

图 1.6-4　敏感性分析图

纵坐标表示项目投资内部收益率；横坐标表示其中不确定变量因素的变化幅度（％），图上按敏感性分析计算结果画出各种变量因素的变化曲线，选择其中与横坐标相交的角度量大的曲线为敏感性因素变化曲线。同时，在图上还应标出财务基准收益率。从某个因素对投资财务内部收益率的影响曲线与基准收益率曲线的交点（临界点），可以得知该变量因素允许变化的最大幅度，即变量因素盈亏界限的极限变化值。变化幅度超过这个极限值时，项目评价指标就不可行。如果发生这种极限变化的可能性很大，则表明项目承担的风险很大（表 1.6-9）。

敏感性分析表　　　　　　　　　　　　　　　　表 1.6-9

序号	不确定因素	变化幅度 /％	内部收益率	敏感度系数	临界点 /％	临界值
1	基本方案					
2	产品产量 （生产负荷）					

续表

序号	不确定因素	变化幅度/%	内部收益率	敏感度系数	临界点/%	临界值
3	产品价格					
4	主要原材料价格					
5	建设投资					
6	汇率					
7	建设工程					

敏感性分析如上表所示，表中所列不确定因素就是对项目评价指标产生影响的变量因素，分析时可选用一个或多个变量因素。不确定因素的变化幅度可自行决定，并根据项目类型、特点和评价需要选用项目评价指标。

⑤ 确定临界值，进行风险估计

变量因素盈亏界限的极限变化值的确定可以用下式：

$$V(X_k^*) = V_0$$

上述表达式说明，当评估指标与其评估基准值相等时，对应的变量因素变化幅度允许的极限值，即为变量因素盈亏节点的极限变化值。式中的 V_0 即为评估指标 V 的基准值。例如评估指标为净现值（NPV）时，则 $V_0 = 0$；当评估指标为内部收益率时，则 V_0 取基准收益率 i 值。而 X_k^* 称为变量因素相对 X_k 的盈亏界限的极限变化值。

根据变量因素的变化率（β）和盈亏界限的极限值（X_k^*）就可以对投资项目作出风险（R）估计，计算公式如下：

$$R = \frac{|\beta|}{|X_k^*|} = \frac{|敏感度系数（变化率）|}{|盈亏界限的极限值（临界值）|}$$

这表明，变量因素给评估指标带来的风险取决于评估指标对变量因素变化的敏感性〔即敏感度系数（变化率）大小〕和变量的盈亏极限临界值。由上式可知，项目的风险是与变量因素的敏感性成正比，与变量因素盈亏界限的临界值成反比。

模拟题

1. 在项目财务评价指标中，反映项目盈利能力的静态评价指标是（　　）。

A. 投资收益率　　　　　　　　　B. 借款偿还期

C. 财务净现值　　　　　　　　　D. 财务内部收益率

【答案】A

【解析】投资收益率、财务净现值、财务内部收益率都是反映项目盈利能力的指标。其中投资收益率是反映项目盈利能力的静态评价指标，财务净现值、财务内部收益率都是反映项目盈利能力的动态评价指标。

2. 设固定资产原值为 20000 万元，综合折旧年限为 6 年，净残值率为 6%，试按年限平均法计算折旧。

【答案】2099.78 万元。

【解析】年折旧率 ＝ ［（1－6%）/6］×100% ＝ 15.67%。各年折旧额 ＝ 20000×15.67% ＝ 2099.78（万元）

3. 若还款年年初的借款余额为 1000 万元，年利率为 5%，预定的还款期为 5 年，若按等额还本付息方式计算，每年还本付息额以及所付利息和偿还本金为多少？

【答案】第一步：求出年还本付息额（年金 A）

$$A = 1000 \times \frac{5\%(1+5\%)^5}{(1+5\%)^5 - 1} = 1000 \times (A/P, 5\%, 5) = 230.97(万元)$$

第二步：逐年求出付息和还本额

第一年付息：1000×5% ＝ 50（万元）   还本：230.97－50 ＝ 180.97（万元）

第二年付息：（1000－180.97）×5% ＝ 40.95（万元）

还本：230.97－40.95 ＝ 190.02（万元）

第三年付息：（1000－180.97－190.02）×5% ＝ 31.45（万元）

还本：230.97－31.45 ＝ 199.52（万元）

第四年付息：（1000－180.97－190.02－199.52）×5% ＝ 21.47（万元）

还本：230.97－21.47 ＝ 209.50（万元）

第五年付息：（1000－180.97－190.02－199.52－209.50）×5% ＝ 11（万元）

还本：230.97－11 ＝ 219.97（万元）

4. 某项目采用折现率为 10% 时，所得净现值为 15 万元；当采用折现率为 15% 时，则财务净现值为 －54 万元。采用试差法，试求该项目的投资财务内部收益率（$FIRR$）（设 $i_c=8\%$）。

【答案】11.09%

【解析】$FIRR = i_1 + \dfrac{FNPV_1 (i_2 - i_1)}{FNPV_1 + |FNPV_2|} = 10\% + \dfrac{15 (15\% - 10\%)}{15 + 54} = 11.09\% > i_c = 8\%$

5. 某项目总投资 3000 万元，资本金为 1500 万元，项目正常生产年份的销售收入为 2000 万元，总成本费用 940 万（含利息支出 60 万），销售税金及附加 200 万，所得税率 30%，年折旧费 150 万。计算该项目的总投资率、投资报酬率和资本金净利润率。

【答案】总投资率：35.67%；投资报酬率：22.07%；资本金净利润率：40.13%。

【解析】年利润总额 ＝ 2000－940－200 ＝ 860（万元），年应缴所得税 ＝ 860×30% ＝ 258（万元），年税后利润 ＝ 860－258 ＝ 602（万元）

总投资收益率 ＝ （860＋60＋150）/3000×100% ＝ 35.67%

投资报酬率 ＝ （602＋60）/3000×100% ＝ 22.07%

资本金净利润率 ＝ 602/1500×100% ＝ 40.13%

6. 某企业为提高产品附加值，拟建设一套深加工装置，项目计算期 6 年，其中建设期 1 年，运营期 5 年。新建装置的固定资产费用 28000 万元（含可抵扣增值税进项税额 3000 万元），无形资产费用 4000 万元，其他资产费用 1000 万元，基本预备费 2000 万元，涨价预备费 1000 万元。项目预备费按不同资产占项目资产的比例分摊（其中固定资产费用按不含进项税额考虑）。建设投资借款 15000 万元，年利率 5%，每年计息一次，建设期按全年计息。运营期第 1 年投入流动资金 5000 万元。期末的固定资产残值按零计。计算项目新增固定资产原值。

【答案】28250 万元。

【解析】（1）固定资产费用：28000 万元；

（2）预备费＝基本预备费＋涨价预备费＝2000＋1000＝3000 万元；

项目预备费按不同资产占项目资产的比例分摊（其中固定资产费用按不含进项税额考虑）：

预备费中归于固定资产的部分：3000×（28000－3000）/［（28000－3000）＋4000＋1000］＝2500 万元；

（3）建设期利息：15000×5%＝750 万元；

（4）固定资产原值＝固定资产费用＋预备费＋建设期利息－可抵扣的固定资产进项税＝28000＋2500＋750－3000＝28250 万元。

7. 某市政府拟建一座污水处理厂，以提高该市的污水处理能力。该市政府委托某咨询机构负责项目的可行性研究工作，该咨询机构提出 A、B 两个方案，并测算了其财务净现金流量，见表。

方案财务净现金流量　　　　　　　　　　（单位：万元）

年份	1	2	3	4~10
A 方案净现金流	－42000	4000	5000	6600
B 方案净现金流	－36000	3000	5000	5600

计算 A、B 两个方案的财务净现值，判断在财务上是否可行（财务基准收益率取 6%）。

【答案】两个方案在财务上都不可行。

【解析】A 方案的财务净现值＝－42000×$(P/F, 6\%, 1)$＋4000×$(P/F, 6\%, 2)$＋5000×$(P/F, 6\%, 3)$＋6600×$(P/A, 6\%, 7)$×$(P/F, 6\%, 3)$＝－929.86 万元。

B 方案的财务净现值＝－36000×$(P/F, 6\%, 1)$＋3000×$(P/F, 6\%, 2)$＋5000×$(P/F, 6\%, 3)$＋5600×$(P/A, 6\%, 7)$×$(P/F, 6\%, 3)$＝－846.56 万元。

因此，两个方案在财务上都不可行。

8. 建设项目经济评价分为（　　）。

①财务评价　②国民经济评价　③市场评价　④潜力评价

A. ①、②　　　　　　　　　　　　　B. ②、③

C. ③、④　　　　　　　　　　　　　D. ①、④

【答案】A

【解析】建设项目经济评价一般分为财务评价和国民经济评价两类。

9. 在投资方案财务评价中，获利能力较差的方案是（　　）。

A. 内部收益率小于基准收益率，净现值小于零

B. 内部收益率小于基准收益率，净现值大于零

C. 内部收益率大于基准收益率，净现值小于零

D. 内部收益率大于基准收益率，净现值大于零

【答案】A

【解析】内部收益率（IRR），就是资金流入现值总额与资金流出现值总额相等、净现值等于零时的折现率。如果不使用电子计算机，内部收益率要用若干个折现率进行试算，直至找到净现值等于零或接近于零的折现率。

内部收益率是一项投资可望达到的报酬率，该指标越大越好。一般情况下，内部收益率大于或等于基准收益率时，该项目是可行的。投资项目各年现金流的折现值之和为项目的净现值，净现值为零时的折现率就是项目的内部收益率。在项目经济评价中，根据分析层次的不同，内部收益率有财务内部收益率（FIRR）和经济内部收益率（EIRR）。

10. 进行建设项目财务评价时，项目可行的判断依据是（　　　）。

A. 财务净现值≤0，投资回收期≥基准投资回收期

B. 财务净现值≤0，投资回收期≤基准投资回收期

C. 财务净现值≥0，投资回收期≥基准投资回收期

D. 财务净现值≥0，投资回收期≤基准投资回收期

【答案】D

【解析】详见第9题。

11. 用于评价项目财务盈利能力的指标是（　　　）。

A. 借款偿还期　　　　　　　　　B. 流动比率

C. 基准收益率　　　　　　　　　D. 财务净现值

【答案】D

【解析】财务净现值（FNPV）是指项目按行业的基准收益率或设定的目标收益率，将项目计算期内各年的财务净现金流量折算到开发活动起始点的现值之和，它是房地产开发项目财务评价中的一个重要经济指标，主要反映技术方案在计算期内盈利能力（动态评价指标）。

12. 在项目财务评价指标中，反映项目盈利能力的静态评价指标是（　　　）。

A. 投资收益率　　　　　　　　　B. 借款偿还期

C. 财务净现值　　　　　　　　　D. 财务内部收益率

【答案】A

【解析】投资收益率又称投资利润率，是指投资方案在达到设计一定生产能力后一个正常年份的年收益总额与方案投资总额的比率。它是评价投资方案盈利能力的静态指标，表明投资方案正常生产年份中，单位投资每年所创造的年净收益额。对运营期内各年的净收益额变化幅度较大的方案，可计算运营期年均净收益额与投资总额的比率。

13. 判断建设项目盈利能力的参数不包括（　　　）。

A. 资产负债率　　　　　　　　　B. 财务内部收益率

C. 总投资收益率　　　　　　　　D. 项目资本金净利润率

【答案】A

【解析】财务评价指标中的盈利能力分析指标包括：项目投资财务内部收益率、项目

投资财务净现值、项目资本金财务内部收益率、投资各方财务内部收益率、投资回收期、项目资本金净利润率、总投资收益率。

14. 在财务评价中使用的价格是（　　）。

A. 影子价格   B. 基准价格

C. 预算价格   D. 市场价格

【答案】D

【解析】财务评价是从企业角度出发，使用的是市场价格，根据国家现行财税制度和现行价格体系，分析计算项目直接发生的财务效益和费用，编制财务报表，计算财务评价指标，考察项目的盈利能力、清偿能力和外汇平衡等财务状况，借以判别项目的财务可行性。

15. 某新建项目建设投资为113500万元（含可抵扣固定资产进项税额8000万元）。其中基本预备费为10000万元，涨价预备费为5000万元。项目计算期6年，其中建设期1年，运营期5年，运营期内采用平均折旧及摊销。项目营业收入和可变成本均采用运营期初的市场价格（不含增值税），税金及附加按增值税的12％计算，企业所得税税率为25％。项目现金流量按年末发生计。财务基准收益率（所得税后）设定为10％，项目投资现金流量见表。

通过费用与效益识别，该项目可变成本及投资中设备、材料的影子价格均等同于其市场价格（不含增值税），土地经济费用应调增1000万元，其他各项财务效益与费用均能反映其经济价值。

项目投资现金流量表 单位：万元

项目 序号	建设期			运营期		
	1	2	3	4	5	6
生产负荷		90％	100％	100％		100％
1 现金流入		63971	71078	71078	77420	
1.1 营业收入		55284	61426	61426 61426	61426	
1.2 销项税额	8687	9652	9652	9652 9652	9652	
1.3 回收资产余值						
1.4 回收流动资金				3015		
2 现金流出	113500		*（34093）	*（38254）		
2.1 建设投资	113500					
2.2 流动资金		3058	269	41026 41026		41026
2.3 经营成本		25093	27441	27441 27441		27441
2.4 进项税额		3478	3865	3865 3865		3865

续表

序号＼项目	建设期			运营期		
	1	2	3	4	5	6
2.5 应纳增值税		*（0）	*（2996）	5787 5787		5787
2.6 税金及附加		*（0）	*（366）	694 694		694
2.7 维持运营投资						
2.8 调整所得税		*（2464）	*（3323）			
3 所得税后净现金流量	−113500	*（29878）	*（32824） 30052	3239 3239 30052 36394		3239 30052

（1）计算项目第二年和第三年的应纳增值税和税金及附加。

【答案】360万元。

【解析】第二年销项税额－第二年进项税额－可抵扣固定资产进项税＝8687－3478－8000＝－2791万元＜0

第二年应缴增值税＝0，税金及附加＝0

第三年应缴增值税＝9652－3865－2791＝2996万元，税金及附加＝2996×12％＝359.52万元＝360万元

（2）计算项目第二年和第三年的调整所得税。

【答案】2464万元、3323万元。

【解析】折旧和摊销用来计算所得税（调整所得税）使用，本身并未带来现金的流入或流出，因此在现金流量表中无折旧和摊销科目。

因为"运营期内采用平均折旧及摊销"，所以，先利用第四年数据求折旧和摊销：调整所得税＝息税前利润×所得税税率息税前利润＝营业收入－税金及附加－经营成本－折旧和摊销＝（61426－27441－694－折旧和摊销）×25％＝3239万元。解得：折旧和摊销＝20335万元。

第二年调整所得税＝（55284－0－25093－20335）×25％＝2464万元

第三年调整所得税＝（61426－360－27441－20335）×25％＝3323万元

（3）计算项目第二年和第三年的现金流出、净现金流量以及项目投资财务净现值（所得税后），并判断项目的财务可行性。

【答案】该项目在财务上可行。

【解析】第二年现金流出＝3058＋25093＋3478＋2464＝34093万元

第二年净现金流量＝63971－34093＝29878万元

第三年现金流出＝269＋27441＋3865＋2996＋360＋3323＝38254万元

第三年净现金流量＝71078－38254＝32824万元

税后项目投资净现值＝－113500/（1＋10％）＋29878/（1＋10％）^{2}＋32824/（1＋10％）^{3}＋30052/（1＋10％）^{4}＋30052/（1＋10％）^{5}＋36394/（1＋10％）^{6}＝5901.22＞0

该项目在财务上可行。

（4）计算本项目经济费用流量中的建设投资。

【答案】101500万元。

【解析】经济费用流量中的建设投资＝113500－8000－5000＋1000＝101500万元

16. 某公司目前有两个项目可供选择，两者计算期相同，其净现金流量见下表。

某公司投资项目净现金流量　　　　　　　　　　单位：万元

年数	1	2	3	4
项目A净现金流量	－6000	3200	2800	1200
项目B净现金流量	－4000	2000	960	2400

（1）若该公司要求项目投入资金必须在3年内回收，应选择哪个项目？

【答案】选A项目。

【解析】项目A的累计净现金流量如下表所示：

年数	1	2	3	4
净现金流量/万元	－6000	3200	2800	1200
累计净现金流量/万元	－6000	－2800	0	1200

按投资回收期计算时，项目A投资回收期＝3－1＋2800/2800＝3（年）

项目B的累计净现金流量如下表所示：

年数	1	2	3	4
净现金流量/万元	－4000	2000	960	2400
累计净现金流量/万元	－4000	－2000	－1040	1360

按投资回收期计算式，项目B投资回收期＝4－1＋1040/2400＝3.43（年）

项目A投资回收期刚好为3年，而项目B投资回收期超过了3年，因此应该选择项目A。

（2）如果该公司要求采用净现值法进行投资决策，设定折现率为14％，应选择哪个项目？

【答案】选择B项目。

【解析】项目A的净现值：$NPV＝－6000/1.14＋3200/(1.14)^2＋2800/(1.14)^3＋1200/(1.14)^4＝－200.44$

项目B的净现值：

$NPV＝－4000/1.14＋2000/(1.14)^2＋960/(1.14)^3＋2400/(1.14)^4＝99.14$

$NPVA＜0$，$NPVB＞0$，因此应选择项目B。

17. 某企业拟投资建设某项目，建设期2年，运营期10年。第一年建设投资为12974万元，第二年建设投资为13499万元，建设期各年建设投资的40％为资本金，其余为银行借款，运营期前5年采取等额还本方式还清全部借款，建设期借款利息当年使用资本支付，流动资金全部来源于项目资本金。投产第一年生产负荷为60％，第二年及以后年份达到设计生产能力，达产年营业收入25000万元，经营成本10000万元，其中固定成本8000万元，其余为可变成本，可变成本与营业收入成正比例变动，税金及附加按营业收入的3.41％计取。分别计算项目运营期第一年的经营成本、税金及附加、长期借款的还本额。

【答案】9200万元、511.5万元、3176.76万元。

【解析】经营成本＝固定成本＋可变成本＝8000＋（10000－8000）×60％＝9200万元

税金及附加＝25000×60％×3.41％＝511.50万元

长期借款还本＝（12974×60％＋13499×60％）/5＝15883.8/5＝3176.76万元

第七节　建筑工程技术经济指标

一、工业建筑设计的主要经济技术指标

（一）建筑系数指标

建筑系数指标是指厂区内建筑物、构筑物、各种堆场的占地面积之和与厂区占地面积之比，它是工业建筑总平面设计中比较重要的技术经济指标，反映总平面设计中用地是否合理紧凑。

$$建筑系数 = \frac{F_2 + F_3}{F_1} \times 100\%$$

式中　F_1——厂区用地面积，m^2，指厂区围墙（或规定界限）以内的用地面积；

　　　　F_2——建筑物和构筑物的用地面积，m^2；

　　　　F_3——有固定装卸设备的堆场（如露天栈桥、龙门吊堆场）和露天堆场（如原材料、燃料等的堆场）的用地面积，m^2。

（二）土地利用系数、绿地率

土地利用系数指厂区的建筑物、构筑物、各种堆场、铁路、道路、管线等的占地面积之和与厂区占地面积之比，它比建筑密度更能全面反映厂区用地是否经济合理。

$$建筑系数 = \frac{F_2 + F_3 + F_4}{F_1} \times 100\%$$

式中　F_4——铁路、道路、管线和绿化用地面积，m^2。

$$绿地率 = \frac{绿化面积}{厂区用地总面积} \times 100\%$$

二、民用建筑主要技术经济指标

（一）居住建筑设计方案的技术经济指标

① 居住面积系数（K）：$K＝$标准层的居住面积/建筑面积

居住面积系数反映居住面积与建筑面积的比例，$K > 50\%$为佳，$K < 50\%$为差。

② 辅助面积系数（K_1）：$K_1＝$标准层的辅助面积/使用面积

使用面积也称为有效面积,它等于居住面积加上辅助面积、辅助面积系数一般在20%~27%之间。

③ 结构面积系数(K_2):K_2=墙体等结构所占面积/建筑面积

结构面积系数,反映结构面积与建筑面积之比。

④ 建筑周长系数(K'):K'=建筑周长/建筑占地面积

建筑周长系数反映建筑物外墙周长与建筑占地面积之比。

⑤ 每户面宽:每户面宽=建筑物总长/总户数

⑥ 平均每户建筑面积:平均每户建筑面积=建筑总面积/总户数

⑦ 平均每人居住面积:平均每人居住面积=居住总面积/总户数

(二)公共建筑设计方案的技术经济指标

① 平均单位建筑面积:单位建筑面积=总建筑面积/使用单位(人、座、床位)总数

教学楼、办公楼等按人数计算建筑面积;体育馆、影剧院、餐馆等按座位计算;旅馆、医院等按床位计算。

② 平均单位使用面积:单位使用面积=总使用面积/使用单位(人、座、床位)总数

公共建筑中的使用面积主要包括房间的面积(如教师、病房、营业厅等)和辅助房间面积(如卫生间、贮藏室、设备用房等)。

③ 建筑平面系数:建筑平面系数=使用部分面积/建筑面积,使用部分面积=使用房间面积+辅助房间面积

建筑平面系数越大,说明方案的平面有效利用率越高。

④ 辅助面积系数:辅助面积系数=辅助面积/使用面积

辅助面积系数越小,说明有效使用面积占比越大,则方案在辅助面积上的浪费越小,说明方案的平面有效利用率高。

⑤ 结构面积系数:结构面积系数=结构面积/建筑面积

结构面积系数越小,说明有效使用面积占比越大,这是评价采用新材料、新结构的重要指标。

三、居住小区(或工矿生活区)主要技术经济指标

居住小区设计方案的技术经济指标,核心问题是提高土地的利用率,降低造价。

① 人口密度:人口毛密度=居住总人口/居住区用地面积;人口净密度=居住总人口/住宅用地面积

② 住宅建筑套密度:住宅建筑套毛密度=住宅建筑套数/居住区用地面积;住宅建筑套净密度=住宅建筑套数/住宅用地面积

③ 住宅面积密度:住宅面积毛密度=住宅建筑面积/居住区用地面积;住宅面积净密度=住宅建筑面积/住宅用地面积。住宅面积净密度也称为住宅容积率。

④ 建筑面积毛密度:建筑面积毛密度=各类建筑的建筑面积之和/居住区用地面积

⑤ 住宅建筑净密度:住宅建筑净密度=住宅建筑基底面积/住宅用地面积。住宅建筑基底面积指的是住宅建筑的占地面积总和。

模拟题

1. 下列有关工业项目总平面设计评价指标的说法，正确的是（   ）。

A. 建筑系数反映了总平面设计的功能分区的合理性

B. 土地利用系数反映出总平面布置的经济合理性和土地利用效率

C. 绿化系数应该属于工程量指标的范畴

D. 经济指标是工业项目的总运输费用、经营费用等

【答案】B

【解析】A选项建筑系数用以说明建筑物分布的疏密程度、卫生条件及土地利用率。C选项绿化建筑系数应该属于技术经济指标的范畴。D选项经济指标主要是建筑密度指标、土地利用系数、绿化系数等。

2. 某工业项目中，建筑占地面积 4000m²，厂区道路占地面积 300m²，工程管网占地面积 500m²，厂区占地面积 6000m²，则该厂的土地利用系数为（   ）。

A. 66.67%

B. 71.67%

C. 20%

D. 80%

【答案】D

【解析】土地利用系数指厂区的建筑物、构筑物、各种堆场、铁路、道路、管线等的占地面积之和与厂区占地面积之比，它比建筑密度能更全面反映厂区用地是否经济合理。土地利用系数＝（4000＋300＋500）/6000＝80%。

3. 已知某厂区占地面积为 14000m²，其中，厂房、办公楼占地面积为 8000m²，原材料和燃料堆场 2500m²，厂区道路占地面积 2000m²，绿化占地面积 1500m²，则该厂区的建筑密度是（   ）。

A. 17.85%　　　　B. 42.85%　　　　C. 57.14%　　　　D. 75.00%

【答案】D

【解析】工业厂区总平面建筑密度指标是指厂房内建筑物、构筑物、各种堆场的占地面积与厂区占地面积之比。建筑密度＝（8000＋2500）/1400＝75%。

4. 在住宅小区规划设计中节约用地的主要措施有（   ）。

A. 增加建筑间距　　　　　　　　B. 提高住宅层数或高低层搭配

C. 缩短房屋进深　　　　　　　　D. 压缩公共建筑的层数

【答案】B

【解析】在住宅小区规划设计中节约用地的主要措施：压缩建筑间距；提高住宅层数和高低层搭配；适当增加房屋长度；提高公共建筑的层数；合理布置道路。

5. 居住区技术经济指标中的人口净密度指的是（   ）。

A. 居住总户数/住宅用地面积

B. 居住总人口/住宅用地面积

C. 居住总户数/居住区用地面积

D. 居住总人口/居住区用地面积

【答案】B

【解析】《城市规划基本术语标准》GB/T 50280—1998 中，人口净密度是居住区规划的重要经济技术指标之一，反映居住区住宅用地的使用强度，公式为：人口净密度＝居住

总人口/住宅用地总面积。

6. 一半框架结构的高层住宅工程，材料费在土建工程直接费用中占比的合理范围是（　　）。

A. 10%～20% 　　　　　　　　　　B. 20%～30%

C. 40%～50% 　　　　　　　　　　D. 60%～80%

【答案】D

【解析】土建工程直接费中人工、材料、机械费构成比见下表。

序号	项目名称	构成比例/%	备注
1	人工费	10～15	或称土建工程直接费,其中,人工工资占15%左右,材料及机械使用费占85%左右
2	材料费	70～80	
3	机械费	5～10	

7. 建筑设计阶段影响工程造价的因素是（　　）。

①平面形状　②层高　③混凝土强度等级　④文明施工　⑤结构类型

A. ①②④ 　　　　　　　　　　　　B. ①③④

C. ②③⑤ 　　　　　　　　　　　　D. ①②⑤

【答案】C

【解析】建筑设计阶段影响工程造价的因素包括层高、混凝土强度等级、结构类型。

8. 采用价值工程进行设计方案优化时的核心工作是（　　）。

A. 优化工作 　　　　　　　　　　　B. 质量分析

C. 方案创新 　　　　　　　　　　　D. 功能分析

【答案】D

【解析】参见《工程造价术语标准》GB/T 50875—2013。价值工程：以提高产品或作业的价值为目的，通过有组织的创造性工作，用最低的寿命周期成本，实现使用者所需功能的一种管理技术。条文说明：价值工程涉及价值、功能和寿命周期成本等三个基本要素，是一门工程技术理论，其基本思想是以最少的费用换取所需要的功能。

9. 某设计院就同一项目给出如表所示四个方案，在功能均满足要求前提下，从成本因素角度，应选择的最优方案是（　　）。

	甲	乙	丙	丁
设计概算/万元	8400	9500	9600	10000
建筑面积/m²	12000	14800	13500	15000
单方造价/(元/m²)	7000	6419	7111	6667

A. 甲 　　　　B. 乙 　　　　C. 丙 　　　　D. 丁

【答案】B

【解析】各设计方案功能均能满足要求的前提下，从成本因素的角度应选单方造价最低的方案。

10. 下列各类建筑中，土建工程单方造价最高的是（　　）。

A. 砖混结构车库

B. 砖混结构锅炉房

C. 框架结构停车场

D. 钢筋混凝土结构地下车库

【答案】D

【解析】钢筋混凝土结构单方造价一般高于砖混结构单方造价；相同结构材料的结构，一般地下部分单方造价高于地上部分单方造价。

11. 某厂区设计方案中，厂区占地面积 14000m²。其中，厂房、办公楼占地面积 8000m²，原材料和燃料堆场 2000m²，厂区道路占地面积 3000m²，绿化占地面积 1000m²。则该厂区的建筑系数是（   ）。

A. 57.14% B. 71.43%

C. 78.57% D. 92.86%

【答案】B

【解析】建筑系数＝（建筑物和构筑物的占地面积＋有固定装卸设备的堆场和露天堆场占地面积）/厂区占地面积×100%＝（8000＋2000）/14000×100%＝71.43%

12. 下列建设设计指标中，能全面反映工业建筑厂区用地是否经济合理的指标是（   ）。

A. 容积率 B. 土地利用系数

C. 绿化率 D. 建筑周长系数

【答案】B

【解析】土地利用系数是指厂区的建筑物、构筑物、各种堆场、铁路、道路、管线等的占地面积之和与厂区占地面积之比，土地利用系数能全面反映厂区用地是否经济合理的情况。

第八节　工程结算和决算

一、竣工结算

工程竣工结算是指工程项目完工并经竣工验收合格后，发承包双方按照施工合同的约定对所完成的工程项目进行的工程价款的计算、调整和确认。工程竣工结算分为单位工程竣工结算、单项工程竣工结算和建设项目竣工总结算，其中，单位工程竣工结算和单项工程竣工结算可以看作是分阶段结算。

（一）工程竣工结算的编制

单位工程竣工结算由承包人编制，发包人审查；实行总承包的工程，由具体承包人编制，在总包人审查的基础上，发包人审查。单项工程竣工结算或建设项目竣工总结算由总（承）包人编制，发包人可直接进行审查，也可以委托具有相应资质的工程造价咨询机构进行审查。政府投资项目，由同级财政部门审查。单项工程竣工结算或建设项目竣工总结算经发承包人签字盖章后有效。承包人应在合同约定期限内完成项目竣工结算编制工作，未在规定期限内完成的并且提不出正当理由延期的，责任自负。

1. 工程竣工结算的编制依据

工程竣工结算由承包人或受其委托具有相应资质的工程造价咨询人编制，由发包人或受其委托具有相应资质的工程造价咨询人核对。工程竣工结算编制的主要依据有：

（1）国家有关法律、法规、规章制度和相关司法解释。

（2）国务院建设主管部门以及各省、自治区、直辖市和有关部门发布的工程造价计价标准、计价方法、有关规定及相关解释。

（3）《建设工程工程量清单计价规范》GB 50500—2013。

（4）施工承发包合同、专业分包合同及补充合同，有关材料、设备采购合同。

（5）招投标文件，包括招标答疑文件、投标承诺、中标报价书及其组成内容。

（6）工程竣工图或施工图、施工图会审记录，经批准的施工组织设计，以及设计变更、工程洽商和相关会议纪要。

（7）经批准的开、竣工报告或停、复工报告。

（8）发承包双方实施过程中已确认的工程量及其结算的合同价款。

（9）发承包双方实施过程中已确认调整后追加（减）的合同价款。

（10）其他依据。

2. 工程竣工结算的计价原则

在采用工程量清单计价的方式下，工程竣工结算的计价原则如下：

（1）分部分项工程和措施项目中的单价项目应依据双方确认的工程量与已标价工程量清单的综合单价计算；如发生调整的，以发承包双方确认调整的综合单价计算。

（2）措施项目中的总价项目应依据合同约定的项目和金额计算；如发生调整的，以发承包双方确认调整的金额计算，其中安全文明施工费必须按照国家或省级、行业建设主管部门的规定计算。

（3）其他项目应按下列规定计价：

1）计日工应按发包人实际签证确认的事项计算；

2）暂估价应按发承包双方按照《建设工程工程量清单计价规范》GB 50500—2013 的相关规定计算；

3）总承包服务费应依据合同约定金额计算，如发生调整的，以发承包双方确认调整的金额计算；

4）施工索赔费用应依据发承包双方确认的索赔事项和金额计算；

5）现场签证费用应依据发承包双方签证资料确认的金额计算；

6）暂列金额应减去工程价款调整（包括索赔、现场签证）金额计算，如有余额归发包人。

（4）规费和税金应按照国家或省级、行业建设主管部门的规定计算。规费中的工程排污费应按工程所在地环境保护部门规定标准缴纳后按实列入。

此外，发承包双方在合同工程实施过程中已经确认的工程计量结果和合同价款，在竣工结算办理中应直接进入结算。

（二）竣工结算程序

1. 承包人提交竣工结算文件

合同工程完工后，承包人应在经发承包双方确认的合同工程中价款结算的基础上汇总编制完成竣工结算文件，并在提交竣工验收申请的同时向发包人提交竣工结算文件。

承包人未在合同约定的时间内提交竣工结算文件，经发包人催告后 14 天内仍未提或没有明确答复，发包人有权根据已有资料编制竣工结算文件，作为办理竣工结算和支付结算款的依据，承包人应予以认可。

2. 发包人核对竣工结算文件

（1）发包人应在收到承包人提交的竣工结算文件后的 28 天内核对。发包人经核实，认为承包人还应进一步补充资料和修改结算文件，应在 28 天内向承包人提出核实意见，承包人在收到核实意见后的 28 天内按照发包人提出的合理要求补充资料，修改竣工结算文件，并再次提交给发包人复核后批准。

（2）发包人应在收到承包人再次提交的竣工结算文件后的 28 天内予以复核，并将复核结果通知承包人。如果发包人、承包人对复核结果无异议的，应在 7 天内于竣工结算文件上签字确认，竣工结算办理完毕；如承包人对复核结果认为有误的，无异议部分办理不完全竣工结算；有异议部分由发承包双方协商解决，协商不成的，按照合同约定的争议解决方式处理。

（3）发包人在收到承包人竣工结算文件后的 28 天内，不核对竣工结算或未提出核对意见的，视为承包人提交的竣工结算文件已被发包人认可，竣工结算办理完毕。

（4）承包人在收到发包人提出的核实意见后的 28 天内，不确认也未提出异议的，视为发包人提出的核实意见已被承包人认可，竣工结算办理完毕。

3. 发包人委托工程造价咨询机构核对竣工结算文件

发包人委托工程造价咨询机构核对竣工结算的，工程造价咨询机构应在 28 天内核对完毕，核对结论与承包人竣工结算文件不一致的，立即提交给承包人复核，承包人应在 14 天内将同意核对结论或不同意的说明提交工程造价咨询机构。工程造价咨询机构收到承包人提出的异议后，应再次复核，复核无异议的，发承包双方应在 7 天内在竣工结算文件上签字确认，竣工结算办理完毕；复核后仍有异议的，对于无异议部分办理不完全竣工结算；有异议部分由发承包双方协商解决，协商不成的，按照合同约定的争议解决方式处理。

承包人逾期未提出书面异议的，视为工程造价咨询机构核对的竣工结算文件已经承包人认可。

4. 竣工结算文件的签认

（1）拒绝签认的处理。对发包人或发包人委托的工程造价咨询机构指派的专业人员与承包人指派的专业人员经核对后无异议并签名确认的竣工结算文件，除非发承包人能提出具体、详细的不同意见，发承包人都应在竣工结算文件上签名确认，如其中一方拒不签认的，按以下规定办理：

1）若发包人拒不签认的，承包人可不提供竣工验收备案资料，并有权拒绝与发包人或其上级部门委托的工程造价咨询机构重新核对竣工结算文件。

2）若承包人拒不签认的，发包人要求办理竣工验收备案的，承包人不得拒绝提供竣工验收资料，否则，由此造成的损失，承包人承担连带责任。

（2）不得重复核对。合同工程竣工结算核对完成，发承包双方签字确认后，禁止发包人又要求承包人与另一个或多个工程造价咨询人重复核对竣工结算。

5. 质量争议工程的竣工结算

发包人以对工程质量有异议，拒绝办理工程竣工结算的：

（1）已经竣工验收或已竣工未验收但实际投入使用的工程，其质量争议按该工程保修合同执行，竣工结算按合同约定办理。

（2）已竣工未验收且未实际投入使用的工程以及停工、停建工程的质量争议，双方应就有争议的部分委托有资质的检测鉴定机构进行检测，根据检测结果确定解决方案，或按工程质量监督机构的处理决定执行后办理竣工结算，无争议部分的竣工结算按合同约定办理。

二、竣工决算

（一）建设项目竣工决算的概念

项目竣工决算是指所有项目竣工后，项目单位按照国家有关规定在项目竣工验收阶段编制的竣工决算报告。竣工决算是以实物数量和货币指标为计量单位，综合反映竣工项目从筹建开始到项目竣工交付使用为止的全部建设费用、建设成果和财务情况的总结性文件，是竣工验收报告的重要组成部分。竣工决算是正确核定新增固定资产价值，考核分析投资效果，建立健全经济责任制的依据，是反映建设项目实际造价和投资效果的文件。竣工决算是建设工程经济效益的全面反映，是项目法人核定各类新增资产价值、办理其交付使用的依据。竣工决算是工程造价管理的重要组成部分，做好竣工决算是全面完成工程造价管理目标的关键性因素之一。通过竣工决算，既能够正确反映建设工程的实际造价和投资结果，又可以通过竣工决算与概算、预算的对比分析，考核投资控制的工作成效，为工程建设提供重要的技术经济方面的基础资料，提高未来工程建设的投资效益。

项目竣工时，应编制建设项目竣工财务决算。建设周期长、建设内容多的项目，单项工程竣工，具备交付使用条件的，可编制单项工程竣工财务决算。建设项目全部竣工后应编制竣工财务总决算。

（二）建设项目竣工决算的作用

（1）建设项目竣工决算是综合全面地反映竣工项目建设成果及财务情况的总结性文件，它采用货币指标、实物数量、建设工期和各种技术经济指标综合、全面地反映建设项目自开始建设到竣工为止全部建设成果和财务状况。

（2）建设项目竣工决算是办理交付使用资产的依据，也是竣工验收报告的重要组成部分。建设单位与使用单位在办理交付资产的验收交接手续时，通过竣工决算反映交付使用资产的全部价值，包括固定资产、流动资产、无形资产和其他资产的价值。及时编制竣工决算可以正确核定固定资产价值并及时办理交付使用，可缩短工程建设周期，节约建设项目投资，准确考核和分析投资效果。

（3）为确定建设单位新增固定资产价值提供依据。在竣工决算中，详细地计算了建设项目所有的建安费、设备购置费、其他工程建设费等新增固定资产总额及流动资金，可作为建设主管部门向企业使用单位移交财产的依据。

（4）建设项目竣工决算是分析和检查设计概算的执行情况，考核建设项目管理水平和投资效果的依据。竣工决算反映了竣工项目计划、实际的建设规模、建设工期以及设计和实际的生产能力，反映了概算总投资和实际的建设成本，同时还反映了所达到的主要技术经济指标。通过对这些指标计划数、概算数与实际数进行对比分析，不仅可以全面掌握建设项目计划和概算执行情况，而且可以考核建设项目投资效果，为今后制订建设项目计划，降低建设成本，提高投资效果提供必要的参考资料。

（三）建设项目竣工决算的内容

建设项目竣工决算应包括从筹集到竣工投产全过程的全部实际费用，即包括建筑工程费、安装工程费、设备工器具购置费用。根据财政部、国家发改委和住房和城乡建设部的有关文件规定，竣工决算由竣工财务决算说明书、竣工财务决算报表、工程竣工图和工程竣工造价对比分析四部分组成。其中竣工财务决算说明书和竣工财务决算表两部分又称建设项目竣工财务决算，是竣工决算的核心内容。

（四）建设项目竣工决算的编制

为进一步加强基本建设项目竣工财务决算管理，根据财政部《关于进一步加强中央基本建设项目竣工财务决算工作的通知》（财办建〔2008〕91号）的规定，项目建设单位应在项目竣工后3个月内完成竣工决算的编制工作，并报主管部门审核。主管部门收到竣工财务决算报告后，对于按规定由主管部门审批的项目，应及时审核批复，并报财政部备案；对于按规定报财政部审批的项目，一般应在收到竣工决算报告后一个月内完成审核工作，并将经过审核后的决算报告报财政部（经济建设司）审批。

财政部按规定对中央级大中型项目、国家确定的重点小型项目竣工财务决算的审批实行"先审核、后审批"的办法，即对需先审核后审批的项目，先委托财政投资评审机构或经财政部认可的有资质的中介机构对项目单位编制的竣工财务决算进行审核，再按规定批复项目竣工财务决算。对审核中审减的概算内投资，经财政部审核确认后，按投资来源比例归还投资方。

主管部门应对项目建设单位报送的项目竣工财务决算认真审核，严格把关。审核的重点内容：项目是否按规定程序和权限进行立项、可行性研究和初步设计报批工作；项目建设超标准、超规模、超概算投资等问题审核；项目竣工财务决算金额的正确性审核；项目竣工财务决算资料的完整性审核；项目建设过程中存在主要问题的整改情况审核等。

1. 竣工决算的编制依据

竣工决算的编制依据主要有：

（1）经批准的可行性研究报告、投资估算书，初步设计或扩大初步设计，修正总概算及其批复文件。

（2）经批准的施工图设计及其施工图预算书。

（3）设计交底或图纸会审图纸会议纪要。

（4）设计变更记录、施工记录或施工签证单及其他施工发生的费用记录。

（5）招标控制价、承包合同、工程结算等有关资料。

（6）竣工图及各种竣工验收资料。

（7）历年基建计划、历年财务决算及批复文件。

（8）设备、材料调价文件和调价记录。

（9）有关财务核算制度、办法和其他有关资料。

2. 竣工决算的编制要求

为了严格执行建设项目竣工验收制度，正确核定新增固定资产价值，考核分析投资效果，建立健全经济责任制，所有新建、扩建和改建等建设项目竣工后，都应及时、完整、正确地编制好竣工决算。建设单位要做好以下工作：

（1）按照规定组织竣工验收，保证竣工决算的及时性。对建设工程的全面考核，所有的建设项目（或单项工程）按照批准的设计文件所规定的内容建成后，具备了投产和使用条件的，都要及时组织验收。对于竣工验收中发现的问题，应及时查明原因，采取措施加以解决，以保证建设项目按时交付使用和及时编制竣工决算。

（2）积累、整理竣工项目资料，保证竣工决算的完整性。积累、整理竣工项目资料是编制竣工决算的基础工作，它关系到竣工决算的完整性和质量的好坏。因此，在建设过程中，建设单位必须随时收集项目建设的各种资料，并在竣工验收前，对各种资料进行系统整理，分类立卷，为编制竣工决算提供完整的数据资料，为投产后加强固定资产管理提供依据。在工程竣工时，建设单位应将各种基础资料与竣工决算一起移交给生产单位或使用单位。

（3）清理、核对各项账目，保证竣工决算的正确性。工程竣工后，建设单位要认真核实各项交付使用资产的建设成本；做好各项账务、物资以及债权的清理结余工作，应偿还的及时偿还，该收回的应及时收回，对各种结余的材料、设备、施工机械工具等，要逐项清点核实，妥善保管，按照国家有关规定进行处理，不得任意侵占；对竣工后的结余资金，要按规定上交财政部门或上级主管部门。在完成上述工作，核实各项数字的基础上，正确编制从年初起到竣工月份止的竣工年度财务决算，以便根据历年的财务决算和竣工年度财务决算进行整理汇总，编制建设项目决算。

按照规定，竣工决算应在竣工项目办理验收交付手续后一个月内编好，并上报主管部门，有关财务成本部分，还应送经办行审查签证。主管部门和财政部门对报送的竣工决算审批后，建设单位即可办理决算调整和结束有关工作。

3. 竣工决算的编制步骤

（1）收集、整理和分析有关依据资料。在编制竣工决算文件之前，应系统地整理所有的技术资料、工料结算的经济文件、施工图纸和各种变更与签证资料，并分析它们的准确性。完整、齐全的资料，是准确而迅速编制竣工决算的必要条件。

（2）清理各项财务、债务和结余物资。在收集、整理和分析有关资料中，要特别注意建设工程从筹建到竣工投产或使用的全部费用的各项账务、债权和债务的清理，做到工程完毕账目清晰，既要核对账目，又要查点库存实物的数量，做到账与物相等，账与账相符，对结余的各种材料、工器具和设备，要逐项清点核实，妥善管理，并按规定及时处理，收回资金。对各种往来款项要及时进行全面清理，为编制竣工决算提供准确的数据和结果。

（3）核实工程变动情况。重新核实各单位工程、单项工程造价，将竣工资料与原设计图纸进行查对、核实，必要时可实地测量，确认实际变更情况；根据经审定的承包人竣工结算等原始资料，按照有关规定对原概预算进行增减调整，重新核定工程造价。

（4）编制建设工程竣工决算说明。按照建设工程竣工决算说明的内容要求，根据编制依据材料填写在报表中的结果，编写文字说明。

（5）填写竣工决算报表。按照建设工程决算表格中的内容，根据编制依据中的有关资料进行统计或计算各个项目和数量，并将其结果填到相应表格的栏目内，完成所有报表的填写。

（6）做好工程造价对比分析。

（7）清理、装订好竣工图。

（8）上报主管部门审查存档。

上述编写的文字说明和填写的表格经核对无误，装订成册，即为建设工程竣工决算文件。将其上报主管部门审查，并把其中财务成本部分送交开户银行签证。竣工决算在上报主管部门的同时，抄送有关设计单位。大中型建设项目的竣工决算还应抄送财政部、建设银行总行和省、市、自治区的财政局和建设银行分行各一份。建设工程竣工决算的文件，由建设单位负责组织人员编写，在竣工建设项目办理验收使用一个月之内完成。

第二章　建筑施工

根据《考试大纲》，要求应试者对砌体、混凝土结构、钢结构、防水、建筑装饰装修、建筑地面等工程的施工质量验收规范及施工工序基本知识有一定的认识和记忆，本章节结合往年题目，将可能考核的内容筛选出来作为应试的知识要点。

第一节　砌体工程

一、砌筑材料

砌筑材料主要为块体和砂浆。砌筑材料均应有产品合格证书、产品性能型式检验报告，块体、水泥、钢筋、外加剂应有材料主要性能的进场复验报告。

（一）块体

块体：砌体所用各种砖、石材、砌块的总称。

1. 砖

砖的常用种类主要有：烧结普通砖、烧结空心砖、烧结多孔砖、蒸压灰砂砖、粉煤灰砖、混凝土实心砖、混凝土多孔砖。

外形尺寸：常用普通标准砖的尺寸为 240mm×115mm×53mm，空心砖的规格为 190mm×190mm×90mm、240mm×115mm×90mm、240mm×180mm×115mm。

抽检数量：每一生产厂家，烧结普通砖、混凝土实心砖每 15 万块，烧结多孔砖、混凝土多孔砖、蒸压灰砂砖及蒸压粉煤灰砖每 10 万块各为一验收批，不足上述数量时按 1 批计，抽检数量为 1 组。

【知识要点】强度等级、产品龄期、砖含水率要求、砖使用要求

强度等级：常用砖的等级有 MU10、MU15、MU20、MU25、MU30 等几种。用于冬季室外计算温度在 −10℃ 以下的地区，要求吸水饱和的砖在 −15℃ 时的条件下，经过 15 次冻融循环后，重量损失不超过 2%，抗压强度降低不超过 25%，方为合格。

产品龄期：砌体砌筑时，混凝土多孔砖、混凝土实心砖、蒸压灰砂砖、蒸压粉煤灰砖等块体的产品龄期不应小于 28d。

砖含水率要求（影响砌体抗剪强度）：烧结普通砖、烧结多孔砖、蒸压灰砂砖、蒸压粉煤灰砖在砌筑前 1～2d 需适度湿润。烧结类块体的相对含水率 60%～70%，蒸压灰砂砖、粉煤灰砖宜为 40%～50%。混凝土砖通常不需要洒水湿润，但在气候干燥炎热时，宜砌前洒水湿润。

砖使用要求：不同品种的砖不得在同一楼层混砌。用于清水墙、柱表面的砖，应边角整齐，色泽均匀。有冻胀环境和条件的地区，地面以下或防潮层以下的砌体，不应采用多孔砖；多孔砖的孔洞应垂直于受压面砌筑；半盲孔多孔砖的封底面应朝上砌筑，铺浆面应

为盲孔或半盲孔。

2. 砌块

小砌块为块体主规格尺寸的高度大于 115mm 而又小于 380mm 的砌块，常用小砌块种类主要有蒸压加气混凝土砌块、普通混凝土小型空心砌块、轻骨料混凝土小型空心砌块等。

抽检数量：每一生产厂家，每 1 万块小砌块为一验收批，不足 1 万块按一批计，抽检数量为 1 组；用于多层以上建筑的基础和底层的小砌块抽检数量不应少于 2 组。

蒸压加气混凝土砌块的强度级别通常采用 A2.5、A3.5、A5.0、A7.5 四个级别。蒸压加气混凝土砌块的干密度等级有 B03、B04、B05、B06、B07。

蒸压加气混凝土砌块、轻骨料混凝土小型空心砌块等的运输、装卸过程中，严禁抛掷和倾倒；进场后应按品种、规格堆放整齐，堆置高度不宜超过 2m。蒸压加气混凝土砌块在运输及堆放中应防止雨淋。

【知识要点】产品龄期、砖湿润程度要求

产品龄期：施工采用的小砌块的产品龄期不应小于 28d。

砌块湿润程度要求：砌筑普通混凝土小型空心砌块砌体及采用薄灰砌筑法施工的蒸压加气混凝土砌块，不需对小砌块浇水湿润，如遇天气干燥炎热，宜在砌筑前对其喷水湿润；对轻骨料混凝土小砌块，应提前浇水湿润，块体的相对含水率宜为 40％～50％；蒸压加气混凝土砌块的含水率宜小于 30％。雨天及小砌块表面有浮水时，不得施工。

3. 石材

常用材料：毛石、毛料石、粗料石、细料石

【知识要点】石砌体采用的石材应质地坚实，无裂纹和无明显风化剥落；用于清水墙、柱表面的石材，尚应色泽均匀；石材的放射性应经检验，其安全性应符合现行国家标准《建筑材料放射性核素限量》GB 6566 的有关规定。

（二）砌筑砂浆

砂浆是由胶结材料、细骨料及水组成的混合物。砂浆中常用的胶结材料有水泥、石灰等，细骨料以天然砂使用最多，宜用中砂。按照组成成分不同，砂浆分为水泥砂浆、石灰砂浆、混合砂浆等。

【知识要点】强度要求高、地下或处于潮湿环境的部位多采用水泥砂浆，其他部位常用混合砂浆。施工中不应采用强度等级小于 M5 水泥砂浆替代同强度等级水泥混合砂浆，如需替代，应将水泥砂浆提高一个强度等级。

1. 砂浆的原材料要求

水泥：砌筑砂浆所用水泥宜采用通用硅酸盐水泥或砌筑水泥，且应符合现行国家标准《通用硅酸盐水泥》GB 175 和《砌筑水泥》GB/T 3183 的规定。水泥强度等级应根据砂浆品种及强度等级的要求进行选择，M15 及以下强度等级的砌筑砂浆宜选用 32.5 级的通用硅酸盐水泥或砌筑水泥；M15 以上强度等级的砌筑砂浆宜选用 42.5 级普通硅酸盐水泥。

【知识要点】水泥进场使用前，应分批对其强度、安定性进行复验；检验批应以同一生产厂家、同一编号为一批；当在使用中对水泥质量有怀疑或水泥出厂超过三个月（快硬硅酸盐水泥超过一个月）时，应复查试验，并按其结果使用；不同品种、不同强度等级的水泥不得混合使用；水泥应按品种、强度等级、出厂日期分别堆放，应设防潮垫层，并应保持干燥。

砂：不小于 M5 的水泥混合砂浆，其砂的含泥量应小于等于 5％；小于 M5 的水泥混合砂浆，其砂的含泥量应小于等于 10％；不应混有草根、树叶、树枝、塑料、煤块、炉渣等杂物。

水：不得含有害物质。

外掺料：建筑生石灰熟化成石灰膏时，应采用孔径不大于 3mm×3mm 的网过滤，建筑生石灰熟化时间不得小于 7d，生石灰粉熟化时间不得小于 2d，不得采用脱水硬化的石灰膏，消石灰粉不得直接使用于砌筑砂浆中；凡在砂浆中掺入有机塑化剂等，应经检验和试配符合要求后方可使用；有机塑化剂应有砌体强度型式检验报告。

2. 砂浆的性能（砂浆和易性的好坏，主要取决于砂浆的稠度、保水性）（表 2.1-1）

流动性：砂浆的流动性以稠度表示，通常用沉入度（mm）表示。增加水量、胶结料多、骨料细，颗粒圆滑，孔隙小，搅拌时间长均能增大稠度。

保水性：砂浆的保水性以分层表示，一般不得大于 30mm。

砌筑砂浆的稠度　　　　　　　　　　　　　　表 2.1-1

砌体种类	砂浆稠度/mm
烧结普通砖砌体	70～90
混凝土实心砖、混凝土多孔砖砌体 普通混凝土小型空心砌块砌体 蒸压灰砂砖砌体 蒸压粉煤灰砖砌体	50～70
烧结多孔砖、空心砖砌体 轻骨料小型空心砌块砌体 蒸压加气混凝土砌块砌体	60～80
石砌体	30～50

3. 砂浆的拌制与使用

配制砌筑砂浆时，各组分材料应采用质量计量，水泥及各种外加剂配料的允许偏差为 ±2％；砂、粉煤灰、石灰膏等配料的允许偏差为 ±5％。

【知识要点】砌筑砂浆应采用机械搅拌，搅拌时间自投料完起算：水泥砂浆和水泥混合砂浆不得少于 2min；水泥粉煤灰砂浆和掺用外加剂的砂浆不得少于 3min；干混砂浆及加气混凝土砌块专用砂浆宜按掺用外加剂的砂浆确定搅拌时间或按产品说明书采用。

现场拌制的砂浆应随拌随用，拌制的砂浆应在 3h 内使用完毕；当施工期间最高气温超过 30℃时，应在 2h 内使用完毕。预拌砂浆及蒸压加气混凝土砌块专用砂浆的使用时间应按照厂方提供的说明书确定（对掺用缓凝剂的砂浆，其使用时间可根据具体情况延长），砂浆在储存过程严禁随意加水。

砌筑砂浆中掺用有机塑化剂时，应有其砌体强度的形式检验报告，符合要求后方可使用。

4. 砂浆的检验与验收

砌筑砂浆试块强度验收时，其强度合格标准必须符合以下规定：同一验收批砂浆试块强度平均值应大于或等于设计强度等级值的 1.10 倍；同一验收批砂浆试块抗压强度的最小一组平均值应大于或等于设计强度等级值的85％。

【知识要点】砂浆强度应以标准养护，28d龄期的试块抗压强度为准；现场拌制的砂浆，同盘砂浆只应作1组试块；每一检验批且不超过250m³砌体的各类、各强度等级的普通砌筑砂浆，每台搅拌机应至少抽检一次。验收批的预拌砂浆、蒸压加气混凝土砌块专用砂浆，抽检可为3组；对于建筑结构的安全等级为一级或设计使用年限为50年及以上的房屋，同一验收批砂浆试块的数量不得少于3组；制作砂浆试块的砂浆稠度应与配合比设计一致。

砌体工程所用的材料应有产品的合格证书、产品性能检测报告。块材、水泥、钢筋、外加剂等尚应有材料主要性能的进场复验报告。

二、砌体工程施工

砌体工程包括砖砌体工程、混凝土小型空心砌块工程、石砌体工程、配筋砌体工程、填充墙砌体工程等。

（一）砌体施工的基本要求

1. 施工放线应符合下列规定：
- 位置和标高应引自基准点或设计指定点；
- 基础施工前，应在建筑物的主要轴线部位设置标志板；
- 砌筑基础前，应先用钢尺校核轴线放线尺寸。

2. 砌体的砌筑顺序应符合下列规定：
- 基底标高不同时，应从低处砌起，并应由高处向低处搭接；当设计无要求时，搭接长度L不应小于基础底的高差H，搭接长度范围内下层基础应扩大砌筑（图2.1-1）；
- 砌体的转角处和交接处应同时砌筑；当不能同时砌筑时，应按规定留槎、接槎；
- 出檐砌体应按层砌筑，同一砌筑层应先砌墙身后砌出檐；
- 当房屋相邻结构单元高差较大时，宜先砌筑高度较大部分，后砌筑高度较小部分。

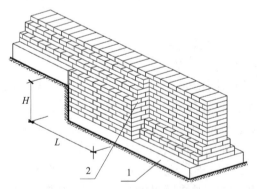

图2.1-1　基础标高不同时的搭砌示意图（条形基础）

1—混凝土垫层；2—基础扩大部分

3. 基础墙的防潮层，当设计无具体要求时，宜采用1:2.5的水泥砂浆加防水剂铺设，其厚度可为20mm抗震设防地区建筑物，不应采用卷材作基础墙的水平防潮层。

4. 砌体结构施工中，在墙的转角处及交接处应设置皮数杆，皮数杆的间距不宜大于15m。

5. 施工脚手架眼不得设置在下列墙体或部位：

• 120mm 厚墙、清水墙、料石墙、独立柱和附墙柱；

• 过梁上部与过梁成 60°角的三角形范围及过梁净跨度 1/2 的高度范围内；

• 宽度小于 1m 的窗间墙；

• 门窗洞口两侧石砌体 300mm，其他砌体 200mm 范围内；转角处石砌体 600mm，其他砌体 450mm 范围内；

• 梁或梁垫下及其左右 500mm 范围内；

• 轻质墙体；

• 夹心复合墙外叶墙；

• 设计不允许设置脚手眼的部位。

6. 脚手眼补砌时，应清除脚手眼内掉落的砂浆、灰尘；脚手眼处砖及填塞用砖应湿润，并应填实砂浆。

7. 砌体结构工程施工段的分段位置宜设在结构缝、构造柱或门窗洞口处。相邻施工段的砌筑高度差不得超过一个楼层的高度，也不宜大于 4m。砌体临时间断处的高度差，不得超过一步脚手架的高度。

8. 在墙上留置临时施工洞口，其侧边离交接处墙面不应小于 500mm，洞口净宽度不应超过 1m。抗震设防烈度为 9 度地区建筑物的临时施工洞口位置，应会同设计单位确定。临时施工洞口应做好补砌。

9. 搁置预制梁、板的砌体顶面应找平，安装时应坐浆。当设计无具体要求时，宜采用 1：3 的水泥砂浆坐浆。

10. 设计要求的洞口、沟槽或管道应在砌筑时预留或预埋，并应符合设计规定。未经设计同意，不得随意在墙体上开凿水平沟槽。对宽度大于 300mm 的洞口上部，应设置过梁。

11. 正常施工条件下，砖砌体、小砌块砌体每日砌筑高度宜控制在 1.5m 或一步脚手架高度内；石砌体不宜超过 1.2m；砌筑完基础或每一楼层后，应校核砌体的轴线和标高。

12. 砌体结构工程检验批的划分应同时符合下列规定：

• 所用材料类型及同类型材料的强度等级相同；

• 不超过 250m³ 砌体；

• 主体结构砌体一个楼层（基础砌体可按一个楼层计）；填充墙砌体量少时可多个楼层合并。

13. 砌体施工质量控制等级分为 A（配合比控制严格）、B（配合比控制一般）、C（配合比控制较差）三个等级。

14. 砌体结构工程检验批验收时，其主控项目应全部符合本规范的规定；一般项目应有 80% 及以上的抽检处符合本规范的规定；有允许偏差的项目，最大超差值为允许偏差值的 1.5 倍。

15. 砌体的灰缝抽检数量按每检验批抽查不应少于 5 处。

（二）砖砌体工程

1. 施工要点

砖墙的砌筑工艺一般为：抄平、放线→摆砖样→立皮数杆→盘角→挂线→铺灰砌筑→

清理、勾缝等。

（1）抄平。砌筑砖墙前，先在基础防潮层或楼面上按标准的水准点或指定的水准点定出各层标高，并用水泥砂浆或 C10 细石混凝土找平。

（2）放线。底层墙身可按标志板（即龙门板）上轴线定位钉为准拉麻线，沿麻线挂下线锤，将墙身中心轴线放到基础面上，并据此墙身中心轴线为准弹出纵横墙边线，并定出门洞口位置。为保证各楼层墙身轴线的重合，并与基础定位轴线一致，可利用早已引测在外墙面上的墙身中心轴线，借助经纬仪把墙身中心轴线引测到楼层上去；或用线锤挂下来，对准外墙面上的墙身中心轴线，从而引测上去。轴线的引测是放线的关键，必须按图纸要求尺寸用钢皮尺进行校核。同样，按楼层墙身中心线，弹出各墙边线，划出门窗洞口位置。

（3）立皮数杆、挂准线。砖砌体施工应设置皮数杆。皮数杆上按设计规定的层高、施工规定的灰缝大小和施工现场砖的规格，计算出灰缝厚度，并标明砖的皮数，以及门窗洞口、过梁、楼板等的标高，以保证铺灰厚度和砖皮水平。它立于墙的转角处，其标高用水准仪校正。如墙的长度很长，可每隔 10~12m 再立一根。挂准线的方法之一是在皮数杆之间拉麻线，另一种方法是按皮数杆上砖皮进行盘留（一般盘五皮砖），然后将准线挂在墙身上。每砌一皮砖准线向上移动一次，沿着挂线砌筑，以保证砖墙的垂直平整。

（4）铺灰砌砖。实心砖砌体大都采用一顺一丁、三顺一丁、梅花丁（在同一皮内，丁顺间砌）的砌筑形式；采用"三一"砌砖法（即使用大铲、一铲灰、一块砖、一挤揉的操作方法）砌筑。

（5）勾缝。清水外墙面勾缝应采用加浆勾缝，采用 1:1.5 水泥浆进行勾缝。内墙面可以采用原浆勾缝，但须随砌随勾，并使灰缝光滑密实。

【知识要点】采用铺浆法砌筑砌体，铺浆长度不得超过 750mm；当施工期间气温超过 30℃时，铺浆长度不得超过 500mm；240mm 厚承重墙的每层墙的最上一皮砖，砖砌体的阶台水平面上及挑出层的外皮砖，应整砖丁砌；弧拱式及平拱式过梁的灰缝应砌成楔形缝，拱底灰缝宽度不宜小于 5mm，拱顶灰缝宽度不应大于 15mm，拱体的纵向及横向灰缝应填实砂浆；平拱式过梁拱脚下面应伸入墙内不小于 20mm；砖砌平拱过梁底应有 1% 的起拱；砖过梁底部的模板及其支架拆除时，灰缝砂浆强度不应低于设计强度的 75%；竖向灰缝不应出现瞎缝、透明缝和假缝。

2. 质量控制

砖砌体组砌方法应正确，内外搭砌，上、下错缝。清水墙、窗间墙无通缝；混水墙中不得有长度大于 300mm 的通缝，长度 200~300mm 的通缝每间不超过 3 处，且不得位于同一面墙体上。砖柱不得采用包心砌法。

砖砌体尺寸、位置的允许偏差及检验应符合表 2.1-2 的规定。

砖、小砌块砌体尺寸、位置的允许偏差及检验   表 2.1-2

项次	项目	允许偏差/mm	检验方法	抽检数量
1	轴线位移	10	用经纬仪和尺或用其他测量仪器检查	承重墙、柱全数检查

续表

项次	项目			允许偏差/mm	检验方法	抽检数量
2	基础、墙、柱顶面标高			±15	用水准仪和尺检查	不应少于5处
3	墙面垂直度	每层		5	用2m托线板检查	不应少于5处
		全高	≤10m	10	用经纬仪、吊线和尺或用其他测量仪器检查	外墙全部阳角
			>10m	20		
4	表面平整度	清水墙、柱		5	用2m靠尺和楔形塞	不应少于5处
		混水墙、柱		8		
5	水平灰缝平直度	清水墙		7	拉5m线和尺检	不应少于5处
		混水墙		10		
6	门窗洞口高、宽(后塞口)			±10	用尺检查	不应少于5处
7	外墙上下窗口偏移			20	以底层窗口为准,用经纬仪或吊线检查	不应少于5处
8	清水墙游丁走缝			20	以每层第一皮砖为准用吊线和尺检查	不应少于5处

【知识要点】砖砌体的转角处和交接处应同时砌筑,严禁无可靠措施的内外墙分砌施工。在抗震设防烈度为8度及8度以上地区,对不能同时砌筑而又必须留置的临时间断处应砌成斜槎,普通砖砌体斜槎水平投影长度不应小于高度的2/3,多孔砖砌体的斜槎长高比不应小于1/2。斜槎高度不得超过一步脚手架的高度。

【知识要点】非抗震设防及抗震设防烈度为6度、7度地区的临时间断处,当不能留斜槎时,除转角处外,可留直槎,但直槎必须做成凸槎,且应加设拉结钢筋,拉结钢筋应符合下列规定:

- 每120mm墙厚放置1Φ6拉结钢筋(120mm厚墙应放置2Φ6拉结钢筋);
- 间距沿墙高不应超过500mm,且竖向间距偏差不应超过100mm;
- 埋入长度从留槎处算起每边均不应小于500mm,对抗震设防烈度6度、7度的地区,不应小于1000mm;
- 末端应有90°弯钩。

【知识要点】砌体灰缝砂浆应密实饱满,砖墙水平灰缝的砂浆饱满度不得低于80%;砖柱水平灰缝和竖向灰缝饱满度不得低于90%;砖砌体的灰缝应横平竖直,厚薄均匀,水平灰缝厚度及竖向灰缝宽度宜为10mm,但不应小于8mm,也不应大于12mm。水平灰缝厚度用尺量10皮砖砌体高度折算;竖向灰缝宽度用尺量2m砌体长度折算。

(三)混凝土小型空心砌块砌体工程

1. 施工要点

施工前,应按房屋设计图编绘小砌块平、立面排块图,施工中应按排块图施工。正常施工条件下,小砌块砌体每日砌筑高度宜控制在1.4m或一步脚手架高度内;需移动砌体中的小砌块或砌筑完成的砌体被撞动时,应重新铺砌;直接安放钢筋混凝土梁、板或设置挑梁墙体的顶皮小砌块应正砌,并应采用强度等级不低于Cb20或C20混凝土灌实孔洞,其灌实高度和长度应符合设计要求。

底层室内地面以下或防潮层以下的砌体，应采用强度等级不低于C20（或Cb20）的混凝土灌实小砌块的孔洞。小砌块墙体应孔对孔、肋对肋错缝搭砌。单排孔小砌块的搭接长度应为块体长度的1/2；多排孔小砌块的搭接长度可适当调整，但不宜小于小砌块长度的1/3，且不应小于90mm。墙体的个别部位不能满足上述要求时，应在此部位的水平灰缝中设钢筋网片，且网片两端与该位置的竖缝距离不得小于400mm，或采用配块；但竖向通缝仍不得超过2皮小砌块。小砌块应将生产时的底面朝上反砌于墙上。小砌块墙体宜逐块坐（铺）浆砌筑。在散热器、厨房和卫生间等设备的卡具安装处砌筑的小砌块，宜在施工前用强度等级不低于C20（或Cb20）的混凝土将其孔洞灌实。每步架墙（柱）砌筑完后，应随即刮平墙体灰缝。砌筑小砌块墙体时，对一般墙面，应及时用原浆勾缝，勾缝宜为凹缝，凹缝深度宜为2mm；对装饰夹心复合墙体的墙面，应采用勾缝砂浆进行加浆勾缝，勾缝宜为凹圆或V形缝，凹缝深度宜为4～5mm。

芯柱处小砌块墙体砌筑应符合下列规定：每一楼层芯柱处第一皮砌块应采用开口小砌块；砌筑时应随砌随清除小砌块孔内的毛边，并将灰缝中挤出的砂浆刮净。

【知识要点】芯柱混凝土宜选用专用小砌块灌孔混凝土。浇筑芯柱混凝土应符合下列规定：浇筑芯柱混凝土前，应先注入适量与芯柱混凝土成分相同的去石砂浆；浇筑芯柱混凝土时，砌筑砂浆强度应大于1MPa；清除孔内掉落的砂浆等杂物，并用水冲淋孔壁；每次连续浇筑的高度宜为半个楼层，但不应大于1.8m；每浇筑400～500mm高度捣实一次，或边浇筑边捣实。芯柱与圈梁交接处，可在圈梁下50mm处留置施工缝。芯柱钢筋应与基础或基础梁的预埋钢筋连接。

2. 质量控制要点

【知识要点】墙体转角处和纵横交接处应同时砌筑。临时间断处应砌成斜槎，斜槎水平投影长度不应小于斜槎高度。施工洞口可预留直槎，但在洞口砌筑和补砌时，应在直槎上下搭砌的小砌块孔洞内用强度等级不低于C20（或Cb20）的混凝土灌实。

砌体水平灰缝和竖向灰缝的砂浆饱满度，按净面积计算不得低于90%；砌体的水平灰缝厚度和竖向灰缝宽度宜为10mm，但不应小于8mm，也不应大于12mm，且灰缝应横平竖直；小砌块砌体的芯柱在楼盖处应贯通，不得削弱芯柱截面尺寸；芯柱混凝土不得漏灌。

（四）石砌体工程

1. 施工要点

砌筑毛石基础的第一皮石块应坐浆，并将大面向下；砌筑料石基础的第一皮石块应用丁砌层坐浆砌筑。毛石砌体的第一皮及转角处、交接处和洞口处，应用较大的平毛石砌筑。每个楼层（包括基础）砌体的最上一皮，宜选用较大的毛石砌筑。毛石砌筑时，对石块间存在较大的缝隙，应先向缝内填灌砂浆并捣实，然后再用小石块嵌填，不得先填小石块后填灌砂浆，石块间不得出现无砂浆相互接触现象。

在毛石和实心砖的组合墙中，毛石砌体与砖砌体应同时砌筑，并每隔4～6皮砖用2～3皮丁砖与毛石砌体拉结砌合；两种砌体间的空隙应填实砂浆。

【知识要点】毛石、毛料石、粗料石、细料石砌体灰缝厚度应均匀，毛石砌体外露面的灰缝厚度不宜大于40mm；毛料石和粗料石的灰缝厚度不宜大于20mm；细料石的灰缝厚度不宜大于 5mm。

【知识要点】砌筑毛石挡土墙应按分层高度砌筑，并应每砌 3～4 皮为一个分层高度，每个分层高度应将顶层石块砌平，且两个分层高度间分层处的错缝不得小于 80mm。料石挡土墙，当中间部分用毛石砌筑时，丁砌料石伸入毛石部分的长度不应小于 200mm。挡土墙的泄水孔当设计无规定时，施工时：泄水孔应均匀设置，在每米高度上间隔 2m 左右设置一个泄水孔；泄水孔与土体间铺设长宽各为 300mm、厚 200mm 的卵石或碎石作疏水层。挡土墙内侧回填土必须分层夯填，分层松土厚度宜为 300mm。墙顶土面应有适当坡度使流水流向挡土墙外侧面。

2. 质量控制要点

石砌体的组砌形式应内外搭砌，上下错缝，拉结石、丁砌石交错设置；毛石墙拉结石每 0.7m² 墙面不应少于 1 块，且同皮内中距不应大于 2m；石砌体灰缝的砂浆饱满度不应小于 80%。

（五）配筋砌体工程

1. 施工要点

钢筋砖过梁内的钢筋应均匀、对称放置，过梁底面应铺 1∶2.5 水泥砂浆层，其厚度不宜小于 30mm，钢筋应埋入砂浆层中，两端伸入支座砌体内的长度不应小于 240mm，并应有 90°弯钩埋入墙的竖缝内；钢筋砖过梁的第一皮砖应丁砌；设置在灰缝内的钢筋，应居中置于灰缝内，水平灰缝厚度应大于钢筋直径 4mm 以上；设置钢筋混凝土构造柱的砌体，应按先砌墙后浇筑构造柱混凝土的顺序施工。浇筑混凝土前应将砖砌体与模板浇水润湿，并清理模板内残留的杂物。构造柱混凝土可分段浇筑，每段高度不宜大于 2m。浇筑构造柱混凝土时，应采用小型插入式振动棒边浇筑边振捣的方法。

2. 质量控制要点

构造柱、芯柱、组合砌体构件、配筋砌体剪力墙构件的混凝土及砂浆的强度等级应符合设计要求。钢筋的品种、规格、数量和设置部位应符合设计要求。

构造柱与墙体的连接应符合：墙体应砌成马牙槎，马牙槎凹凸尺寸不宜小于 60mm，高度不应超过 300mm，马牙槎应先退后进，对称砌筑；马牙槎尺寸偏差每一构造柱不应超过 2 处；预留拉结钢筋的规格、尺寸、数量及位置应正确，拉结钢筋应沿墙高每隔 500mm 设 2Φ6，伸入墙内不宜小于 600mm，钢筋的竖向移位不应超过 100mm，且竖向移位每一构造柱不得超过 2 处；施工中不得任意弯折拉结钢筋。钢筋安装位置的允许偏差及检验方法应符合表 2.1-3。

构造柱位置及垂直度的允许偏差　　　　表 2.1-3

项次	项目			允许偏差/mm	抽检方法
1	中心线位置			10	用经纬仪、吊线和尺检查，或用其他测量仪器检查
2	层间错位			8	用经纬仪、吊线和尺检查，或用其他测量仪器检查
3	垂直度	每层		10	用 2m 托线板检查
		全高	≤10m	15	用经纬仪、吊线和尺检查，或用其他测量仪器检查
			>10m	20	

（六）填充墙砌体工程

1. 施工要点

在厨房、卫生间、浴室等处采用轻骨料混凝土小型空心砌块、蒸压加气混凝土砌块砌筑墙体时，墙底部宜现浇混凝土坎台，其高度宜为 150mm。窗台处和因安装门窗需要，在门窗洞口处两侧填充墙上、中、下部可采用其他块体局部嵌砌；对与框架柱、梁不脱开的填充墙，填塞填充墙顶部与梁之间缝隙可采用其他块体。填充墙砌体砌筑，应待承重主体结构检验批验收合格后进行。填充墙与承重主体结构间的空（缝）隙部位施工，应在填充墙砌筑 14d 后进行。

2. 质量控制要点

填充墙砌体应与主体结构可靠连接，其连接构造应符合设计要求，未经设计同意，不得随意改变连接构造方法。填充墙与承重墙、柱、梁的连接钢筋，当采用化学植筋的连接方式时，应进行实体检测。锚固钢筋拉拔试验的轴向受拉非破坏承载力检验值应为 6.0kN。抽检钢筋在检验值作用下应基材无裂缝、钢筋无滑移宏观裂损现象；持荷 2min 期间荷载值降低不大于 5%。

【知识要点】 每一填充墙与柱的拉结筋的位置超过一皮块体高度的数量不得多于一处。填充墙的水平灰缝厚度和竖向灰缝宽度应正确，烧结空心砖、轻骨料混凝土小型空心砌块砌体的灰缝应为 8～12mm；蒸压加气混凝土砌块砌体当采用水泥砂浆、水泥混合砂浆或蒸压加气混凝土砌块砌筑砂浆时，水平灰缝厚度和竖向灰缝宽度不应超过 15mm；当蒸压加气混凝土砌块砌体采用蒸压加气混凝土砌块粘结砂浆时，水平灰缝厚度和竖向灰缝宽度宜为 3～4mm。砌筑填充墙时应错缝搭砌，蒸压加气混凝土砌块搭砌长度不应小于砌块长度的 1/3；轻骨料混凝土小型空心砌块搭砌长度不应小于 90mm；竖向通缝不应大于 2 皮。填充墙砌体尺寸、位置的允许偏差及检验方法应符合表 2.1-4 的规定。

砌体尺寸、位置的允许偏差及检验方法   表 2.1-4

项次	项目		允许偏差 /mm	抽检方法
1	轴线位移		10	用尺检查
2	表面平整度		8	用 2m 靠尺和楔形尺检查
3	外墙上、下窗口偏移		10	用尺检查
4	门窗洞口高、宽(后塞口)		8	用经纬仪、吊线和尺检查
5	垂直度	≤3m	5	用 2m 托线板或吊线、尺检查
		>3m	10	

三、冬期施工

当室外日平均气温连续 5 天稳定低于 5℃时或当日最低气温低于 0℃时，砌体工程应采取冬期施工措施。

（一）冬期施工材料要求

石灰膏、电石膏等应防止受冻，如遭冻结，应经融化后使用；拌制砂浆用砂，不得含有冰块和大于 10mm 的冻结块；砌体用块体不得遭水浸冻。拌合砂浆时水的温度不得超过 80℃，砂的温度不得超过 40℃。砂浆宜采用普通硅酸盐水泥拌制，冬期砌筑不得使用无水泥拌制的砂浆；拌合砂浆宜采用两步投料法，水的温度不得超过 80℃，砂的温度不得超过 40℃，砌筑时砂浆温度不应低于 5℃，砂浆稠度宜较常温适当增大。

冬期施工砂浆试块的留置，除应按常温规定要求外，尚应增加 1 组与砌体同条件养护的试块，用于检验转入常温 28d 的强度。如有特殊需要，可另外增加相应龄期的同条件养护的试块。

冬期施工中砖、小砌块浇（喷）水湿润应符合下列规定：烧结普通砖、烧结多孔砖、蒸压灰砂砖、蒸压粉煤灰砖、烧结空心砖、吸水率较大的轻骨料混凝土小型空心砌块在气温高于 0℃ 条件下砌筑时，应浇水湿润；在气温低于、等于 0℃ 条件下砌筑时，可不浇水，但必须增大砂浆稠度；普通混凝土小型空心砌块、混凝土多孔砖、混凝土实心砖及采用薄灰砌筑法的蒸压加气混凝土砌块施工时，不应对其浇（喷）水湿润。

(二) 冬期施工砌筑要求

地基土有冻胀性时，应在未冻的地基上砌筑，并应防止在施工期间和回填土前地基受冻；配筋砌体不得采用掺氯盐的砂浆施工。

(三) 冬期施工方法

冬期施工的砖砌体应采用"三一"砌筑法施工；采用暖棚法施工，块体在砌筑时的温度不应低于 5℃，距离所砌的结构底面 0.5m 处的棚内温度也不应低于 5℃。采用外加剂法配制的砌筑砂浆，当设计无要求，且最低气温等于或低于 −15℃ 时，砂浆强度等级应较常温施工提高一级。

第二节　混凝土结构工程

混凝土结构是以混凝土为主制成的结构，按配筋情况分为素混凝土结构（无筋或不配置受力钢筋）、钢筋混凝土结构（配置受力普通钢筋）和预应力混凝土结构（配置受力的预应力筋），按施工方法可分为现浇混凝土结构和装配式混凝土结构。

混凝土结构施工前的准备工作一般包括：供水、用电、道路、运输、模板及支架、混凝土覆盖与养护、起重设备、泵送设备、振捣设备、施工机具和安全防护设施等。施工前，尚应由建设单位组织设计、施工、监理等单位对设计文件进行交底和会审。由施工单位完成的深化设计文件应经原设计单位确认。

混凝土结构子分部工程通常分为模板、钢筋、预应力、混凝土、现浇结构和装配式结构等分项工程，并根据与生产和施工方式相一致且便于控制施工质量的原则，按进场批次、工作班、楼层、结构缝或施工段划分为若干检验批。混凝土结构工程采用的材料、构配件、器具及半成品应按进场批次进行检验；属于同一工程项目且同期施工的多个单位工程，对同一厂家生产的同批材料、构配件、器具及半成品，可统一划分检验批进行验收。验收次序为：检验批验收→分项工程的质量验收→子分部工程验收。

检验批抽样样本应随机抽取，并应满足分布均匀、具有代表性的要求。检验批的质量验收应包括实物检查和资料检查，并应符合下列规定：主控项目的质量经抽样检验应合格；一般项目的质量经抽样检验应合格；一般项目当采用计数抽样检验时，除本规范各章有专门规定外，其合格点率应达到80%及以上，且不得有严重缺陷；应具有完整的质量检验记录，重要工序应具有完整的施工操作记录。

获得认证的产品或来源稳定且连续三批均一次检验合格的产品，进场验收时检验批的容量可按本规范的有关规定扩大一倍，且检验批容量仅可扩大一倍。扩大检验批后的检验中，出现不合格情况时，应按扩大前的检验批容量重新验收，且该产品不得再次扩大检验批容量。

不合格检验批的处理应符合下列规定：材料、构配件、器具及半成品检验批不合格时不得使用；混凝土浇筑前施工质量不合格的检验批，应返工、返修，并应重新验收；混凝土浇筑后施工质量不合格的检验批，应按本规范有关规定进行处理。

一、模板工程

模板分项工程是对混凝土浇筑成型用的模板及支架的设计、安装、拆除等一系列技术工作和所完成实体的总称。

【知识要点】模板工程主要包括模板和支架两部分。模板面板、支承面板的次楞和主楞以及对拉螺栓等组件统称为模板，模板背侧的支承（撑）架和连接件等统称为支架或模板支架。模板及支架应根据安装、使用和拆除工况进行设计，并应满足承载力、刚度和整体稳固性要求。

模板工程应编制施工方案。爬升式模板工程、工具式模板工程及高大模板支架工程（支模高度超过8m，或构件跨度超过18m，或施工总荷载超过15kN/m²，或施工线荷载超过20kN/m²）的施工方案，应按有关规定进行技术论证。

（一）模板的材料要求

模板的材料可用钢材、铝材、胶合板、塑料、木材（木材不符合四节一环保要求，不提倡采用）等材料作为模板材料，模板及支架宜选用轻质、高强、耐用的材料，连接件宜选用标准定型产品。接触混凝土的模板表面应平整，并应具有良好的耐磨性和硬度；清水混凝土模板的面板材料应能保证脱模后所需的饰面效果。脱模剂应能有效减小混凝土与模板间的吸附力，并应有一定的成膜强度，且不应影响脱模后混凝土表面的后期装饰。

（二）模板的设计要求

模板及支架的形式和构造应根据工程结构形式、荷载大小、地基土类别、施工设备和材料供应等条件确定。支架的高宽比不宜大于3；当高宽比大于3时，应加强整体稳固性措施。模板及支架的变形限值应根据结构工程要求确定，并宜符合下列规定：对结构表面外露的模板，其挠度限值宜取为模板构件计算跨度的1/400；对结构表面隐蔽的模板，其挠度限值宜取为模板构件计算跨度的1/250；支架的轴向压缩变形限值或侧向挠度限值，宜取为计算高度或计算跨度的1/1000。采用门式、碗扣式、盘扣式或盘销式等钢管架搭设的支架，应采用支架立柱杆端插入可调托座的中心传力方式。

（三）模板的制作与安装

面板拼缝应严密，模板内不应有杂物、积水或冰雪等，模板与混凝土的接触面应平整、清洁；用作模板的地坪、胎膜等应平整、清洁，不应有影响构件质量的下沉、裂缝、起砂或起鼓；对清水混凝土及装饰混凝土构件，应使用能达到设计效果的模板。对跨度不小于 4m 的梁、板，其模板施工起拱高度宜为梁、板跨度的 1/1000～3/1000。起拱不得减少构件的截面高度。

采用扣件式钢管作模板支架时，应满足以下要求：立杆纵距、立杆横距不应大于 1.5m，支架步距不应大于 2.0m；立杆纵向和横向宜设置扫地杆，纵向扫地杆距立杆底部不宜大于 200mm，横向扫地杆宜设置在纵向扫地杆的下方；立杆底部宜设置底座或垫板。立杆步距的上下两端应设置双向水平杆，水平杆与立杆的交错点应采用扣件连接，双向水平杆与立杆的连接扣件之间的距离不应大于 150mm；支架周边应连续设置竖向剪刀撑。支架长度或宽度大于 6m 时，应设置中部纵向或横向的竖向剪刀撑，剪刀撑的间距和单幅剪刀撑的宽度均不宜大于 8m，剪刀撑与水平杆的夹角宜为 45°～60°；支架高度大于 3 倍步距时，支架顶部宜设置一道水平剪刀撑，剪刀撑应延伸至周边；立杆、水平杆、剪刀撑的搭接长度，不应小于 0.8m，且不应少于 2 个扣件连接，扣件盖板边缘至杆端不应小于 100mm；支架立杆搭设的垂直偏差不宜大于 1/200；扣件螺栓的拧紧力矩不应小于 40N·m，且不应大于 65N·m。

采用碗扣式、盘扣式或盘销式钢管架作模板支架时，碗扣架、盘扣架或盘销架的水平杆与立柱的扣接应牢靠，不应滑脱；立杆上的上、下层水平杆间距不应大于 1.8m；插入立杆顶端可调托座伸出顶层水平杆的悬臂长度不应大于 650mm，螺杆插入钢管的长度不应小于 150mm，其直径应满足与钢管内径间隙不大于 6mm 的要求。架体最顶层的水平杆步距应比标准步距缩小一个节点间距；立柱间应设置专用斜杆或扣件钢管斜杆加强模板支架。

有防水要求的墙体，其模板对拉螺栓中部应设止水片，止水片应与对拉螺栓环焊。搁置于支架顶端可调托座上的主梁，可采用木方、木工字梁或截面对称的型钢制作。模板与混凝土接触面应清理干净并涂刷脱模剂，脱模剂不得污染钢筋和混凝土接槎处。

（四）模板质检要求

固定在模板上的预埋件和预留孔洞不得遗漏，且应安装牢固。有抗渗要求的混凝土结构中的预埋件，应按设计及施工方案的要求采取防渗措施。预埋件和预留孔洞的位置应满足设计和施工方案的要求。当设计无具体要求时，其位置偏差应符合表 2.2-1 的规定。

预埋件和预留孔洞的安装允许偏差　　　　　　　　表 2.2-1

项目		允许偏差/mm
预埋板中心线位置		3
预埋管、预留孔中心线位置		3
插筋	中心线位置	5
	外露长度	+10.0
预埋螺栓	中心线位置	2
	外露长度	+10.0
预留洞	中心线位置	10
	尺寸	+10.0

现浇结构模板安装的尺寸偏差及检验方法应符合表 2.2-2 的规定。

现浇结构模板安装的允许偏差及检验方法　　　　　　表 2.2-2

项目		允许偏差/mm	检验方法
轴线位置		5	尺量
底模上表面标高		±5	水准仪或拉线、尺量
模板内部尺寸	基础	±10	尺量
	柱、墙、梁	±5	尺量
	楼梯相邻踏步高度	5	尺量
柱、墙垂直度	层高≤6m	8	经纬仪或吊线、尺量
	层高＞6m	10	经纬仪或吊线、尺量
相邻模板表面高差		2	尺量
表面平整度		5	2m靠尺和塞尺量测

以上模板在同一检验批内，对梁、柱和独立基础，应抽查构件数量的 10%，且不应少于 3 件；对墙和板，应按有代表性的自然间抽查 10%，且不应少于 3 间；对大空间结构墙可按相邻轴线间高度 5m 左右划分检查面，板可按纵、横轴线划分检查面，抽查 10%，且均不应少于 3 面。

（五）模板拆除及维护

先支设的后拆，后支设的先拆，先拆非承重部分，后拆承重部分；拆除时间，取决于混凝土的硬化强度、模板用途、结构性质及混凝土硬化时的气温；非承重侧模板须在混凝土强度能保证其表面及棱角不因拆除模板而受损失后，方可拆除；对后张法预应力混凝土结构构件，侧模板宜在预应力张拉前拆除；底模支架的拆除应按施工技术方案执行，当无具体要求时，不应在结构构件建立预应力前拆除。底模及支架应在混凝土强度达到设计要求后再拆除；当设计无具体要求时，同条件养护的混凝土立方体试件抗压强度应符合表 2.2-3 的规定。

底模拆除时的混凝土强度要求　　　　　　表 2.2-3

构件类型	构件跨度/m	达到设计的混凝土立方体抗压强度标准值的百分率/%
板	≤2	≥50
	2～8	≥75
	＞8	≥100
梁、拱、壳	≤8	≥75
	＞8	≥100
悬臂构件		≥100

二、钢筋工程

（一）钢筋分类

1. 按生产工艺分有热轧钢筋、冷拉钢筋、冷拔钢筋、热处理钢筋、钢绞线等；

2. 按化学成分分有碳素钢筋、低合金钢钢筋；

3. 按外形分有光圆钢筋、螺纹钢筋、人字纹、月牙纹钢筋等；

4. 按强度分有Ⅰ级、Ⅱ级、Ⅲ级、Ⅳ级。钢筋的强度标准值应具有≥95％的保证率。

(二) 钢筋进场检查要点

钢筋进场时，应按国家现行相关标准的规定抽取试件作力学性能（屈服强度、抗拉强度、伸长率、弯曲性能）、重量偏差检验以及钢筋的外观质量检查。

检查数量：按进场的批次和产品的抽样检验方案确定。

检验方法：检查产品合格证、出厂检验报告、进场复验报告。

1. 外观检查

钢筋表面不得有裂缝、疖疤和折叠，钢筋表面的凸块不允许超过螺纹高度，外形尺寸应符合规范规定。钢筋应平直、无损伤，表面不得有裂纹、油污、颗粒状或片状老锈。

2. 力学性能和重量偏差的检验

钢筋调直后，应检查力学性能和单位长度重量偏差。但采用无延伸功能的机械设备调直的钢筋，可不按此检查。

检查数量：同一厂家、同一牌号、同一规格调直钢筋，重量≤30t 为一批；每批见证取 3 个试件。

检验方法：3 个试件先进行重量偏差检验，再取其中 2 个试件经时效处理后进行力学性能检验。检验重量偏差时，试件切口应平滑且与长度方向垂直，且长度≥500mm；长度和重量的量测精度分别应≥1mm 和 1g（采用无延伸功能的机械设备调直的钢筋，可不进行本条规定的检验）。

【知识要点】对有抗震设防要求的结构，其纵向受力钢筋的性能应满足设计要求；当设计无具体要求时，对按一、二、三级抗震等级设计的框架和斜撑构件（含梯段）中的纵向受力钢筋应采用 HRB335E、HRB400E、HRB500E、HRBF335E、HRBF400E、HRBF500E 钢筋，其强度和最大力下总伸长率的实测值应符合下列规定：钢筋的抗拉强度实测值与屈服强度实测值的比值≥1.25；钢筋的屈服强度实测值与屈服强度标准值的比值≤1.30；钢筋的最大力下总伸长率≥9％。

3. 化学成分检验

当发现钢筋脆断、焊接性能不良或力学性能显著不正常等现象时，应对该批钢筋进行化学成分检验或其他专项检验。

(三) 钢筋加工要点

钢筋加工工艺流程：除锈→调直→下料切断→弯曲成型

钢筋除锈方法有钢丝刷、砂堆上往复拉擦、喷砂除锈，要求较高时还可用酸洗除锈。

钢筋冷加工分为冷拉与冷拔两种施工方法，冷拉又分单控（只控制冷拉率的施工方法）与双控（不仅控制冷拉率，而且同时控制冷拉应力不得超过规定值）两种施工方法。冷拔是在常温下将直径 6～8mm 的Ⅰ级光圆钢筋，通过特制钨合金拔丝模具进行强力拉拔，钢筋轴向被拉伸，径向被压缩，钢筋产生较大塑性变形，抗拉强度提高。通过几次拉拔后强度可提高 50％～90％。

【知识要点】钢筋加工前应将表面清理干净。钢筋加工宜在常温状态下进行，加工过程中不应对钢筋进行加热。钢筋应一次弯折到位。钢筋宜采用机械设备进行调直，也可采用冷拉方法调直。当采用机械设备调直时，调直设备不应具有延伸功能。当采用冷拉方法调直时，HPB300 光圆钢筋的冷拉率不宜大于 4‰；HRB335、HRB400、HRB500、HRBF335、HRBF400、HRBF500 及 RRB400 带肋钢筋的冷拉率，不宜大于 1‰。钢筋调直过程中不应损伤带肋钢筋的横肋。调直后的钢筋应平直，不应有局部弯折。

钢筋弯折的弯弧内直径应符合下列规定：光圆钢筋，不应小于 2.5d（d 为钢筋直径）；HRB335 级、HRB400 级带肋钢筋，不应小于 4d；HRB500 级带肋钢筋，当直径为 28mm 以下时不应小于 6d，当直径为 28mm 及以上时不应小于 7d；位于框架结构顶层端节点处的梁上部纵向钢筋和柱外侧纵向钢筋，在节点角部弯折处，当钢筋直径为 28mm 以下时不宜小于 12d，当钢筋直径为 28mm 及以上时不宜小于 16d；箍筋弯折处尚不应小于纵向受力钢筋直径；箍筋弯折处纵向受力钢筋为搭接钢筋或并筋时，应按钢筋实际排布情况确定箍筋弯弧内直径。

纵向受力钢筋的弯折后平直段长度应符合设计要求及现行规范、标准要求，光圆钢筋末端作 180°弯钩时，弯钩的弯折后平直段长度不应小于 3d。

箍筋除焊接封闭环式箍筋外，箍筋的末端弯钩形式应符合设计要求；当设计无具体要求时，应符合下列规定：箍筋弯钩的弯弧内直径除应满足上述规定外，尚应大于等于受力钢筋直径；箍筋弯钩的弯折角度：对一般结构，大于等于 90°；对有抗震等要求的结构时为 135°；箍筋弯后平直部分长度：对一般结构，宜大于等于 5d；对有抗震等要求的结构，大于等于 10d 或 75mm（两者之中的较大值）。

焊接封闭箍筋宜采用闪光对焊，也可采用气压焊或单面搭接焊，并宜采用专用设备进行焊接。焊接封闭箍筋下料长度和端头加工应按焊接工艺确定。焊接封闭箍筋的焊点设置，应符合下列规定：每个箍筋的焊点数量应为 1 个，焊点宜位于多边形箍筋中的某边中部，且距箍筋弯折处的位置不宜小于 100mm；矩形柱箍筋焊点宜设在柱短边，等边多边形柱箍筋焊点可设在任一边；不等边多边形柱箍筋焊点应位于不同边上；梁箍筋焊点应设置在顶边或底边。

盘卷钢筋调直后应进行力学性能和重量偏差检验，其强度应符合国家现行有关标准的规定，其断后伸长率、重量偏差应符合表 2.2-4 的规定。

表 2.2-4

盘卷钢筋调直后的断后伸长率、重量偏差要求

钢筋牌号	断后伸长率/%	重量偏差/%	
		直径 6～12mm	直径 14～16mm
HPB	≥21	≥-10	—
HRB335、HRBF335	≥16	≥-8	≥-6
HRB400、HRBF400	≥15		
RRB400	≥13		
HRBF500、HRBF500	≥14		

注：断后伸长率 A 的量测标距为 5 倍钢筋直径。

力学性能和重量偏差检验应符合下列规定：应对 3 个试件先进行重量偏差检验，再取其中 2 个试件进行力学性能检验；检验重量偏差时，试件切口应平滑并与长度方向垂直，

其长度不应小于500mm；长度和重量的量测精度分别不应低于1mm和1g，采用无延伸功能的机械设备调直的钢筋，可不按此检验。

钢筋加工的形状、尺寸应符合设计要求，其偏差应符合表2.2-5的规定。

钢筋加工的允许偏差 表2.2-5

项目	允许偏差/mm
受力钢筋沿长度方向的净尺寸	±10
弯起钢筋的弯折位置	±20
箍筋外廓尺寸	±5

（四）钢筋连接与安装

钢筋的连接分为焊接、机械连接及绑扎连接。钢筋接头宜设置在受力较小处，并应符合设计和施工方案要求；抗震设防要求的结构中，梁端、柱端箍筋加密区范围内不宜设置钢筋接头，且不应进行钢筋搭接。同一纵向受力钢筋不宜设置两个或两个以上接头。接头末端至钢筋弯起点的距离，不应小于钢筋直径的10倍。

在梁、柱类构件的纵向受力钢筋搭接长度范围内应按设计要求配置箍筋，并应符合下列规定：箍筋直径不应小于搭接钢筋较大直径的25%；受拉搭接区段的箍筋间距不应大于搭接钢筋较小直径的5倍，且不应大于100mm；受压搭接区段的箍筋间距不应大于搭接钢筋较小直径的10倍，且不应大于200mm；当柱中纵向受力钢筋直径大于25mm时，应在搭接接头两个端面外100mm范围内各设置两个箍筋，其间距宜为50mm。

构件交接处的钢筋位置应符合设计要求。当设计无具体要求时，应保证主要受力构件和构件中主要受力方向的钢筋位置。框架节点处梁纵向受力钢筋宜放在柱纵向钢筋内侧；当主次梁底部标高相同时，次梁下部钢筋应放在主梁下部钢筋之上；剪力墙中水平分布钢筋宜放在外侧，并宜在墙端弯折锚固。

钢筋安装应采用定位件固定钢筋的位置，并宜采用专用定位件。定位件应具有足够的承载力、刚度、稳定性和耐久性。定位件的数量、间距和固定方式，应能保证钢筋的位置偏差符合国家现行有关标准的规定。混凝土框架梁、柱保护层内，不宜采用金属定位件。钢筋安装应采取防止钢筋受模板、模具内表面的脱模剂污染的措施。

1. 钢筋的机械、焊接连接

钢筋机械连接施工应符合下列规定：加工钢筋接头的操作人员应经专业培训合格后上岗，钢筋接头的加工应经工艺检验合格后方可进行。机械连接接头的混凝土保护层厚度宜符合现行规范要求，且不得小于15mm；接头之间的横向净间距不宜小于25mm；螺纹接头安装后应使用专用扭力扳手校核拧紧扭力矩；钢筋端头离套筒长度中点不宜超过10mm；挤压接头压痕直径的波动范围应控制在允许波动范围内，并使用专用量规进行检验；压痕处套筒外径应为原套筒外径的0.80~0.90倍，挤压后套筒长度应为原套筒长度的1.10~1.15倍；挤压后的套筒不应有可见裂纹。

钢筋焊接施工应符合下列规定：从事钢筋焊接施工的焊工应持有钢筋焊工考试合格证，并应按照合格证规定的范围上岗操作。在钢筋工程焊接施工前，参与该项工程施焊的焊工应进行现场条件下的焊接工艺试验，经试验合格后，方可进行焊接。焊接过程中，如果钢筋牌号、直径发生变更，应再次进行焊接工艺试验。工艺试验使用的材料、设备、辅料及作业条件均应与实际施工一致。细晶粒热轧钢筋及直径大于 28mm 的普通热轧钢筋，其焊接参数应经试验确定；余热处理钢筋不宜焊接。电渣压力焊只应使用于柱、墙等构件中竖向受力钢筋的连接。钢筋焊接接头的适用范围、工艺要求、焊条及焊剂选择、焊接操作及质量要求等应符合现行行业标准《钢筋焊接及验收规程》JGJ 18 的有关规定。

当纵向受力钢筋采用机械连接接头或焊接接头时，接头的设置应符合下列规定：同一构件内的接头宜分批错开；接头连接区段的长度为 35d，且不应小于 500mm，凡接头中点位于该连接区段长度内的接头均应属于同一连接区段；其中 d 为相互连接两根钢筋中较小直径。同一连接区段内，纵向受力钢筋接头面积百分率为该区段内有接头的纵向受力钢筋截面面积与全部纵向受力钢筋截面面积的比值。纵向受力钢筋的接头面积百分率应符合下列规定：受拉接头，不宜大于 50%；受压接头，可不受限制；板、墙、柱中受拉机械连接接头，可根据实际情况放宽；装配式混凝土结构构件连接处受拉接头，可根据实际情况放宽；直接承受动力荷载的结构构件中，不宜采用焊接；当采用机械连接时，不应超过 50%。

2. 钢筋绑扎连接

钢筋的绑扎搭接接头应在接头中心和两端用铁丝扎牢；墙、柱、梁钢筋骨架中各竖向面钢筋网交叉点应全数绑扎；板上部钢筋网的交叉点应全数绑扎，底部钢筋网除边缘部分外可间隔交错绑扎；梁、柱的箍筋弯钩及焊接封闭箍筋的焊点应沿纵向受力钢筋方向错开设置；构造柱纵向钢筋宜与承重结构同步绑扎；梁及柱中箍筋、墙中水平分布钢筋、板中钢筋距构件边缘的起始距离宜为 50mm。

当纵向受力钢筋采用绑扎搭接接头时，接头的设置应符合下列规定：同一构件内的接头宜分批错开，各接头的横向净间距不应小于钢筋直径，且不应小于 25mm；接头连接区段的长度为 1.3 倍搭接长度，凡接头中点位于该连接区段长度内的接头均应属于同一连接区段；搭接长度可取相互连接两根钢筋中较小直径计算；同一连接区段内，纵向受力钢筋接头面积百分率为该区段内有接头的纵向受力钢筋截面面积与全部纵向受力钢筋截面面积的比值；纵向受压钢筋的接头面积百分率可不受限值。

纵向受拉钢筋的接头面积百分率应符合下列规定：梁类、板类及墙类构件，不宜超过 25%；基础筏板，不宜超过 50%；柱类构件，不宜超过 50%；当工程中确有必要增大接头面积百分率时，对梁类构件，不应大于 50%；对其他构件，可根据实际情况适当放宽。

三、预应力工程

预应力混凝土工程，就是在结构承受外荷载以前，在结构受拉区预先施加预压应力，从而可以抵消一部分或全部由于结构使用阶段外荷载产生的拉应力，推迟和限制构件裂缝的开展，充分利用钢筋的抗拉能力，以提高结构的抗裂度、刚度和耐久性的建设过程。

预应力混凝土按施工方法的不同可分为先张法和后张法两大类；按钢筋张拉方式不同可分为机械张拉、电热张拉与自应力张拉法等。

常用的预应力钢筋有：冷拉Ⅱ～Ⅳ级钢筋、碳素钢丝、刻痕钢丝、钢铰线、甲级冷拔低碳钢丝、冷拔低合金钢丝、热处理钢筋等。钢丝、钢铰线、热处理钢筋及冷拉Ⅳ级钢筋宜采用砂轮锯或切断机切断，不得采用电弧切割。预应力钢筋在储存、运输和安装过程中，应采取防止锈蚀及损坏措施。

预应力混凝土结构对混凝土性能的要求是：高强度、收缩小、徐变小、快硬、早强。

（一）材料进场检查

预应力筋进场时，应按国家现行标准的规定抽取试件作抗拉强度、伸长率检验，其检验结果应符合相应标准的规定。无粘结预应力钢绞线进场时，应进行防腐润滑脂量和护套厚度的检验，检验结果应符合现行行业标准《无粘结预应力钢绞线》JG 161 的规定。其中外观质量应符合：有粘结预应力筋的表面不应有裂纹、小刺、机械损伤、氧化铁皮和油污等，展开后应平顺、不应有弯折；无粘结预应力钢绞线护套应光滑、无裂缝，无明显褶皱；轻微破损处应外包防水塑料胶带修补，严重破损者不得使用。

预应力筋用锚具应和锚垫板、局部加强钢筋配套使用，锚具、夹具和连接器进场时，应按现行行业标准《预应力筋用锚具、夹具和连接器应用技术规程》JGJ 85 的相关规定对其性能进行检验，检验结果应符合该标准的规定，另外还应进行外观检查，表面应无污物、锈蚀、机械损伤和裂纹。锚具、夹具和连接器用量不足检验批规定数量的50%，且供货方提供有效的试验报告时，可不作静载锚固性能试验。

预应力成孔管道进场时，应进行管道外观质量检查、径向刚度和抗渗漏性能检验，其检验结果应符合下列规定：金属管道外观应清洁，内外表面应无锈蚀、油污、附着物、孔洞；金属波纹管不应有不规则褶皱，咬口应无开裂、脱扣；钢管焊缝应连续；塑料波纹管的外观应光滑、色泽均匀，内外壁不应有气泡、裂口、硬块、油污、附着物、孔洞及影响使用的划伤；径向刚度和抗渗漏性能应符合现行行业标准规定。

（二）制作与安装

预应力筋端部锚具的制作质量应符合下列规定：钢绞线挤压锚具挤压完成后，预应力筋外端露出挤压套筒的长度不应小于 1mm；钢绞线压花锚具的梨形头尺寸和直线锚固段长度不应小于设计值；钢丝镦头不应出现横向裂纹，镦头的强度不得低于钢丝强度标准值的 98%。

预应力筋或成孔管道的安装质量应符合下列规定：成孔管道的连接应密封；预应力筋或成孔管道应平顺，并应与定位支撑钢筋绑扎牢固；当后张有粘结预应力筋曲线孔道波峰和波谷的高差大于 300mm，且采用普通灌浆工艺时，应在孔道波峰设置排气孔；锚垫板的承压面应与预应力筋或孔道曲线末端垂直，预应力筋或孔道曲线末端直线段长度应符合表 2.2-6 规定，且该项检查应抽查预应力束总数的 10%，且不少于 5 束。

表 2.2-6

预应力筋曲线起始点与张拉锚固点之间直线段最小长度

预应力筋张拉控制力 N/kN	$N \leqslant 1500$	$1500 < N \leqslant 6000$	$N > 6000$
直线段最小长度/mm	400	500	600

预应力筋或成孔管道定位控制点的竖向位置偏差应符合表 2.2-7 的规定，其合格点率应达到 90% 及以上，且不得有超过表中数值 1.5 倍的尺寸偏差，并应抽查各类型构件总数的 10%，且不少于 3 个构件，每个构件不应少于 5 处。

预应力筋或成孔管道定位控制点的竖向位置允许偏差　　　　　表 2.2-7

构件截面高(厚)度 h/mm	$h \leqslant 300$	$300 < h \leqslant 1500$	$h > 1500$
允许偏差/mm	± 5	± 10	± 15

（三）施工要点

预应力工程施工应根据环境温度采取必要的质量保证措施，并应符合下列规定：当工程所处环境温度低于−15℃时，不宜进行预应力筋张拉；当工程所处环境温度高于35℃或日平均环境温度连续 5d 低于 5℃时，不宜进行灌浆施工；当在环境温度高于35℃或日平均环境温度连续 5d 低于 5℃条件下进行灌浆施工时，应采取专门的质量保证措施。

1. 先张法施工

先张法是在浇筑混凝土之前先张拉钢筋，将预应力钢筋穿入台座横梁或钢模的孔洞中，一端用夹具固定，另一端用千斤顶张拉。待张拉到预定的拉力后，将预应力钢筋用夹具锚固在台座横梁或钢模上，然后进行非预应力钢筋绑扎、支模、浇筑混凝土。待混凝土达到规定强度（不低于设计强度等级的 75%）后，放松预应力筋，通过钢筋与混凝土之间的粘结力，使混凝土构件获得预压应力。其中对采用消除应力钢丝或钢绞线作为预应力筋的先张法构件，不应低于 30MPa。

先张法中常用油压千斤顶、卷扬机（包括电动和手动）、电动或手动螺杆张拉机具等来张拉钢筋。

先张法施工可采用台座法或机组流水法。采用台座法时，预应力筋的张拉、锚固和混凝土构件的浇筑养护以及预应力筋的放张等工序皆在台座上进行，预应力筋的张拉力由台座承受。采用机组流水法时，构件是在钢模中生产，预应力筋的张拉力由钢模承受；构件连同钢模按流水方式，通过张拉、浇筑、养护等固定机组完成每一生产过程。机组流水法需大量的钢模和较高的机械化程度，且需蒸汽养护，因此只用在批量生产的定型构件中。

对轴心受压构件（压杆、桩等），所有预应力筋应同时放张。对偏心受压构件（梁），应先同时放张预压力较小区域的预应力筋，再同时放张预压力较大区域的预应力筋。如不能满足上述要求时，应分阶段、对称、相互交错进行放张，以防止在放张过程中，构件产生翘曲、裂纹及预应力筋断裂等现象。

先张法预应力筋张拉锚固后，用尺量检查每工作班抽查预应力筋总数的 1%（且不应少于 3 根），其中实际建立的预应力值与工程设计规定检验值的相对允许偏差为 $\pm 5\%$。

2. 后张法施工

后张法是先制作混凝土构件，并在构件中按预应力筋的位置预留出孔道，待构件混凝土强度达到规定数值后，穿入预应力筋，用张拉机具进行张拉，并利用锚具将张拉完毕后的预应力筋锚固在构件端部。预应力筋的张拉力，通过构件端部的锚具传给混凝土，使其产生预压应力。张拉锚固后，立即在预留孔道内灌浆，使预应力筋不受锈蚀，并与构件形成整体。

后张法的优点是直接在构件上张拉，不需要专门的台座；现场生产，可避免构件的长途搬运，所以适宜于在现场生产大型构件，特别是大跨度构件，如薄腹梁、吊车梁和屋架等。后张法还可作为一种预制构件的拼装手段，可先在预制厂制作小型块体，运到现场后，穿入钢筋，通过施加预应力拼装成整体。但后张法需要在钢筋两端设置锚具，永远留在构件上，不能重复使用，耗用钢材较多，且要求加工精密。同时，由于留孔、穿筋、灌浆及锚具部位预压应力集中处需加强配筋等原因，使构件端部构造和施工操作都比先张法复杂，故造价一般比先张法高。后张法中常用的预应力筋有：单根粗钢筋、钢筋束（或钢铰线束）和钢丝束三类，它们是由冷拉Ⅱ～Ⅳ级钢筋、碳素钢丝和钢铰线制成的。锚具按其锚固性能分为两类：Ⅰ类锚具和Ⅱ类锚具。后张法用的张拉机具设备主要由液压千斤顶、高压油泵和外接油管三部分组成。

对后张法预应力结构构件，钢绞线出现断裂或滑脱的数量不应超过同一截面钢绞线总根数的3%，且每根断裂的钢绞线断丝不得超过一丝；对多跨双向连续板，其同一截面应按每跨计算。

后张法预应力筋锚固后，锚具外预应力筋的外露长度不应小于其直径的1.5倍，且不应小于30mm。

（四）灌浆及封锚

预留孔道灌浆后，孔道内水泥浆应饱满、密实。孔道灌浆用水泥应采用硅酸盐水泥或普通硅酸盐水泥，灌浆用水泥浆的性能应符合下列规定：3h自由泌水率宜为0，且不应大于1%，泌水应在24h内全部被水泥浆吸收；水泥浆中氯离子含量不应超过水泥重量的0.06%；当采用普通灌浆工艺时，24h自由膨胀率不应大于6%；当采用真空灌浆工艺时，24h自由膨胀率不应大于3%。

现场留置的灌浆用水泥浆试件的抗压强度不应低于30MPa。其试件抗压强度检验应符合下列规定：每组应留取6个边长为70.7mm的立方体试件，并应标准养护28d；试件抗压强度应取6个试件的平均值；当一组试件中抗压强度最大值或最小值与平均值相差超过20%时，应取中间4个试件强度的平均值。

锚具的封闭保护措施应符合设计要求。当设计无要求时，外露锚具和预应力筋的混凝土保护层厚度不应小于：一类环境时20mm，二a、二b类环境时50mm，三a、三b类环境时80mm。

四、混凝土工程

混凝土分项工程主要包括混凝土的配料、搅拌、运输、浇筑、振捣和养护等工序。

（一）材料选用要求

1. 水泥的选用

水泥品种与强度等级应根据设计、施工要求，以及工程所处环境条件确定。普通混凝土宜选用通用硅酸盐水泥；有特殊需要时，也可选用其他品种水泥；有抗渗、抗冻融要求的混凝土，宜选用硅酸盐水泥或普通硅酸盐水泥；处于潮湿环境的混凝土结构，当使用碱活性骨料时，宜采用低碱水泥。水泥进场时，应对其品种、代号、强度等级、包装或散装仓号、出厂日期等进行检查，并应对水泥的强度、安定性和凝结时间进行检验。并按同一厂家、同一品种、同一代号、同一强度等级、同一批号且连续进场的水泥，袋装不超过200t为一批，散装不超过500t为一批，每批抽样数量不应少于一次，检查其质量证明文件和抽样检验报告。当使用中水泥质量受不利环境影响或水泥出厂超过三个月（快硬硅酸盐水泥超过一个月）时，应进行复验，并应按复验结果使用。

2. 骨料的选用

粗骨料宜选用粒形良好、质地坚硬的洁净碎石或卵石，其中粗骨料最大粒径不应超过构件截面最小尺寸的 1/4，且不应超过钢筋最小净间距的 3/4；对实心混凝土板，粗骨料的最大粒径不宜超过板厚的 1/3，且不应超过 40mm。细骨料宜选用级配良好、质地坚硬、颗粒洁净的天然砂或机制砂，细骨料宜选用 II 区中砂。当选用 I 区砂时，应提高砂率，并应保持足够的胶凝材料用量，同时应满足混凝土的工作性要求；当采用 III 区砂时，宜适当降低砂率；混凝土细骨料中氯离子含量，对钢筋混凝土，按干砂的质量百分率计算不得大于 0.06%；对预应力混凝土，按干砂的质量百分率计算不得大于 0.02%。强度等级为 C60 及以上的混凝土所用的粗骨料最大粒径不宜大于 25mm，针片状颗粒含量不应大于 8.0%，含泥量不应大于 0.5%，泥块含量不应大于 0.2%。

有抗渗、抗冻融或其他特殊要求的混凝土，宜选用连续级配的粗骨料，最大粒径不宜大于 40mm，含泥量不应大于 1.0%，泥块含量不应大于 0.5%；所用细骨料含泥量不应大于 3.0%，泥块含量不应大于 1.0%。

3. 外加剂的选用

外加剂的选用应根据设计、施工要求，混凝土原材料性能以及工程所处环境条件等因素通过试验确定，并符合下列规定：当使用碱活性骨料时，由外加剂带入的碱含量（以当量氧化钠计）不宜超过 1.0kg/m³，混凝土总碱含量尚应符合现行国家标准的有关规定，且不同品种外加剂首次复合使用时，应检验混凝土外加剂的相容性。

4. 掺合料的选用

矿物掺合料的选用应根据设计、施工要求，以及工程所处环境条件确定，其掺量应通过试验确定。

5. 水的选用

混凝土拌制及养护采用饮用水时，可不检验；采用中水、搅拌站清洗水、施工现场循环水等其他水源时，应对其成分进行检验。

（二）混凝土配合比

混凝土配合比设计应经试验确定，在满足混凝土强度、耐久性和工作性要求的前提下，减少水泥和水的用量，应分析环境条件对施工及工程结构的影响；试配所用的原材料应与施工实际使用的原材料一致。当有抗冻、抗渗、抗氯离子侵蚀和化学腐蚀等耐久性要求时，尚应符合现行国家标准《混凝土结构耐久性设计标准》GB/T 50476—2019 的有关规定。

【知识要点】大体积混凝土的配合比设计中，在保证混凝土强度及工作性要求的前提下，应控制水泥用量，宜选用中、低水化热水泥，并宜掺加粉煤灰、矿渣粉，宜采用高性能减水剂，温度控制要求较高的大体积混凝土，其胶凝材料用量、品种等宜通过水化热和绝热温升试验确定。

遇有下列情况时，应重新进行配合比设计：当混凝土性能指标有变化或有其他特殊要求时；当原材料品质发生显著改变时；同一配合比的混凝土生产间断三个月以上时。

（三）混凝土的搅拌

当粗、细骨料的实际含水量发生变化时，应及时调整粗、细骨料和拌合用水的用量。

采用分次投料搅拌方法时，应通过试验确定投料顺序、数量及分段搅拌的时间等工艺参数。矿物掺合料宜与水泥同步投料，液体外加剂宜滞后于水和水泥投料；粉状外加剂宜溶解后再投料。混凝土应搅拌均匀，宜采用强制式搅拌机搅拌，搅拌强度等级 C60 及以上的混凝土时，搅拌时间应适当延长。

对首次使用的配合比应进行开盘鉴定，开盘鉴定应包括下列内容：混凝土的原材料与配合比设计所采用原材料的一致性；出机混凝土工作性与配合比设计要求的一致性；混凝土强度；混凝土凝结时间；工程有要求时，尚应包括混凝土耐久性能等。

（四）混凝土的运输

采用混凝土搅拌运输车运输混凝土时，应符合下列规定：接料前，搅拌运输车应排净罐内积水；在运输途中及等候卸料时，应保持搅拌运输车罐体正常转速，不得停转；卸料前，搅拌运输车罐体宜快速旋转搅拌 20s 以上后再卸料。

采用搅拌运输车运输混凝土，当混凝土坍落度损失较大不能满足施工要求时，可在运输车罐内加入适量的与原配合比相同成分的减水剂。减水剂加入量应事先由试验确定，并应作出记录。加入减水剂后，搅拌运输车罐体应快速旋转搅拌均匀，并应达到要求的工作性能后再泵送或浇筑。

（五）混凝土的质量检查

混凝土的强度等级必须符合设计要求。检验评定混凝土强度时，应采用 28d 或设计规定龄期的标准养护试件。当采用非标准尺寸试件时，应将其抗压强度乘以尺寸折算系数，折算成边长为 150mm 的标准尺寸试件抗压强度，尺寸折算系数应按现行国家标准采用。用于检验混凝土强度的试件应在浇筑地点随机抽取。对同一配合比混凝土，取样与试件留置的检查数量应符合下列规定：每拌制 100 盘且不超过 $100m^3$ 时，取样不得少于一次；每工作班拌制不足 100 盘时，取样不得少于一次；连续浇筑超过 $1000m^3$ 时，每 $200m^3$ 取样不得少于一次；每一楼层取样不得少于一次。

混凝土有耐久性指标要求时，应按现行行业标准的规定检验评定。大批量、连续生产的同一配合比混凝土，混凝土生产单位应提供基本性能试验报告。

五、现浇结构工程

（一）浇筑前的工作要点

混凝土浇筑前应完成下列工作：隐蔽工程验收和技术复核；对操作人员进行技术交底；根据施工方案中的技术要求，检查并确认施工现场具备实施条件；施工单位填报浇筑申请单，并经监理单位签认。浇筑混凝土前，应清除模板内或垫层上的杂物。表面干燥的地基、垫层、模板上应洒水湿润；现场环境温度高于 35℃时，宜对金属模板进行洒水降温；洒水后不得留有积水。

（二）现浇结构的混凝土输送

输送混凝土的管道、容器、溜槽不应吸水、漏浆，并应保证输送通畅。输送混凝土时，应根据工程所处环境条件采取保温、隔热、防雨等措施。混凝土拌合物入模温度不应低于 5℃，且不应高于 35℃。

混凝土输送泵管应根据输送泵的型号、拌合物性能、总输出量、单位输出量、输送距离以及粗骨料粒径等进行选择，当混凝土粗骨料最大粒径不大于 25mm 时，可采用内径不小于 125mm 的输送泵管，混凝土粗骨料最大粒径不大于 40mm 时，可采用内径不小于 150mm 的输送泵管；向上输送混凝土时，地面水平输送泵管的直管和弯管总的折算长度不宜小于竖向输送高度的 20%，且不宜小于 15m；输送泵管倾斜或垂直向下输送混凝土，且高差大于 20m 时，应在倾斜或竖向管下端设置直管或弯管，直管或弯管总的折算长度不宜小于高差的 1.5 倍；输送高度大于 100m 时，混凝土输送泵出料口处的输送泵管位置应设置截止阀。

吊车配备斗容器输送混凝土应根据不同结构类型以及混凝土浇筑方法选择不同的斗容器，斗容器的容量应根据吊车吊运能力确定，运输至施工现场的混凝土宜直接装入斗容器进行输送，容器宜在浇筑点直接布料。

升降设备配备小车输送混凝土时，升降设备和小车的配备数量、小车行走路线及卸料点位置应能满足混凝土浇筑需要，运输至施工现场的混凝土宜直接装入小车进行输送，小车宜在靠近升降设备的位置进行装料。

混凝土布料机是泵送混凝土的末端设备，其作用是将泵压来的混凝土通过管道送到要浇筑构件的模板内。

（三）现浇结构的混凝土浇筑

混凝土浇筑应保证混凝土的均匀性和密实性，混凝土宜一次连续浇筑，且应分层浇筑，当采用振动棒振捣时，分层最大厚度为振动棒作用部分长度的 1.25 倍；当采用平板振动器时，混凝土分层振捣的最大厚度为 200mm。

【知识要点】从运输到输送入模的延续时间控制：不掺外加剂且气温≤25℃时，延续时间≤1.5h，总的时间≤3.0h；不掺外加剂且气温>25℃时，延续时间≤1.0h，总的时间≤2.5h；掺外加剂且气温≤25℃时，延续时间≤2.5h，总的时间≤4.0h；掺外加剂且气温>25℃时，延续时间≤2.0h，总的时间≤3.5h。掺早强型减水剂、早强剂的混凝土，以及有特殊要求的混凝土，应根据设计及施工要求，通过试验确定允许时间。混凝土的制备、运输、灌注全部时间不能超过混凝土的初凝时间。

混凝土浇筑的布料点宜接近浇筑位置，应采取减少混凝土下料冲击的措施，并宜先浇筑竖向结构构件，后浇筑水平结构构件，当浇筑区域结构平面有高差时，宜先浇筑低区部分，再浇筑高区部分。

柱、墙模板内的混凝土浇筑不得发生离析，当混凝土的粗骨料粒径大于 25mm 时，浇筑倾落高度≤3m；混凝土的粗骨料粒径小于 25mm 时，浇筑倾落高度≤6m。

柱、墙混凝土设计强度比梁、板混凝土设计强度高一个等级时，柱、墙位置梁、板高度范围内的混凝土经设计单位确认，可采用与梁、板混凝土设计强度等级相同的混凝土进行浇筑；当柱、墙混凝土设计强度比梁、板混凝土设计强度高两个等级及以上时，应在交界区域采取分隔措施；分隔位置应在低强度等级的构件中，且距高强度等级构件边缘不应小于 500mm；且宜先浇筑强度等级高的混凝土，后浇筑强度等级低的混凝土。

泵送混凝土并采用输送管浇筑混凝土时，宜由远而近浇筑，采用多根输送管同时浇筑时，其浇筑速度宜保持一致；润滑输送管的水泥砂浆用于湿润结构施工缝时，水泥砂浆应与混凝土浆液成分相同；接浆厚度不应大于 30mm，多余水泥砂浆应收集后运出；混凝土泵送浇筑应连续进行；当混凝土不能及时供应时，应采取间歇泵送方式；混凝土浇筑后，应清洗输送泵和输送管。

施工缝或后浇带处（混凝土后浇带对控制混凝土结构的温度、收缩裂缝有较大作用。）浇筑混凝土，施工缝处已浇筑混凝土的强度不应小于 1.2MPa，柱、墙水平施工缝水泥砂浆接浆层厚度不应大于 30mm，接浆层水泥砂浆应与混凝土浆液成分相同；后浇带混凝土强度等级及性能应符合设计要求；当设计无具体要求时，后浇带混凝土强度等级宜比两侧混凝土提高一级，并宜采用减少收缩的技术措施。

超长结构混凝土浇筑时，可留设施工缝分仓浇筑，分仓浇筑间隔时间不应少于 7d；当留设后浇带时，后浇带封闭时间不得少于 14d；超长整体基础中调节沉降的后浇带，混凝土封闭时间应通过监测确定，应在差异沉降稳定后封闭后浇带；后浇带的封闭时间尚应经设计单位确认。

钢管混凝土结构浇筑宜采用自密实混凝土浇筑，混凝土应采取减少收缩的技术措施，钢管截面较小时，应在钢管壁适当位置留有足够的排气孔，排气孔孔径不应小于 20mm；浇筑混凝土应加强排气孔观察，并应确认浆体流出和浇筑密实后再封堵排气孔；当采用粗骨料粒径不大于 25mm 的高流态混凝土或粗骨料粒径不大于 20mm 的自密实混凝土时，混凝土最大倾落高度不宜大于 9m；倾落高度大于 9m 时，宜采用串筒、溜槽、溜管等辅助装置进行浇筑。

钢管混凝土从管顶向下浇筑时还应足够的下料空间，并应使混凝土充盈整个钢管，输送管端内径或斗容器下料口内径应小于钢管内径，且每边应留有不小于 100mm 的间隙；应控制浇筑速度和单次下料量，并应分层浇筑至设计标高；混凝土浇筑完毕后应对管口进行临时封闭。

钢管混凝土从管底顶升浇筑时，应在钢管底部设置进料输送管，进料输送管应设止流阀门，止流阀门可在顶升浇筑的混凝土达到终凝后拆除；应合理选择混凝土顶升浇筑设备；应配备上、下方通信联络工具，并应采取可有效控制混凝土顶升或停止的措施；应控制混凝土顶升速度，并均衡浇筑至设计标高。

自密实混凝土浇筑应根据结构部位、结构形状、结构配筋等确定合适的浇筑方案；自密实混凝土粗骨料最大粒径不宜大于 20mm；浇筑应能使混凝土充填到钢筋、预埋件、预埋钢构件周边及模板内各部位；自密实混凝土浇筑布料点应结合拌合物特性选择适宜的间距，必要时可通过试验确定混凝土布料点下料间距。

基础大体积混凝土结构采用多条输送泵管浇筑时，输送泵管间距不宜大于 10m，并宜由远及近浇筑；采用汽车布料杆输送浇筑时，应根据布料杆工作半径确定布料点数量，各布料点浇筑速度应保持均衡；宜先浇筑深坑部分再浇筑大面积基础部分；宜采用斜面分层浇筑方法，也可采用全面分层、分块分层浇筑方法，层与层之间混凝土浇筑的间歇时间应能保证混凝土浇筑连续进行；混凝土分层浇筑应采用自然流淌形成斜坡，并应沿高度均匀上升，分层厚度不宜大于 500mm；应有排除积水或混凝土泌水的有效技术措施。

预应力结构混凝土浇筑应避免成孔管道破损、移位或连接处脱落，并应避免预应力筋、锚具及锚垫板等移位；预应力锚固区等配筋密集部位应采取保证混凝土浇筑密实的措施；先张法预应力混凝土构件，应在张拉后及时浇筑混凝土。

特殊部位的混凝土应采取下列加强振捣措施：宽度大于 0.3m 的预留洞底部区域，应在洞口两侧进行振捣，并应适当延长振捣时间；宽度大于 0.8m 的洞口底部，应采取特殊的技术措施；后浇带及施工缝边角处应加密振捣点，并应适当延长振捣时间；钢筋密集区域或型钢与钢筋结合区域，应选择小型振动棒辅助振捣、加密振捣点，并应适当延长振捣时间；基础大体积混凝土浇筑流淌形成的坡脚，不得漏振。

（四）现浇结构工程的混凝土养护

混凝土浇筑后应及时进行保湿养护，保湿养护可采用洒水（当日最低温度低于 5℃时，不应采用洒水养护）、覆盖、喷涂养护剂等方式。养护方式应根据现场条件、环境温湿度、构件特点、技术要求、施工操作等因素确定。混凝土强度达到 1.2MPa 前，不得在其上踩踏、堆放物料、安装模板及支架。同条件养护试件的养护条件应与实体结构部位养护条件相同，并应妥善保管。

硅酸盐水泥、普通硅酸盐水泥或矿渣硅酸盐水泥配制的混凝土，混凝土的养护时间不应少于 7d，采用其他品种水泥时，养护时间应根据水泥性能确定；采用缓凝型外加剂、大掺量矿物掺合料配制的混凝土及抗渗混凝土、强度等级 C60 及以上的混凝土，养护时间不应少于 14d。后浇带混凝土的养护时间不应少于 14d，地下室底层墙、柱和上部结构首层墙、柱，宜适当增加养护时间，大体积混凝土养护时间应根据施工方案确定。

基础大体积混凝土裸露表面应采用覆盖养护方式；当混凝土浇筑体表面以内 40～100mm 位置的温度与环境温度的差值小于 25℃时，可结束覆盖养护。覆盖养护结束但尚未达到养护时间要求时，可采用洒水养护方式直至养护结束。

地下室底层和上部结构首层柱、墙混凝土带模养护时间，不应少于 3d。

（五）现浇结构工程的施工缝、后浇带的设置

施工缝和后浇带的留设位置应在混凝土浇筑前确定。施工缝和后浇带宜留设在结构受剪力较小且便于施工的位置。受力复杂的结构构件或有防水抗渗要求的结构构件，施工缝留设位置应经设计单位确认。

水平施工缝的留设位置应符合下列规定：柱、墙施工缝可留设在基础、楼层结构顶面，柱施工缝与结构上表面的距离宜为 0～100mm，墙施工缝与结构上表面的距离宜为 0～300mm；柱、墙施工缝也可留设在楼层结构底面，施工缝与结构下表面的距离宜为 0～50mm；当板下有梁托时，可留设在梁托下 0～20mm；高度较大的柱、墙、梁以及厚度较大的基础，可根据施工需要在其中部留设水平施工缝；施工缝留设改变受力状态而需要调整构件配筋时或特殊结构部位留设水平施工缝，均应经设计单位确认。

竖向施工缝的留设位置应符合下列规定：有主次梁的楼板施工缝应留设在次梁跨度中间 1/3 范围内；单向板施工缝应留设在与跨度方向平行的任何位置；楼梯梯段施工缝宜设置在梯段板跨度端部 1/3 范围内；墙的施工缝宜设置在门洞口过梁跨中 1/3 范围内，也可留设在纵横墙交接处。

设备基础的水平施工缝应低于地脚螺栓底端，与地脚螺栓底端的距离应大于 150mm，当地脚螺栓直径小于 30mm 时，水平施工缝可留设在深度不小于地脚螺栓埋入混凝土部分总长度的 3/4 处。设备基础的竖向施工缝与地脚螺栓中心线的距离不应小于 250mm，且不应小于螺栓直径的 5 倍。动力设备基础的标高不同的两个水平施工缝，其高低结合处应留设成台阶形，台阶的高宽比不应大于 1.0。

施工缝、后浇带留设界面，应垂直于结构构件和纵向受力钢筋。结构构件厚度或高度

较大时，施工缝或后浇带界面宜采用专用材料封挡。

（六）现浇结构工程的质量控制

现浇结构质量验收应符合下列规定：现浇结构质量验收应在拆模后、混凝土表面未作修整和装饰前进行，并应作出记录；已经隐蔽的不可直接观察和量测的内容，可检查隐蔽工程验收记录；修整或返工的结构构件或部位应有实施前后的文字及图像记录。

现浇结构的外观质量不应有一般缺陷及严重缺陷。对已经出现的严重缺陷，应由施工单位提出技术处理方案，并经监理单位认可后进行处理；对裂缝或连接部位的严重缺陷及其他影响结构安全的严重缺陷，技术处理方案尚应经设计单位认可。对经处理的部位应重新验收；对已经出现的一般缺陷，应由施工单位按技术处理方案进行处理，对经处理的部位应重新验收。

现浇结构的外观质量缺陷应由监理单位、施工单位等各方根据其对结构性能和使用功能影响的严重程度按表 2.2-8 确定。

现浇结构外观质量缺陷　　　　　　　　　　　　　　　表 2.2-8

名称	现象	严重缺陷	一般缺陷
露筋	构件内钢筋未被混凝土包裹	纵向受力钢筋有露筋	其他钢筋有少量露筋
蜂窝	混凝土表面缺少水泥砂浆面	构件主要受力部位有蜂窝	其他部位有少量蜂窝
孔洞	混凝土中孔穴深度和长度均超过保护层厚度	构件主要受力部位有孔洞	其他部位有少量孔洞
夹渣	混凝土中夹有杂物且深度超过保护层厚度	构件主要受力部位有夹渣	其他部位有少量夹渣
疏松	混凝土中局部不密实	构件主要受力部位有疏松	其他部位有少量疏松
裂缝	裂缝从混凝土表面延伸到内部	构件主要受力部位有影响结构性能或使用功能的裂缝	其他部位有少量不影响结构性能或使用功能的裂缝
连接部位缺陷	构件连接处混凝土有缺陷及连接钢筋、连接件松动	连接部位有影响结构传力性能的缺陷	连接部位有基本不影响结构传力性能的缺陷
外形缺陷	缺棱掉角、棱角不直、翘曲不平、飞边凸肋等	清水混凝土构件有影响使用功能或装饰效果的外形缺陷	其他混凝土构件有不影响结构使用功能的外形缺陷
外表缺陷	构件表面麻面、掉皮、起砂、沾污等	具有重要装饰效果的清水混凝土构件有外表缺陷	其他混凝土构件有不影响结构使用功能的外表缺陷

混凝土结构外观一般缺陷修整应符合下列规定：露筋、蜂窝、孔洞、夹渣、疏松、外表缺陷，应凿除胶结不牢固部分的混凝土，应清理表面，洒水湿润后应用 1：2～1：2.5 水泥砂浆抹平；应封闭裂缝；连接部位缺陷、外形缺陷可与面层装饰施工一并处理。

混凝土结构外观严重缺陷修整应符合下列规定：露筋、蜂窝、孔洞、夹渣、疏松、外表缺陷，应凿除胶结不牢固部分的混凝土至密实部位，清理表面，支设模板，洒水湿润，涂抹混凝土界面剂，应采用比原混凝土强度等级高一级的细石混凝土浇筑密实，养护时间不应少于 7d。民用建筑的地下室、卫生间、屋面等接触水介质的构件，均应注浆封闭处理。民用建筑不接触水介质的构件，可采用注浆封闭、聚合物砂浆粉刷或其他表面封闭材料进行封闭。无腐蚀介质工业建筑的地下室、屋面、卫生间等接触水介质的构件，以及有

139

腐蚀介质的所有构件，均应注浆封闭处理。无腐蚀介质工业建筑不接触水介质的构件，可采用注浆封闭、聚合物砂浆粉刷或其他表面封闭材料进行封闭。清水混凝土的外形和外表严重缺陷，宜在水泥砂浆或细石混凝土修补后用磨光机械磨平。

现浇结构按楼层、结构缝或施工段划分检验批，在同一检验批内，对梁、柱和独立基础，应抽查构件数量的 10%，且不应少于 3 件；对墙和板，应按有代表性的自然间抽查 10%，且不应少于 3 间；对大空间结构，墙可按相邻轴线间高度 5m 左右划分检查面，板可按纵、横轴线划分检查面，抽查 10%，且均不应少于 3 面；对电梯井，应全数检查。其中现浇结构的位置和尺寸偏差及检验方法应符合表 2.2-9 的规定。

现浇结构位置和尺寸允许偏差及检验方法　　　　　表 2.2-9

项目			允许偏差/mm	检验方法
轴线位置	整体基础		15	经纬仪及尺量
	独立基础		10	
	柱、墙、梁		8	尺量
垂直度	层高	≤6m	10	经纬仪或吊线、尺量
		<6m	12	经纬仪或吊线、尺量
	全高(H)＞300m		$H/30000+20$	经纬仪及尺量
	全高(H)≤300m		$H/10000$ 且≤80	经纬仪及尺量
标高	层高		±10	水准仪或拉线、尺量
	全高		±30	水准仪或拉线、尺量
截面尺寸	基础		+15，−10	
	柱、梁、板、墙		+10，−5	尺量
	楼梯相邻踏步高差		6	
电梯井	中心位置		10	
	长、宽尺寸		+25，0	
表面平整度			8	2m 靠尺和塞尺量测
预埋件中心位置	预埋板		10	
	预埋螺栓		5	尺量
	预埋管		5	
	其他		10	
预留洞、孔中心线位置			15	

六、装配式结构工程

（一）一般规定

【知识要点】装配式结构连接节点及叠合构件浇筑混凝土之前，应对以下隐蔽工程进行验收：混凝土粗糙面的质量，键槽的尺寸、数量、位置；钢筋的牌号、规格、数量、位置、间距，箍筋弯钩的弯折角度及平直段长度；钢筋的连接方式、接头位置、接头数量、接头面积百分率、搭接长度、锚固方式及锚固长度；预埋件、预留管线的规格、数量、位置。

墙板类构件应根据施工要求选择堆放和运输方式。外形复杂墙板宜采用插放架或靠放架直立堆放和运输。插放架、靠放架应安全可靠。采用靠放架直立堆放的墙板宜对称靠放、饰面朝外,与竖向的倾斜角不宜大于10°。

(二) 预制构件制作与检查

【知识要点】预制构件进场时,预制构件结构性能检验要求:梁板类简支受弯预制构件进场时应进行结构性能检验,结构性能检验应符合国家现行相关标准的有关规定及设计的要求,检验要求和试验方法应符合规范的规定;钢筋混凝土构件和允许出现裂缝的预应力混凝土构件应进行承载力、挠度和裂缝宽度检验;不允许出现裂缝的预应力混凝土构件应进行承载力、挠度和抗裂检验;对大型构件及有可靠应用经验的构件,可只进行裂缝宽度、抗裂和挠度检验;对使用数量较少的构件,当能提供可靠依据时,可不进行结构性能检验。对其他预制构件,除设计有专门要求外,进场时可不做结构性能检验。对进场时不做结构性能检验的预制构件,应采取下列措施:施工单位或监理单位代表应驻厂监督制作过程;当无驻厂监督时,预制构件进场时应对预制构件主要受力钢筋数量、规格、间距及混凝土强度等进行实体检验。

制作预制构件的场地应平整、坚实,并应采取排水措施。当采用台座生产预制构件时,台座表面应光滑平整,2m长度内表面平整度不应大于2mm,在气温变化较大的地区宜设置伸缩缝。

采用平卧重叠法制作预制构件时,应在下层构件的混凝土强度达到5.0MPa后,再浇筑上层构件混凝土,上、下层构件之间应采取隔离措施。预制构件可根据需要选择洒水、覆盖、喷涂养护剂养护,或采用蒸汽养护、电加热养护。采用蒸汽养护时,应合理控制升温、降温速度和最高温度,构件表面宜保持90%~100%的相对湿度。

预制构件脱模起吊时的混凝土强度应根据计算确定,且不宜小于15MPa。后张有粘结预应力混凝土预制构件应在预应力筋张拉并灌浆后起吊,起吊时同条件养护的水泥浆试块抗压强度不宜小于15MPa。

预制构件应有标识,预制构件的外观质量不应有一般缺陷,预制构件的尺寸偏差及检验方法应符合表2.2-10规定。

预制构件尺寸的允许偏差及检验方法　　　　　　　表 2.2-10

项目			允许偏差/mm	检验方法
长度	楼板、梁、柱、桁架	<12m	±5	尺量
		≥12m 且<18m	±10	
		≥18m	±20	
	墙板		±4	
宽度、高(厚)度	楼板、梁、柱、桁架		±5	尺量一端及中部,取其中偏差绝对值较大处
	墙板		±4	
表面平整度	楼板、梁、柱、墙板内表面		5	2m靠尺和塞尺量测
	墙板外表面		3	
侧向弯曲	楼板、梁、柱		$L/750$ 且≤20	拉线、直尺量测最大侧向弯曲处
	墙板、桁架		$L/1000$ 且≤20	

续表

项目		允许偏差/mm	检验方法
翘曲	楼板	$L/750$	调平尺在两端量测
	墙板	$L/1000$	
对角线	楼板	10	尺量两个对角线
	墙板	5	
预留孔	中心线位置	5	尺量
	孔尺寸	±5	
预留洞	中心线位置	10	尺量
	孔尺寸	±10	
预埋件	预埋板中心线位置	5	尺量
	预埋板与混凝土面平面高差	0，−5	
	预埋螺栓	2	
	预埋螺栓外露长度	±10，−5	
	预埋套筒、螺母中心线位置	2	
	预埋套筒、螺母与混凝土面平面高差	±5	
预留插筋	中心线位置	5	尺量
	外露长度	±10，−5	
键槽	中心线位置	5	尺量
	长度、宽度	±5	
	深度	±10	

（三）安装与连接要点

预制构件的吊运应符合下列规定：应根据预制构件形状、尺寸、重量和作业半径等要求选择吊具和起重设备，所采用的吊具和起重设备及其施工操作，应符合国家现行有关标准及产品应用技术手册的规定；应采取保证起重设备的主钩位置、吊具及构件重心在竖直方向上重合的措施；吊索与构件水平夹角不宜小于 $60°$，不应小于 $45°$；吊运过程应平稳，不应有大幅度摆动，且不应长时间悬停；应设专人指挥，操作人员应位于安全位置。

安放预制构件时，其搁置长度应满足设计要求。预制构件与其支承构件间宜设置厚度不大于 30mm 的坐浆或垫片。

采用临时支撑时，应符合下列规定：每个预制构件的临时支撑不宜少于 2 道；对预制柱、墙板的上部斜撑，其支撑点距离底部的距离不宜小于高度的 $2/3$，且不应小于高度的 $1/2$；构件安装就位后，可通过临时支撑对构件的位置和垂直度进行微调。

装配式结构采用现浇混凝土或砂浆连接构件时，构件连接处现浇混凝土或砂浆的强度及收缩性能应满足设计要求。承受内力的连接处应采用混凝土浇筑，混凝土强度等级值不应低于连接处构件混凝土强度设计等级值的较大值；非承受内力的连接处可采用混凝土或砂浆浇筑，其强度等级不应低于 C15 或 M15；混凝土粗骨料最大粒径不宜大于连接处最小尺寸的 $1/4$。浇筑前，应清除浮浆、松散骨料和污物，并宜洒水湿润。连接节点、水平拼缝应连续浇筑；竖向拼缝可逐层浇筑，每层浇筑高度不宜大于 2m，应采取保证混凝土或砂浆浇筑密实的措施。混凝土或砂浆强度达到设计要求后，方可承受全部设计荷载。

七、混凝土结构子分部工程

混凝土结构子分部工程施工质量验收合格应符合下列规定：所含分项工程质量验收应合格；应有完整的质量控制资料；观感质量验收应合格；结构实体检验结果应符合要求。

对涉及混凝土结构安全的有代表性的部位应进行结构实体检验。结构实体检验应包括混凝土强度、钢筋保护层厚度、结构位置与尺寸偏差以及合同约定的项目；必要时可检验其他项目。结构实体混凝土强度应按不同强度等级分别检验，检验方法宜采用同条件养护试件方法；当未取得同条件养护试件强度或同条件养护试件强度不符合要求时，可采用回弹-取芯法进行检验。

混凝土强度检验时的等效养护龄期可取日平均温度逐日累计达到 600℃·d 时所对应的龄期，且不应小于 14d。日平均温度为 0℃ 及以下的龄期不计入。冬期施工时，等效养护龄期计算时温度可取结构构件实际养护温度，也可根据结构构件的实际养护条件，按照同条件养护试件强度与在标准养护条件下 28d 龄期试件强度相等的原则由监理、施工等各方共同确定。

混凝土结构工程子分部工程施工质量验收合格后，应将所有的验收文件存档备案。

八、冬期、高温及雨期施工

当室外日平均气温连续 5 日稳定低于 5℃ 时，应采取冬期施工措施；当室外日平均气温连续 5 日稳定高于 5℃ 时，可解除冬期施工措施。当混凝土未达到受冻临界强度而气温骤降至 0℃ 以下时，应按冬期施工的要求采取应急防护措施；当日平均气温达到 30℃ 及以上时，应按高温施工要求采取措施。雨期施工期间，除应采用防护措施外，小雨、中雨天气不宜进行混凝土露天浇筑，且不应进行大面积作业的混凝土露天浇筑；大雨、暴雨天气不应进行混凝土露天浇筑。

第三节　防水工程

防水工程主要包括地下防水工程、屋面防水工程。防水工程必须由相应资质的专业防水队伍进行施工，主要施工人员应持有建设行政主管部门或其指定单位颁发的执业资格证书。

一、地下防水工程

地下工程防水的设计和施工应遵循"防、排、截、堵相结合，刚柔相济，因地制宜，综合治理"的原则。地下工程的防水可分为两部分，一是结构主体防水，二是细部构造特别是施工缝、变形缝、诱导缝、后浇带的防水。

地下防水工程包括主体结构防水、细部构造防水、特殊施工法结构防水、排水、注浆等子分部工程。

（一）基本要求

地下工程的防水等级、标准应符合表 2.3-1 的规定。

地下工程防水等级、标准　　　　　　　　　　　　　　表 2.3-1

防水等级	防水标准
一级	不允许渗水，结构表面无湿渍
二级	不允许漏水，结构表面可有少量湿渍 房屋建筑地下工程：总湿渍面积不应大于总防水面积(包括顶板、墙面、地面)的 1/1000；任意 100m² 防水面积上的湿渍不超过 2 处，单个湿渍的最大面积不大于 0.1m²；其他地下工程：总湿渍面积不应大于总防水面积的 2/1000；任意 100m² 防水面积上的湿渍不超过 3 处，单个湿渍的最大面积不大于 0.2m²；其中，隧道工程平均渗水量不大于 0.05L/(m²·d)，任意 100m² 防水面积上的渗水量不大于 0.15L/(m²·d)
三级	有少量漏水点，不得有线流和漏泥砂；任意 100m² 防水面积上的漏水或湿渍点数不超过 7 处，单个漏水点的最大漏水量不大于 2.5L/d，单个湿渍的最大面积不大于 0.3m²
四级	有漏水点，不得有线流和漏泥砂；整个工程平均漏水量不大于 2L/(m²·d)；任意 100m² 防水面积上的平均漏水量不大于 4L/(m²·d)

地下防水工程必须由持有资质等级证书的防水专业队伍进行施工，主要施工人员应持有省级及以上建设行政主管部门或其指定单位颁发的执业资格证书或防水专业岗位证书；地下防水工程施工前，应通过图纸会审，掌握结构主体及细部构造的防水要求，施工单位应编制防水工程专项施工方案，经监理单位或建设单位审查批准后执行。

地下工程所使用防水材料的品种、规格、性能等必须符合现行国家或行业产品标准和设计要求；防水材料必须经具备相应资质的检测单位进行抽样检验，并出具产品性能检测报告。防水材料的进场验收尚应符合以下规定：对材料的外观、品种、规格、包装、尺寸和数量等进行检查验收，并经监理单位或建设单位代表检查确认，形成相应验收记录；对材料的质量证明文件进行检查，并经监理单位或建设单位代表检查确认，纳入工程技术档案；材料进场后应按现行规范要求进行抽样检验，检验应执行见证取样送检制度，并出具材料进场检验报告；材料的物理性能检验项目全部指标达到标准规定时，即为合格；若有一项指标不符合标准规定，应在受检产品中重新取样进行该项指标复验，复验结果符合标准规定，则判定该批材料为合格。

地下工程使用的防水材料及其配套材料，应符合现行行业标准《建筑防水涂料中有害物质限量》JC 1066 的规定，不得对周围环境造成污染。地下防水工程施工期间，必须保持地下水位稳定在工程底部最低高程 500mm 以下，必要时应采取降水措施。对采用明沟排水的基坑，应保持基坑干燥。

地下防水工程不得在雨天、雪天和五级风及其以上时施工，防水材料施工环境气温条件宜符合表 2.3-2 的规定。

防水材料施工环境气温条件　　　　　　　　　　表 2.3-2

防水材料	施工环境气温条件
高聚物改性沥青防水卷材	冷粘法、自粘法不低于 5℃，热熔法不低于 -10℃
合成高分子防水卷材	冷粘法、自粘法不低于 5℃，焊接法不低于 -10℃
有机防水涂料	溶剂型 -5～35℃，反应型、水乳型 5～35℃
无机防水涂料	5～35℃

防水材料	施工环境气温条件
防水混凝土、防水砂浆	5~35℃
膨润土防水材料	不低于−20℃

（二）地下主体结构防水工程

地下主体结构防水工程包括防水混凝土、水泥砂浆防水层、卷材防水层、涂料防水层、塑料防水板防水层、金属板防水层、膨润土防水材料防水层等项工程。

1. 防水混凝土

防水混凝土是通过调整配合比、掺加外加剂、掺合料等方法配制而成的一种混凝土。防水混凝土适用于抗渗等级不小于 P6 的地下混凝土结构，不适用于环境温度高于 80℃ 的地下工程。处于侵蚀性介质中，防水混凝土的耐侵蚀性要求应符合现行国家规范要求。

【知识要点】配置防水混凝土所使用的水泥应符合下列规定：宜采用普通硅酸盐水泥或硅酸盐水泥，当采用其他品种水泥时应经试验确定；在受侵蚀性介质作用时，应按介质的性质选用相应的水泥品种；不得使用过期或受潮结块的水泥，并不得将不同品种或强度等级的水泥混合使用。

配置防水混凝土所使用的砂、石应符合下列规定：砂宜选用中粗砂，含泥量不应大于 3.0%，泥块含量不宜大于 1.0%；不宜使用海砂；在没有使用河砂的条件时，应对海砂进行处理后才能使用，且控制氯离子含量不得大于 0.06%；碎石或卵石的粒径宜为 5~40mm，含泥量不应大于 1.0%，泥块含量不应大于 0.5%；对长期处于潮湿环境的重要结构混凝土用砂、石，应进行碱活性检验。

矿物掺合料的选择应符合下列规定：粉煤灰的级别不应低于 Ⅱ 级，烧失量不应大于 5%；硅粉的比表面积不应小于 15000m²/kg，SiO_2 含量不应小于 85%；粒化高炉矿渣粉的品质要求应符合现行国家标准《用于水泥、砂浆和混凝土中的粒化高炉矿渣粉》GB/T 18046 的有关规定。

防水混凝土的拌合用水严禁采用未经处理的海水，采用的水不应有漂浮明显的油脂、泡沫，也不应采用有明显颜色、异味的水，水的 pH 值大于等于 4.5。

防水混凝土外加剂的选择应符合下列规定：外加剂的品种和用量应经试验确定，所用外加剂应符合现行国家标准《混凝土外加剂应用技术规范》GB 50119 的质量规定；掺加引气剂或引气型减水剂的混凝土，其含气量宜控制在 3%~5%；考虑外加剂对硬化混凝土收缩性能的影响；严禁使用对人体产生危害、对环境产生污染的外加剂。

防水混凝土的配合比应经试验确定，并应符合下列规定：试配要求的抗渗水压值应比设计值提高 0.2MPa；混凝土胶凝材料总量不宜小于 320kg/m³，其中水泥用量不宜小于 260kg/m³，粉煤灰掺量宜为胶凝材料总量的 20%~30%，硅粉的掺量宜为胶凝材料总量的 2%~5%；水胶比不得大于 0.50，有侵蚀性介质时水胶比不宜大于 0.45；砂率宜为 35%~40%，泵送时可增至 45%；灰砂比宜为 1:1.5~1:2.5；混凝土拌合物的氯离子含量不应超过胶凝材料总量的 0.1%；混凝土中各类材料的总碱量即 Na_2O 当量不得大于 3kg/m³；防水混凝土采用预拌混凝土时，入泵坍落度宜控制在 120~160mm，坍落度每小时损失不应大于 20mm，坍落度总损失值不应大于 40mm，预拌混凝土的初凝时间宜为

6～8h。

防水混凝土配料应按配合比准确称量，防水混凝土拌合物在运输后如出现离析，必须进行二次搅拌，当坍落度损失后不能满足施工要求时，应加入原水胶比的水泥浆或掺加同品种的减水剂进行搅拌，严禁直接加水。拌制混凝土所用材料的品种、规格和用量，每工作班检查不应少于两次。每盘混凝土组成材料计量结果的允许偏差应符合表 2.3-3 的规定。

混凝土组成材料计量结果的允许偏差/%　　　　　　　　　表 2.3-3

混凝土组成材料	每盘计量	累计计量
水泥、掺合料	±2	±1
粗、细骨料	±3	±2
水、外加剂	±2	±1

注：累计计量仅适用于微机控制计量搅拌站。

混凝土在浇筑地点的坍落度，每工作班至少检查两次，混凝土坍落度允许偏差应符合表 2.3-4 的规定。

混凝土坍落度允许偏差　　　　　　　　　表 2.3-4

规定坍落度	允许偏差
≤40	±10
50～90	±15
>90	±20

泵送混凝土在交货地点的入泵坍落度，每工作班至少检查两次。混凝土入泵时的坍落度允许偏差应符合表 2.3-5 的规定。

混凝土入泵时的坍落度允许偏差　　　　　　　　　表 2.3-5

所需坍落度	允许偏差
≤100	±20
>100	±30

防水混凝土应分层连续浇筑，分层厚度不得大于 500mm。防水混凝土拌合物应采用机械搅拌，搅拌时间不宜小于 2min。掺外加剂时，搅拌时间应根据外加剂的技术要求确定。防水混凝土应采用机械振捣，避免漏振、欠振和超振。

防水混凝土的抗压强度试件、抗渗性能试件，均应在混凝土浇筑地点随机取样后制作。其中连续浇筑混凝土每 500m³ 应留置一组 6 个抗渗试件，且每项工程不得少于两组。

大体积防水混凝土的施工应采取材料选择（选用水化热低和凝结时间长的水泥）、温度控制（炎热季节施工时，应采取降低原材料温度、减少混凝土运输时吸收外界热量等降温措施，入模温度不应大于 30℃）、保温保湿（混凝土中心温度与表面温度的差值不应大于 25℃，表面温度与大气温度的差值不应大于 20℃，温降梯度不得大于 3℃/d，养护时间不应少于 14d）等技术措施。在设计许可的情况下，掺粉煤灰混凝土设计强度等级的龄期宜为 60d 或 90d。

防水混凝土分项工程检验批的抽样检验数量，应按混凝土外露面积每 100m² 抽查 1 处，每处 10m²，且不得少于 3 处。防水混凝土结构表面应坚实、平整，不得有露筋、蜂窝等缺陷；埋设件位置应准确；防水混凝土结构表面的裂缝宽度不应大于 0.2mm，且不得贯通；防水混凝土结构厚度不应小于 250mm，其允许偏差应为 +8mm、−5mm；主体结构迎水面钢筋保护层厚度不应小于 50mm，其允许偏差应为 ±5mm。

2. 水泥砂浆防水层

水泥砂浆防水层适用于地下工程主体结构的迎水面或背水面，不适用于受持续振动或环境温度高于 80℃ 的地下工程。水泥砂浆防水层应采用聚合物水泥防水砂浆、掺外加剂或掺合料的防水砂浆。

材料要求：水泥应使用普通硅酸盐水泥、硅酸盐水泥或特种水泥，不得使用过期或受潮结块的水泥；砂宜采用中砂，含泥量不应大于 1.0%，硫化物及硫酸盐含量不应大于 1.0%；用于拌制水泥砂浆的水，应采用不含有害物质的洁净水；聚合物乳液的外观为均匀液体，无杂质、无沉淀、不分层；外加剂的技术性能应符合现行国家或行业有关标准的质量要求。

施工要求：水泥砂浆的配制，应按所掺材料的技术要求准确计量；分层铺抹或喷涂，铺抹时应压实、抹平，最后一层表面应提浆压光；防水层各层应紧密粘合，每层宜连续施工；必须留设施工缝时，应采用阶梯坡形槎，但与阴阳角处的距离不得小于 200mm，且接槎应按层次顺序操作，层层搭接紧密；水泥砂浆终凝后应及时进行养护，养护温度不宜低于 5℃，并应保持砂浆表面湿润，养护时间不得少于 14d；聚合物水泥防水砂浆未达到硬化状态时，不得浇水养护或直接受雨水冲刷，硬化后应采用干湿交替的养护方法。潮湿环境中，可在自然条件下养护。

基层要求：基层表面应平整、坚实、清洁，并应充分湿润、无明水；基层表面的孔洞、缝隙，应采用与防水层相同的水泥砂浆堵塞并抹平；施工前应将埋设件、穿墙管预留凹槽内嵌填密封材料后，再进行水泥砂浆防水层施工。

水泥砂浆防水层分项工程检验批的抽样检验数量，应按施工面积每 100m² 抽查 1 处，每处 10m²，且不得少于 3 处。水泥砂浆防水层表面应密实、平整，不得有裂纹、起砂、麻面等缺陷。水泥砂浆防水层表面平整度的允许偏差应为 5mm，防水层的平均厚度应符合设计要求，最小厚度不得小于设计厚度的 85%。

3. 卷材防水层

卷材防水层主要用于受侵蚀性介质作用或受振动作用的地下工程，防水层应铺设在主体结构的迎水面。卷材防水层应采用高聚物改性沥青类防水卷材和合成高分子类防水卷材，所选用的基层处理剂、胶粘剂、密封材料等均应与铺贴的卷材相匹配。

【知识要点】铺贴防水卷材前，基面应干净、干燥，并应涂刷基层处理剂；当基面潮湿时，应涂刷湿固化型胶粘剂或潮湿界面隔离剂；基层阴阳角应做成圆弧或 45° 坡角，其尺寸应根据卷材品种确定；在转角处、变形缝、施工缝、穿墙管等部位应铺贴卷材加强层，加强层宽度不应小于 500mm。

弹性体改性沥青防水卷材的搭接宽度为 100mm，改性沥青聚乙烯胎防水卷材的搭接宽度为 100mm，自粘聚合物改性沥青防水卷材的搭接宽度为 80mm，三元乙丙橡胶防水卷材的搭接宽度为 100mm（胶粘剂）/60mm（胶粘带），聚乙烯丙纶复合防水卷材的搭接宽度为 100mm（粘结料），高分子自粘胶膜防水卷材的搭接长度为 70mm（自粘胶）/80mm（胶粘带），聚氯乙烯防水卷材的搭接长度为 60mm（单焊缝）/80mm（双焊缝）/100mm（胶粘剂）。铺贴双层卷材时，上下两层和相邻两幅卷材的接缝应错开 1/3～1/2 幅宽，且两层卷材不得相互垂直铺贴。采用外防外贴法铺贴卷材防水层时，立面卷材接槎的搭接宽度，高聚物改性沥青类卷材应为 150mm，合成高分子类卷材应为 100mm，且上层卷材应盖过下层卷材。

冷粘法铺贴卷材时铺贴卷材应平整、顺直，搭接尺寸准确，不得扭曲、皱折，且不得用力拉伸卷材，排除卷材下面的空气，辊压粘贴牢固。卷材接缝部位应采用专用胶粘剂或胶粘带满粘，接缝口应用密封材料封严，其宽度不应小于 10mm。

热熔法铺贴卷材时，应将有黏性的一面朝向主体结构，铺贴应平整、顺直，搭接尺寸准确，不得扭曲、皱折和起泡；当低温施工时，宜对卷材和基面采用热风适当加热，然后铺贴卷材。

卷材接缝焊接时，应先焊长边搭接缝，后焊短边搭接缝，焊接处不得漏焊、跳焊或焊接不牢，焊接时不得损害非焊接部位的卷材。

聚乙烯丙纶复合防水卷材应采用配套的聚合物水泥防水粘结材料，卷材与基层粘贴应采用满粘法，粘结面积不应小于 90%，刮涂粘结料应均匀，不得露底、堆积、流淌，固化后的粘结料厚度不应小于 1.3mm；卷材接缝部位应挤出粘结料，接缝表面处应涂刮1.3mm、厚 50mm 宽聚合物水泥粘结料封边，聚合物水泥粘结料固化前，不得在其上行走或进行后续作业。

高分子自粘胶膜防水卷材宜单层铺设，采用预铺反粘法施工，卷材长边应采用自粘边搭接，短边应采用胶粘带搭接，卷材端部搭接区应相互错开；立面施工时，在自粘边位置距离卷材边缘 10～20mm 内，每隔 400～600mm 应进行机械固定，并应保证固定位置被卷材完全覆盖；在潮湿基面铺设时，基面应平整坚固、无明水；浇筑结构混凝土时不得损伤防水层。

【知识要点】卷材防水层完工并经验收合格后应及时做保护层，顶板的细石混凝土保护层与防水层之间宜设置隔离层，细石混凝土保护层厚度宜大于等于 70mm（机械回填）/50mm（人工回填），地下室底板的细石混凝土保护层厚度不应小于 50mm，侧墙宜采用软质保护材料或铺抹 20mm 厚 1：2.5 水泥砂浆。

4. 涂料防水层

涂料防水层适用于受侵蚀性介质作用或受振动作用的地下工程。防水涂料可分为有机防水涂料与无机防水涂料，有机防水涂料应采用反应型、水乳型、聚合物水泥等涂料，无机防水涂料应采用掺外加剂、掺合料的水泥基防水涂料或水泥基渗透结晶型防水涂料。其中有机防水涂料宜用于主体结构的迎水面，无机防水涂料宜用于主体结构的迎水面或背水面。

多组分涂料应按配合比准确计量，搅拌均匀，并应根据有效时间确定每次配制的用量；胎体增强材料的搭接宽度不应小于 100mm，上下两层和相邻两幅胎体的接缝应错开1/3 幅宽，且上下两层胎体不得相互垂直铺贴。涂料应分层涂刷或喷涂，涂层应均匀，涂刷应待前遍涂层干燥成膜后进行，每遍涂刷时应交替改变涂层的涂刷方向，同层涂膜的先后搭压宽度宜为 30～50mm；涂料防水层的甩槎处接槎宽度不应小于 100mm，接涂前应将其甩槎表面处理干净；当采用有机防水涂料时，基层阴阳角处应做成圆弧；在转角处、变形缝、施工缝、穿墙管等部位应增加胎体增强材料和增涂防水涂料，宽度不应小于500mm。涂料防水层的施工平均厚度（针测法检查）应符合设计要求，最小厚度不得小于设计厚度的90%。

5. 塑料防水板防水层

塑料防水板防水层适用于经常承受水压、侵蚀性介质或有振动作用的地下工程；塑料防水板宜铺设在复合式衬砌的初期支护与二次衬砌之间。

塑料防水板防水层的基面应平整，无尖锐突出物，基面平整度不应大于1/6。塑料防水板的铺设前应先铺缓冲层，缓冲层应用暗钉圈固定在基面上，缓冲层搭接宽度不应小于50mm；铺设塑料防水板时，应边铺边用压焊机将塑料防水板与暗钉圈焊接，两幅塑料防水板的搭接宽度不应小于100mm，下部塑料防水板应压住上部塑料防水板。接缝焊接时，塑料防水板的搭接层数不得超过3层，塑料防水板的搭接缝应采用双焊缝，每条焊缝的有效宽度不应小于10mm。分段设置塑料防水板防水层时，两端应采取封闭措施。塑料防水板应牢固地固定在基面上，固定点间距应根据基面平整情况确定，拱部宜为0.5～0.8m，边墙宜为1.0～1.5m，底部宜为1.5～2.0m；局部凹凸较大时，应在凹处加密固定点。

6. 金属板防水层

金属板防水层适用于抗渗性能要求较高的地下工程，金属板应铺设在主体结构迎水面。金属板及其焊接材料的规格、外观质量和主要物理性能，应符合国家现行有关标准的规定。金属板表面有锈蚀、麻点或划痕等缺陷时，其深度不得大于该板材厚度的负偏差值。金属板的拼接及金属板与工程结构的锚固件连接应采用焊接。

7. 膨润土防水材料防水层

膨润土防水材料防水层适用于pH为4～10的地下环境中；膨润土防水材料防水层应用于复合式衬砌的初期支护与二次衬砌之间以及明挖法地下工程主体结构的迎水面，防水层两侧应具有一定的夹持力。

膨润土防水材料中的膨润土颗粒应采用钠基膨润土，不应采用钙基膨润土。膨润土防水材料应采用水泥钉和垫片固定；立面和斜面上的固定间距宜为400～500mm，平面上应在搭接缝处固定。膨润土防水材料的搭接宽度应大于100mm；搭接部位的固定间距宜为200～300mm，固定点与搭接边缘的距离宜为25～30mm，搭接处应涂抹膨润土密封膏。平面搭接缝处可干撒膨润土颗粒，其用量宜为0.3～0.5kg/m。

膨润土防水材料的收口部位应采用金属压条和水泥钉固定，并用膨润土密封膏覆盖。膨润土防水材料分段铺设时，应采取临时遮挡防护措施。转角处和变形缝、施工缝、后浇带等部位均应设置宽度不小于500mm的加强层，加强层应设置在防水层与结构外表面之间。穿墙管件部位宜采用膨润土橡胶止水条、膨润土密封膏进行加强处理。

（三）细部构造防水工程

1. 施工缝

在施工缝处继续浇筑混凝土时，已浇筑的混凝土抗压强度不应小于1.2MPa。墙体水平施工缝应留设在高出底板表面不小于300mm的墙体上。拱、板与墙结合的水平施工缝，宜留在拱、板与墙交接处以下150～300mm处；垂直施工缝应避开地下水和裂隙水较多的地段，并宜与变形缝相结合。水平施工缝浇筑混凝土前，应将其表面浮浆和杂物清除，然后铺设净浆、涂刷混凝土界面处理剂或水泥基渗透结晶型防水涂料，再铺 30～50mm 厚的 1∶1 水泥砂浆，并及时浇筑混凝土。

遇水膨胀止水条应具有缓膨胀性能；止水条与施工缝基面应密贴，中间不得有空鼓、脱离等现象；止水条应牢固地安装在缝表面或预留凹槽内；止水条采用搭接连接时，搭接宽度不得小于 30mm。

预埋注浆管应设置在施工缝断面中部，注浆管与施工缝基面应密贴并固定牢靠，固定间距宜为 200～300mm；注浆导管与注浆管的连接应牢固、严密，导管埋入混凝土内的部分应与结构钢筋绑扎牢固，导管的末端应临时封堵严密。

2. 变形缝

中埋式止水带埋设位置应准确，其中间空心圆环与变形缝的中心线应重合。中埋式止水带在转弯处应做成圆弧形；顶板、底板内止水带应安装成盆状，并宜采用专用钢筋套或扁钢固定。中埋式止水带的接缝应设在边墙较高位置上，不得设在结构转角处；接头宜采用热压焊接，接缝应平整、牢固，不得有裂口和脱胶现象。

外贴式止水带在变形缝与施工缝相交部位宜采用十字配件；外贴式止水带在变形缝转角部位宜采用直角配件。止水带埋设位置应准确，固定应牢靠，并与固定止水带的基层密贴，不得出现空鼓、翘边等现象。

安设于结构内侧的可卸式止水带所需配件应一次配齐，转角处应做成 45° 坡角，并增加紧固件的数量。

3. 后浇带

【知识要点】后浇带（宽度宜为 700～1000mm）应在其两侧混凝土龄期达到 42d 后再施工，后浇带混凝土应一次浇筑，不得留设施工缝；混凝土浇筑后应及时养护，养护时间不得少于 28d。采用掺膨胀剂（掺量≤12%）的补偿收缩混凝土，其抗压强度、抗渗性能和限制膨胀率（水中养护 14d 后的限制膨胀率≥0.015%）必须符合设计要求。

4. 穿墙管、埋设件、桩头

当主体结构迎水面有柔性防水层时，防水层与穿墙管连接处应增设加强层。套管式穿墙管的套管与止水环及翼环应连续满焊，并作好防腐处理。穿墙管与套管之间应用密封材料和橡胶密封圈进行密封处理，并采用法兰盘及螺栓进行固定。穿墙盒的封口钢板与混凝土结构墙上预理的角钢应焊严，并从钢板上的预留浇注孔注入改性沥青密封材料或细石混凝土，封填后将浇注孔口用钢板焊接封闭。

埋设件端部或预留孔、槽底部的混凝土厚度不得小于 250mm；当混凝土厚度小于 250mm 时，应局部加厚或采取其他防水措施。用于固定模板的螺栓必须穿过混凝土结构时，可采用工具式螺栓或螺栓加堵头，螺栓上应加焊止水环。拆模后留下的凹槽应用密封材料封堵密实，并用聚合物水泥砂浆抹平。

桩头顶面和侧面裸露处应涂刷水泥基渗透结晶型防水涂料，并延伸到结构底板垫层 150mm 处；桩头四周 300mm 范围内应抹聚合物水泥防水砂浆过渡层。结构底板防水层应做在聚合物水泥防水砂浆过渡层上并延伸至桩头侧壁，其与桩头侧壁接缝处应采用密封材料嵌填。桩头的受力钢筋根部应采用遇水膨胀止水条或止水胶，并应采取保护措施。

5. 孔口、坑、池

人员出入口高出地面不应小于 500mm；汽车出入口设置明沟排水时，其高出地面宜为 150mm，并应采取防雨措施。窗井的底部在最高地下水位以上时，窗井的墙体和底板应作防水处理，并宜与主体结构断开。窗台下部的墙体和底板应做防水层。窗井或窗井的一部分在最高地下水位以下时，窗井应与主体结构连成整体，其防水层也应连成整体，并应在窗井内设置集水井。窗台下部的墙体和底板应做防水层。窗井内的底板应低于窗下缘 300mm。窗井墙高出室外地面不得小于 500mm；窗井外地面应做散水，散水与墙面间应采用密封材料嵌填。

坑、池底板的混凝土厚度不应小于 250mm；当底板的厚度小于 250mm 时，应采取局部加厚措施，并应使防水层保持连续。

（四）特殊施工法结构防水工程

喷射混凝土应用普通硅酸盐水泥或硅酸盐水泥、不含有害物质的洁净水，当使用碱性速凝剂时，不得使用含有活性二氧化硅的石料。喷射混凝土终凝 2h 后应采取喷水养护，养护时间不得少于 14d；当气温低于 5℃时，不得喷水养护。

地下连续墙应采用防水混凝土。胶凝材料用量不应小于 400kg/m^3，水胶比不得大于 0.55，坍落度不得小于 180。

（五）排水工程

渗排水适用于无自流排水条件、防水要求较高且有抗浮要求的地下工程。盲沟排水适用于地基为弱透水性土层、地下水量不大或排水面积较小，地下水位在结构底板以下或在丰水期地下水位高于结构底板的地下工程。塑料排水板适用于无自流排水条件且防水要求较高的地下工程以及地下工程种植顶板排水。

铺设塑料排水板应采用搭接法施工，长短边搭接宽度均不应小于 100mm。塑料排水板的接缝处宜采用配套胶粘剂粘结或热熔焊接。地下工程种植顶板种植土若低于周边土体，塑料排水板排水层必须结合排水沟或盲沟分区设置，并保证排水畅通。塑料排水板应与土工布复合使用。土工布宜采用 200～400g/m^2 的聚酯无纺布。土工布应铺设在塑料排水板的凸面上，相邻土工布搭接宽度不应小于 200mm，搭接部位应采用粘合或缝合。

（六）注浆工程

在砂卵石层中宜采用渗透注浆法；在黏土层中宜采用劈裂注浆法；在淤泥质软土中宜采用高压喷射注浆法。回填注浆应在衬砌混凝土达到设计强度的 70% 后进行，衬砌后围岩注浆应在充填注浆固结体达到设计强度的 70% 后进行。注浆对地面产生的沉降量不得超过 30mm，地面的隆起不得超过 20mm。

结构裂缝堵水注浆宜选用聚氨酯、丙烯酸盐等化学浆液；补强加固的结构裂缝注浆宜选用改性环氧树脂、超细水泥等浆液。浅裂缝应骑缝粘埋注浆嘴，必要时沿缝开凿"U"形槽并用速凝水泥砂浆封缝；深裂缝应骑缝钻孔或斜向钻孔至裂缝深部，孔内安设注浆管或注浆嘴，间距应根据裂缝宽度而定，但每条裂缝至少有一个进浆孔和一个排气孔。

二、屋面防水工程

（一）屋面防水等级与设防要求

屋面防水工程应根据建筑物的类别、重要程度、使用功能要求确定防水等级，并应按相应等级进行防水设防；对防水有特殊要求的建筑屋面，应进行专项防水设计。屋面防水等级和设防要求应符合表 2.3-6 的规定。

屋面防水等级和设防要求 表 2.3-6

防水等级	建筑类别	设防标准
Ⅰ级	重要建筑和高层建筑	两道防水设防
Ⅱ级	一般建筑	一道防水设防

（二）对材料及施工的要求

【知识要点】屋面工程所用的防水、保温材料应有产品合格证书和性能检测报告，材料的品种、规格、性能等必须符合国家现行产品标准和设计要求。产品质量应由经过省级以上建设行政主管部门对其资质认可和质量技术监督部门对其计量认证的质量检测单位进行检测。屋面工程各构造层的组成材料，应分别与相邻层次的材料相容。

【知识要点】屋面工程施工应遵照"按图施工、材料检验、工序检查、过程控制、质量验收"的原则。施工单位应取得建筑防水和保温工程相应等级的资质证书，作业人员应持证上岗。屋面工程施工时，应建立各道工序的自检、交接检和专职人员检查的"三检"制度，并应有完整的检查记录。每道工序施工完成后，应经监理单位或建设单位检查验收，并应在合格后再进行下道工序的施工。屋面防水工程完工后，应进行观感质量检查和雨后观察或淋水、蓄水试验，不得有渗漏和积水现象。

（三）基层和保护层

屋面找坡应满足设计排水坡度要求，结构找坡不应小于 3%，材料找坡宜为 2%；檐沟、天沟纵向找坡不应小于 1%，沟底水落差不得超过 200mm。

【知识要点】装配式钢筋混凝土屋面板的板缝宽度大于 40mm 或上窄下宽时，板缝内应按设计要求配置钢筋，嵌填细石混凝土的强度等级不应低于 C20，嵌填深度宜低于板面 10～20mm，且应振捣密实和浇水养护。

找坡层宜采用轻骨料混凝土，不宜采用水泥膨胀珍珠岩。找平层宜采用水泥砂浆或细石混凝土，平层分格缝纵横间距不宜大于 6m，分格缝的宽度宜为 5～20mm。找坡层表面平整度的允许偏差为 7mm，找平层表面平整度的允许偏差为 5mm。

隔汽层应设置在结构层与保温层之间；隔汽层应选用气密性、水密性好的材料。隔汽层采用卷材时宜空铺，卷材搭接缝应满粘，其搭接宽度不应小于 80mm；隔汽层采用涂料时，应涂刷均匀。在屋面与墙的连接处，隔汽层应沿墙面向上连续铺设，高出保温层上表面不得小于 150mm。

【知识要点】隔离层设置于块体材料、水泥砂浆或细石混凝土保护层与卷材、涂膜防水层之间，隔离层可采用干铺塑料膜、土工布、卷材或铺抹低强度等级砂浆。塑料膜、土工布、卷材应铺设平整，其搭接宽度不应小于 50mm，不得有皱折。

防水层上的保护层施工，应待卷材铺贴完成或涂料固化成膜，并经检验合格后进行。保护层可采用水泥砂浆、细石混凝土及块体等材料。当用水泥砂浆做保护层时，表面应抹平压光，并应设表面分格缝，分格面积宜为 $1m^2$；用块体材料做保护层时，宜设置分格缝，分格缝纵横间距不应大于 10m，分格缝宽度宜为 20mm；用细石混凝土做保护层时，混凝土应振捣密实，表面应抹平压光，分格缝纵横间距不应大于 6m。分格缝的宽度宜为 $10\sim20mm$；块体材料、水泥砂浆或细石混凝土保护层与女儿墙和山墙之间，应预留宽度为 30mm 的缝隙，缝内宜填塞聚苯乙烯泡沫塑料，并应用密封材料嵌填密实。块体材料、水泥砂浆的表面平整度允许偏差为 4.0mm，缝格平直允许偏差为 3.0mm，块体材料的接缝高低差允许偏差 1.5mm，板块间隙宽度允许偏差 2.0mm。细石混凝土表面平整度允许偏差 5.0mm，缝格平直允许偏差 3.0mm。

（四）保温、隔热层的要点

保温材料的导热系数、表观密度或干密度、抗压强度或压缩强度、燃烧性能，必须符合设计要求。蓄水隔热层与屋面防水层之间应设隔离层，其防水混凝土应用机械振捣密实，表面应抹平和压光，初凝后应覆盖养护，终凝后浇水养护不得少于 14d；蓄水后不得断水。

（五）防水层的铺贴要求

1. 卷材铺贴要点

屋面坡度大于 25% 时，卷材应采取满粘和钉压固定措施。卷材铺贴宜平行屋脊铺贴，上下层卷材不得相互垂直铺贴。平行屋脊的卷材搭接缝应顺流水方向，相邻两幅卷材短边搭接缝应错开，且不得小于 500mm，上下层卷材长边搭接缝应错开，且不得小于幅宽的 1/3。高聚物改性沥青防水卷材采用胶粘剂搭接时，搭接宽度不小于 100mm，合成高分子防水卷材采用胶结剂搭接时，搭接宽度不小于 80mm。冷粘法与自粘法铺贴卷材时，接缝口应用密封材料封严，宽度不应小于 10mm。机械固定法铺贴卷材，周边 800mm 范围内应满粘；热熔法铺贴高聚物改性沥青防水卷材，厚度不得小于 3mm；热熔型改性沥青胶结料厚度宜为 $1.0\sim1.5mm$，热熔型改性沥青胶粘料宜采用专用导热油炉加热，加热温度不应高于 200℃，使用温度不宜低于 180℃。屋面檐口 800mm 范围内的卷材应满粘，防水层及附加层伸入屋面水落口杯内不应小于 50mm，并应粘结牢固，屋面出入口的泛水高度不应小于 250mm。

2. 涂膜防水层铺贴要点

防水涂料应多遍涂布，并应待前一遍涂布的涂料干燥成膜后，再涂布后一遍涂料，且前后两遍涂料的涂布方向应相互垂直。胎体增强材料宜采用聚酯无纺布或化纤无纺布，胎体增强材料长边搭接宽度不应小于 50mm，短边搭接宽度不应小于 70mm；上下层胎体增强材料的长边搭接缝应错开，且不得小于幅宽的 1/3；上下层胎体增强材料不得相互垂直铺设。

（六）屋面瓦铺设要求

瓦片必须铺设牢固，在大风及地震设防地区或屋面坡度大于 100% 时，应按设计要求采取固定加强措施。

烧结瓦和混凝土瓦的屋面檐口挑出墙面的长度不宜小于 300mm，脊瓦在两坡面瓦上的搭盖宽度，每边不应小于40mm，脊瓦下端距坡面瓦的高度不宜大于80mm，瓦头伸入檐沟、天沟内的长度宜为50～70mm。

沥青瓦铺设时，每张瓦片不得少于4个固定钉，在大风地区或屋面坡度大于100％时，每张瓦片不得少于6个固定钉，屋面边缘部位沥青瓦之间以及起始瓦与基层之间，均应采用沥青基胶粘材料满粘。脊瓦在两坡面瓦上的搭盖宽度，每边不应小于150mm，脊瓦与脊瓦的压盖面不应小于脊瓦面积的1/2。

三、建筑室内防水工程

建筑室内防水工程主要包括厨房、卫生间、水池、阳台等防水工程施工。建筑室内防水工程必须由有资质的专业队伍进行施工，主要施工人员应持有建设行政主管部门颁发的岗位证书。

建筑室内防水材料通常包括防水水泥砂浆、防水涂料、防水卷材。其中防水水泥砂浆包括外加剂防水砂浆、聚合物水泥防水砂浆和无机防水堵漏材料；防水涂料可选用聚合物水泥防水涂料、聚合物乳液防水涂料、聚氨酯防水涂料等合成高分子防水涂料和改性沥青防水涂料；防水卷材包括高聚物改性沥青防水卷材、自粘橡胶沥青防水卷材和合成高分子防水卷材。

【知识要点】住宅室内防水工程中不得使用溶剂型防水涂料，住宅室内防水工程宜使用聚氨酯防水涂料、聚合物乳液防水涂料、聚合物水泥防水涂料和水乳型沥青防水涂料等水性或反应型防水涂料。

（一）防水层施工要点

防水砂浆应采用抹压法施工、分遍成活，防水砂浆各层应紧密结合，每层宜连续施工，当需留茬时，上下层接茬位置应错开150mm（住宅建筑为100mm）以上，离转角250mm（住宅建筑为200mm）内不得留接茬。

涂料施工时应先对阴阳角、预埋件、穿墙（楼板）管等部位进行加强或密封处理，涂膜防水层应多遍成活，后一遍涂料施工应待前一遍涂层表干后再进行，涂层应均匀，不得漏涂、堆积，涂料的胎体材料长短边搭接不应小于50mm，相邻短边接头应错开不小于500mm。

防水卷材施工宜先铺立面后铺平面，卷材搭接缝位置距阴阳角应大于300mm。卷材接缝必须粘贴严密，接缝部位应进行密封处理，密封宽度不应小于10mm；以水泥基胶结料作搭接缝胶粘剂的卷材，用于水池防水时，单层卷材搭接缝和双层迎水面卷材搭接缝，应采用100mm宽合成高分子专用防水涂料或100mm宽同样卷材作盖缝密封处理。

（二）防水层施工环境温度要点

防水砂浆施工环境温度不应低于5℃。防水卷材采用冷粘法施工不应低于5℃；热熔法施工不应低于-10℃。溶剂型涂料宜为0～35℃，水乳型涂料宜为5～35℃。溶剂型密封材料施工环境气温宜为0～35℃，乳胶型及反应固化型宜为5～35℃。

（三）厨房、卫生间、水池等防水要求

公共建筑的厕浴间、厨房的墙体，宜设置高出楼地面150mm以上的现浇混凝土泛水。厕浴间、厨房四周墙根防水层泛水高度不应小于250mm，其他墙面防水以可能溅到水的

范围为基准向外延伸不应小于 250mm。浴室花洒喷淋的临墙面防水高度不得低于 2m。

住宅的卫生间、浴室的楼、地面应设置防水层，墙面、顶棚应设置防潮层，门口应有阻止积水外溢的措施。卫生间、浴室和设有配水点的封闭阳台等墙面应设置防水层；防水层高度宜距楼、地面面层 1.2m，当卫生间有非封闭式洗浴设施时，花洒所在及其邻近墙面防水层高度不应小于 1.8m。当墙面设置防潮层时，楼、地面防水层应沿墙面上翻，且至少应高出饰面层 200mm。楼、地面的防水层在门口处应水平延展，且向外延展的长度不应小于 500mm，向两侧延展的宽度不应小于 200mm。

池体宜采用防水混凝土，混凝土厚度不应小于 200mm。对刚度较好的小型水池，池体混凝土厚度不应小于 150mm。

四、建筑外墙防水工程

外墙防水应由有相应资质的专业队伍进行施工；作业人员应持证上岗。外墙防水工程严禁在雨天、雪天和五级风及其以上时施工；施工的环境气温宜为 5～35℃。施工时应采取安全防护措施。

在正常使用和合理维护的条件下的以下建筑外墙，宜进行墙面整体防水：年降水量大于等于 800mm 地区的高层建筑外墙，年降水量大于等于 600mm 且基本风压大于等于 0.50kN/m² 地区的外墙，年降水量大于等于 400mm 且基本风压大于等于 0.40kN/m² 地区有外保温的外墙，年降水量大于等于 500mm 且基本风压大于等于 0.35kN/m² 地区有外保温的外墙，年降水量大于等于 600mm 且基本风压大于等于 0.30kN/m² 地区有外保温的外墙。

（一）材料要求

建筑外墙防水工程常用防水材料为普通防水砂浆、聚合物水泥防水砂浆、聚合物水泥防水涂料、聚合物乳液防水涂料、聚氨酯防水涂料等，且所用材料应与外墙相关构造层材料相容。

（二）外墙防水施工要点

建筑外墙的防水层应设置在迎水面。不同结构材料的交接处应采用每边不少于 150mm 的耐碱玻璃纤维网布或热镀锌电焊网作抗裂增强处理。热镀锌电焊网片应与基层墙体固定牢固；耐碱玻璃纤维网布应铺贴平整、无皱折，两幅间的搭接宽度不应小于 50mm。

砂浆防水层施工时，基层表面应为平整的毛面，光滑表面应进行界面处理，并应按要求湿润。配制好的防水砂浆宜在 1h 内用完；施工中不得加水。界面处理材料涂刷厚度应均匀、覆盖完全，收水后应及时进行砂浆防水层施工。防水砂浆铺抹施工厚度大于 10mm 时，应分层施工，第二层应待前一层指触不粘时进行，各层应粘结牢固，每层宜连续施工，留茬时，应采用阶梯坡形茬，接茬部位离阴阳角不得小于 200mm；上下层接茬应错开 300mm 以上，接茬应依层次顺序操作、层层搭接紧密；砂浆防水层转角宜抹成圆弧形，圆弧半径不应小于 5mm，转角抹压应顺直。门框、窗框、伸出外墙管道、预埋件等与防水层交接处应留 8～10mm 宽的凹槽，密封材料应嵌填密实。砂浆防水层未达到硬化状态时，不得浇水养护或直接受雨水冲刷，聚合物水泥防水砂浆硬化后应采用干湿交替的养护方法；普通防水砂浆防水层应在终凝后进行保湿养护。养护期间不得受冻。

涂膜防水层施工前应对节点部位进行密封或增强处理，防水涂料涂布前，宜涂刷基层处理剂。涂膜宜多遍完成，后遍涂布应在前遍涂层干燥成膜后进行。挥发性涂料的每遍用量每平方米不宜大于 0.6kg，每遍涂布应交替改变涂层的涂布方向，同一涂层涂布时，先后接茬宽度宜为 30～50mm，涂膜防水层的甩茬部位不得污损，接茬宽度不应小于 100mm。胎体增强材料应铺贴平整，不得有褶皱和胎体外露，胎体层充分浸透防水涂料；胎体的搭接宽度不应小于 50mm。胎体的底层和面层涂膜厚度均不应小于 0.5mm。

第四节　建筑装饰装修工程

建筑装饰装修为保护建筑物的主体结构、完善建筑物的使用功能和美化建筑物，采用装饰装修材料或饰物，对建筑物的内外表面及空间进行的各种处理过程。

一、基本规定

1. 材料

建筑装饰装修工程所用材料应按设计要求进行防火、防腐和防虫处理，并应符合国家有关建筑装饰装修材料有害物质限量标准的规定；严禁使用国家明令淘汰的材料。所有材料进场时应对品种、规格、外观和尺寸进行验收。材料包装应完好，应有产品合格证书、中文说明书及相关性能的检测报告；进口产品应按规定进行商品检验。进场后需要进行复验的材料种类及项目应符合本规范各章的规定。同一厂家生产的同一品种、同一类型的进场材料应至少抽取一组样品进行复验，当合同另有约定时应按合同执行。当国家规定或合同约定应对材料进行见证检测时，或对材料的质量发生争议时，应进行见证检测。现场配制的材料如砂浆、胶粘剂等，应按设计要求或产品说明书配制。

2. 设计

建筑装饰装修工程设计必须保证建筑物的结构安全和主要使用功能。当涉及主体和承重结构改动或增加荷载时，必须由原结构设计单位或具备相应资质的设计单位核查有关原始资料，对既有建筑结构的安全性进行核验、确认。建筑装饰装修工程须由承担建筑装饰装修工程设计的单位对建筑物进行必要的了解和实地勘察再进行设计，并出具完整的施工图设计文件，设计深度应满足施工要求，并应符合城市规划、消防、环保、节能等有关规定。当墙体或吊顶内的管线可能产生冰冻或结露时，应进行防冻或防结露设计。

3. 施工

承担建筑装饰装修工程施工的单位应具备相应的资质，并应建立质量管理体系；承担建筑装饰装修工程施工的人员应有相应岗位的资格证书。建筑装饰装修工程施工中，严禁违反设计文件擅自改动建筑主体、承重结构或主要使用功能；严禁未经设计确认和有关部门批准擅自拆改水、暖、电、燃气、通信等配套设施。施工单位应遵守有关环境保护的法律法规，并应采取有效措施控制施工现场的各种粉尘、废气、废弃物、噪声、振动等对周围环境造成的污染和危害。室内外装饰装修工程施工的环境条件应满足施工工艺的要求。施工环境温度应大于等于 5℃。当必须在低于 5℃气温下施工时，应采取保证工程质量的有效措施。

二、抹灰工程

抹灰工程分为一般抹灰、装饰抹灰、清水砌体勾缝等分项工程。

【知识要点】抹灰工程应对水泥的凝结时间和安定性进行复验；抹灰用的石灰膏的熟化期不应少于 15d；罩面用的磨细石灰粉的熟化期不应少于 3d。室内墙面、柱面和门洞口的阳角做法应符合设计要求。设计无要求时，应采用 1∶2 水泥砂浆做暗护角，其高度不应低于 2m，每侧宽度不应小于 50mm。外墙和顶棚的抹灰层与基层之间及各抹灰层之间必须粘结牢固。

抹灰工程验收时应检查下列文件和记录：抹灰工程的施工图、设计说明及其他设计文件；材料的产品合格证书、性能检测报告、进场验收记录和复验报告；隐蔽工程验收记录；施工记录。并对抹灰总厚度大于或等于 35mm 时的加强措施及不同材料基体交接处的加强措施等隐蔽工程项目进行验收。

抹灰工程中有排水要求的部位应做滴水线（槽），滴水线（槽）应整齐顺直，滴水线应内高外低，滴水槽的宽度和深度均不应小于 10mm。

抹灰前基层表面的尘土、污垢、油渍等应清除干净，并应洒水润湿。基层有油污可能导致抹灰工程和涂饰工程出现脱层、起皮等质量问题。对抹灰层与基体的粘结牢固有影响的因素：基体表面清理不干净，砂浆质量不好或使用不当，一次抹灰过厚，干缩率较大等。

检验方法：一般抹灰工程及装饰抹灰采用观察及手摸检查的检验方法，清水砌体勾缝采用观察的检验方法。

抹灰工程质量的允许偏差和检验方法应符合表 2.4-1 的规定。

抹灰工程质量的允许偏差和检验方法　　　　表 2.4-1

序号	项目	允许偏差/mm							检验方法
		普通抹灰	高级抹灰	保温层薄抹灰	水刷石	斩假石	干粘石	假面砖	
1	立面垂直度	4	3	3	5	4	5	5	用 2m 垂直检测尺检查
2	表面平整度				3	3	5	4	用直角检测尺检查
3	阴阳角方正						4	4	拉 5m 线，不足 5m 拉通线，用钢直尺检查
4	分格条(缝)直线度						3	3	
5	墙裙、勒脚上口直线度						—	—	

（一）一般抹灰工程

1. 一般抹灰工程分为石灰砂浆、水泥砂浆、水泥混合砂浆、聚合物水泥砂浆和麻刀石灰、纸筋石灰、石膏灰等一般抹灰工程。

2. 水泥砂浆不得抹在石灰砂浆层上；罩面石膏灰不得抹在水泥砂浆层上；当要求抹灰层具有防水、防潮功能时，应采用防水砂浆；水泥砂浆抹灰层应在湿润条件下养护。

3. 一般抹灰工程的表面质量应符合下列规定：普通抹灰表面应光滑、洁净、接槎平整，分格缝应清晰。高级抹灰表面应光滑、洁净、颜色均匀、无抹纹，分格缝和灰线应清晰美观。

（二）装饰抹灰工程

装饰抹灰工程包括水刷石、斩假石、干粘石、假面砖等抹灰工程。

装饰抹灰工程应分层进行。不同材料基体交接处表面的抹灰，应采取防止开裂的加强措施，当采用加强网时，加强网与各基体的搭接宽度不应小于100mm。

装饰抹灰工程的表面质量应符合下列规定：水刷石表面应石粒清晰、分布均匀、紧密平整、色泽一致，应无掉粒和接槎痕迹。斩假石表面剁纹应均匀顺直、深浅一致，应无漏剁处；阳角处应横剁并留出宽窄一致的不剁边条，棱角应无损坏。干粘石表面应色泽一致、不露浆、不漏粘，石粒应粘结牢固、分布均匀，阳角处应无明显黑边。假面砖表面应平整、沟纹清晰、留缝整齐、色泽一致，应无掉角、脱皮、起砂等缺陷。滴水线（槽）应整齐顺直，滴水线应内高外低，滴水槽的宽度和深度均不应小于10mm。

（三）清水砌体勾缝

清水砌体勾缝主要包括清水砌体砂浆勾缝和原浆勾缝工程，清水砌体勾缝应横平竖直，交接处应平顺，宽度和深度应均匀，表面应压实抹平，勾缝应无漏勾，且勾缝材料应粘结牢固、无开裂。灰缝应颜色一致，砌体表面应洁净。

三、门窗工程

门窗工程主要包括木门窗制作与安装、金属门窗安装、塑料门窗安装、特种门安装、门窗玻璃安装等分项工程。

建筑外门窗安装必须牢固。在砌体上安装门窗严禁采用射钉固定。推拉门窗扇必须牢固，必须安装防脱落装置。金属门窗和塑料门窗安装应采用预留洞口的方法施工。木门窗与砖石砌体、混凝土或抹灰层接触处应进行防腐处理，埋入砌体或混凝土中的木砖应进行防腐处理。

门窗安装前，应对门窗洞口尺寸及相邻洞口的位置偏差进行检验。

门窗工程应对人造木板的甲醛含量及建筑外墙金属窗、塑料窗的抗风压性能、空气渗透性能、雨水渗漏性能等性能指标进行复验。

门窗工程的隐蔽工程项目包括：预埋件和锚固件、隐蔽部位的防腐和填嵌处理、高层金属窗防雷连接节点。

门窗工程验收时还应检查下列文件和记录：门窗工程的施工图、设计说明及其他设计文件；材料的产品合格证书、性能检测报告、进场验收记录和复验报告；特种门及其附件的生产许可文件；隐蔽工程验收记录；施工记录。

门窗工程检查数量应符合下列规定：木门窗、金属门窗、塑料门窗及门窗玻璃，每个检验批应至少抽查5%，并不得少于3樘，不足3樘时应全数检查；高层建筑的外窗，每个检验批应至少抽查10%，并不得少于6樘，不足6樘时应全数检查；特种门每个检验批应至少抽查50%，并不得少于10樘，不足10樘时应全数检查。

门窗工程的检验批要求：同一品种、类型和规格的木门窗、金属门窗、塑料门窗及门窗玻璃每100樘应划分为一个检验批，不足100樘也应划分为一个检验批。同一品种、类型和规格的特种门每50樘应划分为一个检验批，不足50樘也应划分为一个检验批。

（一）木门窗制作与安装工程

木门窗扇、框必须安装牢固，窗扇应开关灵活，关闭严密，无倒翘（倒翘是指当门窗扇关闭时，门窗扇的下端已经贴紧门窗下框，而门窗扇的上端由于翘曲未能与门窗的上框贴紧，尚有离缝的现象）。木门窗应采用烘干的木材，含水率应控制在 $6\%\sim13\%$，且比使用地区的木材年平均含水率低 $1\%\sim3\%$。木门窗的结合处和安装配件处不得有木节或已填补的木节。木门窗如有允许限值以内的死节及直径较大的虫眼时，应用同一材质的木塞加胶填补。对于清漆制品，木塞的木纹和色泽应与制品一致。门窗框和厚度大于 50mm 的门窗扇应用双榫连接。榫槽应采用胶料严密嵌合，并应用胶楔加紧。胶合板门、纤维板门和模压门不得脱胶。胶合板不得刨透表层单板，不得有戗槎。制作胶合板门、纤维板门时，边框和横楞应在同一平面上，面层、边框及横楞应加压胶结。横楞和上、下冒头应各钻两个以上的透气孔，透气孔应通畅。

木门窗表面应洁净，不得有刨痕、锤印；门窗框、扇裁口应顺直，刨面应平整，门窗的割角、拼缝应严密平整；木门窗与墙体间缝隙的填嵌材料应符合设计要求，填嵌应饱满。寒冷地区外门窗（或门窗框）与砌体间的空隙应填充保温材料；木门窗批水、盖口条、压缝条、密封条的安装应顺直，与门窗结合应牢固、严密。

木门窗安装的留缝限值、允许偏差和检验方法应符合表 2.4-2 的规定。

木门窗安装的留缝限值、允许偏差和检验方法　　　　　表 2.4-2

项次	项目		留缝限值/mm	允许偏差/mm	检验方法
			普通	普通	
1	门窗框的正、侧面垂直度		—	2	用钢尺检查
2	框与扇缝高低差		—	1	用 1m 垂直检测尺检查
	扇与扇接缝高低差		—	1	用钢直尺和塞尺检查
3	门窗扇对口缝		1～4	—	用塞尺检查
4	工业厂房双扇大门对口缝		2～7	—	用塞尺检查
5	门窗扇与上框间留缝		1～3	—	用塞尺检查
6	门窗扇与合页侧框间留缝		1～3	—	用塞尺检查
7	门窗扇与锁侧框间留缝		1～3	—	用塞尺检查
8	门扇与下框间留缝		3～5	—	用塞尺检查
9	窗扇与下框间留缝		1～3	—	用塞尺检查
10	双层门窗内外框间距		—	4	用钢尺检查
11	框与扇搭接宽度	门	—	2	用塞尺检查
		窗	—	1	
12	无下框时门扇与地面间留缝	室外门	4～7	—	用塞尺检查
		室内门	4～8	—	
		卫生间门		—	
		厂房大门	10～20	—	
		围墙大门		—	

（二）金属门窗安装工程

金属门窗安装工程主要包括钢门窗、铝合金门窗、涂色镀锌钢板门窗等门窗安装工程。

金属门窗的品种、类型、规格、尺寸、性能、开启方向、安装位置、连接方式及铝合金门窗的型材壁厚应符合设计要求。金属门窗的防腐处理及填嵌、密封处理应符合设计要求。金属门窗表面应洁净、平整、光滑、色泽一致，无锈蚀。大面应无划痕、碰伤。漆膜或保护层应连续。金属门窗框与墙体之间的缝隙应填嵌饱满，并采用密封胶密封。密封胶表面应光滑、顺直，无裂纹。金属门窗扇的橡胶密封条或毛毡密封条应安装完好，不得脱槽。

【知识要点】金属门窗推拉门窗扇开关力不应大于50N。金属门窗框与墙体之间的缝隙应填嵌饱满，并应采用密封胶密封。密封胶表面应光滑、顺直、无裂纹。金属门窗扇的密封胶条或密封毛条装配应平整、完好，不得脱槽，交角处应平顺。排水孔应畅通，位置和数量应符合设计要求。

铝合金门窗安装的允许偏差和检验方法应符合表 2.4-3 的规定。

铝合金门窗安装的允许偏差和检验方法　　　　　表 2.4-3

项次	项目		允许偏差/mm	检验方法
1	门窗槽口宽度、高度	≤2000	2	用钢卷尺检查
		>2000	3	
2	门窗槽口对角线长度差	≤2500	4	
		>2500	5	
3	门窗框的正、侧面垂直度		2	用垂直检测尺检查
4	门窗横框的水平度		2	用1m水平尺和塞尺检查
5	门窗横框标高		5	用钢卷尺检查
6	门窗竖向偏离中心		5	
7	双层门窗内外框间距		4	
8	推拉门窗扇与框搭接宽度	门	2	用钢直尺检查
		窗	1	

钢门窗与涂色镀锌钢板安装的允许偏差和检验方法应符合表 2.4-4 的规定。

钢门窗与涂色镀锌钢板门窗安装的允许偏差和检验方法　　　　　表 2.4-4

项次	项目		允许偏差/mm		检验方法
			钢门窗	涂色镀锌钢板门窗	
1	门窗槽口宽度、高度	≤2000	2	2	用钢卷尺检查
		>2000	3	3	
2	门窗槽口对角线长度差	≤2500	4	4	
		>2500	4	5	
3	门窗框的正、侧面垂直度		3	3	用垂直检测尺检查

续表

项次	项目	允许偏差/mm		检验方法
		钢门窗	涂色镀锌钢板门窗	
4	门窗横框的水平度	3	3	用1m水平尺和塞尺检查
5	门窗横框标高	5	5	用钢卷尺检查
6	门窗竖向偏离中心	4	5	
7	双层门窗内外框间距	5	4	

（三）塑料门窗安装工程

塑料门窗框、副框和扇的安装必须牢固。固定片或膨胀螺栓的数量与位置应正确，连接方式应符合设计要求。

【知识要点】塑料门窗框、附框和扇的安装应牢固。固定片或膨胀螺栓的数量与位置应正确，连接方式应符合设计要求。固定点应距窗角、中横框、中竖框150～200mm，固定点间距不应大于600mm。窗框应与拼樘料连接紧密，固定点间距不应大于600mm。平开窗扇高度大于900mm时，窗扇锁闭点不应少于2个。

【知识要点】塑料门窗扇的开关力应符合下列规定：平开门窗扇平铰链的开关力应不大于80N；滑撑铰链的开关力应不大于80N，并不小于30N；推拉门窗扇的开关力应不大于100N。

塑料门窗安装的允许偏差和检验方法应符合表2.4-5的规定。

塑料门窗安装的允许偏差和检验方法　　　　　　　　表2.4-5

项次	项目		允许偏差/mm	检验方法
1	门、窗框外形（高、宽）尺寸长度差	≤1500mm	2	用钢卷尺检查
		>1500mm	3	
2	门、窗框两对角线长度差	≤2000mm	3	
		>2000mm	5	
3	门窗框的正、侧面垂直度		3	用1m垂直检测尺检查
4	门窗横框的水平度		3	用1m水平尺和塞尺检查
5	门窗下横框标高		5	用钢尺检查
6	门窗竖向偏离中心		5	用钢直尺检查
7	双层门、窗内外框间距		4	用钢尺检查
8	同樘平开门窗相邻扇高度差		2	用钢直尺检查
9	平开门窗及上悬、中悬、下悬窗	门、窗扇与框搭接宽度	2	用深度尺和钢直尺检查
		同樘门、窗相邻扇的水平高差	2	用靠尺和钢直尺检查
		门、窗扇四周的配合间隙	1	用楔形塞尺检查
10	推拉门窗	门、窗扇与框搭接宽度	2	用深度尺和钢直尺检查
		门、窗扇与框或相邻扇立边平行度	2	用钢直尺检查
11	组合门窗	平整度	3	用2m靠尺和钢直尺检查
		缝直线度	3	

（四）特种门安装工程

特种门安装工程包括防火门、防盗门、自动门、全玻门、旋转门、金属卷帘门等安装工程。带有机械装置、自动装置或智能化装置的特种门，其机械装置、自动装置或智能化装置的功能应符合设计要求和有关标准的规定。特种门的配件应齐全，位置应正确，安装应牢固，功能应满足使用要求和特种门的各项性能要求。

（五）门窗玻璃安装工程

门窗玻璃安装工程包括平板、吸热、反射、中空、夹层、夹丝、磨砂、钢化、压花玻璃等玻璃安装工程。

【知识要点】单块玻璃大于 $1.5m^2$ 时应使用安全玻璃；带密封条的玻璃压条，其密封条必须与玻璃全部贴紧，压条与型材之间应无明显缝隙，压条接缝应不大于 0.5mm；门窗玻璃不应直接接触型材，单面镀膜玻璃的镀膜层及磨砂玻璃的磨砂面应朝向室内，中空玻璃的单面镀膜玻璃应在最外层，镀膜层应朝向室内。

四、吊顶工程

吊顶一般由承力构件（吊杆）、龙骨骨架（主、次、边龙骨）、面板及配件等组成，常用吊顶工程主要包括整体面层吊顶、板块面层吊顶和格栅吊顶等分项工程。

吊顶工程中的预埋件、钢筋吊杆和型钢吊杆应进行防锈处理，吊顶工程的木龙骨和木面板应进行防火处理，并应符合有关设计防火标准的规定。大面积或狭长形吊顶面层的伸缩缝及分格缝应符合设计要求。吊顶标高、尺寸、起拱和造型应符合设计要求。

吊顶工程验收时应检查下列文件和记录：吊顶工程的施工图、设计说明及其他设计文件；材料的产品合格证书、性能检验报告、进场验收记录和复验报告；隐蔽工程验收记录；施工记录。

吊顶工程中的隐蔽工程包括：吊顶内管道、设备的安装及水管试压、风管严密性检验；木龙骨防火、防腐处理；埋件；吊杆安装；龙骨安装；填充材料的设置；反支撑及钢结构转换层。

【知识要点】重型灯具、电扇及其他重型设备和有振动荷载的设备严禁安装在吊顶工程的龙骨上。吊杆距主龙骨端部距离不得大于 300mm。当吊杆长度大于 1.5m 时，应设置反支撑。反支撑应相邻对向设置。吊杆上部为网架、钢屋架或吊杆长度大于 2500mm 时，应设有钢结构转换层。当吊杆与设备相遇时，应调整并增设吊杆或采用型钢支架。吊顶埋件与吊杆的连接、吊杆与龙骨的连接、龙骨与面板的连接应安全可靠。安装龙骨前，应按设计要求对房间净高、洞口标高和吊顶内管道、设备及其支架的标高进行交接检验。吊顶工程应对人造木板的甲醛含量进行复验。安装面板前应完成吊顶内管道和设备的调试及验收。

各分项工程的检验批应按同一品种的吊顶工程每 50 间（大面积房间和走廊按吊顶面积 $30m^2$ 为一间）应划分为一个检验批，不足 50 间也应划分为一个检验批，每个检验批应至少抽查 10%，并不得少于 3 间，不足 3 间时应全数检查。

（一）板块面层吊顶工程

面层材料的材质、品种、规格、图案、颜色和性能应符合设计要求及国家现行标准的有关规定。当面层材料为玻璃板时，应使用安全玻璃并采取可靠的安全措施。

面板的安装应稳固严密。面板与龙骨的搭接宽度应大于龙骨受力面宽度的2/3。

面层材料表面应洁净、色泽一致，不得有翘曲、裂缝及缺损。面板与龙骨的搭接应平整、吻合，压条应平直、宽窄一致。面板上的灯具、烟感器、喷淋头、风口算子和检修口等设备设施的位置应合理、美观，与面板的交接应吻合、严密。吊顶内填充吸声材料的品种和铺设厚度应符合设计要求，并应有防散落措施。

板块面层吊顶工程安装的允许偏差和检验方法应符合表2.4-6的规定。

板块面层吊顶工程安装的允许偏差和检验方法　　　　　表2.4-6

项次	项目	允许偏差/mm				检验方法
		纸面石膏板	金属板	矿棉板	木板、塑料板、玻璃板、复合板	
1	表面平整度	3	2	3	2	用2m靠尺和楔形尺检查
2	接缝直线度	3	2	3	3	拉5m线，不足5m拉通线，用钢直尺检查
3	接缝高低差	1	1	2	1	用钢直尺和塞尺检查

（二）整体面层吊顶工程

整体面层吊顶工程面层材料的材质、品种、规格、图案、颜色和性能应符合设计要求及国家现行标准的有关规定。石膏板、水泥纤维板的接缝应按其施工工艺标准进行板缝防裂处理。安装双层板时，面层板与基层板的接缝应错开，并不得在同一根龙骨上接缝。

整体面层吊顶工程安装的允许偏差和检验方法应符合表2.4-7的规定。

整体面层吊顶工程安装的允许偏差和检验方法　　　　　表2.4-7

项次	项目	允许偏差/mm	检验方法
1	表面平整度	3	用2m靠尺和楔形尺检查
2	缝格、凹槽直线度	3	拉5m线，不足5m拉通线，用钢直尺检查

（三）格栅吊顶工程

格栅的材质、品种、规格、图案、颜色和性能应符合设计要求及国家现行标准的有关规定。格栅吊顶工程的吊杆、龙骨和格栅的安装应牢固。格栅表面应洁净、色泽一致，不得有翘曲、裂缝及缺损。栅条角度应一致，边缘应整齐，接口应无错位。压条应平直、宽窄一致。格栅吊顶内楼板、管线设备等表面处理应符合设计要求，吊顶内各种设备管线布置应合理、美观。

格栅吊顶工程安装的允许偏差和检验方法应符合表2.4-8的规定。

格栅吊顶工程安装的允许偏差和检验方法　　　　　表2.4-8

项次	项目	允许偏差/mm		检验方法
		金属格栅	木格栅、塑料格栅、复合材料格栅	
1	表面平整度	2	3	用2m靠尺和楔形尺检查
2	格栅直线度	2	3	拉5m线，不足5m拉通线，用钢直尺检查

五、轻质隔墙工程

轻质隔墙工程主要包括板材隔墙、骨架隔墙、活动隔墙、玻璃隔墙等分项工程。轻质隔墙与顶棚和其他墙体的交接处应采取防开裂措施，并应对人造木板的甲醛含量进行复验。

轻质隔墙工程验收时应检查下列文件和记录：轻质隔墙工程的施工图、设计说明及其他设计文件；材料的产品合格证书、性能检测报告、进场验收记录和复验报告；隐蔽工程验收记录；施工记录。

同一品种的轻质隔墙工程每 50 间（大面积房间和走廊按轻质隔墙的墙面 30m² 为一间）应划分为一个检验批，不足 50 间也应划分为一个检验批。

板材隔墙和骨架隔墙每个检验批应至少抽查 10%，并不得少于 3 间，不足 3 间时应全数检查；活动隔墙和玻璃隔墙每个检验批应至少抽查 20%，并不得少于 6 间，不足 6 间时应全数检查。

（一）板材隔墙工程

板材隔墙工程包括复合轻质墙板、石膏空心板、增强水泥板和混凝土轻质板等隔墙工程。

（二）骨架隔墙工程

骨架隔墙工程是以轻钢龙骨、木龙骨等为骨架，以纸面石膏板、人造木板、水泥纤维板等为墙面板的隔墙工程。骨架隔墙所用龙骨、配件、墙面板、填充材料及嵌缝材料的品种、规格、性能和木材的含水率应符合设计要求。有隔声、隔热、阻燃、防潮等特殊要求的工程，材料应有相应性能等级的检测报告。骨架内设备管线的安装、门窗洞口等部位加强龙骨应安装牢固、位置正确，填充材料的设置应符合设计要求。

（三）活动隔墙工程

活动隔墙所用墙板、配件等材料的品种、规格、性能和木材的含水率应符合设计要求。有阻燃、防潮等特性要求的工程，材料应有相应性能等级的检测报告。活动隔墙安装的允许偏差：立面垂直度及接缝直线度的偏差≤3mm，表面平整度、接缝高低差及宽度的偏差≤2mm。

（四）玻璃隔墙工程

玻璃隔墙工程主要包括玻璃砖、玻璃板等隔墙工程。玻璃板隔墙应使用安全玻璃，且安装必须牢固，立面垂直度、阴阳角方正、接缝直线度及接缝高低差的偏差均≤2mm；玻璃砖隔墙砌筑中埋设的拉结筋必须与基体结构连接牢固，并应位置正确，立面垂直度、表面平整度和接缝高低差的偏差均≤3mm；玻璃板隔墙嵌缝及玻璃砖隔墙勾缝应密实平整、均匀顺直、深浅一致。

六、饰面板（砖）工程

饰面板（砖）工程主要包括饰面板安装、饰面砖粘贴等分项工程。

饰面板工程验收时应检查下列文件和记录：饰面板工程的施工图、设计说明及其他设计文件，材料的产品合格证书、性能检验报告、进场验收记录和复验报告，后置埋件的现场拉拔检验报告和满粘法施工的外墙石板和外墙陶瓷板粘结强度检验报告，施工记录及隐蔽工程验收记录。

饰面砖工程验收时应检查下列文件和记录：饰面砖工程的施工图、设计说明及其他设计文件；材料的产品合格证书、性能检测报告、进场验收记录和复验报告；外墙饰面砖样板件的粘结强度检测报告；隐蔽工程验收记录；施工记录。

饰面板（砖）工程应对下列材料及其性能指标进行复验：室内用花岗石和瓷质饰面砖的放射性；水泥基粘结材料（与所用外墙饰面砖的拉伸粘结强度）；外墙陶瓷面砖的吸水率；严寒及寒冷地区外墙陶瓷面砖的抗冻性。

饰面砖工程应对基层和基体、防水层等隐蔽工程项目进行验收。

相同材料、工艺和施工条件的室内饰面板（砖）工程每 50 间（大面积房间和走廊按施工面积 30m² 为一间）应划分为一个检验批，不足 50 间也应划分为一个检验批；相同材料、工艺和施工条件的室外饰面板（砖）工程每 1000m² 应划分为一个检验批，不足 1000m² 也应划分为一个检验批。室内每个检验批应至少抽查 10%，并不得少于 3 间，不足 3 间时应全数检查；室外每个检验批每 100m² 应至少抽查一处，每处不得小于 10m²。

外墙饰面砖粘贴前和施工过程中，均应在相同基层上做样板件，并对样板件的饰面砖粘结强度进行检验。饰面板（砖）工程的抗震缝、伸缩缝、沉降缝等部位的处理应保证缝的使用功能和饰面的完整性。

采用湿作业法施工的饰面板工程，石材应进行防碱背涂处理。饰面板与基体之间的灌注材料应饱满、密实。

七、幕墙工程

建筑幕墙是由面板与支承结构体系（支承装置与支承结构）组成的、可相对主体结构有一定位移能力或自身有一定变形能力、不承担主体结构所受作用的建筑外围护墙。幕墙工程按饰面板材料分为玻璃幕墙、金属幕墙、石材幕墙等分项工程。

幕墙工程验收时应检查下列文件和记录：幕墙工程的施工图、结构计算书、设计变更文件、设计说明及其他设计文件，建筑设计单位对幕墙工程设计的确认文件，幕墙工程所用材料、构件、组件、紧固件及其他附件的产品合格证书、性能检验报告、进场验收记录和复验报告；幕墙工程所用硅酮结构胶的抽查合格证明；国家批准的检测机构出具的硅酮结构胶相容性和剥离粘结性检验报告；石材用密封胶的耐污染性检验报告；后置埋件和槽式预埋件的现场拉拔力检验报告；封闭式幕墙的气密性能、水密性能、抗风压性能及层间变形性能检验报告。注胶、养护环境的温度、湿度记录；双组分硅酮结构胶的混匀性试验记录及拉断试验记录；幕墙与主体结构防雷接地点之间的电阻检测记录；隐蔽工程验收、幕墙安装施工、张拉杆索体系预拉力张拉、现场淋水检验及幕墙构件、组件和面板的加工制作检验等记录文件。

幕墙工程应对铝塑复合板的剥离强度、石材的弯曲强度、寒冷地区石材的耐冻融性、室内用花岗石的放射性、玻璃幕墙用结构胶的性能（邵氏硬度、标准条件拉伸粘结强度、相容性）、石材用结构胶的粘结强度、石材用密封胶的污染性等性能指标进行复验。

幕墙工程应对下列隐蔽工程项目进行验收：预埋件（或后置埋件）、构件的连接节点、变形缝及墙面转角处的构造节点、幕墙防雷装置、幕墙防火构造。

相同设计、材料、工艺和施工条件的幕墙工程每 500～1000m² 应划分为一个检验批，不足 500m² 也应划分为一个检验批，同一单位工程的不连续的幕墙工程应单独划分检验批，对于异型或有特殊要求的幕墙，检验批的划分应根据幕墙的结构、工艺特点及幕墙工程规模，由监理单位（或建设单位）和施工单位协商确定。每个检验批每 100m² 应至少抽查一处，每处不得小于 10m²，对于异型或有特殊要求的幕墙工程，应根据幕墙的结构和工艺特点，由监理单位（或建设单位）和施工单位协商确定检查数量。

幕墙及其连接件应具有足够的承载力、刚度和相对于主体结构的位移能力。幕墙构架立柱的连接金属角码与其他连接件应采用螺栓连接，并应有防松动措施。立柱和横梁等主要受力构件，其截面受力部分的壁厚应经计算确定，且铝合金型材壁厚不应小于 3.0mm，钢型材壁厚不应小于 3.5mm；单元幕墙连接处和吊挂处的铝合金型材的壁厚应通过计算确定，并不得小于 5.0mm。隐框、半隐框幕墙所采用的结构粘结材料必须是中性硅酮结构密封胶，其性能必须符合《建筑用硅酮结构密封胶》GB 16776—2005 的规定；硅酮结构密封胶必须在有效期内使用，硅酮结构密封胶应打注饱满，并应在温度 15～30℃、相对湿度 50% 以上、洁净的室内进行；不得在现场墙上打注。隐框、半隐框幕墙构件中板材与金属框之间硅酮结构密封胶的粘结宽度，应分别计算风荷载标准值和板材自重标准值作用下硅酮结构密封胶的粘结宽度，并取其较大值，且不得小于 7.0mm。

幕墙根据防火材料的耐火极限决定防火层的厚度和宽度，并应在楼板处形成防火带；防火层应采取隔离措施，防火层的衬板应采用经防腐处理且厚度不小于 1.5mm 的钢板（不得采用铝板），防火层的密封材料应采用防火密封胶，防火层与玻璃不应直接接触，一块玻璃不应跨两个防火分区。金属、石材幕墙的保温材料可与金属板、石板结合在一起，但应与主体结构外表面有 50mm 以上的空气层。

主体结构与幕墙连接的各种预埋件，其数量、规格、位置和防腐处理必须符合设计要求。幕墙的金属框架与主体结构应通过预埋件连接，预埋件应在主体结构混凝土施工时埋入，预埋件的位置应准确，当没有条件采用预埋件连接时，应采用其他可靠的连接措施，并应通过试验确定其承载力。幕墙的金属框架与主体结构预埋件的连接、立柱与横梁的连接及幕墙面板的安装必须符合设计要求，安装必须牢固。

立柱应采用螺栓与角码连接，螺栓直径应经过计算，并不应小于 10mm，且不同金属材料接触时应采用绝缘垫片分隔。幕墙的抗震缝、伸缩缝、沉降缝等部位的处理应保证缝的使用功能和饰面的完整性。

（一）玻璃幕墙工程

玻璃幕墙为面板材料是玻璃的建筑幕墙。玻璃幕墙工程分为隐框玻璃幕墙、半隐框玻璃幕墙、明框玻璃幕墙、全玻幕墙及点支承玻璃幕墙工程。

幕墙应使用安全玻璃，玻璃的品种、规格、颜色、光学性能及安装方向应符合设计要求。幕墙玻璃的厚度不应小于 6.0mm，全玻幕墙肋玻璃的厚度不应小于 12mm。幕墙的中空玻璃应采用双道密封，明框幕墙的中空玻璃应采用聚硫密封胶及丁基密封胶，隐框和半隐框幕墙的中空玻璃应采用硅酮结构密封胶及丁基密封胶。镀膜面应在中空玻璃的第 2 或第 3 面上。幕墙的夹层玻璃应采用聚乙烯醇缩丁醛（PVB）胶片干法加工合成的夹层玻璃。点支承玻璃幕墙夹层玻璃的夹层胶片（PVB）厚度不应小于 0.76mm。钢化玻璃表面不得有损伤，8.0mm 以下的钢化玻璃应进行引爆处理。

每平方米玻璃的表面不应有长度大于 100mm 的轻微划伤，长度小于等于 100mm 的轻微划伤不应超过 8 条，擦伤总面积小于等于 500mm² 。一个分格铝合金型材的表面不应有长度大于 100mm 的轻微划伤，长度小于等于 100mm 的轻微划伤不应超过 2 条，擦伤总面积小于等于 500mm²。

幕墙玻璃应进行机械磨边处理，磨轮的目数应在 180 目以上，点支承幕墙玻璃的孔、板边缘均应进行磨边和倒棱，磨边宜细磨，倒棱宽度不宜小于 1mm。

玻璃幕墙的防雷装置必须与主体结构的防雷装置可靠连接。

隐框或半隐框玻璃幕墙，每块玻璃下端应设置两个铝合金或不锈钢托条，其长度不应小于 100mm，厚度不应小于 2mm，托条外端应低于玻璃外表面 2mm。

明框玻璃幕墙的玻璃安装应符合：玻璃槽口与玻璃的配合尺寸应符合设计要求和技术标准的规定；玻璃与构件不得直接接触，玻璃四周与构件凹槽底部应保持一定的空隙，每块玻璃下部应至少放置两块宽度与槽口宽度相同、长度不小于 100mm 的弹性定位垫块；玻璃两边嵌入量及空隙应符合设计要求；玻璃四周橡胶条的材质、型号应符合设计要求，镶嵌应平整，橡胶条长度应比边框内槽长 1.5%～2.0%，橡胶条在转角处应斜面断开，并应用粘结剂粘结牢固后嵌入槽内。

高度超过 4m 的全玻幕墙应吊挂在主体结构上，吊夹具应符合设计要求，玻璃与玻璃、玻璃与玻璃肋之间的缝隙，应采用硅酮结构密封胶填嵌严密。点支承玻璃幕墙应采用带万向头的活动不锈钢爪，其钢爪间的中心距离应大于 250mm。

（二）金属幕墙工程

金属幕墙的饰面板一般分为单层铝板、铝塑复合板、蜂窝铝板、彩色钢板、搪瓷涂层钢板、不锈钢板、锌合金板、钛合金板、铜合金板等材料。金属面板与支承结构相连接时，应采取措施避免双金属接触腐蚀。幕墙用单层铝板厚度不应小于 2.5mm，铝塑复合板的上下两层铝合金板的厚度均应为 0.5mm，钢结构幕墙高度超过 40m 时，钢构件宜采用高耐候结构钢，并应在其表面涂刷防腐涂料。幕墙的防火层必须采用经防腐处理且厚度不小于 1.5mm 的耐热钢板，不得采用铝板。

（三）石材幕墙工程

石材幕墙中的单块石材板面面积不宜大于 1.5m²，石材的弯曲强度不应小于 8.0MPa，吸水率应小于 0.8%。石材幕墙的铝合金挂件厚度不应小于 4.0mm，不锈钢挂件厚度不应小于 3.0mm。

八、涂饰工程

涂饰工程主要分为水性涂料涂饰、溶剂型涂料涂饰、美术涂饰等分项工程。水性涂料涂饰工程施工的环境温度应在 5～35℃。新建筑物的混凝土或抹灰基层在涂饰涂料前应涂刷抗碱封闭底漆，旧墙面在涂饰涂料前应清除疏松的旧装修层，并涂刷界面剂。混凝土或抹灰基层涂刷溶剂型涂料时，含水率不得大于 8%；涂刷乳液型涂料时，含水率不得大于 10%；木材基层的含水率不得大于 12%。基层腻子应平整、坚实、牢固，无粉化、起皮和裂缝，厨房、卫生间墙面必须使用耐水腻子。

涂饰工程应在涂层养护期满后进行质量验收，涂饰工程验收时应检查下列文件和记录：涂饰工程的施工图、设计说明及其他设计文件，材料的产品合格证书、性能检测报告、有害物质限量检验报告和进场验收记录，施工记录。

室外涂饰工程每一栋楼的同类涂料涂饰的墙面每 $500\sim1000m^2$ 应划分为一个检验批，不足 $500m^2$ 也应划分为一个检验批，室内涂饰工程同类涂料涂饰的墙面每 50 间（大面积房间和走廊按涂饰面积 $30m^2$ 为一间）应划分为一个检验批，不足 50 间也应划分为一个检验批。室外涂饰工程每 $100m^2$ 应至少检查一处，每处不得小于 $10m^2$，每个检验批应至少抽查 10%，并不得少于 3 间，不足 3 间时应全数检查。

涂饰工程施工时应对与涂层衔接的其他装修材料、邻近的设备等采取有效的保护措施，以避免由涂料造成的沾污。

涂饰工程应在涂层养护期满后进行质量验收。

（一）水性涂料涂饰工程

水性涂料涂饰工程包括乳液型涂料、无机涂料、水溶性涂料等水性涂料涂饰工程。水性涂料涂饰工程中涂饰颜色均匀一致、粘结牢固，不得漏涂、透底、起皮和掉粉。薄涂料的普通涂饰中允许有轻微的返碱、咬色、流坠及疙瘩，装饰线、分色直线度允许偏差不大于 2mm。高级涂饰不允许泛碱、咬色、流坠、疙瘩、砂眼、刷纹。

（二）溶剂型涂料涂饰工程

溶剂型涂料一般是由树脂（成膜物质）、颜料填料、溶剂和各种助剂四大部分组成，溶剂型涂料的分散介质是有机溶剂（一般简称 VOC），从涂膜中挥发掉的有机溶剂多属有毒有害物质，不但会对人体产生危害，而且会对自然环境造成污染。

溶剂型涂料涂饰工程分为丙烯酸酯涂料、聚氨酯丙烯酸涂料、有机硅丙烯酸涂料、交联型氟树脂涂料等溶剂型涂料涂饰工程，包含色漆、清漆两种漆，按涂饰质量分为普通涂饰、高级涂饰，要求颜色均匀一致、光泽基本均匀、光滑。

（三）美术涂饰工程

美术涂饰工程分为套色涂饰、滚花涂饰、仿花纹涂饰等室内外美术涂饰工程。美术涂饰工程应涂饰均匀、粘结牢固，不得漏涂、透底、起皮、掉粉和反锈。美术涂饰的套色、花纹和图案应符合设计要求。美术涂饰表面应洁净，不得有流坠现象。套色涂饰的图案不得移位，纹理和轮廓应清晰。仿花纹涂饰的饰面应具有被模仿材料的纹理。

九、裱糊与软包工程

裱糊前，基层处理质量应达到以下要求：新建筑物的混凝土或抹灰基层墙面在刮腻子前应涂刷抗碱封闭底漆（基层泛碱会导致裱糊后的壁纸变色）；粉化的旧墙面应先除去粉化层，并在刮涂腻子前涂刷一层界面处理剂。混凝土或抹灰基层含水率不得大于 8%；木材基层的含水率不得大于 12%；基层腻子应平整、坚实、牢固，无粉化、空鼓、酥松、裂缝和泛碱；腻子标准状态的粘结强度大于 0.3MPa，腻子浸水后的粘结强度大于 0.3MPa；基层表面平整度、立面垂直度及阴阳角方正的允许偏差均小于等于 3mm（如其质量达不到高级抹灰的质量要求，易出现离缝和搭接现象）。基层表面颜色应一致；裱糊前应用封闭底胶涂刷基层（底胶可防止腻子粉化，并防止基层吸水）。

裱糊与软包工程验收时应检查裱糊与软包工程的施工图、设计说明及其他设计文件、饰面材料的样板及确认文件，还应检查材料的产品合格证书、性能检测报告、进场验收记录和复验报告，饰面材料及封闭底漆、胶粘剂、涂料的有害物质限量检验报告，及施工记录。壁纸、墙布的种类、规格、图案、颜色和燃烧性能等级和软包边框所选木材的材质、花纹、颜色和燃烧性能等级均应符合设计要求及国家现行标准的有关规定。

同一品种的裱糊或软包工程每 50 间（大面积房间和走廊按施工面积 30m² 为一间）应划分为一个检验批，不足 50 间也应划分为一个检验批。裱糊工程每个检验批应至少抽查 10%，并不得少于 3 间，不足 3 间时应全数检查。软包工程每个检验批应至少抽查 20%，并不得少于 6 间，不足 6 间时应全数检查。

十、细部工程

细部工程包括橱柜制作与安装工程，窗帘盒、窗台板和散热器罩制作与安装工程、门窗套制作与安装工程，护栏和扶手制作与安装工程，花饰制作与安装工程等分项工程。

细部工程验收时应检查施工图、设计说明及其他设计文件、材料的产品合格证书、性能检测报告、进场验收记录和复验报告、隐蔽工程验收记录和施工记录。细部工程应对人造木板的甲醛含量进行复验。

细部工程应对预埋件（或后置埋件）、护栏与预埋件的连接节点等隐蔽工程进行验收，细部工程的类制品每 50 间（处），应划分为一个检验批，不足 50 间（处）也应划分为一个检验批。楼梯应划分为一个检验批。

橱柜制作与安装所用材料的材质和规格、木材的燃烧性能等级和含水率、花岗石的放射性及人造木板的甲醛含量应符合设计要求及国家现行标准的有关规定。

护栏高度、栏杆间距、安装位置必须符合设计要求。护栏安装必须牢固。护栏玻璃应使用公称厚度不小于 12mm 的钢化玻璃或钢化夹层玻璃。当护栏一侧距楼地面高度为 5m 及以上时，应使用钢化夹层玻璃。

第五节　建筑地面工程

建筑地面是建筑物底层地面、楼层地面的统称。建筑地面主要由两部分组成，即基层、面层。

一、基本规定

① 建筑地面工程子分部工程、分项工程的划分按表 2.5-1 的规定执行。

建筑地面工程子分部工程、分项工程的划分　　　　　表 2.5-1

分部工程	子分部工程		分项工程
建筑装饰装修工程	地面	整体面层	基层:基土、灰土垫层、砂垫层和砂石垫层、碎石垫层和碎砖垫层、三合土及四合土垫层、炉渣垫层、水泥混凝土垫层和陶粒混凝土垫层、找平层、隔离层、填充层、绝热层
			面层:水泥混凝土面层、水泥砂浆面层、水磨石面层、硬化耐磨面层、防油渗面层、不发火(防爆)面层、自流平面层、涂料面层、塑胶面层、地面辐射供暖的整体面层
		板块面层	基层:基土、灰土垫层、砂垫层和砂石垫层、碎石垫层和碎砖垫层、三合土及四合土垫层、炉渣垫层、水泥混凝土垫层和陶粒混凝土垫层、找平层、隔离层、填充层、绝热层

分部工程	子分部工程		分项工程
建筑装饰装修工程	地面	板块面层	面层：砖面层（陶瓷锦砖、缸砖、陶瓷地砖和水泥花砖面层）、大理石面层和花岗石面层、预制板块面层（水泥混凝土板块、水磨石板块、人造石板块面层）、料石面层（条石、块石面层）、塑料板面层、活动地板面层、金属板面层、地毯面层、地面辐射供暖的板块面层
		木、竹面层	基层：基土、灰土垫层、砂垫层和砂石垫层、碎石垫层和碎砖垫层、三合土及四合土垫层、炉渣垫层、水泥混凝土垫层和陶粒混凝土垫层、找平层、隔离层、填充层、绝热层
			面层：实木地板、实木集成地板、竹地板面层（条材、块材面层）、实木复合地板面层（条材、块材面层）、浸渍纸层压木质地板面层（条材、块材面层）、软木类地板面层（条材、块材面层）、地面辐射供暖的木板面层

② 建筑地面工程采用的材料或产品应符合设计要求和国家现行有关标准的规定。无国家现行标准的，应具有省级住房和城乡建设行政主管部门的技术认可文件。材料或产品进场时还应符合下列规定：应有质量合格证明文件；应对型号、规格、外观等进行验收，对重要材料或产品应抽样进行复验。

③ 建筑地面工程采用的大理石、花岗石、料石等天然石材以及砖、预制板块、地毯、人造板材、胶粘剂、涂料、水泥、砂、石、外加剂等材料或产品应符合国家现行有关室内环境污染控制和放射性、有害物质限量的规定。材料进场时应具有检测报告。

④ 建筑地面工程施工时，各层环境温度的控制应符合材料或产品的技术要求，并应符合：采用掺水泥、石灰的拌合料铺设以及用石油沥青胶结料铺贴时，不应低于 5℃；采用有机胶粘剂粘贴时，不应低于 10℃；采用砂、石材料铺设时，不应低于 0℃；采用自流平、涂料铺设时，不应低于 5℃，也不应高于 30℃。

⑤ 建筑地面下的沟槽、暗管、保温、隔热、隔声等工程完工后，应经检验合格并做隐蔽记录，方可进行建筑地面工程的施工。

⑥ 建筑地面工程基层（各构造层）和面层的铺设，均应待其下一层检验合格后方可施工上一层。建筑地面工程各层铺设前与相关专业的分部（子分部）工程、分项工程以及设备管道安装工程之间，应进行交接检验。

⑦ 建筑地面的变形缝应按设计要求设置，并应符合：建筑地面的沉降缝、伸缝、缩缝和防震缝，应与结构相应缝的位置一致，且应贯通建筑地面的各构造层；沉降缝和防震缝的宽度应符合设计要求，缝内清理干净，以柔性密封材料填嵌后用板封盖，并应与面层齐平。

⑧ 水泥混凝土散水、明沟应设置伸缩缝，其延长米间距不得大于 10m，对日晒强烈且昼夜温差超过 15℃的地区，其延长米间距宜为 4~6m。水泥混凝土散水、明沟和台阶等与建筑物连接处及房屋转角处应设缝处理。上述缝的宽度应为 15~20mm，缝内应填嵌柔性密封材料。

⑨ 建筑物室内接触基土的首层地面施工应符合设计要求，并应符合：在冻胀性土上铺设地面时，应按设计要求做好防冻胀土处理后方可施工，并不得在冻胀土层上进行填土施工；在永冻土上铺设地面时，应按建筑节能要求进行隔热、保温处理后方可施工。

⑩ 厕浴间和有防滑要求的建筑地面应符合设计防滑要求。

⑪ 厕浴间、厨房和有排水（或其他液体）要求的建筑地面面层与相连接各类面层的标高差应符合设计要求。

⑫ 铺设有坡度的地面应采用基土高差达到设计要求的坡度；铺设有坡度的楼面（或架空地面）应采用在结构楼层板上变更填充层（或找平层）铺设的厚度或以结构起坡达到设计要求的坡度。

⑬ 设计无要求时，种植地面应低于相邻建筑地面 50mm 以上或作槛台处理。

⑭ 当建筑地面采用镶边时，应按设计要求设置并应符合下列规定：有强烈机械作用下的水泥类整体面层与其他类型的面层邻接处，应设置金属镶边构件；具有较大振动或变形的设备基础与周围建筑地面的邻接处，应沿设备基础周边设置贯通建筑地面各构造层的沉降缝（防震缝）；采用水磨石整体面层时，应用同类材料镶边，并用分格条进行分格；条石面层和砖面层与其他面层邻接处，应用顶铺的同类材料镶边；采用木、竹面层和塑料板面层时，应用同类材料镶边；地面面层与管沟、孔洞、检查井等邻接处，均应设置镶边；管沟、变形缝等处的建筑地面面层的镶边构件，应在面层铺设前装设；建筑地面的镶边宜与柱、墙面或踢脚线的变化协调一致。

⑮ 建筑地面工程的分项工程施工质量检验的主控项目，应达到本规范规定的质量标准，认定为合格；一般项目 80% 以上的检查点（处）符合本规范规定的质量要求，其他检查点（处）不得有明显影响使用，且最大偏差值不超过允许偏差值的 50% 为合格。

⑯ 检查防水隔离层应采用蓄水方法，蓄水深度最浅处不得小于 10mm，蓄水时间不得少于 24h；检查有防水要求的建筑地面的面层应采用泼水方法。

⑰ 建筑地面工程完工后，应对面层采取保护措施。

二、基层铺设

基层铺设为面层下的构造层，主要包括填充层、隔离层、绝热层、找平层、垫层和基土等。

基层铺设的材料质量、密实度和强度等级（或配合比）等应符合设计要求和规范规定；基层铺设前，其下一层表面应干净、无积水；对有防静电要求的整体地面的基层，应清除残留物，将露出基层的金属物涂绝缘漆两遍晾干；基层的标高、坡度、厚度等应符合设计要求；基层表面应平整，其允许偏差和检验方法应符合表 2.5-2 的规定。

垫层分段施工时，接槎处应做成阶梯形，每层接槎处的水平距离应错开 0.5～1.0m；接槎处不应设在地面荷载较大的部位；当垫层、找平层、填充层内埋设暗管时，管道应按设计要求予以稳固。

（一）基土铺设

地面应铺设在均匀密实的基土上。土层结构被扰动的基土应进行换填，并予以压实，压实系数应符合设计要求，设计无要求时，压实系数不应小于 0.9。基土不应用淤泥、腐殖土、冻土、耕植土、膨胀土和建筑杂物作为填土，填土土块的粒径不应大于 50mm。

填土应分层摊铺、分层压（夯）实、分层检验其密实度，分层铺填厚度宜取 200～300mm。

基层表面允许偏差和检验方法 表 2.5-2

项次	项目	允许偏差/mm													检验方法
		基土	垫层				找平层					填充层		隔离层	绝热层	
					垫层地板											
		土	砂、砂石、碎石、碎砖	灰土、三合土、四合土、炉渣、水泥混凝土、陶粒混凝土	木隔栅	拼花实木地板、拼花实木复合地板、软木类地板面层	其他种类面层	用胶结料做结合层铺设板块面层	用水泥砂浆做结合层铺设板块面层	用胶粘剂做结合层铺设拼花木板、浸渍纸层压木质地板、实木复合地板、竹地板、软木地板面层	金属板面层	松散材料	板、块材料	防水、防潮、防油渗	板块材料、浇筑材料、喷涂材料	检验方法
1	表面平整度	15	15	10	3	3	5	3	5	2	3	7	5	3	4	用2m靠尺和楔形塞尺检查
2	标高	0-50	±20	±10	±5	±5	±8	±5	±8	±4	±4	±4	±4	±4	±4	用水准仪检查
3	坡度	≤房间相应尺寸的2‰，且≤30														用坡度尺检查
4	厚度	在个别地方≤设计厚度的1/10，且≤20														用钢尺检查

（二）垫层铺设

定义：垫层为承受并传递地面荷载于基土上的构造层。

常用垫层：灰土垫层、砂垫层、砂石垫层、碎石垫层、碎砖垫层、三合土和四合土垫层、炉渣垫层、水泥混凝土垫层等。

各种垫层厚度要求：灰土垫层厚度不应小于100mm；砂垫层厚度不应小于60mm；砂石垫层厚度不应小于100mm；碎石垫层和碎砖垫层厚度不应小于100mm；三合土垫层厚度不应小于100mm；四合土垫层厚度不应小于80mm；炉渣垫层厚度不应小于80mm；水泥混凝土垫层的厚度不应小于60mm；陶粒混凝土垫层的厚度不应小于80mm。

1. 灰土垫层应采用熟化石灰与黏土（或粉质黏土、粉土）的拌合料铺设，且应铺设在不受地下水浸泡的基土上。施工后应有防止水浸泡的措施。灰土垫层应分层夯实，经湿润养护、晾干后方可进行下一道工序施工。灰土垫层不宜在冬期施工，当必须在冬期施工时，应采取可靠措施。灰土垫层中的熟化石灰颗粒粒径不应大于5mm，熟化石灰粉可采用磨细生石灰，亦可用粉煤灰代替。黏土（或粉质黏土、粉土）内不得含有有机物质，颗粒粒径不应大于16mm。

2. 砂、砂石垫层的砂石应选用天然级配材料，铺设时不应有粗细颗粒分离现象，压（夯）至不松动为止；砂和砂石不应含有草根等有机杂质；砂应采用中砂；石子最大粒径不应大于垫层厚度的2/3。

碎石垫层应分层压（夯）实，达到表面坚实、平整。碎石的强度应均匀，最大粒径不应大于垫层厚度的 2/3；碎砖不应采用风化、酥松、夹有有机杂质的砖料，颗粒粒径不应大于 60mm。

3. 三合土垫层应采用石灰、砂（可掺入少量黏土）与碎砖的拌合料铺设，四合土垫层应采用水泥、石灰、砂（可掺少量黏土）与碎砖的拌合料铺设；三合土垫层和四合土垫层均应分层夯实。垫层中的水泥宜采用硅酸盐水泥、普通硅酸盐水泥；熟化石灰颗粒粒径不应大于 5mm；砂应用中砂，并不得含有草根等有机物质；碎砖不应采用风化、酥松和有机杂质的砖料，颗粒粒径不应大于 60mm。

4. 炉渣垫层应采用炉渣或水泥与炉渣或水泥、石灰与炉渣的拌合料铺设。炉渣或水泥炉渣垫层的炉渣，使用前应浇水闷透；水泥石灰炉渣垫层的炉渣，使用前应用石灰浆或用熟化石灰浇水拌合闷透；闷透时间均不得少于 5d。炉渣内不应含有有机杂质和未燃尽的煤块，颗粒粒径不应大于 40mm，且颗粒粒径在 5mm 及其以下的颗粒，不得超过总体积的 40%；熟化石灰颗粒粒径不应大于 5mm。在垫层铺设前，其下一层应湿润；铺设时应分层压实，表面不得有泌水现象。铺设后应养护，待其凝结后方可进行下一道工序施工。炉渣垫层施工过程中不宜留施工缝。当必须留缝时，应留直槎，并保证间隙处密实，接槎时应先刷水泥浆，再铺炉渣拌合料。

5. 水泥混凝土垫层和陶粒混凝土垫层应铺设在基土上。当气温长期处于 0℃ 以下，设计无要求时，垫层应设置伸缩缝，缝的位置、嵌缝做法等应与面层伸缩缝相一致。室内地面的水泥混凝土垫层和陶粒混凝土垫层，应设置纵向缩缝和横向缩缝，纵向缩缝、横向缩缝的间距均不得大于 6m。垫层的纵向缩缝应做平头缝或加肋板平头缝；当垫层厚度大于 150mm 时，可做企口缝；横向缩缝应做假缝；平头缝和企口缝的缝间不得放置隔离材料，浇筑时应互相紧贴；企口缝尺寸应符合设计要求，假缝宽度宜为 5～20mm，深度宜为垫层厚度的 1/3，填缝材料应与地面变形缝的填缝材料相一致。

工业厂房、礼堂、门厅等大面积水泥混凝土、陶粒混凝土垫层应分区段浇筑。分区段应结合变形缝位置、不同类型的建筑地面连接处和设备基础的位置进行划分，并应与设置的纵向、横向缩缝的间距相一致。

水泥混凝土垫层和陶粒混凝土垫层采用的粗骨料，其最大粒径不应大于垫层厚度的 2/3，含泥量不应大于 3%；砂为中粗砂，其含泥量不应大于 3%。陶粒中粒径小于 5mm 的颗粒含量应小于 10%；粉煤灰陶粒中大于 15mm 的颗粒含量不应大于 5%；陶粒中不得混夹杂物或黏土块。陶粒宜选用粉煤灰陶粒、页岩陶粒等。陶粒混凝土的密度应在 800～1400kg/m³。

（三）找平层铺设

定义：找平层位于垫层、楼板上或填充层（轻质、松散材料）上起整平、找坡或加强作用的构造层。

材料要求：找平层宜采用水泥砂浆或水泥混凝土铺设，找平层铺设前，当其下一层有松散填充料时，应予铺平振实。找平层采用碎石或卵石的粒径不应大于其厚度的 2/3，含泥量不应大于 2%；砂为中粗砂，其含泥量不应大于 3%。水泥砂浆体积比、水泥混凝土强度等级应符合设计要求，且水泥砂浆体积比不应小于 1∶3（或相应强度等级）；水泥混凝土强度等级不应小于 C15。

厚度要求：当找平层厚度小于 30mm 时，宜用水泥砂浆做找平层；当找平层厚度不小于 30mm 时，宜用细石混凝土做找平层。

【知识要点】在预制钢筋混凝土板上铺设找平层时，其板端应按设计要求做防裂的构造措施，且在设找平层前，板缝填嵌的施工应符合下列要求：预制钢筋混凝土板相邻缝底宽不应小于 20mm。填嵌时，板缝内应清理干净，保持湿润。填缝应采用细石混凝土，其强度等级不应小于 C20。填缝高度应低于板面 10～20mm，且振捣密实；填缝后应养护。当填缝混凝土的强度等级达到 C15 后方可继续施工。当板缝底宽大于 40mm 时，应按设计要求配置钢筋。

【知识要点】有防水要求的建筑地面工程的立管、套管、地漏处不应渗漏，坡向应正确、无积水。在有防静电要求的整体面层的找平层施工前，其下敷设的导电地网系统应与接地引下线和地下接电体有可靠连接，经电性能检测且符合相关要求后进行隐蔽工程验收。找平层表面应密实，不应有起砂、蜂窝和裂缝等缺陷。找平层与其下一层结合应牢固，不应有空鼓。

（四）隔离层

定义：隔离层是防止建筑地面上各种液体或地下水、潮气渗透地面等作用的构造层；当仅防止地下潮气透过地面时，可称作防潮层。

材料要求：在水泥类找平层上铺设卷材类、涂料类防水、防油渗隔离层时，其表面应坚固、洁净、干燥。铺设前，应涂刷基层处理剂。基层处理剂应采用与卷材性能相容的配套材料或采用与涂料性能相容的同类涂料的底子油。

铺设隔离层时，在管道穿过楼板面四周，防水、防油渗材料应向上铺涂，并超过套管的上口；在靠近柱、墙处，应高出面层 200～300mm 或按设计要求的高度铺涂。阴阳角和管道穿过楼板面的根部应增加铺涂附加防水、防油渗隔离层。

【知识要点】厕浴间和有防水要求的建筑地面必须设置防水隔离层。楼层结构必须采用现浇混凝土或整块预制混凝土板，混凝土强度等级不应小于 C20；房间的楼板四周除门洞外应做混凝土翻边，高度不应小于 200mm，宽同墙厚，混凝土强度等级不应小于 C20。施工时结构层标高和预留孔洞位置应准确，严禁乱凿洞。

防水隔离层严禁渗漏，排水的坡向应正确、排水通畅。隔离层与其下一层应粘结牢固，不应有空鼓；防水涂层应平整、均匀，无脱皮、起壳、裂缝、鼓泡等缺陷。

（五）填充层

定义：建筑地面中具有隔声、找坡等作用和暗敷管线的构造层。

【知识要点】填充层的下一层表面应平整。当为水泥类时，尚应洁净、干燥，并不得有空鼓、裂缝和起砂等缺陷。采用松散材料铺设填充层时，应分层铺平拍实；采用板、块状材料铺设填充层时，应分层错缝铺贴。隔声垫上部应设置保护层，其构造做法应符合设计要求。当设计无要求时，混凝土保护层厚度不应小于 30mm，内配间距不大于 200mm×200mm 的 Φ6 钢筋网片。有隔声要求的楼面，隔声垫在柱、墙面的上翻高度应超出楼面 20mm，且应收口于踢脚线内。地面上有竖向管道时，隔声垫应包裹管道四周，高度同卷向柱、墙面的高度。隔声垫保护膜之间应错缝搭接，搭接长度应大于 100mm，并用胶带等封闭。

（六）绝热层

定义：用于地面阻挡热量传递的构造层。

材料要求：绝热层的材料不应采用松散型材料或抹灰浆料；绝热层材料进入施工现场时，应对材料的导热系数、表观密度、抗压强度或压缩强度、阻燃性进行复验。

【知识要点 1】 建筑物室内接触基土的首层地面应增设水泥混凝土垫层后方可铺设绝热层，垫层的厚度及强度等级应符合设计要求；首层地面及楼层楼板铺设绝热层前，表面平整度宜控制在 3mm 以内；有防水、防潮要求的地面，宜在防水、防潮隔离层施工完毕并验收合格后再铺设绝热层。穿越地面进入非采暖保温区域的金属管道应采取隔断热桥的措施。绝热层与地面面层之间应设有水泥混凝土结合层，构造做法及强度等级应符合设计要求。设计无要求时，水泥混凝土结合层的厚度不应小于 30mm，层内应设置间距不大于 200mm×200mm 的 Φ6 钢筋网片。

【知识要点 2】 有地下室的建筑，地上、地下交界部位楼板的绝热层应采用外保温做法，绝热层表面应设有外保护层。外保护层应安全、耐候，表面应平整、无裂纹。

【知识要点 3】 建筑物勒脚处绝热层的铺设，应符合以下规定：当地区冻土深度不大于 500mm 时，应采用外保温做法；当地区冻土深度大于 500mm 且不大于 1000mm 时，宜采用内保温做法；当地区冻土深度大于 1000mm 时，应采用内保温做法；当建筑物的基础有防水要求时，宜采用内保温做法；采用外保温做法的绝热层，宜在建筑物主体结构完成后再施工。

三、面层铺设

面层铺设主要包括整体面层、板块面层、木、竹面层等三大类面层铺设。

（一）整体面层铺设

整体面层分类：水泥混凝土（含细石混凝土）面层、水泥砂浆面层、水磨石面层、硬化耐磨面层、防油渗面层、不发火（防爆）面层、自流平面层、涂料面层、塑胶面层、地面辐射供暖的整体面层等。

【知识要点】 整体面层一般要求：铺设整体面层时，其水泥类基层的抗压强度应大于等于 1.2MPa，表面应粗糙、洁净、湿润并不得有积水。铺设前宜凿毛或涂刷界面剂；水泥类整体面层的抹平工作应在水泥初凝前完成，压光工作应在水泥终凝前完成。整体面层施工后应进行养护，养护时间应大于等于 7d；抗压强度应达到 5MPa 后，方准上人行走；整体面层表面不应有裂纹、脱皮、麻面、起砂等缺陷。面层的坡度应符合设计要求，不得有倒泛水和积水现象；当采用掺有水泥拌合料做踢脚线时，不得用石灰砂浆打底。

1. 整体面层的允许偏差和检验方法应符合表 2.5-3 的规定。

2. 各种整体面层特点：水泥混凝土地面耐久性好，强度高，不起灰，整体性好。水泥砂浆面层属普通地面，造价低、施工方便；但不耐磨，易起砂、起灰。现浇水磨石地面美观、平整、光洁、不起尘、防水。水磨石面层表面平整光滑、外观美、不起灰、耐久性好，可按设计和使用要求做成各种彩色图案，但施工工序较多，工艺复杂，对工序的质量要求较高。硬化耐磨面层一般具有耐磨性强、不起尘、抗重压、增强地面防油性，抗渗透，便于清洁卫生。

整体面层的允许偏差和检验方法　　　　　　　　　　　　表 2.5-3

项次	项目	允许偏差/mm									检验方法
		水泥混凝土面层	防油渗混凝土不发火（防爆）面层	水泥砂浆面层	硬化耐磨面层	普通水磨石面层	高级水磨石面层	自流平面层	涂料面层	塑胶面层	
1	表面平整度	5		4			2				用 2m 靠尺和楔形塞尺检查
2	踢脚线上口平直		4			3		3			拉 5m 线和用钢尺检查
3	缝格顺直		3				2				

3. 水泥混凝土面层

【知识要点】水泥混凝土面层的强度大于等于 C20，粗骨料最大粒径小于等于面层厚度的 2/3，细石混凝土面层采用的石子粒径小于等于 16mm。水泥混凝土面层厚度一般为 30～40mm，施工时随打随抹，在初凝前一次成活，应在终凝前用铁抹子压光或撒水泥粉压光；水泥混凝土面层铺设不得留施工缝。当施工间隙超过允许时间规定时，应对接茬处进行处理。面层与下一层应结合牢固，且应无空鼓和开裂。当出现空鼓时，空鼓面积小于等于 400cm²，且每自然间或标准间小于等于 2 处；踢脚线出现空鼓时，局部空鼓长度小于等于 300mm，每自然间或标准间小于等于 2 处。楼层梯段相邻踏步高度差小于等于 10mm；每踏步两端宽度差小于等于 10mm，旋转楼梯梯段的每踏步两端宽度的允许偏差小于等于 5mm；踏步面层做防滑处理。

4. 水泥砂浆面层

【知识要点】水泥砂浆面层所使用的水泥应采用硅酸盐水泥、普通硅酸盐水泥，不同品种、不同强度等级的水泥不应混用。砂应为中粗砂。当采用石屑时，其粒径应为 1～5mm，含泥量小于等于 3％。水泥砂浆面层体积比应为 1：2；强度等级大于等于 M15。面层与下一层应结合牢固，且应无空鼓和开裂。当出现空鼓时，空鼓面积小于等于 400cm²，且每自然间或标准间不应多于两处。

5. 水磨石面层

【知识要点】水磨石面层应采用水泥与石粒拌合料铺设，有防静电要求时，拌合料内应按设计要求掺入导电材料。面层厚度除有特殊要求外，宜为 12～18mm，且宜按石粒粒径确定。白色或浅色的水磨石面层应采用白水泥；深色的水磨石面层宜采用硅酸盐水泥、普通硅酸盐水泥或矿渣硅酸盐水泥；同颜色的面层应使用同一批水泥。同一彩色面层应使用同厂、同批的颜料；其掺入量宜为水泥重量的 3％～6％或由试验确定。水磨石面层的结合层采用水泥砂浆时，强度等级应符合设计要求且不应小于 M10，稠度宜为 30～35mm。防静电水磨石面层中采用导电金属分格条时，分格条应经绝缘处理，且十字交叉处不得碰接。水磨石面层磨光后，在涂草酸和上蜡前，其表面不得污染。防静电水磨石面层应在表面经清净、干燥后，在表面均匀涂抹一层防静电剂和地板蜡，并应做抛光处理。水磨石面层的石粒应采用白云石、大理石等岩石加工而成，石粒应洁净无杂物，其粒径除特殊要求外应为 6～16mm；颜料应采用耐光、耐碱的矿物原料，不得使用酸性颜料。水磨石面层拌合料的体积比应符合设计要求，且水泥与石粒的比例应为 1∶1.5～1∶2.5。

6. 硬化耐磨面层

硬化耐磨面层采用拌合料铺设时，宜先铺设一层强度等级不小于 M15、厚度不小于 20mm 的水泥砂浆，或水灰比宜为 0.4 的素水泥浆结合层，当设计对厚度无要求时，水泥钢（铁）屑面层铺设厚度不应小于 30mm，抗压强度不应小于 40MPa；水泥石英砂浆面层铺设厚度不应小于 20mm，抗压强度不应小于 30MPa；钢纤维混凝土面层铺设厚度不应小于 40mm，抗压强度不应小于 40MPa。硬化耐磨面层采用撒布铺设时，耐磨材料应撒布均匀，厚度应符合设计要求；混凝土基层或砂浆基层的厚度及强度应符合设计要求。当设计无要求时，混凝土基层的厚度不应小于 50mm，强度等级不应小于 C25；砂浆基层的厚度不应小于 20mm，强度等级不应小于 M15。

硬化耐磨面层采用拌合料铺设时，水泥的强度不应小于 42.5MPa。金属渣、屑、纤维不应有其他杂质，使用前应去油除锈、冲洗干净并干燥；石英砂应用中粗砂，含泥量不应大于 2%。

7. 防油渗面层

防油渗混凝土所用的水泥应采用普通硅酸盐水泥；碎石应采用花岗石或石英石，不应使用松散、多孔和吸水率大的石子，粒径为 5～16mm，最大粒径不应大于 20mm，含泥量不应大于 1%；砂应为中砂，且应洁净无杂物；掺入的外加剂和防油渗剂应符合有关标准的规定。防油渗涂料应具有耐油、耐磨、耐火和粘结性能。防油渗混凝土的强度等级和抗渗性能应符合设计要求，且强度等级不应小于 C30；防油渗涂料的粘结强度不应小于 0.3MPa。防油渗混凝土面层内不得敷设管线。

8. 不发火（防爆）面层

不发火（防爆）面层中碎石的不发火性必须合格；砂应质地坚硬、表面粗糙，其粒径应为 0.15～5mm，含泥量不应大于 3%，有机物含量不应大于 0.5%；水泥应采用硅酸盐水泥、普通硅酸盐水泥；面层分格的嵌条应采用不发生火花的材料配制。配制时应随时检查，不得混入金属或其他易发生火花的杂质。

9. 自流平面层

自流平面层可采用水泥基、石膏基、合成树脂基等拌合物铺设。自流平面层的涂料进入施工现场时，应有以下有害物质限量合格的检测报告：水性涂料中的挥发性有机化合物（VOC）和游离甲醛；溶剂型涂料中的苯、甲苯＋二甲苯、挥发性有机化合物（VOC）和游离甲苯二异氰醛酯（TDI）。

10. 涂料面层

涂料面层应采用丙烯酸、环氧、聚氨酯等树脂型涂料涂刷。涂料进入施工现场时，应有苯、甲苯十二甲苯、挥发性有机化合物（VOC）和游离甲苯二异氰醛酯（TDI）限量合格的检测报告。涂料面层的厚度、颜色应符合设计要求，铺设时应分层施工。

涂料面层的基层应符合下列规定：应平整、洁净；强度等级不应小于 C20；含水率应与涂料的技术要求相一致。

11. 塑胶面层

塑胶面层应采用现浇型塑胶材料或塑胶卷材，宜在沥青混凝土或水泥类基层上铺设。

塑胶面层铺设时的环境温度宜为10～30℃。塑胶卷材面层的焊缝应平整、光洁，无焦化变色、斑点、焊瘤、起鳞等缺陷，焊缝凹凸允许偏差不应大于0.6mm。

12. 地面辐射供暖的整体面层

地面辐射供暖的整体面层宜采用水泥混凝土、水泥砂浆等，应在填充层上铺设。地面辐射供暖的整体面层铺设时不得扰动填充层，不得向填充层内楔入任何物件。地面辐射供暖的整体面层采用的材料或产品除应符合设计要求和本规范相应面层的规定外，还应具有耐热性、热稳定性、防水、防潮、防霉变等特点。地面辐射供暖的整体面层的分格缝应符合设计要求，面层与柱、墙之间应留不小于10mm的空隙。

（二）板块面层铺设

1. 板块面层分类：砖面层、大理石和花岗石面层、预制板块面层、料石面层、塑料板面层、活动地板面层、金属板面层、地毯面层、地面辐射供暖的板块面层。

2. 板块面层一般要求：铺设板块面层时，其水泥类基层的抗压强度不得小于1.2MPa。结合层和板块面层填缝的胶结材料应符合国家现行有关标准的规定和设计要求。大面积板块面层的伸、缩缝及分格缝应符合设计要求。铺设水泥混凝土板块、水磨石板块、人造石板块、陶瓷锦砖、陶瓷地砖、缸砖、水泥花砖、料石、大理石、花岗石等面层的结合层和填缝材料采用水泥砂浆时，在面层铺设后，表面应覆盖、湿润，养护时间不应少于7d。当板块面层的水泥砂浆结合层的抗压强度达到设计要求后，方可正常使用。铺设板块面层的结合层和板块间的填缝应采用水泥砂浆，水泥砂浆应采用硅酸盐水泥、普通硅酸盐水泥或矿渣硅酸盐水泥；配制水泥砂浆的砂应符合现行行业标准《普通混凝土用砂、石质量及检验方法标准》JGJ 52—2006的有关规定；水泥砂浆的体积比（或强度等级）应符合设计要求。

3. 板块面层的允许偏差和检验方法应符合表2.5-4的规定。

板块面层的允许偏差和检验方法 表2.5-4

项次	项目	允许偏差/mm											检验方法
		陶瓷锦砖、高级水磨石板、陶瓷地砖	缸砖	水泥花砖	水磨石板块	大理石、花岗石人造石、金属板	塑料板	水泥混凝土板块	碎拼大理石、碎拼花岗石	活动地板	条石	块石	
1	表面平整度	2.0	4.0	3.0	3.0	1.0	2.0	4.0	3.0	2.0	10		用2m靠尺和楔形塞尺检查
2	缝格平直	3.0				2.0	3.0	3.0	—	2.5	8.0		拉5m线和用钢尺检查
3	接缝高低差	0.5	1.5	0.5	1.0	0.5	0.5	1.5	—	0.4	2.0		用钢尺和楔形塞尺检查
4	踢脚线上口平直	3.0	4.0	—	4.0	1.0	2.0	4.0	1.0				拉5m线和用钢尺检查
5	板块间隙宽度	2.0				1.0	—	6.0		0.3	5.0	—	用钢尺检查

4. 砖面层

砖面层可采用陶瓷锦砖、缸砖、陶瓷地砖、水泥花砖，应在结合层上铺设。面层表面的坡度应符合设计要求，不倒泛水、无积水；与地漏、管道结合处应严密牢靠，无渗漏。

面层与下一层的结合（粘结）应牢固、无空鼓（单块砖边角允许有局部空鼓，但每自然间或标准间的空鼓不得超过总数的 5%）。

在水泥砂浆结合层上铺贴缸砖、陶瓷地砖和水泥花砖面层时，应符合下列规定：在铺贴前，应对砖的规格尺寸，外观质量、色泽等进行预选；需要时，浸水湿润晾干待用；勾缝和压缝应采用同品种、同强度等级、同颜色的水泥，并做养护和保护。

在水泥砂浆结合层上铺贴陶瓷锦砖面层时，砖底应洁净。每联陶瓷锦砖之间，与结合层之间以及在墙角、镶边和靠柱、墙处应紧密贴合。在靠柱、墙处不得采用砂浆填补。在胶结料结合层上铺贴缸砖面层时，缸砖应干净，铺贴应在胶结料凝结前完成。砖面层所用板块产品进入施工现场时，应有放射性限量合格的检测报告。

踏步板块的缝隙宽度应一致；楼层梯段相邻踏步高度差小于等于 10mm；每踏步两端宽度差小于等于 10mm，旋转楼梯梯段的每踏步两端宽度的允许偏差小于等于 5mm。踏步面层应做防滑处理，齿角应整齐，防滑条应顺直、牢固。

5. 大理石、花岗石面层

大理石、花岗石面层采用天然大理石、花岗石（或碎拼大理石、碎拼花岗石）板材，应在结合层上铺设。

板材有裂缝、掉角、翘曲和表面有缺陷时应予剔除，品种不同的板材不得混杂使用；在铺设前，应根据石材的颜色、花纹、图案、纹理等按设计要求，试拼编号。

铺设大理石、花岗石面层前，板材应浸湿、晾干；结合层与板材应分段同时铺设。大理石、花岗石面层所用板块产品进入施工现场时，应有放射性限量合格的检测报告。

面层与下一层应结合牢固，无空鼓（单块板块边角允许有局部空鼓，但每自然间或标准间的空鼓板块不应超过总数的 5%）。大理石、花岗石面层铺设前，板块的背面和侧面应进行防碱处理。

大理石、花岗石面层的表面应洁净、平整、无磨痕，且应图案清晰，色泽一致，接缝均匀，周边顺直，镶嵌正确，板块应无裂纹。面层表面的坡度应符合设计要求，不倒泛水、无积水；地漏、管道结合处应严密牢固，无渗漏。

6. 预制板块面层

预制板块面层采用水泥混凝土板块、水磨石板块、人造石板块，应在结合层上铺设。水泥混凝土板块面层的缝隙中，应采用水泥浆（或砂浆）填缝；彩色混凝土板块、水磨石板块、人造石板块应用同色水泥浆（或砂浆）擦缝。强度和品种不同的预制板块不宜混杂使用。混凝土板块面层缝宽宜小于等于 6mm，水磨石板块、人造石板块间的缝宽小于等于 2mm。预制板块面层铺完 24h 后，应用水泥砂浆灌缝至 2/3 高度，再用同色水泥浆擦（勾）缝。预制板块面层所用板块产品进入施工现场时，应有放射性限量合格的检测报告。

7. 料石面层

料石面层采用天然条石、块石，应在结合层上铺设。条石和块石面层所用的石材的规格、技术等级和厚度应符合设计要求。条石的质量应均匀，形状为矩形六面体，厚度为 80~120mm。块石形状为直棱柱体，顶面粗琢平整，底面面积宜大于等于顶面面积的 60%，厚度为 100~150mm。不导电的料石面层的石料应采用辉绿岩石加工制成。填缝材料亦采用辉绿岩石加工的砂嵌实。条石面层的结合层宜采用水泥砂浆；块石面层的结合层宜采用厚度大于等于 60mm 的砂垫层，基土层应为均匀密实的基土或夯实的基土。条石的强度等级应大于 Mu60，块石的强度等级应大于 Mu30。石材进入施工现场时，应有放射性限量合格的检测报告。面层与下一层应结合牢靠，无松动。条石面层应组砌合理，无十字缝；块石面层石料缝隙应相互错开，通缝不应超过两块石料。

8. 塑料板面层

塑料板面层应采用塑料板块材、塑料板焊接、塑料卷材，以胶粘剂在水泥类基层上采用满粘或点粘法铺设。铺贴塑料板面层时，室内相对湿度宜小于等于 70%，温度宜 10～32℃。防静电塑料板配套的胶粘剂、焊条等应具有防静电性能。塑料板面层采用的胶粘剂进入施工现场时，应有以下有害物质限量合格的检测报告：水性胶粘剂中的挥发性有机化合物（VOC）和游离甲醛；溶剂型胶粘剂中的挥发性有机化合物（VOC）、苯、甲苯＋二甲苯。面层与下一层的粘结应牢固，不翘边、不脱胶、无溢胶（单块板块边角允许有局部脱胶，但每自然间或标准间的脱胶板块不应超过总数的 5%；卷材局部脱胶处面积小于等于 $20cm^2$，且相隔间距应 ≥50cm）。

9. 活动地板面层

活动地板面层宜用于有防尘和防静电要求的专业用房的建筑地面。应采用特制的平压刨花板为基材，表面可饰以装饰板，底层应用镀锌板经粘结胶合形成活动地板块，配以横梁、橡胶垫条和可供调节高度的金属支架组装成架空板，应在水泥类面层（或基层）上铺设。活动地板所有的支座柱和横梁应构成框架一体，并与基层连接牢固。

活动地板面层应包括标准地板、异形地板和地板附件（即支架和横梁组件）。采用的活动地板块应平整、坚实，面层承载力大于等于 7.5MPa，系统电阻，A 级板应为 $1.0 \times 10^5 \sim 1.0 \times 10^8 \Omega$，B 级板应为 $1.0 \times 10^5 \sim 1.0 \times 10^{10} \Omega$。当房间的防静电要求较高，需要接地时，应将活动地板面层的金属支架、金属横梁连通跨接，并与接地体相连。

【知识要点】当活动地板不符合模数时，其不足部分可在现场根据实际尺寸将板块切割后镶补，并应配装相应的可调支撑和横梁。切割边不经处理不得镶补安装，并不得有局部膨胀变形的情况。活动地板在门口处或预留洞口处应符合设置构造要求，四周侧边应用耐磨硬质板材封闭或用镀锌钢板包裹，胶条封边应符合耐磨要求。

活动地板与柱、墙面接缝处的处理应符合设计要求，设计无要求时应做木踢脚线；通风口处，应选用异形活动地板铺贴。

活动地板应符合设计要求和国家现行有关标准的规定，且应具有耐磨、防潮、阻燃、耐污染、耐老化、导静电等性能。活动地板面层应安装牢固，无裂纹、掉角和缺角等缺陷。活动地板面层应排列整齐、表面洁净、色泽一致、接缝均匀、周边顺直。

10. 金属板面层

金属板面层采用镀锌板、镀锡板、复合钢板、彩色涂层钢板、铸铁板、不锈钢板、铜板及其他合成金属板铺设。金属板面层及其配件宜使用不锈蚀或经过防锈处理的金属制品。用于通道（走道）和公共建筑的金属板面层，应按设计要求进行防腐、防滑处理。具有磁吸性的金属板面层不得用于有磁场所。

11. 地毯面层

地毯面层应采用地毯块材或卷材，以空铺法、实铺法铺设。地毯面层采用的材料进入施工现场时，应有地毯、衬垫、胶粘剂中的挥发性有机化合物（VOC）和甲醛限量合格的检测报告。

铺设地毯的地面面层（或基层）应坚实、平整、洁净、干燥，无凹坑、麻面、起砂、裂缝，并不得有油污、钉头及其他凸出物。地毯衬垫应满铺平整，地毯拼缝处不得露底衬。楼梯地毯面层铺设时，梯段顶级（头）地毯应固定于平台上，其宽度应大于等于标准楼梯、台阶踏步尺寸；阴角处应固定牢固；梯段末级（头）地毯与水平段地毯的连接处应顺畅、牢固。

空铺地毯面层应符合下列要求：块材地毯宜先拼成整块，然后按设计要求铺设；块材地毯的铺设，块与块之间应挤紧服帖；卷材地毯宜先长向缝合，然后按设计要求铺设；地毯面层的周边应压入踢脚线下；地毯面层与不同类型的建筑地面面层的连接处，其收口做法应符合设计要求。

实铺地毯面层应符合下列要求：实铺地毯面层采用的金属卡条（倒刺板）、金属压条、专用双面胶带、胶粘剂等应符合设计要求；铺设时，地毯的表面层宜张拉适度，四周应采用卡条固定；门口处宜用金属压条或双面胶带等固定；地毯周边应塞入卡条和踢脚线下；地毯面层采用胶粘剂或双面胶带粘结时，应与基层粘贴牢固。

12. 地面辐射供暖的板块面层

地面辐射供暖的板块面层宜采用缸砖、陶瓷地砖、花岗石、水磨石板块、人造石板块、塑料板等，应在填充层上铺设。地面辐射供暖的板块面层铺设时不得扰动填充层，不得向填充层内楔入任何物件。地面辐射供暖的板块面层采用的材料或产品应具有耐热性、热稳定性、防水、防潮、防霉变等特点。地面辐射供暖的板块面层的伸缩缝及分格缝应符合设计要求；面层与柱、墙之间应留大于等于 10mm 的空隙。

（三）木、竹面层铺设

【知识要点】木、竹面层的优缺点

优点：富有弹性、耐磨、不起灰、易洁、不返潮、纹理及色泽自然美观、蓄热系数小。缺点：耐火性差、受潮易腐朽、易产生裂缝与翘曲变形。

【知识要点】铺设方法

木、竹地面按构造及安装方法，可分为空铺法和实铺法。空铺法需设置格栅，按有无地垄墙等分为架空铺设和不架空铺设；实铺法不设格栅，按与基层的关系分为无粘结（可设垫层地板）和有粘结（面层直接与水泥类基层粘结），粘贴形式又分为满粘和点粘式。

用于固定和加固用的金属零部件应采用不锈蚀或经过防锈处理的金属件。

与厕浴间、厨房等潮湿场所相邻的木、竹面层的连接处应做防水（防潮）处理。木、竹面层铺设在水泥类基层上，其基层表面应坚硬、平整、洁净、不起砂，表面含水率不应大于 8%。

四、分部（子分部）工程验收

建筑地面工程子分部工程合格的评定基础：建筑地面工程施工质量中各类面层子分部工程的面层铺设与其相应的基层铺设的分项工程施工质量检验应全部合格。

（一）建筑地面工程子分部工程质量验收应检查下列工程质量文件和记录：

1. 建筑地面工程设计图纸和变更文件等；

2. 原材料的质量合格证明文件、重要材料或产品的进场抽样复验报告；

3. 各层的强度等级、密实度等的试验报告和测定记录；

4. 各类建筑地面工程施工质量控制文件；

5. 各构造层的隐蔽验收及其他有关验收文件。

（二）建筑地面工程子分部工程质量验收应检查下列安全和功能项目：

有防水要求的建筑地面子分部工程的分项工程施工质量的蓄水检验记录。

模拟题

砌体工程

1. 在有冻胀环境的地区，建筑物地面或防潮层以下，不应采用的砌体材料是（　　）。

A. 标准砖　　　　　B. 多孔砖　　　　　C. 毛石　　　　　D. 配筋砌体

【答案】B

【解析】《砌体结构工程施工质量验收规范》GB 50203—2011 第 5.1.4 条文规定：有冻胀环境和条件的地区，地面以下或防潮层以下的砌体，不应采用多孔砖。

2. 砖砌体砌筑施工工艺顺序正确的是（　　）。

A. 抄平、放线、摆砖样、立皮数杆、盘角、挂线、砌筑、清理与勾缝

B. 抄平、放线、立皮数杆、摆砖样、盘角、挂线、砌筑、清理与勾缝

C. 抄平、放线、摆砖样、盘角、挂线、立皮数杆、砌筑、清理与勾缝

D. 抄平、放线、摆砖样、立皮数杆、挂线、砌筑、盘角、清理与勾缝

【答案】A

【解析】砌筑砖墙通常包括抄平、放线、摆砖样、立皮数杆、盘角、挂准线、铺灰砌砖、勾缝等工序。砌筑质量要求为：横平竖直、厚薄均匀、砂浆饱满、上下错缝、内外搭砌、接槎牢固。

3. 构造柱与墙体的连接处应砌成马牙槎，其表述错误的是（　　）。

A. 每个马牙槎的高度不应超过 300mm

B. 马牙槎凹凸尺寸不宜小于 60mm

C. 马牙槎应先进后退

D. 马牙槎应对称砌筑

【答案】C

【解析】《砌体结构工程施工质量验收规范》GB 50203—2011 第 8.2.3 条文规定：墙体应砌成马牙槎，马牙槎凹凸尺寸不宜小于 60mm，高度不应超过 300mm，马牙槎应先退后进，对称砌筑；预留拉结钢筋的规格、尺寸、数量及位置应正确，拉结钢筋应沿墙高每隔 500mm 设 2Φ6，伸入墙内不宜小于 600mm，钢筋的竖向移位不应超过 100mm，且竖向移位每一构造柱不得超过 2 处。

4. 下列砌块砌筑的说法中，错误的是（　　）。

A. 砌块砌体的砌筑形式只有全顺式一种

B. 普通混凝土砌块砌体水平灰缝的灰浆饱满度不得低于砌块净面积的 80%

C. 普通混凝土砌块砌体竖向灰缝的灰浆饱满度不得低于砌块净面积的 80%

D. 加气混凝土砌块搭接长度不应小于砌块长度的 1/3

【答案】A

【解析】砌块砌体的砌筑形式除了全顺式外，还有一顺一丁、三顺一丁、梅花丁等。

5. 关于砌筑砂浆的说法，错误的是（　　）。

A. 施工中不可以用强度等级小于 M5 的水泥砂浆代替同强度等级水泥混合砂浆

B. 配置水泥石灰砂浆时，不得采用脱水硬化的石灰膏

C. 砂浆现场拌制时，各组分材料应采用体积计量

D. 砂浆应随拌随用，气温超过 30℃时应在拌成后 2h 内用完

【答案】C

【解析】《砌体结构工程施工质量验收规范》GB 50203—2011 第 4.0.8 条文规定：配制砌筑砂浆时，各组分材料应采用质量计量，水泥及各种外加剂配料的允许偏差为 ±2%；砂、粉煤灰、石灰膏等配料的允许偏差为 ±5%。

6. 关于石砌体工程的说法，错误的是（　　）。

A. 料石砌体采用坐浆法砌筑

B. 石砌体每天的砌筑高度不宜超过 1.2m

C. 石砌体勾缝一般采用 1∶1 水泥砂浆

D. 料石基础的第一皮石块应采用丁砌层坐浆法砌筑

【答案】B

【解析】《砌体结构工程施工质量验收规范》GB 50203—2011 第 7.1.4 条文规定：砌筑毛石基础的第一皮石块应坐浆，并将大面向下；砌筑料石基础的第一皮石块应用丁砌层坐浆砌筑。《砌体结构工程施工规范》GB 50924—2014 第 8.1.4 条规定：石砌体每天的砌筑高度不得大于 1.2m。另外在正常施工条件下，小砌块砌体每日砌筑高度宜控制在 1.4m 或一步脚手架高度内，砖砌体每日砌筑高度宜控制在 1.5m 或一步脚手架高度内。雨期施工时每天砌筑高度不宜超过 1.2m。

7. 砌体施工在墙体上留置临时施工洞口时，下述哪项做法不正确？（　　）

A. 洞口两侧应留斜搓

B. 其侧边离交界处墙面不应小于 500mm

C. 洞口净宽度不应超过 1000mm

D. 宽度超过 300mm 的洞口顶部应设置过梁

【答案】A

【解析】参见《砌体结构工程施工质量验收规范》GB 50203—2011 第 3.0.8 条与第 3.0.11 条文规定：在墙上留置临时施工洞口，其侧边离交接处路面不应小于 500mm，洞口净宽度不应超过 1m。抗震设防烈度为 9 度地区建筑物的临时施工洞口位置，应合同设计单位确定。临时施工洞口应做好补砌。设计要求的洞口、沟槽、管道应于砌筑时正确留出或预埋，未经设计同意，不得打凿墙体和在墙体上开凿水平沟槽。宽度超过 300mm 的洞口上部，应设置钢筋混凝土过梁。不应在截面长边小于 500mm 的承重墙体、独立柱内埋设管线。

8. 砌体施工中，必须按设计要求正确预留或预埋的部位中不包括（　　）。

A. 脚手架拉结件　　　　　　　　　　B. 洞口

C. 管道 D. 沟槽

【答案】A

【解析】《砌体结构工程施工质量验收规范》GB 50203—2011 第 3.0.11 条文规定：设计要求的洞口、沟槽、管道应于砌筑时正确留出或预埋，未经设计同意，不得打凿墙体和在墙体上开凿水平沟槽。宽度超过 300mm 的洞口上部，应设置钢筋混凝土过梁。不应在截面长边小于 500mm 的承重墙体、独立柱内埋设管线。

9. 下列哪项不属于砌体施工质量控制等级的最低质量控制要求？（ ）

A. 砂浆、混凝土强度试块按规定制作

B. 强度满足验收规定

C. 砂浆拌合方式为机械拌合

D. 砂浆配合比计量

【答案】C

【解析】参《砌体结构工程施工质量验收规范》GB 50203—2011 第 3.0.15 条文规定：施工质量控制等级的最低质量（C 级）要求为：（1）砂浆、混凝土强度为试块按规定制作，强度满足验收规定，离散性大。（2）砂浆拌合方式为机械或人工拌合，配合比计量控制较差。（3）砌筑工人为初级工以上。（4）现场质量管理为有监督检查制度，施工方有在岗专业技术管理人员。

10. 砌体施工时，为了避免楼面和屋面堆载超过楼板的允许荷载值，需临时加撑措施的部位是（ ）。

A. 无梁板 B. 预制板

C. 墙体砌筑部位两侧 D. 施工层进料口

【答案】D

【解析】《砌体结构工程施工质量验收规范》GB 50203—2011 第 3.0.18 条文规定：砌体施工时，楼面和屋面堆载不得超过楼板的允许荷载值。当施工层进料口处施工荷载较大时，楼板下宜采取临时支撑措施。

11. 砌体工程中，水泥进场使用前应分批进行复验，其检验批的数量正确的为（ ）。

A. 袋装水泥以 50t 为一批

B. 散装水泥以每罐为一批

C. 以同一生产厂家、同一天进场的为一批

D. 每批抽样不少于一次

【答案】D

【解析】《砌体结构工程施工质量验收规范》GB 50203—2011 第 4.0.1 条文规定：水泥使用应符合下列规定：（1）水泥进场时应对其品种、等级、包装或散装仓号、出厂日期等进行检查，并应对其强度、安定性进行复验，其质量必须符合现行国家标准《通用硅酸盐水泥》GB 175 的有关规定。（2）当在使用中对水泥质量有怀疑或水泥出厂超过三个月（快硬硅酸盐水泥超过一个月）时，应复查试验，并按复验结果使用。（3）不同品种的水泥，不得混合使用。抽检数量：按同一生产厂家、同品种、同等级、同批号连续进场的水泥，袋装水泥不超过 200t 为一批，散装水泥不超过 500t 为一批，每批抽样不少于一次。检验方法：检查产品合格证、出厂检验报告和进场复验报告。

12. 砌体施工时，在砂浆中掺入下列哪种添加剂，应有砌体强度的型式检测型号？（　　）

A. 有机塑化剂　　　B. 早强剂　　　C. 缓凝剂　　　D. 防冻剂

【答案】A

【解析】凡在砂浆中掺入有机塑化剂、早强剂、缓凝剂、防冻剂等，应经检验和试配符合要求后，方可使用，有机塑化剂应有砌体强度的型式检验报告。由于有机塑化剂种类较多，其作用机理各异，故除了应进行材料本身性能（如对砌筑砂浆密度、稠度、分层度、抗压强度、抗冻性等）检测之外，尚应针对砌体强度进行检验，应有完整的型式检验报告。

13. 砌体施工时，下列对砌筑砂浆的要求哪项不正确？（　　）

A. 不得直接采用消石灰粉

B. 应通过试配确定配合比

C. 现场拌制时各种材料应采用体积比计量

D. 应随拌随用

【答案】C

【解析】《砌体结构工程施工质量验收规范》GB 50203—2011 第4.0.8 条文规定：配制砌筑砂浆时，各组分材料应采用质量计量。

14. 砂浆应随拌随用，当施工期间最高温度超过30℃时，水泥砂浆最迟应在多长时间内使用完毕？（　　）

A. 2h　　　　　B. 3h　　　　　C. 4h　　　　　D. 5h

【答案】A

【解析】《砌体结构工程施工质量验收规范》GB 50203—2011 第4.0.10 条规定：现场拌制的砂浆应随拌随用，拌制的砂浆应在3h 内使用完毕；当施工期间最高气温超过30℃时，应在2h 内使用完毕。预拌砂浆及蒸压加气混凝土砌块专用砂浆的使用时间应按照厂方提供的说明书确定。

15. 砖砌筑前浇水湿润是为了（　　）。

A. 提高砖与砂浆间的粘结力　　　　B. 提高砖的抗剪强度

C. 提高砖的抗压强度　　　　　　　D. 提高砖砌体的抗拉强度

【答案】A

【解析】参见《砌体结构工程施工质量验收规范》GB 50203—2011 第5.1.6 条的条文说明：试验研究和工程实践证明，砖的湿润程度对砌体的施工质量影响较大：干砖砌筑不仅不利于砂浆强度的正常增长，大大降低砌体强度，影响砌体的整体性，而且砌筑困难；吸水饱和的砖砌筑时，会使刚砌的砌体尺寸稳定性差，易出现墙体平面外弯曲，砂浆易流淌，灰缝厚度不均，砌体强度降低。另外砂浆的粘结力与砌块的表面状态、洁净程度、湿润情况及施工养护条件等有关。砌筑前，砖适当浇水湿润，其含水率控制在10%～15%，表面不沾泥土，可以提高砂浆与砖之间的粘结力，保证砌筑质量。

16. 混凝土小型空心砌块砌体的水平灰缝砂浆饱满度按净面积计算不得低于（　　）。

A. 50%　　　　　B. 70%　　　　　C. 80%　　　　　D. 90%

【答案】D

【解析】《砌体结构工程施工质量验收规范》GB 50203—2011 第 6.2.2 条规定：砌体水平灰缝和竖向灰缝的砂浆饱满度，按净面积计算不得低于 90%。

17. 石砌挡土墙内侧回填土要分层回填夯实，其作用一是保证挡土墙内含水量无明显变化，二是保证（　　）。

    A. 墙体侧向土压力无明显变化   B. 墙体强度无明显变化

    C. 土体抗剪强度无明显变化   D. 土体密实度无明显变化

【答案】D

【解析】参《砌体结构工程施工质量验收规范》GB 50203—2011 第 7.1.11 条及条文说明：挡土墙内侧回填土必须分层夯填，分层松土厚度宜为 300mm。墙顶土面应有适当坡度使流水流向挡土墙外侧面。挡土墙内侧回填土的质量是保证挡土墙可靠性的重要因素之一：挡土墙顶部坡面便于排水，不会导致挡土墙内侧土含水量和墙的侧向土压力明显变化，以确保挡土墙的安全。

18. 设置在配筋砌体水平灰缝中的钢筋，应居中放置在灰缝中的目的，一是对钢筋有较好的保护，二是（　　）。

    A. 提高砌体的强度   B. 提高砌体的整体性

    C. 使砂浆与块体较好地粘结   D. 使砂浆与钢筋较好地粘结

【答案】D

【解析】参《砌体结构工程施工质量验收规范》GB 50203—2011 第 8.1.3 条文及条文解释：设置在灰缝内的钢筋，应居中置于灰缝内，水平灰缝厚度应大于钢筋直径 4mm 以上。砌体水平灰缝中钢筋居中放置有两个目的：一是对钢筋有较好的保护；二是有利于钢筋的锚固。

19. 蒸压加气混凝土砌块和轻骨料混凝土小型空心砌块在砌筑时，其产品龄期应超过 28d，其目的是控制（　　）。

    A. 砌块的规格、形状、尺寸   B. 砌块与砌体的胶结强度

    C. 砌体的整体变形   D. 砌体的收缩裂缝

【答案】D

【解析】参《砌体结构工程施工质量验收规范》GB 50203—2011 第 6.1.3 条文及条文说明：施工采用的小砌块的产品龄期不应小于 28d。小砌块龄期达到 28d 之前，自身收缩速度较快，其后收缩速度减慢，且强度趋于稳定。为有效控制砌体收缩裂缝，检验小砌块的强度，规定砌体施工时所用的小砌块，产品龄期不应小于 28d。

20. 当基底标高不同时，砖基础砌筑顺序正确的是（　　）。

    A. 低处砌起，由高处向低处搭接   B. 低处砌起，由低处向高处搭接

    C. 高处砌起，由高处向低处搭接   D. 高处砌起，由低处向高处搭接

【答案】A

【解析】《砌体结构工程施工质量验收规范》GB 50203—2011 第 3.0.3 条文规定：砌筑顺序应符合下列规定：基底标高不同时，应从低处砌起，并应由高处向低处搭砌。当设计无要求时，搭接长度不应小于基础扩大部分的高度。

21. 砌筑施工质量控制等级分为 A、B、C 三级，其中对砂浆配合比计量控制严格的是（　　）。

A. A 级　　　　　　B. B 级　　　　　　C. C 级　　　　　　D. A 级和 B 级

【答案】A

【解析】《砌体结构工程施工质量验收规范》GB 50203—2011 第 3.0.1 条的表 3.0.15 规定：施工质量控制等级为 A 级时，砂浆机械拌合，且配合比计量控制严格。

22. 关于填充墙砌体工程，下列表述错误的是（　　　）。

A. 填充墙砌筑前块材应提前 1d 浇水

B. 蒸压加气混凝土砌块砌筑时的产品龄期为 28d

C. 空心砖的临时堆放高度不宜超过 2m

D. 填充墙砌到梁、板底时，应及时用细石混凝土填补密实

【答案】D

【解析】《砌体结构工程施工质量验收规范》GB 50203—2011 第 9.1.9 条规定：填充墙砌体砌筑，应待承重主体结构检验批验收合格后进行；填充墙与承重主体结构间的空（缝）隙部位施工，应在填充墙砌筑 14d 后进行。其余见《砌体结构工程施工质量验收规范》GB 50203—2011 第 9.1.2 条、9.1.3 条、9.1.5 条。

23. 下列表述哪项不符合砌筑工程冬期施工相关规定？（　　　）

A. 石灰膏、电石膏如遭冻结，应经融化后使用

B. 普通砖、空心砖在高于 0℃ 条件下砌筑时，应浇水湿润

C. 砌体用砖或其他块材不得遭水浸冻

D. 当采用掺盐砂浆法施工时，不得提高砂浆强度等级

【答案】D

【解析】《砌体结构工程施工质量验收规范》GB 50203—2011 第 10.0.12 条规定：采用外加剂法配制的砌筑砂浆，当设计无要求，且最低气温等于或低于 −15℃ 时，砂浆强度等级应较常温施工提高一级。第 10.0.13 条规定，配筋砌体不得采用掺氯盐的砂浆施工。

24. 底层室内地面以下的砌体应采用混凝土灌实小砌块的空洞，混凝土强度等级最低应不低于（　　　）。

A. C10　　　　　　B. C15　　　　　　C. C20　　　　　　D. C25

【答案】C

【解析】《砌体结构工程施工质量验收规范》GB 50203—2011 第 6.1.6 条规定：底层室内地面以下或防潮层以下的砌体，应采用强度等级不低于 C20 的混凝土灌实小砌块的孔洞。

25. 可提高砖与砂浆的粘结力和砌体的抗剪强度，确保砌体的施工质量和力学性能的施工工艺措施是（　　　）。

A. 采用混合砂浆　　　　　　　　B. 采用水泥砂浆

C. 采用掺有机塑化剂的水泥砂浆　　D. 砖砌筑前浇水湿润

【答案】D

【解析】见《砌体结构工程施工质量验收规范》GB 50203—2011 第 5.1.6 条的条文说明。

26. 拆除砖过梁底部的模板时，灰缝砂浆强度最低值不得低于设计强度的（　　　）。

A. 80%　　　　　　B. 75%　　　　　　C. 60%　　　　　　D. 50%

【答案】B

【解析】《砌体结构工程施工质量验收规范》GB 50203—2011 中第 6.2.19 条规定：砖过梁底部的模板，应在灰缝砂浆强度不低于设计强度 75% 时，方可拆除。《砌体结构工程施工质量验收规范》GB 50203—2011 第 5.1.10 条规定：砖过梁底部的模板及其支架拆除时，灰缝砂浆强度不应低于设计强度的 75%。

27. 为混凝土小型空心砌块砌体浇筑芯柱混凝土时，其砌筑砂浆强度最低应大于（   ）。

A. 2MPa　　　　　　B. 1.2MPa　　　　　　C. 1MPa　　　　　　D. 0.5MPa

【答案】C

【解析】《砌体结构工程施工质量验收规范》GB 50203—2011 第 6.1.15 条的第 2 款规定：浇筑芯柱混凝土时，砌筑砂浆强度应大于 1MPa。

28. 砌筑砂浆采用机械搅拌时，自投料完算起，搅拌时间不少于 3min 的砂浆是（   ）。

A. 水泥砂浆

B. 水泥混合砂浆和水泥粉煤灰砂浆

C. 掺用外加剂的砂浆和水泥粉煤灰砂浆

D. 掺用有机塑化剂的砂浆

【答案】C

【解析】《砌体结构工程施工质量验收规范》GB 50203—2011 第 4.0.9 条规定：砌筑砂浆应采用机械搅拌，搅拌时间自投料完起算应符合下列规定：（1）水泥砂浆和水泥混合砂浆不得少于 120s。（2）水泥粉煤灰砂浆和掺用外加剂的砂浆不得少于 180s。（3）掺增塑剂的砂浆，其搅拌方式、搅拌时间应符合现行行业标准《砌筑砂浆增塑剂》JG/T 164 的有关规定。（4）干混砂浆及加气混凝土砌块专用砂浆宜按掺用外加剂的砂浆确定搅拌时间或按产品说明书采用。

29. 砌体工程施工中，下述哪项表述是错误的？（   ）

A. 砖砌体的转角处砌筑应同时进行

B. 严禁无可靠措施的内外墙分砌施工

C. 临时间断处应当留直槎

D. 宽度超过 300mm 的墙身洞口上部应设过梁

【答案】C

【解析】《砌体结构工程施工质量验收规范》GB 50203—2011 第 5.2.3 条规定：砖砌体的转角处和交接处应同时砌筑，严禁无可靠措施的内外墙分砌施工。在抗震设防烈度为 8 度及 8 度以上地区，对不能同时砌筑而又必须留置的临时间断处应砌成斜槎，普通砖砌体斜槎水平投影长度不应小于高度的 2/3，多孔砖砌体的斜槎长高比不应小于 1/2。斜槎高度不得超过一步脚手架的高度。

30. 关于混凝土小型空心砌块砌体工程，下列正确的表述是哪项？（   ）

A. 位于防潮层以下的砌体，应采用强度等级不低于 C30 的混凝土填充砌块的孔洞

B. 砌体水平灰缝的砂浆饱满度，按净面积计算不得低于 60%

C. 小砌块应底面朝下砌于墙上

D. 轻骨料混凝土小型空心砌块的产品龄期不应小于 28d

【答案】D

【解析】《砌体结构工程施工质量验收规范》GB 50203—2011 第 6.1.3 规定：施工采用的小砌块的产品龄期不应小于 28d。第 6.1.6 条规定：底层室内地面以下或防潮层以下的砌体，应采用强度等级不低于 C20（或 Cb20）的混凝土灌实小砌块的孔洞。第 6.2.2 条规定：砌体水平灰缝和竖向灰缝的砂浆饱满度，按净面积计算不得低于 90%。第 6.1.10 条规定：小砌块应将生产时的底面朝上反砌于墙上。

31. 砖基础砌筑时应选用下列哪种砂浆？（　　）

A. 水泥石灰砂浆 　　　　　　　　　B. 石灰砂浆

C. 水泥混合砂浆 　　　　　　　　　D. 水泥砂浆

【答案】D

【解析】石灰为气硬性材料，含有石灰的砂浆不适宜用在基础等潮湿的环境中，水泥为水硬性材料，可用于基础等潮湿的环境中。

32. 配筋砌体工程中的钢筋品种、规格和数量应符合设计要求，下列不属于主控项目中钢筋检验方法的是（　　）。

A. 检查钢筋的合格证书 　　　　　　B. 检查钢筋性能试验报告

C. 检查隐蔽工程记录 　　　　　　　D. 检查钢筋的锚固情况

【答案】D

【解析】《砌体结构工程施工质量验收规范》GB 50203—2011 第 8.2.1 条规定：钢筋的品种、规格、数量和设置部位应符合设计要求。检验方法：检查钢筋的合格证书、钢筋性能复试试验报告、隐蔽工程记录。

33. 砌体施工质量控制等级应分为（　　）。

A. 二级 　　　　B. 三级 　　　　C. 四级 　　　　D. 五级

【答案】B

【解析】《砌体结构工程施工质量验收规范》GB 50203—2011 第 3.0.15 条规定：砌体施工质量控制等级分为 A、B、C 三个等级。

34. 砌筑砂浆中掺入微沫剂是为了提高（　　）。

A. 砂浆的和易性 　　　　　　　　　B. 砂浆的强度等级

C. 砖砌体的抗压强度 　　　　　　　D. 砖砌体的抗剪强度

【答案】A

【解析】砂浆中掺入微沫剂后，能改善和易性，而对其强度有一定影响，加量过多将明显降低砂浆的强度和黏结性。

35. 毛石基础砌筑时应选用下列哪种砂浆？（　　）

A. 水泥石灰砂浆 　　　　　　　　　B. 石灰砂浆

C. 水泥混合砂浆 　　　　　　　　　D. 水泥砂浆

【答案】D

【解析】除了水泥砂浆外，其他的砂浆均掺有石灰，适用于地面以上砌体。

36. 基础砌体基底标高不同时，应从低处砌起，并应由高处向低处搭砌。当设计无要求时，搭接长度不应小于（　　）。

A. 基础扩大部分的宽度 　　　　　　B. 基础扩大部分的高度

C. 低处与高处相邻基础底面的高差　　D. 规范规定的最小基础埋深

【答案】C

【解析】《砌体结构工程施工质量验收规范》GB 50203—2011 第 3.0.6 条第一款规定：砌筑顺序应符合下列规定：基底标高不同时，应从低处砌起，并应由高处向低处搭砌。当设计无要求时，搭接长度不应小于基础底的高差，搭接长度范围内下层基础应扩大砌筑。

37. 砌体施工进行验收时，对不影响结构安全性的砌体裂缝，正确的处理方法是（　　）。

A. 应由有资质的检测单位检测鉴定，符合要求时予以验收

B. 不予验收，待返修或加固满足使用要求后进行二次验收

C. 应予以验收，对裂缝可暂不处理

D. 应予以验收，但应对明显影响使用功能和观感质量的裂缝进行处理

【答案】D

【解析】《砌体结构工程施工质量验收规范》GB 50203—2011 第 11.0.4 款有裂缝的砌体应按下列情况进行验收：对不影响结构安全性的砌体裂缝，应予以验收，对明显影响使用功能和观感质量的裂缝，应进行处理；对有可能影响结构安全性的砌体裂缝，应由有资质的检测单位检测鉴定，需返修或加固处理的，待返修或加固处理满足使用要求后进行二次验收。

38. 砌砖工程当采用铺浆法砌筑且施工期间气温超过 30℃时，铺浆长度不得超过（　　）。

A. 500mm　　　　B. 750mm　　　　C. 1000mm　　　　D. 1250mm

【答案】A

【解析】《砌体结构工程施工质量验收规范》GB 50203—2011 第 5.1.7 条规定：采用铺浆法砌筑砌体，铺浆长度不得超过 750mm；当施工期间气温超过 30℃时，铺浆长度不得超过 500mm。

39. 当设计无规定时，挡土墙的泄水孔施工时应均匀设置，并符合下列哪项规定？（　　）

A. 根据现场实际情况合理设置泄水孔

B. 在水平和高度方向上每间隔 2000mm 左右设置一个泄水孔

C. 在水平和高度方向上每间隔 1500mm 左右设置一个泄水孔

D. 在每米高度上间隔 2000mm 左右设置一个泄水孔

【答案】B

【解析】《砌体结构工程施工质量验收规范》GB 50203—2011 第 7.1.10 条规定：挡土墙的泄水孔当设计无规定时，施工应符合下列规定：泄水孔应均匀设置，在每米高度上间隔 2m 左右设置一个泄水孔；泄水孔与土体间铺设长宽各为 300mm、厚 200mm 的卵石或碎石作疏水层。

40. 用轻骨料混凝土小型空心砌块或蒸压加气混凝土砌块砌筑墙体时，墙底部应砌烧结普通砖或多孔砖，或普通混凝土小型空心砌块，或现浇混凝土坎台等，其高度不宜小于（　　）。

A. 120mm　　　　B. 150mm　　　　C. 180mm　　　　D. 200mm

【答案】D

【解析】《砌体结构工程施工质量验收规范》GB 50203—2011 第 9.1.6 条规定：在厨房、卫生间、浴室等处采用轻骨料混凝土小型空心砌块、蒸压加气混凝土砌块砌筑墙体时，墙底部宜现浇混凝土坎台，其高度宜为 150mm。

41. 砌体填充墙砌至接近梁、板底时，应留一定空隙，待填充墙砌完并应间隔一段时间后，再将其补砌挤紧。间隔时间至少不得少于（　　）。

A. 1d　　　　　　B. 3d　　　　　　C. 7d　　　　　　D. 14d

【答案】D

【解析】《砌体结构工程施工规范》GB 50924—2014 第 10.2.1 条规定：填充墙砌体砌筑，应在承重主体结构检验批验收合格后进行；填充墙顶部与承重主体结构之间的空隙部位，应在填充墙砌筑 14d 后进行砌筑。

混凝土结构工程

1. 模板是混凝土构件成形的模壳与支架，高层建筑核心筒模板应优先选用（　　）。

A. 大模板　　　　B. 滑升模板　　　　C. 组合模板　　　　D. 爬升模板

【答案】D

【解析】大模板是采用专业设计和工业化加工制作而成的一种工具式模板，一般与支架连为一体，它具有安装和拆除简便、尺寸准确、板面平整、周转使用次数多等优点，但由于它自重大，施工时需配以相应的吊装和运输机械，适用于现场浇筑混凝土墙体。滑升模板适用于高耸的现浇钢筋混凝土结构，如电视塔、高层建筑等。组合模板适用于各种现浇钢筋混凝土工程，可事先按设计要求组拼成梁、柱、墙、楼板的大型模板，整体吊装就位，也可采用散装散拆方法，比较方便。爬升模板是施工剪力墙体系和筒体体系的钢筋混凝土结构高层建筑的一种有效的模板体系。

2. 混凝土工程中，下列构件施工时不需要采用底部模板的是（　　）。

A. 雨棚　　　　　　　　　　　B. 升板结构的楼板

C. 框架梁　　　　　　　　　　D. 钢混结构叠合楼板

【答案】B

【解析】只有升板结构的楼板施工时不需要底模，只需在地面或下层楼板上设置隔离层即可浇筑，达到强度后再提升到设计位置即可。叠合楼板是由预制板和现浇钢筋混凝土层叠合而成的装配整体式楼板。预制板既是楼板结构的组成部分之一，又是现浇钢筋混凝土叠合层的永久性模板，现浇叠合层内可敷设水平设备管线。

3. 采用焊条作业连接钢筋接头的方法称为（　　）。

A. 闪光对焊　　　　　　　　　B. 电渣压力焊

C. 电弧焊　　　　　　　　　　D. 套筒挤压连接

【答案】C

【解析】闪光对焊是将两根钢筋安放成对接形式，利用焊接电流通过两根钢筋接触点产生的电阻热，使接触点金属熔化，产生强烈飞溅，形成闪光，伴有刺激性气味，释放微量分子，迅速施加顶锻力完成的一种压焊方法；电渣压力焊是将两根钢筋安放成竖向或斜向（倾斜度在 4：1 的范围内）对接形式，利用焊接电流通过两根钢筋间隙，在焊剂层下形成电弧过程和电渣过程，产生电弧热和电阻热，熔化钢筋，加压完成的一种压焊方法；焊条电弧焊是用手工操纵焊条进行焊接工作，可以进行平焊、立焊、横焊和仰焊等多位置焊接；套筒挤压连接是用特制的套筒套在两根钢筋的接头处，用液压机进行制作，形成刻痕，利用刻痕的机械咬合力来传力的一种连接方式。

4. 纵向钢筋加工不包括（   ）。

A. 钢筋绑扎 　　　　　　　　　B. 钢筋调直

C. 钢筋除锈 　　　　　　　　　D. 钢筋剪切与弯曲

【答案】A

【解析】钢筋加工包括调直、除锈、下料切断、接长、弯曲成型等。钢筋绑扎属于钢筋的安装。

5. 混凝土浇筑时其自由落下高度不应超过 2m，其原因是（   ）。

A. 减少混凝土对模板的冲击力 　　　B. 防止混凝土离析

C. 加快浇筑速度 　　　　　　　　　D. 防止出现施工缝

【答案】B

【解析】为了避免混凝土浇筑时产生离析现象，混凝土自高处倾落高度不应超过 2m，在竖向结构中限制自由高度不宜超过 3.0m，否则应采用串筒、溜管或振动溜管使混凝土下落。另可参见《混凝土结构工程施工规范》GB 50666—2011 第 8.3.6 条条文说明。

6. 关于大体积混凝土施工的说法，错误的是（   ）。

A. 混凝土中可掺入适量的粉煤灰

B. 尽量选用水化热低的水泥

C. 可在混凝土内部埋设冷却水管

D. 混凝土内外温差宜超过 30℃以利散热

【答案】D

【解析】《混凝土结构工程施工规范》GB 50666—2011 第 8.7.3.2 款规定，结束覆盖养护或拆模后，混凝土浇筑体表面以内 40～100mm 位置处的温度与环境温度差值不应大于 25℃。

7. 混凝土结构施工过程中，前一工序的质量未得到监理单位、建设单位的检验认可，不应进行后续工序的施工，其主要目的是（   ）。

A. 确保结构通过验收 　　　　　　　B. 对合格品进行质量计量

C. 明确各方质量责任 　　　　　　　D. 避免质量缺陷累积

【答案】D

【解析】《混凝土结构工程施工规范》GB 50666—2011 第 3.3.1 条条文说明：每道工序均应及时进行检查，确认符合要求后方可进行下道工序施工。对发现的质量问题及时返修、返工，是施工单位进行质量过程控制的必要手段。

8. 混凝土结构工程中，侧模拆除时混凝土强度必须保证混凝土结构（   ）。

A. 表面及棱角不受损伤 　　　　　　B. 不出现侧向弯曲变形

C. 不出现裂缝 　　　　　　　　　　D. 试件强度达到实验强度标准

【答案】A

【解析】《混凝土结构工程施工规范》GB 50666—2011 第 4.5.3 条规定：当混凝土强

度能保证其表面及棱角不受损伤时，方可拆除侧模。

9. 混凝土结构施工时，后浇带模板的支顶和拆除应按（　　）。

A. 施工图设计要求执行　　　　　　B. 施工组织设计执行

C. 施工技术方案执行　　　　　　　D. 监理工程师的指令执行

【答案】C

【解析】参见《混凝土结构工程施工质量验收规范》GB 50204—2015 第 4.2.2～4.2.3 条的条文说明。

10. 下列钢筋隐蔽工程验收内容的表述，哪项要求不完整？（　　）

A. 纵向受力钢筋的品种、规格、数量、位置

B. 钢筋的连接方式、接头位置

C. 箍筋、横向钢筋的品种、规格、数量、间距

D. 预埋件的规格、数量、位置

【答案】B

【解析】参见《混凝土结构工程施工质量验收规范》GB 50204—2015 第 5.1.2 条：在浇筑混凝土之前，应进行钢筋隐蔽工程验收，其内容包括：（1）纵向受力钢筋的品种、规格、数量、位置等。（2）钢筋的连接方式、接头位置、接头数量、接头面积百分率等。（3）箍筋、横向钢筋的品种、规格、数量、间距等。（4）预埋件的规格、数量、位置等。

11. 下列对预应力筋张拉机具设备及仪表的技术要求，哪项不正确？（　　）

A. 应定期维护和校验

B. 张拉设备应配套使用，且分别标定

C. 张拉设备的标定期限不应超过半年

D. 使用过程中千斤顶检修后应重新标定

【答案】B

【解析】《混凝土结构工程施工质量验收规范》GB 50204—2015 第 6.1.2 条：预应力筋张拉机具设备及仪表，应定期维护和校验。张拉设备应配套标定，并配套使用。张拉设备的标定期限不应超过半年。当在使用过程中出现反常现象时或在千斤顶检修后，应重新标定。注：1. 张拉设备标定时，千斤顶活塞的运行方向应与实际张拉工作状态一致。2. 压力表的精度不应低于 1.5 级，标定张拉设备用的试验机或测力计精度不应低于±2%。

12. 混凝土结构施工时，对混凝土配合比的要求，下述哪项不准确的？（　　）

A. 混凝土应根据实际采用的原材料进行配合比设计并进行试配

B. 首次使用的混凝土配合比应进行开盘鉴定

C. 混凝土拌制前应根据砂石含水率测试结果提出施工配合比

D. 进行混凝土配合比设计的目的完全是为了保证混凝土强度

【答案】A

【解析】《混凝土结构工程施工质量验收规范》GB 50204—2015：

7.3.1　混凝土应按国家现行标准《普通混凝土配合比设计规程》的有关规定，根据混凝土强度等级、耐久性和工作性等要求进行配合比设计。对有特殊要求的混凝土，其配合比设计尚应符合国家现行有关标准的专门规定。7.3.2　首次使用的混凝土配合比应进行开盘鉴定，其工作性应满足设计配合比的要求。开始生产时应至少留置一组标准养护试

件，作为验证配合比的依据。7.3.3 混凝土拌制前，应测定砂、石含水率，并根据测试结果调整材料用量，提出施工配合比。

13. 考虑到自重影响，现浇钢筋混凝土梁、板结构应按设计要求起拱的目的是（ ）。

 A. 提高结构的刚度   B. 提高结构的抗裂度

 C. 保证结构的整体性   D. 保证结构构件的形状和尺寸

【答案】D

【解析】《混凝土结构工程施工规范》GB 50666—2011 第 4.4.6 条的条文说明：对跨度较大的现浇混凝土梁、板，考虑到自重的影响，适度起拱有利于保证构件的形状和尺寸。执行时应注意本条的起拱高度未包括设计起拱值，而只考虑模板本身在荷载下的下垂，故对钢模板可取偏小值，对木模板可取偏大值。当施工措施能够保证模板下垂符合要求，也可不起拱或采用更小的起拱值。

14. 后张法施工预应力混凝土结构孔道灌浆的作用是为了防止预应力钢筋锈蚀和保证（ ）。

 A. 结构刚度   B. 结构承载力

 C. 结构抗裂度   D. 结构耐久性

【答案】D

【解析】《混凝土结构工程施工质量验收规范》GB 50204—2015 第 6.5.1 条的条文说明：预应力筋张拉后处于高应力状态，对腐蚀非常敏感，所以应尽早对孔道进行灌浆。灌浆是对预应力筋的永久保护措施，要求孔道内水泥浆饱满、密实，完全握裹住预应力筋。灌浆质量的检验应着重现场观察检查，必要时也可凿孔或采用无损检查。

15. 混凝土试件强度的尺寸换算系数为 1.0 时，混凝土试件的尺寸是（ ）。

 A. 50mm×50mm×50mm   B. 100mm×100mm×100mm

 C. 150mm×150mm×150mm   D. 200mm×200mm×200mm

【答案】C

【解析】《混凝土结构工程施工质量验收规范》GB 50204—2015 第 7.1.2 条规定混凝土试件尺寸为 150mm×150mm×150mm 时，强度的尺寸换算系数为 1.0。

16. 现浇钢筋混凝土结构楼面预留后浇带的作用是避免混凝土结构出现（ ）。

 A. 温度裂缝   B. 沉降裂缝

 C. 承载力降低   D. 刚度降低

【答案】A

【解析】《混凝土结构工程施工规范》GB 50666—2011 第 2.0.10 条：后浇带是为适应环境温度变化、混凝土收缩、结构不均匀沉降等因素影响，在梁、板（包括基础底板）、墙等结构中预留的具有一定宽度且经过一定时间后再浇筑的混凝土带。

17. 现浇混凝土结构外观质量出现严重缺陷，提出技术处理方案的单位是（ ）。

 A. 设计单位   B. 施工单位

 C. 监理单位   D. 建设单位

【答案】B

【解析】《混凝土结构工程施工质量验收规范》GB 50204—2015 第 8.2.1 条的条文说明：外观质量的严重缺陷通常会影响到结构性能、使用功能或耐久性。对已经出现的严重缺陷，应由施工单位根据缺陷的具体情况提出技术处理方案，经监理单位认可后进行处理，并重新检查验收。对于影响结构安全的严重缺陷，除上述程序外，技术处理方案尚应经设计单位认可。

18. 预应力的预留孔道灌浆用水泥应采用（　　）。

A. 矿渣硅酸盐水泥　　　　　　　　B. 火山灰硅酸盐水泥

C. 普通硅酸盐水泥　　　　　　　　D. 复合水泥

【答案】C

【解析】《混凝土结构工程施工质量验收规范》GB 50204—2015 第 6.2.5 条规定：孔道灌浆用水泥应采用硅酸盐水泥或普通硅酸盐水泥。

19. 混凝土中原材料每盘称量允许偏差±3％的材料是（　　）。

A. 掺合料　　　　　　　　　　　　B. 粗细滑料

C. 水泥　　　　　　　　　　　　　D. 水与外加剂

【答案】B

【解析】《混凝土结构工程施工规范》GB 50666—2011 第 7.4.2 条表 7.4.2 规定：粗细滑料每盘计量允许偏差±3％。

20. 一跨度为 6m 的现浇钢筋混凝土梁，当设计无要求时，施工模板起拱高度宜为跨度的（　　）。

A. 2/1000～4/1000　　　　　　　　B. 1/1000～3/1000

C. 1/1000～2/1000　　　　　　　　D. 1/1000～4/1000

【答案】B

【解析】《混凝土结构工程施工质量验收规范》GB 50204—2015 第 4.4.6 条规定：对跨度不小于 4m 的梁、板，其模板施工起拱高度宜为梁、板跨度的 1/1000～3/1000。起拱不得减少构件的截面高度。

21. 关于模板分项工程的叙述，错误的是（　　）。

A. 侧模板拆除时的混凝土强度应能保证其表面及棱角不受损伤

B. 钢模板应将模板浇水湿润

C. 后张法预应力混凝土结构件的侧模宜在预应力张拉前拆除

D. 拆除悬臂 2m 的雨篷底模时，应保证其混凝土强度达到 100％

【答案】B

【解析】《混凝土结构工程施工规范》GB 50666—2011 第 4.5.2、4.5.3、4.5.6 条可判断 A、C、D 均为正确的，并依据其第 8.3.1 条规定：浇筑混凝土前，应清除模板内或垫层上的杂物。表面干燥的地基、垫层、模板上应洒水湿润；现场环境温度高于 35℃时，宜对金属模板进行洒水降温；洒水后不得留有积水。由此可知道 B 选项是错误的。

22. 下列关于预应力施工的表述中，正确的是（　　）。

A. 锚具使用前，预应力筋均应做静载锚固性能试验

B. 预应力筋可采用砂轮锯断，切割机切断或电弧切割

C. 当设计无具体要求时，预应力筋张拉时的混凝土强度不应低于设计的混凝土立方体抗压强度标准值为 90％

D. 预应力筋张拉完后应尽早进行孔道灌浆，以防止预应力筋腐蚀

【答案】D

【解析】《混凝土结构工程施工规范》GB 50666—2011 第 6.5.1 条规定：后张法有粘结预应力筋张拉完毕并经检查合格后，应尽早进行孔道灌浆，孔道内水泥浆应饱满、密实。结合其条文说明可以知道选项 D 是正确的。

23. 混凝土结构工程施工中，当设计对直接承受动力荷载作用的结构构件无具体要求时，其纵向受力钢筋的接头不宜采用（　　）。

A. 焊接接头　　　　　　　　　　　B. 冷挤压套筒接头

C. 绑扎接头　　　　　　　　　　　D. 锥螺纹套筒接头

【答案】A

【解析】《混凝土结构工程施工质量验收规范》GB 50204—2015 第 5.4.6 条第 2 款规定：当纵向受力钢筋采用机械连接接头或焊接接头时，同一连接区段内纵向受力钢筋的接头面积百分率应符合设计要求；当设计无具体要求时，应符合下列规定：直接承受动力荷载的结构构件中，不宜采用焊接；当采用机械连接时，不应超过 50%。

24. 对有抗震要求的结构，箍筋弯钩的弯折角度应为（　　）。

A. 60°　　　　　　B. 90°　　　　　　C. 30°　　　　　　D. 135°

【答案】D

【解析】对有抗震设防要求或设计有专门要求的结构构件，箍筋弯钩的弯折角度不应小于 135°，弯折后平直段长度不应小于箍筋直径的 10 倍。

25. 钢筋混凝土结构严格控制含氯化物外加剂的使用，是为了防止（　　）。

A. 降低混凝土的强度　　　　　　　B. 增大混凝土的收缩变形

C. 降低混凝土结构的刚度　　　　　D. 引起结构中的钢筋锈蚀

【答案】D

【解析】从《混凝土结构工程施工规范》GB 50666—2011 第 7.2.10 条的条文说明可以知道 D 选项是正确的。

26. 对混凝土现浇结构进行拆模尺寸偏差检查时，必须全数检查的项目是（　　）。

A. 电梯井　　　　　　　　　　　　B. 独立基础

C. 大空间结构　　　　　　　　　　D. 梁柱

【答案】A

【解析】《混凝土结构工程施工质量验收规范》GB 50204—2015 第 8.3.2 条规定：在同一检验批内，对梁、柱和独立基础，应抽查构件数量的 10%，对大空间结构，墙可按相邻轴线间高度 5m 左右划分检查面，板可按纵、横轴线划分检查面，抽查 10%，且均不应少于 3 面；对电梯井，应全数检查。

27. 某跨度为 6.0m 的现浇钢筋混凝土梁，对模板的起拱，当设计无具体要求时，模板起拱高度为 6mm，则该起拱值（　　）。

A. 一定是木模板要求的起拱值　　　B. 包括了设计起拱值和施工起拱值

C. 仅为设计起拱值　　　　　　　　D. 仅为施工起拱值

【答案】D

【解析】对于大跨度的现浇钢筋混凝土梁、板，考虑到自重对模板的影响，适度起拱有利于保证构件的形状和尺寸。

28. 检查固定在模板上的预埋件和预留孔洞的位置及尺寸，用下列哪种方法（　　）。

A. 用钢尺　　　　　　　　　　B. 利用水准仪

C. 拉线　　　　　　　　　　　D. 用塞尺

【答案】A

【解析】《混凝土结构工程施工质量验收规范》GB 50204—2015 第 4.2.9 条规定：固定在模板上的预埋件和预留孔洞的位置及尺寸的检验方法为观察、尺量。

29. 关于钢筋混凝土梁的箍筋末端弯钩的加工要求，下列说法正确的是（　　）。

A. 对一般结构箍筋弯后平直部分长度不宜小于 8d

B. 对结构有抗震要求的箍筋弯折后平直部分长度不应小于 10d

C. 对一般结构箍筋弯钩的弯折角度不宜大于 90°

D. 对结构有抗震要求的箍筋的弯折角度不应小于 90°

【答案】B

【解析】《混凝土结构工程施工质量验收规范》GB 50204—2015 第 5.3.3 条第 1 款规定：对一般结构构件，箍筋弯钩的弯折角度不应小于 90°，弯折后平直段长度不应小于箍筋直径的 5 倍；对有抗震设防要求或设计有专门要求的结构构件，箍筋弯钩的弯折角度不应小于 135°，弯折后平直段长度不应小于箍筋直径的 10 倍。

30. 预应力结构隐蔽工程验收内容不包括（　　）。

A. 预应力筋的品种、规格、数量和位置

B. 预应力筋锚具和连接器的品种、规格、数量和位置

C. 预留孔道的形状、规格、数量和位置

D. 张拉设备的型号、规格、数量

【答案】D

【解析】《混凝土结构工程施工质量验收规范》GB 50204—2015 第 6.1.1 条规定：浇筑混凝土之前，应进行预应力隐蔽工程验收。隐蔽工程验收应包括下列主要内容：预应力筋的品种、规格、级别、数量和位置；成孔管道的规格、数量、位置、形状、连接以及灌浆孔、排气兼泌水孔；局部加强钢筋的牌号、规格、数量和位置；预应力筋锚具和连接器及锚垫板的品种、规格、数量和位置。

31. 关于混凝土分项工程，下列表述正确的是（　　）。

A. 粗骨料最大粒径为 40mm，混凝土试块尺寸为 150mm 立方体时，其强度的尺寸换算系数为 1.0

B. 粗骨科最大粒径不得超过构件截面最小尺寸的 1/3，且不得超过钢筋最小间距的 3/4

C. 用于检查结构构件混凝土强度的试件，应在其拌制地点随机抽取

D. 混凝土的浇筑时间不应超过其初凝时间

【答案】A

【解析】粗骨料最大粒径不应超过构件截面最小尺寸的 1/4，且不应超过钢筋最小净距的 3/4；用于检验混凝土强度的试件应在浇筑地点随机抽取；混凝土宜一次连续浇筑，混凝土连续浇筑的原则是上层混凝土应在下层混凝土初凝之前完成浇筑。

32. 混凝土结构工程施工中，固定在模板上的预埋件和预留孔洞的尺寸允许偏差必须

为（   ）。

　　A. 正偏差与零偏差　　　　　　　　B. 零偏差与负偏差

　　C. 负偏差　　　　　　　　　　　　D. 正负偏差

【答案】A

【解析】《混凝土结构工程施工质量验收规范》GB 50204—2015 第 4.2.9 条的表 4.2.9 中可以看出：预埋件和预留孔洞的尺寸允许偏差应该为正偏差与零偏差。

33. 采用应力控制方法张拉预应力筋时，应校核预应力筋的（   ）。

　　A. 最大张拉应力值　　　　　　　　B. 实际建立的预应力值

　　C. 最大伸长值　　　　　　　　　　D. 实际伸长值

【答案】D

【解析】《混凝土结构工程施工质量验收规范》GB 50204—2015 第 6.4.4 条的条文说明：实际张拉时通常采用张拉力控制方法，但为了确保张拉质量，还应对实际伸长值进行校核，6%的允许偏差是基于工程实践提出的，对保证张拉质量是有效的。

34. 在已浇混凝土上进行后续工序混凝土工程施工时，要求已浇筑的混凝土强度应达到（   ）。

　　A. 0.6N/mm²　　　B. 1.0N/mm²　　　C. 1.2N/mm²　　　D. 2.0N/mm²

【答案】C

【解析】《混凝土结构工程施工规范》GB 50666—2011 第 8.5.8 条规定：混凝土强度达到 1.2MPa 前，不得在其上踩踏、堆放物料、安装模板及支架。

35. 吊装预制混凝土构件时，起重吊索与构件水平面的夹角不应小于（   ）。

　　A. 45°　　　　　B. 30°　　　　　C. 15°　　　　　D. 5°

【答案】A

【解析】《混凝土结构工程施工规范》GB 50666—2011 第 9.1.3 条第 2 款规定：预制构件的吊运应符合下列规定：应采取保证起重设备的主钩位置、吊具及构件重心在竖直方向上重合的措施；吊索与构件水平夹角不宜小于 60°，不应小于 45°；吊运过程应平稳，不应有大幅度摆动，且不应长时间悬停。

36. 某现浇混凝土施工段，在已批准该施工段的施工方案中，混凝土运输时间为 2h，连续浇筑时间为 24h，浇筑面间歇时间为 3h，混凝土初凝时间为 6h，终凝时间为 8h，则混凝土运输、浇筑及间歇的全部时间应不超过（   ）。

　　A. 6h　　　　　B. 8h　　　　　C. 9h　　　　　D. 24h

【答案】A

【解析】《混凝土结构工程施工规范》GB 50666—2011 第 8.3.3 条规定：混凝土应分层浇筑，上层混凝土应在下层混凝土初凝之前浇筑完毕。其中混凝土初凝时间为 6h。

37. 某混凝土预制构件，设计要求的最大裂缝宽度限值为 0.20mm，则该构件检验的最大裂缝宽度允许值为（   ）。

　　A. 0.15mm　　　B. 0.20mm　　　C. 0.25mm　　　D. 0.30mm

【答案】A

【解析】《混凝土结构工程施工质量验收规范》GB 50204—2015 附录 B.1.5 预制构件的裂缝宽度检验应满足下式的要求：

设计要求的最大裂缝宽度限值	0.1	0.2	0.3	0.4
$[W_{max}]$	0.07	0.15	0.20	0.25

38. 混凝土结构预埋螺栓检验时，预埋螺栓的允许偏差为（　　）。

A. 2mm　　　　B. 3mm　　　　C. 5mm　　　　D. 10mm

【答案】C

【解析】《混凝土结构工程施工质量验收规范》GB 50204—2015 第 8.3.2 条的表 8.3.2 规定：预埋螺栓的允许偏差为 5mm。

39. 混凝土现场拌制时，各组分材料计量采用（　　）。

A. 均按体积

B. 均按质量

C. 水泥、水按质量，其余按体积

D. 砂、石按体积，其余按质量

【答案】B

【解析】《混凝土结构工程施工规范》GB 50666—2011 第 7.4.2 条及第 2 款规定：混凝土搅拌时应对原材料用量准确计量，并应符合下列规定：原材料的计量应按重量计，水和外加剂溶液可按体积计。

40. 除混凝土实心板外，混凝土用的粗骨料，其最大颗粒粒径不得超过构件截面最小尺寸的限值和不得超过钢筋最小净间距的限值分别为（　　）。

A. 1/5，1/2

B. 1/4，3/4

C. 1/3，2/3

D. 2/5，3/5

【答案】B

【解析】《混凝土结构工程施工规范》GB 50666—2011 第 7.2.3 条第 1 款规定：粗骨料宜选用粒形良好、质地坚硬的洁净碎石或卵石，并应符合下列规定：粗骨料最大粒径不应超过构件截面最小尺寸的 1/4，且不应超过钢筋最小净间距的 3/4；对实心混凝土板，粗骨料的最大粒径不宜超过板厚的 1/3，且不应超过 40mm。

41. 检验批合格质量中，对一般项目的质量验收当采用计数检验时，除有专门要求外，一般项目在不得有严重缺陷的前提下，其合格点率最低应达到（　　）。

A. 70% 及以上

B. 75% 及以上

C. 80% 及以上

D. 85% 及以上

【答案】C

【解析】《混凝土结构工程施工质量验收规范》GB 50204—2015 第 3.0.4 条第 2 款规定：检验批的质量验收应包括实物检查和资料检查，并应符合下列规定：一般项目的质量经抽样检验应合格；一般项目当采用计数抽样检验时，除本规范各章有专门规定外，其合格点率应达到 80% 及以上，且不得有严重缺陷。

防水工程

1. 关于防水工程施工的说法，正确的是（　　）。

A. 主要施工人员应持有施工企业颁发的职业资格证书或防水专业岗位证

B. 设计单位应编制防水工程专项施工方案

C. 防水材料必须经具备相应资质的检测单位进行抽样检验

D. 防水材料的品种、规格、性能等必须符合监理单位的要求

【答案】C

【解析】《地下防水工程质量验收规范》GB 50208—2011

3.0.3 地下防水工程必须由持有资质等级证书的防水专业队伍进行施工，主要施工人员应持有省级及以上建设行政主管部门或其指定单位颁发的执业资格证书或防水专业岗位证书。3.0.4 地下防水工程施工前，应通过图纸会审，掌握结构主体及细部构造的防水要求，施工单位应编制防水工程专项施工方案，经监理单位或建设单位审查批准后执行。3.0.5 地下工程所使用防水材料的品种、规格、性能等必须符合现行国家或行业产品标准和设计要求。3.0.6 防水材料必须经具备相应资质的检测单位进行抽样检验，并出具产品性能检测报告。

2. 下列防水材料施工环境温度可以低于5℃的是（   ）。

A. 采用冷粘法的合成高分子防水卷材

B. 溶剂型有机防水涂料

C. 防水砂浆

D. 采用自粘法的高聚物改性沥青防水卷材

【答案】D

【解析】《地下防水工程质量验收规范》GB 50208—2011 第 3.0.11 条的表 3.0.11 规定：溶剂型有机防水涂料的施工环境气温条件为 −5～35℃，其余选项中的施工环境气温条件均为不低于5℃。

3. 设置防水混凝土变形缝需要考虑的因素中不包括（   ）。

A. 结构沉降变形　　　　　　　　B. 结构伸缩变形

C. 结构渗漏水　　　　　　　　　D. 结构配筋率

【答案】D

【解析】《地下工程防水技术规范》GB 50108—2008 第 5.1.1 条的条文说明：设置变形缝的目的是适应地下工程由于温度、湿度作用及混凝土收缩、徐变而产生的水平变位，以及地基不均匀沉降而产生的垂直变位，以保证工程结构的安全和满足密封防水的要求。

4. 关于屋面细石混凝土找平层的说法，错误的是（   ）。

A. 必须使用火山灰质水泥　　　　B. 厚度为 30～50mm

C. 分隔缝间距不宜大于 6m　　　D. 内部不必配置双向钢筋网片

【答案】A

【解析】火山灰水泥一般适用于地下、水中及潮湿环境的混凝土工程，不宜用于干燥环境、受冻融循环和干湿交替以及需要早期强度高的工程；《屋面工程质量验收规范》GB 50207—2012 第 4.3.2、4.3.3 中规定细石混凝土找平层最小厚度一般为 30～35mm，分格缝的间距不宜大于 6m，在装配式楼板上宜加钢筋网片。

5. 关于天沟、檐沟的细部防水构造的说法，错误的是（   ）。

A. 应根据天沟、檐沟的形状要求设置防水附加层

B. 在天沟、檐沟与屋面交接处的防水附加层宜空铺

C. 防水层须从沟底做起至外檐的顶部

D. 天沟、檐沟与屋面细石混凝土防水层的连接处应预留凹槽，用密封材料嵌填严密

【答案】A

【解析】天沟、檐沟的细部防水构造要求：檐沟和天沟的防水层下应增设附加层（与天沟、檐沟的形状无关）；防水层应由沟底翻上至外侧顶部，卷材收头应用金属压条钉压，并用密封材料封严；在天沟、檐沟与细石混凝土防水层的交接处，应留凹槽并用密封材料嵌填严密；涂膜收头应用防水涂料多遍涂刷或用密封材料封严；在天沟、檐沟与屋面交接处的附加防水层宜空铺，空铺的宽度不应小于 200mm。

6. 某地下建筑防水工程的防水标准为：不允许漏水，结构表面可有少量湿渍。可判断其防水等级为（　　）。

A. 一级　　　　　　B. 二级　　　　　　C. 三级　　　　　　D. 四级

【答案】B

【解析】参见《地下防水工程质量验收规范》GB 50208—2011 第 3.0.1 条表 3.0.1 规定。

7. 按规范规定，下述何种气象条件时仍可以进行某些种类的防水施工？（　　）

A. 雨天　　　　　　　　　　　　B. 雪天

C. 风级达五级及以上　　　　　　D. 气温 −10～−5℃

【答案】D

【解析】《地下防水工程质量验收规范》GB 50208—2011 第 3.0.11 条规定：地下防水工程不得在雨天、雪天和五级风及其以上时施工。膨润土防水材料施工环境气温条件为不低于 −20℃，高聚物改性沥青防水卷材采用热熔法时施工环境气温条件为不低于 −10℃，合成高分子防水卷材采用焊接法时则不低于 −10℃。《屋面工程技术规范》GB 50345—2012 第 5.1.6 条第 2 款规定屋面工程施工严禁在雨天、雪天和五级风及其以上时施工。

8. 防水工程施工中，防水细部构造的施工质量检验数量是（　　）。

A. 按总防水面积每 10m² 一处　　　　B. 按防水施工面积每 10m² 一处

C. 按防水细部构造质量的 50%　　　　D. 按防水细部构造数量的 100%

【答案】D

【解析】《地下防水工程质量验收规范》GB 50208—2011 第 3.0.13 条第 4 款中规定：各检验批的抽样检验数量：细部构造应为全数检查，其他均应符合本规范的规定。《屋面工程质量验收规范》第 8.1.2 条规定：细部构造工程各分项工程每个检验批应全数进行检验。

9. 地下防水工程施工中，防水混凝土结构表面的裂缝不得贯通，且最大裂缝宽度不应大于（　　）。

A. 0.1mm　　　　B. 0.2mm　　　　C. 0.25mm　　　　D. 0.3mm

【答案】B

【解析】《地下防水工程质量验收规范》GB 50208—2011 第 4.1.18 条规定：防水混凝土结构表面的裂缝宽度不应大于 0.2mm，且不得贯通。

10. 地下防水工程施工中，下述水泥砂浆防水层的做法，哪项要求是不正确的？（　　）

A. 可采用聚合物水泥砂浆　　　　　B. 可采用掺外加剂的水泥

C. 防水砂浆施工应分层铺拌或喷涂　　D. 水泥砂浆初凝后应及时养护

【答案】D

【解析】《地下防水工程质量验收规范》GB 50208—2011 第 4.2.5 条的第 4 款规定：水泥砂浆终凝后应及时进行养护，养护温度不宜低于 5℃，并应保持砂浆表面湿润，养护时间不得少于 14d；聚合物水泥防水砂浆未达到硬化状态时，不得浇水养护或直接受雨水冲刷，硬化后应采用干湿交替的养护方法。

11. 地下防水工程施工中，要求防水混凝土的结构厚度不得小于（   ）。

A. 100mm   B. 150mm   C. 200mm   D. 250mm

【答案】D

【解析】《地下防水工程质量验收规范》GB 50208—2011 第 4.1.19 条规定：防水混凝土结构厚度不应小于 250mm，其允许偏差应为 +8mm、-5mm；主体结构迎水面钢筋保护层厚度不应小于 50mm，其允许偏差应为 ±5mm。

12. 屋面防水工程的整体现浇保温层中，禁止使用水泥珍珠岩和水泥蛭石，原因是其材料（   ）。

A. 强度低   B. 易开裂   C. 耐久性差   D. 含水率高

【答案】D

【解析】保温层宜选用吸水率低、密度和导热系数小，并有一定强度的保温材料，而水泥珍珠岩、水泥蛭石施工后，其含水率可高达 100% 以上，吸水率也很大，材料吸水后会大大降低其保温性能。

13. 严禁采用热熔法施工的卷材是（   ）。

A. 厚度小于 3mm 的合成高分子卷材

B. 厚度小于 3mm 的高聚物改性沥青防水卷材

C. PVC 防水卷材

D. 普通沥青防水卷材

【答案】B

【解析】《屋面工程质量验收规范》GB 50207—2012 第 6.2.6 条第 5 款规定：厚度小于 3mm 的高聚物改性沥青防水卷材，严禁采用热熔法施工。

14. 影响涂膜防水使用年限长短的决定因素是涂膜的（   ）。

A. 含水率   B. 厚度   C. 不透水性   D. 耐热性

【答案】B

【解析】《屋面工程质量验收规范》GB 50207—2012 第 6.3.7 条的条文说明，涂膜防水层使用年限长短的决定因素，除防水涂料技术性能外就是涂膜的厚度。涂膜过薄会降低屋面整体防水效果，很难达到合理的使用年限要求。

15. 为减少主体结构变形对屋面刚性防水层产生的不利影响，应对刚性防水层采取的技术措施是（   ）。

A. 增设细石混凝土中的抗拉钢筋

B. 设置加强网

C. 设置分格缝

D. 设置与结构层间的隔离层

【答案】C

【解析】隔离层可以减少两者之间的粘结力、摩擦力，可减少主体结构变形对屋面刚性防水层产生的不利影响。

16. 浇筑地下防水混凝土后浇带时，其两侧混凝土的龄期必须达到（ ）。

A. 14d B. 28d C. 35d D. 42d

【答案】D

【解析】后浇带应在两侧混凝土干缩变形基本稳定后施工，混凝土收缩变形一般在龄期为 6 周后才能基本稳定。

17. 做地下防水工程时，在砂卵石层中注浆宜采用（ ）。

A. 电动硅化注浆法 B. 高压喷射注浆法

C. 劈裂注浆法 D. 渗透注浆法

【答案】D

【解析】《地下防水工程质量验收规范》GB 50208—2011 第 8.1.3 条规定：在砂卵石层中宜采用渗透注浆法；在黏土层中宜采用劈裂注浆法；在淤泥质软土中宜采用高压喷射注浆法。

18. 关于Ⅱ级屋面防水等级的设防要求，错误的是（ ）。

A. 防水层合理使用年限为 15 年

B. 采用一道防水设防

C. 防水材料可选用高聚合物改性沥青

D. 防水材料可选用细石混凝土

【答案】D

【解析】《屋面工程技术规范》GB 50345—2012 中细石混凝土不再作为防水层材料，但可以作为防水垫层使用。

19. 当屋面坡度大于多少时，卷材防水层应采取固定措施？（ ）

A. 15% B. 20% C. 10% D. 25%

【答案】D

【解析】《屋面工程质量验收规范》GB 50207—2012 第 6.2.1 条规定：屋面坡度大于 25% 时，卷材应采取满粘和钉压固定措施。

20. 突出屋面结构与基层转角处的找平层应做成圆弧形，其圆弧形半径要求最大的是（ ）。

A. 沥青防水卷材屋面 B. 合成高分子防水卷材屋面

C. 高聚物改性沥青防水卷材屋面 D. 涂膜防水屋面

【答案】A

【解析】突出屋面结构与基层转角处的找平层：沥青防水卷材时找平层圆弧半径为 100～150mm，高聚物改性沥青防水卷材时找平层圆弧半径为 50mm，合成高分子防水卷材时找平层圆弧半径为 20mm，涂膜防水时找平层可以不做圆弧形处理。

21. 下列屋面卷材防水层保护层施工要求中错误的是（ ）。

A. 绿豆砂经筛选清洗，预热后均匀铺撒，不得残留未粘结的绿豆砂

B. 水泥砂浆保护层的表面应抹平压光

C. 云母或蛭石中允许有少量的粉料，撒铺应均匀，不得露底，清除多余的云母和

蛭石

　　D. 块材、水泥砂浆或细石混凝土保护层与防水层之间应设置隔离层

【答案】C

【解析】以往用冷沥青玛蒂脂铺设沥青卷材防水层时，宜用云母或蛭石作保护层，并应在使用云母或蛭石前，应先筛去粉料。

　　22. 在地下工程中常采用渗排水、盲沟排水来削弱水对地下结构的压力，下列哪项不适宜采用渗排水，盲沟排水？（　　　）

　　A. 无自流排水条件　　　　　　　　B. 自流排水性好

　　C. 有抗浮要求的　　　　　　　　　D. 防水要求较高

【答案】B

【解析】渗排水、盲沟排水适用于无自流排水条件的地下工程。对常年地下水位低于建筑物底板，只有丰水期内水位较高、土层为弱透水性的地基，可考虑盲沟排水。

　　23. 下列地下防水工程水泥砂浆防水层做法中，正确的是（　　　）。

　　A. 基层混凝土强度必须达到设计强度

　　B. 采用素水泥浆和水泥砂浆分层交叉抹面

　　C. 防水层各层应连续施工，不得留施工缝

　　D. 防水层最小厚度不得小于设计厚度

【答案】B

【解析】水泥砂浆防水层的基层混凝土强度或砌体用的砂浆强度均不应低于设计值的80%，防水砂浆应包括聚合物水泥防水砂浆、掺外加剂或掺合料的防水砂浆，宜采用多层抹压法施工；水泥砂浆防水层的平均厚度应符合设计要求，最小厚度不得小于设计厚度的85%。

　　24. 关于地下连续墙施工的表述中，正确的是（　　　）。

　　A. 采用大流动性混凝土，其坍落度控制在170mm为宜

　　B. 采用掺外加剂的防水混凝土，最少的水泥用量为350kg/m³

　　C. 每个单位槽段需留置一组抗渗混凝土试件

　　D. 单元槽段接头不宜设在拐角处

【答案】D

【解析】胶凝材料用量不应小于400kg/m³，水胶比不得大于0.55，坍落度不得小于180mm；地下连续墙分项工程检验批的抽样检验数量，应按每连续5个槽段抽查1个槽段，且不得少于3个槽段。地下连续墙槽段接缝应避开拐角部位。

　　25. 屋面卷材防水层与哪种保护层之间应设置隔离层（　　　）？

　　A. 绿豆砂保护层　　　　　　　　　B. 聚丙烯酸酯乳液保护层

　　C. 细石混凝土保护层　　　　　　　D. 三元乙丙橡胶溶液保护层

【答案】C

【解析】《屋面工程质量验收规范》GB 50207—2012第4.4.1条规定：块体材料、水泥砂浆或细石混凝土保护层与卷材、涂膜防水层之间，应设置隔离层。

　　26. 屋面涂膜防水层的平均厚度应符合设计要求，最小厚度不应小于设计厚度的（　　　）。

A. 75%   B. 80%   C. 85%   D. 90%

【答案】B

【解析】《屋面工程质量验收规范》GB 50207—2012 第 6.3.7 条规定：涂膜防水层的平均厚度应符合设计要求，且最小厚度不得小于设计厚度的 80%。

27. 蓄水屋面防水层采用的材料性能应（　　）。

A. 耐腐蚀、耐霉烂、耐穿刺性能好

B. 耐霉烂、耐穿刺性能好，强度高

C. 耐穿刺、耐腐蚀性能好，强度高

D. 耐腐蚀、耐霉烂性能好，强度高

【答案】A

【解析】依据 2002 年版的《屋面工程质量验收规范》的第 8.2.1 条规定。现行规范《屋面工程质量验收规范》GB 50207—2012 已取消该要求。

28. 经受侵蚀性介质和振动作用的迎水面应选择（　　）。

A. 金属板防水层   B. 卷材防水层

C. 水泥砂浆防水层   D. 水泥混凝土

【答案】A

【解析】依据《地下防水工程质量验收规范》GB 50208—2011 第 4.3.1 条规定：卷材防水层适用于受侵蚀性介质作用或受振动作用的地下工程；卷材防水层应铺设在主体结构的迎水面。

29. 地下工程的防水等级分为（　　）。

A. 1 级   B. 2 级   C. 3 级   D. 4 级

【答案】D

【解析】依据《地下防水工程质量验收规范》GB 50208—2011 第 3.0.1 条表 3.0.1 可知地下工程的防水等级分为 4 个等级。

30. 保证地下防水工程施工质量的重要条件是施工时（　　）。

A. 环境温度不低于 5℃   B. 地下水位控制在基底以下 0.5m

C. 施工现场风力不得超过五级   D. 防水卷材应采用热熔法

【答案】B

【解析】依据《地下防水工程质量验收规范》GB 50208—2011 第 3.0.10 条的条文说明：进行防水结构或防水层施工时，现场应做到无水、无泥浆，这是保证地下防水工程施工质量的一个重要条件。

31. 屋面防水工程施工中，下列哪项表述是正确的？（　　）

A. Ⅱ级屋面防水等级的防水层合理使用年限为 20 年

B. 空铺法是指铺贴防水卷材时，卷材与基层在周边一定宽度内粘贴，其余部分仅点状粘结的施工方法

C. 屋面防水层严禁在 4 级风及其以上施工

D. Ⅱ级屋面防水等级的设防要求为一道防水设防

【答案】D

【解析】现行规范《屋面工程技术规范》GB 50345—2012 已取消防水层合理使用年限

要求；空铺法为铺贴防水卷材时，卷材与基层在周边一定宽度内粘结，其余部分不粘结的施工方法。屋面防水层严禁在 5 级风及其以上施工。

32. 防水等级一～三级的地下防水工程施工中，经受侵蚀性介质和振动作用的迎水面应选择（　　）。

A. 金属板防水层　　　　　　　　　B. 卷材防水层

C. 水泥砂浆防水层　　　　　　　　D. 水泥混凝土

【答案】B

【解析】《地下工程防水技术规范》GB 50208—2018 第 3.3.4 条规定：结构刚度较差或受振动作用的工程，宜采用延伸率较大的卷材、涂料等柔性防水材料。

33. 屋面工程中，下述板状材料保温层施工做法中哪项是错误的？（　　）

A. 基层平整、干净、干燥

B. 保温层应紧靠在需保温的基层表面上

C. 板状材料粘贴牢固

D. 板状材料分层铺设时，上下层接缝应对齐

【答案】D

【解析】《屋面工程质量验收规范》GB 50207—2012 第 5.2.1 条规定：板状材料保温层采用干铺法施工时，板状保温材料应紧靠在基层表面上，应铺平垫稳；分层铺设的板块上下层接缝应相互错开，板间缝隙应采用同类材料的碎屑嵌填密实。

34. 合成高分子防水涂料的质量指标不包括（　　）。

A. 固体含量　　　B. 耐热度　　　C. 柔性　　　D. 不透水性

【答案】B

【解析】合成高分子防水涂料（挥发固化型）的主要性能指标包含：固体含量、低温柔性、不透水性、伸长率、拉伸强度；合成高分子防水涂料（反应型固化）主要性能指标包含：固体含量、低温柔性、伸长率、拉伸强度。

35. 防水混凝土的配合比设计时，下列叙述不正确的是（　　）。

A. 水泥用量不得少于 $300kg/m^3$　　　B. 砂率宜为 $35\%\sim45\%$

C. 粉煤灰掺量不宜大于 25%　　　　D. 水灰比不得大于 0.50

【答案】C

【解析】《地下防水工程质量验收规范》GB 50208—2011 第 4.1.7 条规定：混凝土胶凝材料总量不宜小于 $320kg/m^3$，其中水泥用量不宜小于 $260kg/m^3$，粉煤灰掺量宜为胶凝材料总量的 $20\%\sim30\%$，硅粉的掺量宜为胶凝材料总量的 $2\%\sim5\%$；水胶比不得大于 0.50，有侵蚀性介质时水胶比不宜大于 0.45；砂率宜为 $35\%\sim40\%$，泵送时可增至 45%。

36. 水泥砂浆防水层施工，当水泥砂浆终凝后应及时进行养护，常温下养护时间不得少于（　　）。

A. 3d　　　　　　B. 5d　　　　　　C. 7d　　　　　　D. 14d

【答案】D

【解析】《地下防水工程质量验收规范》GB 50208—2011 第 4.2.5 条第 4 款规定：水泥砂浆防水层施工应符合下列规定：水泥砂浆终凝后应及时进行养护，养护温度不宜低于5℃，并应保持砂浆表面湿润，养护时间不得少于 14d；聚合物水泥防水砂浆未达到硬化状

态时，不得浇水养护或直接受雨水冲刷，硬化后应采用干湿交替的养护方法。潮湿环境中，可在自然条件下养护。

37. 地下防水工程防水等级二级时应一道设防，其中设防设计选用合成高分子自粘胶膜防水卷材单层做法，施工时要求选用的防水卷材最小厚度不应小于（　　）。

　　A. 1.2mm　　　　　B. 1.5mm　　　　　C. 2.0mm　　　　　D. 3.0mm

【答案】A

【解析】《地下工程防水技术规范》GB 50208—2018 第 4.3.6 条表 4.3.6 规定：单层合成高分子自粘胶膜防水卷材最小厚度不应小于 1.2mm。

建筑装饰装修工程

1. 关于抹灰工程的底层的说法，错误的是（　　）。

　　A. 主要作用有初步找平及与基层的粘结

　　B. 砖墙面抹灰的底层宜采用水泥石灰混合砂浆

　　C. 混凝土面的底层宜采用水泥砂浆

　　D. 底层一般不分数遍进行

【答案】D

【解析】抹灰一般包括底层、中层和面层，其中底层是抹灰与基层的结合层，主要使抹灰层与基层牢固粘结和初步找平；依据《全国民用建筑工程设计技术措施规划·建筑·景观》2009JSCS 第 6.3.2 条：砖墙面抹灰的底层可采用水泥石灰混合砂浆、混凝土面的底层可采用水泥砂浆。

2. 关于装饰装修工程的说法，正确的是（　　）。

　　A. 因装饰装修工程设计原因造成的工程变更责任应由业主承担

　　B. 对装饰材料的质量发生争议时，应有监理工程师调解并判定责任

　　C. 在主体结构或基体、基层完成后便可进行装饰装修工程施工

　　D. 装饰装修工程施工前应有主要材料的样板或做样板间，并经有关各方确认

【答案】D

【解析】《建筑装饰装修工程质量验收标准》GB 50210—2018 第 3.3.8 条规定：装饰装修工程施工前应有主要材料的样板或做样板间（件），并应经有关各方确认。

3. 关于抹灰工程的说法，错误的是（　　）。

　　A. 墙面与墙护角的抹灰砂浆材料配比相同

　　B. 水泥砂浆不得抹在石灰砂浆层上

　　C. 罩面石灰膏可以抹在水泥砂浆层上

　　D. 抹灰前基层表面应洒水湿润

【答案】A

【解析】《建筑装饰装修工程质量验收标准》GB 50210—2018 第 4.1.8 条：设计无要求时，应采用不低于 M20 水泥砂浆做护角。而墙面的抹灰砂浆一般采用 M15 水泥砂浆。第 4.2.7 条：水泥砂浆不得抹在石灰砂浆层上，罩面石灰膏可以抹在水泥砂浆层上。第 4.2.2 条：抹灰前基层表面的尘土、污垢和油渍等应清除干净，并应洒水润湿或进行界面

处理。

4. 将彩色石子直接抛到砂浆层，并使它们粘结在一起的施工方法是（　　　）。

A. 水刷石　　　　　B. 斩假石　　　　　C. 干黏石　　　　　D. 弹涂

【答案】B

【解析】水刷石是用水泥、石屑、小石子或颜料等加水拌合，抹在建筑物的表面，半凝固后，用硬毛刷蘸水刷去表面的水泥浆而使石屑或小石子半露。斩假石是将掺入石屑及石粉的水泥砂浆，涂抹在建筑物表面，在硬化后，用斩凿方法使其成为有纹路的石面样式。干黏石是在墙面刮糙的基层上抹上纯水泥浆，撒小石子并用工具将石子压入水泥浆里，做出的装饰面。弹涂墙面是指采用一种专用的弹涂工具，将水泥彩色浆弹到饰面基层上的一种做法。

5. 关于门窗工程施工说法，错误的是（　　　）。

A. 在砌体上安装门窗严禁用射钉固定

B. 外墙金属门窗应做雨水渗透性能复验

C. 安装门窗所用的预埋件、锚固件应做隐蔽验收

D. 在砌体上安装金属门窗应采用边砌筑边安装的方法

【答案】D

【解析】《建筑装饰装修工程质量验收标准》GB 50210—2018 第 6.1.8 条规定：金属门窗和塑料门窗安装应采用预留洞口的方法施工。且本条的条文说明中亦注明了不得采用边安装边砌口或先安装后砌口的方法施工。

6. 关于饰面板安装工程的说法，正确的是（　　　）。

A. 对深色花岗石须做放射性复检

B. 预埋件、连接件的规格、连接方式必须符合设计要求

C. 饰面板的嵌缝材料须进行耐候性复检

D. 饰面板与基体之间的灌注材料应有吸水率的复验报告

【答案】B

【解析】只有用于室内的花岗石须做放射性复检。《建筑装饰装修工程质量验收标准》GB 50210—2018 第 9.2.3 条规定：石板安装工程的预埋件（后置埋件）、连接件的材质、数量、规格、位置、连接方法和防腐处理应符合设计要求。规范对 C、D 选项中嵌缝材料、灌注材料没有复检要求。

7. 不属于幕墙工程隐蔽验收的内容是（　　　）。

A. 防雷装置　　　　　　　　　B. 防火构造

C. 硅酮结构胶　　　　　　　　D. 构件连接节点

【答案】C

【解析】《建筑装饰装修工程质量验收标准》GB 50210—2018 第 9.2.3 条规定：幕墙工程应对下列隐蔽工程项目验收：预埋件、连接件、锚栓、构件连接节点、幕墙防火或隔烟节点、单元式幕墙的封口节点、隐框玻璃板的固定、变形缝及墙面转角节点。

8. 不符合玻璃幕墙安装规定的是（　　　）。

A. 玻璃幕墙的造型和立面分格应符合设计要求

B. 玻璃幕墙的防雷装置必须与主体结构的防雷装置可靠连接

C. 所有幕墙玻璃不得进行边缘处理

D. 明框玻璃幕墙的玻璃与构件不得直接接触

【答案】C

【解析】《玻璃幕墙工程技术规范》JGJ 102—2003 第 3.4.4 条规定：幕墙玻璃应进行机械磨边处理，磨轮的目数应在 180 目以上。第 4.4.13 条规定：幕墙的金属框架应与主体结构的防雷体系可靠连接。

9. 关于石材幕墙要求的说法，正确的是（　　　）。

A. 石材幕墙与玻璃幕墙、金属幕墙安装的垂直度允许偏差值不相等

B. 应进行石材用密封胶的耐污染性指标复验

C. 应进行石材的抗压强度复验

D. 所有挂件采用不锈钢材料或镀锌铁件

【答案】B

【解析】《建筑装饰装修工程质量验收标准》GB 50210—2018 第 11.1.3-3 条规定：幕墙工程应对石材用密封胶的污染性进行复验。

10. 关于涂饰工程施工的说法，正确的是（　　　）。

A. 旧墙面在涂饰前应涂刷抗碱界面剂处理

B. 厨房墙面涂饰必须采用耐水腻子

C. 室内水性涂料涂饰施工的环境温度应在 0～35℃

D. 用厚涂料的高级涂饰质量标准允许有少量轻微的泛碱、咬色

【答案】B

【解析】旧墙面在涂饰涂料前应清除疏松的旧装修层，并涂刷界面剂，新建筑物的混凝土或抹灰基层在涂饰涂料前应涂刷抗碱封闭底漆；室内水性涂料涂饰施工的环境温度应在 5～35℃；用厚涂料的高级涂饰质量标准不允许有少量轻微的泛碱，咬色。

11. 在涂饰工程中，不属于溶剂型涂料的是（　　　）。

A. 合成树脂乳液涂料　　　　　　　B. 丙烯酸涂料

C. 聚氨酯丙烯酸涂料　　　　　　　D. 有机硅丙烯酸涂料

【答案】A

【解析】合成树脂乳液涂料属于水性涂料。

12. 关于裱糊工程施工的说法，错误的是（　　　）。

A. 壁纸的接缝允许在墙的阴角处

B. 基层应保持干燥

C. 旧墙面的裱糊前应清除疏松的旧装饰层，并涂刷界面剂

D. 新建筑物混凝土基层应涂刷抗碱封闭底漆

【答案】B

【解析】混凝土或抹灰基层含水率不得大于 8%，木材基层的含水率不得大于 12%，且在裱糊前应用封闭底胶涂刷基层。

13. 骨架隔墙工程施工中，龙骨安装时应首先（　　　）。

A. 固定竖向边框龙骨　　　　　　　B. 安装洞口边竖向龙骨

C. 固定沿顶棚、沿地面龙骨　　　　D. 安装加强龙骨

【答案】C

【解析】骨架隔墙工程施工中，龙骨安装时应在地面、顶棚弹出隔墙位置线，再固定沿地面、顶棚龙骨与位置线重合。

14. 抹灰工程中罩面用的磨细石灰粉，其熟化期不应小于（   ）。

A. 3d   B. 7d   C. 14d   D. 15d

【答案】A

【解析】《建筑装饰装修工程质量验收规范》GB 50210—2001 第 4.1.8 条规定：抹灰用的石灰膏的熟化期不应少于 15d；罩面用的磨细石灰粉的熟化期不应少于 3d。《建筑装饰装修工程质量验收标准》GB 50210—2018 取消该条文；《住宅装饰装修工程施工规范》GB 5024—2002 第 7.2.5 条规定：抹灰用石灰膏的熟化期不应少于 15d，罩面用磨细石灰粉的熟化期不应少于 3d。

15. 抹灰工程施工中，下列哪项做法是正确的？（   ）

A. 水泥砂浆不得抹在石灰砂浆层上，罩面石膏灰应抹在水泥砂浆层上

B. 水泥砂浆不得抹在混合砂浆层上，罩面石膏灰应抹在水泥砂浆层上

C. 水泥砂浆不得抹在石灰砂浆层上，罩面石膏灰不得抹在水泥砂浆层上

D. 水泥砂浆不得抹在混合砂浆层上，罩面石膏灰不得抹在水泥砂浆层上

【答案】C

【解析】《建筑装饰装修工程质量验收标准》GB 50210—2001 第 4.2.7 条规定：水泥砂浆不得抹在石灰砂浆层上，罩面石膏灰不得抹在水泥砂浆层上。

16. 建筑外墙金属窗、塑料窗施工前，应进行的性能指标复验不含（   ）。

A. 抗风性能   B. 空气渗透性能

C. 保温隔热性能   D. 雨水渗漏性能

【答案】C

【解析】依据《建筑装饰装修工程质量验收标准》GB 50210—2001 第 6.1.3 条规定，需要进行金属窗、塑料窗的性能指标复验的有气密性能、水密性能和抗风压性能。

17. 制作胶合板门、纤维板门时，下述哪项做法是不正确的？（   ）

A. 边框和横楞应在同一平面上

B. 面层、边框及横楞应加压胶结

C. 横楞上不得钻孔

D. 上、下冒头应各钻两个以上透气孔

【答案】C

【解析】《建筑装饰装修工程质量验收规范》GB 50210—2001 第 5.2.7 条规定：胶合板门、纤维板门和模压门不得脱胶。胶合板不得刨透表层单板，不得有戗槎。制作胶合板门、纤维板门时，边框和横楞应在同一平面上，面层、边框及横楞应加压胶结。横楞和上、下冒头应各钻两个以上的透气孔，透气孔应通畅。

18. 铝合金、塑料门窗施工前进行安装质量检验时，推拉门窗扇开关力的量测工具是（   ）。

A. 压力表   B. 应力仪   C. 推力计   D. 弹簧秤

【答案】D

【解析】《建筑装饰装修工程质量验收规范》GB 50210—2001 第 5.3.7 条规定：铝合金门窗推拉门窗扇开关力应不大于 100N，检验方法为用弹簧秤检查。《建筑装饰装修工程质量验收标准》GB 50210—2018 第 6.3.6 条及第 6.4.10-2 条分别规定推拉门窗扇开关力的量测工具为测力计。

19. 吊顶工程安装饰面板前必须完成的工作是（　　）。

A. 吊顶龙骨已调整完毕

B. 重型灯具、电扇等设备的吊杆布置完毕

C. 管道和设备调试及验收完毕

D. 内部装修处理完毕

【答案】C

【解析】《建筑装饰装修工程质量验收标准》GB 50210—2018 第 7.1.10 条规定：安装饰面板前应完成吊顶内管道和设备的调试及验收。

20. 吊顶工程中，吊顶标高及起拱高度应符合（　　）。

A. 设计要求   B. 施工规范要求

C. 施工技术方案要求   D. 材料产品说明要求

【答案】A

【解析】《建筑装饰装修工程质量验收标准》GB 50210—2018 第 7.2.1 条规定：吊顶标高、尺寸、起拱和造型应符合设计要求。

21. 明龙骨吊顶工程的饰面材料与龙骨的搭接宽度应大于龙骨受力面宽度的（　　）。

A. 2/3   B. 1/2   C. 1/3   D. 1/4

【答案】A

【解析】《建筑装饰装修工程质量验收标准》GB 50210—2018 第 7.3.7 条规定：面板的安装应稳固严密。面板与龙骨的搭接宽度应大于龙骨受力面宽度的 2/3。

22. 室内饰面砖工程验收时应检查的文件和记录中，下列哪项表述是不正确的？（　　）

A. 饰面砖工程的施工图、设计说明及其他设计文件

B. 材料的产品合格证书、性能检测报告、进场验收记录和复验报告

C. 饰面砖样板件的粘结强度检测报告

D. 隐蔽工程验收记录

【答案】C

【解析】《建筑装饰装修工程质量验收标准》GB 50210—2018 第 9.1.2 条规定：饰面板工程验收时应检查下列文件和记录：（1）饰面板工程的施工图、设计说明及其他设计文件。（2）材料的产品合格证书、性能检测报告、进场验收记录和复验报告。（3）后置埋件的现场拉拔检验报告。（4）满粘法施工的外墙石板和外墙陶瓷板粘结强度检测报告。（5）隐蔽工程验收记录。（6）施工记录。

23. 采用湿作法施工的饰面板工程，石材应进行（　　）。

A. 防酸背涂处理   B. 防潮背涂处理

C. 防碱背涂处理   D. 防腐背涂处理

【答案】C

【解析】《建筑装饰装修工程质量验收规范》GB 50210—2001 第 9.2.7 条规定：采用湿作业法施工的石板安装工程，石板应进行防碱封闭处理。

24. 石材外幕墙工程施工前，应进行的石材材料性能指标复验不含（　　）。

A. 石材的弯曲强度 　　　　　　　　 B. 寒冷地区石材的抗冻性

C. 花岗石的放射性 　　　　　　　　 D. 石材的吸水率

【答案】D

【解析】《建筑装饰装修工程质量验收标准》GB 50210—2018 第 11.1.3 条相关规定：幕墙工程应对下列材料及其性能指标进行复验：（1）铝塑复合板的剥离强度。（2）石材的抗弯强度；严寒、寒冷地区石材的耐冻融性；室内用花岗石的放射性。（3）玻璃幕墙用结构胶的邵氏硬度、标准条件拉伸粘结强度、相容性试验；石材用结构胶的粘结强度；石材用密封胶的污染性。

25. 建筑装饰装修工程当涉及主体和承重结构改动或增加荷载时，对既有建筑结构安全性进行核验、确定的单位是（　　）。

A. 原结构设计单位 　　　　　　　　 B. 原施工单位

C. 原装饰装修单位 　　　　　　　　 D. 建设单位

【答案】A

【解析】建筑装饰装修工程设计必须做足建筑物的结构安全和主要使用功能。当涉及主体和承重结构改动或增加荷载时，必须由原结构设计单位或具备相应资质的设计单位核查有关原始资料，对既有建筑结构的安全性进行核验、确认。

26. 抹灰层出现脱层、空鼓、裂缝和开裂等缺陷，将会降低墙体的哪种性能？（　　）

A. 强度 　　　　　　　　　　　　　 B. 整体性

C. 抗渗性 　　　　　　　　　　　　 D. 保护作用和装饰效果

【答案】D

【解析】抹灰工程的质量关键是粘结牢固，无开裂空鼓与脱落。如果粘结不牢，出现空鼓、开裂、脱落等缺陷会降低对墙体的保护作用，且影响装饰效果。

27. 在砌体上安装建筑外门窗时严禁采用的方法是（　　）。

A. 预留洞口 　　　　　　　　　　　 B. 预埋木砖

C. 预埋金属件 　　　　　　　　　　 D. 射钉固定

【答案】D

【解析】建筑外门窗的安装必须牢固。在砌体上安装门窗严禁用射钉固定。

28. 塑料门窗框与墙体间缝隙应采用闭孔弹性材料填嵌饱满是为了（　　）。

A. 防止门窗与墙体间出现裂缝 　　　 B. 防止门窗与墙体间出现冷桥

C. 提高门窗与墙体间的整体性 　　　 D. 提高门窗与墙体间的连接强度

【答案】A

【解析】塑料门窗的线性膨胀系数较大，由于温度升降易引起门窗变形或在门窗框与墙体间出现裂缝，为了防止上述现象，特规定塑料门窗框与墙体间缝隙应采用伸缩性能较好的闭孔弹性材料填嵌，并用密封胶密封。

29. 在吊顶内铺放纤维吸声材料时，应采取的施工技术措施是（　　）。

A. 防潮措施 　　　　　　　　　　　 B. 防火措施

C. 防散落措施　　　　　　　　　　D. 防霉变措施

【答案】C

【解析】吊顶内填充吸声材料的品种和铺设厚度应符合设计要求，并有防散落措施。

30. 轻质隔墙工程是指（　　）。

A. 加气混凝土砌块隔墙　　　　　　B. 薄型板材隔墙

C. 空心砖隔墙　　　　　　　　　　D. 小砌块隔墙

【答案】B

【解析】轻质隔墙是指非承重轻质内隔墙。轻质隔墙包括板材隔墙、骨架隔墙、活动隔墙、玻璃隔墙等类型。

31. 必须对室内用花岗石材料性能指标进行复验的项目是（　　）。

A. 放射性　　　　　　　　　　　　B. 抗压强度

C. 抗冻性　　　　　　　　　　　　D. 抗折强度

【答案】A

【解析】《建筑装饰装修工程质量验收标准》GB 50210—2018 第 9.1.3 条饰面板工程对下列材料及其性能指标进行复验：室内用花岗石板的放射性、室内用人造木板的甲醛释放量。

32. 在混凝土或水泥类抹灰基层涂饰涂料前，基层应做的处理项目是（　　）。

A. 涂刷界面剂　　　　　　　　　　B. 涂刷耐水腻子

C. 涂刷抗酸封闭底漆　　　　　　　D. 涂刷抗碱封闭底漆

【答案】D

【解析】新建筑物的混凝土或抹灰基层墙面在刮腻子前应涂刷抗碱封闭底漆。旧墙面在裱糊前应清除疏松的旧装修层，并涂刷界面剂。

33. 以下哪项是造成抹灰基层上的裱糊工程质量不合格的关键因素？（　　）

A. 表面平整程度　　　　　　　　　B. 基层颜色是否一致

C. 基层含水率是否＜8％　　　　　　D. 基层腻子有无起皮裂缝

【答案】A

【解析】抹灰工程的表面平整度、立面垂直度及阴阳角方正等质量均对裱糊工程质量影响很大，如其质量达不到高级抹灰的质量要求，将会造成裱糊时对花困难，并出现离缝和搭接现象，影响整体装饰效果，故抹灰质量应达到高级抹灰的要求。

34. 软包工程适用的建筑部位是（　　）。

A. 墙面和花饰　　　　　　　　　　B. 墙面和门

C. 墙面和橱柜　　　　　　　　　　D. 墙面和窗

【答案】B

【解析】根据《建筑装饰装修工程质量验收规范》GB 50210—2001 第 11.3.1 条规定：软包工程适用于墙面、门的工程。《建筑装饰装修工程质量验收标准》GB 50210—2018 已取消该规定。

35. 建筑装饰装修工程为加强对室内环境的管理，规定进行控制的物质有（　　）。

A. 甲醛、酒精、氡、苯　　　　　　B. 甲醛、氡、氨、苯

C. 甲醛、酒精、氨、苯　　　　　　D. 甲醛、汽油、氡、苯

【答案】B

【解析】《民用建筑工程室内环境污染控制标准》GB 50325—2020 第 1.0.3 条规定：需控制的室内环境污染物包括氡、甲醛、苯、甲苯、二甲苯和总挥发性有机化合物。

36. 下列哪项是正确的墙面抹灰施工程序？（　　　）

    A. 浇水湿润基层、墙面分层抹灰、做灰饼和设标筋、墙面检查与清理

    B. 浇水湿润基层、做灰饼和设标筋、墙面分层抹灰、清理

    C. 浇水湿润基层、做灰饼和设标筋、设阳角护角、墙面分层抹灰、清理

    D. 浇水湿润基层、做灰饼和设标筋、墙面分层抹灰、设阳角护角、清理

【答案】B

【解析】墙面抹灰施工工艺一般为：基层处理→浇水处理→抹灰饼→墙面充筋或设标筋→分层抹灰→设置分格缝→保护成品。其中灰饼是泥工粉刷或浇筑地坪时用来控制建筑标高及墙面的平整度、垂直度的水泥块；标筋是指在抹灰等项目施工中，为保证平整度，隔一定的距离，做一道标高线，称为标筋或冲筋；抹灰层一般由底层灰、中层灰和面层灰三层组成。

37. 抹灰用石灰膏的熟化期最少不应少于（　　　）。

    A. 8d　　　　　　　B. 12d　　　　　　　C. 15d　　　　　　　D. 20d

【答案】C

【解析】抹灰用石灰膏的熟化期不应少于 15d，罩面用磨细石灰粉的熟化期不应少于 3d。

38. 水泥砂浆抹灰层的养护应处于（　　　）。

    A. 干燥条件　　　　　　　　　　　B. 一定温度条件

    C. 湿润条件　　　　　　　　　　　D. 施工现场自然条件

【答案】C

【解析】《建筑装饰装修工程质量验收标准》GB 50210—2001 第 4.1.10 条的条文说明：各种砂浆抹灰层，在凝结前应防止快干、水冲、撞击、振动和受冻，在凝结后应采取措施防止沾污和损坏。水泥砂浆抹灰层应在湿润条件下养护。

39. 关于一般抹灰工程，正确的是（　　　）。

    A. 不同材料基层交接处抹灰时可采用加强网，加强网与各基层的搭接宽度不应小于 100mm

    B. 抹灰层应无脱层与空鼓现象，但允许有少量裂缝

    C. 当抹灰总厚度大于或等于 25mm 时，应采取加强措施

    D. 用直角检测尺检查抹灰墙面的垂直度

【答案】A

【解析】《建筑装饰装修工程质量验收标准》GB 50210—2001 第 4.2.3 条：抹灰工程应分层进行。当抹灰总厚度大于或等于 35mm 时，应采取加强措施。不同材料基体交接处表面的抹灰，应采取防止开裂的加强措施，当采用加强网时，加强网与各基体的搭接宽度不应小于 100mm。第 4.2.4 条规定：抹灰层与基层之间及各抹灰层之间应粘结牢固，抹灰层应无脱层和空鼓，面层应无爆灰和裂缝。第 4.2.10 条的表 4.2.10 规定：抹灰墙面的垂直度应采用 2m 垂直检测尺进行检查。

40. 铝合金门窗和塑料门窗的推拉门窗扇开关力不应大于（　　）。

A. 200N　　　　　　　B. 150N　　　　　　　C. 250N　　　　　　　D. 100N

【答案】D

【解析】根据《建筑装饰装修工程质量验收标准》GB 50210—2001 第 6.3.6 条规定：金属门窗推拉门窗扇开关力不应大于 50N，并采用测力计检查。第 6.4.10 条规定：塑料门窗扇的开关力应符合下列规定：平开门窗扇平铰链的开关力不应大于 80N；滑撑铰链的开关力不应大于 80N，并不应小于 30N；推拉门窗扇的开关力不应大于 100N。

41. 为保证石材幕墙的安全，必须采取双控措施：其一是金属框架杆件和金属挂件的壁厚应经过设计计算确定，其二是控制石材的（　　）。

A. 抗折强度最小值　　　　　　　　B. 弯曲强度最小值

C. 厚度最大值　　　　　　　　　　D. 吸水率最小值

【答案】B

【解析】花岗石板材的弯曲强度应经法定检测机构检测确定，其弯曲强度不应小于 8.0MPa。

42. 下列属于石材幕墙质量验收主控项目的是（　　）。

A. 幕墙表面的平整度　　　　　　　B. 板材上沿的水平度

C. 幕墙的垂直度　　　　　　　　　D. 幕墙的渗漏

【答案】D

【解析】《建筑装饰装修工程质量验收标准》GB 50210—2001 第 11.4.2-7 条规定：石材幕墙安装偏差属于石材幕墙工程一般项目。《金属与石材幕墙工程技术规范》JGJ 133—2001 第 4.2.4 条规定：幕墙在风荷载标准值除以阵风系数后的风荷载值作用下，不应发生雨水渗漏。其雨水渗漏性能应符合设计要求。

43. 关于涂饰工程，正确的是（　　）。

A. 涂饰工程应在涂层完毕后及时进行质量验收

B. 厨房、卫生间墙面必须使用耐水腻子

C. 水性涂料涂饰工程施工的环境温度应在 0～35℃

D. 涂刷乳液型涂料时，基层含水率应大于 12%

【答案】B

【解析】《建筑装饰装修工程质量验收标准》GB 50210—2001 第 12.1.6 条规定：水性涂料涂饰工程施工的环境温度应为 5～35℃。第 12.1.8 条规定：涂饰工程应在涂层养护期满后进行质量验收。第 12.1.5-3 条：涂饰工程的基层处理应符合下列规定，混凝土或抹灰基层在用溶剂型腻子找平或直接涂刷溶剂型涂料时，含水率不得大于 8%；在用乳液型腻子找平或直接涂刷乳液型涂料时，含水率不得大于 10%，木材基层的含水率不得大于 12%。

44. 饰面板安装工程中，后置埋件必须满足设计要求的（　　）。

A. 现场抗剪强度　　　　　　　　　B. 现场拉拔强度

C. 现场抗扭强度　　　　　　　　　D. 现场抗弯强度

【答案】B

【解析】《建筑装饰装修工程质量验收标准》GB 50210—2001 第 9.2.3 条规定：后置

埋件的现场拉拔力应符合设计要求。

45. 隐框及半隐框幕墙的结构粘结材料必须采用（　　）。

A. 中性硅酮结构密封胶　　　　　　　B. 硅酮耐候密封胶

C. 弹性硅酮结构密封胶　　　　　　　D. 低发泡结构密封胶

【答案】A

【解析】《玻璃幕墙工程技术规范》JGJ 102—2003 第 3.1.4 条规定：隐框和半隐框玻璃幕墙，其玻璃与铝型材的粘结必须采用中性硅酮结构密封胶。

46. 下列哪项不属于幕墙工程的隐蔽工程？（　　）

A. 硅酮结构胶的相容性试验　　　　　B. 幕墙的预埋件（或后置埋件）

C. 幕墙的防雷装置　　　　　　　　　D. 幕墙的防火构造

【答案】A

【解析】根据《建筑装饰装修工程质量验收标准》GB 50210—2001 第 11.1.4 条规定，B、C、D 选项均属于幕墙工程的隐蔽工程。

47. 人造木板用于吊顶工程时必须复验的项目是（　　）。

A. 燃烧时限　　　B. 防腐性能　　　C. 甲醛含量　　　D. 强度指标

【解析】《建筑装饰装修工程质量验收标准》GB 50210—2001 第 7.1.3 条规定：吊顶工程应对人造木板的甲醛释放量进行复验。

48. 室内外建筑装饰装修工程施工时的环境温度最低不应低于（　　）。

A. 10℃　　　B. 5℃　　　C. 0℃　　　D. −5℃

【答案】B（旧规）

【解析】《建筑装饰装修工程质量验收标准》GB 50210—2001 第 3.3.13 条规定：室内外装饰装修工程施工的环境条件应满足施工工艺的要求。该规范去除了对环境温度的具体要求。

49. 抹灰层有防潮要求时应采用（　　）。

A. 石灰砂浆　　　B. 混合砂浆　　　C. 水泥砂浆　　　D. 防水砂浆

【答案】D

【解析】《建筑装饰装修工程质量验收标准》GB 50210—2001 第 4.1.9 条规定：当要求抹灰层具有防水、防潮功能时，应采用防水砂浆。

50. 为防止抹灰层起鼓、脱落和开裂，抹灰层总厚度超过或等于下列何值时应采取加强措施？（　　）

A. 35mm　　　B. 25mm　　　C. 20mm　　　D. 15mm

【答案】A

【解析】《建筑装饰装修工程质量验收标准》GB 50210—2001 第 4.2.3 条规定：抹灰工程应分层进行。当抹灰总厚度大于或等于35mm时，应采取加强措施。

51. 塑料窗应进行复验的性能指标是（　　）。

A. 甲醇含量、抗风压、空气渗漏性

B. 甲醛含量、抗风压、雨水渗漏性

C. 甲苯含量、空气渗透性、雨水渗漏性

D. 抗风压、空气渗透性、雨水渗漏性

【答案】D

【解析】《建筑装饰装修工程质量验收标准》GB 50210—2001 第 6.1.3 规定：门窗工程应对建筑外窗的气密性能、水密性能和抗风压性能等性能指标进行复验。

52. 饰面板（砖）工程中，必须对以下哪种室内用的天然石材放射性指标进行复验?（　　）

A. 大理石　　　　B. 花岗石　　　　C. 石灰石　　　　D. 青石板

【答案】B

【解析】《建筑装饰装修工程质量验收标准》GB 50210—2001 第 9.1.3 条规定：饰面板工程应对下列材料及其性能指标进行复验：室内用花岗石板的放射性、室内用人造木板的甲醛释放量。

53. 幕墙应使用的安全玻璃是（　　）。

A. 钢化玻璃　　　　B. 半钢化玻璃　　　　C. 镀膜玻璃　　　　D. 浮法平板玻璃

【答案】A

【解析】《玻璃幕墙工程技术规范》JGJ 102—2003 第 4.4.1 条的条文说明：安全玻璃一般指钢化玻璃和夹层玻璃。

54. 石材幕墙工程中所用石材的吸水率应小于（　　）。

A. 0.5%　　　　B. 0.6%　　　　C. 0.8%　　　　D. 0.9%

【答案】C

【解析】《金属与石材幕墙工程技术规范》JGJ 133—2013 第 3.2.1 条规定：幕墙石材宜选用火成岩，石材吸水率应小于 0.8%。

55. 关于门窗工程的施工要求，以下哪项不正确?（　　）

A. 门窗玻璃不应直接接触型材

B. 在砌体上安装应用射钉固定

C. 金属及塑料门窗安装应采用预留洞口的方法施工

D. 磨砂玻璃的磨砂面应朝向室内

【答案】B

【解析】《建筑装饰装修工程质量验收标准》GB 50210—2001 第 6.1.11 条规定：建筑外门窗安装必须牢固。在砌体上安装门窗严禁采用射钉固定。第 6.1.8 条规定：金属门窗和塑料门窗安装应采用预留洞口的方法施工。第 6.6.1 条的条文说明：磨砂玻璃朝向室内是为了防止磨砂层被污染并易于清洁。第 6.6.7 条规定：门窗玻璃不应直接接触型材。

56. 下列哪项不是抹灰工程验收时应检查的文件和记录?（　　）

A. 抹灰工程的施工图，设计说明及设计文件

B. 材料的产品合格证书，性能检测报告和复验报告

C. 施工组织设计

D. 隐蔽工程验收记录

【解析】《建筑装饰装修工程质量验收标准》GB 50210—2001 第 4.1.2 条规定，C 选项不属于抹灰工程验收时应检查的文件和记录。

57. 抹灰层由底层、中层、面层组成，中层的作用是（　　）。

A. 粘结　　　　B. 找平　　　　C. 装饰　　　　D. 粘结和找平

【答案】B

【解析】底层是为了初步找平和粘接基层，面层主要起装饰效果。

58. 关于壁纸、墙布，下列哪项性能等级必须符合设计要求及国家现行标准的有关规定？（   ）

A. 燃烧性　　　　B. 防水性　　　　C. 防霉性　　　　D. 抗拉性

【答案】A

【解析】《建筑装饰装修工程质量验收标准》GB 50210—2001 第 13.2.1 条规定：壁纸、墙布的种类、规格、图案、颜色和燃烧性能等级应符合设计要求及国家现行标准的有关规定。

59. 玻璃幕墙的垂直度检验方法是（   ）。

A. 用 2m 靠尺检查　　　　　　　B. 用经纬仪检查

C. 用水平仪检查　　　　　　　　D. 用钢直尺检查

【答案】B

【解析】根据《玻璃幕墙工程技术规范》JGJ 102—2003 第 11.2、11.4 章可知：玻璃幕墙的垂直度检验方法为经纬仪或激光仪。

60. 建筑装饰装修工程设计中，下述哪项要求不是必须满足的？（   ）

A. 城市规划　　　B. 城市交通　　　C. 环保　　　D. 消防

【答案】B

【解析】《建筑装饰装修工程质量验收标准》GB 50210—2001 第 3.1.2 条规定：建筑装饰装修设计应符合城市规划、防火、环保、节能、减排等有关规定。

61. 保证抹灰工程质量的关键是（   ）。

A. 基层应作处理

B. 抹灰后砂浆中的水分不应过快散失

C. 各层之间粘接牢固

D. 面层无爆灰和裂纹

【答案】C

【解析】《建筑装饰装修工程质量验收标准》GB 50210—2001 第 4.2.4 条规定：抹灰层与基层之间及各抹灰层之间应粘结牢固，抹灰层应无脱层和空鼓，面层应无爆灰和裂缝。

62. 因资源和环境因素，装饰扶灰工程应尽量减少使用（   ）。

A. 水刷石　　　B. 斩假石　　　C. 干粘石　　　D. 假面砖

【答案】A

【解析】水刷石是用水泥、石屑、小石子或颜料等加水拌合，抹在建筑物的表面，半凝固后，用硬毛刷蘸水刷去表面的水泥浆而使石屑或小石子半露，该做法已被淘汰。

63. 门窗工程中，安装门窗前应对门窗洞口检查的项目是（   ）。

A. 位置　　　B. 尺寸　　　C. 数量　　　D. 类型

【答案】B

【解析】《建筑装饰装修工程质量验收标准》GB 50210—2001 第 6.1.7 条规定：门窗安装前，应对门窗洞口尺寸及相邻洞口的位置偏差进行检验。

64. 吊顶工程中的预埋件、钢制吊杆应进行下述哪项处理？（　　　）

A. 防水　　　　　　B. 防火　　　　　　C. 防锈　　　　　　D. 防晃动和变形

【答案】C

【解析】《建筑装饰装修工程质量验收标准》GB 50210—2001 第 7.1.9 条规定：吊顶工程中的埋件、钢筋吊杆和型钢吊杆应进行防腐处理。

65. 饰面板（砖）工程应进行验收的隐蔽工程不包括（　　　）。

A. 防水层　　　　　B. 结构基层　　　　C. 预埋件　　　　　D. 连接节点

【答案】B

【解析】《建筑装饰装修工程质量验收标准》GB 50210—2001 第 9.1.4 条规定：A、C、D 均属于隐蔽工程。

66. 石材幕墙工程中应对材料及其性能复验的内容不包括（　　　）。

A. 石材的弯曲度

B. 寒冷地区石材的耐冻融性

C. 结构胶的邵氏硬度

D. 结构胶的粘结强度

【答案】C

【解析】玻璃幕墙用结构胶的邵氏硬度，石材用结构胶的粘结强度。

67. 裱糊工程施工时，基层含水率过大将导致壁纸（　　　）。

A. 表面变色　　　　B. 接缝开裂　　　　C. 表面发花　　　　D. 表面起鼓

【答案】D

【解析】《建筑装饰装修工程质量验收标准》GB 50210—2001 第 13.1.4 条的条文说明：基层质量直接影响裱糊质量，如腻子有粉化、起皮，或基层含水率过高，将会导致壁纸、墙布起泡、空鼓。

68. 计算机房对建筑装饰装修基本的特殊要求是（　　　）。

A. 屏蔽、绝缘　　　　　　　　　B. 防辐射、屏蔽

C. 光学、绝缘　　　　　　　　　D. 声学、屏蔽

【答案】A

【解析】《建筑装饰装修工程质量验收标准》GB 50210—2001 第 15.0.8 条的条文说明：大型控制室、计算机房等建筑在屏蔽、绝缘方面需特别处理。

69. 新建筑物的混凝土或抹灰基层在涂饰涂料前，应涂刷哪种封闭底漆？（　　　）

A. 抗碱　　　　　　B. 抗酸　　　　　　C. 防盐　　　　　　D. 防油

【答案】A

【解析】《建筑装饰装修工程质量验收标准》GB 50210—2001 第 12.1.5-1 条规定：新建筑物的混凝土或抹灰基层在用腻子找平或直接涂饰涂料前应涂刷抗碱封闭底漆。

70. 裱糊工程中裱糊后的壁纸出现起鼓或脱落，下述哪项原因分析是不正确的？（　　　）

A. 基层未刷防潮层

B. 旧墙面疏松的旧装修层未清除

C. 基层含水率过大

D. 腻子与基层粘结不牢固或出现粉化、起皮

【答案】A

【解析】《建筑装饰装修工程质量验收标准》GB 50210—2001 第 13.1.4 条的条文说明：基层质量直接影响裱糊质量，如腻子有粉化、起皮，或基层含水率过高，将会导致壁纸、墙布起泡、空鼓。

71. 门窗工程中一般窗每个检验批的检查数量应至少抽查 5%，并不得少于 3 樘，不足 3 樘时应全数检查。高层建筑外窗，每个检验批的检查数量和一般窗相比应增加几倍？（　）

A. 3/5 倍　　　　　B. 1 倍　　　　　C. 2 倍　　　　　D. 3 倍

【答案】B

【解析】《建筑装饰装修工程质量验收标准》GB 50210—2001 第 6.1.6-1 条规定：木门窗、金属门窗、塑料门窗和门窗玻璃每个检验批应至少抽查 5%，并不得少于 3 樘，不足 3 樘时应全数检查；高层建筑的外窗每个检验批应至少抽查 10%，并不得少于 6 樘，不足 6 樘时应全数检查。

72. 吊顶工程中下述哪项安装做法是不正确的？（　）

A. 重型灯具可固定在龙骨上
B. 风口算子可固定在饰面材料上
C. 小型灯具可固定在饰面材料上
D. 烟感器、喷淋头可固定在饰面材料上

【答案】A

【解析】《建筑装饰装修工程质量验收标准》GB 50210—2001 第 7.1.12 条规定：重型设备和有振动荷载的设备严禁安装在吊顶工程的龙骨上。

73. 水泥砂浆抹灰施工中，下述哪项做法是不准确的？（　）

A. 不同材料基体交接处表面的抹灰，应采取加强措施
B. 当抹灰总厚度大于或等于 25mm 时，应采取加强措施
C. 抹灰应分层进行，不得一遍成活
D. 应对水泥的凝结时间和安定性进行现场抽样复验并合格

【答案】B

【解析】《建筑装饰装修工程质量验收标准》GB 50210—2001 第 4.2.3 条规定：抹灰工程应分层进行。当抹灰总厚度大于或等于 35mm 时，应采取加强措施。不同材料基体交接处表面的抹灰，应采取防止开裂的加强措施，当采用加强网时，加强网与各基体的搭接宽度不应小于 100mm。

74. 塑料门窗工程中，门窗框与墙体间缝隙应采用什么材料填嵌？（　）

A. 水泥砂浆　　　　　　　　B. 水泥白灰砂浆
C. 闭孔弹性材料　　　　　　D. 油麻丝

【答案】C

【解析】《建筑装饰装修工程质量验收标准》GB 50210—2001 第 6.4.4 条的条文说明：特规定塑料门窗框与墙体间缝隙应采用伸缩性能较好的闭孔弹性材料填嵌，并用密封胶密封。采用闭孔材料则是为了防止材料吸水导致连接件锈蚀，影响安装强度。

75. 一般抹灰工程中出现的质量缺陷，不属于主控项目的是（　　）。

A. 脱层　　　　　　　　　　　　B. 空鼓

C. 面层裂缝　　　　　　　　　　D. 滴水槽宽度和深度

【答案】D

【解析】《建筑装饰装修工程质量验收标准》GB 50210—2001 第 4.2.4 条规定：抹灰层与基层之间及各抹灰层之间应粘结牢固，抹灰层应无脱层和空鼓，面层应无爆灰和裂缝。

76. 外墙窗玻璃安装，中空玻璃的单面镀膜玻璃应怎样安装？（　　）

A. 应在最内层，镀膜层应朝向室外

B. 应在最内层，镀膜层应朝向室内

C. 应在最外层，镀膜层应朝向室外

D. 应在最外层，镀膜层应朝向室内

【答案】D

【解析】《建筑装饰装修工程质量验收标准》GB 50210—2001 第 6.6.1 条的条文说明：除设计上有特殊要求，为保护镀膜玻璃上的镀膜层及发挥镀膜层的作用，特对镀膜玻璃的安装位置及朝向作出要求：单面镀膜玻璃的镀膜层应朝向室内。

77. 吊顶工程中，当吊杆长度大于多少时，应设置反支撑？（　　）

A. 0.8m　　　　　　B. 1.0m　　　　　　C. 1.2m　　　　　　D. 1.5m

【答案】D

【解析】《建筑装饰装修工程质量验收标准》GB 50210—2001 第 7.1.11 条规定：吊杆距主龙骨端部距离不得大于 300mm。当吊杆长度大于 1500mm 时，应设置反支撑。当吊杆与设备相遇时，应调整并增设吊杆或采用型钢支架。

建筑地面工程

1. 下列楼地面施工做法的说法中，错误的是（　　）。

A. 有防水要求的地面工程应对立管、套管、地漏与节点之间进行密封处理，并应进行隐蔽验收

B. 有防静电要求的整体地面工程，应对导电地网系统与接地引下线的连接进行隐蔽验收

C. 找平层采用碎石或卵石的粒径不应大于其厚度的 2/3

D. 预制板相邻板缝应采用水泥砂浆嵌填

【答案】D

【解析】预制板相邻板缝填嵌应采用 C20 细石混凝土。

2. 在下列面层中不得敷设管线的整体楼地面面层是（　　）。

A. 硬化耐磨面层　　　　　　　　B. 防油渗混凝土面层

C. 水泥混凝土面层　　　　　　　D. 自流平面层

【答案】B

【解析】防油渗混凝土面层内不得敷设管线，露出面层的电线管、接线盒、预埋套管

和地脚螺栓等的处理，以及与墙、柱、变形缝、孔洞等连接处泛水均应采取防油渗措施并应符合设计要求。

3. 下列关于大理石、花岗石楼地面面层施工的说法中，错误的是（　　）。

A. 面层应铺设在结合层上

B. 板材的放射性限量合格检测报告是质量验收的主控项目

C. 在板材的背面、侧面应进行防碱处理

D. 整块面层与碎拼面层的表面平整度允许偏差值相等

【答案】D

【解析】《建筑地面工程施工质量验收规范》GB 50209—2010 第 6.1.8 条的表 6.1.8 规定：整块面层的表面平整度允许偏差值为 1.0mm，碎拼面层的表面平整度允许偏差值为 3.0mm。

4. 下列活动地板施工质量要求的说法中，错误的是（　　）。

A. 面层应排列整齐、接缝均匀、周边顺直

B. 与柱、墙面接缝处的处理应符合设计要求

C. 面层应采用标准地板，不得镶拼

D. 在门口或预留洞口处应按构造要求做加强处理

【答案】C

【解析】当活动地板不符合模数时，其不足部分可在现场根据实际尺寸将板块切割后镶补，并应配装相应的可调支撑和横梁。切割边不经处理不得镶补安装，并不得有局部膨胀变形情况。

5. 下列实木复合地板的说法中，正确的是（　　）。

A. 大面积铺设时应连续铺设

B. 相邻板材接头位置应错开，间距不小于 300mm

C. 不应采用粘贴法铺设

D. 不应采用无龙骨空铺法铺设

答复：B

【解析】大面积铺设实木复合地板面层时，应分段铺设，分段缝的处理应符合设计要求。实木复合地板面层应采用空铺法或粘贴法（满粘或点粘）铺设。当面层采用无龙骨的空铺法铺设时，应在面层与柱、墙之间的空隙内加设金属弹簧卡或木楔子，其间距宜为 200～300mm。

6. 建筑地面工程施工及质量验收时，整体面层地面属于（　　）。

A. 分部工程　　　　　　　　　　　　B. 子分部工程

C. 分项工程　　　　　　　　　　　　D. 没有规定

【答案】B

【解析】《建筑地面工程施工质量验收规范》GB 50209—2010 第 3.0.1 条规定：建筑地面工程子分部工程、分项工程的划分应按表 3.0.1 的规定执行。

7. 建筑地面工程施工中，下列各材料铺设时环境温度的控制规定不正确的是（　　）。

A. 采用掺有水泥、石灰的拌合料铺设时不应低于 5℃

B. 采用石油沥青胶结料铺贴时不应低于 5℃

C. 采用有机胶粘剂粘贴时不应低于 10℃

D. 采用砂、石材料铺设时，不应低于 10℃

【答案】D

【解析】《建筑地面工程施工质量验收规范》GB 50209—2010 第 3.0.11 条规定：建筑地面工程施工时，各层环境温度的控制应符合材料或产品的技术要求并应符合下列规定：

1 采用掺有水泥、石灰的拌合料铺设以及用石油沥青胶结料铺贴时，不应低于 5℃。

2 采用有机胶粘剂粘贴时，不应低于 10℃。

3 采用砂、石材料铺设时，不应低于 0℃。

4 采用自流平、涂料铺设时，不应低于 5℃，也不应高于 30℃。

8. 下列地面垫层最小厚度可以小于 100mm 的是（　　）。

A. 砂石垫层　　　　　　　　　　B. 碎石和碎砖垫层

C. 三合土垫层　　　　　　　　　D. 炉渣垫层

【答案】D

【解析】《建筑地面工程施工质量验收规范》GB 50209—2010：

4.4.1 条砂垫层厚度不应小于 60mm；砂石垫层厚度不应小于 100mm。4.5.1 碎石垫层和碎砖垫层厚度不应小于 100mm。4.6.1 三合土垫层应采用石灰、砂（可掺入少量黏土）与碎砖的拌合料铺设，其厚度不应小于 100mm；四合土垫层应采用水泥、石灰、砂（可掺少量黏土）与碎砖的拌合料铺设，其厚度不应小于 80mm。4.7.1 炉渣垫层应采用炉渣或水泥与炉渣或水泥、石灰与炉渣的拌合料铺设，其厚度不应小于 80mm。

9. 下述对地面工程灰土垫层的要求中，哪项是错误的？（　　）

A. 熟化石灰可采用粉煤灰代替

B. 可采用磨细生石灰与粘土按重量比拌合洒水堆放后施工

C. 基土及垫层施工后应防止受水浸泡

D. 应分层夯实并经湿润养护、晾干后方可进行下一道工序施工

【答案】B

【解析】《建筑地面工程施工质量验收规范》GB 50209—2010 第 4.3.1～4.3.4 条规定：灰土垫层应采用熟化石灰与黏土（或粉质黏土、粉土）的拌合料铺设；熟化石灰粉可采用磨细生石灰，亦可用粉煤灰代替；灰土垫层应铺设在不受地下水浸泡的基土上，施工后应有防止水浸泡的措施；灰土垫层应分层夯实，经湿润养护、晾干后方可进行下一道工序施工。

10. 建筑地面工程施工中，在预制钢筋混凝土板上铺设找平层前应当进行的下列填嵌板缝施工要求中哪项是错误的？（　　）

A. 板缝最小底宽不应小于 30mm

B. 当板缝底宽大于 40mm 时应按设计要求配置钢筋

C. 填嵌采用强度等级不低于 C20 的细石混凝土

D. 填嵌时板缝内应清理干净并保持湿润

【答案】A

【解析】《建筑地面工程施工质量验收规范》GB 50209—2010 第 4.9.4 条规定：在预制钢筋混凝土板上铺设找平层前，板缝填嵌的施工应符合下列要求：（1）预制钢筋混凝土

剧目邻缝底宽不应小于 20mm。（2）填嵌时，板缝内应清理干净，保护湿润。（3）填缝应采用细石混凝土，其强度等级不应小于 C20。填缝高度应低于板面 10～20mm，且振捣密实；填缝后应养护。当填缝混凝土的强度等级达到 C15 后方可继续施工。（4）当板缝底宽大于 40mm 时，应按设计要求配置钢筋。

11. 建筑地面工程施工中，铺设防水隔离层时，下列施工要求哪项是错误的？（　　）

　　A. 穿过楼板面的管道四周，防水材料应向上铺涂，并超过套管的上口

　　B. 在靠近墙面处，高于面层的铺涂高度为 100mm

　　C. 阴阳角应增加铺涂附加防水隔离层

　　D. 管道穿过楼板面的根部应增加铺涂附加防水隔离层

【答案】B

【解析】《建筑地面工程施工质量验收规范》GB 50209—2010 第 4.10.5 条规定：铺设隔离层时，在管道穿过楼板面四周，防水、防油渗材料应向上铺涂，并超过套管的上口；在靠近柱、墙处，应高出面层 200～300mm 或按设计要求的高度铺涂。阴阳角和管道穿过楼板面的根部应增加铺涂附加防水、防油渗隔离层。

12. 地面工程的结合层采用以下哪种材料时施工环境最低温度不应低于 5℃？（　　）

　　A. 水泥拌合料　　　B. 砂料　　　　　C. 石料　　　　　　D. 有机胶粘剂

【答案】A

【解析】《建筑地面工程施工质量验收规范》GB 50209—2010 第 3.0.11 条第 1 款规定：采用掺有水泥、石灰的拌合料铺设以及用石油沥青胶结料铺贴时，不应低于 5℃。

13. 在建筑地面工程中，下列哪项垫层的最小厚度为 80mm？（　　）

　　A. 砂石垫层　　　　B. 砂垫层　　　　C. 炉渣垫层　　　　D. 水泥混凝土垫层

【答案】C

【解析】《建筑地面工程施工质量验收规范》GB 50209—2010 第 4.7.1 条：炉渣垫层应采用炉渣或水泥与炉渣或水泥、石灰与炉渣的拌合料铺设，其厚度不应小于 80mm。

14. 必须设置地面防水隔离层的建筑部位是（　　）。

　　A. 更衣室　　　　　B. 厕浴间　　　　C. 餐厅　　　　　　D. 客房

【答案】B

【解析】《建筑地面工程施工质量验收规范》GB 50209—2010 第 4.10.11 条规定：厕浴间和有防水要求的建筑地面必须设置防水隔离层。

15. 关于水磨石地面面层，下述要求中错误的是（　　）。

　　A. 拌合料采用体积比

　　B. 浅色的面层应采用白水泥

　　C. 普通水磨石面层磨光遍数不少于 3 遍

　　D. 防静电水磨石面层拌合料应掺入绝缘材料

【答案】D

【解析】《建筑地面工程施工质量验收规范》GB 50209—2010 第 5.4.1 条规定：水磨石面层应采用水泥与石粒拌合料铺设，有防静电要求时，拌合料内应按设计要求掺入导电材料。

16. 要求不导电的水磨石面层应采用的料石是（　　）。

　　A. 花岗石　　　　　B. 大理石　　　　C. 白云岩　　　　　D. 辉绿岩

【答案】D

【解析】《建筑地面工程施工质量验收规范》GB 50209—2010 第 6.5.3 条规定：不导电的料石面层的石料应采用辉绿岩石加工制成。

17. 一般情况下，有防尘和防静电要求的专业用房的建筑地面工程最好是采用（　　）。

A. 活动地板面层

B. 大理石地板面层

C. 木地板面层

D. 花岗石地板面层

【答案】A

【解析】《建筑地面工程施工质量验收规范》GB 50209—2010 第 6.7.1 条规定：活动地板面层宜用于有防尘和防静电要求的专业用房的建筑地面。

18. 实木地板面层铺设时必须符合要求的项目是（　　）。

A. 木材的含水率

B. 木材的防火性能

C. 木材的强度

D. 木材的防蛀性能

【答案】A

【解析】《建筑地面工程施工质量验收规范》GB 50209—2010 第 7.2.8 条规定：实木地板、实木集成地板、竹地板面层采用的地板、铺设时的木（竹）材含水率、胶粘剂等应符合设计要求和国家现行有关标准的规定。

19. 建筑地面基层土应均匀密实，压实系数应符合设计要求，设计无要求时，不应小于（　　）。

A. 0.6
B. 0.7
C. 0.8
D. 0.9

【答案】D

【解析】《建筑地面工程施工质量验收规范》GB 50209—2010 第 4.2.7 条规定：基土应均匀密实，压实系数应符合设计要求，设计无要求时，不应小于 0.9。

20. 当水泥混凝土垫层铺设在基土上，且气温长期处于 0℃以下时，应设置（　　）。

A. 沉降缝
B. 施工缝
C. 伸缩缝
D. 膨胀带

【答案】C

【解析】《建筑地面工程施工质量验收规范》GB 50209—2010 第 4.8.1 条规定：水泥混凝土垫层和陶粒混凝土垫层应铺设在基土上。当气温长期处于 0℃以下，设计无要求时，垫层应设置缩缝，缝的位置、嵌缝做法等应与面层伸缩缝相一致。

21. 铺设整体地面面层时，其水泥类基层的抗压强度最低不得小于（　　）。

A. 1.0MPa
B. 1.2MPa
C. 1.5MPa
D. 1.8MPa

【答案】B

【解析】《建筑地面工程施工质量验收规范》GB 50209—2010 第 5.1.2 条规定：铺设整体面层时，水泥类基层的抗压强度不得小于 1.2MPa。

22. 关于活动地板的构造做法，错误的是（　　）。

A. 活动地板块应平整、坚实，面层承载力不得小于规定数值

B. 当活动地板不符合模数时，在现场根据实际尺寸切割板块后即可镶补安装

C. 活动地板所有的支座柱和横梁应构成框架一体，并与基层连接牢固

D. 在预留洞口处，活动地板块四周侧边应用耐磨硬质板材封闭或用镀锌钢板包裹，胶条封边应符合耐磨要求

【答案】D

【解析】《建筑地面工程施工质量验收规范》GB 50209—2010 第 6.7.7 条规定：当活动地板不符合模数时，其不足部分可在现场根据实际尺寸将板块切割后镶补，并应配装相应的可调支撑和横梁。切割边不经处理不得镶补安装，并不得有局部膨胀变形情况。

23. 地面工程中，水泥混凝土整体面层错误的做法是（　　　）。

    A. 强度等级不应小于 C20　　　　　　B. 铺设时不得留施工缝

    C. 养护时间不少于 3d　　　　　　　　D. 抹平应在水泥初凝前完成

【答案】C

【解析】《建筑地面工程施工质量验收规范》GB 50209—2010 第 5.1.4 条规定：整体面层施工后，养护时间不应少于 7d。抗压强度应达到 5MPa 后方准上人行走，抗压强度应达到设计要求后，方可正常使用。

24. 地面工程中，三合土垫层的拌合材料除石灰、砂外还有（　　　）。

    A. 碎石　　　　　　B. 黏土　　　　　　C. 碎砖　　　　　　D. 碎混凝土块

【答案】A

【解析】《建筑地面工程施工质量验收规范》GB 50209—2010 第 4.6.1 条规定：三合土垫层应采用石灰、砂（可掺入少量黏土）与碎砖的拌合料铺设，其厚度不应小于100mm；四合土垫层应采用水泥、石灰、砂（可掺少量黏土）与碎砖的拌合料铺设，其厚度不应小于 80mm。

25. 地面垫层最小厚度不应小于 60mm 的是（　　　）。

    A. 砂石垫层　　　　　　　　　　　　　B. 碎石垫层

    C. 炉渣垫层　　　　　　　　　　　　　D. 水泥混凝土垫层

【答案】D

【解析】《建筑地面工程施工质量验收规范》GB 50209—2010 第 4.8.2 水泥混凝土垫层的厚度不应小于 60mm。

26. 水磨石地面面层的厚度在正常情况下宜为（　　　）。

    A. 2～5mm　　　　B. 5～12mm　　　　C. 12～18mm　　　　D. 18～25mm

【答案】C

【解析】《建筑地面工程施工质量验收规范》GB 50209—2010 第 5.4.1 水磨石面层应采用水泥与石粒拌合料铺设，有防静电要求时，拌合料内应按设计要求掺入导电材料。面层厚度除有特殊要求外，宜为 12～18mm，且宜按石粒粒径确定。水磨石面层的颜色和图案应符合设计要求。

27. 磨光花岗石板材不得用于室外地面的主要原因是（　　　）。

    A. 易遭受机械作用破坏　　　　　　　B. 易滑伤人

    C. 易受大气作用风化　　　　　　　　D. 易造成放射性超标

【答案】B

【解析】《建筑地面工程施工质量验收规范》GB 50209—2010 第 6.3.1 条的条文说明：大理石面层、花岗石面层应在结合层上铺设。鉴于大理石为石灰岩，用于室外易风化；磨光板材用于室外地面易滑伤人。

28. 关于地面工程施工中活动地板的表述，下列不正确的是（　　　）。

A. 活动地板所有的支架柱和横梁应构成框架一体，并与基层连接牢固

B. 活动地板块应平整、坚实

C. 当活动地板块不符合模数时，可在现场根据实际尺寸将板块切割后镶补，切割边必须经处理

D. 活动地板在门口或预留洞口处，其四周侧边应用同色本质板材封闭

【答案】D

【解析】《建筑地面工程施工质量验收规范》GB 50209—2010 第 6.7.8 条规定：活动地板在门口处或预留洞口处，应符合设置构造要求，四周侧边应用耐磨硬质板材封闭或用镀锌钢板包裹，胶条封边应符合耐磨要求。

29. 地面工程中，关于水泥混凝土整体面层，下述做法哪项不正确？（　　）

A. 强度等级不应小于 C20　　　　　B. 铺设时不得留施工缝

C. 养护时间不少于 7d　　　　　　　D. 抹平应在水泥终凝前完成

【答案】D

【解析】《建筑地面工程施工质量验收规范》GB 50209—2010 第 5.1.6 条规定：水泥类整体面层的抹平工作应在水泥初凝前完成，压光工作应在水泥终凝前完成。

30. 地面工程施工时，基土填土中不属于严禁采用的土为（　　）。

A. 耕植土　　　　　　　　　　　　B. 含 5% 有机质的土

C. 冻土　　　　　　　　　　　　　D. 膨胀土

【答案】B

【解析】《建筑地面工程施工质量验收规范》GB 50209—2010 第 4.2.5 条规定：基土不应用淤泥、腐殖土、冻土、耕植土、膨胀土和建筑杂物作为填土，填土土块的粒径不应大于 50mm。

31. 地面工程施工时，水泥混凝土垫层铺设在基土上，当气温长期处在哪种温度以下时应设置伸缩缝？（　　）

A. 0℃　　　　　　B. 5℃　　　　　　C. 10℃　　　　　　D. 20℃

【答案】A

【解析】《建筑地面工程施工质量验收规范》GB 50209—2010 第 4.8.1 条规定：水泥混凝土垫层和陶粒混凝土垫层应铺设在基土上。当气温长期处于 0℃ 以下，设计无要求时，垫层应设置缩缝，缝的位置、嵌缝做法等应与面层伸、缩缝相一致。

32. 地面工程施工时，铺设板块面层的结合层应采用（　　）。

A. 水泥砂浆　　　　　　　　　　　B. 水泥混合砂浆

C. 石灰砂浆　　　　　　　　　　　D. 水泥石灰砂浆

【答案】A

【解析】《建筑地面工程施工质量验收规范》GB 50209—2010 第 6.1.3 条规定：铺设板块面层的结合层和板块间的填缝采用水泥砂浆。

33. 建筑地面工程中水泥类整体面层施工后，养护时间不应小于（　　）。

A. 3d　　　　　　B. 7d　　　　　　C. 14d　　　　　　D. 28d

【答案】B

【解析】《建筑地面工程施工质量验收规范》GB 50209—2010 第 5.1.4 条规定：整体

面层施工后，养护时间不应少于 7d。

34. 建筑地面工程中的水泥砂浆面层，当拌合料采用石屑取代中粗砂时，下列哪项不正确？（　　）

A. 水泥可采用混合水泥　　　　　　B. 水泥强度等级不应小于 32.5

C. 石屑粒径应为 1～5mm　　　　　　D. 石屑含泥量不应大于 3％

【答案】A

【解析】《建筑地面工程施工质量验收规范》GB 50209—2010 第 5.3.2 条规定：水泥宜采用硅酸盐水泥、普通硅酸盐水泥，不同品种、不同强度等级的水泥不应混用；砂应为中粗砂，当采用石屑时，其粒径应为 1～5mm，且含泥量不应大于 3％。

35. 建筑地面工程的分项工程施工质量检验时，认定为合格的质量标准的叙述，下列哪项是错误的？（　　）

A. 主控项目 80％以上的检查点（处）符合规定的质量标准

B. 一般项目 80％以上的检查点（处）符合规定的质量要求

C. 其他检查点（处）不得有明显影响使用的质量缺陷

D. 其他检查点（处）的质量缺陷不得大于允许偏差值的 50％

【答案】A

【解析】《建筑地面工程施工质量验收规范》GB 50209—2010 第 3.0.22 条规定：建筑地面工程的分项工程施工质量检验的主控项目，应达到本规范规定的质量标准，认定为合格；一般项目 80％以上的检查点（处）符合本规范规定的质量要求，其他检查点（处）不得有明显影响使用，且最大偏差值不超过允许偏差值的 50％为合格。

36. 建筑地面工程中的不发火（防爆的）面层，在原材料选用和配制时，下列哪项不正确？（　　）

A. 采用的碎石以金属或石料撞击时不发生火花

B. 砂的粒径宜为 0.15～5mm

C. 面层分格的嵌条应采用不发生火花的材料

D. 配制时应抽查

【答案】D

【解析】《建筑地面工程施工质量验收规范》GB 50209—2010 第 5.7.4 条规定：不发火（防爆）面层中碎石的不发火性必须合格；砂应质地坚硬、表面粗糙，其粒径应为 0.15～5mm，含泥量不应大于 3％，有机物含量不应大于 0.5％；水泥应采用硅酸盐水泥、普通硅酸盐水泥；面层分格的嵌条应采用不发生火花的材料配制。配制时应随时检查，不得混入金属或其他易发生火花的杂质。

第三章　设计业务管理

考试大纲

现行考试大纲（至2022）	2023年起新考试大纲
(1)了解与工程勘察设计有关的法律、行政法规和部门规章的基本精神	(1)了解与工程勘察设计有关的法律、行政法规和部门规章的基本精神
(2)熟悉注册建筑师考试、注册、执业、继续教育及注册建筑师权利与义务等方面的规定	(2)熟悉注册建筑师考试、注册、执业、继续教育及注册建筑师权利与义务等方面的规定
(3)了解设计业务招标投标、承包发包及签订设计合同等市场行为方面的规定	(3)了解设计项目招标投标、承包发包及签订设计合同等市场行为方面的规定
(4)熟悉设计文件编制的原则、依据、程序、质量和深度要求	(4)熟悉各阶段设计文件编制的原则、依据、程序、质量和深度要求及修改设计文件的规定
(5)熟悉修改设计文件等方面的规定	
(6)熟悉执行工程建设标准，特别是强制性标准管理方面的规定	(5)熟悉执行工程建设标准，特别是强制性标准管理方面的规定
(7)了解城市规划管理、房地产开发程序和建设工程监理的有关规定	(6)了解城市规划管理、城市设计管理、房地产开发程序和建设工程监理的有关规定
(8)了解对工程建设中各种违法、违纪行为的处罚规定	(7)了解对工程建设中各种违法、违纪行为的处罚规定
	(8)了解绿色和可持续发展及全过程咨询服务等行业发展要求
	(9)了解施工招标投标管理和施工阶段合同管理
	(10)了解建设工程项目管理和工程总承包管理内容
	(11)了解工程保险基本概念
	(12)了解建筑使用后评估基本概念和内容

注：2022年参考的考生可只阅读本章第一～第七节，2023年起参考的考生需阅读全部小节

第一节　与工程勘察设计相关的法规

一、我国的法律体系

法律体系：指一个国家全部现行法律规范构成的整体，由不同部门法组合而形成。

部门法（又称法律部门）：根据一定标准和原则所制定的同类法律规范的总称。

法律：是由享有立法权的立法机关行使国家立法权，依照法定程序制定、修改并颁布，并由国家强制力保证实施的基本法律和普通法律总称。法律可以划分为：（1）宪法；

（2）法律；（3）行政法规；（4）地方性法规；（5）自治条例和单行条例。

行政法规： 是国务院为领导和管理国家各项行政工作，根据宪法和法律，并按照《行政法规制定程序条例》制定的各类法规的总称；行政法规一般以条例、办法、实施细则、规定等形式组成。发布行政法规需要国务院总理签署国务院令。行政法规的效力仅次于宪法和法律，高于部门规章和地方性法规。

部门规章： 是国务院所属的各部、委员会根据法律和行政法规制定的规范性文件。主要形式是命令、指示、规定等。

地方性法规： 是地方国家权力机关依照法定的权限，在不与宪法、法律和行政法规相抵触的前提下，制定和颁布的在本行政区域范围内实施的规范性文件。

二、与工程勘察设计有关的常用法规分类（表 3.1-1）

与工程勘察设计有关的常用法规分类一览表　　　　　　表 3.1-1

分类	法规名称	法规字号	实施日期/最新版本
法律	《中华人民共和国民法典》	——	2021 年 1 月 1 日
	《中华人民共和国建筑法》	——	2019 年 4 月 23 日
	《中华人民共和国招标投标法》	——	2017 年 12 月 28 日
	《中华人民共和国城乡规划法》	——	2019 年 4 月 23 日
	《中华人民共和国城市房地产管理法》	——	2020 年 1 月 1 日
	《中华人民共和国节约能源法》	——	2018 年 10 月 26 日
行政法规	《建设工程勘察设计管理条例》	国务院令第 293 号	2017 年 10 月 7 日
	《建设工程质量管理条例》	国务院令第 279 号	2019 年 4 月 23 日
	《中华人民共和国招标投标法实施条例》	国务院令第 613 号	2019 年 3 月 2 日
	《中华人民共和国城镇国有土地使用权出让和转让暂行条例》	国务院令第 55 号	2020 年 11 月 29 日
	《中华人民共和国注册建筑师条例》	国务院令第 184 号	2019 年 4 月 23 日
部门规章	《必须招标的工程项目规定》	国家发展和改革委员会令第 16 号	2018 年 6 月 1 日
	《建筑工程设计招标投标管理办法》	建设部令第 82 号	2017 年 5 月 1 日
	《建设工程勘察设计资质管理规定》	建设部令第 160 号	2018 年 12 月 22 日
	《实施工程建设强制性标准监督规定》	建设部令第 81 号	2021 年 3 月 30 日
	《房屋建筑和市政基础设施工程施工图设计文件审查管理办法》	住房和城乡建设部令第 13 号	2018 年 12 月 29 日
	《工程勘察设计收费管理规定》	计价格[2002]10 号	2002 年 3 月 1 日
	《中华人民共和国注册建筑师条例实施细则》	建设部令第 167 号	2008 年 3 月 15 日
	《建设工程监理范围和规模标准规定》	建设部令第 86 号	2001 年 1 月 17 日
	《工程监理企业资质管理规定》	建设部令第 158 号	2018 年 12 月 22 日
	《建设工程消防设计审查验收管理暂行规定》	住房和城乡建设部令第 51 号	2020 年 6 月 1 日

三、工程勘察设计的常用法规

(一)《中华人民共和国建筑法》

现行《中华人民共和国建筑法》(于 2019 年 4 月 23 日第十三届全国人民代表大会常务委员会第十次会议修订)摘录如下:

第一章 总 则

第一条 为了加强对建筑活动的监督管理,维护建筑市场秩序,保证建筑工程的质量和安全,促进建筑业健康发展,制定本法。

第二条 在中华人民共和国境内从事建筑活动,实施对建筑活动的监督管理,应当遵守本法。

本法所称建筑活动,是指各类房屋建筑及其附属设施的建造和与其配套的线路、管道、设备的安装活动。

第三条 建筑活动应当确保建筑工程质量和安全,符合国家的建筑工程安全标准。

第四条 国家扶持建筑业的发展,支持建筑科学技术研究,提高房屋建筑设计水平,鼓励节约能源和保护环境,提倡采用先进技术、先进设备、先进工艺、新型建筑材料和现代管理方式。

第五条 从事建筑活动应当遵守法律、法规,不得损害社会公共利益和他人的合法权益。

任何单位和个人都不得妨碍和阻挠依法进行的建筑活动。

第六条 国务院建设行政主管部门对全国的建筑活动实施统一监督管理。

第二章 建筑许可
第一节 建筑工程施工许可

第七条 建筑工程开工前,建设单位应当按照国家有关规定向工程所在地县级以上人民政府建设行政主管部门申请领取施工许可证;但是,国务院建设行政主管部门确定的限额以下的小型工程除外。

按照国务院规定的权限和程序批准开工报告的建筑工程,不再领取施工许可证。

第八条 申请领取施工许可证,应当具备下列条件:

(一)已经办理该建筑工程用地批准手续;

(二)依法应当办理建设工程规划许可证的,已经取得建设工程规划许可证;

(三)需要拆迁的,其拆迁进度符合施工要求;

(四)已经确定建筑施工企业;

(五)有满足施工需要的资金安排、施工图纸及技术资料;

(六)有保证工程质量和安全的具体措施。

建设行政主管部门应当自收到申请之日起七日内,对符合条件的申请颁发施工许可证。

第九条 建设单位应当自领取施工许可证之日起三个月内开工。因故不能按期开工的,应当向发证机关申请延期;延期以两次为限,每次不超过三个月。既不开工又不申请延期或者超过延期时限的,施工许可证自行废止。

第十条 在建的建筑工程因故中止施工的,建设单位应当自中止施工之日起一个月内，向发证机关报告，并按照规定做好建筑工程的维护管理工作。

建筑工程恢复施工时，应当向发证机关报告；中止施工满一年的工程恢复施工前，建设单位应当报发证机关核验施工许可证。

第十一条 按照国务院有关规定批准开工报告的建筑工程，因故不能按期开工或者中止施工的，应当及时向批准机关报告情况。因故不能按期开工超过六个月的，应当重新办理开工报告的批准手续。

《中华人民共和国建筑法》建筑工程施工许可部分内容概览   表 3.1-2

领取施工许可证	接受申请部门	工程所在地县级以上人民政府建设行政主管部门
	申请条件	（一）已经办理该建筑工程用地批准手续； （二）依法应当办理建设工程规划许可证的，已经取得建设工程规划许可证； （三）需要拆迁的，其拆迁进度符合施工要求； （四）已经确定建筑施工企业； （五）有满足施工需要的资金安排、施工图纸及技术资料； （六）有保证工程质量和安全的具体措施
	颁发时间	自收到申请之日起七日内
情况	按期开工	自领取施工许可证之日起三个月内开工
	延期开工	以两次为限，每次不超过三个月
	中止施工	自中止施工之日起一个月内，向发证机关报告
	恢复施工	向发证机关报告； 中止施工满一年的，在恢复施工前应报发证机关核验施工许可证

第二节　从业资格

第十二条 从事建筑活动的建筑施工企业、勘察单位、设计单位和工程监理单位，应当具备下列条件：

（一）有符合国家规定的注册资本；

（二）有与其从事的建筑活动相适应的具有法定执业资格的专业技术人员；

（三）有从事相关建筑活动所应有的技术装备；

（四）法律、行政法规规定的其他条件。

第十三条 从事建筑活动的建筑施工企业、勘察单位、设计单位和工程监理单位，按照其拥有的注册资本、专业技术人员、技术装备和已完成的建筑工程业绩等资质条件，划分为不同的资质等级，经资质审查合格，取得相应等级的资质证书后，方可在其资质等级许可的范围内从事建筑活动。

第十四条 从事建筑活动的专业技术人员，应当依法取得相应的执业资格证书，并在执业资格证书许可的范围内从事建筑活动。

第五章　建筑安全生产管理

第四十一条 建筑施工企业应当遵守有关环境保护和安全生产的法律、法规的规定，采取控制和处理施工现场的各种粉尘、废气、废水、固体废物以及噪声、振动对环境的污染和危害的措施。

第四十二条 有下列情形之一的，建设单位应当按照国家有关规定办理申请批准手续：

（一）需要临时占用规划批准范围以外场地的；

（二）可能损坏道路、管线、电力、邮电通信等公共设施的；

（三）需要临时停水、停电、中断道路交通的；

（四）需要进行爆破作业的；

（五）法律、法规规定需要办理报批手续的其他情形。

第四十四条　建筑施工企业必须依法加强对建筑安全生产的管理，执行安全生产责任制度，采取有效措施，防止伤亡和其他安全生产事故的发生。

建筑施工企业的法定代表人对本企业的安全生产负责。

第四十五条　施工现场安全由建筑施工企业负责。实行施工总承包的，由总承包单位负责。分包单位向总承包单位负责，服从总承包单位对施工现场的安全生产管理。

第四十六条　建筑施工企业应当建立健全劳动安全生产教育培训制度，加强对职工安全生产的教育培训；未经安全生产教育培训的人员，不得上岗作业。

第四十七条　建筑施工企业和作业人员在施工过程中，应当遵守有关安全生产的法律、法规和建筑行业安全规章、规程，不得违章指挥或者违章作业。作业人员有权对影响人身健康的作业程序和作业条件提出改进意见，有权获得安全生产所需的防护用品。作业人员对危及生命安全和人身健康的行为有权提出批评、检举和控告。

第四十九条　涉及建筑主体和承重结构变动的装修工程，建设单位应当在施工前委托原设计单位或者具有相应资质条件的设计单位提出设计方案；没有设计方案的，不得施工。

第五十条　房屋拆除应当由具备保证安全条件的建筑施工单位承担，由建筑施工单位负责人对安全负责。

第六章　建筑工程质量管理

第五十二条　建筑工程勘察、设计、施工的质量必须符合国家有关建筑工程安全标准的要求，具体管理办法由国务院规定。

有关建筑工程安全的国家标准不能适应确保建筑安全的要求时，应当及时修订。

第五十三条　国家对从事建筑活动的单位推行质量体系认证制度。从事建筑活动的单位根据自愿原则可以向国务院产品质量监督管理部门或者国务院产品质量监督管理部门授权的部门认可的认证机构申请质量体系认证。经认证合格的，由认证机构颁发质量体系认证证书。

第五十四条　建设单位不得以任何理由，要求建筑设计单位或者建筑施工企业在工程设计或者施工作业中，违反法律、行政法规和建筑工程质量、安全标准，降低工程质量。

建筑设计单位和建筑施工企业对建设单位违反前款规定提出的降低工程质量的要求，应当予以拒绝。

第五十五条　建筑工程实行总承包的，工程质量由工程总承包单位负责，总承包单位将建筑工程分包给其他单位的，应当对分包工程的质量与分包单位承担连带责任。分包单位应当接受总承包单位的质量管理。

第五十六条　建筑工程的勘察、设计单位必须对其勘察、设计的质量负责。勘察、设计文件应当符合有关法律、行政法规的规定和建筑工程质量、安全标准、建筑工程勘察、设计技术规范以及合同的约定。设计文件选用的建筑材料、建筑构配件和设备，应当注明其规格、型号、性能等技术指标，其质量要求必须符合国家规定的标准。

第五十七条 建筑设计单位对设计文件选用的建筑材料、建筑构配件和设备，不得指定生产厂、供应商。

第五十八条 建筑施工企业对工程的施工质量负责。

建筑施工企业必须按照工程设计图纸和施工技术标准施工，不得偷工减料。工程设计的修改由原设计单位负责，建筑施工企业不得擅自修改工程设计。

第五十九条 建筑施工企业必须按照工程设计要求、施工技术标准和合同的约定，对建筑材料、建筑构配件和设备进行检验，不合格的不得使用。

第六十条 建筑物在合理使用寿命内，必须确保地基基础工程和主体结构的质量。

建筑工程竣工时，屋顶、墙面不得留有渗漏、开裂等质量缺陷；对已发现的质量缺陷，建筑施工企业应当修复。

第六十一条 交付竣工验收的建筑工程，必须符合规定的建筑工程质量标准，有完整的工程技术经济资料和经签署的工程保修书，并具备国家规定的其他竣工条件。

建筑工程竣工经验收合格后，方可交付使用；未经验收或者验收不合格的，不得交付使用。

第六十二条 建筑工程实行质量保修制度。

建筑工程的保修范围应当包括地基基础工程、主体结构工程、屋面防水工程和其他土建工程，以及电气管线、上下水管线的安装工程，供热、供冷系统工程等项目；保修的期限应当按照保证建筑物合理寿命年限内正常使用，维护使用者合法权益的原则确定。具体的保修范围和最低保修期限由国务院规定。

第七章 法律责任

第六十四条 违反本法规定，未取得施工许可证或者开工报告未经批准擅自施工的，责令改正，对不符合开工条件的责令停止施工，可以处以罚款。

第六十五条 发包单位将工程发包给不具有相应资质条件的承包单位的，或者违反本法规定将建筑工程支解发包的，责令改正，处以罚款。

超越本单位资质等级承揽工程的，责令停止违法行为，处以罚款，可以责令停业整顿，降低资质等级；情节严重的，吊销资质证书；有违法所得的，予以没收。

未取得资质证书承揽工程的，予以取缔，并处罚款；有违法所得的，予以没收。

以欺骗手段取得资质证书的，吊销资质证书，处以罚款；构成犯罪的，依法追究刑事责任。

第六十九条 工程监理单位与建设单位或者建筑施工企业串通，弄虚作假、降低工程质量的，责令改正，处以罚款，降低资质等级或者吊销资质证书；有违法所得的，予以没收；造成损失的，承担连带赔偿责任；构成犯罪的，依法追究刑事责任。

工程监理单位转让监理业务的，责令改正，没收违法所得，可以责令停业整顿，降低资质等级；情节严重的，吊销资质证书。

第七十条 违反本法规定，涉及建筑主体或者承重结构变动的装修工程擅自施工的，责令改正，处以罚款；造成损失的，承担赔偿责任；构成犯罪的，依法追究刑事责任。

第七十二条 建设单位违反本法规定，要求建筑设计单位或者建筑施工企业违反建筑工程质量、安全标准，降低工程质量的，责令改正，可以处以罚款；构成犯罪的，依法追究刑事责任。

第七十三条 建筑设计单位不按照建筑工程质量、安全标准进行设计的，责令改正，处以罚款；造成工程质量事故的，责令停业整顿，降低资质等级或者吊销资质证书，没收违法所得，并处罚款；造成损失的，承担赔偿责任；构成犯罪的，依法追究刑事责任。

第七十四条 建筑施工企业在施工中偷工减料的，使用不合格的建筑材料、建筑构配件和设备的，或者有其他不按照工程设计图纸或者施工技术标准施工的行为的，责令改正，处以罚款；情节严重的，责令停业整顿，降低资质等级或者吊销资质证书；造成建筑工程质量不符合规定的质量标准的，负责返工、修理，并赔偿因此造成的损失；构成犯罪的，依法追究刑事责任。

(二)《建设工程质量管理条例》

现行《建设工程质量管理条例》(中华人民共和国国务院令第 279 号，根据 2019 年 4 月 23 日国务院令第 714 号修订) 摘录如下：

第一章　总则

第三条 建设单位、勘察单位、设计单位、施工单位、工程监理单位依法对建设工程质量负责。

第五条 从事建设工程活动，必须严格执行基本建设程序，坚持先勘察、后设计、再施工的原则。

县级以上人民政府及其有关部门不得超越权限审批建设项目或者擅自简化基本建设程序。

第六条 国家鼓励采用先进的科学技术和管理方法，提高建设工程质量。

第二章　建设单位的质量责任和义务

第十条 建设工程发包单位不得迫使承包方以低于成本的价格竞标，不得任意压缩合理工期。

建设单位不得明示或者暗示设计单位或者施工单位违反工程建设强制性标准，降低建设工程质量。

第十一条 施工图设计文件审查的具体办法，由国务院建设行政主管部门、国务院其他有关部门制定。

施工图设计文件未经审查批准的，不得使用。

第十五条 涉及建筑主体和承重结构变动的装修工程，建设单位应当在施工前委托原设计单位或者具有相应资质等级的设计单位提出设计方案；没有设计方案的，不得施工。

房屋建筑使用者在装修过程中，不得擅自变动房屋建筑主体和承重结构。

第十六条 建设单位收到建设工程竣工报告后，应当组织设计、施工、工程监理等有关单位进行竣工验收。

建设工程竣工验收应当具备下列条件：

(一) 完成建设工程设计和合同约定的各项内容；

(二) 有完整的技术档案和施工管理资料；

(三) 有工程使用的主要建筑材料、建筑构配件和设备的进场试验报告；

（四）有勘察、设计、施工、工程监理等单位分别签署的质量合格文件；

（五）有施工单位签署的工程保修书。

建设工程经验收合格的，方可交付使用。

第三章 勘察、设计单位的质量责任和义务

第十八条 从事建设工程勘察、设计的单位应当依法取得相应等级的资质证书，并在其资质等级许可的范围内承揽工程。

禁止勘察、设计单位超越其资质等级许可的范围或者以其他勘察、设计单位的名义承揽工程。禁止勘察、设计单位允许其他单位或者个人以本单位的名义承揽工程。

勘察、设计单位不得转包或者违法分包所承揽的工程。

第十九条 勘察、设计单位必须按照工程建设强制性标准进行勘察、设计，并对其勘察、设计的质量负责。

注册建筑师、注册结构工程师等注册执业人员应当在设计文件上签字，对设计文件负责。

第二十条 勘察单位提供的地质、测量、水文等勘察成果必须真实、准确。

第二十一条 设计单位应当根据勘察成果文件进行建设工程设计。

设计文件应当符合国家规定的设计深度要求，注明工程合理使用年限。

第二十二条 设计单位在设计文件中选用的建筑材料、建筑构配件和设备，应当注明规格、型号、性能等技术指标，其质量要求必须符合国家规定的标准。

除有特殊要求的建筑材料、专用设备、工艺生产线等外，设计单位不得指定生产厂、供应商。

第二十三条 设计单位应当就审查合格的施工图设计文件向施工单位作出详细说明。

第二十四条 设计单位应当参与建设工程质量事故分析，并对因设计造成的质量事故，提出相应的技术处理方案。

第六章 建设工程质量保修

第三十九条 建设工程实行质量保修制度。

建设工程承包单位在向建设单位提交工程竣工验收报告时，应当向建设单位出具质量保修书。质量保修书中应当明确建设工程的保修范围、保修期限和保修责任等。

第四十条 在正常使用条件下，建设工程的最低保修期限为：

（一）基础设施工程、房屋建筑的地基基础工程和主体结构工程，为设计文件规定的该工程的合理使用年限；

（二）屋面防水工程、有防水要求的卫生间、房间和外墙面的防渗漏，为5年；

（三）供热与供冷系统，为2个采暖期、供冷期；

（四）电气管线、给排水管道、设备安装和装修工程，为2年。

其他项目的保修期限由发包方与承包方约定。

建设工程的保修期，自竣工验收合格之日起计算。

第四十一条 建设工程在保修范围和保修期限内发生质量问题的，施工单位应当履行保修义务，并对造成的损失承担赔偿责任。

第四十二条 建设工程在超过合理使用年限后需要继续使用的，产权所有人应当委托具有相应资质等级的勘察、设计单位鉴定，并根据鉴定结果采取加固、维修等措施，重新

界定使用期。

第八章 罚则

第六十条 违反本条例规定，勘察、设计、施工、工程监理单位超越本单位资质等级承揽工程的，责令停止违法行为，对勘察、设计单位或者工程监理单位处合同约定的勘察费、设计费或者监理酬金1倍以上2倍以下的罚款；对施工单位处工程合同价款2％以上4％以下的罚款，可以责令停业整顿，降低资质等级；情节严重的，吊销资质证书；有违法所得的，予以没收。

未取得资质证书承揽工程的，予以取缔，依照前款规定处以罚款；有违法所得的，予以没收。

以欺骗手段取得资质证书承揽工程的，吊销资质证书，依照本条第一款规定处以罚款；有违法所得的，予以没收。

第六十一条 违反本条例规定，勘察、设计、施工、工程监理单位允许其他单位或者个人以本单位名义承揽工程的，责令改正，没收违法所得，对勘察、设计单位和工程监理单位处合同约定的勘察费、设计费和监理酬金1倍以上2倍以下的罚款；对施工单位处工程合同价款2％以上4％以下的罚款；可以责令停业整顿，降低资质等级；情节严重的，吊销资质证书。

第六十二条 违反本条例规定，承包单位将承包的工程转包或者违法分包的，责令改正，没收违法所得，对勘察、设计单位处合同约定的勘察费、设计费25％以上50％以下的罚款；对施工单位处工程合同价款0.5％以上1％以下的罚款；可以责令停业整顿，降低资质等级；情节严重的，吊销资质证书。

工程监理单位转让工程监理业务的，责令改正，没收违法所得，处合同约定的监理酬金25％以上50％以下的罚款；可以责令停业整顿，降低资质等级；情节严重的，吊销资质证书。

第六十三条 违反本条例规定，有下列行为之一的，责令改正，处10万元以上30万元以下的罚款：

（一）勘察单位未按照工程建设强制性标准进行勘察的；

（二）设计单位未根据勘察成果文件进行工程设计的；

（三）设计单位指定建筑材料、建筑构配件的生产厂、供应商的；

（四）设计单位未按照工程建设强制性标准进行设计的。

有前款所列行为，造成工程质量事故的，责令停业整顿，降低资质等级；情节严重的，吊销资质证书；造成损失的，依法承担赔偿责任。

第七十二条 违反本条例规定，注册建筑师、注册结构工程师、监理工程师等注册执业人员因过错造成质量事故的，责令停止执业1年；造成重大质量事故的，吊销执业资格证书，5年以内不予注册；情节特别恶劣的，终身不予注册。

第七十四条 建设单位、设计单位、施工单位、工程监理单位违反国家规定，降低工程质量标准，造成重大安全事故，构成犯罪的，对直接责任人员依法追究刑事责任。

第七十七条 建设、勘察、设计、施工、工程监理单位的工作人员因调动工作、退休等原因离开该单位后，被发现在该单位工作期间违反国家有关建设工程质量管理规定，造成重大工程质量事故的，仍应当依法追究法律责任。

《建设工程质量管理条例》部分罚则摘录、对比表 表 3.1-3

违法行为	相关人员	处罚
超越本单位资质等级承揽工程	勘察、设计单位或者工程监理单位	①责令停止违法行为 ②处合同约定的勘察费、设计费或者监理酬金 1 倍以上 2 倍以下的罚款 ③情节严重的,吊销资质证书 ④有违法所得的,予以没收
	施工单位	①责令停止违法行为 ②处工程合同价款 2％以上 4％以下的罚款 ③可以责令停业整顿,降低资质等级 ④情节严重的,吊销资质证书 ⑤有违法所得的,予以没收
未取得资质证书承揽工程	勘察、设计、施工、工程监理单位	①予以取缔,依照前款规定处以罚款 ②有违法所得的,予以没收
以欺骗手段取得资质证书承揽工程	勘察、设计单位或者工程监理单位	①吊销资质证书 ②处合同约定的勘察费、设计费或者监理酬金 1 倍以上 2 倍以下的罚款 ③有违法所得的,予以没收
	施工单位	①吊销资质证书 ②处工程合同价款 2％以上 4％以下的罚款 ③有违法所得的,予以没收
允许其他单位或者个人以本单位名义承揽工程	勘察、设计单位和工程监理单位	①责令改正、没收违法所得 ②处合同约定的勘察费、设计费和监理酬金 1 倍以上 2 倍以下的罚款 ③可以责令停业整顿,降低资质等级 ④情节严重的,吊销资质证书
	施工单位	①责令改正、没收违法所得 ②处工程合同价款 2％以上 4％以下的罚款 ③可以责令停业整顿,降低资质等级 ④情节严重的,吊销资质证书
将承包的工程转包或者违法分包	勘察、设计单位	①责令改正,没收违法所得 ②处合同约定的勘察费、设计费 25％以上 50％以下的罚款 ③可以责令停业整顿,降低资质等级 ④情节严重的,吊销资质证书
	施工单位	①责令改正,没收违法所得 ②处工程合同价款 0.5％以上 1％以下的罚款 ③可以责令停业整顿,降低资质等级 ④情节严重的,吊销资质证书
转让工程监理业务	工程监理单位	①责令改正、没收违法所得 ②处合同约定的监理酬金 25％以上 50％以下的罚款 ③可以责令停业整顿,降低资质等级 ④情节严重的,吊销资质证书

续表

违法行为	相关人员	处罚
未按照工程建设强制性标准进行勘察	勘察单位	①处 10 万元以上 30 万元以下的罚款 ②造成工程质量事故的,责令停业整顿,降低资质等级 ③情节严重的,吊销资质证书 ④造成损失的,依法承担赔偿责任
未根据勘察成果文件进行工程设计	设计单位	
指定建筑材料、建筑构配件的生产厂、供应商		
未按照工程建设强制性标准进行设计		
因过错造成质量事故	注册执业人员	责令停止执业 1 年
造成重大质量事故		吊销执业资格证书,5 年以内不予注册
情节特别恶劣		终身不予注册
违反国家规定,降低工程质量标准,造成重大安全事故,构成犯罪	建设单位、设计单位、施工单位、工程监理单位	对直接责任人员依法追究刑事责任
因调动工作、退休等原因离开该单位后,被发现在该单位工作期间违反国家有关建设工程质量管理规定	建设、勘察、设计、施工、工程监理单位的工作人员	造成重大工程质量事故的,仍应当依法追究法律责任

（三）建设工程勘察设计发包与承包

现行《中华人民共和国建筑法》相关规定摘录如下:

第三章　建筑工程发包与承包
第二节　发　包

第十九条　建筑工程依法实行招标发包,对不适于招标发包的可以直接发包。

第二十条　建筑工程实行公开招标的,发包单位应当依照法定程序和方式,发布招标公告,提供载有招标工程的主要技术要求、主要的合同条款、评标的标准和方法以及开标、评标、定标的程序等内容的招标文件。

开标应当在招标文件规定的时间、地点公开进行。开标后应当按照招标文件规定的评标标准和程序对标书进行评价、比较,在具备相应资质条件的投标者中,择优选定中标者。

第二十一条　建筑工程招标的开标、评标、定标由建设单位依法组织实施,并接受有关行政主管部门的监督。

第二十二条　建筑工程实行招标发包的,发包单位应当将建筑工程发包给依法中标的承包单位。建筑工程实行直接发包的,发包单位应当将建筑工程发包给具有相应资质条件的承包单位。

第二十三条　政府及其所属部门不得滥用行政权力,限定发包单位将招标发包的建筑工程发包给指定的承包单位。

第二十四条　提倡对建筑工程实行总承包,禁止将建筑工程支解发包。

建筑工程的发包单位可以将建筑工程的勘察、设计、施工、设备采购一并发包给一个工程总承包单位，也可以将建筑工程勘察、设计、施工、设备采购的一项或者多项发包给一个工程总承包单位；但是，不得将应当由一个承包单位完成的建筑工程支解成若干部分发包给几个承包单位。

第二十五条 按照合同约定，建筑材料、建筑构配件和设备由工程承包单位采购的，发包单位不得指定承包单位购入用于工程的建筑材料、建筑构配件和设备或者指定生产厂、供应商。

第三节 承 包

第二十六条 承包建筑工程的单位应当持有依法取得的资质证书，并在其资质等级许可的业务范围内承揽工程。

禁止建筑施工企业超越本企业资质等级许可的业务范围或者以任何形式用其他建筑施工企业的名义承揽工程。禁止建筑施工企业以任何形式允许其他单位或者个人使用本企业的资质证书、营业执照，以本企业的名义承揽工程。

第二十七条 大型建筑工程或者结构复杂的建筑工程，可以由两个以上的承包单位联合共同承包。共同承包的各方对承包合同的履行承担连带责任。

两个以上不同资质等级的单位实行联合共同承包的，应当按照资质等级低的单位的业务许可范围承揽工程。

第二十八条 禁止承包单位将其承包的全部建筑工程转包给他人，禁止承包单位将其承包的全部建筑工程支解以后以分包的名义分别转包给他人。

第二十九条 建筑工程总承包单位可以将承包工程中的部分工程发包给具有相应资质条件的分包单位；但是，除总承包合同中约定的分包外，必须经建设单位认可。施工总承包的，建筑工程主体结构的施工必须由总承包单位自行完成。

建筑工程总承包单位按照总承包合同的约定对建设单位负责；分包单位按照分包合同的约定对总承包单位负责。总承包单位和分包单位就分包工程对建设单位承担连带责任。

禁止总承包单位将工程分包给不具备相应资质条件的单位。禁止分包单位将其承包的工程再分包。

现行**《建设工程勘察设计管理条例》**（国务院令第 293 号，根据 2017 年 10 月 7 日国务院令第 687 号修订）摘录如下：

第三章 建设工程勘察设计发包与承包

第十二条 建设工程勘察、设计发包依法实行招标发包或者直接发包。

第十三条 建设工程勘察、设计应当依照《中华人民共和国招标投标法》的规定，实行招标发包。

第十四条 建设工程勘察、设计方案评标，应当以投标人的业绩、信誉和勘察、设计人员的能力以及勘察、设计方案的优劣为依据，进行综合评定。

第十五条 建设工程勘察、设计的招标人应当在评标委员会推荐的候选方案中确定中标方案。但是，建设工程勘察、设计的招标人认为评标委员会推荐的候选方案不能最大限度满足招标文件规定的要求的，应当依法重新招标。

第十六条 下列建设工程的勘察、设计，经有关主管部门批准，可以直接发包：

（一）采用特定的专利或者专有技术的；

（二）建筑艺术造型有特殊要求的；

（三）国务院规定的其他建设工程的勘察、设计。

第十七条 发包方不得将建设工程勘察、设计业务发包给不具有相应勘察、设计资质等级的建设工程勘察、设计单位。

第十八条 发包方可以将整个建设工程的勘察、设计发包给一个勘察、设计单位；也可以将建设工程的勘察、设计分别发包给几个勘察、设计单位。

第十九条 除建设工程主体部分的勘察、设计外，经发包方书面同意，承包方可以将建设工程其他部分的勘察、设计再分包给其他具有相应资质等级的建设工程勘察、设计单位。

第二十条 建设工程勘察、设计单位不得将所承揽的建设工程勘察、设计转包。

第二十一条 承包方必须在建设工程勘察、设计资质证书规定的资质等级和业务范围内承揽建设工程的勘察、设计业务。

第二十二条 建设工程勘察、设计的发包方与承包方，应当执行国家规定的建设工程勘察、设计程序。

第二十三条 建设工程勘察、设计的发包方与承包方应当签订建设工程勘察、设计合同。

第二十四条 建设工程勘察、设计发包方与承包方应当执行国家有关建设工程勘察费、设计费的管理规定。

（四）《必须招标的工程项目规定》

现行《必须招标的工程项目规定》（国家发展和改革委员会令第 16 号）摘录如下：

第二条 全部或者部分使用国有资金投资或者国家融资的项目包括：

（一）使用预算资金 200 万元人民币以上，并且该资金占投资额 10% 以上的项目；

（二）使用国有企业事业单位资金，并且该资金占控股或者主导地位的项目。

第三条 使用国际组织或者外国政府贷款、援助资金的项目包括：

（一）使用世界银行、亚洲开发银行等国际组织贷款、援助资金的项目；

（二）使用外国政府及其机构贷款、援助资金的项目。

第四条 不属于本规定第二条、第三条规定情形的大型基础设施、公用事业等关系社会公共利益、公众安全的项目，必须招标的具体范围由国务院发展改革部门会同国务院有关部门按照确有必要、严格限定的原则制订，报国务院批准。

第五条 本规定第二条至第四条规定范围内的项目，其勘察、设计、施工、监理以及与工程建设有关的重要设备、材料等的采购达到下列标准之一的，必须招标：

（一）施工单项合同估算价在 400 万元人民币以上；

（二）重要设备、材料等货物的采购，单项合同估算价在 200 万元人民币以上；

（三）勘察、设计、监理等服务的采购，单项合同估算价在 100 万元人民币以上。

同一项目中可以合并进行的勘察、设计、施工、监理以及与工程建设有关的重要设备、材料等的采购，合同估算价合计达到前款规定标准的，必须招标。

（五）《建筑工程设计招标投标管理办法》

现行《建筑工程设计招标投标管理办法》（建设部令第 82 号，根据 2017 年 1 月 24 日

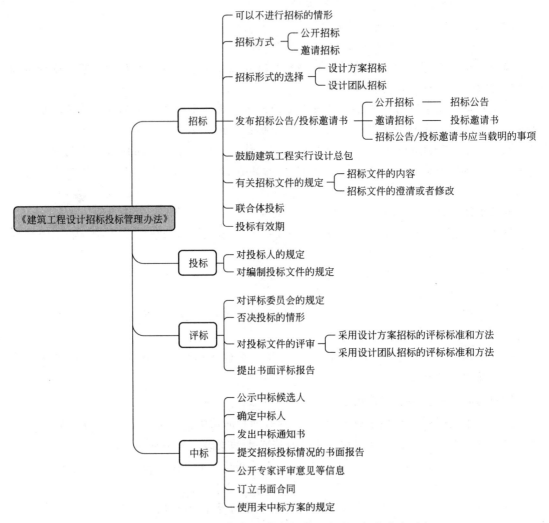

图 3.1-1　《建筑工程设计招标投标管理办法》部分内容要点

住房和城乡建设部令第 33 号修订）摘录如下：

第四条　建筑工程设计招标范围和规模标准按照国家有关规定执行，有下列情形之一的，可以不进行招标：

（一）采用不可替代的专利或者专有技术的；

（二）对建筑艺术造型有特殊要求，并经有关主管部门批准的；

（三）建设单位依法能够自行设计的；

（四）建筑工程项目的改建、扩建或者技术改造，需要由原设计单位设计，否则将影响功能配套要求的；

（五）国家规定的其他特殊情形。

第五条　建筑工程设计招标应当依法进行公开招标或者邀请招标。

第六条　建筑工程设计招标可以采用设计方案招标或者设计团队招标，招标人可以根据项目特点和实际需要选择。

设计方案招标，是指主要通过对投标人提交的设计方案进行评审确定中标人。

设计团队招标，是指主要通过对投标人拟派设计团队的综合能力进行评审确定中标人。

第七条　公开招标的，招标人应当发布招标公告。邀请招标的，招标人应当向 3 个以上潜在投标人发出投标邀请书。

招标公告或者投标邀请书应当载明招标人名称和地址、招标项目的基本要求、投标人的资质要求以及获取招标文件的办法等事项。

第八条　招标人一般应当将建筑工程的方案设计、初步设计和施工图设计一并招标。确需另行选择设计单位承担初步设计、施工图设计的，应当在招标公告或者投标邀请书中明确。

第九条　鼓励建筑工程实行设计总包。实行设计总包的，按照合同约定或者经招标人同意，设计单位可以不通过招标方式将建筑工程非主体部分的设计进行分包。

第十条　招标文件应当满足设计方案招标或者设计团队招标的不同需求，主要包括以下内容：

（一）项目基本情况；

（二）城乡规划和城市设计对项目的基本要求；

（三）项目工程经济技术要求；

（四）项目有关基础资料；

（五）招标内容；

（六）招标文件答疑、现场踏勘安排；

（七）投标文件编制要求；

（八）评标标准和方法；

（九）投标文件送达地点和截止时间；

（十）开标时间和地点；

（十一）拟签订合同的主要条款；

（十二）设计费或者计费方法；

（十三）未中标方案补偿办法。

第十一条　招标人应当在资格预审公告、招标公告或者投标邀请书中载明是否接受联合体投标。采用联合体形式投标的，联合体各方应当签订共同投标协议，明确约定各方承担的工作和责任，就中标项目向招标人承担连带责任。

第十二条　招标人可以对已发出的招标文件进行必要的澄清或者修改。澄清或者修改的内容可能影响投标文件编制的，招标人应当在投标截止时间至少 15 日前，以书面形式通知所有获取招标文件的潜在投标人，不足 15 日的，招标人应当顺延提交投标文件的截止时间。

潜在投标人或者其他利害关系人对招标文件有异议的，应当在投标截止时间 10 日前提出。招标人应当自收到异议之日起 3 日内作出答复；作出答复前，应当暂停招标投标活动。

第十三条　招标人应当确定投标人编制投标文件所需要的合理时间，自招标文件开始发出之日起至投标人提交投标文件截止之日止，时限最短少于 20 日。

第十四条 投标人应当具有与招标项目相适应的工程设计资质。境外设计单位参加国内建筑工程设计投标的，按照国家有关规定执行。

第十五条 投标人应当按照招标文件的要求编制投标文件。投标文件应当对招标文件提出的实质性要求和条件作出响应。

第十六条 评标由评标委员会负责。

评标委员会由招标人代表和有关专家组成。评标委员会人数为5人以上单数，其中技术和经济方面的专家不得少于成员总数的2/3。建筑工程设计方案评标时，建筑专业专家不得少于技术和经济方面专家总数的2/3。

评标专家一般从专家库随机抽取，对于技术复杂、专业性强或者国家有特殊要求的项目，招标人也可以直接邀请相应专业的中国科学院院士、中国工程院院士、全国工程勘察设计大师以及境外具有相应资历的专家参加评标。

投标人或者与投标人有利害关系的人员不得参加评标委员会。

第十七条 有下列情形之一的，评标委员会应当否决其投标：

（一）投标文件未按招标文件要求经投标人盖章和单位负责人签字；

（二）投标联合体没有提交共同投标协议；

（三）投标人不符合国家或者招标文件规定的资格条件；

（四）同一投标人提交2个以上不同的投标文件或者投标报价，但招标文件要求提交备选投标的除外；

（五）投标文件没有对招标文件的实质性要求和条件作出响应；

（六）投标人有串通投标、弄虚作假、行贿等违法行为；

（七）法律法规规定的其他应当否决投标的情形。

第十八条 评标委员会应当按照招标文件确定的评标标准和方法，对投标文件进行评审。

采用设计方案招标的，评标委员会应当在符合城乡规划、城市设计以及安全、绿色、节能、环保要求的前提下，重点对功能、技术、经济和美观等进行评审。

采用设计团队招标的，评标委员会应当对投标人拟从事项目设计的人员构成、人员业绩、人员从业经历、项目解读、设计构思、投标人信用情况和业绩等进行评审。

第十九条 评标委员会应当在评标完成后，向招标人提出书面评标报告，推荐不超过3个中标候选人，并标明顺序。

第二十条 招标人应当公示中标候选人。采用设计团队招标的，招标人应当公示中标候选人投标文件中所列主要人员、业绩等内容。

第二十一条 招标人根据评标委员会的书面评标报告和推荐的中标候选人确定中标人。招标人也可以授权评标委员会直接确定中标人。

采用设计方案招标的，招标人认为评标委员会推荐的候选方案不能最大限度满足招标文件规定的要求的，应当依法重新招标。

第二十二条 招标人应当在确定中标人后及时向中标人发出中标通知书，并同时将中标结果通知所有未中标人。

第二十三条 招标人应当自确定中标人之日起15日内，向县级以上地方人民政府住房城乡建设主管部门提交招标投标情况的书面报告。

第二十四条　县级以上地方人民政府住房城乡建设主管部门应当自收到招标投标情况的书面报告之日起 5 个工作日内，公开专家评审意见等信息，涉及国家秘密、商业秘密的除外。

第二十五条　招标人和中标人应当自中标通知书发出之日起 30 日内，按照招标文件和中标人的投标文件订立书面合同。

第二十六条　招标人、中标人使用未中标方案的，应当征得提交方案的投标人同意并付给使用费。

第二十九条　招标人以不合理的条件限制或者排斥潜在投标人的，对潜在投标人实行歧视待遇的，强制要求投标人组成联合体共同投标的，或者限制投标人之间竞争的，由县级以上地方人民政府住房城乡建设主管部门责令改正，可以处 1 万元以上 5 万元以下的罚款。

第三十条　招标人澄清、修改招标文件的时限，或者确定的提交投标文件的时限不符合本办法规定的，由县级以上地方人民政府住房城乡建设主管部门责令改正，可以处 10 万元以下的罚款。

第三十一条　招标人不按照规定组建评标委员会，或者评标委员会成员的确定违反本办法规定的，由县级以上地方人民政府住房城乡建设主管部门责令改正，可以处 10 万元以下的罚款，相应评审结论无效，依法重新进行评审。

第三十二条　招标人有下列情形之一的，由县级以上地方人民政府住房城乡建设主管部门责令改正，可以处中标项目金额 10‰ 以下的罚款；给他人造成损失的，依法承担赔偿责任；对单位直接负责的主管人员和其他直接责任人员依法给予处分：

（一）无正当理由未按本办法规定发出中标通知书；

（二）不按照规定确定中标人；

（三）中标通知书发出后无正当理由改变中标结果；

（四）无正当理由未按本办法规定与中标人订立合同；

（五）在订立合同时向中标人提出附加条件。

第三十三条　投标人以他人名义投标或者以其他方式弄虚作假，骗取中标的，中标无效，给招标人造成损失的，依法承担赔偿责任；构成犯罪的，依法追究刑事责任。

投标人有前款所列行为尚未构成犯罪的，由县级以上地方人民政府住房城乡建设主管部门处中标项目金额 5‰ 以上 10‰ 以下的罚款，对单位直接负责的主管人员和其他直接责任人员处单位罚款数额 5％ 以上 10％ 以下的罚款；有违法所得的，并处没收违法所得；情节严重的，取消其 1 年至 3 年内参加依法必须进行招标的建筑工程设计招标的投标资格，并予以公告，直至由工商行政管理机关吊销营业执照。

第三十四条　评标委员会成员收受投标人的财物或者其他好处的，评标委员会成员或者参加评标的有关工作人员向他人透露对投标文件的评审和比较、中标候选人的推荐以及与评标有关的其他情况的，由县级以上地方人民政府住房城乡建设主管部门给予警告，没收收受的财物，可以并处 3000 元以上 5 万元以下的罚款。

评标委员会成员有前款所列行为的，由有关主管部门通报批评并取消担任评标委员会成员的资格，不得再参加任何依法必须进行招标的建筑工程设计招标投标的评标；构成犯罪的，依法追究刑事责任。

第三十五条 评标委员会成员违反本办法规定，对应当否决的投标不提出否决意见的，由县级以上地方人民政府住房城乡建设主管部门责令改正；情节严重的，禁止其在一定期限内参加依法必须进行招标的建筑工程设计招标投标的评标；情节特别严重的，由有关主管部门取消其担任评标委员会成员的资格。

第三十六条 住房城乡建设主管部门或者有关职能部门的工作人员徇私舞弊、滥用职权或者玩忽职守，构成犯罪的，依法追究刑事责任；不构成犯罪的，依法给予行政处分。

《建筑工程设计招标投标管理办法》部分处罚规定摘录、对比表　　　表 3.1-4

相关人员	违法行为	处罚
招标人	①不合理的条件限制或者排斥潜在投标人 ②对潜在投标人实行歧视待遇 ③强制要求投标人组成联合体共同投标 ④限制投标人之间竞争	处 1 万元以上 5 万元以下的罚款
	澄清、修改招标文件的时限，或者确定的提交投标文件的时限不符合本办法规定	处 10 万元以下的罚款
	不按照规定组建评标委员会，或者评标委员会成员的确定违反本办法规定	处 10 万元以下的罚款，相应评审结论无效，依法重新进行评审
	无正当理由未按本办法规定发出中标通知书	①处中标项目金额 10‰以下的罚款 ②给他人造成损失的，依法承担赔偿责任 ③对单位直接负责的主管人员和其他直接责任人员依法给予处分
	不按照规定确定中标人	
	中标通知书发出后无正当理由改变中标结果	
	无正当理由未按本办法规定与中标人订立合同	
	在订立合同时向中标人提出附加条件	
	以他人名义投标或者以其他方式弄虚作假，骗取中标	①中标无效 ②给招标人造成损失的，依法承担赔偿责任 ③构成犯罪的，依法追究刑事责任 ④处中标项目金额 5‰以上 10‰以下的罚款 ⑤对单位直接负责的主管人员和其他直接责任人员处单位罚款数额 5%以上 10%以下的罚款 ⑥有违法所得的，并处没收违法所得 ⑦情节严重的，取消其 1～3 年内参加依法必须进行招标的建筑工程设计招标的投标资格
评标委员会	收受投标人的财物或者其他好处 向他人透露对投标文件的评审和比较、中标候选人的推荐以及与评标有关的其他情况	①给予警告，没收收受的财物，可以并处 3000 元以上 5 万元以下的罚款 ②通报批评并取消担任评标委员会成员的资格 ③构成犯罪的，依法追究刑事责任
	应当否决的投标不提出否决意见	①责令改正 ②情节严重的，禁止其在一定期限内参加依法必须进行招标的建筑工程设计招标投标的评标 ③情节特别严重的，由有关主管部门取消其担任评标委员会成员的资格
住房城乡建设主管部门或者有关职能部门的工作人员	徇私舞弊、滥用职权或者玩忽职守	①构成犯罪的，依法追究刑事责任 ②不构成犯罪的，依法给予行政处分

(六) 设计企业资质资格管理

1.《建设工程勘察设计管理条例》

现行**《建设工程勘察设计管理条例》**摘录如下:

第二章 资质资格管理

第七条 国家对从事建设工程勘察、设计活动的单位,实行资质管理制度。具体办法由国务院建设行政主管部门商国务院有关部门制定。

第八条 建设工程勘察、设计单位应当在其资质等级许可的范围内承揽建设工程勘察、设计业务。

禁止建设工程勘察、设计单位超越其资质等级许可的范围或者以其他建设工程勘察、设计单位的名义承揽建设工程勘察、设计业务。禁止建设工程勘察、设计单位允许其他单位或者个人以本单位的名义承揽建设工程勘察、设计业务。

第九条 国家对从事建设工程勘察、设计活动的专业技术人员,实行执业资格注册管理制度。

未经注册的建设工程勘察、设计人员,不得以注册执业人员的名义从事建设工程勘察、设计活动。

第十条 建设工程勘察、设计注册执业人员和其他专业技术人员只能受聘于一个建设工程勘察、设计单位;未受聘于建设工程勘察、设计单位的,不得从事建设工程的勘察、设计活动。

第十一条 建设工程勘察、设计单位资质证书和执业人员注册证书,由国务院建设行政主管部门统一制作。

2.《建设工程勘察设计资质管理规定》

现行**《建设工程勘察设计资质管理规定》**(建设部令第160号,根据2018年12月22日住房和城乡建设部令第45号修订)摘录如下:

第六条 工程设计资质分为工程设计综合资质、工程设计行业资质、工程设计专业资质和工程设计专项资质。

工程设计综合资质只设甲级;工程设计行业资质、工程设计专业资质、工程设计专项资质设甲级、乙级。

根据工程性质和技术特点,个别行业、专业、专项资质可以设丙级,建筑工程专业资质可以设丁级。

取得工程设计综合资质的企业,可以承接各行业、各等级的建设工程设计业务;取得工程设计行业资质的企业,可以承接相应行业相应等级的工程设计业务及本行业范围内同级别的相应专业、专项(设计施工一体化资质除外)工程设计业务;取得工程设计专业资质的企业,可以承接本专业相应等级的专业工程设计业务及同级别的相应专项工程设计业务(设计施工一体化资质除外);取得工程设计专项资质的企业,可以承接本专项相应等级的专项工程设计业务。

第七条 建设工程勘察、工程设计资质标准和各资质类别、级别企业承担工程的具体范围由国务院建设主管部门商国务院有关部门制定。

(七) 合同

1.《中华人民共和国民法典》合同篇

现行《中华人民共和国民法典》（于 2020 年 5 月 28 日第十三届全国人民代表大会第三次会议通过）其中第三编"合同"，摘录如下：

第一分编　通则
第一章　一般规定

第四百六十四条　合同是民事主体之间设立、变更、终止民事法律关系的协议。

第四百六十五条　依法成立的合同，受法律保护。

依法成立的合同，仅对当事人具有法律约束力，但是法律另有规定的除外。

第四百六十七条　本法或者其他法律没有明文规定的合同，适用本编通则的规定，并可以参照适用本编或者其他法律最相类似合同的规定。

在中华人民共和国境内履行的中外合资经营企业合同、中外合作经营企业合同、中外合作勘探开发自然资源合同，适用中华人民共和国法律。

第二章　合同的订立

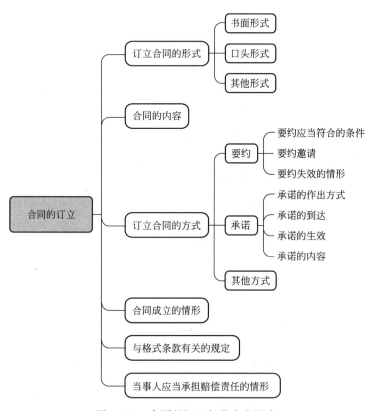

图 3.1-2　合同的订立部分内容要点

第四百六十九条　当事人订立合同，可以采用书面形式、口头形式或者其他形式。

书面形式是合同书、信件、电报、电传、传真等可以有形地表现所载内容的形式。

以电子数据交换、电子邮件等方式能够有形地表现所载内容，并可以随时调取查用的数据电文，视为书面形式。

第四百七十条　合同的内容由当事人约定，一般包括下列条款：

（一）当事人的姓名或者名称和住所；

（二）标的；

（三）数量；

（四）质量；

（五）价款或者报酬；

（六）履行期限、地点和方式；

（七）违约责任；

（八）解决争议的方法。

当事人可以参照各类合同的示范文本订立合同。

第四百七十一条　当事人订立合同，可以采取要约、承诺方式或者其他方式。

第四百七十二条　要约是希望与他人订立合同的意思表示，该意思表示应当符合下列条件：

（一）内容具体确定；

（二）表明经受要约人承诺，要约人即受该意思表示约束。

第四百七十三条　要约邀请是希望他人向自己发出要约的表示。拍卖公告、招标公告、招股说明书、债券募集办法、基金招募说明书、商业广告和宣传、寄送的价目表等为要约邀请。

商业广告和宣传的内容符合要约条件的，构成要约。

第四百七十七条　撤销要约的意思表示以对话方式作出的，该意思表示的内容应当在受要约人作出承诺之前为受要约人所知道；撤销要约的意思表示以非对话方式作出的，应当在受要约人作出承诺之前到达受要约人。

第四百七十八条　有下列情形之一的，要约失效：

（一）要约被拒绝；

（二）要约被依法撤销；

（三）承诺期限届满，受要约人未作出承诺；

（四）受要约人对要约的内容作出实质性变更。

第四百七十九条　承诺是受要约人同意要约的意思表示。

第四百八十条　承诺应当以通知的方式作出；但是，根据交易习惯或者要约表明可以通过行为作出承诺的除外。

第四百八十一条　承诺应当在要约确定的期限内到达要约人。

要约没有确定承诺期限的，承诺应当依照下列规定到达：

（一）要约以对话方式作出的，应当即时作出承诺；

（二）要约以非对话方式作出的，承诺应当在合理期限内到达。

第四百八十三条　承诺生效时合同成立，但是法律另有规定或者当事人另有约定的除外。

第四百八十四条　以通知方式作出的承诺，生效的时间适用本法第一百三十七条的规定。

承诺不需要通知的，根据交易习惯或者要约的要求作出承诺的行为时生效。

第四百八十八条　承诺的内容应当与要约的内容一致。受要约人对要约的内容作出实质性变更的，为新要约。有关合同标的、数量、质量、价款或者报酬、履行期限、履行地点和方式、违约责任和解决争议方法等的变更，是对要约内容的实质性变更。

第四百八十九条 承诺对要约的内容作出非实质性变更的，除要约人及时表示反对或者要约表明承诺不得对要约的内容作出任何变更外，该承诺有效，合同的内容以承诺的内容为准。

第四百九十条 当事人采用合同书形式订立合同的，自当事人均签名、盖章或者按指印时合同成立。在签名、盖章或者按指印之前，当事人一方已经履行主要义务，对方接受时，该合同成立。

法律、行政法规规定或者当事人约定合同应当采用书面形式订立，当事人未采用书面形式但是一方已经履行主要义务，对方接受时，该合同成立。

第四百九十一条 当事人采用信件、数据电文等形式订立合同要求签订确认书的，签订确认书时合同成立。

当事人一方通过互联网等信息网络发布的商品或者服务信息符合要约条件的，对方选择该商品或者服务并提交订单成功时合同成立，但是当事人另有约定的除外。

第四百九十四条 国家根据抢险救灾、疫情防控或者其他需要下达国家订货任务、指令性任务的，有关民事主体之间应当依照有关法律、行政法规规定的权利和义务订立合同。

依照法律、行政法规的规定负有发出要约义务的当事人，应当及时发出合理的要约。

依照法律、行政法规的规定负有作出承诺义务的当事人，不得拒绝对方合理的订立合同要求。

第四百九十八条 对格式条款的理解发生争议的，应当按照通常理解予以解释。对格式条款有两种以上解释的，应当作出不利于提供格式条款一方的解释。格式条款和非格式条款不一致的，应当采用非格式条款。

第五百条 当事人在订立合同过程中有下列情形之一，造成对方损失的，应当承担赔偿责任：

（一）假借订立合同，恶意进行磋商；

（二）故意隐瞒与订立合同有关的重要事实或者提供虚假情况；

（三）有其他违背诚信原则的行为。

第三章 合同的效力

第五百零二条 依法成立的合同，自成立时生效，但是法律另有规定或者当事人另有约定的除外。

依照法律、行政法规的规定，合同应当办理批准等手续的，依照其规定。未办理批准等手续影响合同生效的，不影响合同中履行报批等义务条款以及相关条款的效力。应当办理申请批准等手续的当事人未履行义务的，对方可以请求其承担违反该义务的责任。

依照法律、行政法规的规定，合同的变更、转让、解除等情形应当办理批准等手续的，适用前款规定。

第五百零四条 法人的法定代表人或者非法人组织的负责人超越权限订立的合同，除相对人知道或者应当知道其超越权限外，该代表行为有效，订立的合同对法人或者非法人组织发生效力。

第五百零六条 合同中的下列免责条款无效：

（一）造成对方人身损害的；

（二）因故意或者重大过失造成对方财产损失的。

第五百零七条 合同不生效、无效、被撤销或者终止的，不影响合同中有关解决争议方法的条款的效力。

第四章 合同的履行

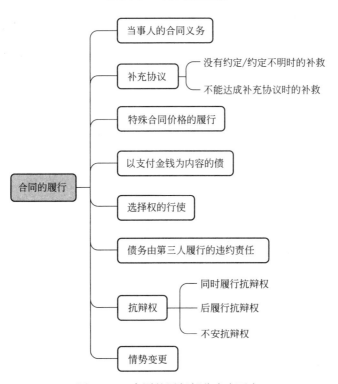

图 3.1-3 合同的履行部分内容要点

第五百零九条 当事人应当按照约定全面履行自己的义务。

当事人应当遵循诚信原则，根据合同的性质、目的和交易习惯履行通知、协助、保密等义务。

当事人在履行合同过程中，应当避免浪费资源、污染环境和破坏生态。

第五百一十条 合同生效后，当事人就质量、价款或者报酬、履行地点等内容没有约定或者约定不明确的，可以协议补充；不能达成补充协议的，按照合同相关条款或者交易习惯确定。

第五百一十三条 执行政府定价或者政府指导价的，在合同约定的交付期限内政府价格调整时，按照交付时的价格计价。逾期交付标的物的，遇价格上涨时，按照原价格执行；价格下降时，按照新价格执行。逾期提取标的物或者逾期付款的，遇价格上涨时，按照新价格执行；价格下降时，按照原价格执行。

第五百一十四条 以支付金钱为内容的债，除法律另有规定或者当事人另有约定外，债权人可以请求债务人以实际履行地的法定货币履行。

第五百一十六条 当事人行使选择权应当及时通知对方，通知到达对方时，标的确定。标的确定后不得变更，但是经对方同意的除外。

可选择的标的发生不能履行情形的，享有选择权的当事人不得选择不能履行的标的，但是该不能履行的情形是由对方造成的除外。

第五百二十三条 当事人约定由第三人向债权人履行债务，第三人不履行债务或者履行债务不符合约定的，债务人应当向债权人承担违约责任。

第五百二十五条 当事人互负债务，没有先后履行顺序的，应当同时履行。一方在对方履行之前有权拒绝其履行请求。一方在对方履行债务不符合约定时，有权拒绝其相应的履行请求。

第五百二十六条 当事人互负债务，有先后履行顺序，应当先履行债务一方未履行的，后履行一方有权拒绝其履行请求。先履行一方履行债务不符合约定的，后履行一方有权拒绝其相应的履行请求。

第五百二十七条 应当先履行债务的当事人，有确切证据证明对方有下列情形之一的，可以中止履行：

（一）经营状况严重恶化；

（二）转移财产、抽逃资金，以逃避债务；

（三）丧失商业信誉；

（四）有丧失或者可能丧失履行债务能力的其他情形。

当事人没有确切证据中止履行的，应当承担违约责任。

第五百二十八条 当事人依据前条规定中止履行的，应当及时通知对方。对方提供适当担保的，应当恢复履行。中止履行后，对方在合理期限内未恢复履行能力且未提供适当担保的，视为以自己的行为表明不履行主要债务，中止履行的一方可以解除合同并可以请求对方承担违约责任。

第五百三十二条 合同生效后，当事人不得因姓名、名称的变更或者法定代表人、负责人、承办人的变动而不履行合同义务。

第五百三十三条 合同成立后，合同的基础条件发生了当事人在订立合同时无法预见的、不属于商业风险的重大变化，继续履行合同对于当事人一方明显不公平的，受不利影响的当事人可以与对方重新协商；在合理期限内协商不成的，当事人可以请求人民法院或者仲裁机构变更或者解除合同。

人民法院或者仲裁机构应当结合案件的实际情况，根据公平原则变更或者解除合同。

第五章 合同的保全

第五百三十五条 因债务人怠于行使其债权或者与该债权有关的从权利，影响债权人的到期债权实现的，债权人可以向人民法院请求以自己的名义代位行使债务人对相对人的权利，但是该权利专属于债务人自身的除外。

代位权的行使范围以债权人的到期债权为限。债权人行使代位权的必要费用，由债务人负担。

相对人对债务人的抗辩，可以向债权人主张。

第五百三十六条 债权人的债权到期前，债务人的债权或者与该债权有关的从权利存在诉讼时效期间即将届满或者未及时申报破产债权等情形，影响债权人的债权实现的，债权人可以代位向债务人的相对人请求其向债务人履行、向破产管理人申报或者作出其他必要的行为。

第五百三十七条 人民法院认定代位权成立的，由债务人的相对人向债权人履行义务，债权人接受履行后，债权人与债务人、债务人与相对人之间相应的权利义务终止。债务人对相对人的债权或者与该债权有关的从权利被采取保全、执行措施，或者债务人破产的，依照相关法律的规定处理。

第六章 合同的变更和转让

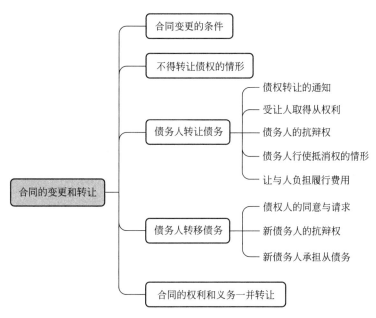

图 3.1-4 合同的变更和转让部分内容要点

第五百四十三条 当事人协商一致，可以变更合同。

第五百四十四条 当事人对合同变更的内容约定不明确的，推定为未变更。

第五百四十五条 债权人可以将债权的全部或者部分转让给第三人，但是有下列情形之一的除外：

（一）根据债权性质不得转让；

（二）按照当事人约定不得转让；

（三）依照法律规定不得转让。

当事人约定非金钱债权不得转让的，不得对抗善意第三人。当事人约定金钱债权不得转让的，不得对抗第三人。

第五百四十六条 债权人转让债权，未通知债务人的，该转让对债务人不发生效力。

债权转让的通知不得撤销，但是经受让人同意的除外。

第五百四十七条 债权人转让债权的，受让人取得与债权有关的从权利，但是该从权利专属于债权人自身的除外。

受让人取得从权利不因该从权利未办理转移登记手续或者未转移占有而受到影响。

第五百四十八条 债务人接到债权转让通知后，债务人对让与人的抗辩，可以向受让人主张。

第五百四十九条 有下列情形之一的，债务人可以向受让人主张抵销：

（一）债务人接到债权转让通知时，债务人对让与人享有债权，且债务人的债权先于转让的债权到期或者同时到期；

（二）债务人的债权与转让的债权是基于同一合同产生。

第五百五十条　因债权转让增加的履行费用，由让与人负担。

第五百五十一条　债务人将债务的全部或者部分转移给第三人的，应当经债权人同意。

债务人或者第三人可以催告债权人在合理期限内予以同意，债权人未作表示的，视为不同意。

第五百五十二条　第三人与债务人约定加入债务并通知债权人，或者第三人向债权人表示愿意加入债务，债权人未在合理期限内明确拒绝的，债权人可以请求第三人在其愿意承担的债务范围内和债务人承担连带债务。

第五百五十三条　债务人转移债务的，新债务人可以主张原债务人对债权人的抗辩；原债务人对债权人享有债权的，新债务人不得向债权人主张抵销。

第五百五十四条　债务人转移债务的，新债务人应当承担与主债务有关的从债务，但是该从债务专属于原债务人自身的除外。

第五百五十五条　当事人一方经对方同意，可以将自己在合同中的权利和义务一并转让给第三人。

第五百五十六条　合同的权利和义务一并转让的，适用债权转让、债务转移的有关规定。

第七章　合同的权利义务终止

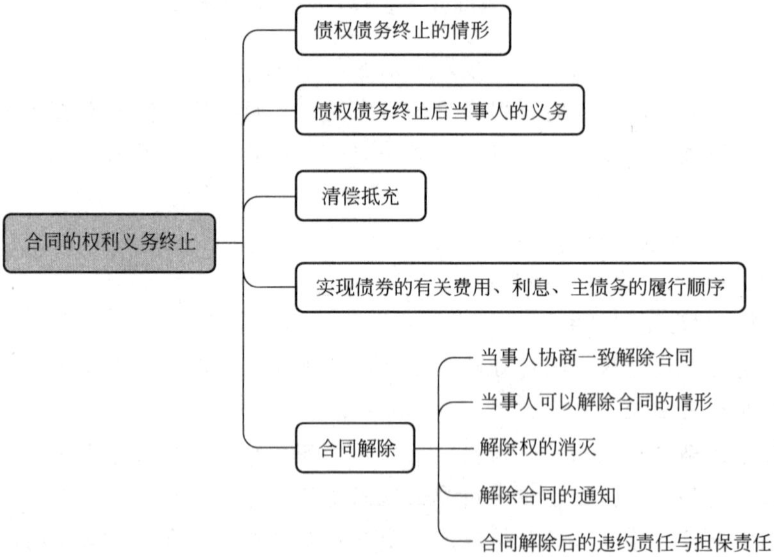

图 3.1-5　合同的权利义务终止部分内容要点

第五百五十七条　有下列情形之一的，债权债务终止：

（一）债务已经履行；

（二）债务相互抵销；

（三）债务人依法将标的物提存；

（四）债权人免除债务；

（五）债权债务同归于一人；

（六）法律规定或者当事人约定终止的其他情形。

合同解除的，该合同的权利义务关系终止。

第五百五十八条 债权债务终止后，当事人应当遵循诚信等原则，根据交易习惯履行通知、协助、保密、旧物回收等义务。

第五百六十条 债务人对同一债权人负担的数项债务种类相同，债务人的给付不足以清偿全部债务的，除当事人另有约定外，由债务人在清偿时指定其履行的债务。

债务人未作指定的，应当优先履行已经到期的债务；数项债务均到期的，优先履行对债权人缺乏担保或者担保最少的债务；均无担保或者担保相等的，优先履行债务人负担较重的债务；负担相同的，按照债务到期的先后顺序履行；到期时间相同的，按照债务比例履行。

第五百六十一条 债务人在履行主债务外还应当支付利息和实现债权的有关费用，其给付不足以清偿全部债务的，除当事人另有约定外，应当按照下列顺序履行：

（一）实现债权的有关费用；

（二）利息；

（三）主债务。

第五百六十二条 当事人协商一致，可以解除合同。

当事人可以约定一方解除合同的事由。解除合同的事由发生时，解除权人可以解除合同。

第五百六十三条 有下列情形之一的，当事人可以解除合同：

（一）因不可抗力致使不能实现合同目的；

（二）在履行期限届满前，当事人一方明确表示或者以自己的行为表明不履行主要债务；

（三）当事人一方迟延履行主要债务，经催告后在合理期限内仍未履行；

（四）当事人一方迟延履行债务或者有其他违约行为致使不能实现合同目的；

（五）法律规定的其他情形。

以持续履行的债务为内容的不定期合同，当事人可以随时解除合同，但是应当在合理期限之前通知对方。

第五百六十四条 法律规定或者当事人约定解除权行使期限，期限届满当事人不行使的，该权利消灭。

法律没有规定或者当事人没有约定解除权行使期限，自解除权人知道或者应当知道解除事由之日起一年内不行使，或者经对方催告后在合理期限内不行使的，该权利消灭。

第五百六十五条 当事人一方依法主张解除合同的，应当通知对方。合同自通知到达对方时解除；通知载明债务人在一定期限内不履行债务则合同自动解除，债务人在该期限内未履行债务的，合同自通知载明的期限届满时解除。对方对解除合同有异议的，任何一方当事人均可以请求人民法院或者仲裁机构确认解除行为的效力。

当事人一方未通知对方，直接以提起诉讼或者申请仲裁的方式依法主张解除合同，人民法院或者仲裁机构确认该主张的，合同自起诉状副本或者仲裁申请书副本送达对方时解除。

第五百六十六条 合同解除后，尚未履行的，终止履行；已经履行的，根据履行情况和合同性质，当事人可以请求恢复原状或者采取其他补救措施，并有权请求赔偿损失。

合同因违约解除的，解除权人可以请求违约方承担违约责任，但是当事人另有约定的除外。

主合同解除后，担保人对债务人应当承担的民事责任仍应当承担担保责任，但是担保合同另有约定的除外。

第八章 违约责任

第五百七十七条 当事人一方不履行合同义务或者履行合同义务不符合约定的，应当承担继续履行、采取补救措施或者赔偿损失等违约责任。

第五百七十八条 当事人一方明确表示或者以自己的行为表明不履行合同义务的，对方可以在履行期限届满前请求其承担违约责任。

第五百七十九条 当事人一方未支付价款、报酬、租金、利息，或者不履行其他金钱债务的，对方可以请求其支付。

第五百八十条 当事人一方不履行非金钱债务或者履行非金钱债务不符合约定的，对方可以请求履行，但是有下列情形之一的除外：

（一）法律上或者事实上不能履行；

（二）债务的标的不适于强制履行或者履行费用过高；

（三）债权人在合理期限内未请求履行。

有前款规定的除外情形之一，致使不能实现合同目的的，人民法院或者仲裁机构可以根据当事人的请求终止合同权利义务关系，但是不影响违约责任的承担。

第五百八十一条 当事人一方不履行债务或者履行债务不符合约定，根据债务的性质不得强制履行的，对方可以请求其负担由第三人替代履行的费用。

第五百八十二条 履行不符合约定的，应当按照当事人的约定承担违约责任。对违约责任没有约定或者约定不明确，依据本法第五百一十条的规定仍不能确定的，受损害方根据标的的性质以及损失的大小，可以合理选择请求对方承担修理、重作、更换、退货、减少价款或者报酬等违约责任。

第五百八十三条 当事人一方不履行合同义务或者履行合同义务不符合约定的，在履行义务或者采取补救措施后，对方还有其他损失的，应当赔偿损失。

第五百八十四条 当事人一方不履行合同义务或者履行合同义务不符合约定，造成对方损失的，损失赔偿额应当相当于因违约所造成的损失，包括合同履行后可以获得的利益；但是，不得超过违约一方订立合同时预见到或者应当预见到的因违约可能造成的损失。

第五百八十五条 当事人可以约定一方违约时应当根据违约情况向对方支付一定数额的违约金，也可以约定因违约产生的损失赔偿额的计算方法。

约定的违约金低于造成的损失的，人民法院或者仲裁机构可以根据当事人的请求予以增加；约定的违约金过分高于造成的损失的，人民法院或者仲裁机构可以根据当事人的请求予以适当减少。

当事人就迟延履行约定违约金的，违约方支付违约金后，还应当履行债务。

第五百八十六条 当事人可以约定一方向对方给付定金作为债权的担保。定金合同自实际交付定金时成立。

定金的数额由当事人约定；但是，不得超过主合同标的额的百分之二十，超过部分不产生定金的效力。实际交付的定金数额多于或者少于约定数额的，视为变更约定的定金数额。

第五百八十七条 债务人履行债务的，定金应当抵作价款或者收回。给付定金的一方不履行债务或者履行债务不符合约定，致使不能实现合同目的的，无权请求返还定金；收受定金的一方不履行债务或者履行债务不符合约定，致使不能实现合同目的的，应当双倍返还定金。

第五百八十八条 当事人既约定违约金，又约定定金的，一方违约时，对方可以选择适用违约金或者定金条款。

定金不足以弥补一方违约造成的损失的，对方可以请求赔偿超过定金数额的损失。

第五百八十九条 债务人按照约定履行债务，债权人无正当理由拒绝受领的，债务人可以请求债权人赔偿增加的费用。

在债权人受领迟延期间，债务人无须支付利息。

第五百九十条 当事人一方因不可抗力不能履行合同的，根据不可抗力的影响，部分或者全部免除责任，但是法律另有规定的除外。因不可抗力不能履行合同的，应当及时通知对方，以减轻可能给对方造成的损失，并应当在合理期限内提供证明。

当事人迟延履行后发生不可抗力的，不免除其违约责任。

第五百九十一条 当事人一方违约后，对方应当采取适当措施防止损失的扩大；没有采取适当措施致使损失扩大的，不得就扩大的损失请求赔偿。

当事人因防止损失扩大而支出的合理费用，由违约方负担。

第五百九十二条 当事人都违反合同的，应当各自承担相应的责任。

当事人一方违约造成对方损失，对方对损失的发生有过错的，可以减少相应的损失赔偿额。

第五百九十三条 当事人一方因第三人的原因造成违约的，应当依法向对方承担违约责任。当事人一方和第三人之间的纠纷，依照法律规定或者按照约定处理。

《中华人民共和国民法典》第三编——合同的部分违约责任摘录、对比表　　表 3.1-5

相关人员	事项	违约责任
当事人一方	不履行合同义务或者履行合同义务不符合约定	承担继续履行、采取补救措施或者赔偿损失
	明确表示或者以自己的行为表明不履行合同义务	对方可以在履行期限届满前请求其承担违约责任
	未支付价款、报酬、租金、利息，或者不履行其他金钱债务	对方可以请求其支付
	不履行非金钱债务或者履行非金钱债务不符合约定	对方可以请求履行，但是有下列情形之一的除外： （一）法律上或事实上不能履行 （二）债务的标的不适于强制履行或履行费用过高 （三）债权人在合理期限内未请求履行
	不履行债务或者履行债务不符合约定，根据债务的性质不得强制履行	对方可以请求其负担由第三人替代履行的费用

相关人员	事项	违约责任
——	履行不符合约定	按照当事人的约定承担违约责任
	违约责任没有约定或者约定不明确	受损害方根据标的的性质以及损失的大小，可以合理选择请求对方承担修理、重作、更换、退货、减少价款或者报酬等违约责任
当事人一方	不履行合同义务或者履行合同义务不符合约定，在履行义务或者采取补救措施后，对方还有其他损失	赔偿损失
	不履行合同义务或者履行合同义务不符合约定，造成对方损失	损失赔偿额应当相当于因违约所造成的损失，包括合同履行后可以获得的利益
违约方	当事人约定的违约金低于造成的损失	人民法院或者仲裁机构可以根据当事人的请求予以增加违约金
	当事人约定的违约金过分高于造成的损失	人民法院或者仲裁机构可以根据当事人的请求予以适当减少违约金
	当事人延迟履行约定违约金	支付违约金后，还应当履行债务
给付定金的一方	不履行债务或者履行债务不符合约定，致使不能实现合同目的	无权请求返还定金
收受定金的一方		应当双倍返还定金
当事人一方	既约定违约金，又约定定金的，一方违约	对方可以选择适用违约金或者定金条款
	定金不足以弥补一方违约造成的损失	对方可以请求赔偿超过定金数额的损失
债务人	按照约定履行债务，债权人无正当理由而拒绝受领的	可以请求债权人赔偿增加的费用
当事人一方	因不可抗力不能履行合同	根据不可抗力的影响，部分或者全部免除责任，但是法律另有规定的除外 应当及时通知对方，以减轻可能给对方造成的损失，并应当在合理期限内提供证明
——	当事人一方违约	对方应当采取适当措施防止损失的扩大 没有采取适当措施致使损失扩大的，不得就扩大的损失请求赔偿 因防止损失扩大而支出的合理费用，由违约方承担
当事人双方	都违反合同	各自承担相应的责任
当事人一方	因第三人的原因造成违约	依法向对方承担违约责任

2. 建设工程设计合同

现行《中华人民共和国民法典》第三编"合同"第十八章"建设工程合同"，摘录如下：

第七百八十八条 建设工程合同是承包人进行工程建设，发包人支付价款的合同。

建设工程合同包括工程勘察、设计、施工合同。

第七百八十九条 建设工程合同应当采用书面形式。

第七百九十一条 发包人可以与总承包人订立建设工程合同，也可以分别与勘察人、设计人、施工人订立勘察、设计、施工承包合同。发包人不得将应当由一个承包人完成的建设工程支解成若干部分发包给数个承包人。

总承包人或者勘察、设计、施工承包人经发包人同意，可以将自己承包的部分工作交由第三人完成。第三人就其完成的工作成果与总承包人或者勘察、设计、施工承包人向发包人承担连带责任。承包人不得将其承包的全部建设工程转包给第三人或者将其承包的全部建设工程支解以后以分包的名义分别转包给第三人。

禁止承包人将工程分包给不具备相应资质条件的单位。禁止分包单位将其承包的工程再分包。建设工程主体结构的施工必须由承包人自行完成。

第七百九十四条 勘察、设计合同的内容一般包括提交有关基础资料和概预算等文件的期限、质量要求、费用以及其他协作条件等条款。

第七百九十五条 施工合同的内容一般包括工程范围、建设工期、中间交工工程的开工和竣工时间、工程质量、工程造价、技术资料交付时间、材料和设备供应责任、拨款和结算、竣工验收、质量保修范围和质量保证期、相互协作等条款。

第七百九十六条 建设工程实行监理的，发包人应当与监理人采用书面形式订立委托监理合同。发包人与监理人的权利和义务以及法律责任，应当依照本编委托合同以及其他有关法律、行政法规的规定。

第七百九十七条 发包人在不妨碍承包人正常作业的情况下，可以随时对作业进度、质量进行检查。

第七百九十八条 隐蔽工程在隐蔽以前，承包人应当通知发包人检查。发包人没有及时检查的，承包人可以顺延工程日期，并有权请求赔偿停工、窝工等损失。

第七百九十九条 建设工程竣工后，发包人应当根据施工图纸及说明书、国家颁发的施工验收规范和质量检验标准及时进行验收。验收合格的，发包人应当按照约定支付价款，并接收该建设工程。

建设工程竣工经验收合格后，方可交付使用；未经验收或者验收不合格的，不得交付使用。

第八百条 勘察、设计的质量不符合要求或者未按照期限提交勘察、设计文件拖延工期，造成发包人损失的，勘察人、设计人应当继续完善勘察、设计，减收或者免收勘察、设计费并赔偿损失。

第八百零一条 因施工人的原因致使建设工程质量不符合约定的，发包人有权请求施工人在合理期限内无偿修理或者返工、改建。经过修理或者返工、改建后，造成逾期交付的，施工人应当承担违约责任。

第八百零二条 因承包人的原因致使建设工程在合理使用期限内造成人身损害和财产损失的，承包人应当承担赔偿责任。

第八百零三条 发包人未按照约定的时间和要求提供原材料、设备、场地、资金、技术资料的，承包人可以顺延工程日期，并有权请求赔偿停工、窝工等损失。

第八百零四条 因发包人的原因致使工程中途停建、缓建的，发包人应当采取措施弥补或者减少损失，赔偿承包人因此造成的停工、窝工、倒运、机械设备调迁、材料和构件积压等损失和实际费用。

第八百零五条 因发包人变更计划，提供的资料不准确，或者未按照期限提供必需的勘察、设计工作条件而造成勘察、设计的返工、停工或者修改设计，发包人应当按照勘察人、设计人实际消耗的工作量增付费用。

第八百零六条 承包人将建设工程转包、违法分包的，发包人可以解除合同。

发包人提供的主要建筑材料、建筑构配件和设备不符合强制性标准或者不履行协助义务，致使承包人无法施工，经催告后在合理期限内仍未履行相应义务的，承包人可以解除合同。

合同解除后，已经完成的建设工程质量合格的，发包人应当按照约定支付相应的工程价款；已经完成的建设工程质量不合格的，参照本法第七百九十三条的规定处理。

第八百零七条 发包人未按照约定支付价款的，承包人可以催告发包人在合理期限内支付价款。发包人逾期不支付的，除根据建设工程的性质不宜折价、拍卖外，承包人可以与发包人协议将该工程折价，也可以请求人民法院将该工程依法拍卖。建设工程的价款就该工程折价或者拍卖的价款优先受偿。

住房城乡建设部、工商总局 2015 年 3 月 4 日印发的《建设工程设计合同示范文本（房屋建筑工程）》（GF-2015—0209）包含如下内容：

第一部分 合同协议书：集中约定了合同当事人基本的合同权利义务。

第二部分 通用合同条款：是合同当事人根据《中华人民共和国建筑法》、《中华人民共和国合同法》等法律法规的规定，就工程设计的实施及相关事项，对合同当事人的权利义务作出的原则性约定。

第三部分 专用合同条款：是对通用合同条款原则性约定的细化、完善、补充、修改或另行约定的条款。合同当事人可以根据不同建设工程的特点及具体情况，通过双方的谈判、协商对相应的专用合同条款进行修改补充。

根据第二部分通用合同条款，摘录如下：

1. 一般约定

1.1 词语定义与解释

1.1.4.5 天：除特别指明外，均指日历天。

1.3 法律

合同所称法律是指中华人民共和国法律、行政法规、部门规章，以及工程所在地的地方性法规、自治条例、单行条例和地方政府规章等。

合同当事人可以在专用合同条款中约定合同适用的其他规范性文件。

1.4 技术标准

1.4.1 适用于工程的现行有效的国家标准、行业标准、工程所在地的地方性标准，以及相应的规范、规程等，合同当事人有特别要求的，应在专用合同条款中约定。

1.4.2 发包人要求使用国外技术标准的，发包人与设计人在专用合同条款中约定原文版本和中文译本提供方及提供标准的名称、份数、时间及费用承担等事项。

1.4.3 发包人对工程的技术标准、功能要求高于或严于现行国家、行业或地方标准的，应当在专用合同条款中予以明确。除专用合同条款另有约定外，应视为设计人在签订合同前已充分预见前述技术标准和功能要求的复杂程度，签约合同价中已包含由此产生的设计费用。

1.8 保密

除法律规定或合同另有约定外，未经发包人同意，设计人不得将发包人提供的图纸、文件以及声明需要保密的资料信息等商业秘密泄漏给第三方。

除法律规定或合同另有约定外，未经设计人同意，发包人不得将设计人提供的技术文件、技术成果、技术秘密及声明需要保密的资料信息等商业秘密泄漏给第三方。

保密期限由发包人与设计人在专用合同条款中约定。

2.　发包人

2.1　发包人一般义务

2.1.1　发包人应遵守法律，并办理法律规定由其办理的许可、核准或备案，包括但不限于建设用地规划许可证、建设工程规划许可证、建设工程方案设计批准、施工图设计审查等许可、核准或备案。

发包人负责本项目各阶段设计文件向规划设计管理部门的送审报批工作，并负责将报批结果书面通知设计人。因发包人原因未能及时办理完毕前述许可、核准或备案手续，导致设计工作量增加和（或）设计周期延长时，由发包人承担由此增加的设计费用和（或）延长的设计周期。

3.　设计人

3.1　设计人一般义务

3.1.1　设计人应遵守法律和有关技术标准的强制性规定，完成合同约定范围内的房屋建筑工程方案设计、初步设计、施工图设计，提供符合技术标准及合同要求的工程设计文件，提供施工配合服务。

设计人应当按照专用合同条款约定配合发包人办理有关许可、核准或备案手续的，因设计人原因造成发包人未能及时办理许可、核准或备案手续，导致设计工作量增加和（或）设计周期延长时，由设计人自行承担由此增加的设计费用和（或）设计周期延长的责任。

3.4　设计分包

3.4.1　设计分包的一般约定

设计人不得将其承包的全部工程设计转包给第三人，或将其承包的全部工程设计支解后以分包的名义转包给第三人。设计人不得将工程主体结构、关键性工作及专用合同条款中禁止分包的工程设计分包给第三人，工程主体结构、关键性工作的范围由合同当事人按照法律规定在专用合同条款中予以明确。设计人不得进行违法分包。

3.4.2　设计分包的确定

设计人应按专用合同条款的约定或经过发包人书面同意后进行分包，确定分包人。按照合同约定或经过发包人书面同意后进行分包的，设计人应确保分包人具有相应的资质和能力。工程设计分包不减轻或免除设计人的责任和义务，设计人和分包人就分包工程设计向发包人承担连带责任。

4.　工程设计资料

4.1　提供工程设计资料

发包人应当在工程设计前或专用合同条款附件2约定的时间向设计人提供工程设计所必需的工程设计资料，并对所提供资料的真实性、准确性和完整性负责。

按照法律规定确需在工程设计开始后方能提供的设计资料，发包人应及时地在相应工程设计文件提交给发包人前的合理期限内提供，合理期限应以不影响设计人的正常设计为限。

4.2 逾期提供的责任

发包人提交上述文件和资料超过约定期限的，超过约定期限 15 天以内，设计人按本合同约定的交付工程设计文件时间相应顺延；超过约定期限 15 天以外时，设计人有权重新确定提交工程设计文件的时间。工程设计资料逾期提供导致增加了设计工作量的，设计人可以要求发包人另行支付相应设计费用，并相应延长设计周期。

5. 工程设计要求

5.1 工程设计一般要求

5.1.1 对发包人的要求

5.1.1.1 发包人应当遵守法律和技术标准，不得以任何理由要求设计人违反法律和工程质量、安全标准进行工程设计，降低工程质量。

5.1.2 对设计人的要求

5.1.2.1 设计人应当按法律和技术标准的强制性规定及发包人要求进行工程设计。有关工程设计的特殊标准或要求由合同当事人在专用合同条款中约定。

设计人发现发包人提供的工程设计资料有问题的，设计人应当及时通知发包人并经发包人确认。

5.1.2.4 设计人应当严格执行其双方书面确认的主要技术指标控制值，由于设计人的原因导致工程设计文件超出在专用合同条款中约定的主要技术指标控制值比例的，设计人应当承担相应的违约责任。

5.1.2.5 设计人在工程设计中选用的材料、设备，应当注明其规格、型号、性能等技术指标及适应性，满足质量、安全、节能、环保等要求。

6. 工程设计进度与周期

6.2 工程设计开始

发包人应按照法律规定获得工程设计所需的许可。发包人发出的开始设计通知应符合法律规定，一般应在计划开始设计日期 7 天前向设计人发出开始工程设计工作通知，工程设计周期自开始设计通知中载明的开始设计的日期起算。

设计人应当在收到发包人提供的工程设计资料及专用合同条款约定的定金或预付款后，开始工程设计工作。

各设计阶段的开始时间均以设计人收到的发包人发出开始设计工作的书面通知书中载明的开始设计的日期起算。

6.3 工程设计进度延误

6.3.1 因发包人原因导致工程设计进度延误

在合同履行过程中，发包人导致工程设计进度延误的情形主要有：

（1）发包人未能按合同约定提供工程设计资料或所提供的工程设计资料不符合合同约定或存在错误或疏漏的；

（2）发包人未能按合同约定日期足额支付定金或预付款、进度款的；

（3）发包人提出影响设计周期的设计变更要求的；

（4）专用合同条款中约定的其他情形。

因发包人原因未按计划开始设计日期开始设计的，发包人应按实际开始设计日期顺延完成设计日期。

除专用合同条款对期限另有约定外，设计人应在发生上述情形后 5 天内向发包人发出要求延期的书面通知，在发生该情形后 10 天内提交要求延期的详细说明供发包人审查。除专用合同条款对期限另有约定外，发包人收到设计人要求延期的详细说明后，应在 5 天内进行审查并就是否延长设计周期及延期天数向设计人进行书面答复。

如果发包人在收到设计人提交要求延期的详细说明后，在约定的期限内未予答复，则视为设计人要求的延期已被发包人批准。如果设计人未能按本款约定的时间内发出要求延期的通知并提交详细资料，则发包人可拒绝作出任何延期的决定。

发包人上述工程设计进度延误情形导致增加了设计工作量的，发包人应当另行支付相应设计费用。

6.3.2　因设计人原因导致工程设计进度延误

因设计人原因导致工程设计进度延误的，设计人应当按照第 14.2 款〔设计人违约责任〕承担责任。设计人支付逾期完成工程设计违约金后，不免除设计人继续完成工程设计的义务。

6.5　提前交付工程设计文件

6.5.1　发包人要求设计人提前交付工程设计文件的，发包人应向设计人下达提前交付工程设计文件指示，设计人应向发包人提交提前交付工程设计文件建议书，提前交付工程设计文件建议书应包括实施的方案、缩短的时间、增加的合同价格等内容。发包人接受该提前交付工程设计文件建议书的，发包人和设计人协商采取加快工程设计进度的措施，并修订工程设计进度计划，由此增加的设计费用由发包人承担。设计人认为提前交付工程设计文件的指示无法执行的，应向发包人提出书面异议，发包人应在收到异议后 7 天内予以答复。任何情况下，发包人不得压缩合理设计周期。

6.5.2　发包人要求设计人提前交付工程设计文件，或设计人提出提前交付工程设计文件的建议能够给发包人带来效益的，合同当事人可以在专用合同条款中约定提前交付工程设计文件的奖励。

10.　合同价款与支付

10.3　定金或预付款

10.3.1　定金或预付款的比例

定金的比例不应超过合同总价款的 20%。预付款的比例由发包人与设计人协商确定，一般不低于合同总价款的 20%。

14.　违约责任

14.1　发包人违约责任

14.1.1　合同生效后，发包人因非设计人原因要求终止或解除合同，设计人未开始设计工作的，不退还发包人已付的定金或发包人按照专用合同条款的约定向设计人支付违约金；已开始设计工作的，发包人应按照设计人已完成的实际工作量计算设计费，完成工作量不足一半时，按该阶段设计费的一半支付设计费；超过一半时，按该阶段设计费的全部支付设计费。

14.1.2　发包人未按专用合同条款附件 6 约定的金额和期限向设计人支付设计费的，应按专用合同条款约定向设计人支付违约金。逾期超过 15 天时，设计人有权书面通知发包人中止设计工作。自中止设计工作之日起 15 天内发包人支付相应费用的，设计人应及时根据发包人要求恢复设计工作；自中止设计工作之日起超过 15 天后发包人支付相应费用的，设计人有权确定重新恢复设计工作的时间，且设计周期相应延长。

14.2 设计人违约责任

14.2.1 合同生效后，设计人因自身原因要求终止或解除合同，设计人应按发包人已支付的定金金额双倍返还给发包人或设计人按照专用合同条款约定向发包人支付违约金。

14.2.2 由于设计人原因，未按专用合同条款附件 3 约定的时间交付工程设计文件的，应按专用合同条款的约定向发包人支付违约金，前述违约金经双方确认后可在发包人应付设计费中扣减。

14.2.3 设计人对工程设计文件出现的遗漏或错误负责修改或补充。由于设计人原因产生的设计问题造成工程质量事故或其他事故时，设计人除负责采取补救措施外，应当通过所投建设工程设计责任保险向发包人承担赔偿责任或者根据直接经济损失程度按专用合同条款约定向发包人支付赔偿金。

《建设工程设计合同示范文本（房屋建筑工程）》中发包人、

设计人违约责任摘录、对比表 表 3.1-6

相关人员	违约事项	责任
发包人	因非设计人原因要求终止或解除合同	(1)设计人未开始设计工作的,不退还发包人已付的定金或按照专用合同条款的约定向设计人支付违约金 (2)设计人已开始设计工作的,发包人应按照设计人已完成的实际工作量计算设计费: ①完成工作量不足一半时,按该阶段设计费的一半支付设计费 ②完成工作量超过一半时,按该阶段设计费的全部支付设计费
	未按合同条款约定的金额和期限向设计人支付设计费	按专用合同条款约定向设计人支付违约金
设计人	因自身原因要求终止或解除合同	按发包人已支付的定金金额双倍返还给发包人或按照专用合同条款约定向发包人支付违约金
	未按合同条款约定的时间交付工程设计文件	按专用合同条款的约定向发包人支付违约金
	因自身原因产生的设计问题造成工程质量事故或其他事故	①采取补救措施 ②向发包人承担赔偿责任 ③根据直接经济损失程度按专用合同条款约定向发包人支付赔偿金

(八)《工程勘察设计收费标准》

现行《工程勘察设计收费标准》（2002 年计价格〔2002〕10 号由国家发展计划委员会和建设部联合发布）

其中，附件《工程勘察设计收费管理规定》摘录如下：

第五条 工程勘察和工程设计收费根据建设项目投资额的不同情况，分别实行政府指导价和市场调节价。建设项目总投资估算额 500 万元及以上的工程勘察和工程设计收费实行政府指导价；建设项目总投资估算额 500 万元以下的工程勘察和工程设计收费实行市场调节价。

第六条　实行政府指导价的工程勘察和工程设计收费，其基准价根据《工程勘察收费标准》或者《工程设计收费标准》计算，除本规定第七条另有规定者外，浮动幅度为上下20%。发包人和勘察人、设计人应当根据建设项目的实际情况在规定的浮动幅度内协商确定收费额。

实行市场调节价的工程勘察和工程设计收费，由发包人和勘察人、设计人协商确定收费额。

第七条　工程勘察费和工程设计费，应当体现优质优价的原则。工程勘察和工程设计收费实行政府指导价的，凡在工程勘察设计中采用新技术、新工艺、新设备、新材料，有利于提高建设项目经济效益、环境效益和社会效益的，发包人和勘察人、设计人可以在上浮25%的幅度内协商确定收费额。

现行《工程勘察设计收费标准》工程设计收费标准篇章，对工程设计收费的相关规定摘录如下：

1.0.3　工程设计收费按照下列公式计算

1　工程设计收费＝工程设计收费基准价×（1±浮动幅度值）

2　工程设计收费基准价＝基本设计收费＋其他设计收费

3　基本设计收费＝工程设计收费基价×专业调整系数×工程复杂程度调整系数×附加调整系数

1.0.4　工程设计收费基准价

工程设计收费基准价是按照本收费标准计算出的工程设计基准收费额，发包人和设计人根据实际情况，在规定的浮动幅度内协商确定工程设计收费合同额。

1.0.5　基本设计收费

基本设计收费是指在工程设计中提供编制初步设计文件、施工图设计文件收取的费用，并相应提供设计技术交底、解决施工中的设计技术问题、参加试车考核和竣工验收等服务。

1.0.6　其他设计收费

其他设计收费是指根据工程设计实际需要或者发包人要求提供相关服务收取的费用，包括总体设计费、主体设计协调费、采用标准设计和复用设计费、非标准设备设计文件编制费、施工图预算编制费、竣工图编制费等。

1.0.7　工程设计收费基价

工程设计收费基价是完成基本服务的价格。工程设计收费基价在《工程设计收费基价表》（附表一）中查找确定，计费额处于两个数值区间的，采用直线内插法确定工程设计收费基价。

1.0.9　工程设计收费调整系数

工程设计收费标准的调整系数包括：专业调整系数、工程复杂程度调整系数和附加调整系数。

1　专业调整系数是对不同专业建设项目的工程设计复杂程度和工作量差异进行调整的系数。计算工程设计收费时，专业调整系数在《工程设计收费专业调整系数表》（附表二）中查找确定。

2　工程复杂程度调整系数是对同一专业不同建设项目的工程设计复杂程度和工作量

差异进行调整的系数。工程复杂程度分为一般、较复杂和复杂三个等级，其调整系数分别为：一般（Ⅰ级）0.85；较复杂（Ⅱ级）1.0；复杂（Ⅲ级）1.15。计算工程设计收费时，工程复杂程度在相应章节的《工程复杂程度表》中查找确定。

3　附加调整系数是对专业调整系数和工程复杂程度调整系数尚不能调整的因素进行补充调整的系数。附加调整系数分别列于总则和有关章节中。附加调整系数为两个或两个以上的，附加调整系数不能连乘。将各附加调整系数相加，减去附加调整系数的个数，加上定值1，作为附加调整系数值。

1.0.12　改扩建和技术改造建设项目，附加调整系数为1.1～1.4。根据工程设计复杂程度确定适当的附加调整系数，计算工程设计收费。

1.0.15　工程设计中采用标准设计或者复用设计的，按照同类新建项目基本设计收费的30％计算收费；需要重新进行基础设计的，按照同类新建项目基本设计收费的40％计算收费；需要对原设计做局部修改的，由发包人和设计人根据设计工作量协商确定工程设计收费。

1.0.16　编制工程施工图预算的，按照该建设项目基本设计收费的10％收取施工图预算编制费；编制工程竣工图的，按照该建设项目基本设计收费的8％收取竣工图编制费。

1.0.20　设计人提供设计文件的标准份数，初步设计、总体设计分别为10份，施工图设计、非标准设备设计、施工图预算、竣工图分别为8份。发包人要求增加设计文件份数的，由发包人另行支付印制设计文件工本费。工程设计中需要购买标准设计图的，由发包人支付购图费。

（九）建筑工程施工图设计文件审查

现行《建设工程勘察设计管理条例》摘录如下：

第三十三条　施工图设计文件审查机构应当对房屋建筑工程、市政基础设施工程施工图设计文件中涉及公共利益、公众安全、工程建设强制性标准的内容进行审查。县级以上人民政府交通运输等有关部门应当按照职责对施工图设计文件中涉及公共利益、公众安全、工程建设强制性标准的内容进行审查。

施工图设计文件未经审查批准的，不得使用。

现行**《房屋建筑和市政基础设施工程施工图设计文件审查管理办法》**（住房和城乡建设部令第13号，根据2018年12月29日住房和城乡建设部令第46号修订）摘录如下：

第三条　国家实施施工图设计文件（含勘察文件，以下简称施工图）审查制度。

本办法所称施工图审查，是指施工图审查机构（以下简称审查机构）按照有关法律、法规，对施工图涉及公共利益、公众安全和工程建设强制性标准的内容进行的审查。施工图审查应当坚持先勘察、后设计的原则。

施工图未经审查合格的，不得使用。从事房屋建筑工程、市政基础设施工程施工、监理等活动，以及实施对房屋建筑和市政基础设施工程质量安全监督管理，应当以审查合格的施工图为依据。

第四条　国务院住房城乡建设主管部门负责对全国的施工图审查工作实施指导、监督。

县级以上地方人民政府住房城乡建设主管部门负责对本行政区域内的施工图审查工作实施监督管理。

第五条 省、自治区、直辖市人民政府住房城乡建设主管部门应当会同有关主管部门按照本办法规定的审查机构条件，结合本行政区域内的建设规模，确定相应数量的审查机构，逐步推行以政府购买服务方式开展施工图设计文件审查。具体办法由国务院住房城乡建设主管部门另行规定。

审查机构是专门从事施工图审查业务，不以营利为目的的独立法人。

省、自治区、直辖市人民政府住房城乡建设主管部门应当将审查机构名录报国务院住房城乡建设主管部门备案，并向社会公布。

第六条 审查机构按承接业务范围分两类，一类机构承接房屋建筑、市政基础设施工程施工图审查业务范围不受限制；二类机构可以承接中型及以下房屋建筑、市政基础设施工程的施工图审查。

房屋建筑、市政基础设施工程的规模划分，按照国务院住房城乡建设主管部门的有关规定执行。

第九条 建设单位应当将施工图送审查机构审查，但审查机构不得与所审查项目的建设单位、勘察设计企业有隶属关系或者其他利害关系。送审管理的具体办法由省、自治区、直辖市人民政府住房城乡建设主管部门按照"公开、公平、公正"的原则规定。

建设单位不得明示或者暗示审查机构违反法律法规和工程建设强制性标准进行施工图审查，不得压缩合理审查周期、压低合理审查费用。

第十条 建设单位应当向审查机构提供下列资料并对所提供资料的真实性负责：

（一）作为勘察、设计依据的政府有关部门的批准文件及附件；

（二）全套施工图；

（三）其他应当提交的材料。

第十一条 审查机构应当对施工图审查下列内容：

（一）是否符合工程建设强制性标准；

（二）地基基础和主体结构的安全性；

（三）消防安全性；

（四）人防工程（不含人防指挥工程）防护安全性；

（五）是否符合民用建筑节能强制性标准，对执行绿色建筑标准的项目，还应当审查是否符合绿色建筑标准；

（六）勘察设计企业和注册执业人员以及相关人员是否按规定在施工图上加盖相应的图章和签字；

（七）法律、法规、规章规定必须审查的其他内容。

第十二条 施工图审查原则上不超过下列时限：

（一）大型房屋建筑工程、市政基础设施工程为15个工作日，中型及以下房屋建筑工程、市政基础设施工程为10个工作日。

（二）工程勘察文件，甲级项目为7个工作日，乙级及以下项目为5个工作日。

以上时限不包括施工图修改时间和审查机构的复审时间。

第十三条 审查机构对施工图进行审查后，应当根据下列情况分别作出处理：

（一）审查合格的，审查机构应当向建设单位出具审查合格书，并在全套施工图上加盖审查专用章。审查合格书应当有各专业的审查人员签字，经法定代表人签发，并加盖审查机构公章。审查机构应当在出具审查合格书后5个工作日内，将审查情况报工程所在地县级以上地方人民政府住房城乡建设主管部门备案。

（二）审查不合格的，审查机构应当将施工图退建设单位并出具审查意见告知书，说明不合格原因。同时，应当将审查意见告知书及审查中发现的建设单位、勘察设计企业和注册执业人员违反法律、法规和工程建设强制性标准的问题，报工程所在地县级以上地方人民政府住房城乡建设主管部门。

施工图退建设单位后，建设单位应当要求原勘察设计企业进行修改，并将修改后的施工图送原审查机构复审。

第十四条 任何单位或者个人不得擅自修改审查合格的施工图；确需修改的，凡涉及本办法第十一条规定内容的，建设单位应当将修改后的施工图送原审查机构审查。

第十五条 勘察设计企业应当依法进行建设工程勘察、设计，严格执行工程建设强制性标准，并对建设工程勘察、设计的质量负责。

审查机构对施工图审查工作负责，承担审查责任。施工图经审查合格后，仍有违反法律、法规和工程建设强制性标准的问题，给建设单位造成损失的，审查机构依法承担相应的赔偿责任。

第十八条 按规定应当进行审查的施工图，未经审查合格的，住房城乡建设主管部门不得颁发施工许可证。

（十）《中华人民共和国节约能源法》

现行《中华人民共和国节约能源法》（于2018年10月26日第十三届全国人民代表大会常务委员会第六次会议通过）摘录如下：

第三十四条 国务院建设主管部门负责全国建筑节能的监督管理工作。

县级以上地方各级人民政府建设主管部门负责本行政区域内建筑节能的监督管理工作。

县级以上地方各级人民政府建设主管部门会同同级管理节能工作的部门编制本行政区域内的建筑节能规划。建筑节能规划应当包括既有建筑节能改造计划。

第三十五条 建筑工程的建设、设计、施工和监理单位应当遵守建筑节能标准。

不符合建筑节能标准的建筑工程，建设主管部门不得批准开工建设；已经开工建设的，应当责令停止施工、限期改正；已经建成的，不得销售或者使用。

建设主管部门应当加强对在建建筑工程执行建筑节能标准情况的监督检查。

第三十六条 房地产开发企业在销售房屋时，应当向购买人明示所售房屋的节能措施、保温工程保修期等信息，在房屋买卖合同、质量保证书和使用说明书中载明，并对其真实性、准确性负责。

第三十七条 使用空调采暖、制冷的公共建筑应当实行室内温度控制制度。具体办法由国务院建设主管部门制定。

第三十八条 国家采取措施，对实行集中供热的建筑分步骤实行供热分户计量、按照用热量收费的制度。新建建筑或者对既有建筑进行节能改造，应当按照规定安装用热计量装置、室内温度调控装置和供热系统调控装置。具体办法由国务院建设主管部门会同国务院有关部门制定。

第三十九条 县级以上地方各级人民政府有关部门应当加强城市节约用电管理，严格控制公用设施和大型建筑物装饰性景观照明的能耗。

第四十条　国家鼓励在新建建筑和既有建筑节能改造中使用新型墙体材料等节能建筑材料和节能设备，安装和使用太阳能等可再生能源利用系统。

第七十六条　从事节能咨询、设计、评估、检测、审计、认证等服务的机构提供虚假信息的，由管理节能工作的部门责令改正，没收违法所得，并处五万元以上十万元以下罚款。

第七十九条　建设单位违反建筑节能标准的，由建设主管部门责令改正，处二十万元以上五十万元以下罚款。

设计单位、施工单位、监理单位违反建筑节能标准的，由建设主管部门责令改正，处十万元以上五十万元以下罚款；情节严重的，由颁发资质证书的部门降低资质等级或者吊销资质证书；造成损失的，依法承担赔偿责任。

第八十条　房地产开发企业违反本法规定，在销售房屋时未向购买人明示所售房屋的节能措施、保温工程保修期等信息的，由建设主管部门责令限期改正，逾期不改正的，处三万元以上五万元以下罚款；对以上信息作虚假宣传的，由建设主管部门责令改正，处五万元以上二十万元以下罚款。

《中华人民共和国节约能源法》部分处罚规定摘录、对比表　　表 3.1-7

相关人员	事项	处罚
从事节能咨询、设计、评估、检测、审计、认证等服务的机构	提供虚假信息	由管理节能工作的部门责令改正
		没收违法所得
		处五万元以上十万元以下罚款
建设单位	违反建筑节能标准	由建设主管部门责令改正
		处二十万元以上五十万元以下罚款
设计单位、施工单位、监理单位	违反建筑节能标准	由建设主管部门责令改正
		处十万元以上五十万元以下罚款
		情节严重的，由颁发资质证书的部门降低资质等级或者吊销资质证书
		造成损失的，依法承担赔偿责任
房地产开发企业	未向购买人明示所售房屋的节能措施、保温工程保修期等信息	由建设主管部门责令限期改正
		逾期不改正的，处三万元以上五万元以下罚款
	对以上信息作虚假宣传	由建设主管部门责令改正
		处五万元以上二十万元以下罚款

（十一）《建设工程消防设计审查验收管理暂行规定》

现行《建设工程消防设计审查验收管理暂行规定》（住房和城乡建设部令第 51 号）摘录如下：

第二章　有关单位的消防设计、施工质量责任与义务

第八条　建设单位依法对建设工程消防设计、施工质量负首要责任。设计、施工、工程监理、技术服务等单位依法对建设工程消防设计、施工质量负主体责任。建设、设计、施工、工程监理、技术服务等单位的从业人员依法对建设工程消防设计、施工质量承担相

应的个人责任。

第九条 建设单位应当履行下列消防设计、施工质量责任和义务：

（一）不得明示或者暗示设计、施工、工程监理、技术服务等单位及其从业人员违反建设工程法律法规和国家工程建设消防技术标准，降低建设工程消防设计、施工质量；

（二）依法申请建设工程消防设计审查、消防验收，办理备案并接受抽查；

（三）实行工程监理的建设工程，依法将消防施工质量委托监理；

（四）委托具有相应资质的设计、施工、工程监理单位；

（五）按照工程消防设计要求和合同约定，选用合格的消防产品和满足防火性能要求的建筑材料、建筑构配件和设备；

（六）组织有关单位进行建设工程竣工验收时，对建设工程是否符合消防要求进行查验；

（七）依法及时向档案管理机构移交建设工程消防有关档案。

第十条 设计单位应当履行下列消防设计、施工质量责任和义务：

（一）按照建设工程法律法规和国家工程建设消防技术标准进行设计，编制符合要求的消防设计文件，不得违反国家工程建设消防技术标准强制性条文；

（二）在设计文件中选用的消防产品和具有防火性能要求的建筑材料、建筑构配件和设备，应当注明规格、性能等技术指标，符合国家规定的标准；

（三）参加建设单位组织的建设工程竣工验收，对建设工程消防设计实施情况签章确认，并对建设工程消防设计质量负责。

第十一条 施工单位应当履行下列消防设计、施工质量责任和义务：

（一）按照建设工程法律法规、国家工程建设消防技术标准，以及经消防设计审查合格或者满足工程需要的消防设计文件组织施工，不得擅自改变消防设计进行施工，降低消防施工质量；

（二）按照消防设计要求、施工技术标准和合同约定检验消防产品和具有防火性能要求的建筑材料、建筑构配件和设备的质量，使用合格产品，保证消防施工质量；

（三）参加建设单位组织的建设工程竣工验收，对建设工程消防施工质量签章确认，并对建设工程消防施工质量负责。

第十二条 工程监理单位应当履行下列消防设计、施工质量责任和义务：

（一）按照建设工程法律法规、国家工程建设消防技术标准，以及经消防设计审查合格或者满足工程需要的消防设计文件实施工程监理；

（二）在消防产品和具有防火性能要求的建筑材料、建筑构配件和设备使用、安装前，核查产品质量证明文件，不得同意使用或者安装不合格的消防产品和防火性能不符合要求的建筑材料、建筑构配件和设备；

（三）参加建设单位组织的建设工程竣工验收，对建设工程消防施工质量签章确认，并对建设工程消防施工质量承担监理责任。

第十三条 提供建设工程消防设计图纸技术审查、消防设施检测或者建设工程消防验收现场评定等服务的技术服务机构，应当按照建设工程法律法规、国家工程建设消防技术标准和国家有关规定提供服务，并对出具的意见或者报告负责。

第二节　注册建筑师相关规定

一、注册建筑师的分级

现行《中华人民共和国注册建筑师条例》（国务院令第 184 号，根据 2019 年 4 月 23 日国务院令第 714 号修订）摘录如下：

第二条　本条例所称注册建筑师，是指依法取得注册建筑师证书并从事房屋建筑设计及相关业务的人员。

注册建筑师分为一级注册建筑师和二级注册建筑师。

二、注册建筑师的管理

现行《中华人民共和国注册建筑师条例》摘录如下：

第四条　国务院建设行政主管部门、人事行政主管部门和省、自治区、直辖市人民政府建设行政主管部门、人事行政主管部门依照本条例的规定对注册建筑师的考试、注册和执业实施指导和监督。

（二）《中华人民共和国注册建筑师条例实施细则》

现行《中华人民共和国注册建筑师条例实施细则》（建设部令第 167 号）摘录如下：

第四条　国务院建设主管部门、人事主管部门按职责分工对全国注册建筑师考试、注册、执业和继续教育实施指导和监督。

省、自治区、直辖市人民政府建设主管部门、人事主管部门按职责分工对本行政区域内注册建筑师考试、注册、执业和继续教育实施指导和监督。

第三十六条　国务院建设主管部门对注册建筑师注册执业活动实施统一的监督管理。县级以上地方人民政府建设主管部门负责对本行政区域内的注册建筑师注册执业活动实施监督管理。

第三十七条　建设主管部门履行监督检查职责时，有权采取下列措施：

（一）要求被检查的注册建筑师提供资格证书、注册证书、执业印章、设计文件（图纸）；

（二）进入注册建筑师聘用单位进行检查，查阅相关资料；

（三）纠正违反有关法律、法规和本细则及有关规范和标准的行为。

建设主管部门依法对注册建筑师进行监督检查时，应当将监督检查情况和处理结果予以记录，由监督检查人员签字后归档。

第三十八条　建设主管部门在实施监督检查时，应当有两名以上监督检查人员参加，并出示执法证件，不得妨碍注册建筑师正常的执业活动，不得谋取非法利益。

注册建筑师和其聘用单位对依法进行的监督检查应当协助与配合，不得拒绝或者阻挠。

第三十九条　注册建筑师及其聘用单位应当按照要求，向注册机关提供真实、准确、完整的注册建筑师信用档案信息。

注册建筑师信用档案应当包括注册建筑师的基本情况、业绩、良好行为、不良行为等内容。违法违规行为、被投诉举报处理、行政处罚等情况应当作为注册建筑师的不良行为记入其信用档案。

注册建筑师信用档案信息按照有关规定向社会公示。

三、注册的条件

《中华人民共和国注册建筑师条例》

第十一条 注册建筑师考试合格，取得相应的注册建筑师资格的，可以申请注册。

四、注册机构

现行《中华人民共和国注册建筑师条例》摘录如下：

第十二条 一级注册建筑师的注册，由全国注册建筑师管理委员会负责；二级注册建筑师的注册，由省、自治区、直辖市注册建筑师管理委员会负责。

现行《中华人民共和国注册建筑师条例实施细则》摘录如下：

第五条 全国注册建筑师管理委员会负责注册建筑师考试、一级注册建筑师注册、制定颁布注册建筑师有关标准以及相关国际交流等具体工作。

省、自治区、直辖市注册建筑师管理委员会负责本行政区域内注册建筑师考试、注册以及协助全国注册建筑师管理委员会选派专家等具体工作。

五、注册建筑师考试、注册、执业及继续教育

（一）考试

现行《中华人民共和国注册建筑师条例》摘录如下：

第七条 国家实行注册建筑师全国统一考试制度。注册建筑师全国统一考试办法，由国务院建设行政主管部门会同国务院人事行政主管部门商国务院其他有关行政主管部门共同制定，由全国注册建筑师管理委员会组织实施。

第八条 符合下列条件之一的，可以申请参加一级注册建筑师考试：

（一）取得建筑学硕士以上学位或者相近专业工学博士学位，并从事建筑设计或者相关业务2年以上的；

（二）取得建筑学学士学位或者相近专业工学硕士学位，并从事建筑设计或者相关业务3年以上的；

（三）具有建筑学专业大学本科毕业学历并从事建筑设计或者相关业务5年以上的，或者具有建筑学相近专业大学本科毕业学历并从事建筑设计或者相关业务7年以上的；

（四）取得高级工程师技术职称并从事建筑设计或者相关业务3年以上的，或者取得工程师技术职称并从事建筑设计或者相关业务5年以上的；

（五）不具有前四项规定的条件，但设计成绩突出，经全国注册建筑师管理委员会认定达到前四项规定的专业水平的。

前款第三项至第五项规定的人员应当取得学士学位。

第九条 符合下列条件之一的，可以申请参加二级注册建筑师考试：

（一）具有建筑学或者相近专业大学本科毕业以上学历，从事建筑设计或者相关业务2年以上的；

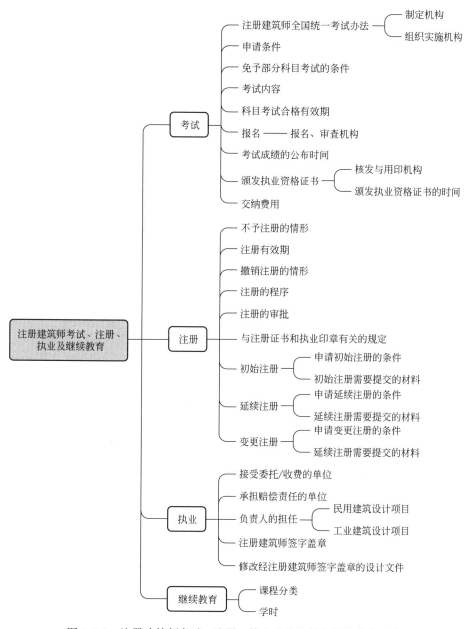

图 3.2-1　注册建筑师考试、注册、执业及继续教育部分内容要点

（二）具有建筑设计技术专业或者相近专业大专毕业以上学历，并从事建筑设计或者相关业务 3 年以上的；

（三）具有建筑设计技术专业 4 年制中专毕业学历，并从事建筑设计或者相关业务 5 年以上的；

（四）具有建筑设计技术相近专业中专毕业学历，并从事建筑设计或者相关业务 7 年以上的；

（五）取得助理工程师以上技术职称，并从事建筑设计或者相关业务 3 年以上的。

第十条　本条例施行前已取得高级、中级技术职称的建筑设计人员，经所在单位推荐，可以按照注册建筑师全国统一考试办法的规定，免予部分科目的考试。

现行《中华人民共和国注册建筑师条例实施细则》摘录如下：

第七条　注册建筑师考试分为一级注册建筑师考试和二级注册建筑师考试。注册建筑师考试实行全国统一考试，每年进行一次。遇特殊情况，经国务院建设主管部门和人事主管部门同意，可调整该年度考试次数。

注册建筑师考试由全国注册建筑师管理委员会统一部署，省、自治区、直辖市注册建筑师管理委员会组织实施。

第八条　一级注册建筑师考试内容包括：建筑设计前期工作、场地设计、建筑设计与表达、建筑结构、环境控制、建筑设备、建筑材料与构造、建筑经济、施工与设计业务管理、建筑法规等。上述内容分成若干科目进行考试。科目考试合格有效期为八年。

二级注册建筑师考试内容包括：场地设计、建筑设计与表达、建筑结构与设备、建筑法规、建筑经济与施工等。上述内容分成若干科目进行考试。科目考试合格有效期为四年。

第九条　《条例》第八条第（一）、（二）、（三）项，第九条第（一）项中所称相近专业，是指大学本科及以上建筑学的相近专业，包括城市规划、建筑工程和环境艺术等专业。

《条例》第九条第（二）项所称相近专业，是指大学专科建筑设计的相近专业，包括城乡规划、房屋建筑工程、风景园林、建筑装饰技术和环境艺术等专业。

《条例》第九条第（四）项所称相近专业，是指中等专科学校建筑设计技术的相近专业，包括工业与民用建筑、建筑装饰、城镇规划和村镇建设等专业。

《条例》第八条第（五）项所称设计成绩突出，是指获得国家或省部级优秀工程设计铜质或二等奖（建筑）及以上奖励。

第十条　申请参加注册建筑师考试者，可向省、自治区、直辖市注册建筑师管理委员会报名，经省、自治区、直辖市注册建筑师管理委员会审查，符合《条例》第八条或者第九条规定的，方可参加考试。

第十一条　经一级注册建筑师考试，在有效期内全部科目考试合格的，由全国注册建筑师管理委员会核发国务院建设主管部门和人事主管部门共同用印的一级注册建筑师执业资格证书。

经二级注册建筑师考试，在有效期内全部科目考试合格的，由省、自治区、直辖市注册建筑师管理委员会核发国务院建设主管部门和人事主管部门共同用印的二级注册建筑师执业资格证书。

自考试之日起，九十日内公布考试成绩；自考试成绩公布之日起，三十日内颁发执业资格证书。

第十二条　申请参加注册建筑师考试者，应当按规定向省、自治区、直辖市注册建筑师管理委员会交纳考务费和报名费。

（二）注册

现行《中华人民共和国注册建筑师条例》摘录如下：

第十三条　有下列情形之一的，不予注册：

（一）不具有完全民事行为能力的；

（二）因受刑事处罚，自刑罚执行完毕之日起至申请注册之日止不满5年的；

（三）因在建筑设计或者相关业务中犯有错误受行政处罚或者撤职以上行政处分，自处罚、处分决定之日起至申请注册之日止不满2年的；

（四）受吊销注册建筑师证书的行政处罚，自处罚决定之日起至申请注册之日止不满5年的；

（五）有国务院规定不予注册的其他情形的。

第十四条 全国注册建筑师管理委员会和省、自治区、直辖市注册建筑师管理委员会依照本条例第十三条的规定，决定不予注册的，应当自决定之日起15日内书面通知申请人；申请人有异议的，可以自收到通知之日起15日内向国务院建设行政主管部门或者省、自治区、直辖市人民政府建设行政主管部门申请复议。

第十五条 全国注册建筑师管理委员会应当将准予注册的一级注册建筑师名单报国务院建设行政主管部门备案；省、自治区、直辖市注册建筑师管理委员会应当将准予注册的二级注册建筑师名单报省、自治区、直辖市人民政府建设行政主管部门备案。

国务院建设行政主管部门或者省、自治区、直辖市人民政府建设行政主管部门发现有关注册建筑师管理委员会的注册不符合本条例规定的，应当通知有关注册建筑师管理委员会撤销注册，收回注册建筑师证书。

第十六条 准予注册的申请人，分别由全国注册建筑师管理委员会和省、自治区、直辖市注册建筑师管理委员会核发由国务院建设行政主管部门统一制作的一级注册建筑师证书或者二级注册建筑师证书。

第十七条 注册建筑师注册的有效期为2年。有效期届满需要继续注册的，应当在期满前30日内办理注册手续。

第十八条 已取得注册建筑师证书的人员，除本条例第十五条第二款规定的情形外，注册后有下列情形之一的，由准予注册的全国注册建筑师管理委员会或者省、自治区、直辖市注册建筑师管理委员会撤销注册，收回注册建筑师证书：

（一）完全丧失民事行为能力的；

（二）受刑事处罚的；

（三）因在建筑设计或者相关业务中犯有错误，受到行政处罚或者撤职以上行政处分的；

（四）自行停止注册建筑师业务满2年的。

被撤销注册的当事人对撤销注册、收回注册建筑师证书有异议的，可以自接到撤销注册、收回注册建筑师证书的通知之日起15日内向国务院建设行政主管部门或者省、自治区、直辖市人民政府建设行政主管部门申请复议。

第十九条 被撤销注册的人员可以依照本条例的规定重新注册。

现行《中华人民共和国注册建筑师条例实施细则》摘录如下

第十三条 注册建筑师实行注册执业管理制度。取得执业资格证书或者互认资格证书的人员，必须经过注册方可以注册建筑师的名义执业。

第十四条 取得一级注册建筑师资格证书并受聘于一个相关单位的人员，应当通过聘用单位向单位工商注册所在地的省、自治区、直辖市注册建筑师管理委员会提出申请；

省、自治区、直辖市注册建筑师管理委员会受理后提出初审意见，并将初审意见和申请材料报全国注册建筑师管理委员会审批；符合条件的，由全国注册建筑师管理委员会颁发一级注册建筑师注册证书和执业印章。

第十五条 省、自治区、直辖市注册建筑师管理委员会在收到申请人申请一级注册建筑师注册的材料后，应当即时作出是否受理的决定，并向申请人出具书面凭证；申请材料不齐全或者不符合法定形式的，应当在五日内一次性告知申请人需要补正的全部内容。逾期不告知的，自收到申请材料之日起即为受理。

对申请初始注册的，省、自治区、直辖市注册建筑师管理委员会应当自受理申请之日起二十日内审查完毕，并将申请材料和初审意见报全国注册建筑师管理委员会。全国注册建筑师管理委员会应当自收到省、自治区、直辖市注册建筑师管理委员会上报材料之日起，二十日内审批完毕并作出书面决定。

审查结果由全国注册建筑师管理委员会予以公示，公示时间为十日，公示时间不计算在审批时间内。

全国注册建筑师管理委员会自作出审批决定之日起十日内，在公众媒体上公布审批结果。

对申请变更注册、延续注册的，省、自治区、直辖市注册建筑师管理委员会应当自受理申请之日起十日内审查完毕。全国注册建筑师管理委员会应当自收到省、自治区、直辖市注册建筑师管理委员会上报材料之日起，十五日内审批完毕并作出书面决定。

二级注册建筑师的注册办法由省、自治区、直辖市注册建筑师管理委员会依法制定。

第十六条 注册证书和执业印章是注册建筑师的执业凭证，由注册建筑师本人保管、使用。

注册建筑师由于办理延续注册、变更注册等原因，在领取新执业印章时，应当将原执业印章交回。

禁止涂改、倒卖、出租、出借或者以其他形式非法转让执业资格证书、互认资格证书、注册证书和执业印章。

第十七条 申请注册建筑师初始注册，应当具备以下条件：

（一）依法取得执业资格证书或者互认资格证书；

（二）只受聘于中华人民共和国境内的一个建设工程勘察、设计、施工、监理、招标代理、造价咨询、施工图审查、城乡规划编制等单位（以下简称聘用单位）；

（三）近三年内在中华人民共和国境内从事建筑设计及相关业务一年以上；

（四）达到继续教育要求；

（五）没有本细则第二十一条所列的情形。

第十八条 初始注册者可以自执业资格证书签发之日起三年内提出申请。逾期未申请者，须符合继续教育的要求后方可申请初始注册。

初始注册需要提交下列材料：

（一）初始注册申请表；

（二）资格证书复印件；

（三）身份证明复印件；

（四）聘用单位资质证书副本复印件；

（五）与聘用单位签订的聘用劳动合同复印件；

（六）相应的业绩证明；

（七）逾期初始注册的，应当提交达到继续教育要求的证明材料。

第十九条　注册建筑师每一注册有效期为二年。注册建筑师注册有效期满需继续执业的，应在注册有效期届满三十日前，按照本细则第十五条规定的程序申请延续注册。延续注册有效期为二年。

延续注册需要提交下列材料：

（一）延续注册申请表；

（二）与聘用单位签订的聘用劳动合同复印件；

（三）注册期内达到继续教育要求的证明材料。

第二十条　注册建筑师变更执业单位，应当与原聘用单位解除劳动关系，并按照本细则第十五条规定的程序办理变更注册手续。变更注册后，仍延续原注册有效期。

原注册有效期届满在半年以内的，可以同时提出延续注册申请。准予延续的，注册有效期重新计算。

变更注册需要提交下列材料：

（一）变更注册申请表；

（二）新聘用单位资质证书副本的复印件；

（三）与新聘用单位签订的聘用劳动合同复印件；

（四）工作调动证明或者与原聘用单位解除聘用劳动合同的证明文件、劳动仲裁机构出具的解除劳动关系的仲裁文件、退休人员的退休证明复印件；

（五）在办理变更注册时提出延续注册申请的，还应当提交在本注册有效期内达到继续教育要求的证明材料。

第二十一条　申请人有下列情形之一的，不予注册：

（一）不具有完全民事行为能力的；

（二）申请在两个或者两个以上单位注册的；

（三）未达到注册建筑师继续教育要求的；

（四）因受刑事处罚，自刑事处罚执行完毕之日起至申请注册之日止不满五年的；

（五）因在建筑设计或者相关业务中犯有错误受行政处罚或者撤职以上行政处分，自处罚、处分决定之日起至申请之日止不满二年的；

（六）受吊销注册建筑师证书的行政处罚，自处罚决定之日起至申请注册之日止不满五年的；

（七）申请人的聘用单位不符合注册单位要求的；

（八）法律、法规规定不予注册的其他情形。

第二十二条　注册建筑师有下列情形之一的，其注册证书和执业印章失效：

（一）聘用单位破产的；

（二）聘用单位被吊销营业执照的；

（三）聘用单位相应资质证书被吊销或者撤回的；

（四）已与聘用单位解除聘用劳动关系的；

（五）注册有效期满且未延续注册的；

（六）死亡或者丧失民事行为能力的；

（七）其他导致注册失效的情形。

第二十三条　注册建筑师有下列情形之一的，由注册机关办理注销手续，收回注册证书和执业印章或公告注册证书和执业印章作废：

（一）有本细则第二十二条所列情形发生的；

（二）依法被撤销注册的；

（三）依法被吊销注册证书的；

（四）受刑事处罚的；

（五）法律、法规规定应当注销注册的其他情形。

注册建筑师有前款所列情形之一的，注册建筑师本人和聘用单位应当及时向注册机关提出注销注册申请；有关单位和个人有权向注册机关举报；县级以上地方人民政府建设主管部门或者有关部门应当及时告知注册机关。

第二十四条　被注销注册者或者不予注册者，重新具备注册条件的，可以按照本细则第十五条规定的程序重新申请注册。

第二十五条　高等学校（院）从事教学、科研并具有注册建筑师资格的人员，只能受聘于本校（院）所属建筑设计单位从事建筑设计，不得受聘于其他建筑设计单位。在受聘于本校（院）所属建筑设计单位工作期间，允许申请注册。获准注册的人员，在本校（院）所属建筑设计单位连续工作不得少于二年。具体办法由国务院建设主管部门商教育主管部门规定。

第二十六条　注册建筑师因遗失、污损注册证书或者执业印章，需要补办的，应当持在公众媒体上刊登的遗失声明的证明，或者污损的原注册证书和执业印章，向原注册机关申请补办。原注册机关应当在十日内办理完毕。

（三）执业

现行《中华人民共和国注册建筑师条例》摘录如下：

第二十三条　注册建筑师执行业务，由建筑设计单位统一接受委托并统一收费。

第二十四条　因设计质量造成的经济损失，由建筑设计单位承担赔偿责任；建筑设计单位有权向签字的注册建筑师追偿。

现行《中华人民共和国注册建筑师条例实施细则》摘录如下：

第二十七条　取得资格证书的人员，应当受聘于中华人民共和国境内的一个建设工程勘察、设计、施工、监理、招标代理、造价咨询、施工图审查、城乡规划编制等单位，经注册后方可从事相应的执业活动。

从事建筑工程设计执业活动的，应当受聘并注册于中华人民共和国境内一个具有工程设计资质的单位。

第三十条　注册建筑师所在单位承担民用建筑设计项目，应当由注册建筑师任工程项目设计主持人或设计总负责人；工业建筑设计项目，须由注册建筑师任工程项目建筑专业负责人。

第三十一条　凡属工程设计资质标准中建筑工程建设项目设计规模划分表规定的工程项目，在建筑工程设计的主要文件（图纸）中，须由主持该项设计的注册建筑师签字并加盖其执业印章，方为有效。否则设计审查部门不予审查，建设单位不得报建，施工单位不准施工。

第三十二条 修改经注册建筑师签字盖章的设计文件，应当由原注册建筑师进行；因特殊情况，原注册建筑师不能进行修改的，可以由设计单位的法人代表书面委托其他符合条件的注册建筑师修改，并签字、加盖执业印章，对修改部分承担责任。

第三十三条 注册建筑师从事执业活动，由聘用单位接受委托并统一收费。

（四）继续教育

现行《中华人民共和国注册建筑师条例实施细则》摘录如下：

第三十四条 注册建筑师在每一注册有效期内应当达到全国注册建筑师管理委员会制定的继续教育标准。继续教育作为注册建筑师逾期初始注册、延续注册、重新申请注册的条件之一。

第三十五条 继续教育分为必修课和选修课，在每一注册有效期内各为四十学时。

注册建筑师考试、注册、执业及继续教育内容概览表 　　　　　表 3.2-1

考试		
	一级注册建筑师	二级注册建筑师
申请条件	①取得建筑学硕士以上学位或者相近专业工学博士学位，并从事建筑设计或者相关业务 2 年以上的 ②取得建筑学学士学位或者相近专业工学硕士学位，并从事建筑设计或者相关业务 3 年以上的 ③具有建筑学专业大学本科毕业学历并从事建筑设计或者相关业务 5 年以上的，或者具有建筑学相近专业大学本科毕业学历并从事建筑设计或者相关业务 7 年以上的 ④取得高级工程师技术职称并从事建筑设计或者相关业务 3 年以上的，或者取得工程师技术职称并从事建筑设计或者相关业务 5 年以上的 ⑤不具有前四项规定的条件，但设计成绩突出，经全国注册建筑师管理委员会认定达到前四项规定的专业水平的	①具有建筑学或者相近专业大学本科毕业以上学历，从事建筑设计或者相关业务 2 年以上的 ②具有建筑设计技术专业或者相近专业大专毕业以上学历，并从事建筑设计或者相关业务 3 年以上的 ③具有建筑设计技术专业 4 年制中专毕业学历，并从事建筑设计或者相关业务 5 年以上的 ④具有建筑设计技术相近专业中专毕业学历，并从事建筑设计或者相关业务 7 年以上的 ⑤取得助理工程师以上技术职称，并从事建筑设计或者相关业务 3 年以上的
考试内容	建筑设计前期工作、场地设计、建筑设计与表达、建筑结构、环境控制、建筑设备、建筑材料与构造、建筑经济、施工与设计业务管理、建筑法规等	场地设计、建筑设计与表达、建筑结构与设备、建筑法规、建筑经济与施工等
考试及格有效期	八年	四年
考试成绩的公布	自考试之日起，九十日内公布	
执业资格证书的颁发	自考试成绩公布之日起，三十日内	
费用	考务费和报名费	

续表

注册			
	初始注册	延续注册	变更注册
注册条件	①依法取得执业资格证书或者互认资格证书 ②只受聘于中华人民共和国境内的一个建设工程勘察、设计、施工、监理、招标代理、造价咨询、施工图审查、城乡规划编制等单位 ③近三年内在中华人民共和国境内从事建筑设计及相关业务一年以上 ④达到继续教育要求 ⑤没有本细则第二十一条所列的情形	注册有效期届满三十日前，按照本细则第十五条规定的程序申请延续注册	按照本细则第十五条规定的程序办理变更注册手续
提交注册申请材料	①初始注册申请表 ②资格证书复印件 ③身份证明复印件 ④聘用单位资质证书副本复印件 ⑤与聘用单位签订的聘用劳动合同复印件 ⑥相应的业绩证明 ⑦逾期初始注册的，应当提交达到继续教育要求的证明材料	①延续注册申请表 ②与聘用单位签订的聘用劳动合同复印件 ③注册期内达到继续教育要求的证明材料	①变更注册申请表 ②新聘用单位资质证书副本的复印件 ③与新聘用单位签订的聘用劳动合同复印件 ④工作调动证明或者与原聘用单位解除聘用劳动合同的证明文件、劳动仲裁机构出具的解除劳动关系的仲裁文件、退休人员的退休证明复印件 ⑤在办理变更注册时提出延续注册申请的，还应当提交在本注册有效期内达到继续教育要求的证明材料
注册有效期	两年		延续有效期
执业			
受聘单位	中华人民共和国境内的一个建设工程勘察、设计、施工、监理、招标代理、造价咨询、施工图审查、城乡规划编制等单位		
继续教育			
学时	每一注册有效期内各为四十学时		

六、注册建筑师的执业范围、权利、义务与责任

（一）注册建筑师的执业范围

现行《中华人民共和国注册建筑师条例》摘录如下：

第二十条　注册建筑师的执业范围：

（一）建筑设计；

（二）建筑设计技术咨询；

（三）建筑物调查与鉴定；

（四）对本人主持设计的项目进行施工指导和监督；

（五）国务院建设行政主管部门规定的其他业务。

第二十一条　注册建筑师执行业务，应当加入建筑设计单位。

建筑设计单位的资质等级及其业务范围，由国务院建设行政主管部门规定。

第二十二条　一级注册建筑师的执业范围不受建筑规模和工程复杂程度的限制。二级注册建筑师的执业范围不得超越国家规定的建筑规模和工程复杂程度。

现行**《中华人民共和国注册建筑师条例实施细则》**摘录如下：

第二十八条　注册建筑师的执业范围具体为：

（一）建筑设计；

（二）建筑设计技术咨询；

（三）建筑物调查与鉴定；

（四）对本人主持设计的项目进行施工指导和监督；

（五）国务院建设主管部门规定的其他业务。

本条第一款所称建筑设计技术咨询包括建筑工程技术咨询，建筑工程招标、采购咨询，建筑工程项目管理，建筑工程设计文件及施工图审查，工程质量评估，以及国务院建设主管部门规定的其他建筑技术咨询业务。

第二十九条　一级注册建筑师的执业范围不受工程项目规模和工程复杂程度的限制。二级注册建筑师的执业范围只限于承担工程设计资质标准中建设项目设计规模划分表中规定的小型规模的项目。

注册建筑师的执业范围不得超越其聘用单位的业务范围。注册建筑师的执业范围与其聘用单位的业务范围不符时，个人执业范围服从聘用单位的业务范围。

（二）注册建筑师的权利

现行**《中华人民共和国注册建筑师条例》**摘录如下：

第二十五条　注册建筑师有权以注册建筑师的名义执行注册建筑师业务。

非注册建筑师不得以注册建筑师的名义执行注册建筑师业务。二级注册建筑师不得以一级注册建筑师的名义执行业务，也不得超越国家规定的二级注册建筑师的执业范围执行业务。

第二十六条　国家规定的一定跨度、跨径和高度以上的房屋建筑，应当由注册建筑师进行设计。

第二十七条　任何单位和个人修改注册建筑师的设计图纸，应当征得该注册建筑师同意；但是，因特殊情况不能征得该注册建筑师同意的除外。

（三）注册建筑师的义务

现行**《中华人民共和国注册建筑师条例》**摘录如下：

第二十八条　注册建筑师应当履行下列义务：

（一）遵守法律、法规和职业道德，维护社会公共利益；

（二）保证建筑设计的质量，并在其负责的设计图纸上签字；

（三）保守在执业中知悉的单位和个人的秘密；

（四）不得同时受聘于二个以上建筑设计单位执行业务；

（五）不得准许他人以本人名义执行业务。

（四）注册建筑师的法律责任

现行《中华人民共和国注册建筑师条例》摘录如下：

第二十九条　以不正当手段取得注册建筑师考试合格资格或者注册建筑师证书的，由全国注册建筑师管理委员会或者省、自治区、直辖市注册建筑师管理委员会取消考试合格资格或者吊销注册建筑师证书；对负有直接责任的主管人员和其他直接责任人员，依法给予行政处分。

第三十条　未经注册擅自以注册建筑师名义从事注册建筑师业务的，由县级以上人民政府建设行政主管部门责令停止违法活动，没收违法所得，并可以处以违法所得5倍以下的罚款；造成损失的，应当承担赔偿责任。

第三十一条　注册建筑师违反本条例规定，有下列行为之一的，由县级以上人民政府建设行政主管部门责令停止违法活动，没收违法所得，并可以处以违法所得5倍以下的罚款；情节严重的，可以责令停止执行业务或者由全国注册建筑师管理委员会或者省、自治区、直辖市注册建筑师管理委员会吊销注册建筑师证书：

（一）以个人名义承接注册建筑师业务、收取费用的；

（二）同时受聘于二个以上建筑设计单位执行业务的；

（三）在建筑设计或者相关业务中侵犯他人合法权益的；

（四）准许他人以本人名义执行业务的；

（五）二级注册建筑师以一级注册建筑师的名义执行业务或者超越国家规定的执业范围执行业务的。

第三十二条　因建筑设计质量不合格发生重大责任事故，造成重大损失的，对该建筑设计负有直接责任的注册建筑师，由县级以上人民政府建设行政主管部门责令停止执行业务；情节严重的，由全国注册建筑师管理委员会或者省、自治区、直辖市注册建筑师管理委员会吊销注册建筑师证书。

第三十三条　违反本条例规定，未经注册建筑师同意擅自修改其设计图纸的，由县级以上人民政府建设行政主管部门责令纠正；造成损失的，应当承担赔偿责任。

第三十四条　违反本条例规定，构成犯罪的，依法追究刑事责任。

现行《中华人民共和国注册建筑师条例实施细则》摘录如下：

第四十条　隐瞒有关情况或者提供虚假材料申请注册的，注册机关不予受理，并由建设主管部门给予警告，申请人一年之内不得再次申请注册。

第四十一条　以欺骗、贿赂等不正当手段取得注册证书和执业印章的，由全国注册建筑师管理委员会或省、自治区、直辖市注册建筑师管理委员会撤销注册证书并收回执业印章，三年内不得再次申请注册，并由县级以上人民政府建设主管部门处以罚款。其中没有违法所得的，处以1万元以下罚款；有违法所得的处以违法所得3倍以下且不超过3万元的罚款。

第四十二条　违反本细则，未受聘并注册于中华人民共和国境内一个具有工程设计资质的单位，从事建筑工程设计执业活动的，由县级以上人民政府建设主管部门给予警告，责令停止违法活动，并可处以1万元以上3万元以下的罚款。

第四十三条　违反本细则，未办理变更注册而继续执业的，由县级以上人民政府建设主管部门责令限期改正；逾期未改正的，可处以5000元以下的罚款。

第四十四条 违反本细则，涂改、倒卖、出租、出借或者以其他形式非法转让执业资格证书、互认资格证书、注册证书和执业印章的，由县级以上人民政府建设主管部门责令改正，其中没有违法所得的，处以1万元以下罚款；有违法所得的处以违法所得3倍以下且不超过3万元的罚款。

第四十五条 违反本细则，注册建筑师或者其聘用单位未按照要求提供注册建筑师信用档案信息的，由县级以上人民政府建设主管部门责令限期改正；逾期未改正的，可处以1000元以上1万元以下的罚款。

第四十六条 聘用单位为申请人提供虚假注册材料的，由县级以上人民政府建设主管部门给予警告，责令限期改正；逾期未改正的，可处以1万元以上3万元以下的罚款。

第四十七条 有下列情形之一的，全国注册建筑师管理委员会或者省、自治区、直辖市注册建筑师管理委员可以撤销其注册：

（一）全国注册建筑师管理委员会或者省、自治区、直辖市注册建筑师管理委员的工作人员滥用职权、玩忽职守颁发注册证书和执业印章的；

（二）超越法定职权颁发注册证书和执业印章的；

（三）违反法定程序颁发注册证书和执业印章的；

（四）对不符合法定条件的申请人颁发注册证书和执业印章的；

（五）依法可以撤销注册的其他情形。

现行《建设工程质量管理条例》摘录如下：

第七十二条 违反本条例规定，注册建筑师、注册结构工程师、监理工程师等注册执业人员因过错造成质量事故的，责令停止执业1年；造成重大质量事故的，吊销执业资格证书，5年以内不予注册；情节特别恶劣的，终身不予注册。

注册建筑师相关条例部分处罚规定摘录、对比表　　表 3.2-2

《中华人民共和国注册建筑师条例》		
相关人员	事项	处罚
——	以不正当手段取得注册建筑师考试合格资格或者注册建筑师证书	取消考试合格资格或者吊销注册建筑师证书
	未经注册擅自以注册建筑师名义从事注册建筑师业务	①责令停止违法活动,没收违法所得 ②可以处以违法所得5倍以下的罚款 ③造成损失的,应当承担赔偿责任
注册建筑师	以个人名义承接注册建筑师业务、收取费用的；	①责令停止违法活动,没收违法所得 ②可以处以违法所得5倍以下的罚款 ③情节严重的,可以责令停止执行业务或吊销注册建筑师证书
	同时受聘于二个以上建筑设计单位执行业务的	
	在建筑设计或者相关业务中侵犯他人合法权益的	
	准许他人以本人名义执行业务的	
	二级注册建筑师以一级注册建筑师的名义执行业务或者超越国家规定的执业范围执行业务的	
	建筑设计质量不合格发生重大责任事故,造成重大损失	①责令停止执行业务 ②情节严重的,吊销注册建筑师证书
	未经注册建筑师同意擅自修改其设计图纸	①责令纠正 ②造成损失的,应当承担赔偿责任

续表

《中华人民共和国注册建筑师条例实施细则》		
相关人员	事项	处罚
注册建筑师	隐瞒有关情况或者提供虚假材料申请注册	①注册机关不予受理 ②申请人一年之内不得再次申请注册
	以欺骗、贿赂等不正当手段取得注册证书和执业印章	①撤销注册证书并收回执业印章 ②三年内不得再次申请注册 ③没有违法所得的，处以1万元以下罚款 ④有违法所得的处以违法所得3倍以下且不超过3万元的罚款
	未受聘并注册于中华人民共和国境内一个具有工程设计资质的单位，从事建筑工程设计执业活动	①给予警告，责令停止违法活动 ②可处以1万元以上3万元以下的罚款
	未办理变更注册而继续执业	①责令限期改正 ②逾期未改正的，可处以5000元以下的罚款
	涂改、倒卖、出租、出借或者以其他形式非法转让执业资格证书、互认资格证书、注册证书和执业印章	①责令改正 ②没有违法所得的，处以1万元以下罚款 ③有违法所得的处以违法所得3倍以下且不超过3万元的罚款
注册建筑师或者其聘用单位	未按照要求提供注册建筑师信用档案信息	①责令限期改正 ②逾期未改正的，可处以1000元以上1万元以下的罚款
聘用单位	为申请人提供虚假注册材料	①给予警告，责令限期改正 ②逾期未改正的，可处以1万元以上3万元以下的罚款
全国注册建筑师管理委员会或者省、自治区、直辖市注册建筑师管理委员的工作人员	滥用职权、玩忽职守颁发注册证书和执业印章的	撤销有关注册建筑师的注册
	超越法定职权颁发注册证书和执业印章的	
	违反法定程序颁发注册证书和执业印章的	
	对不符合法定条件的申请人颁发注册证书和执业印章的	
	依法可以撤销注册的其他情形	
《建筑工程质量管理条例》		
相关人员	事项	处罚
注册建筑师、注册结构工程师、监理工程师等注册执业人员	因过错造成质量事故的	①责令停止执业1年 ②造成重大质量事故的，吊销执业资格证书，5年以内不予注册 ③情节特别恶劣的，终身不予注册

（五）附则

现行《中华人民共和国注册建筑师条例》摘录如下：

第三十五条 本条例所称建筑设计单位，包括专门从事建筑设计的工程设计单位和其他从事建筑设计的工程设计单位。

第三十六条 外国人申请参加中国注册建筑师全国统一考试和注册以及外国建筑师申请在中国境内执行注册建筑师业务，按照对等原则办理。

第三十七条 本条例自发布之日起施行。

现行《中华人民共和国注册建筑师条例实施细则》摘录如下：

第四十九条 注册建筑师执业资格证书由国务院人事主管部门统一制作；一级注册建筑师注册证书、执业印章和互认资格证书由全国注册建筑师管理委员会统一制作；二级注册建筑师注册证书和执业印章由省、自治区、直辖市注册建筑师管理委员会统一制作。

第五十条 香港特别行政区、澳门特别行政区、台湾地区的专业技术人员按照国家有关规定和有关协议，报名参加全国统一考试和申请注册。

外籍专业技术人员参加全国统一考试按照对等原则办理；申请建筑师注册的，其所在国应当已与中华人民共和国签署双方建筑师对等注册协议。

第五十一条 本细则自2008年3月15日起施行。1996年7月1日建设部颁布的《中华人民共和国注册建筑师条例实施细则》（建设部令第52号）同时废止。

第三节 设计文件编制相关规定

一、设计文件的编制依据

现行《建设工程勘察设计管理条例》摘录如下：

第二十五条 编制建设工程勘察、设计文件，应当以下列规定为依据：

（一）项目批准文件；

（二）城乡规划；

（三）工程建设强制性标准；

（四）国家规定的建设工程勘察、设计深度要求。

铁路、交通、水利等专业建设工程，还应当以专业规划的要求为依据。

二、设计文件的编制深度要求

现行《建设工程勘察设计管理条例》摘录如下：

第二十六条 编制建设工程勘察文件，应当真实、准确，满足建设工程规划、选址、设计、岩土治理和施工的需要。

编制方案设计文件，应当满足编制初步设计文件和控制概算的需要。

编制初步设计文件，应当满足编制施工招标文件、主要设备材料订货和编制施工图设计文件的需要。

编制施工图设计文件，应当满足设备材料采购、非标准设备制作和施工的需要，并注明建设工程合理使用年限。

第二十七条 设计文件中选用的材料、构配件、设备，应当注明其规格、型号、性能等技术指标，其质量要求必须符合国家规定的标准。

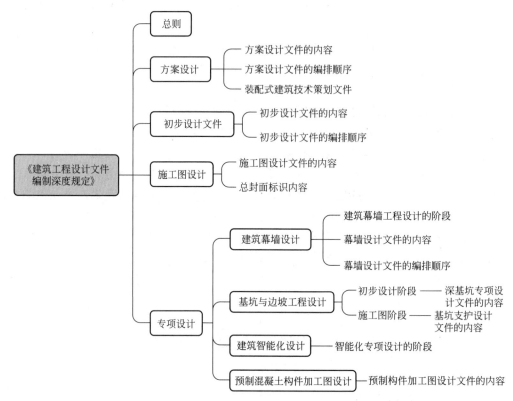

图 3.3-1 《建筑工程设计文件编制深度规定》部分内容要点

除有特殊要求的建筑材料、专用设备和工艺生产线等外，设计单位不得指定生产厂、供应商。

现行**《建筑工程设计文件编制深度规定》**（2016 年版）摘录如下：

1 总 则

1.0.3 本规定是设计文件编制深度的基本要求。在满足本规定的基础上，设计深度尚应符合各类专项审查和工程所在地的相关要求。

1.0.4 建筑工程一般应分为方案设计、初步设计和施工图设计三个阶段；对于技术要求相对简单的民用建筑工程，当有关主管部门在初步设计阶段没有审查要求，且合同中没有做初步设计的约定时，可在方案设计审批后直接进入施工图设计。

1.0.5 各阶段设计文件编制深度应按以下原则进行（具体应执行第 2、3、4 章条款）：

1 方案设计文件，应满足编制初步设计文件的需要，应满足方案审批或报批的需要。

注：本规定仅适用于报批方案设计文件编制深度。对于投标方案设计文件的编制深度，应执行住房和城乡建设部颁发的相关规定。

2 初步设计文件，应满足编制施工图设计文件的需要，应满足初步设计审批的需要。

3 施工图设计文件，应满足设备材料采购、非标准设备制作和施工的需要。

注：对于将项目分别发包给几个设计单位或实施设计分包的情况，设计文件相互关联处的深度应满足各承包或分包单位设计的需要。

1.0.6 在设计中宜因地制宜正确选用国家、行业和地方建筑标准设计，并在设计文件的图纸目录或施工图设计说明中注明所应用图集的名称。

重复利用其他工程的图纸时，应详细了解原图利用的条件和内容，并作必要的核算和修改，以满足新设计项目的需要。

1.0.7 当设计合同对设计文件编制深度另有要求时，设计文件编制深度应同时满足本规定和设计合同的要求。

1.0.10 设计单位在设计文件中选用的建筑材料、建筑构配件和设备，应当注明规格、性能等技术指标，其质量要求必须符合国家规定的标准。

1.0.11 当建设单位另行委托相关单位承担项目专项设计（包括二次设计）时，主体建筑设计单位应提出专项设计的技术要求并对主体结构和整体安全负责。专项设计单位应依据本规定相关章节的要求以及主体建筑设计单位提出的技术要求进行专项设计并对设计内容负责。

1.0.12 装配式建筑工程设计中宜在方案阶段进行"技术策划"，其深度应符合本规定相关章节的要求。预制构件生产之前应进行装配式建筑专项设计，包括预制混凝土构件加工详图设计。主体建筑设计单位应对预制构件深化设计进行会签，确保其荷载、连接以及对主体结构的影响均符合主体结构设计的要求。

2 方案设计

2.1.1 方案设计文件。

1 设计说明书，包括各专业设计说明以及投资估算等内容；对于涉及建筑节能、环保、绿色建筑、人防等设计的专业，其设计说明应有相应的专门内容；

2 总平面图以及相关建筑设计图纸（若为城市区域供热或区域燃气调压站，应提供热能动力专业的设计图纸，具体见2.3.3条）；

3 设计委托或设计合同中规定的透视图、鸟瞰图、模型等。

2.1.2 方案设计文件的编排顺序。

1 封面：写明项目名称、编制单位、编制年月；

2 扉页：写明编制单位法定代表人、技术总负责人、项目总负责人及各专业负责人的姓名，并经上述人员签署或授权盖章；

3 设计文件目录；

4 设计说明书；

5 设计图纸。

2.1.3 装配式建筑技术策划文件。

1 技术策划报告，包括技术策划依据和要求、标准化设计要求、建筑结构体系、建筑围护系统、建筑内装体系、设备管线等内容；

2 技术配置表，装配式结构技术选用及技术要点；

3 经济性评估，包括项目规模、成本、质量、效率等内容；

4 预制构件生产策划，包括构件厂选择、构件制作及运输方案，经济性评估等。

3 初步设计

3.1.1 初步设计文件。

1 设计说明书，包括设计总说明、各专业设计说明。对于涉及建筑节能、环保、绿色建筑、人防、装配式建筑等，其设计说明应有相应的专项内容；

2 有关专业的设计图纸；

3 主要设备或材料表；

4 工程概算书；

5 有关专业计算书（计算书不属于必须交付的设计文件，但应按本规定相关条款的要求编制）。

3.1.2 初步设计文件的编排顺序。

1 封面：写明项目名称、编制单位、编制年月；

2 扉页：写明编制单位法定代表人、技术总负责人、项目总负责人和各专业负责人的姓名，并经上述人员签署或授权盖章；

3 设计文件目录；

4 设计说明书；

5 设计图纸（可单独成册）；

6 概算书（应单独成册）。

3.10.1 建设项目设计概算是初步设计文件的重要组成部分。概算文件应单独成册。设计概算文件由封面、签署页（扉页）、目录、编制说明、建设项目总概算表、工程建设其他费用表、单项工程综合概算表、单位工程概算书等内容组成。

4 施工图设计

4.1.1 施工图设计文件。

1 合同要求所涉及的所有专业的设计图纸（含图纸目录、说明和必要的设备、材料表，见第4.2节至第4.8节）以及图纸总封面；对于涉及建筑节能设计的专业，其设计说明应有建筑节能设计的专项内容；涉及装配式建筑设计的专业，其设计说明及图纸应有装配式建筑专项设计内容；

2 合同要求的工程预算书；

注：对于方案设计后直接进入施工图设计的项目，若合同未要求编制工程预算书，施工图设计文件应包括工程概算书（见第3.10节）。

3 各专业计算书。计算书不属于必须交付的设计文件，但应按本规定相关条款的要求编制并归档保存。

4.1.2 总封面标识内容。

1 项目名称；

2 设计单位名称；

3 项目的设计编号；

4 设计阶段；

5 编制单位法定代表人、技术总负责人和项目总负责人的姓名及其签字或授权盖章；

6 设计日期（即设计文件交付日期）。

5 专项设计

5.1 建筑幕墙设计

5.1.2 建筑幕墙工程设计一般按初步设计和施工图设计两个阶段进行。

5.1.3～5.1.4 在初步设计及施工图设计阶段，幕墙设计文件包括设计说明书、设计图纸、力学计算书，其编排顺序为：封面、扉页、目录、设计说明书、设计图纸、力学计算书。

5.2　基坑与边坡工程设计

5.2.1　在初步设计阶段，深基坑专项设计文件中应有设计说明、设计图纸。

5.2.4　在施工图阶段，基坑支护设计文件应包括设计说明、设计施工图纸和计算书。

5.3　建筑智能化设计

5.3.1　智能化专项设计根据需要可分为方案设计、初步设计、施工图设计及深化设计四个阶段。

　　1　方案设计、初步设计、施工图设计各阶段设计文件编制深度应符合 1.0.5 的要求；

　　2　深化设计应满足设备材料采购、非标准设备制作、施工和调试的需要；

　　3　设计单位应配合深化设计单位了解系统的情况及要求，审核深化设计单位的设计图纸。

5.4　预制混凝土构件加工图设计

5.4.1　预制构件加工图设计文件。

　　1　图纸目录及数量表、设计说明；

　　2　合同要求的全部设计图纸；

　　3　与预制构件现场安装相关的施工验算。计算书不属于必须交付的设计文件，但应归档保存。

　　4　预制构件加工图由施工图设计单位设计，也可由他其他单位设计经施工图设计单位审核通过后方可实施。设计文件按本规定相关条款的要求编制并归档保存。

估算、概算、预算的对应设计阶段：

估算（工程投资估算）：方案设计阶段；

概算（初步设计概算）：初步设计阶段；

预算（施工图设计预算）：施工图阶段；

施工预算：施工企业编制的工程施工用量的技术经济文件。

三、设计文件的修改

现行《建设工程勘察设计管理条例》摘录如下：

第二十八条　建设单位、施工单位、监理单位不得修改建设工程勘察、设计文件；确需修改建设工程勘察、设计文件的，应当由原建设工程勘察、设计单位修改。经原建设工程勘察、设计单位书面同意，建设单位也可以委托其他具有相应资质的建设工程勘察、设计单位修改。修改单位对修改的勘察、设计文件承担相应责任。

施工单位、监理单位发现建设工程勘察、设计文件不符合工程建设强制性标准、合同约定的质量要求的，应当报告建设单位，建设单位有权要求建设工程勘察、设计单位对建设工程勘察、设计文件进行补充、修改。

建设工程勘察、设计文件内容需要作重大修改的，建设单位应当报经原审批机关批准后，方可修改。

四、设计采用新技术、新材料时的规定

现行《建设工程勘察设计管理条例》摘录如下：

第二十九条 建设工程勘察、设计文件中规定采用的新技术、新材料，可能影响建设工程质量和安全，又没有国家技术标准的，应当由国家认可的检测机构进行试验、论证，出具检测报告，并经国务院有关部门或者省、自治区、直辖市人民政府有关部门组织的建设工程技术专家委员会审定后，方可使用。

《实施工程建设强制性标准监督规定》第五条要求同上。

第四节　工程建设强制性标准相关规定

工程建设标准是对工程建设中对勘察、设计、施工、验收等所需要执行的规定和达到标准。对设计工作而言可理解为设计时需要遵照的设计规范、标准、规程文件。

工程建设强制性标准是工程建设标准中影响建设工程质量，涉及保障人民的生命、财产安全，维护社会公共利益的内容。有全本强制性执行的规范，其他规范、标准中，强制性条文会以黑体字标志，必须严格执行。

设计文件对强制性标准的符合性是设计企业及施工图审查单位的重要保障内容。

一、《建设工程勘察设计管理条例》相关规定

现行《建设工程勘察设计管理条例》摘录如下：

第五条 县级以上人民政府建设行政主管部门和交通、水利等有关部门应当依照本条例的规定，加强对建设工程勘察、设计活动的监督管理。

建设工程勘察、设计单位必须依法进行建设工程勘察、设计，严格执行工程建设强制性标准，并对建设工程勘察、设计的质量负责。

第二十五条 编制建设工程勘察、设计文件，应当以下列规定为依据：

（一）项目批准文件；

（二）城乡规划；

（三）工程建设强制性标准；

（四）国家规定的建设工程勘察、设计深度要求。

铁路、交通、水利等专业建设工程，还应当以专业规划的要求为依据。

第二十八条 建设单位、施工单位、监理单位不得修改建设工程勘察、设计文件；确需修改建设工程勘察、设计文件的，应当由原建设工程勘察、设计单位修改。经原建设工程勘察、设计单位书面同意，建设单位也可以委托其他具有相应资质的建设工程勘察、设计单位修改。修改单位对修改的勘察、设计文件承担相应责任。

施工单位、监理单位发现建设工程勘察、设计文件不符合工程建设强制性标准、合同约定的质量要求的，应当报告建设单位，建设单位有权要求建设工程勘察、设计单位对建设工程勘察、设计文件进行补充、修改。

建设工程勘察、设计文件内容需要作重大修改的，建设单位应当报经原审批机关批准后，方可修改。

第三十三条 施工图设计文件审查机构应当对房屋建筑工程、市政基础设施工程施工图设计文件中涉及公共利益、公众安全、工程建设强制性标准的内容进行审查。县级以上人民政府交通运输等有关部门应当按照职责对施工图设计文件中涉及公共利益、公众安

全、工程建设强制性标准的内容进行审查。

施工图设计文件未经审查批准的，不得使用。

二、《房屋建筑和市政基础设施工程施工图设计文件审查管理办法》相关规定

现行《房屋建筑和市政基础设施工程施工图设计文件审查管理办法》摘录如下：

第三条　国家实施施工图设计文件（含勘察文件，以下简称施工图）审查制度。

本办法所称施工图审查，是指施工图审查机构（以下简称审查机构）按照有关法律、法规，对施工图涉及公共利益、公众安全和工程建设强制性标准的内容进行的审查。施工图审查应当坚持先勘察、后设计的原则。

施工图未经审查合格的，不得使用。从事房屋建筑工程、市政基础设施工程施工、监理等活动，以及实施对房屋建筑和市政基础设施工程质量安全监督管理，应当以审查合格的施工图为依据。

第十一条　审查机构应当对施工图审查下列内容：

（一）是否符合工程建设强制性标准；

（二）地基基础和主体结构的安全性；

（三）消防安全性；

（四）人防工程（不含人防指挥工程）防护安全性；

（五）是否符合民用建筑节能强制性标准，对执行绿色建筑标准的项目，还应当审查是否符合绿色建筑标准；

（六）勘察设计企业和注册执业人员以及相关人员是否按规定在施工图上加盖相应的图章和签字；

（七）法律、法规、规章规定必须审查的其他内容。

第十五条　勘察设计企业应当依法进行建设工程勘察、设计，严格执行工程建设强制性标准，并对建设工程勘察、设计的质量负责。

审查机构对施工图审查工作负责，承担审查责任。施工图经审查合格后，仍有违反法律、法规和工程建设强制性标准的问题，给建设单位造成损失的，审查机构依法承担相应的赔偿责任。

三、《实施工程建设强制性标准监督规定》相关规定

现行《实施工程建设强制性标准监督规定》（建设部令第81号发布，根据2021年3月30日住房和城乡建设部令第52号修订）摘录如下：

第一条　为加强工程建设强制性标准实施的监督工作，保证建设工程质量，保障人民的生命、财产安全，维护社会公共利益，根据《中华人民共和国标准化法》、《中华人民共和国标准化法实施条例》、《建设工程质量管理条例》等法律法规，制定本规定。

第二条　在中华人民共和国境内从事新建、扩建、改建等工程建设活动，必须执行工程建设强制性标准。

第三条　本规定所称工程建设强制性标准是指直接涉及工程质量、安全、卫生及环境保护等方面的工程建设标准强制性条文。

国家工程建设标准强制性条文由国务院住房城乡建设主管部门会同国务院有关主管部

门确定。

第六条 建设项目规划审查机关应当对工程建设规划阶段执行强制性标准的情况实施监督。

施工图设计文件审查单位应当对工程建设勘察、设计阶段执行强制性标准的情况实施监督。

建筑安全监督管理机构应当对工程建设施工阶段执行施工安全强制性标准的情况实施监督。

工程质量监督机构应当对工程建设施工、监理、验收等阶段执行强制性标准的情况实施监督。

第七条 建设项目规划审查机关、施工图设计文件审查单位、建筑安全监督管理机构、工程质量监督机构的技术人员必须熟悉、掌握工程建设强制性标准。

第八条 工程建设标准批准部门应当定期对建设项目规划审查机关、施工图设计文件审查单位、建筑安全监督管理机构、工程质量监督机构实施强制性标准的监督进行检查，对监督不力的单位和个人，给予通报批评，建议有关部门处理。

第九条 工程建设标准批准部门应当对工程项目执行强制性标准情况进行监督检查。监督检查可以采取重点检查、抽查和专项检查的方式。

第十条 强制性标准监督检查的内容包括：

（一）有关工程技术人员是否熟悉、掌握强制性标准；

（二）工程项目的规划、勘察、设计、施工、验收等是否符合强制性标准的规定；

（三）工程项目采用的材料、设备是否符合强制性标准的规定；

（四）工程项目的安全、质量是否符合强制性标准的规定；

（五）工程中采用的导则、指南、手册、计算机软件的内容是否符合强制性标准的规定。

第十一条 工程建设标准批准部门应当将强制性标准监督检查结果在一定范围内公告。

第十二条 工程建设强制性标准的解释由工程建设标准批准部门负责。

有关标准具体技术内容的解释，工程建设标准批准部门可以委托该标准的编制管理单位负责。

第十五条 任何单位和个人对违反工程建设强制性标准的行为有权向住房城乡建设主管部门或者有关部门检举、控告、投诉。

第十六条 建设单位有下列行为之一的，责令改正，并处以 20 万元以上 50 万元以下的罚款：

（一）明示或者暗示施工单位使用不合格的建筑材料、建筑构配件和设备的；

（二）明示或者暗示设计单位或者施工单位违反工程建设强制性标准，降低工程质量的。

第十七条 勘察、设计单位违反工程建设强制性标准进行勘察、设计的，责令改正，并处以 10 万元以上 30 万元以下的罚款。

有前款行为，造成工程质量事故的，责令停业整顿，降低资质等级；情节严重的，吊销资质证书；造成损失的，依法承担赔偿责任。

第十八条　施工单位违反工程建设强制性标准的，责令改正，处工程合同价款2％以上4％以下的罚款；造成建设工程质量不符合规定的质量标准的，负责返工、修理，并赔偿因此造成的损失；情节严重的，责令停业整顿，降低资质等级或者吊销资质证书。

第十九条　工程监理单位违反强制性标准规定，将不合格的建设工程以及建筑材料、建筑构配件和设备按照合格签字的，责令改正，处50万元以上100万元以下的罚款，降低资质等级或者吊销资质证书；有违法所得的，予以没收；造成损失的，承担连带赔偿责任。

第二十条　违反工程建设强制性标准造成工程质量、安全隐患或者工程质量安全事故的，按照《建设工程质量管理条例》《建设工程勘察设计管理条例》和《建设工程安全生产管理条例》的有关规定进行处罚。

《实施工程建设强制性标准监督规定》部分处罚规定摘录、对比表　　表 3.4-1

相关人员	违法行为	处罚
建设单位	明示或者暗示施工单位使用不合格的建筑材料、建筑构配件和设备	①责令改正 ②并处以20万元以上50万元以下的罚款
	明示或者暗示设计单位或者施工单位违反工程建设强制性标准，降低工程质量	
勘察、设计单位	违反工程建设强制性标准进行勘察、设计	①责令改正 ②处以10万元以上30万元以下的罚款
	有上述违法行为，造成工程质量事故	①罚款 ②责令停业整顿 ③降低资质等级 ④情节严重的，吊销资质证书 ⑤造成损失的，依法承担赔偿责任
施工单位	违反工程建设强制性标准	①责令改正 ②处工程合同价款2％以上4％以下的罚款
	有上述违法行为，造成建设工程质量不符合规定的质量标准	①罚款 ②返工 ③修理 ④赔偿损失
	有上述违法行为，违法行为情节严重	①罚款 ②返工 ③修理 ④赔偿损失 ⑤责令停业整顿 ⑥降低资质等级或者吊销资质证书
工程监理单位	违反强制性标准规定，将不合格的建设工程以及建筑材料、建筑构配件和设备按照合格签字	①责令改正 ②处50万元以上100万元以下的罚款 ③降低资质等级或者吊销资质证书 ④有违法所得的，予以没收 ⑤造成损失的，承担连带赔偿责任

第五节　城市规划管理

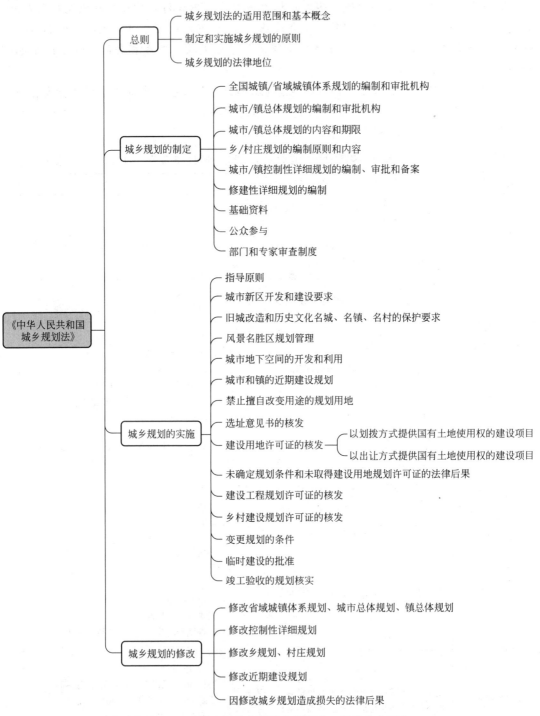

图 3.5-1　《中华人民共和国城乡规划法》部分内容要点

一、《中华人民共和国城乡规划法》

现行《中华人民共和国城乡规划法》（根据 2019 年 4 月 23 日第十三届全国人民代表大会常务委员会第十次会议修订）摘录如下：

第二条　制定和实施城乡规划，在规划区内进行建设活动，必须遵守本法。

本法所称城乡规划，包括城镇体系规划、城市规划、镇规划、乡规划和村庄规划。城市规划、镇规划分为总体规划和详细规划。详细规划分为控制性详细规划和修建性详细规划。

本法所称规划区，是指城市、镇和村庄的建成区以及因城乡建设和发展需要，必须实行规划控制的区域。规划区的具体范围由有关人民政府在组织编制的城市总体规划、镇总体规划、乡规划和村庄规划中，根据城乡经济社会发展水平和统筹城乡发展的需要划定。

第四条　制定和实施城乡规划，应当遵循城乡统筹、合理布局、节约土地、集约发展和先规划后建设的原则，改善生态环境，促进资源、能源节约和综合利用，保护耕地等自然资源和历史文化遗产，保持地方特色、民族特色和传统风貌，防止污染和其他公害，并符合区域人口发展、国防建设、防灾减灾和公共卫生、公共安全的需要。

在规划区内进行建设活动，应当遵守土地管理、自然资源和环境保护等法律、法规的规定。

县级以上地方人民政府应当根据当地经济社会发展的实际，在城市总体规划、镇总体规划中合理确定城市、镇的发展规模、步骤和建设标准。

第七条　经依法批准的城乡规划，是城乡建设和规划管理的依据，未经法定程序不得修改。

第二章　城乡规划的制定

第十二条　国务院城乡规划主管部门会同国务院有关部门组织编制全国城镇体系规划，用于指导省域城镇体系规划、城市总体规划的编制。

全国城镇体系规划由国务院城乡规划主管部门报国务院审批。

第十三条　省、自治区人民政府组织编制省域城镇体系规划，报国务院审批。

省域城镇体系规划的内容应当包括：城镇空间布局和规模控制，重大基础设施的布局，为保护生态环境、资源等需要严格控制的区域。

第十四条　城市人民政府组织编制城市总体规划。

直辖市的城市总体规划由直辖市人民政府报国务院审批。省、自治区人民政府所在地的城市以及国务院确定的城市的总体规划，由省、自治区人民政府审查同意后，报国务院审批。其他城市的总体规划，由城市人民政府报省、自治区人民政府审批。

第十五条　县人民政府组织编制县人民政府所在地镇的总体规划，报上一级人民政府审批。其他镇的总体规划由镇人民政府组织编制，报上一级人民政府审批。

第十七条　城市总体规划、镇总体规划的内容应当包括：城市、镇的发展布局，功能分区，用地布局，综合交通体系，禁止、限制和适宜建设的地域范围，各类专项规划等。

规划区范围、规划区内建设用地规模、基础设施和公共服务设施用地、水源地和水系、基本农田和绿化用地、环境保护、自然与历史文化遗产保护以及防灾减灾等内容，应当作为城市总体规划、镇总体规划的强制性内容。

城市总体规划、镇总体规划的规划期限一般为二十年。城市总体规划还应当对城市更长远的发展作出预测性安排。

第十八条 乡规划、村庄规划应当从农村实际出发，尊重村民意愿，体现地方和农村特色。

乡规划、村庄规划的内容应当包括：规划区范围，住宅、道路、供水、排水、供电、垃圾收集、畜禽养殖场所等农村生产、生活服务设施、公益事业等各项建设的用地布局、建设要求，以及对耕地等自然资源和历史文化遗产保护、防灾减灾等的具体安排。乡规划还应当包括本行政区域内的村庄发展布局。

第十九条 城市人民政府城乡规划主管部门根据城市总体规划的要求，组织编制城市的控制性详细规划，经本级人民政府批准后，报本级人民代表大会常务委员会和上一级人民政府备案。

第二十条 镇人民政府根据镇总体规划的要求，组织编制镇的控制性详细规划，报上一级人民政府审批。县人民政府所在地镇的控制性详细规划，由县人民政府城乡规划主管部门根据镇总体规划的要求组织编制，经县人民政府批准后，报本级人民代表大会常务委员会和上一级人民政府备案。

第二十一条 城市、县人民政府城乡规划主管部门和镇人民政府可以组织编制重要地块的修建性详细规划。修建性详细规划应当符合控制性详细规划。

第二十五条 编制城乡规划，应当具备国家规定的勘察、测绘、气象、地震、水文、环境等基础资料。

县级以上地方人民政府有关主管部门应当根据编制城乡规划的需要，及时提供有关基础资料。

第二十六条 城乡规划报送审批前，组织编制机关应当依法将城乡规划草案予以公告，并采取论证会、听证会或者其他方式征求专家和公众的意见。公告的时间不得少于三十日。

组织编制机关应当充分考虑专家和公众的意见，并在报送审批的材料中附具意见采纳情况及理由。

第二十七条 省域城镇体系规划、城市总体规划、镇总体规划批准前，审批机关应当组织专家和有关部门进行审查。

第三章 城乡规划的实施

第二十九条 城市的建设和发展，应当优先安排基础设施以及公共服务设施的建设，妥善处理新区开发与旧区改建的关系，统筹兼顾进城务工人员生活和周边农村经济社会发展、村民生产与生活的需要。

镇的建设和发展，应当结合农村经济社会发展和产业结构调整，优先安排供水、排水、供电、供气、道路、通信、广播电视等基础设施和学校、卫生院、文化站、幼儿园、福利院等公共服务设施的建设，为周边农村提供服务。

乡、村庄的建设和发展，应当因地制宜、节约用地，发挥村民自治组织的作用，引导村民合理进行建设，改善农村生产、生活条件。

第三十条 城市新区的开发和建设，应当合理确定建设规模和时序，充分利用现有市政基础设施和公共服务设施，严格保护自然资源和生态环境，体现地方特色。

在城市总体规划、镇总体规划确定的建设用地范围以外，不得设立各类开发区和城市新区。

第三十一条　旧城区的改建，应当保护历史文化遗产和传统风貌，合理确定拆迁和建设规模，有计划地对危房集中、基础设施落后等地段进行改建。

历史文化名城、名镇、名村的保护以及受保护建筑物的维护和使用，应当遵守有关法律、行政法规和国务院的规定。

第三十二条　城乡建设和发展，应当依法保护和合理利用风景名胜资源，统筹安排风景名胜区及周边乡、镇、村庄的建设。

风景名胜区的规划、建设和管理，应当遵守有关法律、行政法规和国务院的规定。

第三十三条　城市地下空间的开发和利用，应当与经济和技术发展水平相适应，遵循统筹安排、综合开发、合理利用的原则，充分考虑防灾减灾、人民防空和通信等需要，并符合城市规划，履行规划审批手续。

第三十四条　城市、县、镇人民政府应当根据城市总体规划、镇总体规划、土地利用总体规划和年度计划以及国民经济和社会发展规划，制定近期建设规划，报总体规划审批机关备案。

近期建设规划应当以重要基础设施、公共服务设施和中低收入居民住房建设以及生态环境保护为重点内容，明确近期建设的时序、发展方向和空间布局。近期建设规划的规划期限为五年。

第三十五条　城乡规划确定的铁路、公路、港口、机场、道路、绿地、输配电设施及输电线路走廊、通信设施、广播电视设施、管道设施、河道、水库、水源地、自然保护区、防汛通道、消防通道、核电站、垃圾填埋场及焚烧厂、污水处理厂和公共服务设施的用地以及其他需要依法保护的用地，禁止擅自改变用途。

第三十六条　按照国家规定需要有关部门批准或者核准的建设项目，以划拨方式提供国有土地使用权的，建设单位在报送有关部门批准或者核准前，应当向城乡规划主管部门申请核发选址意见书。

前款规定以外的建设项目不需要申请选址意见书。

第三十七条　在城市、镇规划区内以划拨方式提供国有土地使用权的建设项目，经有关部门批准、核准、备案后，建设单位应当向城市、县人民政府城乡规划主管部门提出建设用地规划许可申请，由城市、县人民政府城乡规划主管部门依据控制性详细规划核定建设用地的位置、面积、允许建设的范围，核发建设用地规划许可证。

建设单位在取得建设用地规划许可证后，方可向县级以上地方人民政府土地主管部门申请用地，经县级以上人民政府审批后，由土地主管部门划拨土地。

第三十八条　在城市、镇规划区内以出让方式提供国有土地使用权的，在国有土地使用权出让前，城市、县人民政府城乡规划主管部门应当依据控制性详细规划，提出出让地块的位置、使用性质、开发强度等规划条件，作为国有土地使用权出让合同的组成部分。未确定规划条件的地块，不得出让国有土地使用权。

以出让方式取得国有土地使用权的建设项目，建设单位在取得建设项目的批准、核准、备案文件和签订国有土地使用权出让合同后，向城市、县人民政府城乡规划主管部门领取建设用地规划许可证。

城市、县人民政府城乡规划主管部门不得在建设用地规划许可证中，擅自改变作为国有土地使用权出让合同组成部分的规划条件。

第三十九条 规划条件未纳入国有土地使用权出让合同的，该国有土地使用权出让合同无效；对未取得建设用地规划许可证的建设单位批准用地的，由县级以上人民政府撤销有关批准文件；占用土地的，应当及时退回；给当事人造成损失的，应当依法给予赔偿。

第四十条 在城市、镇规划区内进行建筑物、构筑物、道路、管线和其他工程建设的，建设单位或者个人应当向城市、县人民政府城乡规划主管部门或者省、自治区、直辖市人民政府确定的镇人民政府申请办理建设工程规划许可证。

申请办理建设工程规划许可证，应当提交使用土地的有关证明文件、建设工程设计方案等材料。需要建设单位编制修建性详细规划的建设项目，还应当提交修建性详细规划。对符合控制性详细规划和规划条件的，由城市、县人民政府城乡规划主管部门或者省、自治区、直辖市人民政府确定的镇人民政府核发建设工程规划许可证。

城市、县人民政府城乡规划主管部门或者省、自治区、直辖市人民政府确定的镇人民政府应当依法将经审定的修建性详细规划、建设工程设计方案的总平面图予以公布。

第四十一条 在乡、村庄规划区内进行乡镇企业、乡村公共设施和公益事业建设的，建设单位或者个人应当向乡、镇人民政府提出申请，由乡、镇人民政府报城市、县人民政府城乡规划主管部门核发乡村建设规划许可证。

在乡、村庄规划区内使用原有宅基地进行农村村民住宅建设的规划管理办法，由省、自治区、直辖市制定。

在乡、村庄规划区内进行乡镇企业、乡村公共设施和公益事业建设以及农村村民住宅建设，不得占用农用地；确需占用农用地的，应当依照《中华人民共和国土地管理法》有关规定办理农用地转用审批手续后，由城市、县人民政府城乡规划主管部门核发乡村建设规划许可证。

建设单位或者个人在取得乡村建设规划许可证后，方可办理用地审批手续。

第四十二条 城乡规划主管部门不得在城乡规划确定的建设用地范围以外作出规划许可。

第四十三条 建设单位应当按照规划条件进行建设；确需变更的，必须向城市、县人民政府城乡规划主管部门提出申请。变更内容不符合控制性详细规划的，城乡规划主管部门不得批准。城市、县人民政府城乡规划主管部门应当及时将依法变更后的规划条件通报同级土地主管部门并公示。

建设单位应当及时将依法变更后的规划条件报有关人民政府土地主管部门备案。

第四十四条 在城市、镇规划区内进行临时建设的，应当经城市、县人民政府城乡规划主管部门批准。临时建设影响近期建设规划或者控制性详细规划的实施以及交通、市容、安全等的，不得批准。

临时建设应当在批准的使用期限内自行拆除。

临时建设和临时用地规划管理的具体办法，由省、自治区、直辖市人民政府制定。

第四十五条 县级以上地方人民政府城乡规划主管部门按照国务院规定对建设工程是否符合规划条件予以核实。未经核实或者经核实不符合规划条件的，建设单位不得组织竣工验收。

建设单位应当在竣工验收后六个月内向城乡规划主管部门报送有关竣工验收资料。

第四章 城乡规划的修改

第四十七条 有下列情形之一的，组织编制机关方可按照规定的权限和程序修改省域城镇体系规划、城市总体规划、镇总体规划：

（一）上级人民政府制定的城乡规划发生变更，提出修改规划要求的；

（二）行政区划调整确需修改规划的；

（三）因国务院批准重大建设工程确需修改规划的；

（四）经评估确需修改规划的；

（五）城乡规划的审批机关认为应当修改规划的其他情形。

修改省域城镇体系规划、城市总体规划、镇总体规划前，组织编制机关应当对原规划的实施情况进行总结，并向原审批机关报告；修改涉及城市总体规划、镇总体规划强制性内容的，应当先向原审批机关提出专题报告，经同意后，方可编制修改方案。

修改后的省域城镇体系规划、城市总体规划、镇总体规划，应当依照本法第十三条、第十四条、第十五条和第十六条规定的审批程序报批。

第四十八条　修改控制性详细规划的，组织编制机关应当对修改的必要性进行论证，征求规划地段内利害关系人的意见，并向原审批机关提出专题报告，经原审批机关同意后，方可编制修改方案。修改后的控制性详细规划，应当依照本法第十九条、第二十条规定的审批程序报批。控制性详细规划修改涉及城市总体规划、镇总体规划的强制性内容的，应当先修改总体规划。

修改乡规划、村庄规划的，应当依照本法第二十二条规定的审批程序报批。

第四十九条　城市、县、镇人民政府修改近期建设规划的，应当将修改后的近期建设规划报总体规划审批机关备案。

第五十条　在选址意见书、建设用地规划许可证、建设工程规划许可证或者乡村建设规划许可证发放后，因依法修改城乡规划给被许可人合法权益造成损失的，应当依法给予补偿。

经依法审定的修建性详细规划、建设工程设计方案的总平面图不得随意修改；确需修改的，城乡规划主管部门应当采取听证会等形式，听取利害关系人的意见；因修改给利害关系人合法权益造成损失的，应当依法给予补偿。

第六章　法律责任

第六十四条　未取得建设工程规划许可证或者未按照建设工程规划许可证的规定进行建设的，由县级以上地方人民政府城乡规划主管部门责令停止建设；尚可采取改正措施消除对规划实施的影响的，限期改正，处建设工程造价百分之五以上百分之十以下的罚款；无法采取改正措施消除影响的，限期拆除，不能拆除的，没收实物或者违法收入，可以并处建设工程造价百分之十以下的罚款。

第六十五条　在乡、村庄规划区内未依法取得乡村建设规划许可证或者未按照乡村建设规划许可证的规定进行建设的，由乡、镇人民政府责令停止建设、限期改正；逾期不改正的，可以拆除。

第六十六条　建设单位或者个人有下列行为之一的，由所在地城市、县人民政府城乡规划主管部门责令限期拆除，可以并处临时建设工程造价一倍以下的罚款：

（一）未经批准进行临时建设的；

（二）未按照批准内容进行临时建设的；

（三）临时建筑物、构筑物超过批准期限不拆除的。

第六十七条　建设单位未在建设工程竣工验收后六个月内向城乡规划主管部门报送有关竣工验收资料的，由所在地城市、县人民政府城乡规划主管部门责令限期补报；逾期不补报的，处一万元以上五万元以下的罚款。

二、城市房地产管理

（一）《中华人民共和国城市房地产管理法》

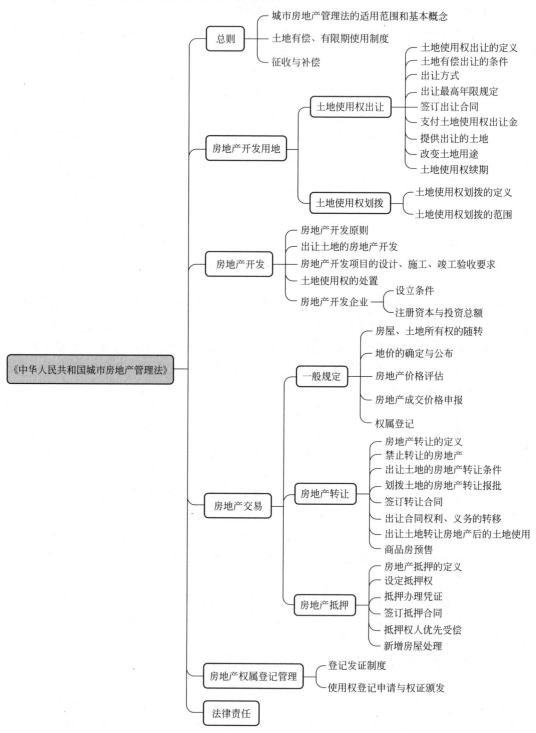

图 3.5-2 《中华人民共和国城市房地产管理法》部分内容要点

现行《中华人民共和国城市房地产管理法》（根据 2019 年 8 月 26 日第十三届全国人民代表大会常务委员会第十二次会议修订）摘录如下：

第一章 总 则

第二条 在中华人民共和国城市规划区国有土地（以下简称国有土地）范围内取得房地产开发用地的土地使用权，从事房地产开发、房地产交易，实施房地产管理，应当遵守本法。

本法所称房屋，是指土地上的房屋等建筑物及构筑物。

本法所称房地产开发，是指在依据本法取得国有土地使用权的土地上进行基础设施、房屋建设的行为。

本法所称房地产交易，包括房地产转让、房地产抵押和房屋租赁。

第三条 国家依法实行国有土地有偿、有限期使用制度。但是，国家在本法规定的范围内划拨国有土地使用权的除外。

第六条 为了公共利益的需要，国家可以征收国有土地上单位和个人的房屋，并依法给予拆迁补偿，维护被征收人的合法权益；征收个人住宅的，还应当保障被征收人的居住条件。具体办法由国务院规定。

第二章 房地产开发用地
第一节 土地使用权出让

第八条 土地使用权出让，是指国家将国有土地使用权（以下简称土地使用权）在一定年限内出让给土地使用者，由土地使用者向国家支付土地使用权出让金的行为。

第九条 城市规划区内的集体所有的土地，经依法征收转为国有土地后，该幅国有土地的使用权方可有偿出让，但法律另有规定的除外。

第十三条 土地使用权出让，可以采取拍卖、招标或者双方协议的方式。

商业、旅游、娱乐和豪华住宅用地，有条件的，必须采取拍卖、招标方式；没有条件，不能采取拍卖、招标方式的，可以采取双方协议的方式。

采取双方协议方式出让土地使用权的出让金不得低于按国家规定所确定的最低价。

第十四条 土地使用权出让最高年限由国务院规定。

第十五条 土地使用权出让，应当签订书面出让合同。

土地使用权出让合同由市、县人民政府土地管理部门与土地使用者签订。

第十六条 土地使用者必须按照出让合同约定，支付土地使用权出让金；未按照出让合同约定支付土地使用权出让金的，土地管理部门有权解除合同，并可以请求违约赔偿。

第十七条 土地使用者按照出让合同约定支付土地使用权出让金的，市、县人民政府土地管理部门必须按照出让合同约定，提供出让的土地；未按照出让合同约定提供出让的土地的，土地使用者有权解除合同，由土地管理部门返还土地使用权出让金，土地使用者并可以请求违约赔偿。

第十八条 土地使用者需要改变土地使用权出让合同约定的土地用途的，必须取得出让方和市、县人民政府城市规划行政主管部门的同意，签订土地使用权出让合同变更协议或者重新签订土地使用权出让合同，相应调整土地使用权出让金。

第二十二条 土地使用权出让合同约定的使用年限届满，土地使用者需要继续使用土地的，应当至迟于届满前一年申请续期，除根据社会公共利益需要收回该幅土地的，应当予以批准。经批准准予续期的，应当重新签订土地使用权出让合同，依照规定支付土地使用权出让金。

土地使用权出让合同约定的使用年限届满，土地使用者未申请续期或者虽申请续期但依照前款规定未获批准的，土地使用权由国家无偿收回。

第二节　土地使用权划拨

第二十三条　土地使用权划拨，是指县级以上人民政府依法批准，在土地使用者缴纳补偿、安置等费用后将该幅土地交付其使用，或者将土地使用权无偿交付给土地使用者使用的行为。

依照本法规定以划拨方式取得土地使用权的，除法律、行政法规另有规定外，没有使用期限的限制。

第二十四条　下列建设用地的土地使用权，确属必需的，可以由县级以上人民政府依法批准划拨：

（一）国家机关用地和军事用地；

（二）城市基础设施用地和公益事业用地；

（三）国家重点扶持的能源、交通、水利等项目用地；

（四）法律、行政法规规定的其他用地。

第三章　房地产开发

第二十五条　房地产开发必须严格执行城市规划，按照经济效益、社会效益、环境效益相统一的原则，实行全面规划、合理布局、综合开发、配套建设。

第二十六条　以出让方式取得土地使用权进行房地产开发的，必须按照土地使用权出让合同约定的土地用途、动工开发期限开发土地。超过出让合同约定的动工开发日期满一年未动工开发的，可以征收相当于土地使用权出让金百分之二十以下的土地闲置费；满二年未动工开发的，可以无偿收回土地使用权；但是，因不可抗力或者政府、政府有关部门的行为或者动工开发必需的前期工作造成动工开发迟延的除外。

第二十七条　房地产开发项目的设计、施工，必须符合国家的有关标准和规范。

房地产开发项目竣工，经验收合格后，方可交付使用。

第二十八条　依法取得的土地使用权，可以依照本法和有关法律、行政法规的规定，作价入股，合资、合作开发经营房地产。

第三十条　房地产开发企业是以营利为目的，从事房地产开发和经营的企业。设立房地产开发企业，应当具备下列条件：

（一）有自己的名称和组织机构；

（二）有固定的经营场所；

（三）有符合国务院规定的注册资本；

（四）有足够的专业技术人员；

（五）法律、行政法规规定的其他条件。

设立房地产开发企业，应当向工商行政管理部门申请设立登记。工商行政管理部门对符合本法规定条件的，应当予以登记，发给营业执照；对不符合本法规定条件的，不予登记。

设立有限责任公司、股份有限公司，从事房地产开发经营的，还应当执行公司法的有关规定。

房地产开发企业在领取营业执照后的一个月内，应当到登记机关所在地的县级以上地方人民政府规定的部门备案。

第三十一条　房地产开发企业的注册资本与投资总额的比例应当符合国家有关规定。

房地产开发企业分期开发房地产的，分期投资额应当与项目规模相适应，并按照土地使用权出让合同的约定，按期投入资金，用于项目建设。

第四章　房地产交易
第一节　一般规定

第三十二条　房地产转让、抵押时，房屋的所有权和该房屋占用范围内的土地使用权同时转让、抵押。

第三十三条　基准地价、标定地价和各类房屋的重置价格应当定期确定并公布。具体办法由国务院规定。

第三十四条　国家实行房地产价格评估制度。

房地产价格评估，应当遵循公正、公平、公开的原则，按照国家规定的技术标准和评估程序，以基准地价、标定地价和各类房屋的重置价格为基础，参照当地的市场价格进行评估。

第三十五条　国家实行房地产成交价格申报制度。

房地产权利人转让房地产，应当向县级以上地方人民政府规定的部门如实申报成交价，不得瞒报或者作不实的申报。

第三十六条　房地产转让、抵押，当事人应当依照本法第五章的规定办理权属登记。

第二节　房地产转让

第三十七条　房地产转让，是指房地产权利人通过买卖、赠与或者其他合法方式将其房地产转移给他人的行为。

第三十八条　下列房地产，不得转让：

（一）以出让方式取得土地使用权的，不符合本法第三十九条规定的条件的；

（二）司法机关和行政机关依法裁定、决定查封或者以其他形式限制房地产权利的；

（三）依法收回土地使用权的；

（四）共有房地产，未经其他共有人书面同意的；

（五）权属有争议的；

（六）未依法登记领取权属证书的；

（七）法律、行政法规规定禁止转让的其他情形。

第三十九条　以出让方式取得土地使用权的，转让房地产时，应当符合下列条件：

（一）按照出让合同约定已经支付全部土地使用权出让金，并取得土地使用权证书；

（二）按照出让合同约定进行投资开发，属于房屋建设工程的，完成开发投资总额的百分之二十五以上，属于成片开发土地的，形成工业用地或者其他建设用地条件。

转让房地产时房屋已经建成的，还应当持有房屋所有权证书。

第四十条　以划拨方式取得土地使用权的，转让房地产时，应当按照国务院规定，报有批准权的人民政府审批。有批准权的人民政府准予转让的，应当由受让方办理土地使用权出让手续，并依照国家有关规定缴纳土地使用权出让金。

以划拨方式取得土地使用权的，转让房地产报批时，有批准权的人民政府按照国务院规定决定可以不办理土地使用权出让手续的，转让方应当按照国务院规定将转让房地产所获收益中的土地收益上缴国家或者作其他处理。

第四十一条 房地产转让，应当签订书面转让合同，合同中应当载明土地使用权取得的方式。

第四十二条 房地产转让时，土地使用权出让合同载明的权利、义务随之转移。

第四十三条 以出让方式取得土地使用权的，转让房地产后，其土地使用权的使用年限为原土地使用权出让合同约定的使用年限减去原土地使用者已经使用年限后的剩余年限。

第四十四条 以出让方式取得土地使用权的，转让房地产后，受让人改变原土地使用权出让合同约定的土地用途的，必须取得原出让方和市、县人民政府城市规划行政主管部门的同意，签订土地使用权出让合同变更协议或者重新签订土地使用权出让合同，相应调整土地使用权出让金。

第四十五条 商品房预售，应当符合下列条件：

（一）已交付全部土地使用权出让金，取得土地使用权证书；

（二）持有建设工程规划许可证；

（三）按提供预售的商品房计算，投入开发建设的资金达到工程建设总投资的百分之二十五以上，并已经确定施工进度和竣工交付日期；

（四）向县级以上人民政府房产管理部门办理预售登记，取得商品房预售许可证明。

商品房预售人应当按照国家有关规定将预售合同报县级以上人民政府房产管理部门和土地管理部门登记备案。

商品房预售所得款项，必须用于有关的工程建设。

第四十六条 商品房预售的，商品房预购人将购买的未竣工的预售商品房再行转让的问题，由国务院规定。

第三节　房地产抵押

第四十七条 房地产抵押，是指抵押人以其合法的房地产以不转移占有的方式向抵押权人提供债务履行担保的行为。债务人不履行债务时，抵押权人有权依法以抵押的房地产拍卖所得的价款优先受偿。

第四十八条 依法取得的房屋所有权连同该房屋占用范围内的土地使用权，可以设定抵押权。

以出让方式取得的土地使用权，可以设定抵押权。

第四十九条 房地产抵押，应当凭土地使用权证书、房屋所有权证书办理。

第五十条 房地产抵押，抵押人和抵押权人应当签订书面抵押合同。

第五十一条 设定房地产抵押权的土地使用权是以划拨方式取得的，依法拍卖该房地产后，应当从拍卖所得的价款中缴纳相当于应缴纳的土地使用权出让金的款额后，抵押权人方可优先受偿。

第五十二条 房地产抵押合同签订后，土地上新增的房屋不属于抵押财产。需要拍卖该抵押的房地产时，可以依法将土地上新增的房屋与抵押财产一同拍卖，但对拍卖新增房屋所得，抵押权人无权优先受偿。

第五章 房地产权属登记管理

第六十条 国家实行土地使用权和房屋所有权登记发证制度。

第六十一条 以出让或者划拨方式取得土地使用权，应当向县级以上地方人民政府土地管理部门申请登记，经县级以上地方人民政府土地管理部门核实，由同级人民政府颁发土地使用权证书。

在依法取得的房地产开发用地上建成房屋的，应当凭土地使用权证书向县级以上地方人民政府房产管理部门申请登记，由县级以上地方人民政府房产管理部门核实并颁发房屋所有权证书。

房地产转让或者变更时，应当向县级以上地方人民政府房产管理部门申请房产变更登记，并凭变更后的房屋所有权证书向同级人民政府土地管理部门申请土地使用权变更登记，经同级人民政府土地管理部门核实，由同级人民政府更换或者更改土地使用权证书。

法律另有规定的，依照有关法律的规定办理。

第六章 法律责任

第六十五条 违反本法第三十条的规定，未取得营业执照擅自从事房地产开发业务的，由县级以上人民政府工商行政管理部门责令停止房地产开发业务活动，没收违法所得，可以并处罚款。

第六十六条 违反本法第三十九条第一款的规定转让土地使用权的，由县级以上人民政府土地管理部门没收违法所得，可以并处罚款。

第六十七条 违反本法第四十条第一款的规定转让房地产的，由县级以上人民政府土地管理部门责令缴纳土地使用权出让金，没收违法所得，可以并处罚款。

第六十八条 违反本法第四十五条第一款的规定预售商品房的，由县级以上人民政府房产管理部门责令停止预售活动，没收违法所得，可以并处罚款。

《中华人民共和国城市房地产管理法》部分处罚规定摘录、对比表　　　表 3.5-1

事项	处罚
违反本法第三十条的规定,未取得营业执照擅自从事房地产开发业务	责令停止房地产开发业务活动,没收违法所得,可以并处罚款
违反本法第三十九条第一款的规定转让土地使用权	没收违法所得,可以并处罚款
违反本法第四十条第一款的规定转让房地产	责令缴纳土地使用权出让金,没收违法所得,可以并处罚款
违反本法第四十五条第一款的规定预售商品房	责令停止预售活动,没收违法所得,可以并处罚款

(二)《中华人民共和国城镇国有土地使用权出让和转让暂行条例》

现行《中华人民共和国城镇国有土地使用权出让和转让暂行条例》（国务院令第55号，根据 2020 年 11 月 29 日国务院令第 732 号修订）摘录如下：

第一章 总 则

第二条 国家按照所有权与使用权分离的原则，实行城镇国有土地使用权出让、转让制度，但地下资源、埋藏物和市政公用设施除外。

前款所称城镇国有土地是指市、县城、建制镇、工矿区范围内属于全民所有的土地

（以下简称土地）。

第四条 依照本条例的规定取得土地使用权的土地使用者，其使用权在使用年限内可以转让、出租、抵押或者用于其他经济活动，合法权益受国家法律保护。

第七条 土地使用权出让、转让、出租、抵押、终止及有关的地上建筑物、其他附着物的登记，由政府土地管理部门、房产管理部门依照法律和国务院的有关规定办理。

登记文件可以公开查阅。

第二章　土地使用权出让

第八条 土地使用权出让是指国家以土地所有者的身份将土地使用权在一定年限内让与土地使用者，并由土地使用者向国家支付土地使用权出让金的行为。

土地使用权出让应当签订出让合同。

第十一条 土地使用权出让合同应当按照平等、自愿、有偿的原则，由市、县人民政府土地管理部门（以下简称出让方）与土地使用者签订。

第十二条 土地使用权出让最高年限按下列用途确定：

（一）居住用地七十年；

（二）工业用地五十年；

（三）教育、科技、文化、卫生、体育用地五十年；

（四）商业、旅游、娱乐用地四十年；

（五）综合或者其他用地五十年。

第十三条 土地使用权出让可以采取下列方式：

（一）协议；

（二）招标；

（三）拍卖。

依照前款规定方式出让土地使用权的具体程序和步骤，由省、自治区、直辖市人民政府规定。

第十四条 土地使用者应当在签订土地使用权出让合同后六十日内，支付全部土地使用权出让金。逾期未全部支付的，出让方有权解除合同，并可请求违约赔偿。

第十五条 出让方应当按照合同规定，提供出让的土地使用权。未按合同规定提供土地使用权的，土地使用者有权解除合同，并可请求违约赔偿。

第十六条 土地使用者在支付全部土地使用权出让金后，应当依照规定办理登记，领取土地使用证，取得土地使用权。

第十七条 土地使用者应当按照土地使用权出让合同的规定和城市规划的要求，开发、利用、经营土地。

未按合同规定的期限和条件开发、利用土地的，市、县人民政府土地管理部门应当予以纠正，并根据情节可以给予警告、罚款直至无偿收回土地使用权的处罚。

第十八条 土地使用者需要改变土地使用权出让合同规定的土地用途的，应当征得出让方同意并经土地管理部门和城市规划部门批准，依照本章的有关规定重新签订土地使用权出让合同，调整土地使用权出让金，并办理登记。

第三章　土地使用权转让

第十九条 土地使用权转让是指土地使用者将土地使用权再转移的行为，包括出售、交换和赠与。

未按土地使用权出让合同规定的期限和条件投资开发、利用土地的，土地使用权不得转让。

第二十条　土地使用权转让应当签订转让合同。

第二十一条　土地使用权转让时，土地使用权出让合同和登记文件中所载明的权利、义务随之转移。

第二十二条　土地使用者通过转让方式取得的土地使用权，其使用年限为土地使用权出让合同规定的使用年限减去原土地使用者已使用年限后的剩余年限。

第二十三条　土地使用权转让时，其地上建筑物、其他附着物所有权随之转让。

第二十四条　地上建筑物、其他附着物的所有人或者共有人，享有该建筑物、附着物使用范围内的土地使用权。

土地使用者转让地上建筑物、其他附着物所有权时，其使用范围内的土地使用权随之转让，但地上建筑物、其他附着物作为动产转让的除外。

第二十五条　土地使用权和地上建筑物、其他附着物所有权转让，应当依照规定办理过户登记。

土地使用权和地上建筑物、其他附着物所有权分割转让的，应当经市、县人民政府土地管理部门和房产管理部门批准，并依照规定办理过户登记。

第二十六条　土地使用权转让价格明显低于市场价格的，市、县人民政府有优先购买权。

土地使用权转让的市场价格不合理上涨时，市、县人民政府可以采取必要的措施。

第二十七条　土地使用权转让后，需要改变土地使用权出让合同规定的土地用途的，依照本条例第十八条的规定办理。

第六章　土地使用权终止

第三十九条　土地使用权因土地使用权出让合同规定的使用年限届满、提前收回及土地灭失等原因而终止。

第四十条　土地使用权期满，土地使用权及其地上建筑物、其他附着物所有权由国家无偿取得。土地使用者应当交还土地使用证，并依照规定办理注销登记。

第四十一条　土地使用权期满，土地使用者可以申请续期。需要续期的，应当依照本条例第二章的规定重新签订合同，支付土地使用权出让金，并办理登记。

第四十二条　国家对土地使用者依法取得的土地使用权不提前收回。在特殊情况下，根据社会公共利益的需要，国家可以依照法律程序提前收回，并根据土地使用者已使用的年限和开发、利用土地的实际情况给予相应的补偿。

第七章　划拨土地使用权

第四十三条　划拨土地使用权是指土地使用者通过各种方式依法无偿取得的土地使用权。

前款土地使用者应当依照《中华人民共和国城镇土地使用税暂行条例》的规定缴纳土地使用税。

第四十四条　划拨土地使用权，除本条例第四十五条规定的情况外，不得转让、出租、抵押。

第四十五条 符合下列条件的，经市、县人民政府土地管理部门和房产管理部门批准，其划拨土地使用权和地上建筑物、其他附着物所有权可以转让、出租、抵押：

（一）土地使用者为公司、企业、其他经济组织和个人；

（二）领有国有土地使用证；

（三）具有地上建筑物、其他附着物合法的产权证明；

（四）依照本条例第二章的规定签订土地使用权出让合同，向当地市、县人民政府补交土地使用权出让金或者以转让、出租、抵押所获收益抵交土地使用权出让金。

转让、出租、抵押前款划拨土地使用权的，分别依照本条例第三章、第四章和第五章的规定办理。

第四十七条 无偿取得划拨土地使用权的土地使用者，因迁移、解散、撤销、破产或者其他原因而停止使用土地的，市、县人民政府应当无偿收回其划拨土地使用权，并可依照本条例的规定予以出让。

对划拨土地使用权，市、县人民政府根据城市建设发展需要和城市规划的要求，可以无偿收回，并可依照本条例的规定予以出让。

无偿收回划拨土地使用权时，对其地上建筑物、其他附着物，市、县人民政府应当根据实际情况给予适当补偿。

第八章　附则

第四十八条 依照本条例的规定取得土地使用权的个人，其土地使用权可以继承。

第四十九条 土地使用者应当依照国家税收法规的规定纳税。

第六节　房地产开发程序

房地产开发：是指在依据《城市房地产管理法》取得国有土地使用权的土地上进行基础设施、房屋建设的行为。

土地使用权的两种取得方式：划拨和出让。

土地使用权划拨：一般是政府将土地使用权无偿交付给土地使用者使用（国家机关、军事用地、城市基础设施、公益事业用地、能源、交通、水利等），没有使用期限的限制。

土地使用权出让：房地产开发企业一般通过拍卖、招标或协议等出让方式取得土地使用权（有偿、有期限使用），按照土地使用权出让合同约定的土地用途、动工开发期限开发土地。项目设计、施工符合国家有关标准和规范。项目竣工经验收合格后交付使用。

一、项目建议书

项目建议书（又称立项申请书）是项目筹建单位向主管部门上报的对一个新建、扩建项目的建议性文件。它一般发生在项目早期，项目建设条件还不够成熟，需要进行市场调研、论述项目建设的必要性和可能性，对重要技术经济指标等作分析，供建设审批部门作出初步决策。

二、可行性研究

可行性研究是在项目建议书获得批准后，通过市场分析、技术分析、投资估算、财务效益分析等，对建设项目的技术可行性与经济合理性进行的综合评价。

三、建设用地规划许可证

建设用地规划许可证由用地单位持国家批准建设项目的有关文件和规划设计总图，向城市规划行政主管部门提出申请。

建设用地规划许可证包括标有建设用地具体界限的附图和明确具体规划要求的附件。

现行《中华人民共和国城乡规划法》摘录如下：

第三十八条　在城市、镇规划区内以出让方式提供国有土地使用权的，在国有土地使用权出让前，城市、县人民政府城乡规划主管部门应当依据控制性详细规划，提出出让地块的位置、使用性质、开发强度等规划条件，作为国有土地使用权出让合同的组成部分。未确定规划条件的地块，不得出让国有土地使用权。

以出让方式取得国有土地使用权的建设项目，建设单位在取得建设项目的批准、核准、备案文件和签订国有土地使用权出让合同后，向城市、县人民政府城乡规划主管部门领取建设用地规划许可证。

城市、县人民政府城乡规划主管部门不得在建设用地规划许可证中，擅自改变作为国有土地使用权出让合同组成部分的规划条件。

四、土地使用权证书

现行《中华人民共和国城镇国有土地使用权出让和转让暂行条例》摘录如下：

第十二条　土地使用权出让最高年限按下列用途确定：

（一）居住用地七十年；

（二）工业用地五十年；

（三）教育、科技、文化、卫生、体育用地五十年；

（四）商业、旅游、娱乐用地四十年；

（五）综合或者其他用地五十年。

第十三条　土地使用权出让可以采取下列方式：

（一）协议；

（二）招标；

（三）拍卖。

依照前款规定方式出让土地使用权的具体程序和步骤，由省、自治区、直辖市人民政府规定。

五、图纸设计及审查

图纸设计阶段包含方案设计、扩初设计、施工图设计。设计文件编制要求和规定见前面章节。

图纸相关审查（根据地方主管部门的要求会有差异）一般有方案设计审批、人防设计要点（人防征询单）、扩初设计审批、超限专项审查、施工图审查、装配式专项技术认定、消防审查、绿色建筑审查、面积测绘等。

六、建设工程规划许可证

按照城市规划行政主管部门对前阶段设计文件的审查意见完成施工图设计工作后，可申报办理建设工程规划许可证。

七、建设工程招标

房地产开发企业对拟建的工程发布招标信息，吸引施工企业参与投标并通过法定的程序从中选择条件优越者承建工程。

八、施工许可证

现行《中华人民共和国建筑法》摘录如下：

第七条　建筑工程开工前，建设单位应当按照国家有关规定向工程所在地县级以上人民政府建设行政主管部门申请领取施工许可证；但是，国务院建设行政主管部门确定的限额以下的小型工程除外。

按照国务院规定的权限和程序批准开工报告的建筑工程，不再领取施工许可证。

第八条　申请领取施工许可证，应当具备下列条件：

（一）已经办理该建筑工程用地批准手续；

（二）依法应当办理建设工程规划许可证的，已经取得建设工程规划许可证；

（三）需要拆迁的，其拆迁进度符合施工要求；

（四）已经确定建筑施工企业；

（五）有满足施工需要的资金安排、施工图纸及技术资料；

（六）有保证工程质量和安全的具体措施。

建设行政主管部门应当自收到申请之日起七日内，对符合条件的申请颁发施工许可证。

第九条　建设单位应当自领取施工许可证之日起三个月内开工。因故不能按期开工的，应当向发证机关申请延期；延期以两次为限，每次不超过三个月。既不开工又不申请延期或者超过延期时限的，施工许可证自行废止。

九、商品房预售许可证

商品房预售是指房地产开发企业将正在建设中的房屋预先出售给承购人，由承购人支付定金或房价款的行为。

现行《城市商品房预售管理办法》（根据 2004 年 7 月 20 日建设部令第 131 号修订）摘录如下：

第六条　商品房预售实行许可制度。开发企业进行商品房预售，应当向房地产管理部门申请预售许可，取得《商品房预售许可证》。

未取得《商品房预售许可证》的，不得进行商品房预售。

第七条　开发企业申请预售许可，应当提交下列证件（复印件）及资料：

（一）商品房预售许可申请表；

（二）开发企业的《营业执照》和资质证书；

（三）土地使用权证、建设工程规划许可证、施工许可证；

（四）投入开发建设的资金占工程建设总投资的比例符合规定条件的证明；

（五）工程施工合同及关于施工进度的说明；

（六）商品房预售方案。预售方案应当说明预售商品房的位置、面积、竣工交付日期等内容，并应当附预售商品房分层平面图。

现行《中华人民共和国城市房地产管理法》摘录如下：

第四十五条　商品房预售，应当符合下列条件：

（一）已交付全部土地使用权出让金，取得土地使用权证书；

（二）持有建设工程规划许可证；

（三）按提供预售的商品房计算，投入开发建设的资金达到工程建设总投资的百分之二十五以上，并已经确定施工进度和竣工交付日期；

（四）向县级以上人民政府房产管理部门办理预售登记，取得商品房预售许可证明。

商品房预售人应当按照国家有关规定将预售合同报县级以上人民政府房产管理部门和土地管理部门登记备案。

商品房预售所得款项，必须用于有关的工程建设。

商品房销售（预售）时，房地产开发企业应当向顾客出示以下证件：

（1）建设用地规划许可证；

（2）国有土地使用证；

（3）建设工程规划许可证；

（4）施工许可证；

（5）商品房销售许可证（商品房预售许可证）。

十、验收

验收包含分部工程验收、专项验收（如规划验收、消防验收、人防验收、节能验收等）和竣工验收。

竣工验收是建设工程项目施工完成后，由主管部门会同建设、勘察、设计、施工、监理五方责任主体，以及设备供应等单位，对项目是否符合审批及设计要求、施工和设备安装质量满足验收标准等全面检验的活动。

现行《中华人民共和国建筑法》摘录如下：

第六十一条　交付竣工验收的建筑工程，必须符合规定的建筑工程质量标准，有完整的工程技术经济资料和经签署的工程保修书，并具备国家规定的其他竣工条件。

建筑工程竣工经验收合格后，方可交付使用；未经验收或者验收不合格的，不得交付使用。

现行《建设工程质量管理条例》摘录如下：

第十六条　建设单位收到建设工程竣工报告后，应当组织设计、施工、工程监理等有关单位进行竣工验收。

建设工程竣工验收应当具备下列条件：

（一）完成建设工程设计和合同约定的各项内容；

（二）有完整的技术档案和施工管理资料；

（三）有工程使用的主要建筑材料、建筑构配件和设备的进场试验报告；

（四）有勘察、设计、施工、工程监理等单位分别签署的质量合格文件；

（五）有施工单位签署的工程保修书。

建设工程经验收合格的，方可交付使用。

第四十九条 建设单位应当自建设工程竣工验收合格之日起 15 日内，将建设工程竣工验收报告和规划、公安消防、环保等部门出具的认可文件或者准许使用文件报建设行政主管部门或者其他有关部门备案。

建设行政主管部门或者其他有关部门发现建设单位在竣工验收过程中有违反国家有关建设工程质量管理规定行为的，责令停止使用，重新组织竣工验收。

十一、前期物业管理

现行《物业管理条例》（国务院令第 379 号发布，根据 2018 年 3 月 19 日国务院令第 698 号修订）摘录如下：

第二条 本条例所称物业管理，是指业主通过选聘物业服务企业，由业主和物业服务企业按照物业服务合同约定，对房屋及配套的设施设备和相关场地进行维修、养护、管理，维护物业管理区域内的环境卫生和相关秩序的活动。

第二十一条 在业主、业主大会选聘物业服务企业之前，建设单位选聘物业服务企业的，应当签订书面的前期物业服务合同。

第二十二条 建设单位应当在销售物业之前，制定临时管理规约，对有关物业的使用、维护、管理，业主的共同利益，业主应当履行的义务，违反临时管理规约应当承担的责任等事项依法作出约定。

建设单位制定的临时管理规约，不得侵害物业买受人的合法权益。

第二十三条 建设单位应当在物业销售前将临时管理规约向物业买受人明示，并予以说明。

物业买受人在与建设单位签订物业买卖合同时，应当对遵守临时管理规约予以书面承诺。

第二十八条 物业服务企业承接物业时，应当对物业共用部位、共用设施设备进行查验。

第二十九条 在办理物业承接验收手续时，建设单位应当向物业服务企业移交下列资料：

（一）竣工总平面图，单体建筑、结构、设备竣工图，配套设施、地下管网工程竣工图等竣工验收资料；

（二）设施设备的安装、使用和维护保养等技术资料；

（三）物业质量保修文件和物业使用说明文件；

（四）物业管理所必需的其他资料。

物业服务企业应当在前期物业服务合同终止时将上述资料移交给业主委员会。

第三十条 建设单位应当按照规定在物业管理区域内配置必要的物业管理用房。

第七节　工程监理相关规定

工程监理是工程监理单位受建设单位委托，根据法律法规、工程建设标准、勘察设计文件及合同，在施工阶段对建设工程质量、进度、造价进行控制，对合同、信息进行管理，对工程建设相关方的关系进行协调，并履行建设工程安全生产管理法定职责的服务活动。（"三控制、两管理、一协调"）

一、建筑工程监理的实施规定

现行《中华人民共和国建筑法》相关规定摘录如下：

第三十条　国家推行建筑工程监理制度。国务院可以规定实行强制监理的建筑工程的范围。

第三十一条　实行监理的建筑工程，由建设单位委托具有相应资质条件的工程监理单位监理。建设单位与其委托的工程监理单位应当订立书面委托监理合同。

第三十二条　建筑工程监理应当依照法律、行政法规及有关的技术标准、设计文件和建筑工程承包合同，对承包单位在施工质量、建设工期和建设资金使用等方面，代表建设单位实施监督。

工程监理人员认为工程施工不符合工程设计要求、施工技术标准和合同约定的，有权要求建筑施工企业改正。

工程监理人员发现工程设计不符合建筑工程质量标准或者合同约定的质量要求的，应当报告建设单位要求设计单位改正。

第三十三条　实施建筑工程监理前，建设单位应当将委托的工程监理单位、监理的内容及监理权限，书面通知被监理的建筑施工企业。

第三十四条　工程监理单位应当在其资质等级许可的监理范围内，承担工程监理业务。

工程监理单位应当根据建设单位的委托，客观、公正地执行监理任务。

工程监理单位与被监理工程的承包单位以及建筑材料、建筑构配件和设备供应单位不得有隶属关系或者其他利害关系。

工程监理单位不得转让工程监理业务。

第三十五条　工程监理单位不按照委托监理合同的约定履行监理义务，对应当监督检查的项目不检查或者不按照规定检查，给建设单位造成损失的，应当承担相应的赔偿责任。

工程监理单位与承包单位串通，为承包单位谋取非法利益，给建设单位造成损失的，应当与承包单位承担连带赔偿责任。

现行《**建设工程质量管理条例**》相关规定摘录如下：

第三十四条　工程监理单位应当依法取得相应等级的资质证书，并在其资质等级许可的范围内承担工程监理业务。

禁止工程监理单位超越本单位资质等级许可的范围或者以其他工程监理单位的名义承担工程监理业务。禁止工程监理单位允许其他单位或者个人以本单位的名义承担工程监理业务。

工程监理单位不得转让工程监理业务。

第三十五条 工程监理单位与被监理工程的施工承包单位以及建筑材料、建筑构配件和设备供应单位有隶属关系或者其他利害关系的，不得承担该项建设工程的监理业务。

第三十六条 工程监理单位应当依照法律、法规以及有关技术标准、设计文件和建设工程承包合同，代表建设单位对施工质量实施监理，并对施工质量承担监理责任。

第三十七条 工程监理单位应当选派具备相应资格的总监理工程师和监理工程师进驻施工现场。

未经监理工程师签字，建筑材料、建筑构配件和设备不得在工程上使用或者安装，施工单位不得进行下一道工序的施工。未经总监理工程师签字，建设单位不拨付工程款，不进行竣工验收。

第三十八条 监理工程师应当按照工程监理规范的要求，采取旁站、巡视和平行检验等形式，对建设工程实施监理。

现行《建设工程监理范围和规模标准规定》（建设部令第86号）摘录如下：

第二条 下列建设工程必须实行监理：

（一）国家重点建设工程；

（二）大中型公用事业工程；

（三）成片开发建设的住宅小区工程；

（四）利用外国政府或者国际组织贷款、援助资金的工程；

（五）国家规定必须实行监理的其他工程。

第三条 国家重点建设工程，是指依据《国家重点建设项目管理办法》所确定的对国民经济和社会发展有重大影响的骨干项目。

第四条 大中型公用事业工程，是指项目总投资额在3000万元以上的下列工程项目：

（一）供水、供电、供气、供热等市政工程项目；

（二）科技、教育、文化等项目；

（三）体育、旅游、商业等项目；

（四）卫生、社会福利等项目；

（五）其他公用事业项目。

第五条 成片开发建设的住宅小区工程，建筑面积在5万平方米以上的住宅建设工程必须实行监理；5万平方米以下的住宅建设工程，可以实行监理，具体范围和规模标准，由省、自治区、直辖市人民政府建设行政主管部门规定。

为了保证住宅质量，对高层住宅及地基、结构复杂的多层住宅应当实行监理。

第六条 利用外国政府或者国际组织贷款、援助资金的工程范围包括：

（一）使用世界银行、亚洲开发银行等国际组织贷款资金的项目；

（二）使用国外政府及其机构贷款资金的项目；

（三）使用国际组织或者国外政府援助资金的项目。

第七条 国家规定必须实行监理的其他工程是指：

（一）项目总投资额在3000万元以上关系社会公共利益、公众安全的下列基础设施项目：

（1）煤炭、石油、化工、天然气、电力、新能源等项目；

（2）铁路、公路、管道、水运、民航以及其他交通运输业等项目；

（3）邮政、电信枢纽、通信、信息网络等项目；

（4）防洪、灌溉、排涝、发电、引（供）水、滩涂治理、水资源保护、水土保持等水利建设项目；

（5）道路、桥梁、地铁和轻轨交通、污水排放及处理、垃圾处理、地下管道、公共停车场等城市基础设施项目；

（6）生态环境保护项目；

（7）其他基础设施项目。

（二）学校、影剧院、体育场馆项目。

二、监理单位的资质与许可的业务范围

现行《**工程监理企业资质管理规定**》（建设部令第 158 号，根据 2018 年 12 月 22 日住房和城乡建设部令第 45 号修订）摘录如下：

第六条 工程监理企业资质分为综合资质、专业资质和事务所资质。其中，专业资质按照工程性质和技术特点划分为若干工程类别。

综合资质、事务所资质不分级别。专业资质分为甲级、乙级；其中，房屋建筑、水利水电、公路和市政公用专业资质可设立丙级。

第八条 工程监理企业资质相应许可的业务范围如下：

（一）综合资质

可以承担所有专业工程类别建设工程项目的工程监理业务。

（二）专业资质

1. 专业甲级资质

可承担相应专业工程类别建设工程项目的工程监理业务。

2. 专业乙级资质：

可承担相应专业工程类别二级以下（含二级）建设工程项目的工程监理业务。

3. 专业丙级资质：

可承担相应专业工程类别三级建设工程项目的工程监理业务。

（三）事务所资质

可承担三级建设工程项目的工程监理业务，但是，国家规定必须实行强制监理的工程除外。

工程监理企业可以开展相应类别建设工程的项目管理、技术咨询等业务。

三、监理的工作要求

《**建设工程监理规范**》GB/T50319—2013 摘录如下：

1 总 则

1.0.3 实施建设工程监理前，建设单位应委托具有相应资质的工程监理单位，并以书面形式与工程监理单位订立建设工程监理合同，合同中应包括监理工作的范围、内容、服务期限和酬金，以及双方的义务、违约责任等相关条款。

在订立建设工程监理合同时，建设单位将勘察、设计、保修阶段等相关服务一并委托

的，应在合同中明确相关服务的工作范围、内容、服务期限和酬金等相关条款。

1.0.5　在建设工程监理工作范围内，建设单位与施工单位之间涉及施工合同的联系活动，应通过工程监理单位进行。

1.0.6　实施建设工程监理应遵循下列主要依据：

　　1　法律法规及工程建设标准；

　　2　建设工程勘察设计文件；

　　3　建设工程监理合同及其他合同文件。

3　项目监理机构及其设施

3.1.1　工程监理单位实施监理时，应在施工现场派驻项目监理机构。项目监理机构的组织形式和规模，可根据建设工程监理合同约定的服务内容、服务期限，以及工程特点、规模、技术复杂程度、环境等因素确定。

3.1.2　项目监理机构的监理人员应由总监理工程师、专业监理工程师和监理员组成，且专业配套、数量应满足建设工程监理工作需要，必要时可设总监理工程师代表。

4　监理规划及监理实施细则

4.1.1　监理规划应结合工程实际情况，明确项目监理机构的工作目标，确定具体的监理工作制度、内容、程序、方法和措施。

4.1.2　监理实施细则应符合监理规划的要求，并应具有可操作性。

5　工程质量、造价、进度控制及安全生产管理的监理工作

5.1　一般规定

5.1.1　项目监理机构应根据建设工程监理合同约定，遵循动态控制原理，坚持预防为主的原则，制定和实施相应的监理措施，采用旁站、巡视和平行检验等方式对建设工程实施监理。

5.1.2　监理人员应熟悉工程设计文件，并应参加建设单位主持的图纸会审和设计交底会议，会议纪要应由总监理工程师签认。

5.1.3　工程开工前，监理人员应参加由建设单位主持召开的第一次工地会议，会议纪要应由项目监理机构负责整理，与会各方代表应会签。

5.1.4　项目监理机构应定期召开监理例会，并组织有关单位研究解决与监理相关的问题。项目监理机构可根据工程需要，主持或参加专题会议，解决监理工作范围内工程专项问题。

　　监理例会以及由项目监理机构主持召开的专题会议的会议纪要，应由项目监理机构负责整理，与会各方代表应会签。

5.1.5　项目监理机构应协调工程建设相关方的关系。项目监理机构与工程建设相关方之间的工作联系，除另有规定外宜采用工作联系单形式进行。

5.1.6　项目监理机构应审查施工单位报审的施工组织设计，符合要求时，应由总监理工程师签认后报建设单位。项目监理机构应要求施工单位按已批准的施工组织设计组织施工。施工组织设计需要调整时，项目监理机构应按程序重新审查。

　　施工组织设计审查应包括下列基本内容：

　　1　编审程序应符合相关规定。

　　2　施工进度、施工方案及工程质量保证措施应符合施工合同要求。

3　资金、劳动力、材料、设备等资源供应计划应满足工程施工需要。

4　安全技术措施应符合工程建设强制性标准。

5　施工总平面布置应科学合理。

5.2　工程质量控制

5.2.1　工程开工前，项目监理机构应审查施工单位现场的质量管理组织机构、管理制度及专职管理人员和特种作业人员的资格。

5.2.2　总监理工程师应组织专业监理工程师审查施工单位报审的施工方案，并应符合要求后予以签认。

施工方案审查应包括下列基本内容：

1　编审程序应符合相关规定。

2　工程质量保证措施应符合有关标准。

5.2.4　专业监理工程师应审查施工单位报送的新材料、新工艺、新技术、新设备的质量认证材料和相关验收标准的适用性，必要时，应要求施工单位组织专题论证，审查合格后报总监理工程师签认。

5.3　工程造价控制

5.3.1　项目监理机构应按下列程序进行工程计量和付款签证：

1　专业监理工程师对施工单位在工程款支付报审表中提交的工程量和支付金额进行复核，确定实际完成的工程量，提出到期应支付给施工单位的金额，并提出相应的支持性材料。

2　总监理工程师对专业监理工程师的审查意见进行审核，签认后报建设单位审批。

3　总监理工程师根据建设单位的审批意见，向施工单位签发工程款支付证书。

5.3.4　项目监理机构应按下列程序进行竣工结算款审核：

1　专业监理工程师审查施工单位提交的竣工结算款支付申请，提出审查意见。

2　总监理工程师对专业监理工程师的审查意见进行审核，签认后报建设单位审批，同时抄送施工单位，并就工程竣工结算事宜与建设单位、施工单位协商；达成一致意见的，根据建设单位审批意见向施工单位签发竣工结算款支付证书；不能达成一致意见的，应按施工合同约定处理。

5.4　工程进度控制

5.4.1　项目监理机构应审查施工单位报审的施工总进度计划和阶段性施工进度计划，提出审查意见，并应由总监理工程师审核后报建设单位。

施工进度计划审查应包括下列基本内容：

1　施工进度计划应符合施工合同中工期的约定。

2　施工进度计划中主要工程项目无遗漏，应满足分批投入试运、分批动用的需要，阶段性施工进度计划应满足总进度控制目标的要求。

3　施工顺序的安排应符合施工工艺要求。

4　施工人员、工程材料、施工机械等资源供应计划应满足施工进度计划的需要。

5　施工进度计划应符合建设单位提供的资金、施工图纸、施工场地、物资等施工条件。

5.4.3　项目监理机构应检查施工进度计划的实施情况，发现实际进度严重滞后于计划进度且影响合同工期时，应签发监理通知单，要求施工单位采取调整措施加快施工进度。总监理工程师应向建设单位报告工期延误风险。

5.5 安全生产管理的监理工作

5.5.1 项目监理机构应根据法律法规、工程建设强制性标准，履行建设工程安全生产管理的监理职责；并应将安全生产管理的监理工作内容、方法和措施纳入监理规划及监理实施细则。

5.5.6 项目监理机构在实施监理过程中，发现工程存在安全事故隐患时，应签发监理通知单，要求施工单位整改；情况严重时，应签发工程暂停令，并应及时报告建设单位。施工单位拒不整改或不停止施工时，项目监理机构应及时向有关主管部门报送监理报告。

6 工程变更、索赔及施工合同争议

6.1 一般规定

6.1.1 项目监理机构应依据建设工程监理合同约定进行施工合同管理，处理工程暂停及复工、工程变更、索赔及施工合同争议、解除等事宜。

6.2 工程暂停及复工

6.2.2 项目监理机构发现下列情况之一时，总监理工程师应及时签发工程暂停令：

1 建设单位要求暂停施工且工程需要暂停施工的。

2 施工单位未经批准擅自施工或拒绝项目监理机构管理的。

3 施工单位未按审查通过的工程设计文件施工的。

4 施工单位违反工程建设强制性标准的。

5 施工存在重大质量、安全事故隐患或发生质量、安全事故的。

6.2.5 总监理工程师应会同有关各方按施工合同约定，处理因工程暂停引起的与工期、费用有关的问题。

6.2.6 因施工单位原因暂停施工时，项目监理机构应检查、验收施工单位的停工整改过程、结果。

6.2.7 当暂停施工原因消失、具备复工条件时，施工单位提出复工申请的，项目监理机构应审查施工单位报送的复工报审表及有关材料，符合要求后，总监理工程师应及时签署审查意见，并应报建设单位批准后签发工程复工令；施工单位未提出复工申请的，总监理工程师应根据工程实际情况指令施工单位恢复施工。

6.3 工程变更

6.3.1 项目监理机构可按下列程序处理施工单位提出的工程变更：

1 总监理工程师组织专业监理工程师审查施工单位提出的工程变更申请，提出审查意见。对涉及工程设计文件修改的工程变更，应由建设单位转交原设计单位修改工程设计文件。必要时，项目监理机构应建议建设单位组织设计、施工等单位召开论证工程设计文件的修改方案的专题会议。

2 总监理工程师组织专业监理工程师对工程变更费用及工期影响作出评估。

3 总监理工程师组织建设单位、施工单位等共同协商确定工程变更费用及工期变化，会签工程变更单。

4 项目监理机构根据批准的工程变更文件监督施工单位实施工程变更。

四、监理工程师注册要求

项目监理机构的负责人，须由注册监理工程师担任。

注册监理工程师：参加国务院人事和建设主管部门组织的全国统一考试或考核认定，获得《中华人民共和国监理工程师资格证书》，并经国务院建设主管部门注册，获得《中华人民共和国注册监理工程师注册执业证书》和执业印章，从事建设工程监理与相关服务等工程管理活动的人员。

第八节　施工招标管理和施工阶段合同管理

一、建筑工程施工招标管理规定

现行《中华人民共和国建筑法》对"发包"与"承包"的规定见本书本章第一节"与工程勘察设计相关的法规"第三项"工程勘察设计的常用法规"第（三）款"建设工程勘察设计发包与承包"中相关摘录。

现行《必须招标的工程项目规定》见本书本章第一节"与工程勘察设计相关的法规"第三项"工程勘察设计的常用法规"第（四）款"必须招标的工程项目规定"中相关摘录。

现行《房屋建筑和市政基础设施工程施工招标投标管理办法》（根据 2019 年 3 月 13 日住房和城乡建设部令第 47 号修改）摘录如下：

第一章　总　则

第一条　为了规范房屋建筑和市政基础设施工程施工招标投标活动，维护招标投标当事人的合法权益，依据《中华人民共和国建筑法》《中华人民共和国招标投标法》等法律、行政法规，制定本办法。

第二条　依法必须进行招标的房屋建筑和市政基础设施工程（以下简称工程），其施工招标投标活动，适用本办法。

本办法所称房屋建筑工程，是指各类房屋建筑及其附属设施和与其配套的线路、管道、设备安装工程及室内外装修工程。

本办法所称市政基础设施工程，是指城市道路、公共交通、供水、排水、燃气、热力、园林、环卫、污水处理、垃圾处理、防洪、地下公共设施及附属设施的土建、管道、设备安装工程。

第三条　国务院建设行政主管部门负责全国工程施工招标投标活动的监督管理。

县级以上地方人民政府建设行政主管部门负责本行政区域内工程施工招标投标活动的监督管理。具体的监督管理工作，可以委托工程招标投标监督管理机构负责实施。

第四条　任何单位和个人不得违反法律、行政法规规定，限制或者排斥本地区、本系统以外的法人或者其他组织参加投标，不得以任何方式非法干涉施工招标投标活动。

第五条　施工招标投标活动及其当事人应当依法接受监督。

建设行政主管部门依法对施工招标投标活动实施监督，查处施工招标投标活动中的违法行为。

第二章 招 标

第六条 工程施工招标由招标人依法组织实施。招标人不得以不合理条件限制或者排斥潜在投标人，不得对潜在投标人实行歧视待遇，不得对潜在投标人提出与招标工程实际要求不符的过高的资质等级要求和其他要求。

第七条 工程施工招标应当具备下列条件：

（一）按照国家有关规定需要履行项目审批手续的，已经履行审批手续；

（二）工程资金或者资金来源已经落实；

（三）有满足施工招标需要的设计文件及其他技术资料；

（四）法律、法规、规章规定的其他条件。

第八条 工程施工招标分为公开招标和邀请招标。

依法必须进行施工招标的工程，全部使用国有资金投资或者国有资金投资占控股或者主导地位的，应当公开招标，但经国家计委或者省、自治区、直辖市人民政府依法批准可以进行邀请招标的重点建设项目除外；其他工程可以实行邀请招标。

第九条 工程有下列情形之一的，经县级以上地方人民政府建设行政主管部门批准，可以不进行施工招标：

（一）停建或者缓建后恢复建设的单位工程，且承包人未发生变更的；

（二）施工企业自建自用的工程，且该施工企业资质等级符合工程要求的；

（三）在建工程追加的附属小型工程或者主体加层工程，且承包人未发生变更的；

（四）法律、法规、规章规定的其他情形。

第十条 依法必须进行施工招标的工程，招标人自行办理施工招标事宜的，应当具有编制招标文件和组织评标的能力：

（一）有专门的施工招标组织机构；

（二）有与工程规模、复杂程度相适应并具有同类工程施工招标经验、熟悉有关工程施工招标法律法规的工程技术、概预算及工程管理的专业人员。

不具备上述条件的，招标人应当委托工程招标代理机构代理施工招标。

第十一条 招标人自行办理施工招标事宜的，应当在发布招标公告或者发出投标邀请书的 5 日前，向工程所在地县级以上地方人民政府建设行政主管部门备案，并报送下列材料：

（一）按照国家有关规定办理审批手续的各项批准文件；

（二）本办法第十条所列条件的证明材料，包括专业技术人员的名单、职称证书或者执业资格证书及其工作经历的证明材料；

（三）法律、法规、规章规定的其他材料。

招标人不具备自行办理施工招标事宜条件的，建设行政主管部门应当自收到备案材料之日起 5 日内责令招标人停止自行办理施工招标事宜。

第十二条 全部使用国有资金投资或者国有资金投资占控股或者主导地位，依法必须进行施工招标的工程项目，应当进入有形建筑市场进行招标投标活动。

政府有关管理机关可以在有形建筑市场集中办理有关手续，并依法实施监督。

第十三条 依法必须进行施工公开招标的工程项目，应当在国家或者地方指定的报刊、信息网络或者其他媒介上发布招标公告，并同时在中国工程建设和建筑业信息网上发布招标公告。

招标公告应当载明招标人的名称和地址，招标工程的性质、规模、地点以及获取招标文件的办法等事项。

第十四条 招标人采用邀请招标方式的，应当向 3 个以上符合资质条件的施工企业发出投标邀请书。

投标邀请书应当载明本办法第十三条第二款规定的事项。

第十五条 招标人可以根据招标工程的需要，对投标申请人进行资格预审，也可以委托工程招标代理机构对投标申请人进行资格预审。实行资格预审的招标工程，招标人应当在招标公告或者投标邀请书中载明资格预审的条件和获取资格预审文件的办法。

资格预审文件一般应当包括资格预审申请书格式、申请人须知，以及需要投标申请人提供的企业资质、业绩、技术装备、财务状况和拟派出的项目经理与主要技术人员的简历、业绩等证明材料。

第十六条 经资格预审后，招标人应当向资格预审合格的投标申请人发出资格预审合格通知书，告知获取招标文件的时间、地点和方法，并同时向资格预审不合格的投标申请人告知资格预审结果。

在资格预审合格的投标申请人过多时，可以由招标人从中选择不少于 7 家资格预审合格的投标申请人。

第十七条 招标人应当根据招标工程的特点和需要，自行或者委托工程招标代理机构编制招标文件。招标文件应当包括下列内容：

（一）投标须知，包括工程概况，招标范围，资格审查条件，工程资金来源或者落实情况，标段划分，工期要求，质量标准，现场踏勘和答疑安排，投标文件编制、提交、修改、撤回的要求，投标报价要求，投标有效期，开标的时间和地点，评标的方法和标准等；

（二）招标工程的技术要求和设计文件；

（三）采用工程量清单招标的，应当提供工程量清单；

（四）投标函的格式及附录；

（五）拟签订合同的主要条款；

（六）要求投标人提交的其他材料。

第十八条 依法必须进行施工招标的工程，招标人应当在招标文件发出的同时，将招标文件报工程所在地的县级以上地方人民政府建设行政主管部门备案，但实施电子招标投标的项目除外。建设行政主管部门发现招标文件有违反法律、法规内容的，应当责令招标人改正。

第十九条 招标人对已发出的招标文件进行必要的澄清或者修改的，应当在招标文件要求提交投标文件截止时间至少 15 日前，以书面形式通知所有招标文件收受人，并同时报工程所在地的县级以上地方人民政府建设行政主管部门备案，但实施电子招标投标的项目除外。该澄清或者修改的内容为招标文件的组成部分。

第二十条 招标人设有标底的，应当依据国家规定的工程量计算规则及招标文件规定的计价方法和要求编制标底，并在开标前保密。一个招标工程只能编制一个标底。

第二十一条 招标人对于发出的招标文件可以酌收工本费。其中的设计文件，招标人可以酌收押金。对于开标后将设计文件退还的，招标人应当退还押金。

第三章 投 标

第二十二条 施工招标的投标人是响应施工招标、参与投标竞争的施工企业。

投标人应当具备相应的施工企业资质，并在工程业绩、技术能力、项目经理资格条件、财务状况等方面满足招标文件提出的要求。

第二十三条 投标人对招标文件有疑问需要澄清的，应当以书面形式向招标人提出。

第二十四条 投标人应当按照招标文件的要求编制投标文件，对招标文件提出的实质性要求和条件作出响应。

招标文件允许投标人提供备选标的，投标人可以按照招标文件的要求提交替代方案，并作出相应报价作备选标。

第二十五条 投标文件应当包括下列内容：

（一）投标函；

（二）施工组织设计或者施工方案；

（三）投标报价；

（四）招标文件要求提供的其他材料。

第二十六条 招标人可以在招标文件中要求投标人提交投标担保。投标担保可以采用投标保函或者投标保证金的方式。投标保证金可以使用支票、银行汇票等，一般不得超过投标总价的 2%，最高不得超过 50 万元。

投标人应当按照招标文件要求的方式和金额，将投标保函或者投标保证金随投标文件提交招标人。

第二十七条 投标人应当在招标文件要求提交投标文件的截止时间前，将投标文件密封送达投标地点。招标人收到投标文件后，应当向投标人出具标明签收人和签收时间的凭证，并妥善保存投标文件。在开标前，任何单位和个人均不得开启投标文件。在招标文件要求提交投标文件的截止时间后送达的投标文件，为无效的投标文件，招标人应当拒收。

提交投标文件的投标人少于 3 个的，招标人应当依法重新招标。

第二十八条 投标人在招标文件要求提交投标文件的截止时间前，可以补充、修改或者撤回已提交的投标文件。补充、修改的内容为投标文件的组成部分，并应当按照本办法第二十七条第一款的规定送达、签收和保管。在招标文件要求提交投标文件的截止时间后送达的补充或者修改的内容无效。

第二十九条 两个以上施工企业可以组成一个联合体，签订共同投标协议，以一个投标人的身份共同投标。联合体各方均应当具备承担招标工程的相应资质条件。相同专业的施工企业组成的联合体，按照资质等级低的施工企业的业务许可范围承揽工程。

招标人不得强制投标人组成联合体共同投标，不得限制投标人之间的竞争。

第三十条 投标人不得相互串通投标，不得排挤其他投标人的公平竞争，损害招标人或者其他投标人的合法权益。

投标人不得与招标人串通投标，损害国家利益、社会公共利益或者他人的合法权益。

禁止投标人以向招标人或者评标委员会成员行贿的手段谋取中标。

第三十一条 投标人不得以低于其企业成本的报价竞标，不得以他人名义投标或者以其他方式弄虚作假，骗取中标。

二、施工阶段合同管理

(一) 合同管理规定

现行《中华人民共和国民法典》第三编"合同"见本书本章第一节"与工程勘察设计相关的法规"第三项"工程勘察设计的常用法规"第（七）款"合同"第1点相关摘录。

(二) 建设工程合同

现行《中华人民共和国民法典》第三编"合同"第十八章"建设工程合同"见本书本章第一节"与工程勘察设计相关的法规"第三项"工程勘察设计的常用法规"第（七）款"合同"第2点相关摘录。

住房和城乡建设部、工商总局2017年9月22日印发的《建设工程施工合同（示范文本）》（GF-2017-0201）包含如下内容：

(1) 合同协议书：主要包括工程概况、合同工期、质量标准、签约合同价和合同价格形式、项目经理、合同文件构成、承诺以及合同生效条件等重要内容，集中约定了合同当事人基本的合同权利义务。

(2) 通用合同条款：具体条款分别为：一般约定、发包人、承包人、监理人、工程质量、安全文明施工与环境保护、工期和进度、材料与设备、试验与检验、变更、价格调整、合同价格、计量与支付、验收和工程试车、竣工结算、缺陷责任与保修、违约、不可抗力、保险、索赔和争议解决。前述条款安排既考虑了现行法律法规对工程建设的有关要求，也考虑了建设工程施工管理的特殊需要。

(3) 专用合同条款：专用合同条款是对通用合同条款原则性约定的细化、完善、补充、修改或另行约定的条款。合同当事人可以根据不同建设工程的特点及具体情况，通过双方的谈判、协商对相应的专用合同条款进行修改补充。

第二部分通用合同条款，摘录如下：

1. 一般约定

1.1　词语定义与解释

1.1.1　合同

1.1.1.6　技术标准和要求：是指构成合同的施工应当遵守的或指导施工的国家、行业或地方的技术标准和要求，以及合同约定的技术标准和要求。

1.1.1.7　图纸：是指构成合同的图纸，包括由发包人按照合同约定提供或经发包人批准的设计文件、施工图、鸟瞰图及模型等，以及在合同履行过程中形成的图纸文件。图纸应当按照法律规定审查合格。

1.1.1.8　已标价工程量清单：是指构成合同的由承包人按照规定的格式和要求填写并标明价格的工程量清单，包括说明和表格。

1.1.1.9　预算书：是指构成合同的由承包人按照发包人规定的格式和要求编制的工程预算文件。

1.1.2　合同当事人及其他相关方

1.1.2.2　发包人：是指与承包人签订合同协议书的当事人及取得该当事人资格的合法继承人。

1.1.2.3　承包人：是指与发包人签订合同协议书的，具有相应工程施工承包资质的当事人及取得该当事人资格的合法继承人。

1.1.2.4　监理人：是指在专用合同条款中指明的，受发包人委托按照法律规定进行工程监督管理的法人或其他组织。

1.1.2.5　设计人：是指在专用合同条款中指明的，受发包人委托负责工程设计并具备相应工程设计资质的法人或其他组织。

1.1.2.6　分包人：是指按照法律规定和合同约定，分包部分工程或工作，并与承包人签订分包合同的具有相应资质的法人。

1.1.2.7　发包人代表：是指由发包人任命并派驻施工现场在发包人授权范围内行使发包人权利的人。

1.1.2.8　项目经理：是指由承包人任命并派驻施工现场，在承包人授权范围内负责合同履行，且按照法律规定具有相应资格的项目负责人。

1.1.2.9　总监理工程师：是指由监理人任命并派驻施工现场进行工程监理的总负责人。

1.1.3　工程和设备

1.1.3.1　工程：是指与合同协议书中工程承包范围对应的永久工程和（或）临时工程。

1.1.3.2　永久工程：是指按合同约定建造并移交给发包人的工程，包括工程设备。

1.1.3.3　临时工程：是指为完成合同约定的永久工程所修建的各类临时性工程，不包括施工设备。

1.1.3.4　单位工程：是指在合同协议书中指明的，具备独立施工条件并能形成独立使用功能的永久工程。

1.1.3.5　工程设备：是指构成永久工程的机电设备、金属结构设备、仪器及其他类似的设备和装置。

1.1.3.6　施工设备：是指为完成合同约定的各项工作所需的设备、器具和其他物品，但不包括工程设备、临时工程和材料。

1.1.3.7　施工现场：是指用于工程施工的场所，以及在专用合同条款中指明作为施工场所组成部分的其他场所，包括永久占地和临时占地。

1.1.3.8　临时设施：是指为完成合同约定的各项工作所服务的临时性生产和生活设施。

1.1.3.9　永久占地：是指专用合同条款中指明为实施工程需永久占用的土地。

1.1.3.10　临时占地：是指专用合同条款中指明为实施工程需要临时占用的土地。

1.1.4　日期和期限

1.1.4.1　开工日期：包括计划开工日期和实际开工日期。计划开工日期是指合同协议书约定的开工日期；实际开工日期是指监理人按照第7.3.2项〔开工通知〕约定发出的符合法律规定的开工通知中载明的开工日期。

1.1.4.2　竣工日期：包括计划竣工日期和实际竣工日期。计划竣工日期是指合同协议书约定的竣工日期；实际竣工日期按照第13.2.3项〔竣工日期〕的约定确定。

1.1.4.3　工期：是指在合同协议书约定的承包人完成工程所需的期限，包括按照合同约定所作的期限变更。

1.1.4.4　缺陷责任期：是指承包人按照合同约定承担缺陷修复义务，且发包人预留质量保证金（已缴纳履约保证金的除外）的期限，自工程实际竣工日期起计算。

1.1.4.5　保修期：是指承包人按照合同约定对工程承担保修责任的期限，从工程竣工验收合格之日起计算。

1.1.4.6　基准日期：招标发包的工程以投标截止日前28天的日期为基准日期，直接发包的工程以合同签订日前28天的日期为基准日期。

1.1.4.7　天：除特别指明外，均指日历天。合同中按天计算时间的，开始当天不计入，从次日开始计算，期限最后一天的截止时间为当天24：00时。

1.1.5　合同价格和费用

1.1.5.1　签约合同价：是指发包人和承包人在合同协议书中确定的总金额，包括安全文明施工费、暂估价及暂列金额等。

1.1.5.2　合同价格：是指发包人用于支付承包人按照合同约定完成承包范围内全部工作的金额，包括合同履行过程中按合同约定发生的价格变化。

1.1.5.3　费用：是指为履行合同所发生的或将要发生的所有必需的开支，包括管理费和应分摊的其他费用，但不包括利润。

1.1.5.4　暂估价：是指发包人在工程量清单或预算书中提供的用于支付必然发生但暂时不能确定价格的材料、工程设备的单价、专业工程以及服务工作的金额。

1.1.5.5　暂列金额：是指发包人在工程量清单或预算书中暂定并包括在合同价格中的一笔款项，用于工程合同签订时尚未确定或者不可预见的所需材料、工程设备、服务的采购，施工中可能发生的工程变更、合同约定调整因素出现时的合同价格调整以及发生的索赔、现场签证确认等的费用。

1.1.5.6　计日工：是指合同履行过程中，承包人完成发包人提出的零星工作或需要采用计日工计价的变更工作时，按合同中约定的单价计价的一种方式。

1.1.5.7　质量保证金：是指按照第15.3款〔质量保证金〕约定承包人用于保证其在缺陷责任期内履行缺陷修补义务的担保。

1.1.5.8　总价项目：是指在现行国家、行业以及地方的计量规则中无工程量计算规则，在已标价工程量清单或预算书中以总价或以费率形式计算的项目。

1.3　法律

合同所称法律是指中华人民共和国法律、行政法规、部门规章，以及工程所在地的地方性法规、自治条例、单行条例和地方政府规章等。

合同当事人可以在专用合同条款中约定合同适用的其他规范性文件。

1.4　标准和规范

1.4.1　适用于工程的国家标准、行业标准、工程所在地的地方性标准，以及相应的规范、规程等，合同当事人有特别要求的，应在专用合同条款中约定。

1.4.2　发包人要求使用国外标准、规范的，发包人负责提供原文版本和中文译本，并在专用合同条款中约定提供标准规范的名称、份数和时间。

1.4.3　发包人对工程的技术标准、功能要求高于或严于现行国家、行业或地方标准的，应当在专用合同条款中予以明确。除专用合同条款另有约定外，应视为承包人在签订合同前已充分预见前述技术标准和功能要求的复杂程度，签约合同价中已包含由此产生的费用。

1.6　图纸和承包人文件

1.6.1　图纸的提供和交底

发包人应按照专用合同条款约定的期限、数量和内容向承包人免费提供图纸，并组织承包人、监理人和设计人进行图纸会审和设计交底。发包人至迟不得晚于第7.3.2项〔开工通知〕载明的开工日期前14天向承包人提供图纸。

因发包人未按合同约定提供图纸导致承包人费用增加和（或）工期延误的，按照第7.5.1项〔因发包人原因导致工期延误〕约定办理。

1.6.2　图纸的错误

承包人在收到发包人提供的图纸后，发现图纸存在差错、遗漏或缺陷的，应及时通知监理人。监理人接到该通知后，应附具相关意见并立即报送发包人，发包人应在收到监理人报送的通知后的合理时间内作出决定。合理时间是指发包人在收到监理人的报送通知后，尽其努力且不懈怠地完成图纸修改补充所需的时间。

1.6.3　图纸的修改和补充

图纸需要修改和补充的，应经图纸原设计人及审批部门同意，并由监理人在工程或工程相应部位施工前将修改后的图纸或补充图纸提交给承包人，承包人应按修改或补充后的图纸施工。

1.6.4　承包人文件

承包人应按照专用合同条款的约定提供应当由其编制的与工程施工有关的文件，并按照专用合同条款约定的期限、数量和形式提交监理人，并由监理人报送发包人。

除专用合同条款另有约定外，监理人应在收到承包人文件后7天内审查完毕，监理人对承包人文件有异议的，承包人应予以修改，并重新报送监理人。监理人的审查并不减轻或免除承包人根据合同约定应当承担的责任。

1.6.5　图纸和承包人文件的保管

除专用合同条款另有约定外，承包人应在施工现场另外保存一套完整的图纸和承包人文件，供发包人、监理人及有关人员进行工程检查时使用。

1.9　化石、文物

在施工现场发掘的所有文物、古迹以及具有地质研究或考古价值的其他遗迹、化石、钱币或物品属于国家所有。一旦发现上述文物，承包人应采取合理有效的保护措施，防止任何人员移动或损坏上述物品，并立即报告有关政府行政管理部门，同时通知监理人。

发包人、监理人和承包人应按有关政府行政管理部门要求采取妥善的保护措施，由此增加的费用和（或）延误的工期由发包人承担。

承包人发现文物后不及时报告或隐瞒不报，致使文物丢失或损坏的，应赔偿损失，并承担相应的法律责任。

1.11　知识产权

1.11.1　除专用合同条款另有约定外，发包人提供给承包人的图纸、发包人为实施工程自行编制或委托编制的技术规范以及反映发包人要求的或其他类似性质的文件的著作权属于发包人，承包人可以为实现合同目的而复制、使用此类文件，但不能用于与合同无关的其他事项。未经发包人书面同意，承包人不得为了合同以外的目的而复制、使用上述文件或将之提供给任何第三方。

1.11.2　除专用合同条款另有约定外，承包人为实施工程所编制的文件，除署名权以外的著作权属于发包人，承包人可因实施工程的运行、调试、维修、改造等目的而复制、使用此类文件，但不能用于与合同无关的其他事项。未经发包人书面同意，承包人不得为了合同以外的目的而复制、使用上述文件或将之提供给任何第三方。

1.11.3　合同当事人保证在履行合同过程中不侵犯对方及第三方的知识产权。承包人在使用材料、施工设备、工程设备或采用施工工艺时，因侵犯他人的专利权或其他知识产权所引起的责任，由承包人承担；因发包人提供的材料、施工设备、工程设备或施工工艺导致侵权的，由发包人承担责任。

1.11.4　除专用合同条款另有约定外，承包人在合同签订前和签订时已确定采用的专利、专有技术、技术秘密的使用费已包含在签约合同价中。

1.12　保密

除法律规定或合同另有约定外，未经发包人同意，承包人不得将发包人提供的图纸、文件以及声明需要保密的资料信息等商业秘密泄露给第三方。

除法律规定或合同另有约定外，未经承包人同意，发包人不得将承包人提供的技术秘密及声明需要保密的资料信息等商业秘密泄露给第三方。

1.13　工程量清单错误的修正

除专用合同条款另有约定外，发包人提供的工程量清单，应被认为是准确的和完整的。出现下列情形之一时，发包人应予以修正，并相应调整合同价格：

（1）工程量清单存在缺项、漏项的；

（2）工程量清单偏差超出专用合同条款约定的工程量偏差范围的；

（3）未按照国家现行计量规范强制性规定计量的。

2. 发包人

2.1　许可或批准

发包人应遵守法律，并办理法律规定由其办理的许可、批准或备案，包括但不限于建设用地规划许可证、建设工程规划许可证、建设工程施工许可证、施工所需临时用水、临时用电、中断道路交通、临时占用土地等许可和批准。发包人应协助承包人办理法律规定的有关施工证件和批件。

因发包人原因未能及时办理完毕前述许可、批准或备案，由发包人承担由此增加的费用和（或）延误的工期，并支付承包人合理的利润。

2.4　施工现场、施工条件和基础资料的提供

2.4.1　提供施工现场

除专用合同条款另有约定外，发包人应最迟于开工日期7天前向承包人移交施工现场。

2.4.2　提供施工条件

除专用合同条款另有约定外，发包人应负责提供施工所需要的条件，包括：

（1）将施工用水、电力、通信线路等施工所必需的条件接至施工现场内；

（2）保证向承包人提供正常施工所需要的进入施工现场的交通条件；

（3）协调处理施工现场周围地下管线和邻近建筑物、构筑物、古树名木的保护工作，并承担相关费用；

（4）按照专用合同条款约定应提供的其他设施和条件。

2.4.3　提供基础资料

发包人应当在移交施工现场前向承包人提供施工现场及工程施工所必需的毗邻区域内供水、排水、供电、供气、供热、通信、广播电视等地下管线资料，气象和水文观测资料，地质勘察资料，相邻建筑物、构筑物和地下工程等有关基础资料，并对所提供资料的真实性、准确性和完整性负责。

按照法律规定确需在开工后方能提供的基础资料，发包人应尽其努力及时地在相应工程施工前的合理期限内提供，合理期限应以不影响承包人的正常施工为限。

2.5　资金来源证明及支付担保

除专用合同条款另有约定外，发包人应在收到承包人要求提供资金来源证明的书面通知后28天内，向承包人提供能够按照合同约定支付合同价款的相应资金来源证明。

除专用合同条款另有约定外，发包人要求承包人提供履约担保的，发包人应当向承包人提供支付担保。支付担保可以采用银行保函或担保公司担保等形式，具体由合同当事人在专用合同条款中约定。

2.6　支付合同价款

发包人应按合同约定向承包人及时支付合同价款。

2.7　组织竣工验收

发包人应按合同约定及时组织竣工验收。

2.8　现场统一管理协议

发包人应与承包人、由发包人直接发包的专业工程的承包人签订施工现场统一管理协议，明确各方的权利义务。施工现场统一管理协议作为专用合同条款的附件。

3.　承包人

3.1　承包人的一般义务

承包人在履行合同过程中应遵守法律和工程建设标准规范，并履行以下义务：

（1）办理法律规定应由承包人办理的许可和批准，并将办理结果书面报送发包人留存；

（2）按法律规定和合同约定完成工程，并在保修期内承担保修义务；

（3）按法律规定和合同约定采取施工安全和环境保护措施，办理工伤保险，确保工程及人员、材料、设备和设施的安全；

（4）按合同约定的工作内容和施工进度要求，编制施工组织设计和施工措施计划，并对所有施工作业和施工方法的完备性和安全可靠性负责；

（5）在进行合同约定的各项工作时，不得侵害发包人与他人使用公用道路、水源、市政管网等公共设施的权利，避免对邻近的公共设施产生干扰。承包人占用或使用他人的施工场地，影响他人作业或生活的，应承担相应责任；

（6）按照第6.3款〔环境保护〕约定负责施工场地及其周边环境与生态的保护工作；

（7）按第6.1款〔安全文明施工〕约定采取施工安全措施，确保工程及其人员、材料、设备和设施的安全，防止因工程施工造成的人身伤害和财产损失；

（8）将发包人按合同约定支付的各项价款专用于合同工程，且应及时支付其雇用人员工资，并及时向分包人支付合同价款；

（9）按照法律规定和合同约定编制竣工资料，完成竣工资料立卷及归档，并按专用合同条款约定的竣工资料的套数、内容、时间等要求移交发包人；

（10）应履行的其他义务。

3.2 项目经理

3.2.1 项目经理应为合同当事人所确认的人选，并在专用合同条款中明确项目经理的姓名、职称、注册执业证书编号、联系方式及授权范围等事项，项目经理经承包人授权后代表承包人负责履行合同。项目经理应是承包人正式聘用的员工，承包人应向发包人提交项目经理与承包人之间的劳动合同，以及承包人为项目经理缴纳社会保险的有效证明。承包人不提交上述文件的，项目经理无权履行职责，发包人有权要求更换项目经理，由此增加的费用和（或）延误的工期由承包人承担。

项目经理应常驻施工现场，且每月在施工现场时间不得少于专用合同条款约定的天数。项目经理不得同时担任其他项目的项目经理。项目经理确需离开施工现场时，应事先通知监理人，并取得发包人的书面同意。项目经理的通知中应当载明临时代行其职责的人员的注册执业资格、管理经验等资料，该人员应具备履行相应职责的能力。

承包人违反上述约定的，应按照专用合同条款的约定，承担违约责任。

3.5 分包

3.5.1 分包的一般约定

承包人不得将其承包的全部工程转包给第三人，或将其承包的全部工程支解后以分包的名义转包给第三人。承包人不得将工程主体结构、关键性工作及专用合同条款中禁止分包的专业工程分包给第三人，主体结构、关键性工作的范围由合同当事人按照法律规定在专用合同条款中予以明确。

承包人不得以劳务分包的名义转包或违法分包工程。

3.5.2 分包的确定

承包人应按专用合同条款的约定进行分包，确定分包人。已标价工程量清单或预算书中给定暂估价的专业工程，按照第10.7款〔暂估价〕确定分包人。按照合同约定进行分包的，承包人应确保分包人具有相应的资质和能力。工程分包不减轻或免除承包人的责任和义务，承包人和分包人就分包工程向发包人承担连带责任。除合同另有约定外，承包人应在分包合同签订后7天内向发包人和监理人提交分包合同副本。

3.5.3 分包管理

承包人应向监理人提交分包人的主要施工管理人员表，并对分包人的施工人员进行实名制管理，包括但不限于进出场管理、登记造册以及各种证照的办理。

5.2 质量保证措施

5.2.2 承包人的质量管理

承包人按照第7.1款〔施工组织设计〕约定向发包人和监理人提交工程质量保证体系及措施文件，建立完善的质量检查制度，并提交相应的工程质量文件。对于发包人和监理人违反法律规定和合同约定的错误指示，承包人有权拒绝实施。

承包人应对施工人员进行质量教育和技术培训，定期考核施工人员的劳动技能，严格执行施工规范和操作规程。

承包人应按照法律规定和发包人的要求，对材料、工程设备以及工程的所有部位及其施工工艺进行全过程的质量检查和检验，并作详细记录，编制工程质量报表，报送监理人审查。此外，承包人还应按照法律规定和发包人的要求，进行施工现场取样试验、工程复核测量和设备性能检测，提供试验样品、提交试验报告和测量成果以及其他工作。

5.3 隐蔽工程检查

5.3.1 承包人自检

承包人应当对工程隐蔽部位进行自检，并经自检确认是否具备覆盖条件。

5.4 不合格工程的处理

5.4.1 因承包人原因造成工程不合格的，发包人有权随时要求承包人采取补救措施，直至达到合同要求的质量标准，由此增加的费用和（或）延误的工期由承包人承担。无法补救的，按照第13.2.4项〔拒绝接收全部或部分工程〕约定执行。

6. 安全文明施工与环境保护

6.1 安全文明施工

6.1.1 安全生产要求

合同履行期间，合同当事人均应当遵守国家和工程所在地有关安全生产的要求，合同当事人有特别要求的，应在专用合同条款中明确施工项目安全生产标准化达标目标及相应事项。承包人有权拒绝发包人及监理人强令承包人违章作业、冒险施工的任何指示。

在施工过程中，如遇到突发的地质变动、事先未知的地下施工障碍等影响施工安全的紧急情况，承包人应及时报告监理人和发包人，发包人应当及时下令停工并报政府有关行政管理部门采取应急措施。

因安全生产需要暂停施工的，按照第7.8款〔暂停施工〕的约定执行。

6.3 环境保护

承包人应在施工组织设计中列明环境保护的具体措施。在合同履行期间，承包人应采取合理措施保护施工现场环境。对施工作业过程中可能引起的大气、水、噪声以及固体废物污染采取具体可行的防范措施。

承包人应当承担因其原因引起的环境污染侵权损害赔偿责任，因上述环境污染引起纠纷而导致暂停施工的，由此增加的费用和（或）延误的工期由承包人承担。

13.5 施工期运行

13.5.1 施工期运行是指合同工程尚未全部竣工，其中某项或某几项单位工程或工程设备安装已竣工，根据专用合同条款约定，需要投入施工期运行的，经发包人按第13.4款〔提前交付单位工程的验收〕的约定验收合格，证明能确保安全后，才能在施工期投入运行。

13.5.2 在施工期运行中发现工程或工程设备损坏或存在缺陷的，由承包人按第15.2款〔缺陷责任期〕约定进行修复。

13.6 竣工退场

13.6.1 竣工退场

颁发工程接收证书后，承包人应按以下要求对施工现场进行清理：

（1）施工现场内残留的垃圾已全部清除出场；

（2）临时工程已拆除，场地已进行清理、平整或复原；

（3）按合同约定应撤离的人员、承包人施工设备和剩余的材料，包括废弃的施工设备和材料，已按计划撤离施工现场；

（4）施工现场周边及其附近道路、河道的施工堆积物，已全部清理；

（5）施工现场其他场地清理工作已全部完成。

施工现场的竣工退场费用由承包人承担。承包人应在专用合同条款约定的期限内完成竣工退场，逾期未完成的，发包人有权出售或另行处理承包人遗留的物品，由此支出的费用由承包人承担，发包人出售承包人遗留物品所得款项在扣除必要费用后应返还承包人。

13.6.2 地表还原

承包人应按发包人要求恢复临时占地及清理场地，承包人未按发包人的要求恢复临时占地，或者场地清理未达到合同约定要求的，发包人有权委托其他人恢复或清理，所发生的费用由承包人承担。

15. 缺陷责任与保修

15.1 工程保修的原则

在工程移交发包人后，因承包人原因产生的质量缺陷，承包人应承担质量缺陷责任和保修义务。缺陷责任期届满，承包人仍应按合同约定的工程各部位保修年限承担保修义务。

18. 保险

18.1 工程保险

除专用合同条款另有约定外，发包人应投保建筑工程一切险或安装工程一切险；发包人委托承包人投保的，因投保产生的保险费和其他相关费用由发包人承担。

18.2 工伤保险

18.2.1 发包人应依照法律规定参加工伤保险，并为在施工现场的全部员工办理工伤保险，缴纳工伤保险费，并要求监理人及由发包人为履行合同聘请的第三方依法参加工伤保险。

18.2.2 承包人应依照法律规定参加工伤保险，并为其履行合同的全部员工办理工伤保险，缴纳工伤保险费，并要求分包人及由承包人为履行合同聘请的第三方依法参加工伤保险。

18.3 其他保险

发包人和承包人可以为其施工现场的全部人员办理意外伤害保险并支付保险费，包括其员工及为履行合同聘请的第三方的人员，具体事项由合同当事人在专用合同条款约定。

除专用合同条款另有约定外，承包人应为其施工设备等办理财产保险。

扩充阅读：

工程保险： 承保建筑安装工程期间一切意外物质损失和对第三者经济赔偿责任的保险。包括建筑工程一切险与安装工程一切险，属综合性保险。保险标的为工程项目主体、工程用的机械设备以及第三者责任，此外尚有些附带项目。保险责任为工程期间因洪水、暴雨、地震等自然灾害损失；火灾；爆炸、飞行物体坠落等意外事故损失；盗窃、恶意行为等人为损失；原材料缺陷、工艺缺陷等工程事故损失以及对第三者的赔偿责任。工程保险规定有免赔额与赔偿限额。（邹瑜《法学大辞典》中国政法大学出版社）

第九节　建设工程项目管理

建设工程项目：为完成依法立项的新建、扩建、改建工程而进行的、有起止日期的、达到规定要求的一组相互关联的受控活动，包括策划、勘察、设计、采购、施工、试运行、竣工验收和考核评价等阶段。简称为项目。

建设工程项目管理：运用系统的理论和方法，对建设工程项目进行的计划、组织、指挥、协调和控制等专业化活动，简称为项目管理。

现行《建设工程项目管理规范》GB/T 50326—2017 摘录如下：

3　基本规定

3.1　一般规定

3.1.2　组织应遵循策划、实施、检查、处置的动态管理原理，确定项目管理流程，建立项目管理制度，实施项目系统管理，持续改进管理绩效，提高相关方满意水平，确保实现项目管理目标。

3.2　项目范围管理

3.2.1　组织应确定项目范围管理的工作职责和程序。

3.2.2　项目范围管理的过程应包括下列内容：

　　1　范围计划；

　　2　范围界定；

　　3　范围确认；

　　4　范围变更控制。

3.2.3　组织应把项目范围管理贯穿于项目的全过程。

3.3　项目管理流程

3.3.1　项目管理机构应按项目管理流程实施项目管理。项目管理流程应包括启动、策划、实施、监控和收尾过程。各个过程之间相对独立，又相互联系。

3.3.2　启动过程应明确项目概念，初步确定项目范围，识别影响项目最终结果的内外部相关方。

3.3.3　策划过程应明确项目范围，协调项目相关方期望，优化项目目标，为实现项目目标进行项目管理规划与项目管理配套策划。

3.3.4　实施过程应按项目管理策划要求组织人员和资源，实施具体措施，完成项目管理策划中确定的工作。

3.3.5　监控过程应对照项目管理策划，监督项目活动，分析项目进展情况，识别必要的变更需求并实施变更。

3.3.6　收尾过程应完成全部过程或阶段的所有活动，正式结束项目或阶段。

3.4　项目管理制度

3.4.1　组织应建立项目管理制度。项目管理制度应包括下列内容：

　　1　规定工作内容、范围和工作程序、方式的规章制度；

　　2　规定工作职责、职权和利益的界定及其关系的责任制度。

3.4.2　组织应根据项目管理流程的特点，在满足合同和组织发展需求条件下，对项目管理制度进行总体策划。

3.4.3 组织应根据项目管理范围确定项目管理制度，在项目管理各个过程规定相关管理要求并形成文件。

3.4.4 组织应实施项目管理制度，建立相应的评估与改进机制。必要时，应变更项目管理制度并修改相关文件。

3.5 项目系统管理

3.5.1 组织应识别影响项目管理目标实现的所有过程，确定其相互关系和相互作用，集成项目寿命期阶段的各项因素。

3.5.2 组织应确定项目系统管理方法。系统管理方法应包括下列方法：

 1 系统分析；

 2 系统设计；

 3 系统实施；

 4 系统综合评价。

3.5.3 组织在项目管理过程中应用系统管理方法，应符合下列规定：

 1 在综合分析项目质量、安全、环保、工期和成本之间内在联系的基础上，结合各个目标的优先级，分析和论证项目目标，在项目目标策划过程中兼顾各个目标的内在需求；

 2 对项目投资决策、招投标、勘察、设计、采购、施工、试运行进行系统整合，在综合平衡项目各过程和专业之间关系的基础上，实施项目系统管理；

 3 对项目实施的变更风险进行管理，兼顾相关过程需求，平衡各种管理关系，确保项目偏差的系统性控制；

 4 对项目系统管理过程和结果进行监督和控制，评价项目系统管理绩效。

3.6 项目相关方管理

3.6.1 组织应识别项目的所有相关方，了解其需求和期望，确保项目管理要求与相关方的期望相一致。

3.6.2 组织的项目管理应使顾客满意，兼顾其他相关方的期望和要求。

3.6.3 组织应通过实施下列项目管理活动使相关方满意：

 1 遵守国家有关法律和法规；

 2 确保履行工程合同要求；

 3 保障健康和安全，减少或消除项目对环境造成的影响；

 4 与相关方建立互利共赢的合作关系；

 5 构建良好的组织内部环境；

 6 通过相关方满意度的测评，提升相关方管理水平。

3.7 项目管理持续改进

3.7.1 组织应确保项目管理的持续改进，将外部需求与内部管理相互融合，以满足项目风险预防和组织的发展需求。

3.7.2 组织应在内部采用下列项目管理持续改进的方法：

 1 对已经发现的不合格采取措施予以纠正；

 2 针对不合格的原因采取纠正措施予以消除；

3 对潜在的不合格原因采取措施防止不合格的发生；

4 针对项目管理的增值需求采取措施予以持续满足。

3.7.3 组织应在过程实施前评审各项改进措施的风险，以保证改进措施的有效性和适宜性。

3.7.4 组织应对员工在持续改进意识和方法方面进行培训，使持续改进成为员工的岗位目标。

3.7.5 组织应对项目管理绩效的持续改进进行跟踪指导和监控。

第十节　建设项目工程总承包管理

工程总承包可以是全过程的承包，也可以是分阶段的承包。工程总承包的范围、承包方式、责权利等由合同约定。工程总承包有下列方式：

（1）**设计采购施工（EPC，Engineering Procurement Construction Contracting）/交钥匙工程总承包**：即工程总承包企业依据合同约定，承担设计、采购、施工和试运行工作，并对承包工程的质量、安全、费用和进度等全面负责。

（2）**设计－施工总承包（D-B：Design-build Contracting）**：即工程总承包企业依据合同约定，承担工程项目的设计和施工，并对承包工程的质量、安全、费用、进度、职业健康和环境保护等全面负责。

（3）根据工程项目的不同规模、类型和项目发包人要求，工程总承包还可采用**设计采购总承包（E-P）**和**采购－施工总承包（P-C）**等方式。

一、项目工程总承包的管理规定

现行《**房屋建筑和市政基础设施项目工程总承包管理办法**》（建市规〔2019〕12 号，2020 年 3 月 1 日起施行）摘录如下：

第一章　总　则

第一条　为规范房屋建筑和市政基础设施项目工程总承包活动，提升工程建设质量和效益，根据相关法律法规，制定本办法。

第二条　从事房屋建筑和市政基础设施项目工程总承包活动，实施对房屋建筑和市政基础设施项目工程总承包活动的监督管理，适用本办法。

第三条　本办法所称工程总承包，是指承包单位按照与建设单位签订的合同，对工程设计、采购、施工或者设计、施工等阶段实行总承包，并对工程的质量、安全、工期和造价等全面负责的工程建设组织实施方式。

第四条　工程总承包活动应当遵循合法、公平、诚实守信的原则，合理分担风险，保证工程质量和安全，节约能源，保护生态环境，不得损害社会公共利益和他人的合法权益。

第五条　国务院住房和城乡建设主管部门对全国房屋建筑和市政基础设施项目工程总承包活动实施监督管理。国务院发展改革部门依据固定资产投资建设管理的相关法律法规履行相应的管理职责。

县级以上地方人民政府住房和城乡建设主管部门负责本行政区域内房屋建筑和市政基

础设施项目工程总承包（以下简称工程总承包）活动的监督管理。县级以上地方人民政府发展改革部门依据固定资产投资建设管理的相关法律法规在本行政区域内履行相应的管理职责。

第二章　工程总承包项目的发包和承包

第六条　建设单位应当根据项目情况和自身管理能力等，合理选择工程建设组织实施方式。

建设内容明确、技术方案成熟的项目，适宜采用工程总承包方式。

第七条　建设单位应当在发包前完成项目审批、核准或者备案程序。采用工程总承包方式的企业投资项目，应当在核准或者备案后进行工程总承包项目发包。采用工程总承包方式的政府投资项目，原则上应当在初步设计审批完成后进行工程总承包项目发包；其中，按照国家有关规定简化报批文件和审批程序的政府投资项目，应当在完成相应的投资决策审批后进行工程总承包项目发包。

第八条　建设单位依法采用招标或者直接发包等方式选择工程总承包单位。

工程总承包项目范围内的设计、采购或者施工中，有任一项属于依法必须进行招标的项目范围且达到国家规定规模标准的，应当采用招标的方式选择工程总承包单位。

第九条　建设单位应当根据招标项目的特点和需要编制工程总承包项目招标文件，主要包括以下内容：

（一）投标人须知；

（二）评标办法和标准；

（三）拟签订合同的主要条款；

（四）发包人要求，列明项目的目标、范围、设计和其他技术标准，包括对项目的内容、范围、规模、标准、功能、质量、安全、节约能源、生态环境保护、工期、验收等的明确要求；

（五）建设单位提供的资料和条件，包括发包前完成的水文地质、工程地质、地形等勘察资料，以及可行性研究报告、方案设计文件或者初步设计文件等；

（六）投标文件格式；

（七）要求投标人提交的其他材料。

建设单位可以在招标文件中提出对履约担保的要求，依法要求投标文件载明拟分包的内容；对于设有最高投标限价的，应当明确最高投标限价或者最高投标限价的计算方法。

推荐使用由住房和城乡建设部会同有关部门制定的工程总承包合同示范文本。

第十条　工程总承包单位应当同时具有与工程规模相适应的工程设计资质和施工资质，或者由具有相应资质的设计单位和施工单位组成联合体。工程总承包单位应当具有相应的项目管理体系和项目管理能力、财务和风险承担能力，以及与发包工程相类似的设计、施工或者工程总承包业绩。

设计单位和施工单位组成联合体的，应当根据项目的特点和复杂程度，合理确定牵头单位，并在联合体协议中明确联合体成员单位的责任和权利。联合体各方应当共同与建设单位签订工程总承包合同，就工程总承包项目承担连带责任。

第十一条　工程总承包单位不得是工程总承包项目的代建单位、项目管理单位、监理单位、造价咨询单位、招标代理单位。

政府投资项目的项目建议书、可行性研究报告、初步设计文件编制单位及其评估单位，一般不得成为该项目的工程总承包单位。政府投资项目招标人公开已经完成的项目建议书、可行性研究报告、初步设计文件的，上述单位可以参与该工程总承包项目的投标，经依法评标、定标，成为工程总承包单位。

第十二条 鼓励设计单位申请取得施工资质，已取得工程设计综合资质、行业甲级资质、建筑工程专业甲级资质的单位，可以直接申请相应类别施工总承包一级资质。鼓励施工单位申请取得工程设计资质，具有一级及以上施工总承包资质的单位可以直接申请相应类别的工程设计甲级资质。完成的相应规模工程总承包业绩可以作为设计、施工业绩申报。

第十三条 建设单位应当依法确定投标人编制工程总承包项目投标文件所需要的合理时间。

第十四条 评标委员会应当依照法律规定和项目特点，由建设单位代表、具有工程总承包项目管理经验的专家，以及从事设计、施工、造价等方面的专家组成。

第十五条 建设单位和工程总承包单位应当加强风险管理，合理分担风险。

建设单位承担的风险主要包括：

（一）主要工程材料、设备、人工价格与招标时基期价相比，波动幅度超过合同约定幅度的部分；

（二）因国家法律法规政策变化引起的合同价格的变化；

（三）不可预见的地质条件造成的工程费用和工期的变化；

（四）因建设单位原因产生的工程费用和工期的变化；

（五）不可抗力造成的工程费用和工期的变化。

具体风险分担内容由双方在合同中约定。

鼓励建设单位和工程总承包单位运用保险手段增强防范风险能力。

第十六条 企业投资项目的工程总承包宜采用总价合同，政府投资项目的工程总承包应当合理确定合同价格形式。采用总价合同的，除合同约定可以调整的情形外，合同总价一般不予调整。

建设单位和工程总承包单位可以在合同中约定工程总承包计量规则和计价方法。

依法必须进行招标的项目，合同价格应当在充分竞争的基础上合理确定。

第三章 工程总承包项目实施

第十七条 建设单位根据自身资源和能力，可以自行对工程总承包项目进行管理，也可以委托勘察设计单位、代建单位等项目管理单位，赋予相应权利，依照合同对工程总承包项目进行管理。

第十八条 工程总承包单位应当建立与工程总承包相适应的组织机构和管理制度，形成项目设计、采购、施工、试运行管理以及质量、安全、工期、造价、节约能源和生态环境保护管理等工程总承包综合管理能力。

第十九条 工程总承包单位应当设立项目管理机构，设置项目经理，配备相应管理人员，加强设计、采购与施工的协调，完善和优化设计，改进施工方案，实现对工程总承包项目的有效管理控制。

第二十条 工程总承包项目经理应当具备下列条件：

（一）取得相应工程建设类注册执业资格，包括注册建筑师、勘察设计注册工程师、注册建造师或者注册监理工程师等；未实施注册执业资格的，取得高级专业技术职称；

（二）担任过与拟建项目相类似的工程总承包项目经理、设计项目负责人、施工项目负责人或者项目总监理工程师；

（三）熟悉工程技术和工程总承包项目管理知识以及相关法律法规、标准规范；

（四）具有较强的组织协调能力和良好的职业道德。

工程总承包项目经理不得同时在两个或者两个以上工程项目担任工程总承包项目经理、施工项目负责人。

第二十一条　工程总承包单位可以采用直接发包的方式进行分包。但以暂估价形式包括在总承包范围内的工程、货物、服务分包时，属于依法必须进行招标的项目范围且达到国家规定规模标准的，应当依法招标。

第二十二条　建设单位不得迫使工程总承包单位以低于成本的价格竞标，不得明示或者暗示工程总承包单位违反工程建设强制性标准、降低建设工程质量，不得明示或者暗示工程总承包单位使用不合格的建筑材料、建筑构配件和设备。

工程总承包单位应当对其承包的全部建设工程质量负责，分包单位对其分包工程的质量负责，分包不免除工程总承包单位对其承包的全部建设工程所负的质量责任。

工程总承包单位、工程总承包项目经理依法承担质量终身责任。

第二十三条　建设单位不得对工程总承包单位提出不符合建设工程安全生产法律、法规和强制性标准规定的要求，不得明示或者暗示工程总承包单位购买、租赁、使用不符合安全施工要求的安全防护用具、机械设备、施工机具及配件、消防设施和器材。

工程总承包单位对承包范围内工程的安全生产负总责。分包单位应当服从工程总承包单位的安全生产管理，分包单位不服从管理导致生产安全事故的，由分包单位承担主要责任，分包不免除工程总承包单位的安全责任。

第二十四条　建设单位不得设置不合理工期，不得任意压缩合理工期。

工程总承包单位应当依据合同对工期全面负责，对项目总进度和各阶段的进度进行控制管理，确保工程按期竣工。

第二十五条　工程保修书由建设单位与工程总承包单位签署，保修期内工程总承包单位应当根据法律法规规定以及合同约定承担保修责任，工程总承包单位不得以其与分包单位之间保修责任划分而拒绝履行保修责任。

第二十六条　建设单位和工程总承包单位应当加强设计、施工等环节管理，确保建设地点、建设规模、建设内容等符合项目审批、核准、备案要求。

政府投资项目所需资金应当按照国家有关规定确保落实到位，不得由工程总承包单位或者分包单位垫资建设。政府投资项目建设投资原则上不得超过经核定的投资概算。

第二十七条　工程总承包单位和工程总承包项目经理在设计、施工活动中有转包违法分包等违法违规行为或者造成工程质量安全事故的，按照法律法规对设计、施工单位及其项目负责人相同违法违规行为的规定追究责任。

二、建设项目工程总承包管理规范

现行《建设项目工程总承包管理规范》GB/T 50358—2017摘录如下：

3 工程总承包管理的组织

3.1 一般规定

3.1.1 工程总承包企业应建立与工程总承包项目相适应的项目管理组织，并行使项目管理职能，实行项目经理负责制。

3.1.2 工程总承包企业宜采用项目管理目标责任书的形式，并明确项目目标和项目经理的职责、权限和利益。

3.1.3 项目经理应根据工程总承包企业法定代表人授权的范围、时间和项目管理目标责任书中规定的内容，对工程总承包项目，自项目启动至项目收尾，实行全过程管理。

3.1.4 工程总承包企业承担建设项目工程总承包，宜采用矩阵式管理。项目部应由项目经理领导，并接受工程总承包企业职能部门指导、监督、检查和考核。

3.1.5 项目部在项目收尾完成后应由工程总承包企业批准解散。

3.2 任命项目经理和组建项目部

3.2.1 工程总承包企业应在工程总承包合同生效后，任命项目经理，并由工程总承包企业法定代表人签发书面授权委托书。

3.2.2 项目部的设立应包括下列主要内容：

　　1 根据工程总承包企业管理规定，结合项目特点，确定组织形式，组建项目部，确定项目部的职能；

　　2 根据工程总承包合同和企业有关管理规定，确定项目部的管理范围和任务；

　　3 确定项目部的组成人员、职责和权限；

　　4 工程总承包企业与项目经理签订项目管理目标责任书。

3.2.3 项目部的人员配置和管理规定应满足工程总承包项目管理的需要。

3.3 项目部职能

3.3.1 项目部应具有工程总承包项目组织实施和控制职能。

3.3.2 项目部应对项目质量、安全、费用、进度、职业健康和环境保护目标负责。

3.3.3 项目部应具有内外部沟通协调管理职能。

3.4 项目部岗位设置及管理

3.4.1 根据工程总承包合同范围和工程总承包企业的有关管理规定，项目部可在项目经理以下设置控制经理、设计经理、采购经理、施工经理、试运行经理、财务经理、质量经理、安全经理、商务经理、行政经理等职能经理和进度控制工程师、质量工程师、安全工程师、合同管理工程师、费用估算师、费用控制工程师、材料控制工程师、信息管理工程师和文件管理控制工程师等管理岗位。根据项目具体情况，相关岗位可进行调整。

3.4.2 项目部应明确所设置岗位职责。

3.5 项目经理能力要求

3.5.1 工程总承包企业应明确项目经理的能力要求，确认项目经理任职资格，并进行管理。

3.5.2 工程总承包项目经理应具备下列条件：

　　1 取得工程建设类注册执业资格或高级专业技术职称；

　　2 具备决策、组织、领导和沟通能力，能正确处理和协调与项目发包人、项目相关方之间及企业内部各专业、各部门之间的关系；

3　具有工程总承包项目管理及相关的经济、法律法规和标准化知识；

4　具有类似项目的管理经验；

5　具有良好的信誉。

3.6　项目经理的职责和权限

3.6.1　项目经理应履行下列职责：

1　执行工程总承包企业的管理制度，维护企业的合法权益；

2　代表企业组织实施工程总承包项目管理，对实现合同约定的项目目标负责；

3　完成项目管理目标责任书规定的任务；

4　在授权范围内负责与项目干系人的协调，解决项目实施中出现的问题；

5　对项目实施全过程进行策划、组织、协调和控制；

6　负责组织项目的管理收尾和合同收尾工作。

3.6.2　项目经理应具有下列权限：

1　经授权组建项目部，提出项目部的组织机构，选用项目部成员，确定岗位人员职责；

2　在授权范围内，行使相应的管理权，履行相应的职责；

3　在合同范围内，按规定程序使用工程总承包企业的相关资源；

4　批准发布项目管理程序；

5　协调和处理与项目有关的内外部事项。

3.6.3　项目管理目标责任书宜包括下列主要内容：

1　规定项目质量、安全、费用、进度、职业健康和环境保护目标等；

2　明确项目经理的责任、权限和利益；

3　明确项目所需资源及工程总承包企业为项目提供的资源条件；

4　项目管理目标评价的原则、内容和方法；

5　工程总承包企业对项目部人员进行奖惩的依据、标准和规定；

6　项目经理解职和项目部解散的条件及方式；

7　在工程总承包企业制度规定以外的、由企业法定代表人向项目经理委托的事项。

4　项目策划

4.1　一般规定

4.1.1　项目部应在项目初始阶段开展项目策划工作，并编制项目管理计划和项目实施计划。

4.1.2　项目策划应结合项目特点，根据合同和工程总承包企业管理的要求，明确项目目标和工作范围，分析项目风险以及采取的应对措施，确定项目各项管理原则、措施和进程。

4.1.3　项目策划的范围宜涵盖项目活动的全过程所涉及的全要素。

4.1.4　根据项目的规模和特点，可将项目管理计划和项目实施计划合并编制为项目计划。

4.2　策划内容

4.2.1　项目策划应满足合同要求。同时应符合工程所在地对社会环境、依托条件、项目干系人需求以及项目对技术、质量、安全、费用、进度、职业健康、环境保护、相关政策和法律法规等方面的要求。

4.2.2 项目策划应包括下列主要内容：

    1 明确项目策划原则；

    2 明确项目技术、质量、安全、费用、进度、职业健康和环境保护等目标，并制定相关管理程序；

    3 确定项目的管理模式、组织机构和职责分工；

    4 制定资源配置计划；

    5 制定项目协调程序；

    6 制定风险管理计划；

    7 制定分包计划。

5 项目设计管理

5.1 一般规定

5.1.1 工程总承包项目的设计应由具备相应设计资质和能力的企业承担。

5.1.2 设计应满足合同约定的技术性能、质量标准和工程的可施工性、可操作性及可维修性的要求。

5.1.3 设计管理应由设计经理负责，并适时组建项目设计组。在项目实施过程中，设计经理应接受项目经理和工程总承包企业设计管理部门的管理。

5.1.4 工程总承包项目应将采购纳入设计程序。设计组应负责请购文件的编制、报价技术评审和技术谈判、供应商图纸资料的审查和确认等工作。

5.2 设计执行计划

5.2.1 设计执行计划应由设计经理或项目经理负责组织编制，经工程总承包企业有关职能部门评审后，由项目经理批准实施。

5.2.2 设计执行计划编制的依据应包括下列主要内容：

    1 合同文件；

    2 本项目的有关批准文件；

    3 项目计划；

    4 项目的具体特性；

    5 国家或行业的有关规定和要求；

    6 工程总承包企业管理体系的有关要求。

5.2.3 设计执行计划宜包括下列主要内容：

    1 设计依据；

    2 设计范围；

    3 设计的原则和要求；

    4 组织机构及职责分工；

    5 适用的标准规范清单；

    6 质量保证程序和要求；

    7 进度计划和主要控制点；

    8 技术经济要求；

    9 安全、职业健康和环境保护要求；

10　与采购、施工和试运行的接口关系及要求。

5.2.4　设计执行计划应满足合同约定的质量目标和要求，同时应符合工程总承包企业的质量管理体系要求。

5.2.5　设计执行计划应明确项目费用控制指标、设计人工时指标，并宜建立项目设计执行效果测量基准。

5.2.6　设计进度计划应符合项目总进度计划的要求，满足设计工作的内部逻辑关系及资源分配、外部约束等条件，与工程勘察、采购、施工和试运行的进度协调一致。

5.3　设计实施

5.3.1　设计组应执行已批准的设计执行计划，满足计划控制目标的要求。

5.3.2　设计经理应组织对设计基础数据和资料进行检查和验证。

5.3.3　设计组应按项目协调程序，对设计进行协调管理，并按工程总承包企业有关专业条件管理规定，协调和控制各专业之间的接口关系。

5.3.4　设计组应按项目设计评审程序和计划进行设计评审，并保存评审活动结果的证据。

5.3.5　设计组应按设计执行计划与采购和施工等进行有序的衔接并处理好接口关系。

5.3.6　初步设计文件应满足主要设备、材料订货和编制施工图设计文件的需要；施工图设计文件应满足设备、材料采购、非标准设备制作和施工以及试运行的需要。

5.3.7　设计选用的设备、材料，应在设计文件中注明其规格、型号、性能、数量等技术指标，其质量要求应符合合同要求和国家现行相关标准的有关规定。

5.3.8　在施工前，项目部应组织设计交底或培训。

5.3.9　设计组应依据合同约定，承担施工和试运行阶段的技术支持和服务。

6　项目采购管理

6.1　一般规定

6.1.1　项目采购管理应由采购经理负责，并适时组建项目采购组。在项目实施过程中，采购经理应接受项目经理和工程总承包企业采购管理部门的管理。

6.1.2　采购工作应按项目的技术、质量、安全、进度和费用要求，获得所需的设备、材料及有关服务。

6.1.3　工程总承包企业宜对供应商进行资格预审。

6.2　采购工作程序

6.2.1　采购工作应按下列程序实施：

1　根据项目采购策划，编制项目采购执行计划；

2　采买；

3　对所订购的设备、材料及其图纸、资料进行催交；

4　依据合同约定进行检验；

5　运输与交付；

6　仓储管理；

7　现场服务管理；

8　采购收尾。

6.2.2　采购组可根据采购工作的需要对采购工作程序及其内容进行调整，并应符合项目合同要求。

7 项目施工管理
7.1 一般规定

7.1.1 工程总承包项目的施工应由具备相应施工资质和能力的企业承担。

7.1.2 施工管理应由施工经理负责，并适时组建施工组。在项目实施过程中，施工经理应接受项目经理和工程总承包企业施工管理部门的管理。

7.2 施工执行计划

7.2.1 施工执行计划应由施工经理负责组织编制，经项目经理批准后组织实施，并报项目发包人确认。

7.2.2 施工执行计划宜包括下列主要内容：

1 工程概况；

2 施工组织原则；

3 施工质量计划；

4 施工安全、职业健康和环境保护计划；

5 施工进度计划；

6 施工费用计划；

7 施工技术管理计划，包括施工技术方案要求；

8 资源供应计划；

9 施工准备工作要求。

7.2.3 施工采用分包时，项目发包人应在施工执行计划中明确分包范围、项目分包人的责任和义务。

7.2.4 施工组应对施工执行计划实行目标跟踪和监督管理，对施工过程中发生的工程设计和施工方案重大变更，应履行审批程序。

8 项目试运行管理

8.1.1 项目部应依据合同约定进行项目试运行管理和服务。

8.1.2 项目试运行管理由试运行经理负责，并适时组建试运行组。在试运行管理和服务过程中，试运行经理应接受项目经理和工程总承包企业试运行管理部门的管理。

8.1.3 依据合同约定，试运行管理内容可包括试运行执行计划的编制、试运行准备、人员培训、试运行过程指导与服务等。

9 项目风险管理

9.1.1 工程总承包企业应制定风险管理规定，明确风险管理职责与要求。

9.1.2 项目部应编制项目风险管理程序，明确项目风险管理职责，负责项目风险管理的组织与协调。

9.1.3 项目部应制定项目风险管理计划，确定项目风险管理目标。

9.1.4 项目风险管理应贯穿于项目实施全过程，宜分阶段进行动态管理。

9.1.5 项目风险管理宜采用适用的方法和工具。

9.1.6 工程总承包企业通过汇总已发生的项目风险事件，可建立并完善项目风险数据库和项目风险损失事件库。

10 项目进度管理

10.1.1 项目部应建立项目进度管理体系，按合理交叉、相互协调、资源优化的原则，对项目进度进行控制管理。

10.1.2　项目部应对进度控制、费用控制和质量控制等进行协调管理。

10.1.3　项目进度管理应按项目工作分解结构逐级管理。项目进度控制宜采用赢得值管理、网络计划和信息技术。

11　项目质量管理

11.1.1　工程总承包企业应按质量管理体系要求，规范工程总承包项目的质量管理。

11.1.2　项目质量管理应贯穿项目管理的全过程，按策划、实施、检查、处置循环的工作方法进行全过程的质量控制。

11.1.3　项目部应设专职质量管理人员，负责项目的质量管理工作。

11.1.4　项目质量管理应按下列程序进行：

1　明确项目质量目标；

2　建立项目质量管理体系；

3　实施项目质量管理体系；

4　监督检查项目质量管理体系的实施情况；

5　收集、分析和反馈质量信息，并制定纠正措施。

12　项目费用管理

12.1.1　工程总承包企业应建立项目费用管理系统以满足工程总承包管理的需要。

12.1.2　项目部应设置费用估算和费用控制人员，负责编制工程总承包项目费用估算，制定费用计划和实施费用控制。

12.1.3　项目部应对费用控制与进度控制和质量控制等进行统筹决策、协调管理。

12.1.4　项目部可采用赢得值管理技术及相应的项目管理软件进行费用和进度综合管理。

13　项目安全、职业健康与环境管理

13.1.1　工程总承包企业应按职业健康安全管理和环境管理体系要求，规范工程总承包项目的职业健康安全和环境管理。

13.1.2　项目部应设置专职管理人员，在项目经理领导下，具体负责项目安全、职业健康与环境管理的组织与协调工作。

13.1.3　项目安全管理应进行危险源辨识和风险评价，制定安全管理计划，并进行控制。

13.1.4　项目职业健康管理应进行职业健康危险源辨识和风险评价，制定职业健康管理计划，并进行控制。

13.1.5　项目环境保护应进行环境因素辨识和评价，制定环境保护计划，并进行控制。

14　项目资源管理

14.1.1　工程总承包企业应建立并完善项目资源管理机制，使项目人力、设备、材料、机具、技术和资金等资源适应工程总承包项目管理的需要。

14.1.2　项目资源管理应在满足实现工程总承包项目的质量、安全、费用、进度以及其他目标需要的基础上，进行项目资源的优化配置。

14.1.3　项目资源管理的全过程应包括项目资源的计划、配置、控制和调整。

15　项目沟通与信息管理

15.1.1　工程总承包企业应建立项目沟通与信息管理系统，制定沟通与信息管理程序和制度。

15.1.2 工程总承包企业应利用现代信息及通信技术对项目全过程所产生的各种信息进行管理。

15.1.3 项目部应运用各种沟通工具及方法，采取相应的组织协调措施与项目干系人进行信息沟通。

15.1.4 项目部应根据项目规模、特点与工作需要，设置专职或兼职项目信息管理和文件管理控制岗位。

16 项目合同管理

16.1.1 工程总承包企业的合同管理部门应负责项目合同的订立，对合同的履行进行监督，并负责合同的补充、修改和（或）变更、终止或结束等有关事宜的协调与处理。

16.1.2 工程总承包项目合同管理应包括工程总承包合同和分包合同管理。

16.1.3 项目部应根据工程总承包企业合同管理规定，负责组织对工程总承包合同的履行，并对分包合同的履行实施监督和控制。

16.1.4 项目部应根据工程总承包企业合同管理要求和合同约定，制定项目合同变更程序，把影响合同要约条件的变更纳入项目合同管理范围。

16.1.5 工程总承包合同和分包合同以及项目实施过程的合同变更和协议，应以书面形式订立，并成为合同的组成部分。

17 项目收尾

17.1.1 项目收尾工作应由项目经理负责。

17.1.2 项目收尾工作宜包括下列主要内容：

   1 依据合同约定，项目承包人向项目发包人移交最终产品、服务或成果；

   2 依据合同约定，项目承包人配合项目发包人进行竣工验收；

   3 项目结算；

   4 项目总结；

   5 项目资料归档；

   6 项目剩余物资处置；

   7 项目考核与审计；

   8 对项目分包人及供应商的后评价。

第十一节 全过程咨询

工程咨询方：能够在项目投资决策、建设实施阶段为委托方提供综合咨询服务的独立法人单位或其联合体，也可以是为委托方提供某一专项咨询服务的独立法人单位或其联合体。

全过程工程咨询：工程咨询方综合运用多学科知识、工程实践经验、现代科学技术和经济管理方法，采用多种服务方式组合，为委托方在项目投资决策、工程建设实施乃至运营维护阶段持续提供局部或整体解决方案的智力服务活动。

投资决策综合性咨询：工程咨询方接受投资方委托，就投资项目的市场、技术、经济、生态环境、能源、资源、安全等影响可行性的要素，结合国家、地区、行业发展规划及相关重大专项建设规划、产业政策、技术标准及相关审批要求进行分析研究和论证，为投资方提供决策依据和建议的活动。

工程建设全过程咨询：工程咨询方接受建设单位委托，提供招标代理、勘察、设计、监理、造价、项目管理等全过程一体化咨询服务的活动。

一、关于推进全过程工程咨询服务发展的指导意见

发展改革委、住房城乡建设部 2019 年 3 月 15 日印发的《**关于推进全过程工程咨询服务发展的指导意见**》（发改投资规〔2019〕515 号）摘录如下：

一、充分认识推进全过程工程咨询服务发展的意义

改革开放以来，我国工程咨询服务市场化快速发展，形成了投资咨询、招标代理、勘察、设计、监理、造价、项目管理等专业化的咨询服务业态，部分专业咨询服务建立了执业准入制度，促进了我国工程咨询服务专业化水平提升。随着我国固定资产投资项目建设水平逐步提高，为更好地实现投资建设意图，投资者或建设单位在固定资产投资项目决策、工程建设、项目运营过程中，对综合性、跨阶段、一体化的咨询服务需求日益增强。这种需求与现行制度造成的单项服务供给模式之间的矛盾日益突出。

为深入贯彻习近平新时代中国特色社会主义思想和党的十九大精神，深化工程领域咨询服务供给侧结构性改革，破解工程咨询市场供需矛盾，必须完善政策措施，创新咨询服务组织实施方式，大力发展以市场需求为导向、满足委托方多样化需求的全过程工程咨询服务模式。特别是要遵循项目周期规律和建设程序的客观要求，在项目决策和建设实施两个阶段，着力破除制度性障碍，重点培育发展投资决策综合性咨询和工程建设全过程咨询，为固定资产投资及工程建设活动提供高质量智力技术服务，全面提升投资效益、工程建设质量和运营效率，推动高质量发展。

二、以投资决策综合性咨询促进投资决策科学化

（一）大力提升投资决策综合性咨询水平。 投资决策环节在项目建设程序中具有统领作用，对项目顺利实施、有效控制和高效利用投资至关重要。鼓励投资者在投资决策环节委托工程咨询单位提供综合性咨询服务，统筹考虑影响项目可行性的各种因素，增强决策论证的协调性。综合性工程咨询单位接受投资者委托，就投资项目的市场、技术、经济、生态环境、能源、资源、安全等影响可行性的要素，结合国家、地区、行业发展规划及相关重大专项建设规划、产业政策、技术标准及相关审批要求进行分析研究和论证，为投资者提供决策依据和建议。

（二）规范投资决策综合性咨询服务方式。 投资决策综合性咨询服务可由工程咨询单位采取市场合作、委托专业服务等方式牵头提供，或由其会同具备相应资格的服务机构联合提供。牵头提供投资决策综合性咨询服务的机构，根据与委托方合同约定对服务成果承担总体责任；联合提供投资决策综合性咨询服务的，各合作方承担相应责任。鼓励纳入有关行业自律管理体系的工程咨询单位发挥投资机会研究、项目可行性研究等特长，开展综合性咨询服务。投资决策综合性咨询应当充分发挥咨询工程师（投资）的作用，鼓励其作为综合性咨询项目负责人，提高统筹服务水平。

（三）充分发挥投资决策综合性咨询在促进投资高质量发展和投资审批制度改革中的支撑作用。 落实项目单位投资决策自主权和主体责任，鼓励项目单位加强可行性研究，

对国家法律法规和产业政策、行政审批中要求的专项评价评估等一并纳入可行性研究统筹论证，提高决策科学化，促进投资高质量发展。单独开展的各专项评价评估结论应当与可行性研究报告相关内容保持一致，各审批部门应当加强审查要求和标准的协调，避免对相同事项的管理要求相冲突。鼓励项目单位采用投资决策综合性咨询，减少分散专项评价评估，避免可行性研究论证碎片化。各地要建立并联审批、联合审批机制，提高审批效率，并通过通用综合性咨询成果、审查一套综合性申报材料，提高并联审批、联合审批的操作性。

（四）政府投资项目要优先开展综合性咨询。 为增强政府投资决策科学性，提高政府投资效益，政府投资项目要优先采取综合性咨询服务方式。政府投资项目要围绕可行性研究报告，充分论证建设内容、建设规模，并按照相关法律法规、技术标准要求，深入分析影响投资决策的各项因素，将其影响分析形成专门篇章纳入可行性研究报告；可行性研究报告包括其他专项审批要求的论证评价内容的，有关审批部门可以将可行性研究报告作为申报材料进行审查。

三、以全过程咨询推动完善工程建设组织模式

（一）以工程建设环节为重点推进全过程咨询。 在房屋建筑、市政基础设施等工程建设中，鼓励建设单位委托咨询单位提供招标代理、勘察、设计、监理、造价、项目管理等全过程咨询服务，满足建设单位一体化服务需求，增强工程建设过程的协同性。全过程咨询单位应当以工程质量和安全为前提，帮助建设单位提高建设效率、节约建设资金。

（二）探索工程建设全过程咨询服务实施方式。 工程建设全过程咨询服务应当由一家具有综合能力的咨询单位实施，也可由多家具有招标代理、勘察、设计、监理、造价、项目管理等不同能力的咨询单位联合实施。由多家咨询单位联合实施的，应当明确牵头单位及各单位的权利、义务和责任。要充分发挥政府投资项目和国有企业投资项目的示范引领作用，引导一批有影响力、有示范作用的政府投资项目和国有企业投资项目带头推行工程建设全过程咨询。鼓励民间投资项目的建设单位根据项目规模和特点，本着信誉可靠、综合能力和效率优先的原则，依法选择优秀团队实施工程建设全过程咨询。

（三）促进工程建设全过程咨询服务发展。 全过程咨询单位提供勘察、设计、监理或造价咨询服务时，应当具有与工程规模及委托内容相适应的资质条件。全过程咨询服务单位应当自行完成自有资质证书许可范围内的业务，在保证整个工程项目完整性的前提下，按照合同约定或经建设单位同意，可将自有资质证书许可范围外的咨询业务依法依规择优委托给具有相应资质或能力的单位，全过程咨询服务单位应对被委托单位的委托业务负总责。建设单位选择具有相应工程勘察、设计、监理或造价咨询资质的单位开展全过程咨询服务的，除法律法规另有规定外，可不再另行委托勘察、设计、监理或造价咨询单位。

（四）明确工程建设全过程咨询服务人员要求。 工程建设全过程咨询项目负责人应当取得工程建设类注册执业资格且具有工程类、工程经济类高级职称，并具有类似工程经验。对于工程建设全过程咨询服务中承担工程勘察、设计、监理或造价咨询业务的负责人，应具有法律法规规定的相应执业资格。全过程咨询服务单位应根据项目管理需要配备具有相应执业能力的专业技术人员和管理人员。设计单位在民用建筑中实施全过程咨询的，要充分发挥建筑师的主导作用。

四、鼓励多种形式的全过程工程咨询服务市场化发展

（一）鼓励多种形式全过程工程咨询服务模式。 除投资决策综合性咨询和工程建设全过程咨询外，咨询单位可根据市场需求，从投资决策、工程建设、运营等项目全生命周期角度，开展跨阶段咨询服务组合或同一阶段内不同类型咨询服务组合。鼓励和支持咨询单位创新全过程工程咨询服务模式，为投资者或建设单位提供多样化的服务。同一项目的全过程工程咨询单位与工程总承包、施工、材料设备供应单位之间不得有利害关系。

（二）创新咨询单位和人员管理方式。 要逐步减少投资决策环节和工程建设领域对从业单位和人员实施的资质资格许可事项，精简和取消强制性中介服务事项，打破行业壁垒和部门垄断，放开市场准入，加快咨询服务市场化进程。将政府管理重心从事前的资质资格证书核发转向事中事后监管，建立以政府监管、信用约束、行业自律为主要内容的管理体系，强化单位和人员从业行为监管。

（三）引导全过程工程咨询服务健康发展。 全过程工程咨询单位应当在技术、经济、管理、法律等方面具有丰富经验，具有与全过程工程咨询业务相适应的服务能力，同时具有良好的信誉。全过程工程咨询单位应当建立与其咨询业务相适应的专业部门及组织机构，配备结构合理的专业咨询人员，提升核心竞争力，培育综合性多元化服务及系统性问题一站式整合服务能力。鼓励投资咨询、招标代理、勘察、设计、监理、造价、项目管理等企业，采取联合经营、并购重组等方式发展全过程工程咨询。

五、优化全过程工程咨询服务市场环境

（一）建立全过程工程咨询服务技术标准和合同体系。 研究建立投资决策综合性咨询和工程建设全过程咨询服务技术标准体系，促进全过程工程咨询服务科学化、标准化和规范化；以服务合同管理为重点，加快构建适合我国投资决策和工程建设咨询服务的招标文件及合同示范文本，科学制定合同条款，促进合同双方履约。全过程工程咨询单位要切实履行合同约定的各项义务、承担相应责任，并对咨询成果的真实性、有效性和科学性负责。

（二）完善全过程工程咨询服务酬金计取方式。 全过程工程咨询服务酬金可在项目投资中列支，也可根据所包含的具体服务事项，通过项目投资中列支的投资咨询、招标代理、勘察、设计、监理、造价、项目管理等费用进行支付。全过程工程咨询服务酬金在项目投资中列支的，所对应的单项咨询服务费用不再列支。投资者或建设单位应当根据工程项目的规模和复杂程度，咨询服务的范围、内容和期限等与咨询单位确定服务酬金。全过程工程咨询服务酬金可按各专项服务酬金叠加后再增加相应统筹管理费用计取，也可按人工成本加酬金方式计取。全过程工程咨询单位应努力提升服务能力和水平，通过为所咨询的工程建设或运行增值来体现其自身市场价值，禁止恶意低价竞争行为。鼓励投资者或建设单位根据咨询服务节约的投资额对咨询单位予以奖励。

（三）建立全过程工程咨询服务管理体系。 咨询单位要建立自身的服务技术标准、管理标准，不断完善质量管理体系、职业健康安全和环境管理体系，通过积累咨询服务实践经验，建立具有自身特色的全过程工程咨询服务管理体系及标准。大力开发和利用建筑信息模型（BIM）、大数据、物联网等现代信息技术和资源，努力提高信息化管理与应用水平，为开展全过程工程咨询业务提供保障。

（四）加强咨询人才队伍建设和国际交流。 咨询单位要高度重视全过程工程咨询项

目负责人及相关专业人才的培养，加强技术、经济、管理及法律等方面的理论知识培训，培养一批符合全过程工程咨询服务需求的综合型人才，为开展全过程工程咨询业务提供人才支撑。鼓励咨询单位与国际著名的工程顾问公司开展多种形式的合作，提高业务水平，提升咨询单位的国际竞争力。

六、强化保障措施

（一）加强组织领导。 国务院投资主管部门负责指导投资决策综合性咨询，国务院住房和城乡建设主管部门负责指导工程建设全过程咨询。各级投资主管部门、住房和城乡建设主管部门要高度重视全过程工程咨询服务的推进和发展，创新投资决策机制和工程建设管理机制，完善相关配套政策，加强对全过程工程咨询服务活动的引导和支持，加强与财政、税务、审计等有关部门的沟通协调，切实解决制约全过程工程咨询实施中的实际问题。

（二）推动示范引领。 各级政府主管部门要引导和鼓励工程决策和建设采用全过程工程咨询模式，通过示范项目的引领作用，逐步培育一批全过程工程咨询骨干企业，提高全过程工程咨询的供给质量和能力；鼓励各地区和企业积极探索和开展全过程工程咨询，及时总结和推广经验，扩大全过程工程咨询的影响力。

（三）加强政府监管和行业自律。 有关部门要根据职责分工，建立全过程工程咨询监管制度，创新全过程监管方式，实施综合监管、联动监管，加大对违法违规咨询单位和从业人员的处罚力度，建立信用档案和公开不良行为信息，推动咨询单位切实提高服务质量和效率。有关行业协会应当充分发挥专业优势，协助政府开展相关政策和标准体系研究，引导咨询单位提升全过程工程咨询服务能力；加强行业诚信自律体系建设，规范咨询单位和从业人员的市场行为，引导市场合理竞争。

二、全过程工程咨询服务技术标准

《房屋建筑和市政基础设施建设项目全过程工程咨询服务技术标准（征求意见稿）》（2020 年 4 月）摘录如下：

4. 全过程工程咨询组织模式及人员职责

4.1 一般规定

4.1.1 全过程工程咨询业务宜由一家具有相应资质和能力的工程咨询单位承担，也可由若干家具有相应资质和能力的工程咨询单位以联合体式承担。

4.1.2 全过程工程咨询业务以联合体方式承担的，应在联合体各方共同与委托方签订的全过程工程咨询合同中明确联合体牵头单位及联合体各方咨询项目负责人。

4.1.3 工程咨询方应委派一名专业人员担任全过程工程咨询项目负责人，并在与委托方签订的全过程工程咨询合同中予以明确。

　　工程咨询方调换全过程工程咨询项目负责人时，应征得委托方书面同意。

4.1.4 全过程工程咨询业务涉及勘察、设计、监理、造价咨询业务的，工程咨询方应分别委派具有相应职业资格和业务能力的专业人员担任勘察负责人、设计负责人、总监理工程师、造价咨询项目负责人。

　　全过程工程咨询项目负责人具备相应职业资格条件的，可同时担任该项目的勘察负责人、设计负责人、总监理工程师或造价咨询项目负责人，但最多只能同时兼任其中两个岗位负责人。

4.2　工程咨询组织模式

4.2.1　工程咨询方设立的工程咨询机构可独立于委托方进行全过程工程咨询，也可将其专业咨询人员分别派入委托方相关职能部门共同形成一体化工作团队。

4.2.2　全过程工程咨询实行咨询项目负责人责任制。全过程工程咨询业务涉及勘察、设计、监理、造价咨询业务的，相应咨询业务应在咨询项目负责人的协调下，分别实行勘察项目负责人、设计项目负责人、总监理工程师、造价咨询项目负责人责任制。

4.2.3　工程咨询机构可根据项目投资决策及建设实施不同阶段咨询内容或专项咨询内容设立不同的咨询工作部门，委派咨询工作部门负责人。

咨询工作部门的咨询业务涉及勘察、设计、监理、造价咨询业务的，相应咨询工作部门负责人应为勘察项目负责人、设计项目负责人、总监理工程师、造价咨询项目负责人。

4.2.4　按规定需要派驻施工现场的，工程咨询方应在施工现场派驻相应咨询工作部门。

4.2.5　工程咨询机构应配备数量适宜、专业配套的专业咨询人员和其他辅助人员，其能力和资格应满足工程咨询服务工作需要。

4.2.6　工程咨询方应根据全过程工程咨询合同要求及工程特点，制定和实施全过程工程咨询工作制度，明确全过程工程咨询工作流程，明晰工程咨询方内部及工程咨询方与委托方、其他利益相关方之间的管理接口关系。

4.2.7　咨询工作部门负责人应在工程咨询服务工作开始前，组织相关专业咨询人员进行咨询工作计划交底。

4.2.8　工程咨询机构应按全过程工程咨询合同及相关标准要求编制工程咨询成果文件，勘察项目负责人、设计项目负责人、总监理工程师、造价咨询项目负责人及全过程工程咨询项目负责人应在其确认的相关咨询成果文件上签章。

4.2.9　工程咨询成果文件经咨询项目负责人审核签字，并经工程咨询方技术负责人审批后报送委托方。工程咨询方将自有资质证书许可范围外的咨询业务委托给其他机构实施的，工程咨询方应当对工程咨询成果承担相应责任。

4.3　工程咨询人员职责

4.3.1　全过程工程咨询项目负责人应履行下列职责：

1　牵头组建工程咨询机构，明确咨询岗位职责及人员分工，并报送工程咨询单位或联合体批准。

2　组织制定咨询工作大纲及咨询工作制度，明确咨询工作流程和咨询成果文件模板。

3　组织审核咨询工作计划。

4　根据咨询工作需要及时调配专业咨询人员。

5　代表工程咨询方协调咨询项目内外部相关方关系，调解相关争议，解决项目实施中出现的问题。

6　监督检查咨询工作进展情况，组织评价咨询工作绩效。

7　参与工程咨询单位或联合体重大决策，在授权范围内决定咨询任务分解、利益分配和资源使用。

8　审核确认工程咨询成果文件，并在其确认的相关咨询成果文件上签章。

9　参与或配合工程咨询服务质量事故的调查和处理。

10　定期向委托方报告项目进展计划完成情况及所有与其利益密切相关的重要信息。

4.3.2　勘察项目负责人、设计项目负责人、总监理工程师、造价咨询项目负责人应根据工程勘察、设计、监理、造价咨询相关标准规定，分别履行其相应职责。

4.3.3　咨询工作部门负责人应履行下列职责：

1　参与编制咨询工作大纲，组织编制本部门咨询工作计划。

2　根据咨询工作大纲、咨询工作计划、相关标准及咨询任务分配，组织实施咨询服务工作。

3　组织编制工程咨询成果文件，需要咨询项目负责人审核签章的，报送咨询项目负责人审核签章。

4.3.4　工程咨询机构其他专业咨询人员根据咨询岗位职责分工，履行相应咨询职责。

5. 投资决策综合性咨询

5.1.1　投资决策综合性咨询是工程咨询方在投资决策环节，就投资项目的市场、技术、经济、生态环境、能源、资源、安全等影响可行性的要素，结合国家、地区、行业发展规划及相关重大专项建设规划、产业政策、技术标准及相关审批要求进行分析研究和论证，为投资方提供综合性、一体化、便利化的咨询服务。

5.1.2　开展投资决策综合性咨询服务的目的是为深化投融资体制改革、优化营商环境、促进投资高质量发展。

5.1.3　工程咨询方根据投资方委托开展投资决策综合性咨询，包括投资策划咨询、可行性研究、建设条件单项咨询等活动，以及在此基础上编制形成的，符合建设项目投资决策基本程序要求的申报材料，同时协助投资方按规定完成投资决策阶段各项审批、核准或备案事项。

5.1.4　投资策划咨询是进行可行性研究前的准备性调查研究，是为寻求有价值的投资机会而对项目的有关背景、投资条件、市场状况等进行初步调查研究和分析预测。

5.1.5　可行性研究是分析论述影响项目落地、实施、运营的各项因素的活动，支撑投资方内部决策。可行性研究更加注重提升咨询服务价值，更加强调研究的客观性、科学性、严肃性，研究内容和深度必须满足投资方"定方案""定项目"的要求。

5.1.6　建设条件单项咨询是包括可行性研究报告规定的重要章节咨询，也包括可行性研究报告未规定，但国家现行法律法规规定需要单独开展的咨询服务。

5.1.7　投资方应当采取招标或直接委托等方式选择具有资信评价等级的工程咨询方开展投资决策综合性咨询。投资方应当与工程咨询方订立综合性咨询服务合同，约定各方权利义务并共同遵守。合同中应明确咨询活动形成的知识产权归属。

5.1.8　投资决策综合性咨询服务可由工程咨询方采取市场合作、委托专业服务等方式牵头提供，或由其会同具备相应资格的服务机构联合提供。

5.1.9　投资决策综合性咨询服务牵头方是投资方委托的建设项目投资决策总顾问，承担投资决策阶段咨询的主体责任，应组织实施好各项咨询任务，并可根据资信、资质条件与能力承担相应申报材料编制任务。投资决策综合性咨询的总负责人由牵头方派出，组建的咨询团队人员应符合各项咨询任务的规定要求。

5.1.10　投资决策综合性咨询服务主要成果为可行性研究，以及在可行性研究的基础上，根据有关部门审批要求编制形成单项申报材料。鼓励有关审批部门将综合性可行性研究作为项目申报材料，实现"一本报告，并联审批"。

6. 工程建设全过程咨询工程勘察设计咨询

6.1　工程勘察设计咨询

6.1.1.1　在工程勘察设计阶段，工程咨询方可根据全过程工程咨询合同从事工程勘察设计技术咨询或工程勘察设计管理活动。

6.1.1.2　工程咨询方受托从事工程勘察设计管理活动时，对于依法需要通过招标方式选择工程勘察设计单位的，应协助委托方完成工程勘察设计招标及合同签订工作。

6.1.1.3　工程咨询方受托从事工程勘察设计管理活动时，应审核勘察设计单位提交的工程勘察设计工作方案和进度计划，并应将审核通过的工程勘察设计工作方案和进度计划报送委托方。

6.1.1.4　工程咨询方受托从事工程勘察设计管理活动时，应对工程勘察设计启动、过程及成果实施有效的监督管理。

6.1.1.5　工程咨询方受托从事工程设计活动时，可由一家或多家具有相应工程设计资质和能力的单位完成方案设计、初步设计和施工图设计。对于工艺复杂或采用新工艺、新设备、新技术的工程项目，初步设计未能解决有关技术问题的，还应经有关部门批准进行技术设计。

由多家单位进行工程设计的，应确定其中一家作为总体设计单位，负责贯穿工程设计全过程各单位设计活动的协调管理。

6.1.1.6　工程咨询方受托从事工程勘察设计活动时，应编制工程勘察设计工作方案和进度计划，并报送委托方审查。工程咨询方变更工程勘察设计工作方案和进度计划时，应按原程序重新报送委托方审查。

6.1.1.7　工程咨询方受托从事工程勘察设计活动时，应按审查通过的工程勘察设计工作方案和进度计划实施工程勘察设计活动。

6.1.1.8　工程勘察设计成果除应按相关规定进行审核签字外，还应与咨询项目负责人签署的审核意见一并提交委托方。

6.2　工程招标采购咨询

6.2.1.1　工程咨询方应根据全过程工程咨询合同，开展工程监理、施工招标代理及材料设备采购管理咨询工作。

6.2.1.2　工程咨询方应按照相关法律法规要求，在合同委托权限范围内开展工程监理、施工招标代理活动，保证招投标活动符合相关法律法规规定，避免不正当竞争。

6.2.1.3　工程咨询方代理工程监理、施工招标时，应科学策划工程监理、施工招标方案，遵循公开、公平、公正和诚信原则，协助委托方优选中标单位。

6.2.1.4　工程咨询方受托负责材料设备采购管理时，应根据法律法规及委托方要求采用直接采购、询价采购或招标采购方式，采购品质优良、价格合理的材料设备，并应保证所采购的材料设备供应满足工程建设进展需求。

6.3　工程监理与施工项目管理服务

6.3.1.1　在工程施工阶段，工程咨询方可根据全过程工程咨询合同从事工程监理或施工项目管理服务活动，也可从事工程监理与项目管理一体化服务活动。

6.3.1.2 工程咨询方受托实施工程监理时，应按相关法律法规及标准要求选派注册监理工程师担任项目总监理工程师，并应对施工监理服务实行总监理工程师负责制。

6.3.1.3 工程咨询方受托提供施工项目管理服务时，可协助委托方办理工程施工许可等相关报批手续。

6.3.1.4 工程咨询方受托提供工程监理与项目管理一体化服务时，施工监理服务应实行总监理工程师负责制。

7. 工程专项咨询

7.1.1 工程咨询方受托提供专项咨询服务时，应根据专项咨询合同组建专门的咨询团队，并应委派一名专业人员担任咨询项目负责人。

工程咨询方调换咨询项目负责人时，应征得委托方书面同意。

7.1.2 工程咨询方应根据专项咨询服务需求和特点等确定专项咨询机构的组织形式和人员构成，并在专项咨询合同签订后及时报送委托方。

7.1.3 专项咨询开始前，咨询项目负责人应组织专业咨询人员根据专项咨询合同及咨询服务需求编制专项咨询工作大纲。专项咨询工作大纲应经工程咨询方技术负责人审批后及时报送委托方。

专项咨询工作大纲内容应包括：咨询工作目标和任务；咨询工作依据；咨询工作组织机构、人员配备及岗位职责；咨询工作制度及流程；咨询工作进度安排；咨询工作可交付成果及其表达形式。

7.1.4 专项咨询活动实施过程中，因实际情况或条件发生变化而需要调整专项咨询工作大纲时，应由咨询项目负责人组织专业咨询人员修改，并应经工程咨询方技术负责人审批后报送委托方。

7.1.5 专项咨询机构应根据专项咨询合同约定，为委托方提供集技术、经济、管理等内容于一体的智力性服务，为委托方投资决策和过程管理提供增值服务。

7.1.6 工程咨询方应编制专项咨询报告。专项咨询报告应由咨询项目负责人签字，并经工程咨询方技术负责人审批后报送委托方。

第十二节 绿色和可持续发展要求

随着能源问题和环境污染问题的凸显，绿色发展问题及可持续发展问题已经成为一个重要趋势，成为推动经济结构调整的重要举措。绿色发展与可持续发展在思想上是一致的，可持续发展是绿色发展的目标，绿色发展是可持续发展的关键实现途径。

建筑业的可持续发展在整个社会可持续发展战略中占有非常重要的地位。倡导绿色建筑、推动建筑业的可持续发展，对于整个国家、整个社会的能源与资源利用，对于提高人民群众生活质量，对于环境保护都具有非常重要的意义。

对应绿色建筑及可持续发展要求，国家层面出台了很多政策、法规、标准，主要分为产业推动政策类，相关管理办法类，节约资源、保护环境、减少污染、提供健康适用、高效使用、与自然和谐共生的建筑等要求类。主要有以下文件：

2005年10月建设部、科技部联合出台了《绿色建筑技术导则》（建科〔2005〕199号），旨在引导、促进和规范绿色建筑的发展。

2006 年 6 月建设部出台了《绿色建筑评价标准》GB/T 50378—2006 用于评价住宅、办公、商场、宾馆等公共建筑。

2012 年 4 月财政部和住建部印发《关于加快推动我国绿色建筑发展的实施意见》（财建〔2012〕167 号），首次在国家部委层面提出绿色建筑发展目标和针对绿色建筑以及绿色生态城区建设的激励政策。

2013 年国务院办公厅印发《绿色建筑行动方案》（国办发〔2013〕1 号），明确绿色建筑发展目标、基本原则、重点任务和保障措施。

2014 年 3 月中共中央国务院印发《国家新型城镇化规划（2014-2020 年）》，将绿色建筑作为实现新型城镇化的重点任务，提出到 2020 年城镇绿色建筑占新建设建筑比重达到 50%。

2017 年 3 月，住建部发布《建筑节能与绿色建筑发展"十三五"规划》（建科〔2017〕53 号），旨在建设节能低碳、绿色生态、集约高效的建筑用能体系，推动住房城乡建设领域供给侧结构性改革。

2018 年 12 月、2019 年 3 月住建部分别发布了《海绵城市建设评价标准》GB/T 51345—2018、《绿色建筑评价标准》GB/T 50378—2019 等。

2020 年 7 月，住建部、发改委等多部门颁发《绿色建筑创建行动方案》（建标（2020）65 号），其中提出：到 2022 年，当年城镇新建建筑中绿色建筑面积占比达到 70%，星级绿色建筑持续增加，既有建筑能效水平不断提高，住宅健康性能不断完善，装配化建造方式占比稳步提升，绿色建材应用进一步扩大，绿色住宅使用者监督全面推广，人民群众积极参与绿色建筑创建活动，形成崇尚绿色生活的社会氛围。

2021 年 1 月住房和城乡建设部印发《绿色建筑标识管理办法》（建标规〔2021〕1 号），规范了绿色建筑标识管理，推动绿色建筑高质量发展。

2021 年 2 月国务院印发《关于加快建立健全绿色低碳循环发展经济体系的指导意见》（国发〔2021〕4 号），为了促进经济社会发展全面绿色转型，加快建立健全绿色低碳循环发展的经济体系。

一、《国务院关于加快建立健全绿色低碳循环发展经济体系的指导意见》相关要求

国务院 2021 年 2 月 2 日印发的《国务院关于加快建立健全绿色低碳循环发展经济体系的指导意见》（国发〔2021〕4 号）摘录如下：

（一）指导思想。 以习近平新时代中国特色社会主义思想为指导，深入贯彻党的十九大和十九届二中、三中、四中、五中全会精神，全面贯彻习近平生态文明思想，认真落实党中央、国务院决策部署，坚定不移贯彻新发展理念，全方位全过程推行绿色规划、绿色设计、绿色投资、绿色建设、绿色生产、绿色流通、绿色生活、绿色消费，使发展建立在高效利用资源、严格保护生态环境、有效控制温室气体排放的基础上，统筹推进高质量发展和高水平保护，建立健全绿色低碳循环发展的经济体系，确保实现碳达峰、碳中和目标，推动我国绿色发展迈上新台阶。

（二）工作原则。

坚持重点突破。 以节能环保、清洁生产、清洁能源等为重点率先突破，做好与农业、制造业、服务业和信息技术的融合发展，全面带动一二三产业和基础设施绿色升级。

坚持创新引领。 深入推动技术创新、模式创新、管理创新，加快构建市场导向的绿色技术创新体系，推行新型商业模式，构筑有力有效的政策支持体系。

坚持稳中求进。 做好绿色转型与经济发展、技术进步、产业接续、稳岗就业、民生改善的有机结合，积极稳妥、韧性持久地加以推进。

坚持市场导向。 在绿色转型中充分发挥市场的导向性作用、企业的主体作用、各类市场交易机制的作用，为绿色发展注入强大动力。

（三）主要目标。 到 2025 年，产业结构、能源结构、运输结构明显优化，绿色产业比重显著提升，基础设施绿色化水平不断提高，清洁生产水平持续提高，生产生活方式绿色转型成效显著，能源资源配置更加合理、利用效率大幅提高，主要污染物排放总量持续减少，碳排放强度明显降低，生态环境持续改善，市场导向的绿色技术创新体系更加完善，法律法规政策体系更加有效，绿色低碳循环发展的生产体系、流通体系、消费体系初步形成。到 2035 年，绿色发展内生动力显著增强，绿色产业规模迈上新台阶，重点行业、重点产品能源资源利用效率达到国际先进水平，广泛形成绿色生产生活方式，碳排放达峰后稳中有降，生态环境根本好转，美丽中国建设目标基本实现。

（十七）提升交通基础设施绿色发展水平。 将生态环保理念贯穿交通基础设施规划、建设、运营和维护全过程，集约利用土地等资源，合理避让具有重要生态功能的国土空间，积极打造绿色公路、绿色铁路、绿色航道、绿色港口、绿色空港。加强新能源汽车充换电、加氢等配套基础设施建设。积极推广应用温拌沥青、智能通风、辅助动力替代和节能灯具、隔声屏障等节能环保先进技术和产品。加大工程建设中废弃资源综合利用力度，推动废旧路面、沥青、疏浚土等材料以及建筑垃圾的资源化利用。

（十八）改善城乡人居环境。 相关空间性规划要贯彻绿色发展理念，统筹城市发展和安全，优化空间布局，合理确定开发强度，鼓励城市留白增绿。建立"美丽城市"评价体系，开展"美丽城市"建设试点。增强城市防洪排涝能力。开展绿色社区创建行动，大力发展绿色建筑，建立绿色建筑统一标识制度，结合城镇老旧小区改造推动社区基础设施绿色化和既有建筑节能改造。建立乡村建设评价体系，促进补齐乡村建设短板。加快推进农村人居环境整治，因地制宜推进农村改厕、生活垃圾处理和污水治理、村容村貌提升、乡村绿化美化等。继续做好农村清洁供暖改造、老旧危房改造，打造干净整洁有序美丽的村庄环境。

二、《建设项目环境保护管理条例》相关规定

现行《建设项目环境保护管理条例》（国务院令第 253 号，根据 2017 年 7 月 16 日国务院令第 682 号修订）摘录如下：

第一章 总 则

第一条 为了防止建设项目产生新的污染、破坏生态环境，制定本条例。

第二条 在中华人民共和国领域和中华人民共和国管辖的其他海域内建设对环境有影响的建设项目，适用本条例。

第三条 建设产生污染的建设项目，必须遵守污染物排放的国家标准和地方标准；在实施重点污染物排放总量控制的区域内，还必须符合重点污染物排放总量控制的要求。

第四条 工业建设项目应当采用能耗物耗小、污染物产生量少的清洁生产工艺，合理利用自然资源，防止环境污染和生态破坏。

第五条 改建、扩建项目和技术改造项目必须采取措施，治理与该项目有关的原有环境污染和生态破坏。

第二章 环境影响评价

第六条 国家实行建设项目环境影响评价制度。

第七条 国家根据建设项目对环境的影响程度，按照下列规定对建设项目的环境保护实行分类管理：

（一）建设项目对环境可能造成重大影响的，应当编制环境影响报告书，对建设项目产生的污染和对环境的影响进行全面、详细的评价；

（二）建设项目对环境可能造成轻度影响的，应当编制环境影响报告表，对建设项目产生的污染和对环境的影响进行分析或者专项评价；

（三）建设项目对环境影响很小，不需要进行环境影响评价的，应当填报环境影响登记表。

建设项目环境影响评价分类管理名录，由国务院环境保护行政主管部门在组织专家进行论证和征求有关部门、行业协会、企事业单位、公众等意见的基础上制定并公布。

第八条 建设项目环境影响报告书，应当包括下列内容：

（一）建设项目概况；

（二）建设项目周围环境现状；

（三）建设项目对环境可能造成影响的分析和预测；

（四）环境保护措施及其经济、技术论证；

（五）环境影响经济损益分析；

（六）对建设项目实施环境监测的建议；

（七）环境影响评价结论。

建设项目环境影响报告表、环境影响登记表的内容和格式，由国务院环境保护行政主管部门规定。

第九条 依法应当编制环境影响报告书、环境影响报告表的建设项目，建设单位应当在开工建设前将环境影响报告书、环境影响报告表报有审批权的环境保护行政主管部门审批；建设项目的环境影响评价文件未依法经审批部门审查或者审查后未予批准的，建设单位不得开工建设。

环境保护行政主管部门审批环境影响报告书、环境影响报告表，应当重点审查建设项目的环境可行性、环境影响分析预测评估的可靠性、环境保护措施的有效性、环境影响评价结论的科学性等，并分别自收到环境影响报告书之日起 60 日内、收到环境影响报告表之日起 30 日内，作出审批决定并书面通知建设单位。

环境保护行政主管部门可以组织技术机构对建设项目环境影响报告书、环境影响报告表进行技术评估，并承担相应费用；技术机构应当对其提出的技术评估意见负责，不得向建设单位、从事环境影响评价工作的单位收取任何费用。

依法应当填报环境影响登记表的建设项目，建设单位应当按照国务院环境保护行政主管部门的规定将环境影响登记表报建设项目所在地县级环境保护行政主管部门备案。

环境保护行政主管部门应当开展环境影响评价文件网上审批、备案和信息公开。

第十条 国务院环境保护行政主管部门负责审批下列建设项目环境影响报告书、环境影响报告表：

（一）核设施、绝密工程等特殊性质的建设项目；

（二）跨省、自治区、直辖市行政区域的建设项目；

（三）国务院审批的或者国务院授权有关部门审批的建设项目。

前款规定以外的建设项目环境影响报告书、环境影响报告表的审批权限，由省、自治区、直辖市人民政府规定。

建设项目造成跨行政区域环境影响，有关环境保护行政主管部门对环境影响评价结论有争议的，其环境影响报告书或者环境影响报告表由共同上一级环境保护行政主管部门审批。

第十一条 建设项目有下列情形之一的，环境保护行政主管部门应当对环境影响报告书、环境影响报告表作出不予批准的决定：

（一）建设项目类型及其选址、布局、规模等不符合环境保护法律法规和相关法定规划；

（二）所在区域环境质量未达到国家或者地方环境质量标准，且建设项目拟采取的措施不能满足区域环境质量改善目标管理要求；

（三）建设项目采取的污染防治措施无法确保污染物排放达到国家和地方排放标准，或者未采取必要措施预防和控制生态破坏；

（四）改建、扩建和技术改造项目，未针对项目原有环境污染和生态破坏提出有效防治措施；

（五）建设项目的环境影响报告书、环境影响报告表的基础资料数据明显不实，内容存在重大缺陷、遗漏，或者环境影响评价结论不明确、不合理。

第十二条 建设项目环境影响报告书、环境影响报告表经批准后，建设项目的性质、规模、地点、采用的生产工艺或者防治污染、防止生态破坏的措施发生重大变动的，建设单位应当重新报批建设项目环境影响报告书、环境影响报告表。

建设项目环境影响报告书、环境影响报告表自批准之日起满5年，建设项目方开工建设的，其环境影响报告书、环境影响报告表应当报原审批部门重新审核。原审批部门应当自收到建设项目环境影响报告书、环境影响报告表之日起10日内，将审核意见书面通知建设单位；逾期未通知的，视为审核同意。

审核、审批建设项目环境影响报告书、环境影响报告表及备案环境影响登记表，不得收取任何费用。

第十三条 建设单位可以采取公开招标的方式，选择从事环境影响评价工作的单位，对建设项目进行环境影响评价。

任何行政机关不得为建设单位指定从事环境影响评价工作的单位，进行环境影响评价。

第十四条 建设单位编制环境影响报告书，应当依照有关法律规定，征求建设项目所在地有关单位和居民的意见。

第三章 环境保护设施建设

第十五条 建设项目需要配套建设的环境保护设施，必须与主体工程同时设计、同时施工、同时投产使用。

第十六条 建设项目的初步设计，应当按照环境保护设计规范的要求，编制环境保护篇章，落实防治环境污染和生态破坏的措施以及环境保护设施投资概算。

建设单位应当将环境保护设施建设纳入施工合同，保证环境保护设施建设进度和资金，并在项目建设过程中同时组织实施环境影响报告书、环境影响报告表及其审批部门审批决定中提出的环境保护对策措施。

第十七条 编制环境影响报告书、环境影响报告表的建设项目竣工后，建设单位应当按照国务院环境保护行政主管部门规定的标准和程序，对配套建设的环境保护设施进行验收，编制验收报告。

建设单位在环境保护设施验收过程中，应当如实查验、监测、记载建设项目环境保护设施的建设和调试情况，不得弄虚作假。

除按照国家规定需要保密的情形外，建设单位应当依法向社会公开验收报告。

第十八条 分期建设、分期投入生产或者使用的建设项目，其相应的环境保护设施应当分期验收。

第十九条 编制环境影响报告书、环境影响报告表的建设项目，其配套建设的环境保护设施经验收合格，方可投入生产或者使用；未经验收或者验收不合格的，不得投入生产或者使用。

前款规定的建设项目投入生产或者使用后，应当按照国务院环境保护行政主管部门的规定开展环境影响后评价。

第二十条 环境保护行政主管部门应当对建设项目环境保护设施设计、施工、验收、投入生产或者使用情况，以及有关环境影响评价文件确定的其他环境保护措施的落实情况，进行监督检查。

环境保护行政主管部门应当将建设项目有关环境违法信息记入社会诚信档案，及时向社会公开违法者名单。

第四章 法律责任

第二十一条 建设单位有下列行为之一的，依照《中华人民共和国环境影响评价法》的规定处罚：

（一）建设项目环境影响报告书、环境影响报告表未依法报批或者报请重新审核，擅自开工建设；

（二）建设项目环境影响报告书、环境影响报告表未经批准或者重新审核同意，擅自开工建设；

（三）建设项目环境影响登记表未依法备案。

第二十二条 违反本条例规定，建设单位编制建设项目初步设计未落实防治环境污染和生态破坏的措施以及环境保护设施投资概算，未将环境保护设施建设纳入施工合同，或者未依法开展环境影响后评价的，由建设项目所在地县级以上环境保护行政主管部门责令限期改正，处5万元以上20万元以下的罚款；逾期不改正的，处20万元以上100万元以下的罚款。

违反本条例规定，建设单位在项目建设过程中未同时组织实施环境影响报告书、环境影响报告表及其审批部门审批决定中提出的环境保护对策措施的，由建设项目所在地县级以上环境保护行政主管部门责令限期改正，处 20 万元以上 100 万元以下的罚款；逾期不改正的，责令停止建设。

第二十三条 违反本条例规定，需要配套建设的环境保护设施未建成、未经验收或者验收不合格，建设项目即投入生产或者使用，或者在环境保护设施验收中弄虚作假的，由县级以上环境保护行政主管部门责令限期改正，处 20 万元以上 100 万元以下的罚款；逾期不改正的，处 100 万元以上 200 万元以下的罚款；对直接负责的主管人员和其他责任人员，处 5 万元以上 20 万元以下的罚款；造成重大环境污染或者生态破坏的，责令停止生产或者使用，或者报经有批准权的人民政府批准，责令关闭。

违反本条例规定，建设单位未依法向社会公开环境保护设施验收报告的，由县级以上环境保护行政主管部门责令公开，处 5 万元以上 20 万元以下的罚款，并予以公告。

第二十四条 违反本条例规定，技术机构向建设单位、从事环境影响评价工作的单位收取费用的，由县级以上环境保护行政主管部门责令退还所收费用，处所收费用 1 倍以上 3 倍以下的罚款。

第二十五条 从事建设项目环境影响评价工作的单位，在环境影响评价工作中弄虚作假的，由县级以上环境保护行政主管部门处所收费用 1 倍以上 3 倍以下的罚款。

第二十六条 环境保护行政主管部门的工作人员徇私舞弊、滥用职权、玩忽职守，构成犯罪的，依法追究刑事责任；尚不构成犯罪的，依法给予行政处分。

三、《中华人民共和国环境保护法》

现行《中华人民共和国环境保护法》（根据 2014 年 4 月 24 日第十二届全国人民代表大会常务委员会第八次会议修订）摘录如下：

第一章 总 则

第一条 为保护和改善环境，防治污染和其他公害，保障公众健康，推进生态文明建设，促进经济社会可持续发展，制定本法。

第二条 本法所称环境，是指影响人类生存和发展的各种天然的和经过人工改造的自然因素的总体，包括大气、水、海洋、土地、矿藏、森林、草原、湿地、野生生物、自然遗迹、人文遗迹、自然保护区、风景名胜区、城市和乡村等。

第三条 本法适用于中华人民共和国领域和中华人民共和国管辖的其他海域。

第四条 保护环境是国家的基本国策。

国家采取有利于节约和循环利用资源、保护和改善环境、促进人与自然和谐的经济、技术政策和措施，使经济社会发展与环境保护相协调。

第五条 环境保护坚持保护优先、预防为主、综合治理、公众参与、损害担责的原则。

第六条 一切单位和个人都有保护环境的义务。

地方各级人民政府应当对本行政区域的环境质量负责。

企业事业单位和其他生产经营者应当防止、减少环境污染和生态破坏，对所造成的损害依法承担责任。

公民应当增强环境保护意识，采取低碳、节俭的生活方式，自觉履行环境保护义务。

第七条 国家支持环境保护科学技术研究、开发和应用，鼓励环境保护产业发展，促进环境保护信息化建设，提高环境保护科学技术水平。

第八条 各级人民政府应当加大保护和改善环境、防治污染和其他公害的财政投入，提高财政资金的使用效益。

第九条 各级人民政府应当加强环境保护宣传和普及工作，鼓励基层群众性自治组织、社会组织、环境保护志愿者开展环境保护法律法规和环境保护知识的宣传，营造保护环境的良好风气。

教育行政部门、学校应当将环境保护知识纳入学校教育内容，培养学生的环境保护意识。

新闻媒体应当开展环境保护法律法规和环境保护知识的宣传，对环境违法行为进行舆论监督。

第十条 国务院环境保护主管部门，对全国环境保护工作实施统一监督管理；县级以上地方人民政府环境保护主管部门，对本行政区域环境保护工作实施统一监督管理。

县级以上人民政府有关部门和军队环境保护部门，依照有关法律的规定对资源保护和污染防治等环境保护工作实施监督管理。

第十一条 对保护和改善环境有显著成绩的单位和个人，由人民政府给予奖励。

第十二条 每年6月5日为环境日。

第二章 监督管理

第十三条 县级以上人民政府应当将环境保护工作纳入国民经济和社会发展规划。

国务院环境保护主管部门会同有关部门，根据国民经济和社会发展规划编制国家环境保护规划，报国务院批准并公布实施。

县级以上地方人民政府环境保护主管部门会同有关部门，根据国家环境保护规划的要求，编制本行政区域的环境保护规划，报同级人民政府批准并公布实施。

环境保护规划的内容应当包括生态保护和污染防治的目标、任务、保障措施等，并与主体功能区规划、土地利用总体规划和城乡规划等相衔接。

第十四条 国务院有关部门和省、自治区、直辖市人民政府组织制定经济、技术政策，应当充分考虑对环境的影响，听取有关方面和专家的意见。

第十五条 国务院环境保护主管部门制定国家环境质量标准。

省、自治区、直辖市人民政府对国家环境质量标准中未作规定的项目，可以制定地方环境质量标准；对国家环境质量标准中已作规定的项目，可以制定严于国家环境质量标准的地方环境质量标准。地方环境质量标准应当报国务院环境保护主管部门备案。

国家鼓励开展环境基准研究。

第十六条 国务院环境保护主管部门根据国家环境质量标准和国家经济、技术条件，制定国家污染物排放标准。

省、自治区、直辖市人民政府对国家污染物排放标准中未作规定的项目，可以制定地方污染物排放标准；对国家污染物排放标准中已作规定的项目，可以制定严于国家污染物排放标准的地方污染物排放标准。地方污染物排放标准应当报国务院环境保护主管部门备案。

第十七条　国家建立、健全环境监测制度。国务院环境保护主管部门制定监测规范，会同有关部门组织监测网络，统一规划国家环境质量监测站（点）的设置，建立监测数据共享机制，加强对环境监测的管理。

有关行业、专业等各类环境质量监测站（点）的设置应当符合法律法规规定和监测规范的要求。

监测机构应当使用符合国家标准的监测设备，遵守监测规范。监测机构及其负责人对监测数据的真实性和准确性负责。

第十八条　省级以上人民政府应当组织有关部门或者委托专业机构，对环境状况进行调查、评价，建立环境资源承载能力监测预警机制。

第十九条　编制有关开发利用规划，建设对环境有影响的项目，应当依法进行环境影响评价。

未依法进行环境影响评价的开发利用规划，不得组织实施；未依法进行环境影响评价的建设项目，不得开工建设。

第二十条　国家建立跨行政区域的重点区域、流域环境污染和生态破坏联合防治协调机制，实行统一规划、统一标准、统一监测、统一的防治措施。

前款规定以外的跨行政区域的环境污染和生态破坏的防治，由上级人民政府协调解决，或者由有关地方人民政府协商解决。

第二十一条　国家采取财政、税收、价格、政府采购等方面的政策和措施，鼓励和支持环境保护技术装备、资源综合利用和环境服务等环境保护产业的发展。

第二十二条　企业事业单位和其他生产经营者，在污染物排放符合法定要求的基础上，进一步减少污染物排放的，人民政府应当依法采取财政、税收、价格、政府采购等方面的政策和措施予以鼓励和支持。

第二十三条　企业事业单位和其他生产经营者，为改善环境，依照有关规定转产、搬迁、关闭的，人民政府应当予以支持。

第二十四条　县级以上人民政府环境保护主管部门及其委托的环境监察机构和其他负有环境保护监督管理职责的部门，有权对排放污染物的企业事业单位和其他生产经营者进行现场检查。被检查者应当如实反映情况，提供必要的资料。实施现场检查的部门、机构及其工作人员应当为被检查者保守商业秘密。

第二十五条　企业事业单位和其他生产经营者违反法律法规规定排放污染物，造成或者可能造成严重污染的，县级以上人民政府环境保护主管部门和其他负有环境保护监督管理职责的部门，可以查封、扣押造成污染物排放的设施、设备。

第二十六条　国家实行环境保护目标责任制和考核评价制度。县级以上人民政府应当将环境保护目标完成情况纳入对本级人民政府负有环境保护监督管理职责的部门及其负责人和下级人民政府及其负责人的考核内容，作为对其考核评价的重要依据。考核结果应当向社会公开。

第二十七条　县级以上人民政府应当每年向本级人民代表大会或者人民代表大会常务委员会报告环境状况和环境保护目标完成情况，对发生的重大环境事件应当及时向本级人民代表大会常务委员会报告，依法接受监督。

第三章　保护和改善环境

第二十八条　地方各级人民政府应当根据环境保护目标和治理任务，采取有效措施，改善环境质量。

未达到国家环境质量标准的重点区域、流域的有关地方人民政府，应当制定限期达标规划，并采取措施按期达标。

第二十九条　国家在重点生态功能区、生态环境敏感区和脆弱区等区域划定生态保护红线，实行严格保护。

各级人民政府对具有代表性的各种类型的自然生态系统区域，珍稀、濒危的野生动植物自然分布区域，重要的水源涵养区域，具有重大科学文化价值的地质构造、著名溶洞和化石分布区、冰川、火山、温泉等自然遗迹，以及人文遗迹、古树名木，应当采取措施予以保护，严禁破坏。

第三十条　开发利用自然资源，应当合理开发，保护生物多样性，保障生态安全，依法制定有关生态保护和恢复治理方案并予以实施。

引进外来物种以及研究、开发和利用生物技术，应当采取措施，防止对生物多样性的破坏。

第三十一条　国家建立、健全生态保护补偿制度。

国家加大对生态保护地区的财政转移支付力度。有关地方人民政府应当落实生态保护补偿资金，确保其用于生态保护补偿。

国家指导受益地区和生态保护地区人民政府通过协商或者按照市场规则进行生态保护补偿。

第三十二条　国家加强对大气、水、土壤等的保护，建立和完善相应的调查、监测、评估和修复制度。

第三十三条　各级人民政府应当加强对农业环境的保护，促进农业环境保护新技术的使用，加强对农业污染源的监测预警，统筹有关部门采取措施，防治土壤污染和土地沙化、盐渍化、贫瘠化、石漠化、地面沉降以及防治植被破坏、水土流失、水体富营养化、水源枯竭、种源灭绝等生态失调现象，推广植物病虫害的综合防治。

县级、乡级人民政府应当提高农村环境保护公共服务水平，推动农村环境综合整治。

第三十四条　国务院和沿海地方各级人民政府应当加强对海洋环境的保护。向海洋排放污染物、倾倒废弃物，进行海岸工程和海洋工程建设，应当符合法律法规规定和有关标准，防止和减少对海洋环境的污染损害。

第三十五条　城乡建设应当结合当地自然环境的特点，保护植被、水域和自然景观，加强城市园林、绿地和风景名胜区的建设与管理。

第三十六条　国家鼓励和引导公民、法人和其他组织使用有利于保护环境的产品和再生产品，减少废弃物的产生。

国家机关和使用财政资金的其他组织应当优先采购和使用节能、节水、节材等有利于保护环境的产品、设备和设施。

第三十七条　地方各级人民政府应当采取措施，组织对生活废弃物的分类处置、回收利用。

第三十八条　公民应当遵守环境保护法律法规，配合实施环境保护措施，按照规定对生活废弃物进行分类放置，减少日常生活对环境造成的损害。

第三十九条　国家建立、健全环境与健康监测、调查和风险评估制度；鼓励和组织开展环境质量对公众健康影响的研究，采取措施预防和控制与环境污染有关的疾病。

第四章　防治污染和其他公害

第四十条　国家促进清洁生产和资源循环利用。

国务院有关部门和地方各级人民政府应当采取措施，推广清洁能源的生产和使用。

企业应当优先使用清洁能源，采用资源利用率高、污染物排放量少的工艺、设备以及废弃物综合利用技术和污染物无害化处理技术，减少污染物的产生。

第四十一条　建设项目中防治污染的设施，应当与主体工程同时设计、同时施工、同时投产使用。防治污染的设施应当符合经批准的环境影响评价文件的要求，不得擅自拆除或者闲置。

第四十二条　排放污染物的企业事业单位和其他生产经营者，应当采取措施，防治在生产建设或者其他活动中产生的废气、废水、废渣、医疗废物、粉尘、恶臭气体、放射性物质以及噪声、振动、光辐射、电磁辐射等对环境的污染和危害。

排放污染物的企业事业单位，应当建立环境保护责任制度，明确单位负责人和相关人员的责任。

重点排污单位应当按照国家有关规定和监测规范安装使用监测设备，保证监测设备正常运行，保存原始监测记录。

严禁通过暗管、渗井、渗坑、灌注或者篡改、伪造监测数据，或者不正常运行防治污染设施等逃避监管的方式违法排放污染物。

第四十三条　排放污染物的企业事业单位和其他生产经营者，应当按照国家有关规定缴纳排污费。排污费应当全部专项用于环境污染防治，任何单位和个人不得截留、挤占或者挪作他用。

依照法律规定征收环境保护税的，不再征收排污费。

第四十四条　国家实行重点污染物排放总量控制制度。重点污染物排放总量控制指标由国务院下达，省、自治区、直辖市人民政府分解落实。企业事业单位在执行国家和地方污染物排放标准的同时，应当遵守分解落实到本单位的重点污染物排放总量控制指标。

对超过国家重点污染物排放总量控制指标或者未完成国家确定的环境质量目标的地区，省级以上人民政府环境保护主管部门应当暂停审批其新增重点污染物排放总量的建设项目环境影响评价文件。

第四十五条　国家依照法律规定实行排污许可管理制度。

实行排污许可管理的企业事业单位和其他生产经营者应当按照排污许可证的要求排放污染物；未取得排污许可证的，不得排放污染物。

第四十六条　国家对严重污染环境的工艺、设备和产品实行淘汰制度。任何单位和个人不得生产、销售或者转移、使用严重污染环境的工艺、设备和产品。

禁止引进不符合我国环境保护规定的技术、设备、材料和产品。

第四十七条　各级人民政府及其有关部门和企业事业单位，应当依照《中华人民共和国突发事件应对法》的规定，做好突发环境事件的风险控制、应急准备、应急处置和事后恢复等工作。

县级以上人民政府应当建立环境污染公共监测预警机制，组织制定预警方案；环境受到污染，可能影响公众健康和环境安全时，依法及时公布预警信息，启动应急措施。

企业事业单位应当按照国家有关规定制定突发环境事件应急预案，报环境保护主管部门和有关部门备案。在发生或者可能发生突发环境事件时，企业事业单位应当立即采取措施处理，及时通报可能受到危害的单位和居民，并向环境保护主管部门和有关部门报告。

突发环境事件应急处置工作结束后，有关人民政府应当立即组织评估事件造成的环境影响和损失，并及时将评估结果向社会公布。

第四十八条　生产、储存、运输、销售、使用、处置化学物品和含有放射性物质的物品，应当遵守国家有关规定，防止污染环境。

第四十九条　各级人民政府及其农业等有关部门和机构应当指导农业生产经营者科学种植和养殖，科学合理施用农药、化肥等农业投入品，科学处置农用薄膜、农作物秸秆等农业废弃物，防止农业面源污染。

禁止将不符合农用标准和环境保护标准的固体废物、废水施入农田。施用农药、化肥等农业投入品及进行灌溉，应当采取措施，防止重金属和其他有毒有害物质污染环境。

畜禽养殖场、养殖小区、定点屠宰企业等的选址、建设和管理应当符合有关法律法规规定。从事畜禽养殖和屠宰的单位和个人应当采取措施，对畜禽粪便、尸体和污水等废弃物进行科学处置，防止污染环境。

县级人民政府负责组织农村生活废弃物的处置工作。

第五十条　各级人民政府应当在财政预算中安排资金，支持农村饮用水水源地保护、生活污水和其他废弃物处理、畜禽养殖和屠宰污染防治、土壤污染防治和农村工矿污染治理等环境保护工作。

第五十一条　各级人民政府应当统筹城乡建设污水处理设施及配套管网，固体废物的收集、运输和处置等环境卫生设施，危险废物集中处置设施、场所以及其他环境保护公共设施，并保障其正常运行。

第五十二条　国家鼓励投保环境污染责任保险。

第五章　信息公开和公众参与

第五十三条　公民、法人和其他组织依法享有获取环境信息、参与和监督环境保护的权利。

各级人民政府环境保护主管部门和其他负有环境保护监督管理职责的部门，应当依法公开环境信息、完善公众参与程序，为公民、法人和其他组织参与和监督环境保护提供便利。

第五十四条　国务院环境保护主管部门统一发布国家环境质量、重点污染源监测信息及其他重大环境信息。省级以上人民政府环境保护主管部门定期发布环境状况公报。

县级以上人民政府环境保护主管部门和其他负有环境保护监督管理职责的部门，应当依法公开环境质量、环境监测、突发环境事件以及环境行政许可、行政处罚、排污费的征收和使用情况等信息。

县级以上地方人民政府环境保护主管部门和其他负有环境保护监督管理职责的部门，应当将企业事业单位和其他生产经营者的环境违法信息记入社会诚信档案，及时向社会公布违法者名单。

第五十五条　重点排污单位应当如实向社会公开其主要污染物的名称、排放方式、排放浓度和总量、超标排放情况，以及防治污染设施的建设和运行情况，接受社会监督。

第五十六条　对依法应当编制环境影响报告书的建设项目，建设单位应当在编制时向可能受影响的公众说明情况，充分征求意见。

负责审批建设项目环境影响评价文件的部门在收到建设项目环境影响报告书后，除涉及国家秘密和商业秘密的事项外，应当全文公开；发现建设项目未充分征求公众意见的，应当责成建设单位征求公众意见。

第五十七条　公民、法人和其他组织发现任何单位和个人有污染环境和破坏生态行为的，有权向环境保护主管部门或者其他负有环境保护监督管理职责的部门举报。

公民、法人和其他组织发现地方各级人民政府、县级以上人民政府环境保护主管部门和其他负有环境保护监督管理职责的部门不依法履行职责的，有权向其上级机关或者监察机关举报。

接受举报的机关应当对举报人的相关信息予以保密，保护举报人的合法权益。

第五十八条　对污染环境、破坏生态，损害社会公共利益的行为，符合下列条件的社会组织可以向人民法院提起诉讼：

（一）依法在设区的市级以上人民政府民政部门登记；

（二）专门从事环境保护公益活动连续五年以上且无违法记录。

符合前款规定的社会组织向人民法院提起诉讼，人民法院应当依法受理。

提起诉讼的社会组织不得通过诉讼牟取经济利益。

第六章　法律责任

第五十九条　企业事业单位和其他生产经营者违法排放污染物，受到罚款处罚，被责令改正，拒不改正的，依法作出处罚决定的行政机关可以自责令改正之日的次日起，按照原处罚数额按日连续处罚。

前款规定的罚款处罚，依照有关法律法规按照防治污染设施的运行成本、违法行为造成的直接损失或者违法所得等因素确定的规定执行。

地方性法规可以根据环境保护的实际需要，增加第一款规定的按日连续处罚的违法行为的种类。

第六十条　企业事业单位和其他生产经营者超过污染物排放标准或者超过重点污染物排放总量控制指标排放污染物的，县级以上人民政府环境保护主管部门可以责令其采取限制生产、停产整治等措施；情节严重的，报经有批准权的人民政府批准，责令停业、关闭。

第六十一条　建设单位未依法提交建设项目环境影响评价文件或者环境影响评价文件未经批准，擅自开工建设的，由负有环境保护监督管理职责的部门责令停止建设，处以罚款，并可以责令恢复原状。

第六十二条　违反本法规定，重点排污单位不公开或者不如实公开环境信息的，由县级以上地方人民政府环境保护主管部门责令公开，处以罚款，并予以公告。

第六十三条　企业事业单位和其他生产经营者有下列行为之一，尚不构成犯罪的，除依照有关法律法规规定予以处罚外，由县级以上人民政府环境保护主管部门或者其他有关部门将案件移送公安机关，对其直接负责的主管人员和其他直接责任人员，处十日以上十五日以下拘留；情节较轻的，处五日以上十日以下拘留：

（一）建设项目未依法进行环境影响评价，被责令停止建设，拒不执行的；

（二）违反法律规定，未取得排污许可证排放污染物，被责令停止排污，拒不执行的；

（三）通过暗管、渗井、渗坑、灌注或者篡改、伪造监测数据，或者不正常运行防治污染设施等逃避监管的方式违法排放污染物的；

（四）生产、使用国家明令禁止生产、使用的农药，被责令改正，拒不改正的。

第六十四条　因污染环境和破坏生态造成损害的，应当依照《中华人民共和国侵权责任法》的有关规定承担侵权责任。

第六十五条　环境影响评价机构、环境监测机构以及从事环境监测设备和防治污染设施维护、运营的机构，在有关环境服务活动中弄虚作假，对造成的环境污染和生态破坏负有责任的，除依照有关法律法规规定予以处罚外，还应当与造成环境污染和生态破坏的其他责任者承担连带责任。

第六十六条　提起环境损害赔偿诉讼的时效期间为三年，从当事人知道或者应当知道其受到损害时起计算。

第六十七条　上级人民政府及其环境保护主管部门应当加强对下级人民政府及其有关部门环境保护工作的监督。发现有关工作人员有违法行为，依法应当给予处分的，应当向其任免机关或者监察机关提出处分建议。

依法应当给予行政处罚，而有关环境保护主管部门不给予行政处罚的，上级人民政府环境保护主管部门可以直接做出行政处罚的决定。

第六十八条　地方各级人民政府、县级以上人民政府环境保护主管部门和其他负有环境保护监督管理职责的部门有下列行为之一的，对直接负责的主管人员和其他直接责任人员给予记过、记大过或者降级处分；造成严重后果的，给予撤职或者开除处分，其主要负责人应当引咎辞职：

（一）不符合行政许可条件准予行政许可的；

（二）对环境违法行为进行包庇的；

（三）依法应当作出责令停业、关闭的决定而未作出的；

（四）对超标排放污染物、采用逃避监管的方式排放污染物、造成环境事故以及不落实生态保护措施造成生态破坏等行为，发现或者接到举报未及时查处的；

（五）违反本法规定，查封、扣押企业事业单位和其他生产经营者的设施、设备的；

（六）篡改、伪造或者指使篡改、伪造监测数据的；

（七）应当依法公开环境信息而未公开的；

（八）将征收的排污费截留、挤占或者挪作他用的；

（九）法律法规规定的其他违法行为。

第六十九条　违反本法规定，构成犯罪的，依法追究刑事责任。

四、《中华人民共和国环境影响评价法》

现行《中华人民共和国环境影响评价法》（根据 2018 年 12 月 29 日第十三届全国人民代表大会常务委员会第七次会议修订）摘录如下：

第一章 总 则

第一条 为了实施可持续发展战略，预防因规划和建设项目实施后对环境造成不良影响，促进经济、社会和环境的协调发展，制定本法。

第二条 本法所称环境影响评价，是指对规划和建设项目实施后可能造成的环境影响进行分析、预测和评估，提出预防或者减轻不良环境影响的对策和措施，进行跟踪监测的方法与制度。

第三条 编制本法第九条所规定的范围内的规划，在中华人民共和国领域和中华人民共和国管辖的其他海域内建设对环境有影响的项目，应当依照本法进行环境影响评价。

第四条 环境影响评价必须客观、公开、公正，综合考虑规划或者建设项目实施后对各种环境因素及其所构成的生态系统可能造成的影响，为决策提供科学依据。

第五条 国家鼓励有关单位、专家和公众以适当方式参与环境影响评价。

第六条 国家加强环境影响评价的基础数据库和评价指标体系建设，鼓励和支持对环境影响评价的方法、技术规范进行科学研究，建立必要的环境影响评价信息共享制度，提高环境影响评价的科学性。

国务院生态环境主管部门应当会同国务院有关部门，组织建立和完善环境影响评价的基础数据库和评价指标体系。

第二章 规划的环境影响评价

第七条 国务院有关部门、设区的市级以上地方人民政府及其有关部门，对其组织编制的土地利用的有关规划，区域、流域、海域的建设、开发利用规划，应当在规划编制过程中组织进行环境影响评价，编写该规划有关环境影响的篇章或者说明。

规划有关环境影响的篇章或者说明，应当对规划实施后可能造成的环境影响作出分析、预测和评估，提出预防或者减轻不良环境影响的对策和措施，作为规划草案的组成部分一并报送规划审批机关。

未编写有关环境影响的篇章或者说明的规划草案，审批机关不予审批。

第八条 国务院有关部门、设区的市级以上地方人民政府及其有关部门，对其组织编制的工业、农业、畜牧业、林业、能源、水利、交通、城市建设、旅游、自然资源开发的有关专项规划（以下简称专项规划），应当在该专项规划草案上报审批前，组织进行环境影响评价，并向审批该专项规划的机关提出环境影响报告书。

前款所列专项规划中的指导性规划，按照本法第七条的规定进行环境影响评价。

第九条 依照本法第七条、第八条的规定进行环境影响评价的规划的具体范围，由国务院生态环境主管部门会同国务院有关部门规定，报国务院批准。

第十条 专项规划的环境影响报告书应当包括下列内容：

（一）实施该规划对环境可能造成影响的分析、预测和评估；

（二）预防或者减轻不良环境影响的对策和措施；

（三）环境影响评价的结论。

第十一条 专项规划的编制机关对可能造成不良环境影响并直接涉及公众环境权益的规划，应当在该规划草案报送审批前，举行论证会、听证会，或者采取其他形式，征求有关单位、专家和公众对环境影响报告书草案的意见。但是，国家规定需要保密的情形除外。

编制机关应当认真考虑有关单位、专家和公众对环境影响报告书草案的意见，并应当在报送审查的环境影响报告书中附具对意见采纳或者不采纳的说明。

第十二条　专项规划的编制机关在报批规划草案时，应当将环境影响报告书一并附送审批机关审查；未附送环境影响报告书的，审批机关不予审批。

第十三条　设区的市级以上人民政府在审批专项规划草案，作出决策前，应当先由人民政府指定的生态环境主管部门或者其他部门召集有关部门代表和专家组成审查小组，对环境影响报告书进行审查。审查小组应当提出书面审查意见。

参加前款规定的审查小组的专家，应当从按照国务院生态环境主管部门的规定设立的专家库内的相关专业的专家名单中，以随机抽取的方式确定。

由省级以上人民政府有关部门负责审批的专项规划，其环境影响报告书的审查办法，由国务院生态环境主管部门会同国务院有关部门制定。

第十四条　审查小组提出修改意见的，专项规划的编制机关应当根据环境影响报告书结论和审查意见对规划草案进行修改完善，并对环境影响报告书结论和审查意见的采纳情况作出说明；不采纳的，应当说明理由。

设区的市级以上人民政府或者省级以上人民政府有关部门在审批专项规划草案时，应当将环境影响报告书结论以及审查意见作为决策的重要依据。

在审批中未采纳环境影响报告书结论以及审查意见的，应当作出说明，并存档备查。

第十五条　对环境有重大影响的规划实施后，编制机关应当及时组织环境影响的跟踪评价，并将评价结果报告审批机关；发现有明显不良环境影响的，应当及时提出改进措施。

第三章　建设项目的环境影响评价

第十六条　国家根据建设项目对环境的影响程度，对建设项目的环境影响评价实行分类管理。

建设单位应当按照下列规定组织编制环境影响报告书、环境影响报告表或者填报环境影响登记表（以下统称环境影响评价文件）：

（一）可能造成重大环境影响的，应当编制环境影响报告书，对产生的环境影响进行全面评价；

（二）可能造成轻度环境影响的，应当编制环境影响报告表，对产生的环境影响进行分析或者专项评价；

（三）对环境影响很小、不需要进行环境影响评价的，应当填报环境影响登记表。

建设项目的环境影响评价分类管理名录，由国务院生态环境主管部门制定并公布。

第十七条　建设项目的环境影响报告书应当包括下列内容：

（一）建设项目概况；

（二）建设项目周围环境现状；

（三）建设项目对环境可能造成影响的分析、预测和评估；

（四）建设项目环境保护措施及其技术、经济论证；

（五）建设项目对环境影响的经济损益分析；

（六）对建设项目实施环境监测的建议；

（七）环境影响评价的结论。

环境影响报告表和环境影响登记表的内容和格式，由国务院生态环境主管部门制定。

第十八条 建设项目的环境影响评价，应当避免与规划的环境影响评价相重复。

作为一项整体建设项目的规划，按照建设项目进行环境影响评价，不进行规划的环境影响评价。

已经进行了环境影响评价的规划包含具体建设项目的，规划的环境影响评价结论应当作为建设项目环境影响评价的重要依据，建设项目环境影响评价的内容应当根据规划的环境影响评价审查意见予以简化。

第十九条 建设单位可以委托技术单位对其建设项目开展环境影响评价，编制建设项目环境影响报告书、环境影响报告表；建设单位具备环境影响评价技术能力的，可以自行对其建设项目开展环境影响评价，编制建设项目环境影响报告书、环境影响报告表。

编制建设项目环境影响报告书、环境影响报告表应当遵守国家有关环境影响评价标准、技术规范等规定。

国务院生态环境主管部门应当制定建设项目环境影响报告书、环境影响报告表编制的能力建设指南和监管办法。

接受委托为建设单位编制建设项目环境影响报告书、环境影响报告表的技术单位，不得与负责审批建设项目环境影响报告书、环境影响报告表的生态环境主管部门或者其他有关审批部门存在任何利益关系。

第二十条 建设单位应当对建设项目环境影响报告书、环境影响报告表的内容和结论负责，接受委托编制建设项目环境影响报告书、环境影响报告表的技术单位对其编制的建设项目环境影响报告书、环境影响报告表承担相应责任。

设区的市级以上人民政府生态环境主管部门应当加强对建设项目环境影响报告书、环境影响报告表编制单位的监督管理和质量考核。

负责审批建设项目环境影响报告书、环境影响报告表的生态环境主管部门应当将编制单位、编制主持人和主要编制人员的相关违法信息记入社会诚信档案，并纳入全国信用信息共享平台和国家企业信用信息公示系统向社会公布。

任何单位和个人不得为建设单位指定编制建设项目环境影响报告书、环境影响报告表的技术单位。

第二十一条 除国家规定需要保密的情形外，对环境可能造成重大影响、应当编制环境影响报告书的建设项目，建设单位应当在报批建设项目环境影响报告书前，举行论证会、听证会，或者采取其他形式，征求有关单位、专家和公众的意见。

建设单位报批的环境影响报告书应当附具对有关单位、专家和公众的意见采纳或者不采纳的说明。

第二十二条 建设项目的环境影响报告书、报告表，由建设单位按照国务院的规定报有审批权的生态环境主管部门审批。

海洋工程建设项目的海洋环境影响报告书的审批，依照《中华人民共和国海洋环境保护法》的规定办理。

审批部门应当自收到环境影响报告书之日起六十日内，收到环境影响报告表之日起三十日内，分别作出审批决定并书面通知建设单位。

国家对环境影响登记表实行备案管理。

审核、审批建设项目环境影响报告书、报告表以及备案环境影响登记表，不得收取任何费用。

第二十三条　国务院生态环境主管部门负责审批下列建设项目的环境影响评价文件：

（一）核设施、绝密工程等特殊性质的建设项目；

（二）跨省、自治区、直辖市行政区域的建设项目；

（三）由国务院审批的或者由国务院授权有关部门审批的建设项目。

前款规定以外的建设项目的环境影响评价文件的审批权限，由省、自治区、直辖市人民政府规定。

建设项目可能造成跨行政区域的不良环境影响，有关生态环境主管部门对该项目的环境影响评价结论有争议的，其环境影响评价文件由共同的上一级生态环境主管部门审批。

第二十四条　建设项目的环境影响评价文件经批准后，建设项目的性质、规模、地点、采用的生产工艺或者防治污染、防止生态破坏的措施发生重大变动的，建设单位应当重新报批建设项目的环境影响评价文件。

建设项目的环境影响评价文件自批准之日起超过五年，方决定该项目开工建设的，其环境影响评价文件应当报原审批部门重新审核；原审批部门应当自收到建设项目环境影响评价文件之日起十日内，将审核意见书面通知建设单位。

第二十五条　建设项目的环境影响评价文件未依法经审批部门审查或者审查后未予批准的，建设单位不得开工建设。

第二十六条　建设项目建设过程中，建设单位应当同时实施环境影响报告书、环境影响报告表以及环境影响评价文件审批部门审批意见中提出的环境保护对策措施。

第二十七条　在项目建设、运行过程中产生不符合经审批的环境影响评价文件的情形的，建设单位应当组织环境影响的后评价，采取改进措施，并报原环境影响评价文件审批部门和建设项目审批部门备案；原环境影响评价文件审批部门也可以责成建设单位进行环境影响的后评价，采取改进措施。

第二十八条　生态环境主管部门应当对建设项目投入生产或者使用后所产生的环境影响进行跟踪检查，对造成严重环境污染或者生态破坏的，应当查清原因、查明责任。对属于建设项目环境影响报告书、环境影响报告表存在基础资料明显不实，内容存在重大缺陷、遗漏或者虚假，环境影响评价结论不正确或者不合理等严重质量问题的，依照本法第三十二条的规定追究建设单位及其相关责任人员和接受委托编制建设项目环境影响报告书、环境影响报告表的技术单位及其相关人员的法律责任；属于审批部门工作人员失职、渎职，对依法不应批准的建设项目环境影响报告书、环境影响报告表予以批准的，依照本法第三十四条的规定追究其法律责任。

第四章　法律责任

第二十九条　规划编制机关违反本法规定，未组织环境影响评价，或者组织环境影响评价时弄虚作假或者有失职行为，造成环境影响评价严重失实的，对直接负责的主管人员和其他直接责任人员，由上级机关或者监察机关依法给予行政处分。

第三十条　规划审批机关对依法应当编写有关环境影响的篇章或者说明而未编写的规划草案，依法应当附送环境影响报告书而未附送的专项规划草案，违法予以批准的，对直接负责的主管人员和其他直接责任人员，由上级机关或者监察机关依法给予行政处分。

第三十一条 建设单位未依法报批建设项目环境影响报告书、报告表，或者未依照本法第二十四条的规定重新报批或者报请重新审核环境影响报告书、报告表，擅自开工建设的，由县级以上生态环境主管部门责令停止建设，根据违法情节和危害后果，处建设项目总投资额百分之一以上百分之五以下的罚款，并可以责令恢复原状；对建设单位直接负责的主管人员和其他直接责任人员，依法给予行政处分。

建设项目环境影响报告书、报告表未经批准或者未经原审批部门重新审核同意，建设单位擅自开工建设的，依照前款的规定处罚、处分。

建设单位未依法备案建设项目环境影响登记表的，由县级以上生态环境主管部门责令备案，处五万元以下的罚款。

海洋工程建设项目的建设单位有本条所列违法行为的，依照《中华人民共和国海洋环境保护法》的规定处罚。

第三十二条 建设项目环境影响报告书、环境影响报告表存在基础资料明显不实，内容存在重大缺陷、遗漏或者虚假，环境影响评价结论不正确或者不合理等严重质量问题的，由设区的市级以上人民政府生态环境主管部门对建设单位处五十万元以上二百万元以下的罚款，并对建设单位的法定代表人、主要负责人、直接负责的主管人员和其他直接责任人员，处五万元以上二十万元以下的罚款。

接受委托编制建设项目环境影响报告书、环境影响报告表的技术单位违反国家有关环境影响评价标准和技术规范等规定，致使其编制的建设项目环境影响报告书、环境影响报告表存在基础资料明显不实，内容存在重大缺陷、遗漏或者虚假，环境影响评价结论不正确或者不合理等严重质量问题的，由设区的市级以上人民政府生态环境主管部门对技术单位处所收费用三倍以上五倍以下的罚款；情节严重的，禁止从事环境影响报告书、环境影响报告表编制工作；有违法所得的，没收违法所得。

编制单位有本条第一款、第二款规定的违法行为的，编制主持人和主要编制人员五年内禁止从事环境影响报告书、环境影响报告表编制工作；构成犯罪的，依法追究刑事责任，并终身禁止从事环境影响报告书、环境影响报告表编制工作。

第三十三条 负责审核、审批、备案建设项目环境影响评价文件的部门在审批、备案中收取费用的，由其上级机关或者监察机关责令退还；情节严重的，对直接负责的主管人员和其他直接责任人员依法给予行政处分。

第三十四条 生态环境主管部门或者其他部门的工作人员徇私舞弊，滥用职权，玩忽职守，违法批准建设项目环境影响评价文件的，依法给予行政处分；构成犯罪的，依法追究刑事责任。

五、《绿色建筑标识管理办法》

现行《绿色建筑标识管理办法》（建标规〔2021〕1号）摘录如下：

第一章 总 则

第一条 为规范绿色建筑标识管理，促进绿色建筑高质量发展，根据《中共中央国务院关于进一步加强城市规划建设管理工作的若干意见》和《国民经济和社会发展第十三个五年（2016—2020年）规划纲要》《中共中央关于制定国民经济和社会发展第十四个五年规划和二〇三五年远景目标的建议》要求，制定本办法。

第二条 本办法所称绿色建筑标识，是指表示绿色建筑星级并载有性能指标的信息标志，包括标牌和证书。绿色建筑标识由住房和城乡建设部统一式样，证书由授予部门制作，标牌由申请单位根据不同应用场景按照制作指南自行制作。

第三条 绿色建筑标识授予范围为符合绿色建筑星级标准的工业与民用建筑。

第四条 绿色建筑标识星级由低至高分为一星级、二星级和三星级3个级别。

第五条 住房和城乡建设部负责制定完善绿色建筑标识制度，指导监督地方绿色建筑标识工作，认定三星级绿色建筑并授予标识。省级住房和城乡建设部门负责本地区绿色建筑标识工作，认定二星级绿色建筑并授予标识，组织地市级住房和城乡建设部门开展本地区一星级绿色建筑认定和标识授予工作。

第六条 绿色建筑三星级标识认定统一采用国家标准，二星级、一星级标识认定可采用国家标准或与国家标准相对应的地方标准。

新建民用建筑采用《绿色建筑评价标准》GB/T 50378，工业建筑采用《绿色工业建筑评价标准》GB/T 50878，既有建筑改造采用《既有建筑绿色改造评价标准》GB/T 51141。

第七条 省级住房和城乡建设部门制定的绿色建筑评价标准，可细化国家标准要求，补充国家标准中创新项的开放性条款，不应调整国家标准评价要素和指标权重。

第八条 住房和城乡建设部门应建立绿色建筑专家库。专家应熟悉绿色建筑标准，了解掌握工程规划、设计、施工等相关技术要求，具有良好的职业道德，具有副高级及以上技术职称或取得相关专业执业资格。

第二章 申报和审查程序

第九条 申报绿色建筑标识遵循自愿原则，绿色建筑标识认定应科学、公开、公平、公正。

第十条 绿色建筑标识认定需经申报、推荐、审查、公示、公布等环节，审查包括形式审查和专家审查。

第十一条 绿色建筑标识申报应由项目建设单位、运营单位或业主单位提出，鼓励设计、施工和咨询等相关单位共同参与申报。申报绿色建筑标识的项目应具备以下条件：

（一）按照《绿色建筑评价标准》等相关国家标准或相应的地方标准进行设计、施工、运营、改造；

（二）已通过建设工程竣工验收并完成备案。

第十二条 申报单位应按下列要求，提供申报材料，并对材料的真实性、准确性和完整性负责。申报材料应包括以下内容：

（一）绿色建筑标识申报书和自评估报告；

（二）项目立项审批等相关文件；

（三）申报单位简介、资质证书、统一社会信用代码证等；

（四）与标识认定相关的图纸、报告、计算书、图片、视频等技术文件；

（五）每年上报主要绿色性能指标运行数据的承诺函。

第十三条 三星级绿色建筑项目应由省级住房和城乡建设部门负责组织推荐，并报住房和城乡建设部。二星级和一星级绿色建筑推荐规则由省级住房和城乡建设部门制定。

第十四条 住房和城乡建设部门应对申报推荐绿色建筑标识项目进行形式审查，主要审查以下内容：

（一）申报单位和项目是否具备申报条件；

（二）申报材料是否齐全、完整、有效。形式审查期间可要求申报单位补充一次材料。

第十五条　住房和城乡建设部门在形式审查后，应组织专家审查，按照绿色建筑评价标准审查绿色建筑性能，确定绿色建筑等级。对于审查中无法确定的项目技术内容，可组织专家进行现场核查。

第十六条　审查结束后，住房和城乡建设部门应在门户网站进行公示。公示内容包括项目所在地、类型、名称、申报单位、绿色建筑星级和关键技术指标等。公示期不少于7个工作日。对公示项目的署名书面意见必须核实情况并处理异议。

第十七条　对于公示无异议的项目，住房和城乡建设部门应印发公告，并授予证书。

第十八条　绿色建筑标识证书编号由地区编号、星级、建筑类型、年份和当年认定项目序号组成，中间用"-"连接。地区编号按照行政区划排序，从北京01编号到新疆31，新疆生产建设兵团编号32。建筑类型代号分别为公共建筑P、住宅建筑R、工业建筑I、混合功能建筑M。例如，北京2020年认定的第1个3星级公共建筑项目，证书编号为NO.01-3-P-2020-1。

第十九条　住房和城乡建设部负责建立完善绿色建筑标识管理信息系统，三星级绿色建筑项目应通过系统申报、推荐、审查。省级和地级市住房和城乡建设部门可依据管理权限登录绿色建筑标识管理信息系统并开展绿色建筑标识认定工作，不通过系统认定的二星级、一星级项目应及时将认定信息上报至系统。

第三章　标识管理

第二十条　住房和城乡建设部门应加强绿色建筑标识认定工作权力运行制约监督机制建设，科学设计工作流程和监管方式，明确管理责任事项和监督措施，切实防控廉政风险。

第二十一条　获得绿色建筑标识的项目运营单位或业主，应强化绿色建筑运行管理，加强运行指标与申报绿色建筑星级指标比对，每年将年度运行主要指标上报绿色建筑标识管理信息系统。

第二十二条　住房和城乡建设部门发现获得绿色建筑标识项目存在以下任一问题，应提出限期整改要求，整改期限不超过2年：

（一）项目低于已认定绿色建筑星级；

（二）项目主要性能低于绿色建筑标识证书的指标；

（三）利用绿色建筑标识进行虚假宣传；

（四）连续两年以上不如实上报主要指标数据。

第二十三条　住房和城乡建设部门发现获得绿色建筑标识项目存在以下任一问题，应撤销绿色建筑标识，并收回标牌和证书：

（一）整改期限内未完成整改；

（二）伪造技术资料和数据获得绿色建筑标识；

（三）发生重大安全事故。

第二十四条　地方住房和城乡建设部门采用不符合本办法第六条要求的地方标准开展认定的，住房和城乡建设部将责令限期整改。到期整改不到位的，将通报批评并撤销以该地方标准认定的全部绿色建筑标识。

第二十五条 参与绿色建筑标识认定的专家应坚持公平公正，回避与自己有连带关系的申报项目。对违反评审规定和评审标准的，视情节计入个人信用记录，并从专家库中清除。

第二十六条 项目建设单位或使用者对认定结果有异议的，可依法申请行政复议或者提起行政诉讼。

第四章 附 则

第二十七条 本办法由住房和城乡建设部负责解释。

第二十八条 本办法自 2021 年 6 月 1 日起施行。《建设部关于印发〈绿色建筑评价标识管理办法〉（试行）的通知》（建科〔2007〕206 号）、《住房城乡建设部关于推进一二星级绿色建筑评价标识工作的通知》（建科〔2009〕109 号）、《住房城乡建设部办公厅关于绿色建筑评价标识管理有关工作的通知》（建办科〔2015〕53 号）、《住房城乡建设部关于进一步规范绿色建筑评价管理工作的通知》（建科〔2017〕238 号）同时废止。

第十三节 建筑使用后评估/评价

使用后评估（Post Occupancy Evaluation，简称"POE"） 1988 年，美国普莱赛（Preiser）等人在其著作《使用后评估》中定义：POE 是在建筑建造和使用一段时间后，对建筑进行系统的严格评价过程，POE 主要关注建筑使用者的需求、建筑的设计成败和建成后建筑的性能，所有这些都会为将来的建筑设计提供依据和基础。

建筑前策划与使用后评估，两者共同作为建筑创作全过程的一个环节。其中建筑前策划是介于规划立项和建筑设计之间的一个环节，其承上启下的性质决定了其研究领域的双向渗透性（摘自《建筑策划与后评估》）；而建筑使用后评估，是建筑物及其环境在建成并使用一段时间后，依据对建筑前策划的设计目的与实际使用情况加以对照、比较，收集反馈信息，形成一套系统的研究报告，以便为将来同类建筑与环境的规划、设计和建筑决策提供可靠的客观依据。

使用后评估的主要工作，是对建筑及其环境的合理性进行探讨以及评判的过程，这个合理性包括但不限于功能分布、空间利用、交通流线、绿色建筑、智能化建筑、可持续发展、使用者的感受等。使用后评估的工作方法是多样的，大致可分为五个阶段：

（1）回顾阶段： 根据项目建筑前策划的内容以及当前项目的使用情况，确定设计前期面临的设计问题、项目建筑师团队采取的设计解决方案及主题逻辑、设计阶段存在的需要设计验证的问题等；

（2）计划阶段： 与项目的参与单位或者使用单位沟通后，确定评估目标，形成评估计划以及调研办法；

（3）调研阶段： 评估者通过步入式观察、对使用者访谈、问卷调查等调研方法，对建筑物环境质量数据、运行状况、运维指标、能耗数据等数据进行收集；

（4）分析阶段： 依据建筑前策划的设计目的或者使用单位的需求，经过统计学分析、对比评定法、清单列表法、生命周期评估法等分析，形成后评估的实证；

（5）总结优化阶段： 从可持续发展上提出改进建议，完成使用后的评估报告，为同类型的建筑及其环节提供设计依据，促进同类型建筑设计水平的提升。

后评估工作是建筑设计全生命周期中重要的一环，是对建成环境的反馈和对建设标准的前馈，其核心是注重建筑的功能效果，关注人与建筑之间的关系，对建筑效益的最大化、资源的有效利用和社会公平起到重要的作用。

模拟题

《中华人民共和国建筑法》

1. 根据《中华人民共和国建筑法》，下列有关建筑活动的说法，不正确的是（   ）。

A. 任何单位和个人都不得妨碍和阻挠合法企业进行的建筑活动

B. 从事建筑活动应当遵守法律、法规，不得损害他人的合法权益

C. 建筑活动应当确保建筑工程质量和安全，符合国家的建筑工程安全标准

D. 建筑活动包括各类房屋建筑的建造和与其配套的管线、设备的安装活动

【答案】A

【解析】第五条：从事建筑活动应当遵守法律、法规，不得损害社会公共利益和他人的合法权益。任何单位和个人都不得妨碍和阻挠依法进行的建筑活动。

2. 办理申请领取施工许可证的单位是（   ）。

A. 建设单位   B. 设计单位

C. 施工单位   D. 监理单位

【答案】A

【解析】第七条：建筑工程开工前，建设单位应当按照国家有关规定向工程所在地县级以上人民政府建设行政主管部门申请领取施工许可证；但是，国务院建设行政主管部门确定的限额以下的小型工程除外。按照国务院规定的权限和程序批准开工报告的建筑工程，不再领取施工许可证。

3. 甲级资质和乙级资质的两家设计单位计划参加某项目的工程设计，以下说法中正确的是（   ）。

A. 可以以联合体形式按照甲级资质报名参加

B. 可以以联合体形式按照乙级资质报名参加

C. 后者可以以前者的名义参加设计投标，中标后前者将部分任务分包给后者

D. 前者与后者不能组成联合体共同投标

【答案】B

【解析】第二十七条：大型建筑工程或者结构复杂的建筑工程，可以由两个以上的承包单位联合共同承包。共同承包的各方对承包合同的履行承担连带责任。两个以上不同资质等级的单位实行联合共同承包的，应当按照资质等级低的单位的业务许可范围承揽工程。

4. 某省甲级设计院中标设计一个包括酒店、商业中心与高层住宅的综合建设项目，经建设单位同意，该设计院可以将（   ）。

A. 高层住宅分包给其他甲级设计院设计

B. 商业中心分包给某乙级设计院设计

C. 酒店节能设计分包给其他甲级设计院设计

D. 地下人防安排省人防设计院工程师设计

【答案】C

【解析】第二十九条：建筑工程总承包单位可以将承包工程中的部分工程发包给具有相应资质条件的分包单位；但是，除总承包合同中约定的分包外，必须经建设单位认可。施工总承包的，建筑工程主体结构的施工必须由总承包单位自行完成。建筑工程总承包单位按照总承包合同的约定对建设单位负责；分包单位按照分包合同的约定对总承包单位负责。总承包单位和分包单位就分包工程对建设单位承担连带责任。禁止总承包单位将工程分包给不具备相应资质条件的单位。禁止分包单位将其承包的工程再分包。

5. 工程监理人员发现工程设计不符合建筑工程质量标准或合同约定质量要求时，正确的做法是（　　）。

A. 直接要求施工企业改正

B. 直接要求设计单位改正

C. 通过施工企业通知设计单位改正

D. 通过建设单位通知设计单位改正

【答案】D

【解析】第三十二条：建筑工程监理应当依照法律、行政法规及有关的技术标准、设计文件和建筑工程承包合同，对承包单位在施工质量、建设工期和建设资金使用等方面，代表建设单位实施监督。工程监理人员认为工程施工不符合工程设计要求、施工技术标准和合同约定的，有权要求建筑施工企业改正。工程监理人员发现工程设计不符合建筑工程质量标准或者合同约定的质量要求的，应当报告建设单位要求设计单位改正。

6. 工程监理单位与（　　）不得有隶属关系或者其他利害关系。

Ⅰ. 被监理工程的承包单位　　Ⅱ. 建筑材料供应单位

Ⅲ. 建筑构配件供应单位　　Ⅳ. 设备供应单位

A. Ⅰ、Ⅱ、Ⅲ

B. Ⅰ、Ⅱ、Ⅲ

C. Ⅱ、Ⅲ、Ⅳ

D. Ⅰ、Ⅱ、Ⅲ、Ⅳ

【答案】D

【解析】第三十四条：工程监理单位应当在其资质等级许可的监理范围内，承担工程监理业务。工程监理单位应当根据建设单位的委托，客观、公正地执行监理任务。工程监理单位与被监理工程的承包单位以及建筑材料、建筑构配件和设备供应单位不得有隶属关系或者其他利害关系。工程监理单位不得转让工程监理业务。

7. 负责施工现场安全的单位是（　　）。

A. 建设单位

B. 设计单位

C. 施工单位

D. 监理单位

【答案】C

【解析】第四十五条：施工现场安全由建筑施工企业负责。实行施工总承包的，由总承包单位负责。分包单位向总承包单位负责，服从总承包单位对施工现场的安全生产管理。

8. 根据《中华人民共和国建筑法》，建筑设计单位不按照建筑工程质量安全标准进行设计，造成质量事故的，（　　）不属于其应承担的法律责任。

A. 责令停业整顿　　　　　　　　B. 吊销营业执照

C. 降低资质等级　　　　　　　　D. 没收违法所得

【答案】B

【解析】第七十三条：建筑设计单位不按照建筑工程质量、安全标准进行设计的，责令改正，处以罚款；造成工程质量事故的，责令停业整顿，降低资质等级或者吊销资质证书，没收违法所得，并处罚款；造成损失的，承担赔偿责任；构成犯罪的，依法追究刑事责任。

9. 以下哪项活动适用于《中华人民共和国建筑法》？（　　）

A. 抢险救灾项目　　　　　　　　B. 成片住宅区

C. 农民自建 2 层以下住宅项目　　D. 军事工程

【答案】B

【解析】第八十三条：省、自治区、直辖市人民政府确定的小型房屋建筑工程的建筑活动，参照本法执行。依法核定作为文物保护的纪念建筑物和古建筑等的修缮，依照文物保护的有关法律规定执行。抢险救灾及其他临时性房屋建筑和农民自建低层住宅的建筑活动，不适用本法。第八十四条：军用房屋建筑工程建筑活动的具体管理办法，由国务院、中央军事委员会依据本法制定。

10. 《中华人民共和国建筑法》对以下哪些方面进行了规定？（　　）

A. 建筑许可、工程发包与承包、工程监理、安全生产管理、质量管理与法律责任

B. 从业资格、设计管理、工程发包与承包、工程监理、安全生产管理

C. 工程招标、资质许可、安全生产管理、生产技术管理、质量管理与法律责任

D. 项目审批、工程勘察、设计与施工、工程发包与承包、安全生产管理

【答案】A

【解析】《中华人民共和国建筑法》对建筑许可、建筑工程发包与承包、建筑工程监理、建筑安全生产管理、建筑工程质量管理、法律责任等方面进行了规定。

《建设工程质量管理条例》

1. 建设工程竣工验收时，应当由（　　）等单位分别签署的质量合格文件。

Ⅰ. 建设单位　Ⅱ. 勘察单位　Ⅲ. 设计单位　Ⅳ. 施工单位　Ⅴ. 监理单位

A. Ⅰ、Ⅱ、Ⅲ、Ⅳ、Ⅴ　　　　　　B. Ⅰ、Ⅱ、Ⅲ、Ⅳ

C. Ⅱ、Ⅲ、Ⅳ、Ⅴ　　　　　　　　D. Ⅰ、Ⅲ、Ⅳ、Ⅴ

【答案】C

【解析】第十六条：建设单位收到建设工程竣工报告后，应当组织设计、施工、工程监理等有关单位进行竣工验收。建设工程竣工验收应当具备下列条件：①完成建设工程设计和合同约定的各项内容；②有完整的技术档案和施工管理资料；③有工程使用的主要建筑材料、建筑构配件和设备的进场试验报告；④有勘察、设计、施工、工程监理等单位分别签署的质量合格文件；⑤有施工单位签署的工程保修书。建设工程经验收合格的，方可

交付使用。

2. 下列哪项不属于建设工程竣工验收应当具备的条件？（　　）

A. 完成了工程设计和合同约定的各项内容

B. 有设备的试运转试验报告

C. 有完整的技术档案和施工管理资料

D. 有施工单位签署的工程保修书

【答案】B

【解析】第十六条：建设单位收到建设工程竣工报告后，应当组织设计、施工、工程监理等有关单位进行竣工验收。建设工程竣工验收应当具备下列条件：①完成建设工程设计和合同约定的各项内容；②有完整的技术档案和施工管理资料；③有工程使用的主要建筑材料、建筑构配件和设备的进场试验报告；④有勘察、设计、施工、工程监理等单位分别签署的质量合格文件；⑤有施工单位签署的工程保修书。建设工程经验收合格的，方可交付使用。

3. 施工图纸审查合格后，设计单位应向哪个单位做详细说明？（　　）

A. 监理单位　　　　　　　　　　B. 质量监督机构

C. 施工单位　　　　　　　　　　D. 建设单位

【答案】C

【解析】第二十三条：设计单位应当就审查合格的施工图设计文件向施工单位作出详细说明。

4. 工程施工质量出问题时应由哪个单位提出解决方案？（　　）

A. 施工单位　　　　　　　　　　B. 设计单位

C. 建设单位　　　　　　　　　　D. 监理单位

【答案】B

【解析】第二十四条：设计单位应当参与建设工程质量事故分析，并对因设计造成的质量事故，提出相应的技术处理方案。

5. 某建设工程项目，甲建设单位已将设计发包给乙单位，施工发包给丙单位，丁、戊单位想参与其监理工作，丙与戊同属一个企业集团，乙、丙、丁、戊均具有相应工程监理资质等级，甲可以选择以下哪项中的一家监理其工程？（　　）

A. 乙、丙　　　　　　　　　　　B. 乙、丁

C. 丙、戊　　　　　　　　　　　D. 丁、戊

【答案】B

【解析】第三十五条：工程监理单位与被监理工程的施工承包单位以及建筑材料、建筑构配件和设备供应单位有隶属关系或者其他利害关系的，不得承担该项建设工程的监理业务。丙是施工单位，不能监理自己。戊和丙同属一个企业集团，属于"存在隶属关系或者其他利害关系"。故甲只能选择乙或丁监理其工程。

6. 关于工程监理单位的责任和义务，下列哪一项说法是正确的？（　　）

A. 工程监理单位与被监理工程的施工承包单位可以有隶属关系

B. 工程监理单位以独立身份依照法律、法规及有关标准、设计文件和建设工程承包合同对施工质量实施监理

C. 工程监理单位应当选派具备相应资格的总监理工程师和监理工程师进驻施工现场

D. 经过监理工程师签字，建设单位方可以拨付工程款，进行竣工验收

【答案】C

【解析】A项，第三十五条：工程监理单位与被监理工程的施工承包单位以及建筑材料、建筑构配件和设备供应单位有隶属关系或者其他利害关系的，不得承担该项建设工程的监理业务。B项，第三十六条：工程监理单位应当依照法律、法规以及有关技术标准、设计文件和建设工程承包合同，代表建设单位对施工质量实施监理，并对施工质量承担监理责任。D项，第三十七条：工程监理单位应当选派具备相应资格的总监理工程师和监理工程师进驻施工现场。未经监理工程师签字，建筑材料、建筑构配件和设备不得在工程上使用或者安装，施工单位不得进行下一道工序的施工。未经总监理工程师签字，建设单位不拨付工程款，不进行竣工验收。

7. 建设工程中，（　　）两项未经总监理工程师签字不得实施。

Ⅰ. 进入下一道工序施工　Ⅱ. 设备安装　Ⅲ. 建设单位拨付工程款　Ⅳ. 竣工验收

A. Ⅰ、Ⅱ B. Ⅰ、Ⅲ

C. Ⅱ、Ⅲ D. Ⅲ、Ⅳ

【答案】D

【解析】第三十七条：工程监理单位应当选派具备相应资格的总监理工程师和监理工程师进驻施工现场。未经监理工程师签字，建筑材料、建筑构配件和设备不得在工程上使用或者安装，施工单位不得进行下一道工序的施工。未经总监理工程师签字，建设单位不拨付工程款，不进行竣工验收。

8. 《建设工程质量管理条例》规定，在正常使用条件下，建设工程的给排水管道最低保修期限为（　　）年。

A. 1 B. 2

C. 3 D. 4

【答案】B

【解析】第四十条：在正常使用条件下，建设工程的最低保修期限为：①基础设施工程、房屋建筑的地基基础工程和主体结构工程，为设计文件规定的该工程的合理使用年限；②屋面防水工程、有防水要求的卫生间、房间和外墙面的防渗漏，为5年；③供热与供冷系统，为2个采暖期、供冷期；④电气管线、给排水管道、设备安装和装修工程，为2年。其他项目的保修期限由发包方与承包方约定。建设工程的保修期，自竣工验收合格之日起计算。

9. 某住宅开发项目为建筑立面的美观和吸引购房者，开发公司要求设计卧室飘窗距地面400mm高，飘窗设置普通玻璃且不设栏杆，建设行政主管部门应对其做出（　　）的处罚。

A. 责令开发公司改正，并处以20万元以上、50万元以下的罚款

B. 责令开发公司改正，并处以10万元以上、30万元以下的罚款

C. 责令设计单位改正，并处以20万元以上、50万元以下的罚款

D. 责令设计单位改正，并处以10万元以上、30万元以下的罚款

【答案】A

【解析】第五十六条：违反本条例规定，建设单位有下列行为之一的，责令改正，处20万元以上、50万元以下的罚款：①迫使承包方以低于成本的价格竞标的；②任意压缩合理工期的；③明示或者暗示设计单位或者施工单位违反工程建设强制性标准，降低工程质量的；④施工图设计文件未经审查或者审查不合格，擅自施工的；⑤建设项目必须实行工程监理而未实行工程监理的；⑥未按照国家规定办理工程质量监督手续的；⑦明示或者暗示施工单位使用不合格的建筑材料、建筑构配件和设备的；⑧未按照国家规定将竣工验收报告、有关认可文件或者准许使用文件报送备案的。

10. 设计单位超越其资质等级或以其他单位名义承揽建筑设计业务的，除责令停止违法行为、没收违法所得外，还应对其处合同约定设计费（　　）的罚款。

A.1倍以下

B.1倍以上、2倍以下

C.2倍以上、3倍以下

D.3倍以上、4倍以下

【答案】B

【解析】第六十条：违反本条例规定，勘察、设计、施工、工程监理单位超越本单位资质等级承揽工程的，责令停止违法行为，对勘察、设计单位或者工程监理单位处合同约定的勘察费、设计费或者监理酬金1倍以上、2倍以下的罚款；对施工单位处工程合同价款2%以上、4%以下的罚款，可以责令停业整顿，降低资质等级；情节严重的，吊销资质证书；有违法所得的，予以没收。未取得资质证书承揽工程的，予以取缔，依照前款规定处以罚款；有违法所得的，予以没收。以欺骗手段取得资质证书承揽工程的，吊销资质证书，依照本条第一款规定处以罚款；有违法所得的，予以没收。

11. 勘察、设计单位未按工程建设强制性标准进行勘察、设计，除责令改正外，还应对其处以多少罚款？（　　）

A.1万元以上、3万元以下的罚款

B.5万元以上、10万元以下的罚款

C.10万元以上、30万元以下的罚款

D.30万元以上、50万元以下的罚款

【答案】C

【解析】第六十三条：违反本条例规定，有下列行为之一的，责令改正，处10万元以上、30万元以下的罚款：①勘察单位未按照工程建设强制性标准进行勘察的；②设计单位未根据勘察成果文件进行工程设计的；③设计单位指定建筑材料、建筑构配件的生产厂、供应商的；④设计单位未按照工程建设强制性标准进行设计的。有前款所列行为，造成工程质量事故的，责令停业整顿，降低资质等级；情节严重的，吊销资质证书；造成损失的，依法承担赔偿责任。

12. 注册建筑师违反《建设工程质量管理条例》规定，造成重大质量事故时，应承担（　　）的处罚。

A. 终身不予注册

B.3年以内不予注册

C. 吊销执业资格证书，5年以内不予注册

D. 责令停止执业1年

【答案】C

【解析】第七十二条：违反本条例规定，注册建筑师、注册结构工程师、监理工程师等注册执业人员因过错造成质量事故的，责令停止执业1年；造成重大质量事故的，吊销

执业资格证书，5年以内不予注册；情节特别恶劣的，终身不予注册。

《建设工程勘察设计管理条例》

1. 下列关于建设工程设计发包与承包的做法中，哪一项是正确的？（　　）

A. 经主管部门批准，发包方将采用特定专利或专有技术的建设工程设计直接发包

B. 发包方将建设工程设计直接发包给某注册建筑师

C. 承包方将所承揽的建设工程设计转包其他具有相应资质等级的设计单位

D. 经发包方书面同意，承包方将建设工程设计主体部分分包给其他设计单位

【答案】A

【解析】B项，第十八条：发包方可以将整个建设工程的勘察、设计发包给一个勘察、设计单位；也可以将建设工程的勘察、设计分别发包给几个勘察、设计单位。C、D项，第十九条：除建设工程主体部分的勘察、设计外，经发包方书面同意，承包方可以将建设工程其他部分的勘察、设计再分包给其他具有相应资质等级的建设工程勘察、设计单位。

2. 编制建设工程勘察、设计文件时，不作为编制依据的是（　　）。

A. 项目批准文件

B. 城市规划要求

C. 工程建设强制性标准

D. 建筑施工总包方对工程有关内容的规定

【答案】D

【解析】第二十五条：编制建设工程勘察、设计文件，应当以下列规定为依据：①项目批准文件；②城市规划；③工程建设强制标准；④国家规定的建设工程勘察、设计深度要求。铁路、交通、水利等专业建设工程，还应当以专业规划的要求为依据。

3. 下列选项中，（　　）是编制建设工程初步设计文件时应当满足的需要。

Ⅰ. 编制工程预算　Ⅱ. 编制施工图设计文件

Ⅲ. 主要设备材料订货　Ⅳ. 编制施工招标文件

A. Ⅰ、Ⅱ、Ⅲ、Ⅳ

B. Ⅰ、Ⅲ、Ⅳ

C. Ⅱ、Ⅲ、Ⅳ

D. Ⅰ、Ⅱ、Ⅲ

【答案】C

【解析】第二十六条：编制建设工程勘察文件，应当真实、准确，满足建设工程规划、选址、设计、岩土治理和施工的需要。编制方案设计文件，应当满足编制初步设计文件和控制概算的需要。编制初步设计文件，应当满足编制施工招标文件、主要设备材料订货和编制施工图设计文件的需要。编制施工图设计文件，应满足设备材料采购、非标准设备制作和施工的需要，并注明建设工程合理使用年限。

4. 下列哪一项是设计文件中选用材料、构配件、设备时错误的做法？（　　）

A. 注明其规格

B. 注明其型号

C. 注明其生产厂家

D. 注明其性能

【答案】C

【解析】第二十七条：设计文件中选用的材料、构配件、设备，应当注明其规格、型

号、性能等技术指标，其质量要求必须符合国家规定的标准。除有特殊要求的建筑材料、专用设备和工艺生产线等外，设计单位不得指定生产厂、供应商。

5. 关于建设工程勘察设计文件编制与实施的做法，下列哪一项是不正确的？（　　）

A. 设计文件内容需要做重大修改的，设计单位应当报经原审图机构审查通过后方可修改

B. 编制市政交通工程设计文件，应当以批准的城乡和专业规划的要求为依据

C. 设计文件中选用的材料、设备，其质量需要必须满足国家规定的标准

D. 编制工程勘察文件，应当真实、准确，满足工程设计和施工的需要

【答案】A

【解析】第二十八条：建设单位、施工单位、监理单位不得修改建设工程勘察、设计文件；确需修改建设工程勘察、设计文件的，应当由原建设工程勘察、设计单位修改。经原建设工程勘察、设计单位书面同意，建设单位也可以委托其他具有相应资质的建设工程勘察、设计单位修改。修改单位对修改的勘察、设计文件承担相应责任。施工单位、监理单位发现建设工程勘察、设计文件不符合工程建设强制性标准、合同约定的质量要求的，应当报告建设单位，建设单位有权要求建设工程勘察、设计单位对建设工程勘察、设计文件进行补充、修改。建设工程勘察、设计文件内容需要作重大修改的，建设单位应当报经原审批机关批准后，方可修改。

6. 在建设工程施工阶段，设计单位应当（　　）。

A. 在工程施工过程中进行施工技术交底

B. 在工程施工中及时解决出现的施工问题

C. 在施工前向施工单位说明工程设计意图

D. 在施工前对工程施工技术提出合理的建议

【答案】C

【解析】第三十条：建设工程勘察、设计单位应当在建设工程施工前，向施工单位和监理单位说明建设工程勘察、设计意图，解释建设工程勘察、设计文件。建设工程勘察、设计单位应当及时解决施工中出现的勘察、设计问题。

7. 下列选项中，（　　）不属于施工图设计文件必须审查的内容。

A. 涉及公共利益　　　　　　　　B. 涉及公众安全

C. 对于强制性标准的执行情况　　D. 设计合同约定的限额的设计内容

【答案】D

【解析】第三十三条：施工图设计文件审查机构应当对房屋建筑工程、市政基础设施工程施工图设计文件中涉及公共利益、公众安全、工程建设强制性标准的内容进行审查。县级以上人民政府交通运输等有关部门应当按照职责对施工图设计文件中涉及公共利益、公众安全、工程建设强制性标准的内容进行审查。施工图设计文件未经审查批准的，不得使用。

8. 对于违反《建设工程勘察设计管理条例》规定的逾期不改的项目，处 10 万以上、30 万以下罚款的情况不包括（　　）。

A. 未依据专家评审意见进行设计的　　B. 未依据城乡规划及专业规划设计的

C. 未依据项目批准文件编制文件的　　D. 未依据国家规定的设计深度要求设计的

【答案】A

【解析】第四十条：违反本条例规定，勘察、设计单位未依据项目批准文件，城乡规划及专业规划，国家规定的建设工程勘察、设计深度要求编制建设工程勘察、设计文件的，责令限期改正；逾期不改正的，处10万元以上、30万元以下的罚款；造成工程质量事故或者环境污染和生态破坏的，责令停业整顿，降低资质等级；情节严重的，吊销资质证书；造成损失的，依法承担赔偿责任。

招标投标相关法规

1. 经有关部门批准，下列哪一项建筑工程可以不经过招标程序直接设计发包？（　　）

A. 民营企业及私人投资项目

B. 保障性住房项目

C. 政府投资的大型公建项目

D. 采用特定专利技术、专有技术的项目

【答案】D

【解析】《建筑工程设计招标投标管理办法》第四条：建筑工程设计招标范围和规模标准按照国家有关规定执行，有下列情形之一的，可以不进行招标：①采用不可替代的专利或者专有技术的；②对建筑艺术造型有特殊要求，并经有关主管部门批准的；③建设单位依法能够自行设计的；④建筑工程项目的改建、扩建或者技术改造，需要由原设计单位设计，否则将影响功能配套要求的；⑤国家规定的其他特殊情形。

2. 确定中标候选人或中标人时，下列做法中不正确的是（　　）。

A. 招标人应当公示中标候选人和未中标投标人

B. 招标人可以授权评标委员会直接确定中标人

C. 招标人根据评标委员会推荐的中标候选人确定中标人

D. 评标委员会应当推荐不超过3个中标候选人，并标明顺序

【答案】A

【解析】A项，《建筑工程设计招标投标管理办法》第十九条：评标委员会应当在评标完成后，向招标人提出书面评标报告，推荐不超过3个中标候选人，并标明顺序。第二十条：招标人应当公示中标候选人。采用设计团队招标的，招标人应当公示中标候选人投标文件中所列主要人员、业绩等内容。

3. 对建设项目方案设计招标投标活动实施监督管理的工作由下列哪一个部门负责？（　　）

A. 乡镇级以上地方人民政府

B. 县级以上地方人民政府

C. 县级以上地方人民政府建设行政主管部门

D. 市级以上建设行政主管部门

【答案】C

【解析】《建筑工程方案设计招标投标管理方法》第五条：国务院建设主管部门负责全

国建筑工程方案设计招标投标活动统一监督管理。县级以上人民政府建设主管部门依法对本行政区域内建筑工程方案设计招标投标活动实施监督管理。

4. 大型公共建筑工程项目方案设计招标中，评标委员会人数至少应达到（　　）。

A. 5 人
B. 7 人
C. 9 人
D. 11 人

【答案】C

【解析】《建筑工程方案设计招标投标管理方法》第二十七条第二款：评标委员会人数为 5 人以上单数组成，其中大型公共建筑工程项目评标委员会人数不应少于 9 人。

5. 建筑工程方案招标评标结束后，建设主管部门应公示的相关内容，不包括（　　）。

A. 中标方案
B. 招标评标过程介绍
C. 评标专家名单
D. 评标专家意见

【答案】B

【解析】《建筑工程方案设计招标投标管理方法》第三十四条：各级建设主管部门应在评标结束后 15 天内在指定媒介上公开排名顺序，并对推荐中标方案、评标专家名单及各位专家评审意见进行公示，公示期为 5 个工作日。

6. 关于招标代理机构，下列说法中哪一项是正确的？（　　）

A. 应具备招标代理资质
B. 应有技术方面的专家库
C. 是从事招标代理业务的社会管理机构
D. 应具有能够组织评标的相应专业能力

【答案】D

【解析】《中华人民共和国招标投标法》第十三条：招标代理机构是依法设立、从事招标代理业务并提供相关服务的社会中介组织。招标代理机构应当具备下列条件：①有从事招标代理业务的营业场所和相应资金；②有能够编制招标文件和组织评标的相应专业力量。

7. 依法进行招标的项目，自招标文件开始发出之日起至投标人提交投标文件截止之日止，最短不得小于（　　）。

A. 15 日
B. 20 日
C. 30 日
D. 45 日

【答案】B

【解析】《中华人民共和国招标投标法》第二十四条：招标人应当确定投标人编制投标文件所需要的合理时间；但是，依法必须进行招标的项目，自招标文件开始发出之日起至投标人提交投标文件截止之日止，最短不得少于二十日。

8. 依法进行招标的项目，投标人不得少于（　　）个。

A. 2
B. 3
C. 5
D. 7

【答案】B

【解析】《中华人民共和国招标投标法》第二十八条：投标人应当在招标文件要求提交

投标文件的截止时间前，将投标文件送达投标地点。招标人收到投标文件后，应当签收保存，不得开启。投标人少于三个的，招标人应当依照本法重新招标。在招标文件要求提交投标文件的截止时间后送达的投标文件，招标人应当拒收。

9. 两个以上法人或者其他组织可以组成一个联合体，下列关于联合体的说法哪一项是错误的？（　　）

A. 各方均应当具备承担投标项目的能力

B. 各方均应当具备规定的相应资质条件

C. 由同一专业单位组成的联合体，按资质等级高的单位进行认定

D. 各方应当签订共同投标协议，明确各方承担的工作内容

【答案】C

【解析】《中华人民共和国招标投标法》第三十一条：两个以上法人或者其他组织可以组成一个联合体，以一个投标人的身份共同投标。联合体各方均应当具备承担招标项目的相应能力；国家有关规定或者招标文件对投标人资格条件有规定的，联合体各方均应当具备规定的相应资格条件。由同一专业的单位组成的联合体，按照资质等级较低的单位确定资质等级。联合体各方应当签订共同投标协议，明确约定各方拟承担的工作和责任，并将共同投标协议连同投标文件一并提交招标人。联合体中标的，联合体各方应当共同与招标人签订合同，就中标项目向招标人承担连带责任。招标人不得强制投标人组成联合体共同投标，不得限制投标人之间的竞争。

10. 下列所示招标人组建的评标委员会，其总人数和其中的技术、经济专家所占人数不符合规定的是（　　）。

A. 5、3　　　　　　　　　　　　B. 5、4

C. 7、5　　　　　　　　　　　　D. 9、6

【答案】A

【解析】《中华人民共和国招标投标法》第三十七条：评标由招标人依法组建的评标委员会负责。依法必须进行招标的项目，其评标委员会由招标人的代表和有关技术、经济等方面的专家组成，成员人数为五人以上单数，其中技术、经济等方面的专家不得少于成员总数的三分之二。前款专家应当从事相关领域工作满八年并具有高级职称或者具有同等专业水平，由招标人从国务院有关部门或者省、自治区、直辖市人民政府有关部门提供的专家名册或者招标代理机构的专家库内的相关专业的专家名单中确定；一般招标项目可以采取随机抽取方式，特殊招标项目可以由招标人直接确定。与投标人有利害关系的人不得进入相关项目的评标委员会；已经进入的应当更换。评标委员会成员的名单在中标结果确定前应当保密。

11. 下列关于建设工程设计合同的说法中，哪一项是正确的？（　　）

A. 保证设计质量是发包人的责任

B. 双方当事人不得在中标的设计合同之外，另行订立背离实质性内容的协议

C. 外部协调工作应由承包人自行完成

D. 设计人不承担参加工程验收的责任

【答案】B

【解析】B项，《中华人民共和国招标投标法》第四十六条：招标人和中标人应当自中

标通知书发出之日起三十日内，按照招标文件和中标人的投标文件订立书面合同。招标人和中标人不得再行订立背离合同实质性内容的其他协议。招标文件要求中标人提交履约保证金的，中标人应当提交。A项，《中华人民共和国民法典》第八百条：勘察、设计的质量不符合要求或者未按照期限提交勘察、设计文件拖延工期，造成发包人损失的，勘察人、设计人应当继续完善勘察、设计，减收或者免收勘察、设计费并赔偿损失。C项，外部协调工作一般情况下是发包人的责任。D项，《建设工程质量管理条例》第十六条：建设单位收到建设工程竣工报告后，应当组织设计、施工、工程监理等有关单位进行竣工验收。建设工程竣工验收应当具备下列条件：①完成建设工程设计和合同约定的各项内容；②有完整的技术档案和施工管理资料；③有工程使用的主要建筑材料、建筑构配件和设备的进场试验报告；④有勘察、设计、施工、工程监理等单位分别签署的质量合格文件；⑤有施工单位签署的工程保修书。建设工程经验收合格的，方可交付使用。

12. 关于工程设计中标人按照合同约定履行义务完成中标项目的叙述，下列哪一项是正确的？（　　）

A. 中标人经招标人同意，可以向具备相应资质条件的他人转让中标项目

B. 中标人按照合同约定，可以将中标项目支解后分别向具备相应资质条件的他人转让

C. 中标人按照合同约定，可以将中标项目的部分非主体工作分包给具备相应资质条件的他人完成，并可以再次分包

D. 中标人经招标人同意，可以将中标项目的部分非关键性工作分包给具备相应资质条件的他人完成，并不得再次分包

【答案】D

【解析】《中华人民共和国招标投标法》第四十八条：中标人应当按照合同约定履行义务，完成中标项目。中标人不得向他人转让中标项目，也不得将中标项目支解后分别向他人转让。中标人按照合同约定或者经招标人同意，可以将中标项目的部分非主体、非关键性工作分包给他人完成。接受分包的人应当具备相应的资格条件，并不得再次分包。中标人应当就分包项目向招标人负责，接受分包的人就分包项目承担连带责任。

13. 根据《中华人民共和国招标投标法实施条例》，下列哪一类组织或个人可以参加投标？（　　）

A. 与招标人有过其他项目合作的不同潜在投标人

B. 单位负责人为同一人的不同单位

C. 存在控股关系的不同单位

D. 存在管理关系的不同单位

【答案】A

【解析】《中华人民共和国招标投标法实施条例》第三十四条：与招标人存在利害关系可能影响招标公正性的法人、其他组织或者个人，不得参加投标。单位负责人为同一人或者存在控股、管理关系的不同单位，不得参加同一标段投标或者未划分标段的同一招标项目投标。违反前两款规定的，相关投标均无效。

14. 根据《中华人民共和国招标投标法实施条例》，下列情形中视为投标人相互串通

投标的是（　　）。

A. 投标人之间约定部分投标人放弃投标

B. 投标人之间协商投标报价等投标文件的非实质性内容

C. 不同投标人的投标文件载明的项目管理成员为同一人

D. 投标人之间过去有合作关系

【答案】A

【解析】《中华人民共和国招标投标法实施条例》第三十九条：禁止投标人相互串通投标。有下列情形之一的，属于投标人相互串通投标：①投标人之间协商投标报价等投标文件的实质性内容；②投标人之间约定中标人；③投标人之间约定部分投标人放弃投标或者中标；④属于同一集团、协会、商会等组织成员的投标人按照该组织要求协同投标；⑤投标人之间为谋取中标或者排斥特定投标人而采取的其他联合行动。

15. 建设工程设计方案评标阶段中，下列（　　）不得作为综合评定依据。

A. 投标人的业绩

B. 投标人的信誉

C. 勘察设计人员的能力

D. 投标设计图纸的数量

【答案】D

【解析】《工程建设项目勘察设计招标投标办法》第三十三条：勘察设计评标一般采取综合评估法进行。评标委员会应当按照招标文件确定的评标标准和方法，结合经批准的项目建议书、可行性研究报告或者上阶段设计批复文件，对投标人的业绩、信誉和勘察设计人员的能力以及勘察设计方案的优劣进行综合评定。招标文件中没有规定的标准和方法，不得作为评标的依据。

《中华人民共和国民法典：合同》

1. 下列关于合同效力的说法中，（　　）是不正确的。

A. 附生效条件的合同，自条件成就时生效

B. 行为人超越代理权以被代理人名义订立的合同，相对人可以催告被代理人一个月内予以追认。被代理人未做表示的，视为同意

C. 对于订立合同时显失公平的合同，当事人一方有权请求人民法院撤销

D. 具有撤销权的当事人自知道或者应当知道撤销事由之日起一年内没有行使撤销权的，撤销权消灭

【答案】B

【解析】《中华人民共和国民法典：总则》第一百七十一条第一款：行为人没有代理权、超越代理权或者代理权终止后，仍然实施代理行为，未经被代理人追认的，对被代理人不发生效力。

2. 设计公司寄送给房地产开发公司的公司业绩介绍及价目表属于下列哪一项？（　　）

A. 合同

B. 要约邀请

C. 要约

D. 承诺

【答案】B

【解析】第四百七十三条：要约邀请是希望他人向自己发出要约的表示。拍卖公告、

招标公告、招股说明书、债券募集办法、基金招募说明书、商业广告和宣传、寄送的价目表等为要约邀请。商业广告和宣传的内容符合要约条件的，构成要约。

3. 要约撤销时，撤销要约的通知应当在受要约人发出承诺通知的时间（　　）到达受要约人。

A. 之前　　　　　　　　　　　　　B. 当日

C. 后五日　　　　　　　　　　　　D. 后十日

【答案】A

【解析】第四百七十七条：撤销要约的意思表示以对话方式作出的，该意思表示的内容应当在受要约人作出承诺之前为受要约人所知道；撤销要约的意思表示以非对话方式作出的，应当在受要约人作出承诺之前到达受要约人。

4. 承诺不需要通知的，根据（　　）生效。

A. 通常习惯或者要约的要求　　　　B. 交易习惯或者要约的要求做出承诺行为

C. 要约的要求　　　　　　　　　　D. 通常习惯

【答案】B

【解析】第四百八十条：承诺应当以通知的方式作出；但是，根据交易习惯或者要约表明可以通过行为作出承诺的除外。

5. 根据《中华人民共和国民法典》，有关合同标的、数量、质量、价款或者报酬、履行期限、履行地点和方式、违约责任和解决争议方法等的变更，是对要约内容的（　　）变更。

A. 重要性　　　　　　　　　　　　B. 必要性

C. 实质性　　　　　　　　　　　　D. 一般性

【答案】C

【解析】第四百八十八条：承诺的内容应当与要约的内容一致。受要约人对要约的内容作出实质性变更的，为新要约。有关合同标的、数量、质量、价款或者报酬、履行期限、履行地点和方式、违约责任和解决争议方法等的变更，是对要约内容的实质性变更。

6. 下列表述中不符合《中华人民共和国民法典》规定的是哪一项？（　　）

A. 当事人采用合同书形式订立合同的，自双方当事人签字或者盖章时合同成立

B. 采用合同书形式订立合同，在签字或者盖章之前，当事人一方已经履行主要义务且对方接受的，该合同也不能成立

C. 当事人采用信件、数据电文等形式订立合同的，可以在合同成立之前要求签订确认书，签订确认书时合同成立

D. 采用合同书形式订立合同的双方当事人签字或者盖章的地点为合同成立的地点

【答案】B

【解析】A项，第四百九十条：当事人采用合同书形式订立合同的，自当事人均签名、盖章或者按指印时合同成立。在签名、盖章或者按指印之前，当事人一方已经履行主要义务，对方接受时，该合同成立。法律、行政法规规定或者当事人约定合同应当采用书面形式订立，当事人未采用书面形式但是一方已经履行主要义务，对方接受时，该合同成立。

C项，第四百九十一条：当事人采用信件、数据电文等形式订立合同要求签订确认书的，签订确认书时合同成立。当事人一方通过互联网等信息网络发布的商品或者服务信息符合

要约条件的，对方选择该商品或者服务并提交订单成功时合同成立，但是当事人另有约定的除外。D项，第四百九十二条：承诺生效的地点为合同成立的地点。采用数据电文形式订立合同的，收件人的主营业地为合同成立的地点；没有主营业地的，其住所地为合同成立的地点。当事人另有约定的，按照其约定。

7. 执行政府定价或者政府指导价的，在合同约定的交付期限内政府价格调整时应按照下列哪一项计价？（　　　）

A. 按照原合定的价格计价　　　　　B. 按照重新协商价格计价

C. 按照"就高不就低"的价格计价　　D. 按照交付时的价格计价

【答案】D

【解析】第五百一十三条：执行政府定价或者政府指导价的，在合同约定的交付期限内政府价格调整时，按照交付时的价格计价。逾期交付标的物的，遇价格上涨时，按照原价格执行；价格下降时，按照新价格执行。逾期提取标的物或者逾期付款的，遇价格上涨时，按照新价格执行；价格下降时，按照原价格执行。

8. 关于建设工程合同，下列说法中哪一项是不正确的？（　　　）

A. 建设工程合同应当采用书面形式

B. 建设工程当事人订立合同，采取要约、承诺方式

C. 建设工程合同包括工程勘察、设计、施工、监理合同

D. 建设工程合同是承包人进行工程建设，发包人支付价款的合同

【答案】C

【解析】第七百八十八条：建设工程合同是承包人进行工程建设，发包人支付价款的合同。建设工程合同包括工程勘察、设计、施工合同。

9. 现有一个包括办公、商业和影院功能的综合楼项目，根据《中华人民共和国民法典》，下列做法中哪一项是错误的？（　　　）

A. 发包人与总承包人订立该项目设计、施工承包合同

B. 设计承包人经发包人同意，将影院音效设计分包给另一家专业设计人

C. 发包人将该项目的办公、商业和影院部分分别与两家设计人订立设计合同

D. 发包人分别与勘察人、设计人、施工人订立该项目勘察、设计、施工承包合同

【答案】C

【解析】第七百九十一条：发包人可以与总承包人订立建设工程合同，也可以分别与勘察人、设计人、施工人订立勘察、设计、施工承包合同。发包人不得将应当由一个承包人完成的建设工程支解成若干部分发包给数个承包人。总承包人或者勘察、设计、施工承包人经发包人同意，可以将自己承包的部分工作交由第三人完成。第三人就其完成的工作成果与总承包人或者勘察、设计、施工承包人向发包人承担连带责任。承包人不得将其承包的全部建设工程转包给第三人或者将其承包的全部建设工程支解以后以分包的名义分别转包给第三人。禁止承包人将工程分包给不具备相应资质条件的单位。禁止分包单位将其承包的工程再分包。建设工程主体结构的施工必须由承包人自行完成。

10. 建筑工程合同承包人不可以顺延工期的情况包括（　　　）。

A. 发包人未按照约定的时间提供场地的

B. 发包人没有按照通知时间及时检查承包人的隐蔽工程而致工程延期的

C. 设计人未按时收到发包人应提供的资料而不能如期完成设计文件的

D. 因施工原因致工程某部位有缺陷，发包人要求施工人返工延期的

【答案】D

【解析】第八百零三条：发包人未按照约定的时间和要求提供原材料、设备、场地、资金、技术资料的，承包人可以顺延工程日期，并有权请求赔偿停工、窝工等损失。

《工程勘察设计收费标准》
《工程勘察设计收费管理规定》

1. 技术改造项目可依据设计复杂程度增加设计收费，附加调整系数的范围为（　　）。

A. 1.1~1.3

B. 1.1~1.4

C. 1.2~1.4

D. 1.1~1.5

【答案】B

【解析】《工程勘察设计收费标准》工程设计收费标准第 1.0.12 条：改扩建和技术改造建设项目，附加调整系数为 1.1~1.4。根据工程设计复杂程度确定适当的附加调整系数，计算工程设计收费。

2. 工程设计收费实行政府指导价时，其建设项目总投资估算额至少应达到多少？（　　）

A. 300 万元

B. 500 万元

C. 800 万元

D. 1000 万元

【答案】B

【解析】《工程勘察设计收费管理规定》第五条：工程勘察和工程设计收费根据建设项目投资额的不同情况，分别实行政府指导价和市场调节价。建设项目总投资估算额 500 万元以上的工程勘察和工程设计收费实行政府指导价；建设项目总投资估算额 500 万元以下的工程勘察和工程设计收费实行市场调节价。

3. 工程设计收费实行政府指导价时，其基准价浮动幅度为上下（　　）。

A. 10%

B. 15%

C. 20%

D. 25%

【答案】C

【解析】《工程勘察设计收费管理规定》第六条：实行政府指导价的工程勘察和工程设计收费，其基准价根据《工程勘察收费标准》或《工程设计收费标准》计算，除本规定第七条另有规定者外，浮动幅度为上下 20%。发包人和勘察人、设计人应当根据建设项目的实际情况在规定的浮动幅度内协商确定收费额。实行市场调节价的工程勘察和工程设计收费，由发包人和勘察人、设计人协商确定收费额。

4. 对于因采用新工艺而提高了建设项目经济效益的工程设计，可以允许设计机构在政府指导价的基础上上浮（　　）幅度内和甲方商洽设计收费额。

A. 15%

B. 20%

C. 25%

D. 30%

【答案】C

【解析】《工程勘察设计收费管理规定》第七条：工程勘察费和工程设计费，应当体现优质优价的原则。工程勘察和工程设计收费实行政府指导价的，凡在工程勘察设计中采用新技术、新工艺、新设备、新材料，有利于提高建设项目经济效益、环境效益和社会效益的，发包人和勘察人、设计人可以在上浮 25% 的幅度内协商确定收费额。

《中华人民共和国注册建筑师条例》

1. 符合下列哪一项的条件，可以具有参加一级注册建筑师考试的资格？（　　）

A. 取得建筑学硕士学位，并从事建筑设计工作 2 年

B. 取得建筑技术专业硕士学位，并从事建筑设计工作 2 年

C. 取得建筑学博士学位，并从事建筑设计工作 1 年

D. 取得高级工程师技术职称，并从事建筑设计相关业务 2 年

【答案】A

【解析】第八条：符合下列条件之一的，可以申请参加一级注册建筑师考试：①取得建筑学硕士以上学位或者相近专业工学博士学位，并从事建筑设计或者相关业务 2 年以上的；②取得建筑学学士学位或者相近专业工学硕士学位，并从事建筑设计或者相关业务 3 年以上的；③具有建筑学专业大学本科毕业学历并从事建筑设计或者相关业务 5 年以上的，或者具有建筑学相近专业大学本科毕业学历并从事建筑设计或者相关业务 7 年以上的；④取得高级工程师技术职称并从事建筑设计或者相关业务 3 年以上的，或者取得工程师技术职称并从事建筑设计或者相关业务 5 年以上的；⑤不具有前四项规定的条件，但设计成绩突出，经全国注册建筑师管理委员会认定达到前四项规定的专业水平的。前款第三项至第五项规定的人员应当取得学士学位。

2. 根据《中华人民共和国注册建筑师条例》，注册有效期满需要继续注册的，应当在期满前（　　）内申请延续注册。

A. 30 日　　　　　　B. 60 日　　　　　　C. 180 日　　　　　　D. 365 日

【答案】A

【解析】第十七条：注册建筑师注册的有效期为 2 年。有效期届满需要继续注册的，应当在期满前 30 日内办理注册手续。

3. 注册建筑的执业范围不包括以下哪项？（　　）

A. 建筑设计　　　　　　　　　　　　B. 建筑设计技术咨询

C. 建筑物调查和鉴定　　　　　　　　D. 运营和规划实施

【答案】D

【解析】第二十条：注册建筑师的执业范围：①建筑设计；②建筑设计技术咨询；③建筑物调查和鉴定；④对本人主持设计的项目进行施工指导和监督；⑤国务院建设行政主管部门规定的其他业务。

4. 关于注册建筑师执业，下列说法中哪一项是错误的？（　　）

A. 注册建筑师一经注册，便可以以个人名义执业

B. 一级注册建筑师执业范围不受建筑规模和工程复杂程度的限制，但要符合所加入

建筑设计单位资质等级及其业务范围

C. 注册建筑师执行业务，由建筑设计单位统一接受委托，并统一收费

D. 注册建筑师的执业范围包括建筑物调查及鉴定

【答案】A

【解析】第二十一条：注册建筑师执行业务，应当加入建筑设计单位。建筑设计单位的资质等级及其业务范围，由国务院建设行政主管部门规定。

5. 因设计质量造成的经济损失，应当由谁来承担赔偿责任？（ ）

A. 建筑设计单位，与签字注册建筑师无关

B. 签字注册建筑师，与建筑设计单位无关

C. 建筑设计单位和签字注册建筑师各承担一半

D. 建筑设计单位，该单位有权向签字注册建筑师追偿

【答案】D

【解析】第二十四条：因设计质量造成的经济损失，由建筑设计单位承担赔偿责任；建筑设计单位有权向签字的注册建筑师追偿。

6. 关于注册建筑师的权利与义务，下列说法中哪一项是错误的？（ ）

A. 注册建筑师有权以注册建筑师的名义执行注册建筑师业务

B. 所有房屋建筑，均应由注册建筑师设计

C. 注册建筑师应当保守在执业中知悉的单位和个人的秘密

D. 注册建筑师不得准许他人以本人名义执行业务

【答案】B

【解析】A项，第二十五条：注册建筑师有权以注册建筑师的名义执行注册建筑师业务。非注册建筑师不得以注册建筑师的名义执行注册建筑师业务。二级注册建筑师不得以一级注册建筑师的名义执行业务，也不得超越国家规定的二级注册建筑师的执业范围执行业务。B项，第二十六条：国家规定的一定跨度、跨径和高度以上的房屋建筑，应当由注册建筑师进行设计。C、D项，第二十八条：注册建筑师应当履行下列义务：①遵守法律、法规和职业道德，维护社会公共利益；②保证建筑设计的质量，并在其负责的设计图纸上签字；③保守在执业中知悉的单位和个人的秘密；④不得同时受聘于二个以上建筑设计单位执行业务；⑤不得准许他人以本人名义执行业务。

7. 以不正当手段取得注册建筑师考试合格资格的，应当对其处以下列哪一项处罚？（ ）

A. 停止申请参加考试二年　　　　　B. 取消考试合格资格

C. 处 5 万元以下罚款　　　　　　　D. 给予行政处分

【答案】B

【解析】第二十九条：以不正当手段取得注册建筑师考试合格资格或者注册建筑师证书的，由全国注册建筑师管理委员会或者省、自治区、直辖市注册建筑师管理委员会取消考试合格资格或者吊销注册建筑师证书；对负有直接责任的主管人员和其他直接责任人员，依法给予行政处分。

8. 未经注册擅自以个人名义从事注册建筑师业务并收取费用的，县级以上人民政府建设行政主管部门可以对其处以违法所得多少倍的罚款？（ ）

A. 5 倍以下　　　　　　　　　　　B. 6 倍以下

C. 8 倍以下   D. 10 倍以下

【答案】A

【解析】第三十条：未经注册擅自以注册建筑师名义从事注册建筑师业务的，由县级以上人民政府建设行政主管部门责令停止违法活动，没收违法所得，并可以处以违法所得5倍以下的罚款；造成损失的，应当承担赔偿责任。

9. 以下设计行为中违反了相关法律规定的是（   ）。

Ⅰ. 已从建筑设计院退休的王高工，组织有工程师技术职称的基督徒免费负责设计一座教堂的施工图设计

Ⅱ. 总务处李老师为节省学校开支，免费为学校设计了一个临时库房

Ⅲ. 某人防专业设计院郑工为其他设计院负责设计了多个人防工程施工图

Ⅳ. 农民未进行设计自建两层6间楼房

A. Ⅰ、Ⅱ   B. Ⅰ、Ⅲ

C. Ⅱ、Ⅲ   D. Ⅲ、Ⅳ

【答案】B

【解析】第三十一条：注册建筑师违反本条例规定，有下列行为之一的，由县级以上人民政府建设行政主管部门责令停止违法活动，没收违法所得，并可以处以违法所得5倍以下的罚款；情节严重的，可以责令停止执行业务或者由全国注册建筑师管理委员会或者省、自治区、直辖市注册建筑师管理委员会吊销注册建筑师证书：①以个人名义承接注册建筑师业务、收取费用的；②同时受聘于二个以上建筑设计单位执行业务的；③在建筑设计或者相关业务中侵犯他人合法权益的；④准许他人以本人名义执行业务的；⑤二级注册建筑师以一级注册建筑师的名义执行业务或者超越国家规定的执业范围执行业务的。《建设工程勘察设计管理条例》第四十四条：抢险救灾及其他临时性建筑和农民自建两层以下住宅的勘察、设计活动，不适用本条例。

《中华人民共和国注册建筑师条例实施细则》

1. 一级注册建筑师考试的科目考试合格有效期是多长时间？（   ）

A. 五年   B. 八年

C. 十年   D. 长期有效

【答案】B

【解析】第八条：一级注册建筑师考试内容包括：建筑设计前期工作、场地设计、建筑设计与表达、建筑结构、环境控制、建筑设备、建筑材料与构造、建筑经济、施工与设计业务管理、建筑法规等。上述内容分成若干科目进行考试。科目考试合格有效期为8年。二级注册建筑师考试内容包括：场地设计、建筑设计与表达、建筑结构与设备、建筑法规、建筑经济与施工等。上述内容分成若干科目进行考试。科目考试合格有效期为4年。

2. 建筑师小张在通过一级注册建筑师考试并获得一级执业资格证书后出国留学。四年后小张回国，请问他需要如何申请注册？（   ）

A. 直接向全国注册建筑师管理委员会申请注册

B. 达到继续教育要求后，向户口所在地的省、自治区、直辖市注册建筑师管理委员会申请注册

C. 达到继续教育要求后，向受聘设计单位所在地的省、自治区、直辖市注册建筑师管理委员会申请注册

D. 重新参加一级注册建筑师考试通过后申请注册

【答案】C

【解析】第十四条：取得一级注册建筑师资格证书并受聘于 1 个相关单位的人员，应当通过聘用单位向单位工商注册所在地的省、自治区、直辖市注册建筑师管理委员会提出申请；省、自治区、直辖市注册建筑师管理委员会受理后提出初审意见，并将初审意见和申请材料报全国注册建筑师管理委员会审批；符合条件的，由全国注册建筑师管理委员会颁发一级注册建筑师注册证书和执业印章。第十八条：初始注册者可以自执业资格证书签发之日起 3 年内提出申请。逾期未申请者，须符合继续教育的要求后方可申请初始注册。初始注册需要提交下列材料：①初始注册申请表；②资格证书复印件；③身份证明复印件；④聘用单位资质证书副本复印件；⑤与聘用单位签订的聘用劳动合同复印件；⑥相应的业绩证明；⑦逾期初始注册的，应当提交达到继续教育要求的证明材料。

3. 由（　　）负责保管、使用注册建筑师的注册证书和执业印章。

A. 上级主管部门

B. 注册建筑师所在公司（设计院）

C. 注册建筑师所在公司（设计院）下属分公司（所）

D. 注册建筑师本人

【答案】D

【解析】第十六条：注册证书和执业印章是注册建筑师的执业凭证，由注册建筑师本人保管、使用。注册建筑师由于办理延续注册、变更注册等原因，在领取新执业印章时，应当将原执业印章交回。禁止涂改、倒卖、出租、出借或者以其他形式非法转让执业资格证书、互认资格证书、注册证书和执业印章。

4. 下列哪一项不属于申请注册建筑师初始注册应当具备的条件？（　　）

A. 依法取得执业资格证书或者互认资格证书

B. 只受聘于中国境内一个建设工程相关单位

C. 近三年内在中国境内从事建筑设计及相关业务一年以上

D. 取得建筑设计中级技术职称

【答案】D

【解析】第十七条：申请注册建筑师初始注册，应当具备以下条件：①依法取得执业资格证书或者互认资格证书；②只受聘于中华人民共和国境内的一个建设工程勘察、设计、施工、监理、招标代理、造价咨询、施工图审查、城乡规划编制等单位（简称聘用单位）；③近三年内在中华人民共和国境内从事建筑设计及相关业务一年以上；④达到继续教育要求；⑤没有本细则第二十一条所列的情形。

5. 建筑师初始注册者需要在自执业资格证书签发之日起多长时间内提出申请，方可无须符合继续教育的要求？（　　）

A. 3 年　　　　　　　　　　　　　　　B. 4 年

C. 5 年   D. 6 年

【答案】A

【解析】第十八条：初始注册者可以自执业资格证书签发之日起三年内提出申请。逾期未申请者，须符合继续教育的要求后方可申请初始注册。初始注册需要提交下列材料：①初始注册申请表；②资格证书复印件；③身份证明复印件；④聘用单位资质证书副本复印件；⑤与聘用单位签订的聘用劳动合同复印件；⑥相应的业绩证明；⑦逾期初始注册的，应当提交达到继续教育要求的证明材料。

6. 某注册建筑师在甲设计公司初始注册执业工作 8 个月后跳槽到乙设计公司，变更注册后他的注册有效期距离届满还有多久？（　　）

A. 4 个月   B. 12 个月

C. 16 个月   D. 24 个月

【答案】C

【解析】第十九条：注册建筑师每一注册有效期为 2 年。注册建筑师注册有效期满需继续执业的，应在注册有效期届满 30 日前，按照本细则第十五条规定的程序申请延续注册。延续注册有效期为 2 年。

7. 注册建筑师不予注册的情形，不包括下列哪一项？（　　）

A. 因受刑事处罚，自刑罚执行完毕之日起至申请注册之日止不满 2 年的

B. 因在建筑设计中犯有错误受行政处罚，自处罚决定之日起至注册之日不满 2 年的

C. 因在建筑设计相关业务中犯有错误受撤职以上处分，自处分决定之日起至注册之日不满 5 年的

D. 受吊销注册建筑师证书的行政处罚，自处罚决定之日起至申请注册之日止不满 2 年的

【答案】B

【解析】第二十一条：申请人有下列情形之一的，不予注册：①不具有完全民事行为能力的；②申请在 2 个或者 2 个以上单位注册的；③未达到注册建筑师继续教育要求的；④因受刑事处罚，自刑事处罚执行完毕之日起至申请注册之日止不满 5 年的；⑤因在建筑设计或者相关业务中犯有错误受行政处罚或者撤职以上行政处分，自处罚、处分决定之日起至申请之日止不满 2 年的；⑥受吊销注册建筑师证书的行政处罚，自处罚决定之日起至申请注册之日止不满 5 年的；⑦申请人的聘用单位不符合注册单位要求的；⑧法律、法规规定不予注册的其他情形。

8. 注册建筑师的注册证书和执业印章失效的情形不包括（　　）。

A. 聘用单位申请破产保护时期

B. 聘用单位被吊销营业执照的

C. 注册有效期满三十天内

D. 与聘用单位解除聘用劳动关系后三十天内

【答案】A

【解析】第二十二条：注册建筑师有下列情形之一的，其注册证书和执业印章失效：①聘用单位破产的；②聘用单位被吊销营业执照的；③聘用单位相应资质证书被吊销或者撤回的；④已与聘用单位解除聘用劳动关系的；⑤注册有效期满且未延续注册的；⑥死亡

或者丧失民事行为能力的；⑦其他导致注册失效的情形。

9. 下列哪一项是大学建筑系讲师通过了注册建筑师考试后可以申请注册的单位？
（   ）

A. 本地某国营设计院 　　　　　B. 外地某国营设计院

C. 某民营建筑设计院 　　　　　D. 所在大学建筑设计院

【答案】D

【解析】第二十五条：高等学校（院）从事教学、科研并具有注册建筑师资格的人员，只能受聘于本校（院）所属建筑设计单位从事建筑设计，不得受聘于其他建筑设计单位。在受聘于本校（院）所属建筑设计单位工作期间，允许申请注册。获准注册的人员，在本校（院）所属建筑设计单位连续工作不得少于 2 年。具体办法由国务院建设主管部门商教育主管部门规定。

10. 关于取得注册建筑师资格证书人员进行执业活动的叙述，下列哪一项是正确的？
（   ）

A. 可以受聘于建筑工程施工单位从事建筑设计工作

B. 可以受聘于建设工程监理单位从事建筑设计工作

C. 可以受聘于建设工程施工图审查单位从事建筑设计技术咨询工作

D. 可以独立执业从事建筑设计并对本人主持设计的项目进行施工指导和监督工作

【答案】C

【解析】ABC 三项，第二十七条：取得资格证书的人员，应当受聘于中华人民共和国境内的一个建设工程勘察、设计、施工、监理、招标代理、造价咨询、施工图审查、城乡规划编制等单位，经注册后方可从事相应的执业活动。从事建筑工程设计执业活动的，应当受聘并注册于中华人民共和国境内 1 个具有工程设计资质的单位。D 项，第三十三条：注册建筑师从事执业活动，由聘用单位接受委托并统一收费。

11. 建筑设计单位应满足（   ）的条件方可承担民用建筑设计项目。

A. 有注册建筑师盖章即可

B. 由其他专业设计师任工程项目设计主持人或设计总负责人，注册建筑师任工程项目建筑专业负责人

C. 由其他专业设计师任工程项目设计主持人或设计总负责人，注册建筑师任工程项目建筑专业审核人

D. 由注册建筑师任工程项目设计主持人或设计总负责人

【答案】D

【解析】第三十条：注册建筑师所在单位承担民用建筑设计项目，应当由注册建筑师任工程项目设计主持人或设计总负责人；工业建筑设计项目，须由注册建筑师任工程项目建筑专业负责人。

12. 注册建筑师继续教育选修课的学时要求是在每一注册有效期内达到（   ）学时。

A. 30 　　　　　　　　　　　B. 40

C. 50 　　　　　　　　　　　D. 60

【答案】B

【解析】第三十四条：注册建筑师在每一注册有效期内应当达到全国注册建筑师管理委员会制定的继续教育标准。继续教育作为注册建筑师逾期初始注册、延续注册、重新申请注册的条件之一。第三十五条：继续教育分为必修课和选修课，在每一注册有效期内各为40学时。

13. 建设主管部门履行监督检查职责时，有权采取的措施不包括（　　）。

A. 可以要求被检查的注册建筑师提供资格证书、注册证书、执业印章、设计文件

B. 可以进入建筑师受聘单位进行检查，查阅相关资料

C. 可以纠正违反有关法律、法规和有关规范、标准的行为

D. 可以在检查期间暂时停止注册建筑师正常的执业活动

【答案】D

【解析】第三十七条：建设主管部门履行监督检查职责时，有权采取下列措施：①要求被检查的注册建筑师提供资格证书、注册证书、执业印章、设计文件（图纸）；②进入注册建筑师聘用单位进行检查，查阅相关资料；③纠正违反有关法律、法规和本细则及有关规范和标准的行为。建设主管部门依法对注册建筑师进行监督检查时，应当将监督检查情况和处理结果予以记录，由监督检查人员签字后归档。

14. 违反《中华人民共和国注册建筑师条例实施细则》，承担相应的法律责任且处以罚款的行为不包括下列哪一项？（　　）

A. 注册建筑师未按照要求提供其信用档案信息，责令限期改正而逾期未改正的

B. 未办理变更注册而继续执业的，责令限期整改而逾期未改成的

C. 倒卖、出借非法转让执业资格证书、注册证书和执业印章

D. 隐瞒有关情况或提供虚假材料申请注册的

【答案】D

【解析】第四十条：隐瞒有关情况或者提供虚假材料申请注册的，注册机关不予受理，并由建设主管部门给予警告，申请人1年之内不得再次申请注册。

15. 关于二级注册建筑师执业印章的使用效力，下列说法中哪一项是错误的？（　　）

A. 在国家允许的执业范围内均有效

B. 可以在甲级建筑设计单位内使用

C. 限注册地的省、自治区、直辖市内使用

D. 全国通用

【答案】C

【解析】准予注册的申请人由建设部统一印制的二级注册建筑师证书。同时颁发相应级别的执业专用章。"证书"及"专用章"全国通用。

《建筑工程设计文件编制深度规定》

1. 根据《建筑工程设计文件编制深度规定》，民用建筑工程一般分为哪几个阶段？（　　）

A. 方案设计、施工图设计二个阶段

B. 概念性方案设计、方案设计、施工图设计三个阶段

C. 可行性研究、方案设计、施工图设计三个阶段

D. 方案设计、初步设计、施工图设计三个阶段

【答案】D

【解析】第1.0.4条：建筑工程一般应分为方案设计、初步设计和施工图设计三个阶段；对于技术要求相对简单的民用建筑工程，当有关主管部门在初步设计阶段没有审查要求，且合同中没有做初步设计的约定时，可在方案设计审批后直接进入施工图设计。

2. 下列哪一项是设计深度用于非标准设备制作的设计文件？（　　）

A. 可行性报告 　　　　　　　　　　B. 方案设计文件

C. 初步设计 　　　　　　　　　　　D. 施工图

【答案】D

【解析】第1.0.5条：各阶段设计文件编制深度应按以下原则进行（具体应执行第2、3、4章条款）：①方案设计文件，应满足编制初步设计文件的需要，应满足方案审批或报批的需要。注：本规定仅适用于报批方案设计文件编制深度。对于投标方案设计文件的编制深度，应执行住房和城乡建设部颁发的相关规定。②初步设计文件，应满足编制施工图设计文件的需要，应满足初步设计审批的需要。③施工图设计文件，应满足设备材料采购、非标准设备制作和施工的需要。注：对于将项目分别发包给几个设计单位或实施设计分包的情况，设计文件相互关联处的深度应满足各承包或分包单位设计的需要。

3. 方案设计文件扉页的签署人员包括（　　）。

A. 编制单位法人代表人、项目总负责人、主要设计人

B. 编制单位法人代表人、技术总负责人、主要设计人

C. 编制单位法定代表人、技术总负责人、项目总负责人及各专业负责人

D. 编制单位技术总负责人、项目总负责人、主要设计人

【答案】C

【解析】第2.1.2条第二款：扉页：写明编制单位法定代表人、技术总负责人、项目总负责人及各专业负责人的姓名，并经上述人员签署或授权盖章。

4. 下列（　　）属于民用建筑和一般工业建筑的初步设计文件包括的内容。

Ⅰ. 设计说明书　　Ⅱ. 设计图纸　　Ⅲ. 主要设备及材料表　　Ⅳ. 工程预算书

A. Ⅰ、Ⅱ 　　　　　　　　　　　　B. Ⅰ、Ⅱ、Ⅲ

C. Ⅱ、Ⅲ、Ⅳ 　　　　　　　　　　D. Ⅰ、Ⅱ、Ⅲ、Ⅳ

【答案】B

【解析】第3.1.1条：初步设计文件：①设计说明书，包括设计总说明、各专业设计说明。对于涉及建筑节能、环保、绿色建筑、人防、装配式建筑等，其设计说明应有相应的专项内容。②有关专业的设计图纸。③主要设备或材料表。④工程概算书。⑤有关专业计算书（计算书不属于必须交付的设计文件，但应按本规定相关条款的要求编制）。

5. 初步设计文件扉页上应经（　　）签署或授权盖章。

A. 法定代表人、技术总负责人、项目总负责人、各专业审核人

B. 法定代表人、项目总负责人、各专业审核人、各专业负责人

C. 法定代表人、技术总负责人、项目总负责人、各专业负责人

D. 法定代表人、项目总负责人、部门负责人、各专业负责人

【答案】C

【解析】第3.1.2条第二款：扉页：写明编制单位法定代表人、技术总负责人、项目总负责人和各专业负责人的姓名，并经上述人员签署或授权盖章。

6. 下列（　　）属于初步设计总说明应包括的内容。

Ⅰ. 工程设计依据　　Ⅱ. 工程建设的规模和设计范围　　Ⅲ. 总指标

Ⅳ. 工程估算书　　Ⅴ. 提请在设计审批时需解决或确定的主要问题

A. Ⅰ、Ⅱ、Ⅲ、Ⅳ
B. Ⅰ、Ⅱ、Ⅲ、Ⅴ
C. Ⅰ、Ⅲ、Ⅳ、Ⅴ
D. Ⅱ、Ⅲ、Ⅳ、Ⅴ

【答案】B

【解析】根据第3.2小节规定：设计总说明应包括以下内容：①工程设计依据；②工程建设的规模和设计范围；③总指标；④设计要点综述；⑤提请在设计审批时需解决或确定的主要问题。

7. 下列哪一项属于初步设计文件成果应包括的内容？（　　）

A. 工程估算书
B. 工程概算书
C. 工程预算书
D. 工程结算书

【答案】B

【解析】第3.10.1条：建设项目设计概算是初步设计文件的重要组成部分。概算文件应单独成册。设计概算文件由封面、签署页（扉页）、目录、编制说明、建设项目总概算表、工程建设其他费用表、单项工程综合概算表、单位工程概算书等内容组成。

8. 下列关于施工图设计深度的说法，哪一项是错误的？（　　）

A. 总平面图应该表达各建筑构造和建筑物的位置、坐标，相邻的间距、尺寸及其名称和层数

B. 平面图应标出变形缝的位置和尺寸

C. 立面图应表达出建筑的造型特征，画出具有代表性的立面及平面图上表达不清的窗编号

D. 剖面图的位置应该选在层高不同、层数不同、空间比较复杂、具有代表性的部位，并表达节点构造详图索引号

【答案】C

【解析】第4.3.5条第九款：各个方向的立面应绘齐全，但差异小、左右对称的立面可简略；内部院落或看不到的局部立面，可在相关剖面图上表示，若剖面图未能表示完全时，则需单独绘出。

9. 在施工图设计阶段，关于通风、空调平面图的绘制要求，下列做法中哪一项是正确的？（　　）

A. 通风、空调平面用双线绘出风管、单线绘出空调冷热水、凝缩水等管道

B. 通风、空调平面用单线绘出风管、双线绘出空调冷凝水，凝结水等管道

C. 通风、空调平面均用双线绘出风管、空调冷凝水、凝结水等管道

D. 通风、空调平面均用单线绘出风管、空调冷凝水、凝结水等管道

【答案】A

【解析】第4.7.5条第三款：通风、空调、防排烟风道平面用双线绘出风道，复杂的

平面应标出气流方向。标注风道尺寸（圆形风道注管径、矩形风道注宽×高）、主要风道定位尺寸、标高及风口尺寸，各种设备及风口安装的定位尺寸和编号，消声器、调节阀、防火阀等各种部件位置，标注风口设计风量（当区域内各风口设计风量相同时也可按区域标注设计风量）。第五款：空调管道平面单线绘出空调冷热水、冷媒、冷凝水等管道，绘出立管位置和编号，绘出管道的阀门、放气、泄水、固定支架、伸缩器等，注明管道管径、标高及主要定位尺寸。

10. 抗震设防烈度为（ ）及以上的地区，建筑物必须进行抗震设计。

A. 5 度   B. 6 度

C. 7 度   D. 8 度

【答案】A

【解析】《建筑抗震设计规范》GB 50011—2010 第 1.0.2 条规定：抗震设防烈度为 6 度以上地区的建筑，必须进行抗震设计。

《实施工程建设强制性标准监督规定》

1. 下列哪一方面不属于工程建设强制性标准直接涉及的条文？（ ）

A. 安全   B. 美观

C. 卫生   D. 环保

【答案】B

【解析】第三条：本规定所称工程建设强制性标准是指直接涉及工程质量、安全、卫生及环境保护等方面的工程建设标准强制性条文。国家工程建设标准强制性条文由国务院住房城乡建设主管部门会同国务院有关主管部门确定。

2. 对于建设工程勘察、设计文件中规定采用新技术、新工艺、新材料，可能影响建设工程质量和安全，又没有国家技术标准的，下列哪一项做法是正确的？（ ）

A. 通过本地建设主管部门批准后实施

B. 由拟采用单位组织专家论证，报本单位上级主管部门批准实施

C. 由拟采用单位组织专题技术论证，报标准批准的建设行政主管部门审定

D. 由国家认可的检测机构进行试验、论证，出具检测报告，并经国务院有关主管部门或者省、自治区、直辖市人民政府有关主管部门组织的建设工程技术专家委员会审定

【答案】D

【解析】第五条：建设工程勘察、设计文件中规定采用的新技术、新材料，可能影响建设工程质量和安全，又没有国家技术标准的，应当由国家认可的检测机构进行试验、论证，出具检测报告，并经国务院有关主管部门或者省、自治区、直辖市人民政府有关主管部门组织的建设工程技术专家委员会审定后，方可使用。

3. 工程建设中，工程质量监督机构应当对下列哪些阶段执行强制性标准的情况实施监督？（ ）

Ⅰ. 设计 Ⅱ. 勘察 Ⅲ. 施工 Ⅳ. 监理

A. Ⅰ、Ⅲ   B. Ⅱ、Ⅲ

C. Ⅱ、Ⅳ   D. Ⅲ、Ⅳ

【答案】D

【解析】第六条：建设项目规划审查机关应当对工程建设规划阶段执行强制性标准的情况实施监督。施工图设计文件审查单位应当对工程建设勘察、设计阶段执行强制性标准的情况实施监督。建筑安全监督管理机构应当对工程建设施工阶段执行施工安全强制性标准的情况实施监督。工程质量监督机构应当对工程建设施工、监理、验收等阶段执行强制性标准的情况实施监督。

4. 必须熟悉、掌握工程建设强制性标准的有下列（　　）单位的技术人员。

Ⅰ. 建设单位

Ⅱ. 建设项目规划审查机关

Ⅲ. 施工图设计文件审查单位

Ⅳ. 建筑安全监督管理机构

Ⅴ. 工程质量监督机构

A. Ⅰ、Ⅱ、Ⅲ、Ⅳ　　　　　　　　　B. Ⅰ、Ⅱ、Ⅲ、Ⅴ

C. Ⅰ、Ⅱ、Ⅳ、Ⅴ　　　　　　　　　D. Ⅱ、Ⅲ、Ⅳ、Ⅴ

【答案】D

【解析】第七条：建设项目规划审查机关、施工图设计文件审查单位、建筑安全监督管理机构、工程质量监督机构的技术人员必须熟悉、掌握工程建设强制性标准。

5. 下列哪一个部门应当负责定期对施工图设计文件审查单位实施强制性标准的监督进行检查？（　　）

A. 国务院住房和城乡建设行政主管部门

B. 规划审查机关

C. 工程建设标准批准部门

D. 工程质量监督机构

【答案】C

【解析】第八条：工程建设标准批准部门应当定期对建设项目规划审查机关、施工图设计文件审查单位、建筑安全监督管理机构、工程质量监督机构实施强制性标准的监督进行检查，对监督不力的单位和个人，给予通报批评，建议有关部门处理。

6. 对工程项目执行强制性标准情况进行监督检查，由下列哪个单位负责？（　　）

A. 建设单位　　　　　　　　　　　　B. 施工单位

C. 监理单位　　　　　　　　　　　　D. 工程建设标准批准部门

【答案】D

【解析】第九条：工程建设标准批准部门应当对工程项目执行强制性标准情况进行监督检查。监督检查可以采取重点检查、抽查和专项检查的方式。

7. 根据《实施工程建设强制性标准监督规定》，强制性标准督查检查的内容不包括下列哪一项？（　　）

A. 工程项目的验收是否符合强制性标准的规定

B. 有关工程技术人员是否熟悉，掌握强制性标准

C. 工程项目操作指南的内容是否符合强制性标准的规定

D. 工程项目的目标管理体系是否符合强制性标准的规定

【答案】D

【解析】第十条：强制性标准监督检查的内容包括：①有关工程技术人员是否熟悉、掌握强制性标准；②工程项目的规划、勘察、设计、施工、验收等是否符合强制性标准的规定；③工程项目采用的材料、设备是否符合强制性标准的规定；④工程项目的安全、质量是否符合强制性标准的规定；⑤工程中采用的导则、指南、手册、计算机软件的内容是否符合强制性标准的规定。

8. 关于工程建设强制性标准，下列说法中哪一项是正确的？（　　）

A. 各级建设主管部门应当将强制性标准监督检查结果在一定范围内公布

B. 民营和社会资本投资项目的工程建设活动，可不执行工程建设强制性标准

C. 监理单位违反强制性标准，责令整改，处以罚款，降低资质等级或吊销资质证书

D. 工程建设强制性标准是指直接或间接涉及工程质量、安全等方面的工程标准强制性条文

【答案】C

【解析】A项，第十一条：工程建设标准批准部门应当将强制性标准监督检查结果在一定范围内公告。B项，第二条：在中华人民共和国境内从事新建、扩建、改建等工程建设活动，必须执行工程建设强制性标准。C项，第十九条：工程监理单位违反强制性标准，将不合格的建设工程以及建筑材料、建筑构配件和设备按照合格签字的，责令改正，处50万元以上、100万元以下的罚款，降低资质等级或者吊销资质证书；有违法所得的，予以没收；造成损失的，承担连带赔偿责任。D项，第三条：本规定所称工程建设强制性标准是指直接涉及工程质量、安全、卫生及环境保护等方面的工程建设标准强制性条文。国家工程建设标准强制性条文由国务院建设行政主管部门会同国务院有关行政主管部门确定。

9. 工程建设强制性标准由（　　）负责解释。

A. 标准批准部门

B. 标准编制部门

C. 标准编制部门的上级行政主管部门

D. 标准编制部门的下属技术部门

【答案】A

【解析】第十二条：工程建设强制性标准的解释由工程建设标准批准部门负责。有关标准具体技术内容的解释，工程建设标准批准部门可以委托该标准的编制管理单位负责。

10. 勘察、设计单位违反工程建设强制性标准进行勘察、设计的，应责令其改正并处以多少罚款？（　　）

A. 5 万元以下罚款

B. 5 万元以上、10 万元以下罚款

C. 10 万元以上、30 万元以下罚款

D. 30 万元以上罚款

【答案】C

【解析】第十七条：勘察、设计单位违反工程建设强制性标准进行勘察、设计的，责令改正，并处以 10 万元以上、30 万元以下的罚款。有前款行为，造成工程质量事故的，责令

停业整顿，降低资质等级；情节严重的，吊销资质证书；造成损失的，依法承担赔偿责任。

《中华人民共和国城乡规划法》

1. 根据《中华人民共和国城乡规划法》，城市规划可以分为哪两类？（　　）

A. 总体规划和控制性详细规划　　　B. 控制性详细规划和修建性详细规划

C. 总体规划和详细规划　　　　　　D. 总体规划和修建性详细规划

【答案】C

【解析】第二条：制定和实施城乡规划，在规划区内进行建设活动，必须遵守本法。本法所称城乡规划，包括城镇体系规划、城市规划、镇规划、乡规划和村庄规划。城市规划、镇规划分为总体规划和详细规划。详细规划分为控制性详细规划和修建性详细规划。本法所称规划区，是指城市、镇和村庄的建成区以及因城乡建设和发展需要，必须实行规划控制的区域。规划区的具体范围由有关人民政府在组织编制的城市总体规划、镇总体规划、乡规划和村庄规划中，根据城乡经济社会发展水平和统筹城乡发展的需要划定。

2. 关于城乡规划编制的说法中，下列哪一项是不正确的？（　　）

A. 城市人民政府组织编制城市总体规划

B. 全国城镇体系规划用于指导省域城镇体系规划、城市总体规划的编制

C. 国务院城乡规划主管部门会同各级建设主管部门组织编制全国城镇体系规划

D. 省级人民政府所在地的城市总体规划，由省人民政府审查同意后报国务院批准

【答案】C

【解析】第十二条：国务院城乡规划主管部门会同国务院有关部门组织编制全国城镇体系规划，用于指导省域城镇体系规划、城市总体规划的编制。全国城镇体系规划由国务院城乡规划主管部门报国务院审批。

3. 负责审批省会城市的城市总体规划的机构是（　　）。

A. 本市人民政府　　　　　　B. 本市人民代表大会

C. 省政府　　　　　　　　　D. 国务院

【答案】D

【解析】第十四条：城市人民政府组织编制城市总体规划。直辖市的城市总体规划由直辖市人民政府报国务院审批。省、自治区人民政府所在地的城市以及国务院确定的城市的总体规划，由省、自治区人民政府审查同意后，报国务院审批。其他城市的总体规划，由城市人民政府报省、自治区人民政府审批。

4. 以下不属于城市总体规划的强制性内容的是（　　）。

A. 建筑控制高度　　　　　　　　　B. 水源地、水系内容

C. 基础设施、公共服务设施用地内容　D. 防灾、减灾内容

【答案】A

【解析】第十七条：城市总体规划、镇总体规划的内容应当包括：城市、镇的发展布局，功能分区，用地布局，综合交通体系，禁止、限制和适宜建设的地域范围，各类专项规划等。规划区范围、规划区内建设用地规模、基础设施和公共服务设施用地、水源地和水系、基本农田和绿化用地、环境保护、自然与历史文化遗产保护以及防灾减灾等内容，

应当作为城市总体规划、镇总体规划的强制性内容。城市总体规划、镇总体规划的规划期限一般为二十年。城市总体规划还应当对城市更长远的发展作出预测性安排。

5. 未编制分区规划的城市详细规划应经（　　）审批。

A. 市人民政府 B. 城市规划行政主管部门

C. 区人民政府 D. 城市建设行政主管部门

【答案】A

【解析】第十九条：城市人民政府城乡规划主管部门根据城市总体规划的要求，组织编制城市的控制性详细规划，经本级人民政府批准后，报本级人民代表大会常务委员会和上一级人民政府备案。

6. 关于城乡规划的说法，下列哪一项是正确的？（　　）

A. 镇人民政府根据总体规划的要求，组织编制镇的控制性详细规划，报本级人民政府审批

B. 县人民政府所在地镇的控制性详细规划，由人民政府编制，报上一级人民政府批准

C. 控制性详细规划应当符合修建性详细规划的要求

D. 城市人民政府城乡规划主管部门根据城市总体规划要求，组织编制城市的控制性详细规划

【答案】D

【解析】A、B两项，第二十条：镇人民政府根据镇总体规划的要求，组织编制镇的控制性详细规划，报上一级人民政府审批。县人民政府所在地镇的控制性详细规划，由县人民政府城乡规划主管部门根据镇总体规划的要求组织编制，经县人民政府批准后，报本级人民代表大会常务委员会和上一级人民政府备案。C项，第二十一条：城市、县人民政府城乡规划主管部门和镇人民政府可以组织编制重要地块的修建性详细规划。修建性详细规划应当符合控制性详细规划。D项，第十九条：城市人民政府城乡规划主管部门根据城市总体规划的要求，组织编制城市的控制性详细规划，经本级人民政府批准后，报本级人民代表大会常务委员会和上一级人民政府备案。

7. 城乡规划报送审批前，组织编制机关应当依法将城乡规划草案予以公告，公示时间至少应达到多少天？（　　）

A. 15天 B. 20天

C. 25天 D. 30天

【答案】D

【解析】第二十六条：城乡规划报送审批前，组织编制机关应当依法将城乡规划草案予以公告，并采取论证会、听证会或者其他方式征求专家和公众的意见。公告的时间不得少于三十日。组织编制机关应当充分考虑专家和公众的意见，并在报送审批的材料中附具意见采纳情况及理由。

8. 下列关于城市新区开发和建设的说法，哪一项是正确的？（　　）

A. 应新建所有市政基础设施和公共服务设施

B. 应充分改造自然资源，打造特色人居环境

C. 应在城市总体规划确定的建设用地范围内设立

D. 应当及时调整建设规模和建设时序

【答案】C

【解析】第三十条：城市新区的开发和建设，应当合理确定建设规模和时序，充分利用现有市政基础设施和公共服务设施，严格保护自然资源和生态环境，体现地方特色。在城市总体规划、镇总体规划确定的建设用地范围以外，不得设立各类开发区和城市新区。

9. 《中华人民共和国城乡规划法》中，关于近期建设规划的内容包括（   ）。

A. 重要基础设施、公共服务设施、中低收入居民住房建设、支柱产业

B. 重要基础设施、公共服务设施、中低收入居民住房建设、生态环境保护

C. 重要基础设施、中低收入居民住房建设、生态环境保护、支柱产业

D. 公共服务设施、中低收入居民住房建设、生态环境保护、支柱产业

【答案】B

【解析】第三十四条：城市、县、镇人民政府应当根据城市总体规划、镇总体规划、土地利用总体规划和年度计划以及国民经济和社会发展规划，制定近期建设规划，报总体规划审批机关备案。近期建设规划应当以重要基础设施、公共服务设施和中低收入居民住房建设以及生态环境保护为重点内容，明确近期建设的时序、发展方向和空间布局。近期建设规划的规划期限为五年。

10. 在城市规划区内的建设工程，设计任务书报请批准时，必须附有（   ）的选址意见书。

A. 建设主管部门   B. 规划主管部门

C. 房地产主管部门   D. 国土资源主管部门

【答案】B

【解析】第三十六条：按照国家规定需要有关部门批准或者核准的建设项目，以划拨方式提供国有土地使用权的，建设单位在报送有关部门批准或者核准前，应当向城乡规划主管部门申请核发选址意见书。前款规定以外的建设项目不需要申请选址意见书。

11. 某开发商在以出让方式获得某国有土地的开发权后，应当取得建设项目的批准、核准、备案文件和国有土地使用权出让合同，向城乡规划主管部门申请（   ）。

A. 核发选址意见书   B. 核发国有土地使用权证

C. 领取建设用地规划许可证   D. 领取建设工程规划许可证

【答案】C

【解析】第三十八条：在城市、镇规划区内以出让方式提供国有土地使用权的，在国有土地使用权出让前，城市、县人民政府城乡规划主管部门应当依据控制性详细规划，提出出让地块的位置、使用性质、开发强度等规划条件，作为国有土地使用权出让合同的组成部分。未确定规划条件的地块，不得出让国有土地使用权。以出让方式取得国有土地使用权的建设项目，建设单位在取得建设项目的批准、核准、备案文件和签订国有土地使用权出让合同后，向城市、县人民政府城乡规划主管部门领取建设用地规划许可证。城市、县人民政府城乡规划主管部门不得在建设用地规划许可证中，擅自改变作为国有土地使用权出让合同组成部分的规划条件。

12. 建设工程竣工验收后，建设单位应当在（   ）内向城乡规划主管部门报送竣工验收资料。

A. 一个月   B. 二个月

C. 三个月   D. 六个月

【答案】D

【解析】第四十五条：县级以上地方人民政府城乡规划主管部门按照国务院规定对建设工程是否符合规划条件予以核实。未经核实或者经核实不符合规划条件的，建设单位不得组织竣工验收。建设单位应当在竣工验收后六个月内向城乡规划主管部门报送有关竣工验收资料。

13. 按照规定的权限和程序，下列哪一项属于不可以修改省域城市总体规划的情形？（ ）

  A. 经评估需修改规划的

  B. 行政区划调整需修改规划的

  C. 城乡规划的审批机关认为应当修改规划的

  D. 因城市人民政府批准建设工程需要修改规划的

【答案】D

【解析】第四十七条：有下列情形之一的，组织编制机关方可按照规定的权限和程序修改省域城镇体系规划、城市总体规划、镇总体规划：①上级人民政府制定的城乡规划发生变更，提出修改规划要求的；②行政区划调整确需修改规划的；③因国务院批准重大建设工程确需修改规划的；④经评估确需修改规划的；⑤城乡规划的审批机关认为应当修改规划的其他情形。修改省域城镇体系规划、城市总体规划、镇总体规划前，组织编制机关应当对原规划的实施情况进行总结，并向原审批机关报告；修改涉及城市总体规划、镇总体规划强制性内容的，应当先向原审批机关提出专题报告，经同意后，方可编制修改方案。修改后的省域城镇体系规划、城市总体规划、镇总体规划，应当依照本法第十三条、第十四条、第十五条和第十六条规定的审批程序报批。

14. 已依法审定的修建性详细规划如需修改，（ ）机构应当组织听证会等形式并听取利害关系人的意见。

  A. 建设单位   B. 规划编制单位

  C. 建设主管部门   D. 城乡规划主管部门

【答案】D

【解析】第五十条：在选址意见书、建设用地规划许可证、建设工程规划许可证或者乡村建设规划许可证发放后，因依法修改城乡规划给被许可人合法权益造成损失的，应当依法给予补偿。经依法审定的修建性详细规划、建设工程设计方案的总平面图不得随意修改；确需修改的，城乡规划主管部门应当采取听证会等形式，听取利害关系人的意见；因修改给利害关系人合法权益造成损失的，应当依法给予补偿。

15. 编制单位超越资质等级许可的范围承揽城乡规划编制工作后，情节一般，则除了由所在地城市、县人民政府城乡规划主管部门责令限期改正外，还应受到下列哪一项处罚？（ ）

  A. 吊销资质证书   B. 责令停业整顿

  C. 降低资质等级   D. 处以罚款

【答案】D

【解析】第六十二条：城乡规划编制单位有下列行为之一的，由所在地城市、县人民政府城乡规划主管部门责令限期改正，处合同约定的规划编制费一倍以上、二倍以下的罚款；情节严重的，责令停业整顿，由原发证机关降低资质等级或者吊销资质证书；造成损失的，依法承担赔偿责任：①超越资质等级许可的范围承揽城乡规划编制工作的；②违反国家有关标准编制城乡规划的。未依法取得资质证书承揽城乡规划编制工作的，由县级以上地方人民政府城乡规划主管部门责令停止违法行为，依照前款规定处以罚款；造成损失的，依法承担赔偿责任。以欺骗手段取得资质证书承揽城乡规划编制工作的，由原发证机关吊销资质证书，依照本条第一款规定处以罚款；造成损失的，依法承担赔偿责任。

16. 城市规划区内的建设工程竣工验收后，建设单位应当在（　　）内向城市规划行政主管部门报送有关竣工资料。

A. 一个月　　　　　　　　　　B. 三个月

C. 六个月　　　　　　　　　　D. 一年

【答案】C

【解析】第六十七条：建设单位未在建设工程竣工验收后六个月内向城乡规划主管部门报送有关竣工验收资料的，由所在地城市、县人民政府城乡规划主管部门责令限期补报；逾期不补报的，处一万元以上、五万元以下的罚款。

《中华人民共和国城市房地产管理法》

1. 农村集体所有制的土地，需要转成（　　）才能以拍卖的形式出让。

A. 房地产开发用地　　　　　　B. 商业用地

C. 国有土地　　　　　　　　　D. 私有土地

【答案】C

【解析】第九条：城市规划区内的集体所有的土地，经依法征收转为国有土地后，该幅国有土地的使用权方可有偿出让，但法律另有规定的除外。第十三条：土地使用权出让，可以采取拍卖、招标或者双方协议的方式。商业、旅游、娱乐和豪华住宅用地，有条件的，必须采取拍卖、招标方式；没有条件，不能采取拍卖、招标方式的，可以采取双方协议的方式。采取双方协议方式出让土地使用权的出让金不得低于按国家规定所确定的最低价。

2. 下列（　　）不是土地使用权出让可以采取的方式。

A. 拍卖　　　　B. 招标　　　　C. 划拨　　　　D. 双方协议

【答案】C

【解析】第十三条：土地使用权出让，可以采取拍卖、招标或者双方协议的方式。商业、旅游、娱乐和豪华住宅用地，有条件的，必须采取拍卖、招标方式；没有条件，不能采取拍卖、招标方式的，可以采取双方协议的方式。采取双方协议方式出让土地使用权的出让金不得低于按国家规定所确定的最低价。

3. 土地使用权出让最高年限由下列哪一个部门规定？（　　）

A. 国务院　　　　　　　　　　B. 规划管理部门

C. 土地管理部门　　　　　　　D. 各级政府

【答案】A

【解析】第十四条：土地使用权出让最高年限由国务院规定。

4. 以下对于划拨方式取得土地使用权期限的表述中，正确的是（ ）。

A. 使用期限为四十年 　　　　　　　　B. 使用期限为五十年

C. 使用期限为七十年 　　　　　　　　D. 没有使用期限的限制

【答案】D

【解析】第二十三条：土地使用权划拨，是指县级以上人民政府依法批准，在土地使用者缴纳补偿、安置等费用后将该幅土地交付其使用，或者将土地使用权无偿交付给土地使用者使用的行为。依照本法规定以划拨方式取得土地使用权的，除法律、行政法规另有规定外，没有使用期限的限制。

5. 下列哪一类建设项目的土地使用可以通过划拨取得？（ ）

A. 汽车停车库 　　　　　　　　　　　B. 社区配套幼儿园

C. 社区储蓄所 　　　　　　　　　　　D. 位于住宅首层的托老所

【答案】B

【解析】第二十四条：下列建设用地的土地使用权，确属必需的，可以由县级以上人民政府依法批准划拨：①国家机关用地和军事用地；②城市基础设施用地和公益事业用地；③国家重点扶持的能源、交通、水利等项目用地；④法律、行政法规规定的其他用地。

6. 超过出让合同约定的动工开发日期满一年而未动工开发的，可以征收相当于土地使用权出让金（ ）以下的土地闲置费。

A. 10% 　　　　B. 20% 　　　　C. 25% 　　　　D. 30%

【答案】B

【解析】第二十六条：以出让方式取得土地使用权进行房地产开发的，必须按照土地使用权出让合同约定的土地用途、动工开发期限开发土地。超过出让合同约定的动工开发日期满一年未动工开发的，可以征收相当于土地使用权出让金百分之二十以下的土地闲置费；满二年未动工开发的，可以无偿收回土地使用权；但是，因不可抗力或者政府、政府有关部门的行为或者动工开发必需的前期工作造成动工开发迟延的除外。

7. 设立房地产开发企业，应当向（ ）申请设立登记。

A. 工商行政管理部门 　　　　　　　　B. 税务行政管理部门

C. 建设行政管理部门 　　　　　　　　D. 房地产行政管理部门

【答案】A

【解析】第三十条：房地产开发企业是以营利为目的，从事房地产开发和经营的企业。设立房地产开发企业，应当具备下列条件：①有自己的名称和组织机构；②有固定的经营场所；③有符合国务院规定的注册资本；④有足够的专业技术人员；⑤法律、行政法规规定的其他条件。设立房地产开发企业，应当向工商行政管理部门申请设立登记。工商行政管理部门对符合本法规定条件的，应当予以登记，发给营业执照；对不符合本法规定条件的，不予登记。设立有限责任公司、股份有限公司，从事房地产开发经营的，还应当执行公司法的有关规定。房地产开发企业在领取营业执照后的一个月内，应当到登记机关所在地的县级以上地方人民政府规定的部门备案。

8. 商品房预售的必要条件不包括（ ）。

A. 已交付全部土地使用权出让金，取得土地使用权证书

B. 取得建设工程规划许可证

C. 投入开发建设的资金已达该工程建设总投资的 20％以上，并确定施工进度和竣工交付日期

D. 取得商品房预售许可证明

【答案】C

【解析】第四十五条：商品房预售，应当符合下列条件：①已交付全部土地使用权出让金，取得土地使用权证书；②持有建设工程规划许可证；③按提供预售的商品房计算，投入开发建设的资金达到工程建设总投资的百分之二十五以上，并已经确定施工进度和竣工交付日期；④向县级以上人民政府房产管理部门办理预售登记，取得商品房预售许可证明。商品房预售人应当按照国家有关规定将预售合同报县级以上人民政府房产管理部门和土地管理部门登记备案。商品房预售所得款项，必须用于有关的工程建设。

9. 关于房地产抵押的条款，下列说法中哪一项是不完整的？（   ）

A. 依法取得的房屋所有权，可以设定抵押权

B. 以出让方式取得的土地使用权，可以设定抵押权

C. 房地产抵押，应当凭土地使用权证书、房屋所有权证书办理

D. 房地产抵押，抵押人和抵押权人应签订书面抵押合同

【答案】A

【解析】A、B 两项，第四十八条：依法取得的房屋所有权连同该房屋占用范围内的土地使用权，可以设定抵押权。以出让方式取得的土地使用权，可以设定抵押权。C 项，第四十九条：房地产抵押，应当凭土地使用权证书、房屋所有权证书办理。D 项，第五十条：房地产抵押，抵押人和抵押权人应当签订书面抵押合同。

《中华人民共和国城镇国有土地使用权出让和转让暂行条例》

一商铺由 2000 年取得土地使用权后于 2004 年建成并投入使用，被某客户于 2010 年购得。该客户最晚应于哪一年为该商铺续交土地出让金？（   ）

A. 2040 年　　　　　　　　　　　B. 2044 年

C. 2050 年　　　　　　　　　　　D. 2054 年

【答案】A

【解析】第十二条：土地使用权出让最高年限按下列用途确定：①居住用地七十年；②工业用地五十年；③教育、科技、文化、卫生、体育用地五十年；④商业、旅游、娱乐用地四十年；⑤综合或者其他用地五十年。本题为商业用地，土地使用权出让最高年限为：2000＋40＝2040（年）。

工程监理相关法规

1. 工程监理企业资质分为哪几类？（   ）

A. 综合资质，专业资质，事务所资质

B. 综合资质，专业资质甲级、乙级，事务所资质

C. 综合资质，专业资质甲级、乙级、丙级

D. 专业资质甲级、乙级、丙级，事务所资质

【答案】A

【解析】《工程监理企业资质管理规定》第六条：工程监理企业资质分为综合资质、专业资质和事务所资质。其中，专业资质按照工程性质和技术特点划分为若干工程类别。综合资质、事务所资质不分级别。专业资质分为甲级、乙级；其中，房屋建筑、水利水电、公路和市政公用专业资质可设立丙级。

2. 必须实行监理的大中型公用事业工程，是指其总投资额在（   ）万元以上的工程项目。

A. 2000

B. 3000

C. 4000

D. 5000

【答案】B

【解析】《建设工程监理范围和规模标准规定》第四条：大中型公用事业工程，是指项目总投资额在 3000 万元以上的下列工程项目：①供水、供电、供气、供热等市政工程项目；②科技、教育、文化等项目；③体育、旅游、商业等项目；④卫生、社会福利等项目；⑤其他公用事业项目。

3. 应由（   ）签认监理公司所监理的工程项目进度款的支付凭证。

A. 监理公司的法定代表人

B. 监理公司负责该项目的总监理工程师

C. 监理公司负责该项目的监理工程师

D. 该项目业主的法定代表人

【答案】B

【解析】《建设工程监理规范》第 3.2.1 条第九款：总监理工程师应组织审核施工单位的付款申请，签发工程款支付证书，组织审核竣工结算。

《房屋建筑和市政基础设施工程施工图设计文件审查管理办法》

1. （   ）是施工图设计文件的审查报送单位。

A. 建设单位

B. 设计单位

C. 监理单位

D. 施工单位

【答案】A

【解析】第九条：建设单位应当将施工图送审查机构审查，但审查机构不得与所审查项目的建设单位、勘察设计企业有隶属关系或者其他利害关系。送审管理的具体办法由省、自治区、直辖市人民政府住房城乡建设主管部门按照"公开、公平、公正"的原则规定。建设单位不得明示或者暗示审查机构违反法律法规和工程建设强制性标准进行施工图审查，不得压缩合理审查周期、压低合理审查费用。

2. 在某工程设计的施工图即将出图时，国家颁布实施了新的相关设计规范，下列说法中哪一项是正确的？（   ）

A. 取得委托方同意后设计单位按新规范修改设计

B. 设计单位按委托合同执行原规范，不必修改设计

C. 设计单位按新规范修改设计应视为违约行为

D. 设计单位应按新规范修改设计

【答案】D

【解析】第十一条：审查机构应当对施工图审查下列内容：①是否符合工程建设强制性标准；②地基基础和主体结构的安全性；③消防安全性；④人防工程（不含人防指挥工程）防护安全性；⑤是否符合民用建筑节能强制性标准，对执行绿色建筑标准的项目，还应当审查是否符合绿色建筑标准；⑥勘察设计企业和注册执业人员以及相关人员是否按规定在施工图上加盖相应的图章和签字；⑦法律、法规、规章规定必须审查的其他内容。

3. 施工图审查机构应当审查的施工图内容不包括下列哪一项？（   ）

A. 地基基础和主体结构的安全性

B. 对施工难易度与经济性的影响

C. 是否符合民用建筑节能强制性标准

D. 注册执业人员是否按规定在施工图上加盖相应的图章和签字

【答案】B

【解析】第十一条：审查机构应当对施工图审查下列内容：①是否符合工程建设强制性标准；②地基基础和主体结构的安全性；③消防安全性；④人防工程（不含人防指挥工程）防护安全性；⑤是否符合民用建筑节能强制性标准，对执行绿色建筑标准的项目，还应当审查是否符合绿色建筑标准；⑥勘察设计企业和注册执业人员以及相关人员是否按规定在施工图上加盖相应的图章和签字；⑦法律、法规、规章规定必须审查的其他内容。

《建设工程消防设计审查验收管理暂行规定》

以下关于设计单位应承担的消防设计的责任和义务的叙述，（   ）是正确的。

A. 应该对消防设计质量承担首要责任

B. 应负责申请消防审查

C. 挑选满足防火要求的建筑产品、材料、配件和设备并检验其质量

D. 参加工程项目竣工验收，并对消防设计实施情况盖章确认

【答案】A

【解析】第十条：设计单位应当履行下列消防设计、施工质量责任和义务：①按照建设工程法律法规和国家工程建设消防技术标准进行设计，编制符合要求的消防设计文件，不得违反国家工程建设消防技术标准强制性条文；②在设计文件中选用的消防产品和具有防火性能要求的建筑材料、建筑构配件和设备，应当注明规格、性能等技术指标，符合国家规定的标准；③参加建设单位组织的建设工程竣工验收，对建设工程消防设计实施情况签章确认，并对建设工程消防设计质量负责。

参考文献

建筑经济：

[1] 国家发展改革委．建设部．建设项目经济评价方法与参数：版［M］．北京：中国计划出版社，2006.

[2] 全国咨询工程师（投资）职业资格考试参考教材编写委员会．现代咨询方法与实务（2017 年版）［M］．北京：中国计划出版社，2017.

[3] 中国国际工程咨询公司．投资项目可行性研究指南［M］．北京：中国电力出版社，2002.

[4] 全国咨询工程师（投资）职业资格考试教材编写委员会．工程项目组织与管理（2019 年版）［M］．北京：中国统计出版社，2019.

[5] 全国咨询工程师（投资）职业资格考试教材编写委员会．工程项目组织与管理［M］．北京：中国计划出版社，2016.

[6] 王雪青主编．工程估价［M］．北京：中国建筑工业出版社，2019.

[7] 王雪青主编，建设工程经济［M］．北京：中国建筑工业出版社，2020.

[8] 王雪青主编．建设工程投资控制［M］．北京：中国建筑工业出版社，2019.

[9] （美）美国项目管理协会．项目管理知识体系指南（第六版）［M］．北京：电子工业出版社，2018.

[10] 王雪青，杨秋波．工程项目管理［M］．北京：高等教育出版社，2011.

[11] 王雪青主编．国际工程项目管理［M］．北京：中国建筑工业出版社，2000.

[12] 全国造价工程师执业资格考试培训教材编审委员会．建设工程计价［M］．北京：中国计划出版社，2019.

[13] 中华人民共和国住房和城乡建设部，中华人民共和国国家质量监督检验检疫总局联合发布．建设工程工程量清单计价规范：GB 50500—2013. 北京：中国计划出版社，2013.

[14] 中华人民共和国住房和城乡建设部，中华人民共和国国家质量监督检验检疫总局联合发布．建设工程造价咨询规范：GB 51095—2015. 北京：中国计划出版社，2015

[15] 全国注册咨询工程师（投资）资格考试参考教材编写委员会．项目决策分析与评价［M］．北京：中国计划出版社，2011

[16] 全国注册咨询工程师（投资）资格考试参考教材编写委员会．项目决策分析与评价［M］．北京：中国计划出版社，2016

[17] 李开孟主编．工程项目风险分析评价理论方法及应用［M］．北京：中国电力出版社，2017

[18] 中华人民共和国住房和城乡建设部．市政公用设施建设项目社会评价导则［M］．北京：中国计划出版社，2011

[19] 住房和城乡建设部标准定额研究所．市政公用设施建设项目社会评价指南—社会评价示范案例［M］．北京：中国计划出版社，2014

[20] 全国注册造价工程师考试参考教材编写委员会．建设工程造价管理［M］．北京：中国计划出版社，2012

[21] 全国投资建设项目管理师职业水平考试参考教材编写委员会．投资建设项目决策［M］．北京：中国计划出版社，2011

[22] 中国工程咨询协会．工程项目管理指南［M］．天津：天津大学出版社，2013

[23] 刘玉明．工程经济［M］．北京：北京交通大学出版社，2014

[24] 中国工程咨询协会．《中国工程咨询业质量管理导则》［M］．北京：中国计划出版社，2001

[25] 全国注册咨询工程师（投资）资格考试参考教材编写委员会.项目决策分析与评价[M].北京：中国计划出版社，2017

[26] 全国注册咨询工程师（投资）资格考试参考教材编写委员会.项目决策分析与评价[M].北京：中国统计出版社，2019

建筑施工：

[27] 《砌体结构工程施工质量验收规范》GB 50203—2011

[28] 《混凝土结构工程施工质量验收规范》GB 50204—2015

[29] 《屋面工程质量验收规范》GB 50207—2012

[30] 《地下防水工程质量验收规范》GB 50208—2011

[31] 《建筑地面工程施工质量验收规范》GB 50209—2010

[32] 《建筑装饰装修工程质量验收标准》GB 50210—2018

[33] 《金属与石材幕墙工程技术规范》JGJ 133—2001

[34] 《玻璃幕墙工程技术规范》JGJ 102—2003

设计业务管理：

[35] 《中华人民共和国建筑法》（2019年4月23日第二次修正）

[36] 《建设工程质量管理条例》（2019年4月23日第二次修正）

[37] 《建设工程勘察设计管理条例》（2017年10月7日第二次修正）

[38] 《必须招标的工程项目规定》（2018年6月1日起施行）

[39] 《建筑工程设计招标投标管理办法》（2017年5月1日起施行）

[40] 《建设工程勘察设计管理条例》（2017年10月7日第二次修订）

[41] 《建设工程勘察设计资质管理规定》（2017年12月22日修改）

[42] 《中华人民共和国民法典》（2021年1月1日起施行）

[43] 《工程勘察设计收费标准》（2002年3月1日起施行）

[44] 《房屋建筑和市政基础设施工程施工图设计文件审查管理办法》（2018年12月29日修改）

[45] 《中华人民共和国节约能源法》（2018年10月26日修改）

[46] 《建设工程消防设计审查验收管理暂行规定》（2020年6月1日起施行）

[47] 《中华人民共和国注册建筑师条例》（2019年4月23日修订）

[48] 《中华人民共和国注册建筑师条例实施细则》（2008年3月15日起施行）

[49] 《建筑工程设计文件编制深度规定》（2016年版）

[50] 《实施工程建设强制性标准监督规定》（2021年3月30日修改）

[51] 《中华人民共和国城乡规划法》（2019年4月23日第二次修订）

[52] 《中华人民共和国城市房地产管理法》（2020年8月26日第三次修订）

[53] 《中华人民共和国城镇国有土地使用权出让和转让暂行条例》（2020年11月29日修订）

[54] 《城市商品房预售管理办法》（2004年7月20日修改）

[55] 《物业管理条例》（2018年3月19日第三次修订）

[56] 《建设工程监理范围和规模标准规定》（2001年1月27日起施行）

[57] 《工程监理企业资质管理规定》（2018年12月22日修改）

[58] 《建设工程设计合同示范文本（房屋建筑工程）》GF-2015-0209

[59] 《建设工程监理规范》GB/T 50319—2013

[60] 《房屋建筑和市政基础设施工程施工招标投标管理办法》（2019年3月13日修改）

[61] 《建设工程施工合同（示范文本）》GF-2017-0201

[62] 《建设工程项目管理规范》GB/T 50326—2017

[63] 《建设项目工程总承包管理规范》GB/T 50358—2017

［64］《房屋建筑和市政基础设施建设项目全过程工程咨询服务技术标准（征求意见稿）》（2020 年 4 月）

［65］《建设项目环境保护管理条例》（2017 年 7 月 16 日修订）

［66］《中华人民共和国环境保护法》（2014 年 4 月 24 日修订）

［67］《中华人民共和国环境影响评价法》（2018 年 12 月 29 日修订）

［68］《绿色建筑标识管理办法》（2021 年 6 月 1 日起施行）

［69］庄惟敏，张维，梁思思．建筑策划与后评估［M］．北京：中国建筑工业出版社，2018．

编委风采

郭智敏
职　　务：总建筑师
职　　称：教授级高级建筑师
执业资格：国家一级注册建筑师
　　　　　香港注册建筑师
单位名称：深圳华森建筑与工程设计顾问有限公司

林彬海
职　　务：副总经理、副总建筑师
职　　称：高级工程师
执业资格：国家一级注册建筑师
单位名称：深圳市清华苑建筑与规划设计研究有限
　　　　　公司

蒋　敏
职　　务：副总建筑师
职　　称：建筑师
执业资格：国家一级注册建筑师
单位名称：深圳华森建筑与工程设计顾问有限公司

张菊芳
职　　务：主任建筑师
职　　称：高级建筑师
执业资格：国家一级注册建筑师
单位名称：深圳华森建筑与工程设计顾问有限公司

陆　洲
职　　务：副总建筑师
职　　称：高级建筑师
执业资格：国家一级注册建筑师
单位名称：深圳华森建筑与工程设计顾问有限公司

张　鹏
职　　务：造价部经理
职　　称：中级工程师
执业资格：国家一级注册造价工程师
　　　　　国家一级注册建造师
单位名称：深圳市华森建筑工程咨询有限公司

414